Philosophie
für Dummies

Philosophie für Dummies – Schummelseite

Glossar der grundlegenden Begriffe

Es ist sinnvoll, gleich zu Anfang einige philosophische Fachbegriffe zu klären.

- ✔ **Philosophie**: Liebe zur Weisheit. (Teil I)
- ✔ **Weisheit**: Praktische Einsicht in die vernünftigste Art der Lebensführung. (Teil I)
- ✔ **Epistemologie**: Die Lehre von Annahmen, Überzeugungen, Wahrheit, Wissen und Vernunft. (Teil III)
- ✔ **Metaphysik**: Die Lehre von »Sein«, bzw. davon, was wirklich existiert. Die Metaphysik betrifft all die Fragen, bei denen es um die »letzten Dinge« geht. *Meta* bedeutet soviel wie »nach« oder »hinter« (den Dingen). (Teil IV, V und VI)
- ✔ **Ethik**: Die Lehre davon, was gut und was schlecht, was falsch und was richtig ist. Außerdem geht es in der Ethik um Regeln und Tugenden, Charakter und Laster (d.h. Untugenden) sowie um Erfolg und Glück (Teil III). Die Ethik ist darüber hinaus noch unterteilt in so unterschiedliche Bereiche wie:
  - Berufs-Ethik: Was darf man ruhigen Gewissens tun?
  - Rechts-Ethik: Wen darf man ruhigen Gewissens verklagen?
  - Medizinische Ethik: Wann darf man ruhigen Gewissens klonen?
  - Technologische Ethik: Warum ist es in Ordnung, ein Telefon anzuzapfen?
- ✔ **Ästhetik**: Die Lehre vom Schönen, vom Hässlichen und vom Erhabenen. Was ist Kunst? *Metaästhetischer Rat*: Sollte Ihnen einmal ein akademisch ausgebildeter Ästhetiker begegnet, der noch nicht einmal eine passende Krawatte zu seinem Anzug aussuchen kann, so sollten Sie nicht unbedingt alles für bare Münze nehmen, was er sagt. (siehe Kapitel 8)

Die Probleme der Philosophie: Eine Auswahl

Die von den großen Philosophen aufgeworfenen Probleme können uns dazu verhelfen, die Welt auf ganz neue Art zu erfahren.

- ✔ Können wir jemals wirklich etwas wissen? (Teil II)
- ✔ Worin besteht das Gute im Leben? (Teil III)
- ✔ Sind wir wirklich frei, so wie es den Anschein hat, oder sind wir bloß von Gott oder der Natur programmierte Automaten? (Teil IV)
- ✔ Ist der Mensch nichts weiter als sein Körper, oder besitzt er auch eine Seele? (Teil V)
- ✔ Gibt es ein Leben nach dem Tod? (Teil VI)
- ✔ Existiert Gott? (Teil VI)

Philosophie für Dummies – Schummelseite

Einige wichtige Denker der Antike

Es ist wichtig, sich mit einigen der bedeutendsten Philosophen der Antike – sozusagen den Gründungsvätern der Philosophie – vertraut zu machen.

- ✔ **Vorsokratiker**: Anaximenes, Anaximander, Anaxagoras. Ihre Namen klingen genauso seltsam wie sie berühmt sind. Sie gehören zu den frühesten Philosophen, deren Werk wenigstens in Fragmenten bis in unsere Tage überliefert worden ist. Ein weiterer Vorsokratiker war Thales, ein Philosoph, der daran glaubte, daß das Wasser der Ursprung aller Dinge sei, derselbe, der auch selbst einmal beinahe ertrunken wäre und der schließlich reich wurde, als es ihm gelang, einen Stand auf dem Olivenmarkt zu ergattern. Die Vorsokratiker waren aber nicht nur Philosophen, sondern sie erfanden auch etwas, was man als spekulative Protowissenschaft bezeichnen könnte, d.h. sie versuchten auf spekulativem Wege, wissenschaftliche Erkenntnisse über die Natur zu gewinnen.
- ✔ **Sokrates**: Erfand einen nach ihm benannten philosophischen Stil – die sokratische Methode. Er begab sich auf die Straßen Athens, befragte die Menschen und suchte auf diesem Weg nach der Weisheit. Er wurde schließlich durch die Bürger seiner Stadt zum Tode verurteilt und musste den Schirlingsbecher trinken. Sokrates war der Lehrer von Plato.
- ✔ **Plato**: Der berühmteste Schüler von Sokrates. Er schrieb zahlreiche berühmte Dialoge, in denen immer wieder sein Lehrer auftaucht. Plato ist vielleicht der bedeutendste Philosoph überhaupt. Der einzige, der ihm diesen Rang noch streitig machen könnte, ist sein Schüler Aristoteles.
- ✔ **Aristoteles**: Schüler von Plato. Er war derjenige, der die Logik als Disziplin begründete und ihr einen systematischen Rahmen gab. Aristoteles zufolge, strebt jeder Mensch nach dem Glück. Eine Zeit lang war er Erzieher Alexanders des Großen. Während Plato in seiner Philosophie den Schwerpunkt auf das Jenseits legte, war Aristoteles mehr dem Diesseits zugewandt.
- ✔ **Die Stoiker**: Seneca, Epiktet sowie Marcus Aurelius sind die bekanntesten Vertreter der römischen Stoa. Ihr wichtigster Rat, wie man im Leben Schwierigkeiten begegnen sollte: Betrachte die Dinge nicht isoliert und versuche, sie zu überwinden.

Tom Morris

Philosophie für Dummies

Entdecken Sie die spannende Welt der Philosophen

Übersetzung aus dem Amerikanischen von Aref Banakonandeh

mitp

Die Deutsche Bibliothek – CIP-Einheitsaufnahme:

Morris, Tom:
Philosophie für Dummies / Tom Morris. Übers. aus dem Amerikan.
von Aref Banakonandeh. - Bonn : MITP-Verlag, 2000
Einheitssacht.: Philosophy For Dummies <dt.>
ISBN 3-8266-2865-9

ISBN 3-8266-2865-9
1. Auflage 2000

Übersetzung der amerikanischen Originalausgabe:
Tom Morris: Philosophy For Dummies

Printed in Germany

Ein Unternehmen der verlag moderne industrie AG & Co. KG, Landsberg

Lektorat: Esther Neuendorf
Druck: Media-Print, Paderborn
Umschlaggestaltung: Sylvia Eifinger, Bornheim
Satz und Layout: Lieselotte und Conrad Neumann, München

Inhaltsverzeichnis

Einführung

Ich wünschte nur, dass die Philosophie in ihrer Gesamtheit uns vor Augen treten könnte, so wie sich das ganze Firmament von einem Ende zum anderen gespannt unseren Blicken zum Betrachten darbietet. Es wäre ein Anblick, der dem des Firmamentes sehr ähnelte. Ganz sicher würde die Philosophie alle Sterblichen dann mit Liebe für sie erfüllen. Wir gäben all jene Dinge auf, von denen wir in Unkenntnis dessen, was wirklich groß ist, glaubten, dass sie groß und erhaben seien.

Seneca (Stoischer Philosoph aus dem ersten Jahrhundert)

Philosophie für Dummies? Was für eine Idee! Ist es das perfekte Oxymoron, ein Widerspruch in sich; ist es ein unmögliches Konzept, eine Übung in Vergeblichkeit, die sich messen könnte mit *Infenitesimalrechnung II für Kleinkinder* oder auch *Neurochirurgie für Dummköpfe*?

Nein. Ganz und gar nicht. Schon der antike Philosoph Sokrates (fünftes Jahrhundert v. Chr.) war der Ansicht, dass wir alle als Dummies beginnen, wenn wir anfangen, uns mit den letzten Fragen zu beschäftigen. Würden wir uns aber erst einmal in aller Bescheidenheit eingestehen, wie wenig wir tatsächlich wissen, so könnten wir mit dem Lernen wirklich beginnen.

Plato (ca. 428-347 v. Chr.), Sokrates' berühmter Schüler, hat uns eine interessante Geschichte darüber überliefert: Er berichtet, dass Sokrates erfahren hatte, dass das Orakel von Delphi ihn als den weisesten Mann in ganz Athen ausgerufen hätte. Bestürzt über diese Bekanntmachung ging er los und suchte die für ihre Weisheit berühmten Männer in Athen auf. Nachdem er sie gründlich befragt hatte, wurde ihm schnell klar, dass es nicht viel auf sich hatte mit ihrem angeblichen Wissen über die wirklich bedeutenden Dinge. Diese Erfahrung half ihm dabei, nach und nach zu begreifen, dass seine eigene Weisheit darin bestehen müsse einzusehen, wie wenig er wirklich über die Dinge wisse, auf die es am meisten ankomme. Am wichtigsten sei es deshalb, soviel wie möglich über diese herauszufinden. Nicht der selbstzufriedene und selbstsichere Gelehrte verkörpere die Weisheit, sondern nur der wirklich neugierige und aufgeschlossene Sucher der Wahrheit.

Das Wort Philosophie bedeutet schlicht »Liebe zur Weisheit«. Dies kann man leicht verstehen, wenn man sich klarmacht, dass Liebe nichts anderes ist als Hingabe und dass Weisheit bloß darin besteht, Einsichten in das Leben zu gewinnen. Die Philosophie ist dann am stärksten und überzeugendsten, wenn sie mit leidenschaftlicher Hingabe versucht, sich den grundlegendsten Einsichten und Wahrheiten über das Leben anzunähern.

Auch Aristoteles (384-322 v. Chr.) hatte einst eine Eingebung, die uns hier nützen kann. Dieser große Denker, der lange Zeit Platos Student gewesen war und später Lehrer Alexander des Großen wurde, sagte einst: »Die Philosophie beginnt mit dem Staunen.« Mit diesem Satz hatte er ganz recht. Wenn wir nur einmal damit begännen, wirklich über unser Leben ins Staunen zu geraten, über die Dinge, die wir als selbstverständlich erachten, sowie über all die großen Fragen, die wir normalerweise aufgrund unseres gehetzten Tagesablaufes zu ignorieren verstehen, dann wäre der erste Schritt auf dem Weg zur Philosophie getan. Wenn wir noch dazu hartnäckig über diese Dinge nachdächten und unser logisches Denken so schulten, dass es uns gelänge, immer besser darin zu werden, so begännen wir als gute Philosophen zu handeln. Die Philosophie können wir aber nicht wirklich leben, solange wir nicht in Übereinstimmung mit unseren Einsichten handeln. Um Philosophen im eigentlichen Sinne des Wortes zu werden, müssen wir unser Wissen in die Tat umsetzen.

Nicht der ist weise für mich, der nur mit Worten weise umzugehen weiß, sondern der, der seine Weisheit mit Taten bezeugt.

St. Gregory

Über dieses Buch

Ich habe den größten Teil meines Lebens auf Erden damit zugebracht, mich mit den Fragen herumzuschlagen, die ich in diesem Buch behandeln werde. Mein Studium begann ich an der Universität von North Carolina und belegte Religion als Hauptfach; nebenher beschäftigte ich mich aber doppelt so viel mit Philosophie. Meine Doktorarbeit über Religionsphilosophie wurde schließlich meine erste Buchveröffentlichung. In Yale verbrachte ich sechs Jahre und schloss mein Studium mit zwei Magistergraden sowie einem Doktorhut in Philosophie und Religionswissenschaften ab, etwas, das nur ein anderer vor mir geschafft hatte. Mein Ziel war es, keinen Grundbaustein der Philosophie auf dem anderen zu lassen. Meine Doktorarbeit bildete dabei die Basis für meine nächsten beiden Bücher. Mit ihr begann für mich das Abenteuer des Fragens und Verstehens, das der eigentliche dem Buch zugrunde liegende Ansporn ist und das hinter allem steht, was das Buch zu vermitteln versucht.

Die fünfzehn anderen Bücher über Philosophie, die ich vor dem Buch, das Sie gerade in Händen halten, geschrieben habe, stellen die akademische Seite meiner Vorbereitungen für dieses dar. Was mich und meine philosophischen Studien jedoch so richtig voran gebracht und mir den praktischen Einfluss großer Ideen auf eine gute Lebensführung gezeigt hat, war das intellektuelle Klima in den Hörsälen und Seminarräumen der Universität von Notre Dame, wo ich fünfzehn Jahre lang Studenten unterrichtet habe.

Als Professor der Philosophie habe ich während meiner Zeit in Notre Dame manchmal mehr als ein Achtel der gesamten Studentenschaft eines Jahres unterrichtet. Mein populärstes Seminar war: Philosophie für Erstsemester – Einführung in die Philosophie. Dieser Kurs war alles andere als eine Trockenübung in Philosophiegeschichte, kein Fußnote-an-Fußnote-Fügen und auch kein Sich-Abrackern mit Namen und Theorien, Daten und Buchtiteln, ohne auf deren Bedeutung für das heutige moderne Leben zu achten. Stattdessen haben meine Stundeten und ich gemeinsam mit der dem Thema angemessenen Prise Lebendigkeit und Humor einen Blick auf jene grundlegenden Probleme der Philosophie geworfen, ohne die wir die wesentlichen Dinge des Lebens nicht verstehen könnten.

Philosophische Fragen beschäftigen sich oft mit ernsten Themen. Diese müssen jedoch nicht unbedingt mit akademischem Ernst behandelt werden. Es sollte möglich sein, Spaß dabei zu haben, über Dinge nachzudenken, auf die es in unserem Leben ankommt. Während meiner Seminare in Notre Dame habe ich zum Beispiel ebenso viele verrückte und seltsame Alltagsgeschichten über das Leben am Ende des 20. Jahrhunderts erzählt wie über das Leben der großen Philosophen aus früheren Zeiten. Persönliche Geschichten aus meinem eigenen stürmischen Leben beflügelten die Vorstellungskraft der Erstsemesterstudenten im Fach Philosophie oft in genau dem richtigen Maße, um sie soweit zu bringen, die Bedeutung von bestimmten philosophischen Fragen über das Leben anschaulich zu begreifen und manchmal sogar den besten Weg zu deren Beantwortung zu erahnen.

Philosophie ist so toll; wer hätte das gedacht?

Ein Student in Notre Dame

Seit jener Zeit an der Universität ist mir das unglaubliche Abenteuer vergönnt gewesen, als öffentlich tätiger Philosoph leben zu können. Ich konnte meine Zeit mit der Prüfung meines eigenen Gewissens und der Errichtung eines Weltbildes zusammen mit Menschen aus der ganzen Welt und aus beinahe allen gesellschaftlichen Schichten verbringen. Ich habe mit tausenden von Firmenchefs, Militärangehörigen, Erziehern sowie mit zehntausenden von Managern, Inhabern von Handwerksbetrieben und einfachen Arbeitern gesprochen. Von all diesen habe ich mehr erfahren als ich mir je hätte vorstellen können.

Besonders meine ausgiebige Arbeit in der Welt der Geschäftsleute hat mir gezeigt, wie viele außerordentlich kluge Menschen es in unserer Zeit gibt. Es sind die, die sich in ihrem Beruf durch erhebliche Klugheit und manchmal sogar durch ein außerordentliches Maß an Intelligenz auszeichnen, die sich aber im Umgang mit den letzten Fragen des Lebens nicht wie Dummies fühlen wollen, selbst wenn sie niemals dazu kommen, über solche Fragen ausführlicher oder systematischer nachzudenken. In diesem Buch habe ich versucht, all das zu verwenden, was ich in der Vergangenheit gelernt habe, um Ihnen dabei zu helfen, einige der großen Abgründe zu überbrükken, die nur zu häufig zwischen der akademischen Philosophie und den praktischen Belangen des wirklichen alltäglichen Lebens eines jeden Menschen bestehen.

Die größten Philosophen haben immer versucht, das Leben des Menschen zu verstehen. Sie haben sich bemüht, die tiefstmöglichen Einsichten in diese Welt zu erlangen. Sie haben nichts für selbstverständlich genommen, sondern Fragen gestellt und Dinge ergründet auf der Suche nach Erleuchtung, Einsicht und dem, was manche »Aufklärung« nennen. Wir alle wollen den Zusammenhang, den Kontext verstehen, in dem wir leben, handeln und existieren. Dem Leser und der Leserin zumindest eine Starthilfe auf dem Weg dahin bieten zu können, ist das bescheidene Ziel dieses Buches.

Unter den Blinden ist der Einäugige König.

Michael Apostolius

Man muss keine überragenden Talente besitzen, um von einem genaueren Blick auf die grundlegenden Fragen seines Lebens profitieren zu können. Ein erweitertes Maß an Verstehen ist ein Schritt in die richtige Richtung.

Bei unserer Betrachtung der großen philosophischen Fragen werden wir uns umfassend damit beschäftigen müssen, was die wichtigsten Dinge des Lebens sind, worin Menschsein in der Welt besteht, worum es im Leben überhaupt geht und wie wir so leben können, dass sich ein Maximum an Zufriedenheit einstellt. Wir werden geradewegs einige von denjenigen Fragen elementarster Art angehen, vor denen wir uns zu oft drücken und die wir nie wirklich zu beantworten versuchen.

Ich liebe es geradezu, ein Vollzeitphilosoph zu sein. Die Leute kommen auf mich zu und fragen mich die erstaunlichsten Dinge. Manchmal erzählen sie mir sogar die unglaublichsten Geschichten. Es sind genau diese Fragen und Geschichten, die uns dabei auf unserem Weg helfen werden, die großen Fragen zu beantworten, indem sie uns nämlich einen intellektuellen und gefühlsmäßigen Zugang zu ihnen verschaffen.

Philosophische Probleme sind alle auf interessante Weise miteinander verwoben. Sie können an jeder beliebigen Stelle des Buches zu lesen anfangen. Die einzelnen Kapitel sind unabhängig voneinander angeordnet, so dass Sie in jedem beliebigen anfangen können zu schmökern. Wenn Sie aber von hier aus Kapitel um Kapitel weiterlesen, so werden Sie natürlich genau entsprechend meinen Gedankengängen voran schreiten. Worauf es jedoch ankommt, ist, dass Sie dies nicht unbedingt auch tun müssen. Das Buch, das Sie in Händen halten, ist durchaus auch zum Nachschlagen geeignet. Es ist zu Ihrer Bequemlichkeit gedacht und versucht, so viele Ihrer Fragen zur Philosophie und deren Problembereichen zu beantworten wie es nur geht.

Wie man dieses Buch liest

Die Zitate von großen Philosophen und anderen wichtigen Denkern, die Sie überall im Buch finden können, stellen sozusagen das Salz in der Suppe dar. Man braucht sie nicht unbedingt zu lesen um zu verstehen, worum es im Haupttext geht; man sollte sie sich jedoch auf keinen Fall entgehen lassen, falls man an Sätzen voller Weisheit und Wissen interessiert ist. Man kann das Buch auf fast jeder beliebigen Seite aufschlagen und auf Einsichten stoßen, die zwar nicht von mir stammen, die Ihnen zu präsentieren ich aber das Glück und das Vergnügen habe. Wenn man will, kann man auch den durch Balken hervorgehobenen Text überspringen, da er nur zusätzliche Informationen oder Sichtweisen zu dem liefert, was gerade im Text behandelt wird. Er ist zwar ein Lesevergnügen, aber nicht unbedingt erforderlich. Achten Sie aber vor allem auf die Icons, die Sie auf Geschichten, tolle Ideen und Dinge hinweisen werden, mit denen Sie sich vielleicht besonders beschäftigen möchten.

Anders als in den anderen *Dummies*-Büchern benutze ich das Wort »wir« sehr häufig in diesem Buch. Dies geschieht aus einem bestimmten Grund. Im Bereich der Philosophie gibt es letzten Endes keine maßgebenden Experten. Ihre Fragen gehen uns alle gleichermaßen an. Ich werde Sie häufig darum bitten, sich intuitiv auf bestimmte dieser Fragen einzulassen und manchmal andeuten, zu welchem Ergebnis wir normalerweise kommen, wenn wir sie zu beantworten versuchen. Ich werde versuchen, die Tiefenstruktur der Erfahrungen, die wir alle in unserem Leben machen, zu skizzieren. Ich werde Sie außerdem darum bitten, über viele der Fragen selbst einmal nachzudenken. Wir befinden uns zusammen auf einer Reise des Verstehens. Also: Es sei Ihnen unbenommen, sich mit mir in Verbindung zu setzen, wenn Sie denken, dass ich mich in einem bestimmten Punkt irre.

Was Sie nicht unbedingt zu lesen brauchen

Zusammenfassungen und Listeneintragungen sind zu Ihrer Bequemlichkeit. Sie stellen keine wesentlichen Bestandteile des Buches dar, sondern liefern lediglich hilfreiche Zusatzinformationen. Lesen Sie sie nach Belieben durch. Wenn Sie nicht genug Zeit haben sollten, überschlagen Sie sie einfach. Selbst wenn Ihnen dabei interessante Dinge entgehen, so werden Sie die wichtigsten Ideen dennoch mitbekommen.

Für den Fall, dass Sie sich dabei ertappen, wie gebannt und mit glasigem Blick für längere Zeit auf eine Seite des Buches zu starren, so versuchen Sie sich einfach wieder zu fangen. Die Philosophie hat manchmal diese Wirkung. Und bitte, versuchen Sie nie mit dem Buch in der Hand einzuschlafen. Es könnte andere Menschen zu der irrigen Annahme verleiten, dass die Philosophie *nicht* aufregend, erhebend und mitreißend ist.

Törichte Vermutungen

Ich vermute, dass Sie mit der Philosophie im Wesentlichen noch unvertraut sind. Die Fragen, die die Philosophie stellt, sind Ihnen aber sicher bekannt; einige von ihnen kennen Sie bestimmt schon seit Ihrer Kindheit. Was Ihnen aber vermutlich noch unbekannt ist, ist das systematische philosophische Denken. Ich setze natürlich nicht voraus, dass Sie schon einmal in einem Philosophieseminar gesessen oder gar eine Toga getragen haben. Was ich lediglich annehme, ist, dass Sie vielleicht manchmal über das Leben und die Welt nachdenken und versuchen, sich ein wenig besser darin zurechtzufinden.

In der Philosophie ist es gefährlich, sich zu einem Sachverhalt eine Meinung zu bilden. Folgen Sie mir hier also ein Stückchen weiter. Lassen Sie nicht von Ihren Fragen ab; benutzen Sie sie, um den Inhalt des Buches zu hinterfragen und seien Sie darauf vorbereitet, Ihre eigenen Erfahrungen und Einsichten in das Leben zur Bewertung dessen, was ich sage, einzusetzen. Falls Sie aber zu den seltenen Lesern gehören, die schon einmal in einem Philosophiekurs gesessen haben oder sogar einen akademischen Grad in Philosophie haben, so stellen Sie einmal für einen Weile alles, was Sie zu wissen glauben, zurück und versuchen Sie, mit unverstelltem Blick erneut an die Sache heranzugehen. Sollten Sie jedoch alles aus Ihrem Kurs wieder vergessen haben, so wird es ein Leichtes sein, neu zu beginnen. Willkommen in meiner Welt der Philosophie.

Die Gliederung des Buches

Dieses Buch ist in sieben Teile unterteilt. Jeder Teil führt Sie in einen wichtigen Bereich des philosophischen Denkens ein.

Teil I: Was ist überhaupt Philosophie?

Dieser Teil liefert Ihnen eine erste Orientierung darüber, was Philosophie ist und was die Philosophen tun. Wer waren die großen Philosophen, und warum waren viele von ihnen ebenso umstritten wie einflussreich. Wir werden uns außerdem damit beschäftigen, warum es so wichtig ist, philosophische Fragen über das Leben zu stellen und zu verstehen suchen, inwiefern unsere Überzeugungen bestimmend für unsere Wahrnehmung der Welt sind. Der erste Teil stimmt uns auf die philosophische Suche nach Weisheit und Wissen ein.

Teil II: Woher wissen wir überhaupt etwas?

Was ist eine Überzeugung oder Annahme? Was ist Wissen? Wie können wir sicher sein, in unserem Leben die echte und einzige Wahrheit über die Dinge zu erfahren? Unsere Überzeugungen sind der Führer, der uns durch das Leben geleitet. Es ist sehr wichtig, dass sie stimmen und uns sicher leiten.

In diesem Teil werde ich Sie mit einigen der wichtigsten Fragen im dem Bereich der Philosophie bekannt machen, der als *Epistemologie*, d.h. als Lehre von der Erkenntnis, bekannt ist. Wir werden nach der Rolle der Vernunft im Leben fragen und danach, wann man eine Annahme vernünftig nennen darf. Wir werden einige der seltsamsten und tiefgründigsten Fragen, die jemals gestellt worden sind, untersuchen. Diese Fragen gehen zurück bis zu die alten stoischen Philosophen Griechenlands. Schließlich werden wir einen Blick auf das Wesen von Beweisen werfen und uns fragen, ob es jemals vernünftig sein kann, etwas ohne gute Gründe anzunehmen.

In Teil II werden wir darüber hinaus einige Werkzeuge entwickeln, die uns dabei behilflich sein werden, einige der umstrittensten der großen Fragen der Philosophie anzugehen.

Teil III: Was ist das Gute?

Wie ist es um die Moral in unserer Welt bestellt? Sind falsch und richtig bloß subjektiv, oder gibt es objektive Maßstäbe für das menschliche Verhalten? In diesem Teil werden wir uns einigen wenigen grundlegenden Fragen zuwenden, die uns erlauben, die Rolle von Ethik und Moral im Leben zu verstehen.

Falls Sie nicht sicher sind, wie moralische Fragen mit anderen Aspekten unseres Lebens zusammenhängen, so hoffe ich, dass Sie dieser Teil in dieser Hinsicht schlauer machen wird. Wir werden fragen, was Charakter ist, und die Bedeutung der goldenen Regel für ein gutes Leben kennenlernen.

Teil IV: Sind wir jemals wirklich frei?

Moralisches Handeln setzt Freiheit voraus. Man kann nicht ernsthaft gelobt oder getadelt werden für etwas, was man nicht selbst in der Hand hatte. Viele unserer Einstellungen und Gefühle verleiten uns dazu anzunehmen, dass wir unser eigenes Geschick selbst in der Hand haben oder zumindest unseren Tagesablauf selbst bestimmen können. Können wir das wirklich? Oder ist unser freier Wille nicht vielmehr eine Illusion?

In diesem Teil werden wir einige der interessantesten Argumente gegen die gängige Vorstellung untersuchen, dass wir auf irgendeiner tieferen Ebene frei seien. Wir werden uns verschiedene philosophische Ansichten über die Freiheit anschauen und versuchen, zu einer vernünftigen Einsicht zu gelangen, die den Begriff der Freiheit mit unserer Erfahrung versöhnen kann.

Teil V: Das unglaubliche, unsichtbare Du?

Sind wir bloß komplizierte organische Körper, oder haben wir außerdem eine nichtkörperliche Seele? Ist am Menschen mehr dran als nur das, was man mit bloßem Auge sehen kann, vielleicht noch unterstützt von Mikroskopen und Kernspinntomographen?

In Teil V werden wir die uralte Frage zu beantworten versuchen, ob der Mensch eine Seele besitzt oder nicht. Wir werden die philosophischen Argumente sowohl dafür als auch dagegen in Betracht ziehen und das bisher zu diesem Thema Gesagte bewerten. Bin ich ein beseelter Mensch oder nicht? Und was ist mit Ihnen? Dieser Teil kann Ihnen dabei helfen, sich ein Urteil zu bilden.

Teil VI: Was ist dran am Tod?

In Teil VI werden wir uns mit einem der schwierigsten Themen überhaupt auseinandersetzen. Wir werden die vielfältigen Formen der Angst vor dem Tode untersuchen und uns dann anschauen, womit uns die Philosophen der Vergangenheit getröstet haben, um uns unsere Furcht vor dem endgültigen Abschied vom Leben zu nehmen.

In diesem Teil werde ich Sie mit den Argumenten für und gegen ein Leben nach dem Tode bekannt machen. Bestehen wir nach dem Tod unseres Körpers weiter, oder ist er das absolute Ende? Wir werden sehen, was die Philosophen dazu gesagt haben und uns dann unsere eigene Meinung zu diesem entscheidenden Thema zu bilden versuchen.

Außerdem werden wir uns mit der für manche größten Frage überhaupt auseinandersetzen. Was ist die schlechthin höchste Form der Realität? Ist sie materiell oder könnte sie geistiger Art sein? Wir werden uns mit dem großen Streit über dieses Thema beschäftigen und die wichtigsten Argumente dafür und dagegen untersuchen.

Teil VI wird uns in die Lage versetzen zu erkennen, wie alle Hauptthemen der Philosophie miteinander in Verbindung stehen. Jeder von uns formt sich sein Weltbild, während er sein Leben führt. Ist dieses von Vernunft und Einsicht geprägt oder nicht? Dieser Teil kann Ihnen dabei helfen, darüber nachzudenken, was die Eckpfeiler Ihres Weltbildes sein sollten.

Zum Schluss werde ich kurz eines der wichtigsten Argumente für die Existenz Gottes vorstellen. Wir werden uns außerdem der Frage widmen, worin sich die theistische von der atheistischen Weltsicht unterscheidet.

Teil VII: Der Zehnerteil

Dieser Teil des Buches wird Sie in die Lage versetzen, Ihre Freunde mit Ihrem philosophischen Wissen zu beeindrucken. Wenn Sie für das Wochenende auf Parties kleine Portionen philosophischen Wissens und geschichtlicher Details über die großen Philosophen benötigen, so lesen Sie Teil VII. Nachdem Sie Ihr Wissen bei Ihren Freunden losgeworden sind, sollten Sie jedoch Ihre Gesprächspartner für einige Momente alleine lassen und sich schnell ein weiteres Getränk besorgen oder Ihren Teller neu auffüllen, um ihnen so Zeit zu geben, Ihre unerwartete Belesenheit zu bewundern.

In dem Buch verwendete Icons

Über das ganze Buch verteilt habe ich Icons gesetzt, um die Aufmerksamkeit des Lesers auf bestimmte interessante Punkte zu lenken.

Neben diesem Icon finden Sie Informationen zu großen Denkern.

Dieses Icon weist auf eine tolle Idee oder einen Geistesblitz hin, die Ihnen dabei helfen können, ein Problem zu verstehen oder dieses von einer anderen Seite aus zu betrachten.

Neben diesem Zeichen findet sich eine Geschichte aus meinem Leben oder aus einem der Bücher, die ich bisher gelesen habe. Erwarten Sie lebhafte Anregungen zum Nachdenken. Vielleicht auch die Sorge um meine geistige Gesundheit, schließlich bin ja auch ich ein Philosoph.

Dieses Icon führt Sie zu einem Hinweis, wie Sie ein schwieriges Problem besser verstehen können.

Das ist unser Zeichen für Gefahr. Wenn Sie es sehen, seien Sie vorsichtig mit vorschnellen Urteilen. Dieses Icon warnt Sie vor philosophischen Fehlschlüssen.

Ein Rat vom Autor

Dieses Buch ist voller Fragen, über die Sie sicher schon lange einmal nachdenken oder sich mit jemandem unterhalten wollten, wozu Sie aber aus Mangel an Zeit oder Gelegenheit tatsächlich nie gekommen sind. Der beste Weg, all das zu verstehen, womit ich Sie vertraut machen werde, ist, mit Ihrem Freund oder Ehepartner darüber zu diskutieren. Sprechen Sie miteinander über die Dinge, die Ihnen auf diesen Seiten begegnen werden, unterhalten Sie sich über die verschiedenen Sichtweisen und vergleichen Sie Ihre Gedanken und Gefühle mit jemandem, den Sie für ebenbürtig halten. Wir müssen alle in dieser Welt zurechtkommen, wobei niemand alle Antworten besitzt. Wenn wir uns jedoch gegenseitig dabei helfen, intensiv über die grundsätzlichsten Fragen, die sich uns stellen, nachzudenken, so werden wir in der Lage sein, unser Leben in neuem, hellerem Licht zu sehen.

Das Buch liefert Ihnen die perfekte Entschuldigung, über all die Dinge zu sprechen, über die man sich im Alltag für gewöhnlich nie unterhält. Erzählen Sie einfach, dass Sie gerade ein interessantes Buch über Philosophie lesen, in dem der Autor Sie darum bittet, jemanden nach seiner Meinung zu einem Problem zu fragen, das Ihnen selbst nicht ganz klar erscheint. Wenn Ihr neugewonnenes Wissen aber anfängt, die Leute zu faszinieren und sie Ihr Buch leihweise haben möchten, dann lächeln Sie nur und sagen ihnen, wo sie ihr eigenes Exemplar kaufen können. Sagen Sie, dass Sie sich einfach nicht von Ihrem trennen möchten.

Und lassen Sie mich außerdem wissen, was Sie selbst über dieses Buch denken. Schicken Sie mir Ihre e-mail mit Ihren eigenen Kommentaren an die Website: www.MorrisInstitute.com. Unter dieser Adresse sind ich und meine fröhlichen philosophischen Kollegen jederzeit erreichbar. Ich möchte unbedingt erfahren, was Sie über all die Themen, die in diesem Buch angeschnitten werden, denken. Sie betreffen uns alle gleichermaßen.

Teil I

Was ist überhaupt Philosophie?

In diesem Teil...

In diesem Teil werden wir uns anschauen, was Philosophie ist. Was haben die bärtigen, in Togas gekleideten Männer eigentlich seinerzeit begonnen? Und wie sollen wir die heutige Suche nach philosophischem Wissen bewerten?

Große Denker, tiefe Gedanken

1

In diesem Kapitel

- Einige allgemein verbreitete Missverständnisse der Philosophie, die wir den glänzenden Denkern der Vergangenheit verdanken
- Betrachtung über die Bedeutung des geprüften Lebens – des lebenswerten Lebens
- Mit welchen Fragen wir uns auf der Suche nach Verstehen beschäftigen werden

Untypische Unterhaltung für das 20. Jahrhundert:

Er: *»Hey, Liebling, was willst du heut abend machen?«*

Sie: *»Wie wär's mit etwas Philosophie?«*

Er: *»Das hört sich toll an.«*

Sie: *»Lad mal die Nachbarn ein.«*

Seien wir mal ehrlich: Seit mindestens hundert Jahren genießt die Philosophie in unseren Breiten nicht mehr den Zuspruch, der ihr eigentlich gebührt. Diese Situation ändert sich jedoch langsam. Die Philosophie als die tiefste, aufregendste und letztendlich praktischste Aktivität des menschlichen Geistes ist lange genug missverstanden worden. Damit muss nun Schluss sein. Wir werden in diesem Buch gemeinsam etwas dagegen unternehmen.

Einige wenige Nüsse geben dem Kuchen Biss

Es gibt vielleicht keine andere Tätigkeit des menschlichen Geistes, die so sehr missverstanden und zu Unrecht schlecht gemacht worden ist wie die Philosophie. Der große amerikanische Historiker Henry Adams beschrieb einmal die ganze Philosophie als ein Unternehmen, das aus nichts weiter bestünde als aus »unverständlichen Antworten auf unlösbare Probleme«. Schon im 16. Jahrhundert erklärte der französische Essayist Michel de Montaigne: »Philosophieren bedeutet zweifeln.« Doch wem macht der Zweifel schon Spaß? Der Zweifel ist oft unangenehm. Er kann sogar beängstigend sein.

Friedrich Nietzsche, der Querdenker unter den Philosophen des 19. Jahrhunderts, ging sogar noch einen Schritt weiter und behauptete, die Philosophie sei »ein Explosivstoff, in dessen Gegenwart alles in Gefahr gerate«. So kann es schließlich nicht weiter verwundern, wenn der englische Dichter John Keats, einer der Vorläufer Nietzsches, fragt: »Verflüchtigt sich nicht jeder Reiz, sobald er nur mit der Kälte der Philosophie in Berührung kommt?«

In der Antike beschwerte sich der römische Staatsmann und Schriftsteller Cicero über die Philosophen. Er sagte: »Es gibt nichts, was nicht absurd genug wäre, als dass es nicht schon irgendein Philosoph gesagt hätte«. Natürlich war er selbst auch »eine Art Philosoph«. Was ist aber mit den anderen Philosophen, die diese Bezeichnung tragen? Was denken wir über sie?

Philosophen? Verrückte! Philosophen? Nicht von dieser Welt! Philosophen? Schwarzseher! Wenn wir das Wort Philosoph hören, so kommt uns gleich das Bild von schlecht gepflegten Akademikern in den Sinn, die, nachlässig bekleidet mit Sakkos aus Tweed, ungebügelten Hemden und knitterigen Hosen, durch das Leben mit Kreidestaub auf ihren Kleidern wandeln, sich ihre Bärte streichen und finsteren Blikkes ihre obskuren Ideen im Kopfe wälzen, während sie gleichzeitig die ganze Zeit so gewichtige Worte wie »Tod« und »Verzweiflung« in Großbuchstaben an die Tafel schreiben.

Noch mehr Anhänger der Philosophie

Die folgenden Zitate enthalten Kommentare einiger berühmter Personen der Geschichte über die Philosophie und die Philosophen:

Die Philosophie ist eine solch prozesswütige Dame, dass man am besten daran tut, ebensosehr bei Gericht, wie über sie Bescheid zu wissen.

Sir Isaac Newton

Man hat gesagt, dass die Metaphysik darin bestünde, gute Gründe für unseren instinkthaften Glauben zu finden.

W. Sommerset Maugham

Das Staunen ist das Fundament der ganzen Philosophie; ihr Fortschreiten geschieht durch das fortgesetzte Untersuchen der Dinge; ihr Ende schließlich ist die Unwissenheit.

Montaigne

Die Philosophie würde sogar einem Engel einen Dämpfer verpassen …

John Keats

Alle Philosophien sind letzten Endes Unsinn. Einige jedoch sind größerer Unsinn als andere.

Samuel Butler

Die Philosophie besteht hauptsächlich darin, dass ein Philosoph behauptet, alle anderen Philosophen seien Dummköpfe. Meistens kann er dies sogar beweisen. Ich sollte allerdings hinzufügen, dass er damit normalerweise im gleichen Zuge beweist, dass er selbst auch ein solcher ist.

H. L. Mencken

Wenn ich eine Provinz zu bestrafen hätte, so würde ich sie von einem Philosophen regieren lassen.

Friedrich der Große

Man kann sich bei den Philosophen nur auf eine Sache verlassen; sie werden immer anderen Philosophen widersprechen.

William James

Wenn der, der zuhört, nicht weiß, was der, der spricht, meint, und wenn der, der spricht, selbst nicht weiß, was sein Sprechen bedeutet – das ist Philosophie.

Voltaire

Es gibt nichts, was nicht seltsam und unglaublich genug wäre, als dass es nicht schon irgendein Philosoph gesagt hätte.

Descartes (der Vater der modernen Philosophie,
so merkwürdig und unglaublich das auch scheinen mag)

Ich habe in meinem Leben immer wieder versucht, ein Philosoph zu werden; aber ich weiß nicht, die Heiterkeit meines Wesens hat mich beständig daran gehindert.

Oliver Edwards (18. Jahrhundert)

Im Jahre 1707 schrieb Jonathan Swift die folgende Anmerkung:

Die verschiedenen Meinungen der Philosophen haben genauso viele Verderbnisse des Geistes über die Welt gebracht wie die Büchse der Pandora solche über den Körper, nur mit dem Unterschied, dass die ersteren den Menschen auch ihre Hoffnung geraubt haben.

In unserer eigenen Epoche ging der vielgelesene amerikanische Journalist und Literaturkritiker H. L. Mencken sogar so weit zu sagen: »Es gibt in der menschlichen Geschichte keinen Hinweis darauf, dass es je einen glücklichen Philosophen gegeben hat.« (Aber denken Sie daran, dass diese Leute nie *mich* getroffen haben!)

Wie haben wir das Ganze hier eigentlich zu verstehen? Die Philosophie, wenn sie nur richtig betrieben wird, sollte eigentlich genau das *Gegenteil* sein von all dem düsteren und pessimistischen Gerede, das ihr gemeinhin nachgesagt wird. Sie sollte aufregend, befreiend, provozierend, erhellend und hilfreich sein und außerdem *Spaß machen*. Die Philosophen selbst sollten eine großartige Begleitung auf jeder Party abgeben und zum Schreien komisch sein. (OK, vielleicht gehe ich hier ein bisschen weit.)

Wenn Weisheit erlangbar sein soll, so lasst sie uns nicht nur gewinnen, sondern auch genießen.

Cicero

Ich muss allerdings zugeben, dass ich zumindest einige wenige große Denker in der Geschichte kenne, die ich glücklicherweise nicht als Nachbarn habe. Einige ihrer Bücher sind darüber hinaus ... na ja, vielleicht sollte ich sagen »nicht gerade brillant«. Und da wir schon mal dabei sind, unsere ehrliche Meinung zum Besten zu geben, will ich hier freimütig zugeben (natürlich ohne Namen zu nennen), dass ich sogar schon einmal einige ausgesprochen ungesellige Außenseiter unter den Philosophen getroffen habe, deren einzige erkennbare Leistung darin bestand, einen Doktorhut einer berühmten Universität ihr eigen zu nennen und vielleicht noch einige unverständliche Publikationen unter ihrem eigenen Namen veröffentlicht zu haben. Zu allem Unglück sind sie jedoch außerdem noch Dozenten an irgendeiner Universität, die dort vor verwirrten und manchmal perplexen Studenten zu Botschaftern der Philosophie werden. Manchmal aber sind die Dinge eben doch nicht das, was sie zu sein scheinen.

Man findet oft Weisheit unter einem schäbigen Tuch.

Caecilius Statius

Die Philosophie an sich als ursprüngliche Tätigkeit des menschlichen Geistes kann und sollte erhebend sein. Obendrein können die Philosophen auch zu unseren ständigen Begleitern werden. In diesem Zusammenhang sollte ich vielleicht den großen Dichter John Milton zitieren, der schrieb:

Wie bezaubernd ist die göttliche Philosophie!

Nicht schroff und unverständlich wie schwerfällige Narren glauben,

Sondern musikalisch wie Apolls Laute

Und ein immerwährendes Fest des Nektars Süße,

Wo keines Übermaßes Unbill herrscht.

Mit anderen Worten: Eine wirklich großartige Veranstaltung.

Derselbe Cicero, der seine Stimme gegen schlechte Philosophen erhob, scheute nicht davor zurück, gute zu preisen. Er beschrieb Sokrates einmal als den »ersten Menschen, der die Philosophie auf den Marktplatz getragen hat«. In vielerlei Hinsicht folgen wir in diesem Buch Sokrates' Vorbild. Ich möchte die Philosophie wieder zurück auf den Marktplatz der ernsthaft um unsere Aufmerksamkeit wetteifernden Ideen bringen. Ich beabsichtige, einige ziemlich abgehobene Ideen wieder auf die Erde zurückzubringen und ihre Relevanz für unser tägliches Leben zu überprüfen. Mein Ziel ist es, Ihnen mehr Klarheit über die Fragen zu verschaffen, auf die es am meisten ankommt, über die wir aber normalerweise am wenigsten nachdenken. Ich hoffe, dass es uns gelingen wird, gemeinsam den menschlichen Geist zu erforschen und uns dabei im Fortschreiten selbst unseren Weg zu bahnen. Genauer ansehen werden wir uns eine Reihe von aufregenden Ideen sowie eine Vielzahl erstaunlicher Fragen und neuer Sichtweisen auf das, was wir tun. Wir werden wohl nicht in der Lage sein, auf jede aufkommende Frage eine definitive Antwort zu geben. Wenn Sie mir jedoch auf meinem Weg folgen, so werden Sie sicherlich größere Fortschritte als Sie je für möglich gehalten hätten dabei machen, die Fragen und Themen dieses Buches sowohl schätzen zu lernen als auch zu verstehen. Ich werde vielleicht manchmal verrückt klingende Fragen stellen; ich verspreche Ihnen aber, dass das Nachdenken über diese Fragen Ihnen neue und erstaunliche Sichtweisen auf unser Leben ermöglichen wird. Das Ziel des Buches ist nicht mehr und nicht weniger als die Suche nach Erkenntnis selbst.

Das Leben ist ein Fest nur für die, die wissend sind.

Ralph Waldo Emerson

Sokrates über die alles entscheidende Untersuchung

Sokrates liebte es, die Straßen entlang zu schlendern oder auf Feste zu gehen und dabei jeden, den er traf oder dem er begegnete in philosophische Diskussionen zu verwikkeln. Für ihn war die Philosophie nicht eine trockene, den Verstand herausfordernde Disziplin, ein Spiel für Pedanten und Gelehrte, sondern etwas, das für ein gutes Leben unabdingbar ist. Er ging sogar soweit, die folgende berühmte Sentenz aufzustellen:

Ein Leben, das sich nicht selbst geprüft hat, ist es nicht wert, gelebt zu werden.

Wie haben wir diesen Satz zu verstehen? Jeder glaubt zu wissen, was er bedeutet: »Dieses Auto ist keine 40.000 DM wert.«; oder: »Dieses T-Shirt ist keine 150 DM wert.«; oder auch: »Die Tickets für dieses Konzert sind keine 80 DM pro Person wert.« Aber was genau bedeutet es zu behaupten, dass eine bestimmte Art zu leben, ein bestimmter Lebensstil, d.h. das, was Sokrates das »ungeprüfte Leben« nannte, es nicht wert sei, gelebt zu werden?

Grundsätzlich gilt, dass ein Gegenstand dann seinen Preis wert ist, wenn sein Gegenwert mindestens so hoch ist, wie der Preis, den man für ihn bezahlt hat. Dieser Preis entspricht dem gleichem Wert, den auch die Anstrengung oder die Energie besitzt, die man in die Beschaffung der Ressourcen, die zur Begleichung des Preises notwendig waren, gesteckt hat. Wenn ich mir etwas kaufen möchte, so überlege ich mir immer, ob der Wert des Artikels auch wirklich der Höhe des geforderten Preises entspricht. Ist er wirklich diese Menge Geldes wert? Entspricht sein Wert wirklich der Arbeit, die ich benötigte, um das für seinen Erwerb nötige Geld zu verdienen?

Der Preis für ein Paar Schuhe, den eine wohlhabende Person noch als günstig einstufen würde, mag einer weniger begüterten Person schon viel zu hoch erscheinen. Der über ein geringeres Einkommen verfügende Käufer muss vielleicht viel zu hart oder zu lange arbeiten, um dieselbe Menge Geldes zu verdienen. Ihm erscheint daher der Preis für die Schuhe ihrem Wert überhaupt nicht angemessen.

Was aber hat dieser urteilsmäßige Allgemeinplatz mit Sokrates' berühmtem Spruch zu tun? Was eigentlich sind die Kosten – der Wert – des »ungeprüften Lebens«? Um das zu beantworten, müssen wir verstehen, was Sokrates mit seinem Satz meinte.

Was ist das »ungeprüfte Leben«? Leider ist es genau die Art Leben, das viel zu viele Menschen leben: Aufstehen, anziehen, essen, zur Arbeit fahren, Mittagspause einlegen, noch etwas mehr arbeiten, nach Hause fahren, wieder essen, fernsehen, Zeitschriften durchblättern, sich mit Familienmitgliedern oder Freunden am Telefon unterhalten, Schlafanzug anziehen und schließlich einschlafen – nur um dann dasselbe immer und immer wieder und Tag für Tag zu wiederholen, ohne jemals darüber nachzudenken, was das Ganze soll oder wie das Leben eigentlich gelebt werden sollte.

Solange wir noch Kinder sind, entscheiden andere, was wir anziehen und essen sollen und wann wir spielen können. Selbst wenn wir älter sind, bestimmen noch viel zu oft andere darüber, was wir tagsüber tun. Wir treffen viele Entscheidungen; oft jedoch können wir dabei nur aus einer eingeschränkten Anzahl von Möglichkeiten auswählen, die uns durch unsere Umwelt, unsere Familien, unsere Vorgesetzten bei der Arbeit und schließlich auch durch unsere Gewohnheiten vorgegeben sind. Fast nie halten wir inne und besinnen uns auf das, was wir wirklich im Leben wollen, wer wir sind oder was wir werden wollen, was wir in der Welt bewirken möchten und damit auf das, was wirklich das Richtige für *uns* ist. Genau das aber meint die Rede vom ungeprüften Leben, das Leben, das wir beinahe als Schlafwandler durchlaufen, den Stunden, Tagen und Jahren bewusstlos anheimgegeben. Es ist ein Leben, das automatisch abläuft und das auf Werten und Überzeugungen aufgebaut ist, die niemals wirklich überprüft oder auf ihren Gehalt hin getestet worden sind.

Viele Leute scheinen die Selbstbefragung zu fürchten, so als wenn die Bewertung und der Blick auf ihre eigenen Glaubensüberzeugungen und Werte irgendeine Bedrohung für sie darstellen würde. Eine philosophisch reflektierende Betrachtung unserer grundlegendsten Überzeugungen und der Dinge, für die wir uns engagieren, muss nicht unbedingt eine unterminierende Wirkung haben. Sie könnte sogar im Gegenteil einen *reinigenden* Effekt haben. Das fundamentale Ziel philosophischen Nachdenkens ist nicht negativ verstandene Kritik oder sonst irgendeine Form von Verneinung oder Ablehnung; ihr wahres Ziel ist *Verstehen*. Ein tieferes Verstehen mündet nämlich oft in ein Sich-wieder-Besinnen, in einen Verzicht auf unnötige und unwichtige Handlungsweisen sowie die anschließende Übernahme von vernünftigeren. Auf diese Weise können wir die Balance unseres Lebens in eine positive Richtung verschieben.

Das ungeprüfte Leben ist hingegen eines ohne tiefgehendes Verstehen des eigenen Lebens. Es ist kein Leben, das in selbstbestimmter positiver Veränderung ruht.

Das Schlimme ist, dass Sie einen hohen Preis dafür zahlen müssen, ein solches Leben zu leben. Worin besteht dieser Preis? Was sind die Kosten eines solchen Lebens? Sokrates benennt diese Kosten, wenn er sagt, dass das ungeprüfte Leben nicht den Preis wert ist, den man für es bezahlen muss; es sei einfach ein Leben, das es nicht wert ist, *gelebt* zu werden.

Den Preis, den man für ein ungeprüftes Leben zu zahlen hat, ist daher genau das – das *ganze Leben*. Man kann schlechterdings keinen höheren Preis zahlen. Sokrates sagt jedoch nicht, dass das ungeprüfte Leben *überhaupt* nichts wert sei. Klug wie er ist, hat er die Möglichkeit offen gehalten zu glauben, dass jedes Leben einen Wert besitzt, egal wie unreflektiert das Leben auch sein mag. Dieser große Philosoph betonte bloß, dass das ungeprüfte Leben, in das man alle seine Energien hineinsteckt, ohne die Richtung, die es nimmt, selber bestimmen zu können, nicht den zu zahlenden hohen Preis wert sei.

Die Philosophie als ein reflektierendes Tun, das den Menschen ein sinnvolleres Leben bescheren kann, erfordert hingegen den Einsatz unserer Lebensenergien für etwas, das vielleicht die Mühen wert ist. Ist daher das geprüfte Leben immer per se eines, das es wert wäre, gelebt zu werden? Sokrates hat dies so nie behauptet. Seine Aussagen über das ungeprüfte Leben scheinen jedoch eine solche Schlussfolgerung nahezulegen. In seiner Weisheit überließ er es aber einem jeden Menschen, nach Prüfung seines eigenen Lebens diese Folgerung selbst zu ziehen. Ich hoffe, dass das, was Sie in dem Buch finden können, Ihnen dabei hilft, den Weg zu einer solchen Prüfung Ihres eigenen Lebens zu finden.

Mache es zu deinem Anliegen, dich selbst kennenzulernen. Dies ist die schwierigste Aufgabe auf der Welt.

Cervantes

Die Fragen, die wir uns stellen werden

In diesem Buch werden wir uns genauso wie in meinem Philosophieseminar an der Universität Notre Dame mit Fragen zu den folgenden Bereichen beschäftigen: Glauben, Zweifel und Wissen; das Gute; der freie Wille und der Determinismus; der Tod, das Leben nach dem Tod sowie die Existenz Gottes.

Wir werden die meisten wichtigen Theoriebereiche der Philosophie streifen: Logik, Epistemologie, Ethik, Metaphysik und Religionsphilosophie. Außerdem werden wir viele der wichtigsten Denker der Geschichte zu Rate ziehen. Während des ganzen Buches werde ich versuchen, die Diskussion gleichermaßen praktisch wie theoretisch zu halten, weil ich denke, dass der beste Gebrauch, den man von der Theorie machen kann, in der Verbesserung der eigenen Lebenspraxis liegt. Bei jedem aufkommenden Problem werden wir uns fragen, welchen Bezug es zu unserem Leben hat und wie es uns dabei helfen kann, in dieser Welt unseren Weg weiter voranzuschreiten.

Oft kann man von den unerwarteten Fragen eines Kindes mehr lernen als von Erwachsenen, die sich auf der Straße bloß gemäß ihrer von irgendwoher übernommenen Vorstellungen und aufgrund der Vorurteile ihrer Erziehung unterhalten.

John Locke

Hier sind einige der Fragen, die in diesem Buch behandelt werden:

- ✔ Wie können wir überhaupt etwas wissen?
- ✔ Warum ist Vernunft für ein gutes Leben so wichtig?
- ✔ Was bedeutet das Wort *gut* wirklich?
- ✔ Ist die Moral bloß eine persönliche Angelegenheit, oder existieren objektive moralische Regeln, die für jeden Menschen verpflichtend sind?
- ✔ Warum sollten wir moralisch handeln?
- ✔ Warum stimmen die Menschen in Moralfragen so wenig überein?
- ✔ Ist der Mensch wirklich frei, oder sind all unsere Handlungen bestimmt durch die Gene und unsere Umgebung?
- ✔ Ist es prinzipiell möglich, die Zukunft detailgenau vorherzusagen?
- ✔ Was unterscheidet einen Menschen von einem Roboter?
- ✔ Hat der Mensch eine Seele, oder ist er bloß ein komplexer biologischer Organismus?
- ✔ Was ist der Tod?
- ✔ Warum haben so viele Menschen Angst vor dem Tod?
- ✔ Gibt es ein Leben nach dem Tod?
- ✔ Woher kommt die Vorstellung, dass ein Gott existieren müsse?
- ✔ Gibt es Gott wirklich?

- Warum gibt es soviel Böses in der Welt?
- Lassen sich diese Fragen endgültig beantworten, oder bleibt uns nichts anderes übrig, als sie zu glauben?
- Was *ist* der Glaube eigentlich?
- Wie kann der Mensch glücklich werden?

Diese Fragen decken allerdings nur einen Teil dessen ab, was ich in diesem Buch behandeln werde.

Es ist besser, nur einige der überhaupt möglichen Fragen zu fragen, als alle ihre Antworten zu kennen.

James Thurber

Philosophie als eine Aktivität

2

In diesem Kapitel

- Was es heißt, von der Philosophie als einer Aktivität zu sprechen
- Erfahren Sie hier, wie man selbst philosophiert
- Wie man die Kraft des Glaubens wertschätzen lernt
- Blick in Platos Höhle

Die Philosophie ist keine Theorie, sondern eine Tätigkeit.

Ludwig Wittgenstein (1889-1951)

Die Philosophie im eigentlichen Sinne ist mehr eine Aktivität des Geistes als ein Wissensgebäude. Praktiziert man sie so wie in der Antike, ist sie sogar eine Heilkunst. Sie ist darüber hinaus eine Übung in geistiger Selbstverteidigung sowie eine Form der Therapie. Sie ist jedoch noch viel mehr, sie ist so etwas wie der Atlas der Seele, der Kartograph der menschlichen Reise durch das Leben, auf den heutzutage viel zu viele Menschen verzichten.

In diesem Kapitel werden wir genau erfahren, worin diese Aktivität des Geistes besteht und wie man sie gut ausübt. Ich werde Ihnen die Kraft, die der menschliche Glauben in unserem Leben für uns hat, zeigen und mache Sie mit einem Gleichnis Platos vertraut, das aufgrund seiner Anschaulichkeit bis in unsere Tage hinein gewirkt hat und den Menschen dabei geholfen hat, (Sinnes-) Täuschung und Wahrheit zu unterscheiden.

Das Abenteuer des Geistes

Die Philosophie kann mitunter ein Abenteuer des Geistes sein – geistiges Höhlenforschen, mentales Felsenklettern, kognitives Wildwasserfahren oder auch das Auskundschaften unbekannten Geländes. Sie scheint manchmal nichts anderes zu sein, als eine Art Extremsport mit Begriffen und Ideen.

Wir werden bei unseren philosophischen Untersuchungen bisweilen bis an die Grenzen unserer gewohnten Weltanschauung geraten. Mitunter werden wir sie zeitweise ganz fallen lassen müssen. Unser Geist befindet sich dann sozusagen im freien Fall, und uns bleibt nur zu hoffen übrig, dass sich unser Fallschirm bei Bedarf wieder öffnen werde. Wenn wir soweit gehen, dann aus dem Grund, die äußersten Grenzen unserer alltäglichen Annahmen über die Welt erfahrbar zu machen. Wir wollen wissen, welchen Status diese Annahmen und Überzeugungen haben, die die Grundlage für unsere tagtäglichen Entscheidungen im Leben bilden und die uns normalerweise selbstverständlich erscheinen.

Wir werden die Dinge so gründlich wie möglich in Frage stellen, um sie so tiefgehend wie möglich zu verstehen. Das Hauptziel hierbei ist, die Frage, wer wir sind und welchen Platz wir wirklich in der Welt einnehmen, besser beantworten zu können.

Meistens jedoch kann man sich die Philosophie als ein Bündel von existentiellen Überlebenspraktiken vorstellen, die mit Entschlossenheit auf eine Art Such-und-Rettungs-Aktion der Seele angewendet werden. Die Philosophie ist weder ein Spiel noch ein Sport des Geistes. Sie ist vielmehr diejenige Verwendung unseres Geistes, die für ein Zurechtkommen im Leben am Unerlässlichsten ist.

Wir erkunden unseren Weg

Bei unserer eigenen gegenwärtigen wie zukünftigen philosophischen Kursbestimmung ist die Befragung der großen Denker der Vergangenheit damit vergleichbar, einen ortskundigen Polizisten oder Taxifahrer nach der Richtung zu fragen, anstatt verloren in der Gegend herumzuirren. Es wird zwar nicht zu vermeiden sein, dass wir ein wenig auf eigene Faust Erkundigungen anstellen; jeder gute Ratschlag und jede brauchbare Richtungsauskunft kann jedoch nur hilfreich bei unseren eigenen Bemühungen sein.

Bei allen Expeditionen in fremdes Gebiet macht es sich bezahlt, einen einheimischen Führer zu engagieren, selbst wenn wir am Ende selbst den Berg hinaufklettern müssen. Die großen Denker, die vor uns den Weg gegangen sind, werden uns auf unserem Weg hin zu einer eigenen Sicht der Dinge jederzeit behilflich sein können.

Der bekannte amerikanische Essayist und Philosoph Ralph Waldo Emerson schrieb einmal:

Ehrfürchtige junge Männer, die sich in Bibliotheken wie zu Hause fühlen, glauben, dass es ihre Pflicht sei, die Ansichten zu übernehmen, die sie bei Cicero, Locke und Bacon gelesen haben; dabei vergessen sie jedoch, dass auch Cicero, Locke und Bacon einst, als sie ihre Bücher schrieben, nichts weiter als junge Männer in Bibliotheken gewesen waren.

Jeder von uns ist versucht zu sagen: »Wer bin ich schon, dass gerade ich über diese Dinge nachdenken soll?« Genauso kann man fragen, wer zum Teufel Sokrates schon war, dass er anfing, über diese Dinge nachzudenken? Wer war schon Plato? Um 100 n. Chr. schrieb Seneca:

Plato war nicht von Beginn an der erhabene Philosoph; erst die Philosophie machte ihn dazu.

Uns gehen die Fragen der Philosophie genauso und im gleichen Maße an wie die Menschen früherer Zeiten. Da es aber das Verdienst der Alten ist, den Prozess des Denkens schon begonnen zu haben, können wir von ihrem Denken natürlich auch profitieren:

Wer mit den Weisen umzugehen pflegt, dem wird die Weisheit auch zutage.

Menander

Wir befragen die Schriften der großen Philosophen der Vergangenheit nicht aus dem Grund, um auf unsere Fragen nach den letzten Dingen der Philosophie eine endgültige Antwort zu bekommen, sondern deswegen, weil sie uns dabei helfen können, überhaupt mit dem Philosophieren anzufangen. Darüber hinaus können wir uns die philosophischen Irrwege, die sie schon gegangen sind, auf diesem Wege ersparen. Zu Beginn des Jahrhunderts erklärte William Ralph Inge:

Der Zweck, den die Beschäftigung mit der Philosophie hat, ist, seinen eigenen Verstand kennenzulernen, nicht jedoch den der anderen.

Wenn wir also philosophieren, so dienen uns die Texte der großen Philosophen nicht dazu, ihre Ideen noch einmal zu rekapitulieren oder bei ihnen Antworten auf unsere Fragen zu finden, sondern dazu, bei ihnen Unterstützung und Anregung für unser eigenes philosophisches Bemühen zu finden.

Ralph Waldo Emerson sagte:

Bücher sind das Beste auf der Welt, wenn sie nur auf intelligente Weise genutzt werden; wenn nicht, so sind sie mit das Schlechteste. Welches Ziel verfolgen alle Bücher letztendlich? Kein anderes als das, den Menschen zu inspirieren.

Ich hoffe, dass ich Sie mit diesem Buch genauso inspirieren kann, wie ich selbst durch die Bücher anderer inspiriert worden bin, und dass es Ihnen dabei hilft, sich mit der Philosophie ein wenig näher zu beschäftigen und aus ihr ein wenig Lebensklugheit zu ziehen. Erlauben Sie mir, Ihnen als Führer auf diesem Weg ins Reich der Philosophie zu dienen, genauso wie auch ich viele Führer auf diesem Weg nutzen werde.

Die große Kraft der eigenen Überzeugungen

Lassen Sie mich Ihnen gleich zu Beginn eine wichtige Lehre über die Rolle von Annahmen und Überzeugungen in unserem Leben anhand einer Geschichte mitteilen. Sie dient dazu, unser Bedürfnis nach philosophischer Strenge zu demonstrieren. Die Geschichte lautet folgendermaßen:

Meine Familie hatte mich schon seit längerem darum gebeten, für uns einen eigenen gasbetriebenen Gartengrill zu kaufen, einen mit einem eingebauten Propangastank. Ich zögerte erst noch, da ich von Leuten gehört hatte, dass Propangas aufgrund seiner leichten Entflammbarkeit und seiner Giftigkeit gefährlich sei. Ich meinte mich auch daran erinnern zu können, gehört zu haben, dass Propangas von Natur aus geruchlos sei und dass deswegen bei der Herstellung eine Substanz beigefügt wird, die es erlaubt, aus einem Leck austretendes Gas sofort mit der Nase wahrzunehmen.

Als meine Familie also beschloss, mir zum Vatertag einen Gasgrill zu schenken, willigte ich schließlich ein und erfüllte ihnen ihren langersehnten Wunsch. Meine Frau rief beim Sears Versandhandel an und bestellte das De-Luxe-Modell. Da Philosophen meist nur geschickt im Umgang mit Ideen sind und von technische Dingen normalerweise nichts verstehen, sorgte meine Frau in weiser Voraussicht auch gleich dafür, dass der Grill direkt bei Lieferung aufgebaut wurde.

Einige Tage später erhielten wir einen Anruf von Sears, dass der Grill versandfertig sei. Daraufhin kaufte meine Frau alle nötigen Essenssachen sowie das Grillzubehör und bereitete die Party vor. Als der Grill schließlich geliefert wurde, wurde mir gesagt, dass ich den Gastank selbst an den Grill anschließen müsse, sobald ich mit dem Grillen anfangen wolle. Sie erklärten, dass sie den Tank und den Grill unbedingt separat anliefern müssten. Ich nahm an, dass das so seine Ordnung hätte, weil sonst die Gefahr bestünde, dass möglicherweise austretendes Gas den Fahrern schadete.

Als sie abgefahren waren, begann ich mit Hilfe einer Montageanleitung mit der Arbeit. Ich fummelte eine Weile mit den Schläuchen und Verbindungsteilen herum und merkte schnell, wie ich nach mehreren Fehlversuchen langsam aber sicher aus der Puste kam. Ich arbeitete natürlich im Freien, so dass eventuell freiwerdendes Gas sich schnell verziehen konnte; anscheinend jedoch nützte das nicht allzu viel, da ich viel zu viel von dem Gas einatmete. Interessiert schaute meine Familie dabei zu, wie ich meine Arbeitstechnik änderte. Ich nahm nun einen tiefen Atemzug, spurtete zum Grill, führte fieberhaft einige Handgriffe aus und rannte schließlich außer Reichweite des Gases, wo ich wieder tief einatmete. Ich machte das so lange, bis ich dachte, dass die Verbindung von Tank und Grill ausreichend fest sei. Der Grill wollte jedoch auch nach mehrmaligem Probieren nicht angehen. Während ich die Verbindungen nochmals überprüfte, konnte ich fühlen, wie mir immer benommener und übler wurde.

Wir entschieden uns dazu, Sears anzurufen. Ich erklärte ihnen die Situation und wies auf die Tatsache hin, dass mir schlecht sei und dass ich offensichtlich zu viel Propangas eingeatmet hatte. Ein Zustand geistiger Vewirrtheit begann einzusetzen, und ich hatte Angst, kostbare Gehirnzellen zu verlieren. Meine Lungen schmerzten. In meinem umnebelten Zustand hörte ich, wie der Mann von Sears mir schließlich eine Frage stellte:

»Wo haben Sie den Tank mit dem Gas gekauft?«

»Was meinen Sie? Der Grill wurde heute nachmittag mit dem Tank geliefert und der Mann sagte, dass man ihn direkt anschließen könne.«

»Ja, das stimmt, bis auf die Tatsache, dass das so nichts bringt. Wir verkaufen unsere Grills nur mit neuen, leeren Tanks. Sie müssen sie dann selbst auffüllen lassen. Deshalb ist ihr Grill auch nicht angegangen. Ihrer ist leer.«

Mann, ich sage Ihnen, kam ich mir blöde vor. Ich bin beinahe erstickt, nur weil ich so fest von etwas überzeugt war, was sich hinterher als falsch herausstellte. Ich entwickelt körperliche Symptome wegen etwas, das es gar nicht gab. Ich konnte es riechen. Mir wurde schwindlig und übel. Alles jedoch, was es brauchte, um mein physisches Wohlbefinden wieder herzustellen, war eine Dosis neuer Informationen. Ich fühlte mich ein wenig beschämt. Meine Frau und meine Kinder hörten gar nicht mehr auf zu lachen. Schließlich gingen sie und bestellten für uns alle Pizza.

Die Menschen können schon aufgrund ihrer bloßen Vorstellungen sterben.

Chaucer

In einer Hinsicht hat mir dieser Tag wirklich weitergeholfen. Als Philosoph lernte ich etwas wirklich Entscheidendes über den Einfluss unserer Überzeugungen und Einbildungskraft auf unsere Wahrnehmung. Gleichzeitig erfuhr ich auch etwas über die verborgenen Annahmen, die unserem

Denken, Handeln und Fühlen zugrunde liegen und dieses steuern können. Der Geist ist in der Tat ein machtvolles Instrument. Falsche, d.h. irrige Überzeugungen können einen großen Einfluss auf uns haben.

Platos Höhle

Plato erfand ein eindrückliches Gleichnis für diese falschen Überzeugungen und Annahmen, denen wir nur zu oft Glauben schenken. Er schrieb, dass alle Menschen gleichsam wie angekettet auf dem Boden einer Höhle leben würden. Ihre Blicke fielen dabei auf eine Wand, auf der die Schatten von Objekten zu sehen seien, die die Menschen in der Höhle aber selbst direkt nicht sehen könnten. Statt dessen würden sie diese Schatten für deren eigentliche wirkliche Existenz halten.

Platos Höhlengleichnis war wirklich sehr ausgefeilt. Man müsse sich vorstellen, so fuhr er fort, dass hinter den Köpfen der Menschen in der Höhle ein Feuer brenne, dessen Schein die Schatten von Gegenständen auf die vor ihnen befindliche Höhlenwand werfe, die alles seien, was die Menschen in der Höhle je zu sehen bekämen. Wenn nun einer von diesen Höhlenmenschen seine Fesseln abstreifte, seine Lage in der Höhle zum ersten Mal so sähe, wie sie in Wirklichkeit ist und sich daranmachte, die Höhle zu verlassen und ins helle Tageslicht zu treten, so würde er zuerst geblendet werden von den grellen Sonnenstrahlen, mit denen verglichen das Feuer in der Höhle nur ein allerschwächster Abglanz wäre. Eine Weile darauf aber würden sein Augen beginnen, sich an das helle Licht zu gewöhnen. Er begänne, einzelne Gegenstände zu erkennen, wie z.B. Tiere, Felsen oder Bäume. Des Unterschiedes gewahr werdend zwischen der äußeren Welt und der armseligen dämmerigen Schattenwelt, in der er so lange gefangen war, würde er in die Höhle zurückkehren, um seine Kameraden dazu zu überreden, ihre Fesseln ebenso wie er abzustreifen und mit ihm in das Licht der Wirklichkeit hinauszutreten.

Der philosophische Houdini

Der Mensch, der zuerst der Höhle entkam, in der wir nach Plato leben, war ein Philosoph. Er war es, der erkannte, dass unser aller Leben in gewisser Weise durch lauter Illusionen bestimmt wird, dass wir gefangen gehalten werden von Ketten, die wir uns nicht selbst angelegt haben und dass wir durch diese nur gleichsam die Schatten der Dinge wahrnehmen und erkennen können, nicht aber die Dinge an sich. Wenn er den anderen in der Höhle von seiner seltsamen Reise ins Licht erzählt, davon dass er die wirklichen Dinge gesehen habe, so werden einige jubeln, die anderen jedoch werden ihn verhöhnen. Dem Menschen fällt es nun einmal nicht allzu schwer, sich mit seinen Illusionen zu arrangieren. Außerdem fühlen wir uns sehr leicht bedroht von Berichten über uns bisher unbekannte und viel tiefgründigere Wahrheiten. Nichtsdestotrotz versucht aber der wahre Philosoph so viele seiner Mitgefangenen wie möglich zu befreien, um ihnen so ein Leben in der helleren und klareren Wirklichkeit jenseits der engen Beschränkungen ihrer gewohnten Wahrnehmungswelt zu ermöglichen.

Platos Höhlengleichnis stellt ein anschauliches Bild für die eigentliche Aufgabe der Philosophie dar. Ihr Ziel müsse es sein, uns von unseren Illusionen zu befreien und uns dabei zu helfen, unsere Sinne für die eigentliche der Welt zugrunde liegende Realität zu schärfen.

Welche Illusionen bestimmen im Moment Ihr Leben? Welche Dinge schätzen Sie wert, die diese Wertschätzung eigentlich gar nicht verdienen? Welche Dinge, die über einen echten Wert verfügen, entgehen vielleicht Ihrer Aufmerksamkeit? Welche der Annahmen in und über Ihr Leben fußen auf äußerem Schein und nicht auf der Realität? Die meisten Menschen sind Gefangene aller möglichen Illusionen. Die Aufgabe der richtig praktizierten Philosophie ist es, uns von diesen Ketten zu befreien.

Letztendlich haben wir keine Wahl dabei, Philosophen zu sein oder zumindest eine Philosophie zu besitzen. Wir handeln unvermeidlicherweise auf der Basis irgendeiner philosophischen Weltanschauung, wie ausgearbeitet oder rudimentär sie auch immer sein möge. Wir haben die Wahl zwischen einer schlechten Philosophie, die wir, ohne uns weiter Gedanken über sie zu machen, einfach aus der uns umgebenden Kultur mit all ihren Vorurteilen übernehmen können, und einer guten Philosophie, die einen Menschentyp voraussetzt, der unablässig nachdenkt und die Dinge kritisch hinterfragt.

Wir sind entweder gute oder schlechte Philosophen. Qualität aber stellt sich nur bei entsprechender Sorgfalt ein. Sorgfältiges Nachdenken führt daher zur besten Philosophie. Hält Ihre Lebensphilosophie Sie gefangen oder befreit sie Sie? In diesem Buch versuche ich einige der Mythen und Allgemeinplätze unserer eigenen Zeit aufzulösen und aus der Höhle unserer irrigen und falschen Annahmen und Überzeugungen auszubrechen. Was wir suchen, ist philosophische Aufklärung und Befreiung.

Der erste Tag des Rests Ihres Lebens muss weder in Platos Höhle beginnen noch dort enden.

Plato als Quelle des Denkens

Plato wird von vielen als die Hauptquelle der ganzen abendländischen Philosophie angesehen.

Plato ist der Ursprung aller Dinge, über die noch immer von gelehrten Männern geschrieben und gesprochen wird.

Ralph Waldo Emerson

Die zutreffendste Beschreibung der europäischen philosophischen Tradition ist, sie als eine endlose Reihe von Fußnoten zu Plato anzusehen.

Alfred North Whitehead

Die Liebe zur Weisheit

3

In diesem Kapitel

- Die drei Fähigkeiten, die die Philosophie im Menschen entwickelt
- Das Wesen philosophischer Analyse
- Die Bedeutung philosophischer Urteile und Bewertungen
- Die Kraft überzeugender, logischer Argumente
- Die Rolle der Weisheit, des wahren Ziels der Philosophie

Die Dinge haben ihre bestimmten Zeiten, zu denen sie populär sind, und selbst solche Dinge, die hohes Ansehen genießen, wechseln mit den Moden. Die Weisheit jedoch hat einen Vorteil: Sie ist immerwährend.

Balthasar Gracian

Je mehr Sie sich in das Thema vertiefen, desto mehr Gründe werden Sie entdecken, in Ihrem Leben philosophische Texte zu lesen, zu studieren und sich praktisch mit ihnen zu beschäftigen. Die Philosophie als Denkart fördert drei geistige Fähigkeiten des Menschen, die für jeden von uns von großer Wichtigkeit sind. Die Philosophie befördert außerdem die Weisheit des Menschen.

Zuerst werde ich mich in diesem Kapitel einen Moment diesen drei Fähigkeiten zuwenden. Dann spreche ich ein wenig mehr über die Weisheit – im Besonderen darüber, worin sie besteht und warum sie so wichtig ist.

Drei unverzichtbare Fähigkeiten des Philosophen

Einfach gesagt ist die Philosophie nichts weiter als ein Art zu denken. Genau genommen jedoch ist die Philosophie ein *Bündel* von Denkarten. Sie ist eine Gesamtheit geistiger Werkzeuge. Diese Tatsache hat eine direkte Auswirkung auf die Frage, warum wir überhaupt Philosophie studieren. Wir studieren sie nicht nur aus dem Grunde, um unsere Freunde und Arbeitskollegen mit unserem profunden Wissen zu beeindrucken oder unsere Familienangehörigen mit unserer Tiefgründigkeit oder durch das Stellen merkwürdiger Fragen in Erstaunen zu versetzen (obwohl manchem Studienanfänger des Faches Philosophie diese Möglichkeit am reizvollsten erscheint). Der eigentliche Grund, weshalb wir Philosophie studieren, ist, dass sie unsere geistigen Fähigkeiten fördert und uns neue Perspektiven auf unser Leben und die Welt eröffnet.

Während meiner Zeit als Dozent an der Universität Notre Dame musste jeder Student dort zwei Kurse in Philosophie belegen. Die Tatsache, dass noch weiter zurück in der Vergangenheit die Studenten sogar vier Kurse in Philosophie belegen mussten, milderte die anfänglichen Proteste der Studenten nur wenig. Warum sollte ein Student der Medizin oder der Volkswirtschaft seine Zeit überhaupt mit Philosophie vergeuden? War diese Regel nicht genauso sinnvoll, wie jeden Studenten ein Seminar in antiker babylonischer Entomologie belegen zu lassen? Steckte dahinter nicht bloß ein esoterisches Überbleibsel aus der Zeit, als noch die Geisteswissenschaften den Stundenplan der Studenten beherrschten, der in der Form heutzutage sowieso keinen Bezug mehr zur Wirklichkeit aufwiese?

Warum sollte eigentlich ein sehr beschäftigter Geschäftsmann sich Zeit für die Lektüre philosophischer Texte nehmen? Warum zum Teufel sollten Eltern, die mit der Erziehung ihrer Kinder sowieso schon genug zu tun haben, je ein Buch über Philosophie zur Hand nehmen? Was könnte dabei schon herauskommen? Die folgenden Abschnitte geben Ihnen vielleicht einige Antworten darauf.

Paralyse ohne Analyse

Die Philosophie als Denkart fördert unsere Fähigkeit, komplizierte Probleme zu analysieren. Sie hilft uns dabei, geistige Knäuel aufzulösen. Sie lehrt uns, wie man an den Kern eines Problems herankommt. Mit ihrer Hilfe lernen wir das Unwichtige vom Wichtigen zu scheiden und zu fragen: Was ist wirklich wichtig hier? Was ist der Kern der Frage? Wie kann ich die Frage in mehrere kleinere, leichter beantwortbare Teilfragen zerlegen?

Die Fähigkeit zu analysieren brauchen wir überall im Leben. Anwälte analysieren komplizierte Sachverhalte und lösen juristische Fragen; Ärzte ordnen Symptome Krankheiten zu; Kriminalkommissare versuchen Beweise zu deuten; Geschäftsleute müssen verwickelte Verträge durchschauen; Eltern schließlich müssen die Konflikte innerhalb der Familie entwirren, um sie in den Griff zu bekommen. Die Fähigkeit, Sachverhalte zu analysieren, ist für alle Schichten der Gesellschaft nützlich. Das analytische Verfahren ist derart bedeutsam für das philosophische Denken, dass eine der wichtigen philosophischen Richtungen des 20. Jahrhunderts sogar aufgrund der Tatsache, dass sie die zentrale Stellung dieser Fähigkeit so in ihren Mittelpunkt stellte, als analytische Philosophie bekannt geworden ist. Ganz allgemein gilt jedoch, dass alle Philosophen ohne analytisches Denken nicht auskommen können.

Letzten Endes lehrt uns die Philosophie, wie wir unser Leben auf analytische Weise deuten sollen: Wer bin ich? Was will ich im Leben wirklich? Was ist überhaupt der Sinn unserer Existenz? Wie kann ich glücklich werden? Welchen Beitrag kann ich für die Beförderung des Guten in der Welt leisten? Was sind meine größten Talente? Wie kann ich meine Zeit am besten nutzen?

Indem wir uns anschauen, wie die großen Philosophen wichtige Fragen der menschlichen Existenz analysiert haben, und indem wir dabei von deren Methoden lernen, werden wir in der Lage sein, unsere eigenen analytischen Fähigkeiten zu entwickeln und diese auf verschiedene Bereiche unseres Lebens anzuwenden. Ich will damit aber weder sagen, dass das analytische Vermögen des Menschen die wichtigste geistige Fähigkeit überhaupt ist noch dass der Ausübung philosophischen Analysierens die Schlüsselstellung in unserem Leben gebührt. Das tut es nicht, so wichtig das Analysieren auch sein mag. Wenn wir aber nicht fähig sind, die Umstände, die unser Leben bestimmen, zu analysieren und dem, was auf uns zukommt, entsprechend zu begegnen, so werden wir unweigerlich im Leben immer wieder wie gelähmt und hilflos dastehen.

Der Mensch ist wie ein Schilfrohr, das schwächste Ding in der Natur, aber dennoch ist er ein denkendes Schilfrohr.

Blaise Pascal

Das Analysieren ist eine unerlässliche Fähigkeit. Sie muss jedoch zweckmäßig eingesetzt werden. Es gibt ein wohlbekanntes Phänomen, allgemein als *analytische Paralyse* bezeichnet, das sich einstellt, wenn aktives Handeln oder auch der gefühlsmäßige Bezug zu den Dingen durch zuviel Nachdenken verhindert wird. Ein Mensch kann Gegenstände, über die er nachdenkt, zu Tode analysieren. Wie in Kapitel 1 erläutert, ist das ungeprüfte Leben vielleicht nicht wert gelebt zu werden; das *ungelebte* Leben jedoch ist ganz sicher überhaupt keine philosophische Prüfung wert. Das bloße Denken kann niemals ein Ersatz für echte Handlungen sein. Es sollte uns lediglich bei der Entscheidung, was wir tun sollen, leiten. Alle an sich guten Dinge, und ganz bestimmt auch das logisch-analytische Denken, können falsch gebraucht werden. Es hängt von uns ab, ob wir auf kluge Weise von ihm Gebrauch machen.

Der entscheidende Punkt, auf den ich hier aufmerksam machen möchte, ist, dass das Lösen von Problemen um so leichter fällt, je besser man bei der Analyse von schwierigen Problemen wird. Die Philosophie fördert genau diese Fähigkeit, die dem Menschen sein ganzes Leben lang nützlich ist. Das ganze Geheimnis des Denkens und Handelns ist, dass man ohne die Fähigkeit zum analytischen Denken sehr viel eher in seinem Leben an Schwierigkeiten scheitern wird als das mit dem Beherrschen dieser Fähigkeit der Fall wäre. Richtiger analytischer Scharfsinn kann den Menschen wahrhaft voran bringen.

Die Fähigkeit des Beurteilens

Die Philosophie trainiert sowohl das analytische Denken als auch die Fähigkeit, widerstreitende Behauptungen einzuschätzen und zu beurteilen. Hat der Mensch einen freien Willen, oder sind all unsere Handlungen durch Vererbung und Umweltfaktoren bestimmt? Existiert Gott, oder existiert er nicht? Gibt es ein Leben nach dem Tod, oder stirbt mit dem Körper auch der Geist und die Seele des Menschen? Hat das Leben einen Sinn, oder ist alles, was wir tun, letztlich ohne Sinn und Bedeutung? Ist Rollschuhfahren gesund, oder ist es bloß der schnellste Weg, um ins Krankenhaus zu kommen? (Zugegeben, nicht alle Fragen sind wirklich von kosmischer Dimension.)

Wir werden oft im Alltag mit widerstreitenden Behauptungen und Vorschlägen konfrontiert, die wir dann gegeneinander abzuwägen haben: Sollten wir mehr Geld in die Steigerung der Qualität unseres Produktes investieren, oder sollten wir nicht vielleicht einfach nur den Werbeetat erhöhen? Die einen sagen, dass wir mehr Forschung und Entwicklung bräuchten; die anderen behaupten, dass mehr Marketing vonnöten sei. Eine Gruppe von Experten sagt, dass Kinder mehr Freiheit benötigten; die andere erwidert darauf, dass ihnen im Gegenteil mehr Disziplin und klar definierte Grenzen gut täten. Wie wägt man solche widerstreitenden Forderungen gegeneinander ab? Wie bewertet man sie? Die Philosophie schult den Geist in der hohen Kunst des gegeneinander Abwägens.

Nicht alles, was glänzt, ist auch aus Gold. Schein und Wirklichkeit können voneinander abweichen. Heutzutage leben wir in einer Welt des Scheins, der Übertreibung und der Werbung. Platos Höhle ist größer und tiefer als je zuvor (siehe Kapitel 2). Illusionen regieren die Welt. Jeder will irgend etwas verkaufen, und jeden Tag werden wir mit Forderungen bombardiert, dass wir lernen müssten, die Dinge gegeneinander abzuwägen. In einer Welt widerstreitender Ansichten, die miteinander um unsere Wertschätzung wetteifern, wie sollen wir da die Spreu vom Weizen trennen? Vorsicht ist hier äußerst wichtig. Was wir brauchen, ist kritisches Urteilsvermögen. Dieses Urteilsvermögen, die Fähigkeit des gegeneinander Abwägens, kann durch die Philosophie auch befördert werden.

Des Menschen Urteil ist fehlbar.

Ovid

In der Philosophie werden Meinungen oder Ansichten bewertet, indem man Beweise fordert, die ihre Wahrheit plausibel erscheinen lassen. Dabei vergleichen wir die zu bewertende Aussage mit anderen Aussagen, von deren Plausibilität oder sogar Wahrheit wir schon überzeugt sind.

Bei der Beurteilung einer Weltanschauung oder einer wichtigen philosophischen Lehrmeinung (ebenso bei der Beurteilung von ganz allgemeinen Dingen des täglichen Lebens) müssen die folgenden drei Grundfragen gestellt werden. Wir wollen sie die drei Ks nennen:

- ✔ **(K1) Besteht Kohärenz?** Sind die verschiedenen Teile der geäußerten Anschauung oder Meinung logisch miteinander vereinbar? Sind sie auf sinnvolle und sich nicht gegenseitig ausschließende Weise miteinander verknüpft? Sind sie kohärent, d.h. in sich schlüssig?
- ✔ **(K2) Sind sie komplett?** Beinhalten die Aussagen und Behauptungen zu einem Thema alle für dieses Thema relevanten und unbedingt zu berücksichtigenden Aspekte, oder gibt es irgendwo Lücken oder blinde Flecken in der Argumentation?
- ✔ **(K2) Sind sie korrekt?** Es ist für Aussagen nicht genug, nur vollständig und in sich schlüssig zu sein. Es müssen außerdem genügend Beweise für ihre Wahrheit verfügbar sein. Schlüssigkeit ist notwendig; Vollständigkeit ist wichtig, aber nur die Korrektheit, der Wahrheitsgehalt einer Aussage erfüllt zusätzlich die Bedingung, die man an sie zu stellen hat. Mit einer in sich stimmigen Aussage, die jedoch nicht mit äußeren Tatsachen übereinstimmt, kann man für den praktischen Gebrauch wenig anfangen.

Dies sind also die 3 Ks zur Beurteilung von Aussagen: Kohärenz, Komplettheit und Korrektheit. Eine philosophische Anschauung mag bis zu einem gewissen Grade, jedoch nicht vollständig, korrekt sein, d.h. sie ist vielleicht in begrenztem Maße korrekt, ohne aber komplett genug zu sein. Ein Urteil über eine solche Anschauung macht einem deutlich, dass sie noch weiter begründet werden muss. Sie scheint zwar im Ganzen richtig zu sein, ist aber was ihre weniger wichtigen Teile anbelangt inkohärent. Bevor eine solche Anschauung nicht durch weitere Überlegung und Verfeinerung logisch kohärenter, d.h. zusammenhängender gemacht worden ist, kann man sie nicht als Ganze akzeptieren. Wir müssen generell alle drei Kriterien auf Urteile oder Anschauungen anwenden, um diese abschließend beurteilen zu können. Wenn wir dieses Schema nur immer im Hinterkopf behalten, so werden wir in der Lage sein, unser Urteilsvermögen durch die philosophische Untersuchung eines vorliegenden Urteils egal welcher Art auch immer beträchtlich zu steigern.

Der Gebrauch von Argumenten

Die Philosophie fördert unsere Fähigkeit zur Analyse und Beurteilung von Sachverhalten. Sie lehrt uns aber auch den richtigen Gebrauch von Argumenten.

Argumente im philosophischen Sinne sind weder Spielmarken für Schreiwettkämpfe noch Einsätze in verbalen Auseinandersetzungen im Stile eines zwischen zwei Parteien ausgetragenen Tauziehens. Als ich in den späten Siebzigern auf die Universität ging, begann ich meinen Tag häufig damit, dass ich mir Talkshows im Fernsehen ansah. Selbst zu jener Zeit, als es noch kaum Zuschauerbeteiligung oder auf kontrovers geführte Debatten ausgerichtete Talkshow Sendungen gab, erstaunte es mich immer wieder zu sehen, was die im Fernsehen auftretenden Leute unter einem vernünftigen Austausch von Ideen und Argumenten verstanden. Die auf der Stirn und am Hals heraustretenden Blutadern, die verkniffenen Münder und roten Gesichter, die stets Erwiderungen wie »Ach *wirklich*?«, »*Wer* sagt das?« oder »Das ist bloß *Ihre* Ansicht!« begleiteten, schienen dem Ruf nach echten Argumenten völlig unzugänglich zu sein. Das war natürlich lange vor den gegenwärtig praktizierten Gewohnheiten des Stühle-Werfens, Tretens, Spuckens und An-den-Haaren-Ziehens, die heutzutage im Fernsehen als Ersatz für Argumente herhalten müssen. Ich beziehe mich hier übrigens nicht nur metaphorisch auf die entsprechenden Runden mit politischen Experten. Die Kultur als Ganze schient heutzutage zunehmend zu vergessen, was echte Argumente wirklich sein können.

Ein Argument im philosophischen Sinne ist eine durchdachte Anordnung von Sätzen, vermittels derer man Beweise für die Wahrheit einer Schlussfolgerung vorbringt. Mit Argumenten zielt man jedoch nicht direkt auf einen anderen Menschen, so wie man z.B. ein Gewehr auf eine Zielscheibe richten würde. Man streitet sich nicht in erster Linie *mit* jemandem; man präsentiert lediglich Argumente für eine logische Schlussfolgerung, die zum einen oft als ein Mittel eingesetzt werden, um einen anderen Menschen zu überzeugen, zum anderen aber manchmal bloß dazu dienen, für einen selbst herauszufinden, wo die Wahrheit liegt.

Das Ziel des Argumentierens und Diskutierens sollte nicht das Bestreben sein, siegen zu wollen, sondern der Fortschritt.

Joseph Joubert

Die Vernunft

Das Analysieren ist eine Funktion der Vernunft, genauso wie das Urteilen und das Argumentieren. Was aber genau *ist* die Vernunft? Alle Philosophen verwenden diesen Begriff, ja drängen ihn uns geradezu auf. Gleichzeitig aber machen sie uns auf seine Stärken und Schwächen aufmerksam.

Wir können uns die Vernunft ganz einfach als eines der Vermögen des Geistes vorstellen, ebenso wie es die Vorstellungskraft und die Wahrnehmung sind. Die Vernunft ist diejenige Kraft unseres Geistes, die uns erlaubt, logisch von einer Sache auf die andere zu schließen, die es ermöglicht, einen Zusammenhang von Ursache und Wirkung zu entdecken und die uns schließlich in die Lage versetzt, aus allgemeinen Sätzen Schlussfolgerungen zu ziehen. Kraft unserer Vernunft können wir die Wahrheit in den Dingen entdecken.

»Benutz Deinen Kopf« sagen wir manchmal zu einem Freund, womit wir ihm zu verstehen geben wollen, dass er doch bitte einmal von seiner Vernunft Gebrauch machen solle. (»Setz mal Dein Spatzenhirn in Bewegung« ist die manchmal gebrauchte, weniger höfliche Version desselben Ratschlags.)

In der Geschichte der Philosophie gab es immer wieder Philosophen, die meinten, dass die Vernunft alles tun könne – von der Entdeckung der «Ersten Prinzipien« bis zur Ableitung aller weniger grundlegenden wahren Sätze aus diesen Prinzipien. Andere wiederum waren der Meinung, dass uns nur die Erfahrung der empirischen Welt, d.h. alles, was uns die fünf Sinne an Informationen über die Welt liefern, Wahrheiten über die Zusammenhänge der Welt und unser Leben liefern könne. Das Hin-und-her-Pendeln zwischen zwei Extremen charakterisiert einen großen Teil der Philosophiegeschichte. Häufig beschreibt es auch unser Leben selbst. »Rationalisten« sind für uns Menschen, die die Vernunft für sehr wichtig halten und Argumente verlangen, wenn sie irgend etwas glauben sollen. Im Gegensatz dazu nennen wir jemanden »Empiristen«, wenn dieser ständig auf die Bedeutung der Sinneswahrnehmung für unsere Erkenntnis hinweist und nichts anderes gelten lassen will. Ein typischer Ausspruch eines Empiristen ist z.B.: »Ich werde das erst dann glauben, wenn ich es mit eigenen Augen gesehen habe.« Aber selbst die Philosophen, denen die Erfahrung als das Wichtigste im Erkenntnisprozess erscheint, anerkennen die Rolle der Vernunft beim Analysieren von Zusammenhängen, bei der Wahrnehmung, bei der Bewertung und schließlich beim logischen Schlussfolgern.

In der Philosophie ist deshalb der Austausch von Argumenten nicht die Art von Dingen, bei denen man entweder gewinnt oder verliert. Es handelt sich nicht um einen Wettkampf des Geistes. Selbst wenn man mit einer anderen Person über irgendein wichtiges Thema im herkömmlichen Sinne des Wortes eine argumentative Auseinandersetzung führt und man den anderen von der Richtigkeit seiner Meinung überzeugen will, so sollte man dennoch dazu in der Lage sein, ein auch im philosophischen Sinne gutes Argument hervorbringen zu können. Das Studium philosophischer Texte kann entscheidend dazu beitragen, die eigenen Fähigkeiten in diesem Bereich zu steigern.

Jeder von uns muss dazu fähig sein, andere auf überzeugende Art und Weise von seiner Meinung zu überzeugen. Nicht nur Anwälte sind hiervon abhängig. Der überzeugende Gebrauch von Argumenten ist z.B. ein wichtiger Teil der Tätigkeit eines jeden im Bereich des Managements arbeitenden Menschen; er ist außerdem für alle Eltern bei der Erziehung ihrer Kinder wichtig, genauso wie für Pfarrer, Lehrer und Wissenschaftler. Ein gutes und überzeugendes Argument hilft uns dabei, mit dem Verstand zu sehen, worin die Wahrheit einer Sache begründet liegt.

In meinem ersten Jahr auf dem College gelangte ich zu einer wichtigen Erkenntnis hinsichtlich der Grenzen von Argumenten. Aus irgendeinem Grund hatte das Thema Haare immer eine große Rolle in meiner Familie gespielt – Kopfhaare wie auch Gesichtshaare. Bis ich aufs College ging, bestanden meine Eltern darauf, dass ich mich täglich rasierte und meine Haare ganz kurz schneiden lassen solle. Sobald ich endlich alleine lebte, hörte ich auf, mir meine Haare zu schneiden und ließ mir einen Fu-Manchu-mäßigen Schnurrbart stehen. Dies war in den frühen Siebzigern, als ein Großteil der Rebellion der sechziger Jahre für meine Generation tatsächlich erst stattfand. Schlaghosen, super lächerliche Hemden und lange Haare beherrschten die Szenerie. Mir läuft es eiskalt den Rücken runter, wenn ich heute daran denke, wie ich damals ausgesehen habe. Es war einfach so, dass ich damals meine neu gewonnene Freiheit genießen wollte und außerdem noch mit meiner äußeren Erscheinung herumexperimentierte. Einige Monate nach meinem Auszug von zu Hause traf ich meine Mutter zum ersten Mal wieder. Sie bot mir augenblicklich 100 DM an, damit ich mir meinen Schnurrbart abrasieren lasse und weigerte sich standhaft, sich so mit mir zusammen in der Öffentlichkeit zu zeigen. Ich wünschte mir, ich wäre damals nicht so prinzipientreu gewesen. Zwei Wochen später nämlich fing der Schnurrbart dermaßen an zu jucken, dass ich ihn mir, ohne 100 DM dafür einstecken zu können, abrasierte. An jenem Tag versuchte meine Mutter jedoch jede nur denkbare Strategie. Sie sagte zu mir sogar: »Jeder, der sich einen Bart oder Schnurrbart wachsen lässt, scheint irgendwie psychisch nicht in Ordnung zu sein.«

Da ich gerade meinen ersten Philosophiekurs besuchte und dabei lernte, wie man seine Meinung mit Argumenten vertreten kann, beschloss ich, mein neugewonnenes Wissen hier einmal zu testen. Ich erinnerte mich plötzlich an das, was die Philosophen »falsifizieren« nennen. Konkret bedeutet falsifizieren, dass man jede allgemeine Behauptung der Form *Alle A = B* dadurch widerlegen kann, dass man für einen Fall zeigt, dass A nicht gleich B ist (man versucht also kurz gesagt ein Gegenbeispiel zu finden). Ich zählte also alle mir bekannten berühmten Männer der Geschichte auf, von denen ich wusste, dass sie einen Bart oder Schnurrbart hatten, die aber, nach allem was man wusste, trotzdem vor psychischer Gesundheit und weltlichem Erfolg nur so strotzten. Während ich mich so vom antiken Griechenland bis zum amerikanischen Bürgerkrieg vorarbeitete, musste ich plötzlich innehalten, da mir Folgendes einfiel:

»Mutter,« sagte ich und versuchte dabei so überzeugend wie nur möglich zu klingen, in der Gewissheit, nun einen unumstößlichen Beweis für meine These zu haben, dass Gesichtshaare und ein gesunder geistiger Zustand sehr wohl zusammengehen, »Papa hat *immer* einen Schnurrbart getragen!«

»Siehst Du, was ich meine?«, antwortete sie wie aus der Pistole geschossen.

Der Text eines alten Country Songs geht so: »Des einen Menschen Zimmerdecke ist des anderen Boden.« Manchmal kann die Bewertung oder Analyse eines Argumentes zwei unterschiedliche Ergebnisse haben. Wovon ich glaubte, es sei die denkbar überzeugendste Widerlegung einer allgemeinen und nach meiner Überzeugung falschen Behauptung, war für mein Gegenüber im Gegensatz dazu bloß eine besonders klare Bestätigung ihrer eigenen emphatisch vorgetragenen Meinung.

Jede Frage hat zwei Seiten.

Protagoras

Natürlich besteht manchmal Uneinigkeit über die Stichhaltigkeit eines für ein Argument wichtigen Beweises. Mitunter sind Menschen auch einfach nicht willens, die Wahrheit zu sehen oder sich auf rationale Argumente überhaupt einzulassen. Das vernünftigste Argumentieren scheitert oft daran, sich gegen stark gefühlsmäßig geprägten Widerstand durchsetzen zu müssen.

Gefühle und Logik sind manchmal unvereinbar. An verschiedenen Stellen des Buches werde ich auf wichtige Sachverhalte dieser Art zurückkommen. Worum es mir hier geht, ist einfach zu erklären.

Zum einen kann sich an der richtigen Stelle die Fähigkeit, stichhaltig zu argumentieren als sehr wichtig für das Erkennen der Wahrheit erweisen; zum anderen kann sie entscheidend dazu beitragen, andere Menschen davon zu überzeugen, uns in unserem Bemühen zu folgen. Ein überzeugendes Argument bietet zwar keine Garantie dafür, dass man auch das gewünschte Ergebnis erzielt; es ist aber auf jeden Fall stets einem schlechten Argument vorzuziehen. Zusammen mit der Vorstellungskraft und mit Gefühlen sind Argumente außerdem das entscheidende Element, das einem dabei hilft, einen anderen Menschen für die Wahrheit und das Eintreten für diese zu gewinnen. Vernünftig zu argumentieren ist eine der Fähigkeiten, die den Menschen am meisten charakterisiert, und die die Philosophie am nachhaltigsten einübt.

Die Gefahren des Argumentes: Eine kurze Anleitung zum Überleben

Wie lassen sich Argumente überhaupt sinnvoll einsetzen? Wie kann man bei einem Streit über eine bestimmte Frage mit ihrer Hilfe eine andere Person auch überzeugen? Zu diesem Thema gab es durch die Jahrhunderte immer wieder alle möglichen Ratschläge. Manche dieser Ratschläge sind philosophischer Natur, manche psychologischer und wiederum andere sind rein pragmatischer Art.

Als erstes der pragmatische: Man kann ihn beispielsweise bei Leontinus Gorgias finden »Antworte bei Disputen auf deines Gegenübers Ernsthaftigkeit mit einem Scherz und auf seinen Scherz mit Ernsthaftigkeit.« Mit anderen Worten: Bemühe dich, deinen Gegner aus dem Gleichgewicht zu bringen. Diese Praxis ist mehr eine Unterabteilung der Rhetorik, die in den Bereich der Überredungskunst gehört, und nicht so sehr Teil der Philosophie, bei der es um die Suche nach Wahrheit geht. Die meisten pragmatischen Ratschläge zum Gebrauch von Argumenten unterstellen genau dies, dass es einem nur darum gehe, den anderen besiegen zu wollen und nicht, dass man auf die Wahrheit aus ist.

Der psychologische Ratschlag warnt uns häufig davor, dass die Wahrheit im Gespräch mit anderen Menschen nicht vermittelbar sei. Sir Thomas Browne z.B. schrieb: »Bei allen Auseinandersetzungen kommt man der Wahrheit nur in dem Maße näher, wie man in der Lage ist, seine Emotionen zu zügeln.« Man hört oft, dass bei Diskussionen normalerweise mehr heiße Luft als tatsächlich Erhellendes produziert wird. Gefühle trüben die Vernunft. Bei einer Debatte zwischen mehreren Personen sind die Teilnehmer manchmal sogar dazu bereit, alles zu tun, um ihr Gesicht zu wahren. Joseph Adison bemerkte einmal: »Die Disputanten erinnerten mich an einen Tintenfisch, der, wenn er sich nicht selbst aus einer Lage befreien kann, das ihn umgebene Wasser mit seiner Tinte schwärzt, bis er selbst dadurch unsichtbar geworden ist.« Mit Publius Syrus Worten gesprochen: »In einem hitzigen Gespräch neigen wir dazu, die Wahrheit aus den Augen zu verlieren.«

Zum Schluss nun einige gemäßigte philosophische Ratschläge eher praktischer Art: Protagoras beteuerte, dass jede Frage zwei Seiten habe. Im 18. Jahrhundert fügte Henry Fielding das Folgende hinzu: »Für beide Seiten lässt sich trefflich streiten.« Immer wenn man intelligente Leute dabei beobachtet, wie sie eine Position verteidigen oder sich für einen Standpunkt einsetzen, so kann man vernünftigerweise annehmen, dass diese Position oder Standpunkt nicht kompletter Blödsinn ist. Verallgemeinernd kann man glaube ich sagen, dass es nicht allzu viele aufrichtige, intelligente und gut informierte Menschen gibt, die in absolut jeder Beziehung unrecht haben. Seien Sie also aufgeschlossen für die Wahrheit, die auch eine Ihnen widersprechende Ansicht beinhalten kann. Oscar Wilde allerdings versuchte uns mit der ihm eigenen Übertreibung zu warnen: »Derjenige, der beide Seiten einer Frage sieht, ist jemand, der überhaupt gar nichts sieht.« Die Vernunft oder der gesunde Menschenverstand jedoch zwingen uns weder dazu, im Leben eine ausgewogene aber unentschiedene Haltung einzunehmen, noch raten sie uns dieses an.

Und natürlich besteht das Leben aus viel mehr als nur aus Argumenten und Disputen. Sokrates bemerkte einmal: »Du liebst Argumente, und nun glaubst Du, ich habe nichts als Argumente im Sinn.« Niemand von uns will sich Diskussionen entziehen; auf der anderen Seite glauben wir aber auch nicht, dass es das einzige im Leben ist, um dessentwillen es sich lohnt zu leben.« Erzählen Sie Ihren Freunden auf der Universität, die zu Beginn ihres Philosophiestudiums stehen: Nicht einmal Sokrates dachte nur an Argumente und daran, wie man sie einsetzen könne.

Weisheitsregeln

Die Philosophie als eine unsere Aufmerksamkeit verdienende Tätigkeit des menschlichen Geistes nur aus dem Grunde zu rühmen und zu empfehlen, weil sie unsere analytischen Fähigkeiten, unser Urteils- und Argumentationsvermögen steigert, ist ungefähr dasselbe wie zu sagen, dass Gehirnchirurgie aus dem Grunde eine so tolle Sache sei, weil sie die Augen-Hand-Koordination des Chirurgen trainiere. Die Philosophie kann wohl manchmal wie Aerobics für den Geist oder Gewichtheben für die Seele erscheinen. Ihr wichtigstes Charakteristikum jedoch ist das, was in der Übersetzung ihres Namens zum Ausdruck kommt.

Die Weisheit ist das höchste Gut des menschlichen Geistes. Die Philosophie ist die Liebe zur Weisheit und das Bestreben, sie zu erlangen.

Seneca

Die Philosophie ist deswegen eine der erhabensten Tätigkeiten, denen wir uns überhaupt hingeben können, weil sie die *Weisheit* in unserem Leben fördert. Die Weisheit wiederum ist von zweierlei Nutzen: Sie erzeugt Tiefe und hat großen praktischem Wert.

Weisheit heißt zunächst einmal nichts anderes, als Einsicht in das Leben zu gewinnen. Einsicht selbst ist eine Art von Scharfblick oder Scharfsinn im Urteilen, der durch die äußere Erscheinung hindurchbricht und sich an den Realitäten festbeißt. Die Weisheit geht bis auf den Kern der Dinge.

In der Antike sprach Seneca von der Weisheit als »der einzigen Freiheit«. Juvenal nannte die Weisheit »die Bezwingerin des Schicksals«. Im Neuen Testament sagt Jesus: »Du wirst die Wahrheit erkennen, und die Wahrheit wird dich befreien.« Die Weisheit ist nichts anderes, als die Wahrheit über das im Leben zu wissen, auf das es wirklich ankommt. Wir erlangen sie, wenn wir unseren Blick auf das Wesentliche der Dinge richten und diese zumindest andeutungsweise zu verstehen lernen.

Ein weiser Mensch lässt sich nicht leicht vom trügerischen Äußeren der Dinge in die Irre leiten. Die Weisheit lässt sich nicht so leicht auf falsche Fährten locken. Sie sieht in allen Dingen ihre verborgenen Seiten. Sie ist geduldig und gibt nur wohl überlegte Antworten.

Die Weisheit lässt sich außerdem nicht zu überstürzten oder übereilten Handlungen hinreißen.

Ein weiser Mensch besitzt *Tiefe*. Balthasar Gracian schrieb in seinem im 17. Jahrhundert erschienenen Handbuch des Erfolges *Die Kunst der weltlichen Weisheit* die folgenden Sätze über die Tiefe:

Du bist nur so weit ein wirklicher Mensch als Du über Tiefe des Geistes verfügst. Wie beim Diamanten so ist das Innere zweimal so wichtig wie die Oberfläche. Es gibt Menschen, die bestehen nur aus ihrem Äußerem, wie ein aus Geldmangel unvollendet gebliebenes Haus. Nach außen hin erscheinen sie so prächtig zu sein wie ein Palast; in ihrem Inneren jedoch sind sie so dürftig wie das Innere einer einfachen Hütte.

Ein weiser Mensch ist niemals nur ganz äußerer Schein und ohne jede Substanz. Aller äußere Glanz existiert bei ihm nicht ohne eine starke Verankerung in der Realität. Der Kern der Dinge, ihre wesentliche Eigenart, bleibt ihm nicht verborgen. Ihren wahren Wert kann er jederzeit einschätzen.

Das oberflächliche Leben ist zur bestimmenden Lebensweise auf der Welt geworden. Die Menschen kratzen sozusagen nur an der Oberfläche des Lebens, ohne es je wirklich in seiner ganzen Tiefe zu leben. Die Philosophen jedoch beharren auf seiner Tiefe.

Die Weisheit ist für die Welt das, was die Gesundheit für den Körper ist.

La Rochefoucauld

Die Weisheit ist aber auch und vor allem praktisch. Sie gibt uns praktische Hilfestellung für ein gutes Leben. Deshalb ist sie es auch wert, dass wir Zeit und Mühe investieren, sie zu erlangen. Die großen Philosophen sind bloß Menschen, die dabei manchmal Außergewöhnliches geleistet haben. Manche von ihnen sind zu falschen Ergebnissen gekommen. Andere wiederum sind bei ihrer Suche nach der Wahrheit fündig geworden. Aber selbst jene Philosophen, deren Schlussfolgerungen sich als grundfalsch herausstellten, weisen uns manchmal den richtigen Weg, der uns der Wahrheit ein Stückchen näher bringt.

Verstehen Sie mich hier bitte nicht falsch. Ich behaupte nicht, dass alle Philosophen praktische Fragen zu beantworten suchen oder uns Weltanschauungen vermitteln wollen, die uns in unserem Alltagsleben helfen können. Die griechischen Philosophen vor Sokrates beschäftigten sich oft mit Fragen kosmischer Dimension, die zum Leben der Menschen damals und heute keinen direkten Bezug hatten und haben. Die Vorsokratiker waren bemüht, die Frage nach dem Wesen des Universums zu beantworten und nicht die, wie wir am besten in dieser Welt leben können. Ihre Antworten darauf waren teilweise ziemlich seltsam, wie man den folgenden Beispielen entnehmen kann:

Thales: *Alle Dinge gehen aus dem Wasser hervor.*

Anaximander: *Alles besteht aus dem Apeiron* [Unerfahrbares, Unendliches].

Anaximenes: *Alle Dinge entstammen der Luft.*

Heraklit: *Alles fließt.*

Pythagoras: *Die Zahlen sind die Prinzipien des Seienden.*

Parmenides: *Alle Veränderung ist nur Schein. Die Welt des sinnlich Wahrnehmbaren ist nur eine Illusion.*

Die Vorsokratiker versuchten das Universum zu verstehen. Ihre philosophischen Einsichten zeugen von einer bemerkenswerten denkerischen Leistung, die nicht immer so merkwürdig klingende Schlussfolgerungen zum Ergebnis hatten. In gewisser Weise betrieben sie wissenschaftliche Kosmologie, ohne jedoch über ausreichendes naturwissenschaftliches Wissen und Kenntnis der entsprechenden Methoden verfügt zu haben, die für die Erforschung der Natur und ihrer Geheimnisse unabdingbar sind. Dennoch waren sie die Vorläufer für die heutige moderne Naturwissenschaft.

Anfangs war die Philosophie viele hundert Jahre lang noch nicht scharf getrennt von vielen Bereichen des menschlichen Denkens, die wir heute als eigenständige Wissensgebiete betrachten. Die frühen Philosophen waren eine Art Protowissenschaftler. Noch bevor sich wissenschaftliche Disziplinen wie Biologie, Chemie, Zoologie, Physik, Mathematik und Psychologie herausbildeten, waren die Philosophen damals schon Mathematiker, Psychologen etc. Noch heute heißen manche naturwissenschaftliche Lehrstühle an europäischen Universitäten »Lehrstuhl für Naturphilosophie (bzw. Naturlehre)«. Über einen langen Zeitraum hinweg war das Reich der Philosophie fast grenzenlos.

Die Philosophie aber, die erstmals in Griechenland mit Sokrates, Plato und Aristoteles auf den Plan trat und deren Wissensbezogenheit auch in den Schriften von Konfuzius und Lao Tse sowie vielen anderen fernöstlichen Denkern zu finden ist, diese Philosophie führte zu einer Tradition philosophischen Fragens, auf die sich die Menschen auch heute noch beziehen. Diese Tradition strebt in ihren besten Vertretern sowohl Tiefe des Geistes als auch Nützlichkeit für die Belange des menschlichen Lebens an.

Die sokratische Suche nach Weisheit

Sokrates ist ein ziemlich außergewöhnliches Beispiel für einen Menschen, der die Suche nach der Weisheit tatsächlich gelebt hat. Er selbst hinterließ keine Schriften. Sein Philosophieren fand immer im mündlichen Disput mit anderen Menschen statt, unglücklicherweise nicht immer mit solchen, die ihm auch wohlgesonnen waren. Nachdem er die angeblich weisesten Männern Athens gefunden hatte, stellte er ihnen Fragen zu bedeutungsvollen Themen. Als er zu dem Schluss gekommen war, dass ihre Antworten doch nicht so weise waren, wie immer behauptet wurde, sagte er ihnen dies schließlich auch offen ins Gesicht. Wie man sich vorstellen kann, machte ihn dies nicht unbedingt zum populärsten Mann Athens.

Viele junge Leute in Athen waren von Sokrates' außerordentlicher Intelligenz so sehr beeindruckt, dass sie sich ihm auf seinen Wegen anschlossen. Sie imitierten seine Fragekunst und stießen damit schließlich noch mehr Bürger der Stadt vor den Kopf. Als Sokrates siebzig Jahre alt war, hatten er und seine Anhänger so viele einflussreiche Bürger Athens verärgert, dass er schließlich angeklagt und vor Gericht gestellt wurde. Ihm wurde vorgeworfen, dass er die Jugend korrumpieren würde und dass er nicht an die Götter Athens, sondern an andere Götter glauben würde.

Plato gibt von diesem Geschehen einen fesselnden Bericht: Sokrates' Schicksal befand sich in Händen von 501 ausgewählten Bürgern Athens, die die Beweise gegen ihn abwägen mussten und per Abstimmung über sein Schicksal zu befinden hatten. Nach allem was wir wissen, hätte er dem Todesurteil entgehen können, wenn er sich nur dazu bereit erklärt hätte, das Philosophieren in den Straßen und den damit verbundenen Aufruhr in der Öffentlichkeit in Zukunft zu unterlassen. In seiner Antwort an die über ihn zu Gericht Sitzenden erwog er diese Möglichkeit und gab ihnen schließlich eine einfache Antwort, deren Worte noch heute nachhallen. Seine Erwiderung lautete folgendermaßen:

Hohes Gericht, ich bin sehr dankbar und Euer Freund, aber ich werde eher den Göttern als Euch gehorchen und solange wie ich fähig und in der Lage bin, werde ich niemals mit dem Philosophieren aufhören, noch Euch zu ermahnen und, wie es meine Art ist, wen immer ich auch treffe, auf das Folgende hinzuweisen: Athener, du bist ein Bürger der großartigsten Stadt, gerühmt sowohl wegen ihrer Weisheit als auch wegen ihrer Stärke. Schämst du dich nicht deines Strebens nach immer mehr Reichtum, Ruhm und Ehre, während du dich nicht sorgest um, noch einen Gedanken verschwendest an die Weisheit oder die Wahrheit, oder an das Wohlergehen deiner Seele?

Er fuhr fort mit den Worten:

Wenn also einer von euch dies bestreitet und sagt, er sorge sich doch um all dies, so werde ich ihn nicht einfach ziehen lassen oder mich abwenden, sondern ich werde ihn befragen, ihn untersuchen und auf die Probe stellen und, wenn ich glaube, er habe das Gute, wie er sagt, nicht erlangt, so werde ich ihm Vorwürfe machen, da er die wichtigsten Dinge gering achtet und niederen Dingen seine Aufmerksamkeit widmet. In dieser Weise werde ich jeden behandeln, sei er jung oder alt, Bürger oder Barbar, und besonders euch Bürger der Stadt, da ihr einer Herkunft mit mir seid. Seid versichert, dass das der Götter Auftrag an mich ist und es keinen größeren Dienst an die Stadt gibt, als mein Gehorsam den Göttern gegenüber. Denn ich wandele durch die Straßen der Stadt und tue nichts als euch, ob jung oder alt, zu überzeugen, davon abzulassen, euch um euren Körper oder euren Reichtum zu kümmern, anstatt gleiches Maß für euer größtmögliches Seelenheil aufzubringen. Ich aber sage euch: »Nicht Reichtum bringt euch Tugend, sondern letzteres bringt euch Reichtum und alle anderen öffentlichen und privaten Segen des Menschen.«

Das Urteil, das nach seiner Rede gefällt wurde, war *schuldig*. Die Strafe für sein Vergehen war der Tod. Die Strafordnung jener Zeit räumte jedoch auf Gesuchen des Angeklagten die Möglichkeit ein, noch ein anderes Strafmaß zu verhängen. Wenn dies den zu Gericht sitzenden Bürgern vernünftig erschienen wäre, so hätten sie sich höchst wahrscheinlich gegen die Verhängung der Todesstrafe entschieden.

Danach gefragt, welche Strafe für das, was er getan habe, gerecht sei, überlegte Sokrates einen Moment und sagte dann, dass er lebenslang freie Kost und Logis der besten Art verdiene, genau dasselbe, was auch die olympischen Athleten bekämen.

Statt dessen bekam er Gift.

Sei, wenn Du kannst, weiser als andere Leute; sage ihnen dies aber nicht.

Lord Chesterfield

Die Weisheit ist es wert, dass man sich um sie bemüht. Und doch ist trotz ihrer erheblichen Bedeutung für ein gutes Leben vielleicht nichts anderes so selten anzutreffen wie die Weisheit.

Der frühere US-Präsident Calvin Coolidge bemerkte einmal: »Einige Menschen leiden unter einem Mangel an Arbeit, andere an einem Mangel an Wasser, die meisten aber an einem Mangel an Weisheit.« Heute gilt dieser Satz in noch viel stärkerem Maße.

Heutzutage ist vielleicht nichts weniger selbstverständlich als wirkliche Weisheit und das Wissen darüber, wie man am besten lebt, auch wenn manche sagen, dazu gehöre nicht viel. Wir sollten versuchen, unser schon gewonnenes Wissen zu vermehren, indem wir uns die wesentlichen Fragen, die zum Verständnis unseres Lebens und unsere Lage in der Welt gehören, ein wenig genauer anschauen.

Ist die Suche nach der Wahrheit die Zeit und Mühe wert? Sokrates glaubte, dass sie sein Leben wert sei.

Wenn Sie sich nun den vielen philosophischer Fragen zuwenden, die in diesem Buch behandelt werden, so können Sie erwarten, dass Ihnen jederzeit Fragen von philosophischer Tiefe und praktischer Bedeutung für Ihr Leben begegnen. Wir streben nach Weisheit für die Reise, auf der wir uns befinden. Wir dürfen uns nie mit weniger zufrieden geben.

Teil II

Woher wissen wir überhaupt etwas?

In diesem Teil...

In diesem Teil werden wir uns mit unseren Überzeugungen als Überzeugungen näher beschäftigen. Außerdem werden wir uns anschauen, was wir über die Wahrheit wissen und darüber sprechen, was wir überhaupt wissen können. Wann ist ein Mensch vernünftig? Muss man für die Wahrheit der eigenen Ansichten und Überzeugungen immer den Beweis liefern? Teil II gibt uns einige Hilfsmittel an die Hand, die wir im Verlaufe des Buches immer wieder benötigen werden. Wenn Sie gerne wissen möchten, wie wir zu vernünftigen Ansichten gelangen können, so ist dieser Teil genau richtig für Sie.

Überzeugungen, Wahrheit und Wissen

4

In diesem Kapitel

- Die schrittweise Entwicklung der für die Suche nach der Wahrheit benötigten Hilfsmittel
- Was sind Überzeugungen und Ansichten eigentlich?
- Die Erkenntnis und das Wissen in analytischer Perspektive
- Klarere Einsicht in das Wesen von Wahrheit und Vernunft

Der Mensch ist das, was er glaubt.

Anton Tschechov

Der Philosoph Ludwig Feuerbach sagte einmal: »Der Mensch ist, was er isst.« Ich bevorzuge jedoch die Ansicht Tschechovs. Ich betrachte mich lieber als jemanden, der aus der Summe seiner Anschauungen und Überzeugungen besteht als bloß daraus, was er über die Jahre an Hamburgern, Chips und Schokoladenkeksen gegessen hat. Sind Sie da nicht gleicher Meinung mit mir?

In diesem Kapitel stelle ich einige sehr wichtige Fragen, die sich aus der Beschäftigung mit Überzeugungen, Wahrheit und Wissen ergeben. Wir beginnen unsere philosophische Suche damit, dass wir uns Klarheit über die wichtigsten Elemente der philosophischen Analyse verschaffen. Nachdem ich Sie mit den erforderlichen fundamentalen Begriffen bekannt gemacht habe, können wir dann schließlich unsere philosophischen Erkundigungen beginnen.

Unsere Überzeugungen als Überzeugungen

Unsere Überzeugungen sind die Landkarten unserer Wirklichkeit. Sie leiten uns durch den Tag. Sie sind die Brille, durch die wir die Welt sehen. Sie sind außerdem die Quelle, aus der unsere Handlungen, Einstellungen und Gefühle fließen.

Es gibt nichts Wichtigeres als das, woran Sie glauben. Die Dinge, die Sie wertschätzen, sind von ebenso großer Bedeutung. Manche Philosophen meinen, dass der Grund hierfür darin besteht, dass an den Wert einer Sache zu glauben nichts anderes sei, als eine besondere Art von Überzeugung. Wenn Sie etwas wertschätzen, sind Sie einfach der Meinung, dass es wichtig und der Wertschätzung würdig ist.

Ihre Gefühle sind sicherlich ein wesentlicher Bestandteil Ihrer Person, genauso wie Ihre Wünsche, Hoffnungen und Träume. Alle diese Bestandteile sind aber ein Ergebnis Ihrer Überzeugungen oder sind auf irgendeine andere Art von diesen abhängig. Sie wünschen sich das, von dem Sie glauben, es sei gut oder angenehm. Sie erhoffen sich etwas, weil Sie glauben, dass es zu Ihrem persönlichen Glück oder ganz allgemein zu Ihrem Erfolg im Leben beitragen kann. Wie man es auch dreht und wendet, Ihre Überzeugungen sind entscheidend dafür, wer Sie sind.

Die Philosophie ist die Liebe und das Streben nach Weisheit. Jeder von uns sehnt sich früher oder später nach Lebensweisheit. Niemand möchte als Dummkopf durchs Leben gehen, beeinträchtigt durch irrige Annahmen und Überzeugungen bezüglich wichtiger Dinge, oder in die Irre geführt werden von falschen Werten, die einem nichts als Unglück bringen. Aus diesem Grund haben die Philosophen immer darauf hingewiesen, dass es sehr wichtig für uns sei, unsere Überzeugungen einmal genau zu untersuchen. Sind sie wirklich gerechtfertigt? Sind sie überhaupt wahr? Können sie uns in unserem Leben ein guter Führer sein? Besitzen wir durch unsere gegenwärtigen Ansichten und Überzeugungen ein wirkliches Wissen über die Welt und über uns, oder aber ist das, was wir zu wissen glauben, nicht mehr als bloß subjektive Meinung? Dies sind alles Fragen, die wir uns stellen müssen und die einer Antwort bedürfen.

An nichts glauben die Menschen so sehr, wie an das, was sie am wenigsten kennen.

Montaigne

Wie viele Überzeugungen haben wir? Hunderte? Tausende? Millionen? Gar mehr als das? Jeder von uns hat sehr viel mehr Überzeugungen als er oder sie zu glauben meint. Wenn Sie das überrascht, so ist die Erklärung hierfür sehr einfach. Wir benutzen manchmal das Wort »Überzeugung« in Bezug auf unsere Grundeinstellung zu einer Sache, wie zum Beispiel in den Sätzen:

- ✔ Sie teilen die Überzeugung, dass Stehlen falsch ist.
- ✔ Sie besitzt die feste Überzeugung, dass Gott existiert.
- ✔ Er ist der Überzeugung, dass die Demokratie die beste Regierungsform ist.

Neben unseren wichtigen Überzeugungen haben wir aber auch triviale Auffassungen von der Welt. Zum Beispiel glaube ich, dass eins weniger ist als zwei, zwei weniger als drei, drei weniger als vier und so weiter. Ich nehme außerdem an, dass ich mich innerhalb eines Gebäudes befinde und dass die Buchstaben *m*, *n*, *o* und *p* im Alphabet aufeinanderfolgen. Alles in allem hat keine dieser Annahmen eine für mein Leben unerlässliche Bedeutung. Dennoch sind sie Überzeugungen. Natürlich glauben wir zusätzlich noch, dass wir diese Dinge tatsächlich wissen. Einige Überzeugungen gehören dagegen nicht wirklich zum Wissen des Menschen; andere wiederum zählen zum Wissen. Das Verhältnis von Überzeugungen und Wissen wird jedoch erst später in diesem Kapitel im Abschnitt »Die vollständige Definition des Wissens« behandelt.

Man kann bei Überzeugungen zwei Seiten unterscheiden – eine objektive und eine subjektive Seite. Die subjektive Seite besteht bloß in dem geistigen Zustand des Überzeugtseins. Die objektive Seite betrifft den Inhalt dessen, was geglaubt wird, z.B. einer Vorstellung oder Behauptung über die Realität. In der Philosophie heißen diese Überzeugungen *Sätze* oder *Aussagen*. Wenn ich in diesem Buch von »der Überzeugung, dass es einen Gott gibt« spreche oder von »dem Glauben an eine objektive moralische Ordnung« oder »dem Glauben an ein Leben nach dem Tode«, so meine ich normalerweise den entsprechenden Satz, in dem die Behauptung zum Ausdruck kommt, dass es eine moralische Ordnung oder ein Leben nach dem Tode gibt.

Unser Schwerpunkt liegt auf dem, was manche Philosophen *Wahrheitsanspruch* nennen. Ab und an finde ich es wichtig, auf die subjektive Seite von Überzeugungen hinzuweisen, d.h. auf den mentalen Zustand der Menschen, die typischerweise bestimmte Aussagen über die Welt akzeptieren. Meistens jedoch gilt meine Aufmerksamkeit den Behauptungen an sich. Dies wird auch für den Fall gelten, dass wir im Verlaufe des Buches uns immer wieder unser eigenes Verhältnis zu den betreffenden Aussagen in Erinnerung rufen werden, d.h., ob wir diese glauben oder nicht, ob wir gar keine endgültige Meinung zu diesen haben oder ob wir vielleicht eine ganz andere Beziehung zu ihnen haben sollten.

Die Bedeutung von Überzeugungen

Es ist von entscheidender Bedeutung, gleich zu Beginn festzuhalten, dass alle Menschen eine sehr große Anzahl von Überzeugungen haben, auch solcher, über die man explizit gar nicht nachdenkt. Wenn Tschechov Recht hatte, als er einmal sagte, dass wir das sind, woran wir glauben, dann täten wir gut daran, in Bezug auf unsere wichtigsten Überzeugungen ein positives Gefühl zu haben. Wir sollten sie zu diesem Zweck besser einmal untersuchen. Einige unserer Überzeugungen sind solche, bei denen jeder von uns weiß, dass er sie hat. Andere wiederum sind nicht so leicht zu entdecken. Ein wenig philosophische Nachforschung wird uns aber auch über sie Aufschluss geben können.

Unsere Überzeugungen sind aus mancherlei Gründen wichtig. Kriege sind wegen (Glaubens-)Überzeugungen ausgefochten worden. Abkommen werden geschlossen oder gebrochen aufgrund von Überzeugungen. Menschen versammeln sich, weil sie eine gemeinsame Überzeugung haben. Unterscheiden sich ihre Überzeugungen, so trennen sich Menschen aus diesem Grund. Unsere Überzeugungen bestimmen unsere Lebensplanung bis ins Detail.

Viele Philosophen sind bei der Analyse menschlichen Handelns zu dem Ergebnis gekommen, dass es eine natürliche Folge des Zusammenwirkens unserer Überzeugungen und unserer Wünsche ist:

Überzeugungen + Wünsche = Handlungen

Unser Handeln in der Welt ist eine Folge dessen, woran wir glauben und was wir wollen. Wenn das, was wir wollen, auf etwas zurückzuführen ist, wovon wir glauben, dass es gut oder angenehm ist, dann folgt daraus, dass unsere Überzeugungen tatsächlich der Ursprung unserer Handlungen sind. Die richtigen Überzeugungen zu haben, ist demnach nicht nur eine Sache von theoretischer Bedeutung, sondern außerdem von höchster praktischer Wichtigkeit.

Hier liegt jedoch das Problem. Wir haben nämlich irrige und falsche Überzeugungen, und zwar jeder und jede von uns. Niemand ist vollkommen unfehlbar. Selbst ein Katholik, der glaubt, dass der Papst in Sachen des Glaubens unfehlbar ist, muss dennoch eingestehen, dass der Papst z.B. ein bestimmtes Kleidungsstück verlegen könnte, weil er annimmt, es läge in der Kommode, während es sich tatsächlich nicht dort befindet.

Als ich noch klein war, sah ich meinen Vater im Haus oft mit einem Hut auf dem Kopf herumlaufen, während er gleichzeitig nach ihm suchte. »Wo ist mein Hut? Hat irgend jemand meinen Hut gesehen?« »Er ist auf Deinem Kopf.« »Oh, ach so.« Selbst bei so einfachen, leicht nachprüfbaren Dingen wie in diesem Beispiel, können uns unsere Annahmen täuschen. Stellen Sie sich nur vor, wie wir uns bei etwas subtileren Sachverhalten irren können.

Wir sind manchmal ein wenig zerstreut. Oft sind wir sogar falsch informiert. Mitunter glauben wir etwas zu sehen, was nicht wirklich da ist, oder umgekehrt. Ein anderes Mal ist es vielleicht so, dass wir die falschen Schlüsse aus unserem richtigen Wissen ziehen. Jeder von uns hat außerdem Vorurteile und gewisse Schwachstellen. Dazu kommt die Tatsache, dass eine der stärksten Kräfte im menschlichen Leben die Neigung zur Selbsttäuschung ist, d.h. unsere Fähigkeit, das zu glauben, was wir glauben wollen, und uns das selbst zu verheimlichen, dem wir uns nicht wirklich stellen wollen, wie auch immer der gemiedene Sachverhalt beschaffen sein mag.

Wie können wir die irrigen Annahmen und Überzeugungen vermeiden, die uns in die falsche Richtung lenken oder sogar unser Leben ganz zum Entgleisen bringen können? Wie können wir uns vor falschen und fehlerhaften Meinungen schützen? Diese Frage beschäftigt die Philosophen schon seit Jahrtausenden. Wenn Sie die Antworten darauf wissen wollen, so lesen Sie einfach weiter.

Aberglaube: Eine wahre Geschichte

Irrige Annahmen und Überzeugungen können auf alle möglichen Arten zustande kommen. Sie können unser Leben sehr stark beeinflussen. Am 13. September 1996 flog ich in einer fast leeren Maschine quer durchs Land. Kurz nach dem Abflug erwähnte ich gegenüber der Stewardess, wie ungewohnt es sei, all die leeren Sitzreihen vor mir zu sehen. Sie antwortete darauf mit: »Oh, das passiert oft an einem Freitag, dem 13. Die Leute haben Angst, an diesem Tag zu fliegen.« Mein Sitznachbar, ein Mann, mit dem ich gerade Bekanntschaft geschlossen hatte, lachte laut auf und sagte: »Was für ein abergläubischer Unsinn! Unglaublich! Geradezu lächerlich!« Kaum hatte er dies gesagt, fiel ihm die linke Linse seiner Brille auf den Kabinenboden. Er sah überrascht auf und sagte: »Na so was, ich hab' gerade eine Linse verloren, dabei ist die Brille erst ein Jahr alt.« Nachdem er die Linse aufgehoben hatte, fing er mit seiner Tirade gegen den Aberglauben gleich wieder an: »Ich glaube, ich sollte jetzt wahrscheinlich denken, dass das deswegen passiert ist, weil heute Freitag, der 13 ist! Ha!« Als er versuchte, die Linse wieder in das Gestell einzusetzen, schaute er auf einmal mit erstauntem Blick zu mir auf und sagte: »Nicht zu fassen, das Gestell ist gerade total auseinandergebrochen.« Was soll man dazu sagen? Bei einem weniger philosophischen Menschen hätte dies vielleicht ausgereicht, um ihn ... abergläubisch zu machen.

Philosophische Analyse

Die Philosophen analysieren Ideen. Sie nehmen sie auseinander und versuchen dann anschließend, sie wieder zusammenzusetzen, d.h. zu verstehen, wie sie funktionieren. Wie Automechaniker, wie begriffliche Mechanikerlehrlinge streben sie oft danach, unsauber laufende Ideen zu reparieren und wieder neu einzustellen.

Die Analyse des Wissens (als hinreichend begründete wahre Annahmen, bzw. Überzeugungen, siehe unten) spaltet nun dieses Wissen auf in die sogenannten notwendigen und hinreichenden Bedingungen (logischer Richtigkeit) oder, um es etwas genauer zu formulieren, in einzelne notwendige und gemeinsam hinreichende Bedingungen.

Vielleicht sollte ich das erklären. Nehmen Sie zum Beispiel die Vorstellung, den Begriff des Junggesellentums. Diesen Begriff philosophisch zu analysieren, heißt, ihn in seine notwendigen und hinreichenden Bedingungen aufzutrennen. Wir beginnen mit einer Definition: »Ein Junggeselle ist eine unverheiratete, männliche Person im heiratsfähigen Alter.« Aus wie vielen Teilen besteht die Definition? Männlich, Person, unverheiratet, im heiratsfähigen Alter, insgesamt also vier Bedingungen. Jede ist für eine vollständige Definition von Junggeselle notwendig. Es ist nicht möglich, Junggeselle und gleichzeitig nicht männlich zu sein. Das alleine ist jedoch noch nicht hinreichend. Mein Hund ist auch männlichen Geschlechts; man muss also außerdem auch ein Mensch sein. Ich jedoch bin ein männlicher Mensch und doch kein Junggeselle. Also ist auch dies noch keine hinreichende Bedingung. Ein Mann muss zusätzlich noch unverheiratet sein. Ein kleines männliches Baby wiederum kann unverheiratet und trotzdem kein Junggeselle sein. Also ist eine weitere Bedingung notwendig. Ein unverheirateter Mann muss im heiratsfähigen Alter sein, um ein Junggeselle sein zu können. Jede der vier Bedingungen ist notwendig; alle vier zusammen (gemeinsam) sind hinreichend für die Definition von Junggeselle. Philosophen verwenden dasselbe Analyseverfahren auch, um wichtige Begriffe wie z.B. Erkenntnis, Freiheit oder Gott zu erklären und schließlich zu verstehen.

Wissen als Ideal

Wir wollen, dass unsere Überzeugungen wahr sind, dass sie uns mit der Realität verbinden und uns darüber informieren, was wirklich in der Welt und in unserem Leben geschieht. Wir wollen nicht, dass unsere wichtigsten Überzeugungen nichts weiter als bloße Meinungen sind, sondern dass sich in ihnen wirkliches Wissen ausdrückt. Was aber ist Wissen?

Unserer Vorstellung von Wissen liegt zunächst einmal die Idee des Ein-Ziel-Erreichen-Wollens zugrunde. Beim Basketball werfen wir Körbe, um Punkte zu erzielen. Das Werfen ist die Aktivität, das Erzielen der Punkte ist das beabsichtigte Ziel. Bezogen auf den Verstand heißt das, dass wir etwas annehmen, um etwas zu wissen. In gewisser Weise sind Überzeugungen zu haben oder allgemein etwas anzunehmen die Aktivität, während das Wissen das Ziel ist, das man dadurch zu erreichen anstrebt.

Genauso wie man einen Basketball werfen und trotzdem keinen Punkt erzielen kann, so kann man auch etwas glauben oder annehmen und dennoch kein Wissen dadurch erlangen. Etwas zu wissen ist also nicht dasselbe wie etwas anzunehmen. Worin besteht das Wissen also?

Die Philosophen haben eine traditionelle Definition von Wissen, die folgendermaßen lautet:

Wissen = hinreichend begründete wahre Annahmen

Bei der schrittweisen Zerlegung dieser Definition von Wissen in ihre einzelnen Bestandteile beginnen wir an ihrem Ende und arbeiten uns dann nach vorne vor. Auf diese Weise wird es uns gelingen, langsam ein tieferes Verständnis von dem zu gewinnen, was Wissen eigentlich ist und was es von Meinungen, Vermutungen oder Vorurteilen unterscheidet.

Man kann nichts wissen, solange man es nicht glaubt. Man kann nicht wissen, dass Philosophie die Liebe zur Weisheit ist, wenn man nicht glaubt, dass es sich so verhält. Genauso kann ich nicht wissen, ob es Gott gibt, wenn ich nicht an seine Existenz glaube. Glaube ist notwendig für Wissen. Das eine ist nicht ohne das andere zu haben.

Etwas zu glauben ist jedoch alleine nicht ausreichend dafür, es auch zu wissen. Man kann auch etwas glauben, was sich später als falsch herausstellt, von dessen Richtigkeit man aber trotzdem überzeugt war. Man kann aber nicht wirklich etwas wissen, was falsch ist. Man kann *bei* etwas Falschem wissen, dass es falsch *ist*. Etwas zu wissen bedeutet aber zu wissen, dass es wahr ist. Man kann nun aber nichts als wahr erkennen, solange es nicht auch tatsächlich wahr ist. Anders gesagt: man kann nichts wissen, d.h. als wahr erkennen, wenn es nicht auch wahr ist. Alles klar?

Was ist Wahrheit?

Pontius Pilatus

Jeder, der gerne wissen möchte, was Wahrheit wirklich ist, d.h. worin sie wirklich besteht, sollte sich Aristoteles' Definition der Wahrheit anhören, deren unnachahmliche Worte so lauten: »Falsch ist, von dem, was existiert, zu sagen, es existiere nicht, oder von dem, was ist, zu sagen, es sei nicht; wahr hingegen ist es zu sagen, dass das, was ist, ist, und dass das, was nicht ist, nicht ist.« Soweit verstanden? Versuchen Sie einmal, sich diese Sätze zehnmal hintereinander sehr schnell vorzusprechen. Nicht einmal ein fortgeschrittener Philosophiestudent ist dazu imstande. Das ist sogar wahr.

Wenn du etwas weißt, zu behaupten, dass du es weißt, und wenn du nichts weißt, zuzugeben, dass du nichts weißt, dies ist Wissen.

Konfuzius (6. Jahrhundert v. Chr.)

Die Wahrheit über die Wahrheit

Gibt es aber so etwas wie Wahrheit überhaupt? Die philosophische Richtung des *Relativismus* behauptet, dass alle sogenannten Wahrheiten bloß relativ seien, dass es in Wirklichkeit keine absolute Wahrheit gebe. Vielmehr sei es so, dass die Menschen unterschiedliche Dinge für wahr hielten. Diese Ansicht wird manchmal auch als *Perspektivismus* bezeichnet, demzufolge sich die verschiedenen Perspektiven der Menschen zwar voneinander unterscheiden, in ihrem Unterschied aber gleichwertig sind.

Im Zusammenhang mit dem Relativismus ergibt sich das Problem, dass behauptet wird, es gebe überhaupt keine absolute Wahrheit. Wenn diese Aussage beansprucht, die absolute Wahrheit über die Wahrheit auszudrücken, so tritt der Fall ein, dass der Relativismus das behauptet, was er im selben Atemzug verneint, so dass wir es mit einer sich selbst widersprechenden, logisch in sich selbst nicht schlüssigen philosophischen Position zu tun haben.

Warum sind aber dennoch so viele meiner Studenten Relativisten? Warum übte der Relativismus im 20. Jahrhundert eine solche Anziehungskraft auf eine Vielzahl von Intellektuellen aus? Ich glaube, die Antwort darauf ist ziemlich einfach.

Der Geist ist eine gefährliche Waffe, selbst für die Person, die diesen Geist beherbergt, wenn sie nicht weiß, wie man ihn im Verborgenen einsetzt.

Michael de Montaigne

Philosophie in kleinen Dosen ist eine gefährliche Sache. Zu viele Studienanfänger sind dem Relativismus auf eine solche Weise ausgesetzt, dass sie dazu tendieren, ihn misszuverstehen. Der Philosophieprofessor malt oft das Gespenst des Relativismus oder Perspektivismus an die Wand, um seine Studenten darauf aufmerksam zu machen, was bei Wahrheitsbehauptungen alles auf dem Spiel steht. Dieses Vorgehen ist aber bloß als rhetorisches Spiel zu verstehen, das die natürliche, seit der Kindheit bestehende Vorstellung der Studenten herausfordert, zu glauben, dass das, was wir glauben, die absolute Wahrheit sei. In der Philosophie kann alles auf die Probe gestellt werden. Einige Sichtweisen halten dieser Herausforderung jedoch stand. Der Professor will lediglich, dass seine Studenten lernen, die relativistische Position zu durchschauen oder zu widerlegen, um so ein tieferes Verständnis von der Wahrheit zu gewinnen. Viele Studenten verstehen schließlich gerade genug vom Relativismus und seiner Herausforderung an unser gewohntes Denken (ohne jedoch seine entscheidenden Schwächen zu bemerken), dass sie sich den Relativismus als eine Attitüde, als einen öffentlich zur Schau gestellten Habitus zulegen. Oft erweist er sich damit als nichts weiter als ein letztes schickes Aufbegehren jugendlicher Rebellion.

Es gibt keine schlimmere Lüge als eine Wahrheit, die von denen, die sie hören, missverstanden wird.

William James (1842-1910)

Es gibt jedoch auch einige ernstzunehmende Erwachsene, die den Relativismus vertreten haben, genauso wie auch zahlreiche andere sehr intelligente Personen seiner Versuchung erlegen sind.

Man muss sich fragen, wie ist es möglich, dass sie sich zu einer logisch inkonsistenten Position hingezogen gefühlt haben? Zunächst einmal taugt der Relativismus als eine intellektuell sehr überzeugende Entschuldigung für sehr schlechtes Benehmen. Wenn es keine absolute Wahrheit gibt, so gibt es auch keine absolute moralische Wahrheit, so dass wir uns letzten Endes alles leisten können. Der Relativismus taugt einfach wunderbar dazu, sich selbst zu täuschen. Mit ihm ist alles erlaubt. Er bietet eine Sicht der Welt, die es auf vordergründig bestechende Weise erlaubt, andere ansonsten gute und vernünftige Menschen davon zu überzeugen, das eigene tolldreiste Verhalten zum Vorbild zu nehmen.

Es gibt aber noch einen zweiten, ehrenwerteren Weg zum Relativismus. Auch wenn dieser genauso falsch ist wie der erste, so dachten doch viele Akademiker, dass der Relativismus dabei helfen könne, die Toleranz in einer pluralistischen Welt zu fördern. Sie nahmen dabei fälschlicherweise an, dass dieser der Königsweg sei, um den Menschen eine unerschütterliche Offenheit für die Überzeugungen anderer einzuimpfen. Die Art von Toleranz, die man tatsächlich als Tugend bezeichnen könnte, sollte jedoch nach Möglichkeit auf dem Respekt vor anderen gründen. Zu sagen, dass keines Menschen Sichtweise die Wirklichkeit so beschreiben kann, wie sie tatsächlich ist, hat nun aber nichts mit einer respektvollen Haltung vor der Weltsicht einer anderen Person gemein.

Diese Anmerkungen beziehen sich auf jede Form des strengen allgemeinen Relativismus. Nur für diesen gilt der Vorwurf der Selbstwidersprüchlichkeit. In gewissen eng begrenzten Bereichen jedoch, bei denen der persönliche Geschmack von Menschen eine Rolle spielt, mag ein eingeschränkter Perspektivismus sicherlich angemessen erscheinen. Die Aussage »Dieses Eis schmeckt gut!« kann hierfür als Beispiel dienen. Auf Sie könnte dieser Satz vielleicht zutreffen, auf mich hingegen nicht. Die Aussage hingegen »Dieses Eis ist drei Jahre alt!« ist von der ersten Aussage grundverschieden, da es sich hier um einen Satz mit Wahrheitsanspruch handelt, der nicht der relativistischen Einschränkung unterworfen ist. Vergleichen Sie z.B. auch die folgenden Sätze: »Es ist zu heiß hier« und »Es ist über dreißig Grad hier.« Der letzte Satz stellt ein geeigneteres Beispiel für allgemeine Aussagen mit dem Anspruch, etwas Wahres über die Wirklichkeit mitzuteilen, dar. Dieser Satz ist entweder wahr oder falsch. Dem Relativismus ist dieser Satz entzogen.

Die Wahrheit ist unsere Verbindung zur Welt. An etwas Wahres zu glauben oder etwas Wahres zu behaupten ist so, als wenn man eine Zielscheibe träfe. Liegt man falsch, so verfehlt man sie. Die Wahrheit verankert uns in der Realität. Irren wir uns, so ist unsere Verbindung zu den Dingen in ihrem Wirklich-Sein abgeschnitten. Wir benötigen die Wahrheit so, wie wir Luft, Essen oder Wasser brauchen. Zu irren hingegen lässt uns verkümmern.

Die vollständige Definition des Wissens

Eine notwendige Voraussetzung des Wissens ist, dass man von ihm überzeugt ist. (Vergleiche hierzu den obigen Abschnitt »Unsere Überzeugungen als Überzeugungen«.) Eine weitere Voraussetzung ist Wahrheit. (Davon war im vorausgehenden Abschnitt die Rede.) Wissen ist auf wahrer Überzeugung aufgebaut. Diese zwei Voraussetzungen alleine sind jedoch noch nicht ausreichend für die Definition von Wissen. Ich kann durchaus etwas glauben, kann von etwas überzeugt sein, das zufälligerweise auch wahr ist, ohne dass ich aber tatsächlich die Wahrheit dessen, an das ich glaube, auch kenne. Wie ist das möglich?

Nehmen wir an, ich nähme an, dass sich gerade im Moment Fidel Castro die Zähne putzt. Stellen wir uns vor, ich würde durch meine Willenskraft mich selbst von der Wahrheit dieser Aussage überzeugen. Nehmen wir weiterhin an, dass durch puren Zufall, wie unwahrscheinlich das auch immer sein mag, Fidel Castro sich tatsächlich jetzt gerade die Zähne putzt. Ich bin von etwas überzeugt, und diese Überzeugung ist darüber hinaus auch wahr. Für ihre Wahrheit hatte ich keinen Beweis, und kein Gefühl sagte mir, dass sie wahr ist, keine physische oder psychische Verbindung zu Castro hat mir ihre Wahrheit übermittelt. Bloß der schiere Zufall war es, dass der Moment, in dem ich diese Annahme machte, zeitlich mit dem realen Ereignis zusammenfiel, wodurch meine Annahme schließlich wahr wurde. Philosophen würden hier bestreiten, dass es sich in diesem Fall um tatsächliches Wissen handelt, da ich ja nicht wusste, dass Castro sich gerade tatsächlich die Zähne putzt. Eine zufällige Übereinstimmung ist einfach nicht ausreichend, um etwas so Handfestes wie Wissen hervorzubringen.

Glück hat noch keinen Menschen weise gemacht.

Seneca

Die Philosophen bestehen darauf, dass es eine Verbindung, ein Band, einen Zusammenhang zwischen der Wirklichkeit und unserer Vorstellung von ihr geben muss, damit die bloße Tatsache, dass ich von etwas überzeugt bin, auch als Wissen gelten könne. Erst eine solche Verbindung mache unsere Annahmen und Überzeugungen wirklich wahr. Darüber hinaus muss die Verbindung von der richtigen Art sein, damit meine Überzeugung auch hinreichend begründet ist.

Berühmte letzte Worte: Eine zufällige Auswahl

Der Unterschied zwischen wahr und falsch kann mitunter tatsächlich den Unterschied zwischen Leben und Tod bedeuten. Betrachten Sie die folgenden Aussagen, die, wenn sie falsch sind, unter den richtigen (oder falschen) Umständen Ihre letzten sein könnten:

»Das ist nicht so gefährlich wie es ausschaut.«

»Er macht das ständig. Er weiß, was er tut.«

»So nah sind wir gar nicht.«

»Ich bin nüchtern genug.«

»Wir sind hier drunter absolut sicher.«

»Nein, so muss man die Drähte verbinden.«

»Wenn es nicht sicher wäre, würde man es uns gar nicht erlauben.«

Was ich damit sagen will? Es gibt einen absoluten Unterschied zwischen wahr und falsch. Er ist entscheidend.

Wissen sind hinreichend begründete wahre Annahmen. Wenn ich meine Behauptung über Fidel Castro geäußert hätte, während ich ihn live auf CNN seine Zähne hätte putzen sehen, dann wäre meine feste Überzeugung hinreichend gerechtfertigt gewesen und hätte somit als echtes Wissen gelten können. Diese Tatsache hätte mir außerdem zur Verteidigung meiner Behauptung dienen können. Auf die Frage »Woher weißt Du das?«, hätte ich prompt mit »Ich seh' ihn gerade im Fernsehen« antworten können.

Was genau ist aber eine hinreichende Rechtfertigung? Was zählt als ausreichender Grund oder Beweis dafür, dass eine Überzeugung, eine Annahme überhaupt als Wissen gelten kann? Mit dieser Frage werden wir uns in den noch verbleibenden Abschnitten des zweiten Teils beschäftigen.

Wahrheit und Vernunft

Glaube nichts überstürzt.

Ovid

Die Welt ist voller irrationaler Überzeugungen. Die Menschen glauben an alle möglichen verrückten Dinge. Haben Sie jemals eine Boulevardzeitung in der Hand gehabt und die Artikel in ihr tatsächlich gelesen? Darauf müssen Sie natürlich nicht antworten. Haben Sie wenigstens andere schon einmal eine kaufen sehen? Oft scheinen diese Leute es ganz ernst damit zu meinen. Anscheinend gibt es keinen Grenzen dessen, was Menschen zu glauben bereit sind. Tatsächlich ist es so, dass die Menschen die Eigenschaft besitzen, das zu glauben, was sie glauben wollen, unabhängig davon, ob es vernünftig ist oder nicht.

Genau hier liegt das Problem. Irrationale Annahmen oder Überzeugungen sind Überzeugungen ohne eine verlässliche Verbindung zur Wahrheit. Daher können irrationale Überzeugungen so gefährlich sein. Unser natürlicher Hang dazu, etwas zu glauben und von etwas überzeugt zu sein, ist vergleichbar mit unserem Bedürfnis zu essen und zu trinken. Nicht alles lässt sich ohne Gefahr trinken oder verspeisen. Genausowenig ist es ratsam, jede daher kommende Aussage unbesehen zu glauben. Das, was wir essen und trinken, sollte der Kontrolle unserer begründeten Annahmen über diese Speisen und Getränke unterworfen sein. Es besteht daher nur um so mehr Grund, auch unsere Überzeugungen von unserer Vernunft prüfen zu lassen.

Die Menschen wollen aus dem Grunde vernünftige Menschen sein, weil die Vernunft uns mit der Wahrheit verbindet. Wir schätzen die Vernunft als einen verlässlichen Weg zur Wahrheit und damit zum Wissen. Was aber ist Vernunft? Und inwiefern sind diese Fragen für unsere Suche nach Wahrheit von Bedeutung?

Die menschliche Vernunft ist das Vermögen, unsere Erfahrungen (d.h. das, was wir hören, sehen, riechen, schmecken und tasten oder auf irgendeine andere Art wahrnehmen) zu ordnen und zu interpretieren sowie die Fähigkeit, aus diesen Erfahrungen verlässliche Schlussfolgerungen zu ziehen, die die Grenzen des unmittelbar sinnlich Erfahrbaren überschreiten. Die Vernunft ist außerdem die Kraft, in Anbetracht der uns umgebenden Realitäten unsere Handlungen und Erwartungen auf sinnvolle Weise zu steuern.

Der Geist ist eine merkwürdige Maschine, die das Material, das ihr geboten wird, auf die erstaunlichste Weise verbinden kann.

Bertrand Russell

Die großen Denker über unsere Neigung, an Dinge zu glauben

Große Denker haben sich schon immer ihre Gedanken über den Hang des Menschen gemacht, von etwas überzeugt zu sein und an Dinge zu glauben, selbst wenn es keinen vernünftigen Grund gibt anzunehmen, dass sie auch wahr sind.

Es ist eine natürliche Eigenschaft des Geistes, Überzeugungen zu haben, ebenso wie es Sache der Seele ist zu lieben. Aus Mangel an geeigneten Objekten müssen sie sich schließlich mit falschen bescheiden..

Blaise Pascal (1623-1662)

Die Menschen glauben gemeinhin an das, was sie glauben wollen.

Julius Cäsar

Der Mensch glaubt am liebsten an das, von dem er möchte, dass es wahr sei.

Francis Bacon

Von Geburt an bilden sich in uns Überzeugungen. So wie ein Baum Äpfel trägt, so trägt auch der Mensch seine Überzeugungen.

Ralph Waldo Emerson

Jeder Mensch, wohin auch immer er geht, ist in einen behaglichen Kokon aus Überzeugungen eingehüllt, der ihn wie ein Schwarm von Insekten an einem Sommertag umgibt.

Bertrand Russell

Ein jeder Mensch glaubt stets daran, das Richtige zu glauben.

Cowper

Die meisten Menschen bilden sich ihre Meinungen nur aus dem Grund, weil sie gerade in Mode sind.

Samuel Johnson (1709-1784)

»Sei bitte vernünftig« sagen wir zu jemandem, dessen Handlungen, Einstellungen, Erwartungen oder Überzeugungen mit unserer Einschätzung der Wirklichkeit nicht übereinstimmen. Wenn wir dies äußern, so wollen wir meist die unvernünftig agierende Person dazu bringen, die Hinweise, die es angeraten erscheinen lassen, eine andere Richtung einzuschlagen als die, die er gewählt hat, auf eine uns vernünftig erscheinende Weise neu zu bewerten. Die Vernunft soll uns besser mit der Wirklichkeit verbinden und uns so besser in die Zukunft führen.

Die Vernunft sei dein Führer.

Solon

Die Vernunft spielt im Leben der Menschen eine wichtige Rolle. Sie ist aber weder so umfassend noch so rein, wie uns das einige Philosophen der Vergangenheit haben glauben machen wollen. Was wir wahrnehmen, wie wir unsere Wahrnehmungen ordnen und was wir schließlich aus unserer Erfahrung schlussfolgern, ist genauso häufig ein Ergebnis unserer Gefühle und Einstellungen wie der Regeln und Zwänge des Verstandes.

Die Logik (d.h. die Regeln vernünftigen Denkens) kann nicht die Richtschnur für unser ganzes Leben sein. Sie kann uns aber stärker auf die Wirklichkeit hin ausrichten, solange unsere Wahrnehmungen mit der realen Welt übereinstimmen. Die Logik alleine kann aus Stroh kein Gold spinnen. Aus Gold jedoch kann sie weiteres Gold hervorbringen.

Die Logik ist die Kunst, die Wahrheit die Vorherrschaft erringen zu lassen.

La Bruyère (1688)

Die übliche philosophische Analyse des Wissens definiert dieses als hinreichend begründete wahre Annahmen. Mit Begründung ist hier rationale, d.h. vernünftige Begründung gemeint. Die Philosophen haben dementsprechend über die Jahrhunderte gefragt »Was benötigt man für rationale Begründungen?« Was braucht man, damit eine Annahme oder Überzeugung als Wissen gelten kann? Wodurch werden Annahmen rational und vernünftig? Welche Kriterien für Wahrheit verlangt unser rationales Denken?

Manche Leute denken, dass Rationalität gleichzusetzen ist mit dem Vorbringen eines logischen Beweises. Ihr Spruch lautet dabei: »Beweise es.« Ein alter Freund von mir, ein früherer Professor für Religionsphilosophie in Yale, erzählte mir einmal, dass er eines Tages einen unerwarteten Anruf vom Sonntagsschullehrer seines kleinen Sohnes bekommen hätte. Der Lehrer sagte zu ihm: »Herr Professor, jedes Mal, wenn ich den Kindern in der Sonntagsschule etwas Neues erzähle, platzt Ihr Sohn mit der Aufforderung heraus ‚Beweisen Sie es‘. Könnten Sie sich vielleicht einmal mit ihm zusammensetzen und ihm erklären, dass man unmöglich alles beweisen kann?«

Der, welcher in allen Alltagsdingen nichts gelten lassen wollte, als was nicht vorher durch direkte Demonstration seiner Wahrheit beglaubigt worden wäre, könnte sich nichts sicher sein, als allein seines schnellen Ablebens.

John Locke

Es scheint mir stark übertrieben zu sein, dass man nur dann Überzeugungen haben oder überhaupt etwas vernünftigerweise annehmen können soll, wenn man die Wahrheit dessen, was geglaubt wird, auch beweisen kann. Ich glaube, Antworten auf Fragen über das Weltall, Nuklearphysik, meinen Computer oder auch meinen eigenen Körper zu haben, die ich letztlich nicht beweisen kann. Oft werde ich zwar wohl in der Lage sein, Beweise irgendeiner Art oder zumindest irgendwann einmal gehörte Aussagen von Experten vorbringen zu können, um die Stichhaltigkeit meiner Überzeugung zu belegen; nur äußerst selten aber bin ich auch tatsächlich im Besitz eines wasserdichten und absolut überzeugenden Beweises. So funktioniert es einfach für gewöhnlich nicht.

Nun haben einige Philosophen vorgeschlagen, dass es vielleicht übertrieben sei, immer Beweise für die Vernünftigkeit von Aussagen zu verlangen, dass aber dennoch die Notwendigkeit bestehe, ausreichende Anhaltspunkte dafür vorbringen zu können, dass das, wovon ich überzeugt bin, auch tatsächlich auf begründetem Glauben beruht.

Im Rahmen dieser philosophischen Auffassung, die gemeinhin als Evidentialismus bekannt ist, ist es unvernünftig, von einer Sache überzeugt zu sein, ohne über ausreichende Anhaltspunkte für ihre Wahrheit zu verfügen. Weder Hörensagen, noch das Vertrauen auf die Richtigkeit der Sache, noch das gefühlsmäßige Überzeugtsein ist ein ausreichendes Kriterium. Damit meine Annahmen vernünftigerweise als wahr gelten können, benötige ich Tatsachen, um ihre Wahrheit verteidigen zu können. Ist diese Forderung vernünftig? Sind vernünftige Annahmen von solchen Tatsachen abhängig?

Die Beantwortung dieser Fragen wird uns auf eine der ungewöhnlichsten Reisen des Geistes führen, eine Reise, die wir auf den nächsten zwei Kapiteln unternehmen werden. Machen Sie sich also bereit, schließen Sie Ihre geistigen Sitzgurte, lesen Sie weiter und bereiten Sie sich auf die philosophische Reise Ihres Lebens vor.

Das kleine 1x1 der Logik

Um es einfach auszudrücken: Die Logik ist die Lehre vom menschlichen Denken. Die Regeln der Logik bilden zusammen eine argumentative Struktur, die unweigerlich bewirkt, dass, wenn man einmal mit einer wahren Aussage begonnen hat und die Regeln der Logik strikt anwendet, die folgenden Schlüsse aus dieser Aussage ebenfalls wahr sein müssen. Anders ausgedrückt: Die Logik selbst ist keine Quelle, die wahre Aussagen mit einem materialen, inhaltlichen Gehalt liefert, sondern sie ist bloß eine Art Mechanismus, ein Insgesamt an (formalen) Regeln oder Vorschriften, mit deren Hilfe man aus einer bekannten wahren Aussage eine vorher noch unbekannte wahre Aussage ableiten, schlussfolgern kann.

In der Logik geht es um Argumente. Die Logik ist das Gegenteil der üblichen verbalen Auseinandersetzungen zwischen Menschen. Bei einem philosophischen Argument ist es unnötig, sich zu streiten. Ein Argument kann sogar die Suche nach Wahrheit beinhalten.

In der Logik ist ein Argument eine Folge von Sätzen oder Aussagen. Jede dieser Sätze folgt dabei aus dem vorangehenden, wobei der vorangehende Satz die Prämisse zu dem daraus abgeleiteten Satz bildet.

In der deduktiven Logik ist ein Argument, d.h. eine Schlussfolgerung, genau dann *gültig*, wenn alle Prämissen wahr sind. In diesem Fall haben wir die hundertprozentige Sicherheit, dass die Schlussfolgerung auch wahr ist. Das folgende Schema einer logischen Schlussfolgerung ist ein Beispiel für ein gültiges Argument. Es demonstriert die Stichhaltigkeit des deduktiven Schlusses. Der Folgende wird von den Logikern *modus ponens* genannt:

(1) Wenn A, dann B

(2) Es gilt A.

Daraus folgt

(3) Es gilt auch B.

Nehmen Sie an, es gelte, dass (1), wenn es regnet, mein Auto nass wird (weil ich es draußen geparkt habe). Wenn außerdem gilt, dass (2) es tatsächlich regnet, dann folgt logisch aus (1) und (2), dass (3) mein Auto auch wirklich nass wird.

Ein gültiges Argument, eine gültige Schlussfolgerung, deren Prämissen alle wahr sind, nennt man ein vernünftiges Argument. Um es einfach auszudrücken: Argumente sind dann vernünftig, wenn sie gültig und wahr sind (Vernünftigkeit = Gültigkeit plus Wahrheit). Nur ein vernünftiges Argument garantiert seine eigene Wahrheit. Ein Argument kann auf zweierlei Weise unvernünftig sein: Zum einen kann eine oder beide seiner Prämissen falsch sein; zum anderen kann das Argument an sich nicht gültig sein, so dass, selbst wenn alle seine Prämissen wahr wären, es dennoch falsch sein könnte.

Bei der *induktiven Logik* ist es so, dass die Wahrheit einer Prämisse nur die Wahrscheinlichkeit der Richtigkeit der Schlussfolgerung erhöht, bzw. diese zusätzlich stützt und plausibel erscheinen lässt, ohne dass es jedoch eine hundertprozentige Sicherheit gäbe, dass sie auch wirklich wahr ist. Das folgende Schema gibt ein Beispiel für einen induktiven Schluss:

(1) Alle Gegenstände vom Typ A, die wir beobachtet haben, haben die Eigenschaft B.

(2) An diesen Gegenständen des Typs A ist nichts erkennbar Ungewöhnliches.

Daraus folgt aller Voraussicht nach, dass

(3) der nächste uns erscheinende Gegenstand vom Typ A ebenfalls die Eigenschaft B haben wird.

Die induktive Logik ist nicht so in sich geschlossen wie das deduktive Schließen. Sie ist jedoch die Grundlage der Wissenschaft und der Technik und war in diesen Bereichen ungeheuer erfolgreich.

Die Herausforderung des Skeptizismus

5

In diesem Kapitel

- Die Herausforderung des Skeptizismus
- Einige der tiefsten jemals gestellten Fragen
- Wann sollten wir zweifeln, und wann sollten wir unsere Zweifel anzweifeln
- Die Entdeckung eines der wichtigsten Prinzipien der Rationalität

Der Zweifel ist die Vorhalle, durch die alle gehen müssen, bevor sie zum Tempel der Wahrheit gelangen können.

Charles Caleb Colton (1825)

Wir leben in einer Kultur, die in Informationen und Daten geradezu ertrinkt. Die Medien verkünden, dass seit Beginn des Computerzeitalters und der modernen Massenkommunikationsmittel das menschliche Wissen in geometrischer Progression zugenommen habe. Unser Wissen wächst in einem schnelleren Tempo als zu irgendeinem Zeitpunkt der Geschichte. Es heißt, dass es sich wenigstens alle vier Jahre verdoppele.

Wissen wir aber wirklich all das, was wir zu wissen glauben? Nimmt wirklich das Wissen zu oder sind es bloß unsere Anschauungen und Meinungen, die sich vermehren? Macht uns der ständige schnelle Strom an scheinbaren Informationen vielleicht nur glauben, dass wir über immer mehr Informationen verfügen, obwohl dem in Wirklichkeit vielleicht gar nicht so ist? Wissen wir überhaupt nur einen Bruchteil von dem, was wir zu glauben wissen?

Schon seit der Antike haben uns eine Reihe von Philosophen immer wieder vor unserem natürlichen Hang gewarnt, zu behaupten, wir wüssten über etwas Bescheid, wo wir doch in Wirklichkeit möglicherweise gar nichts darüber wissen. Die Philosophie des *Skeptizismus* hilft uns dabei, zum einen ein tieferes Verständnis von der Natur und der Herkunft des Wissens zu erlangen und zum anderen die offene Frage in der Philosophie zu beantworten, ob nämlich für vernünftige Überzeugungen und Annahmen (und damit für Wissen) Beweise immer notwendig sind.

In diesem Kapitel werden wir sehen, wie die grundlegendste Form skeptischen Philosophierens uns eine neue Sichtweise auf das Wesen des menschlichen Wissens eröffnen kann. Der Versuch, einige erstaunlich anmutende Fragen zu beantworten, wird uns auf die Spur eines häufig übersehenen Prinzips der Vernunft bringen. Dieses Kapitel ist vielleicht das in philosophischer Hinsicht anspruchsvollste Kapitel des ganzen Buches. Wenn Sie jedoch der Argumentation und ihrer Bedeutung für andere Fragen folgen, werden Sie auch die anderen Bereiche der Philosophie in einem neuen Licht sehen können. Die Fragen, die der Skeptizismus aufwirft, können uns zu einer durchaus erforderlichen, neuen Bescheidenheit in Bezug auf unser vermeintliches Wissen anhalten.

Die alte Kunst des Zweifelns

Die Wörter *skeptisch* und *Skeptizismus* stammen von einem altgriechischen Verb ab, das soviel wie »betrachten, untersuchen« bedeutet. Ein Skeptiker ist also etymologisch gesehen jemand, der etwas betrachtet und untersucht. Dies ist wichtig für unser Verständnis des skeptischen Zweifels. Der Skeptizismus in seiner ursprünglichen Bedeutung ist nicht so sehr eine Angelegenheit des Leugnens von Aussagen oder vorgeblichen Wahrheiten sondern vielmehr gekennzeichnet durch einen ständig bohrenden, suchenden und fragenden Zweifel.

Wie zweifeln doch die Weisen immerfort, und wie vorsichtig in ihrem Urteil sind sie.

Homer (*Odyssee*)

Der erste große skeptische Philosoph der Antike war Pyrrhon von Elis (um 310-270 v. Chr.). Nach längeren Reisen mit Alexander dem Großen als dessen Hofphilosoph, kehrte er nach Hause zurück und unterrichtete dort, so heisst es, fortan eine große Zahl von Bewunderern seiner Philosophie. Pyrrhon war bekannt dafür, die Philosophie als eine Lebenseinstellung zu begreifen, deren Ziele Ruhe des Geistes und Glückseligkeit des Herzens waren (griechisch Ataraxie).

Pyrrhon glaubte, dass wir alles immer in Frage stellen und nichts unbesehen glauben sollten. Er war der Ansicht, dass die Menschen sich zu schnell ihre Meinungen und Überzeugungen bildeten mit der Folge, dass Geist und Seele beunruhigt und in Aufruhr versetzt würden. Er lehrte daher, dass die Menschen versuchen sollten, ihr Urteil so weit wie möglich zurückzuhalten (griechisch Epoché).

Einige zeitgenössische Geschichten aus der Antike beschreiben Pyrrhon als viel zu gelassen, ja sogar gleichgültig gegenüber Gefahren in seiner unmittelbaren Umgebung. Es heisst, dass seine Freunde ihn ständig aus irgendwelchen Gefahrensituationen retten mussten, da er nicht selbst auf sich aufpassen konnte. Die Kommentatoren jener Zeit schreiben dies Pyrrhons skeptischer Abneigung zu, den ihn umgebenden Erscheinungen zu glauben. Ihm war eine philosophische Unlust eigen, von den Dingen, die um ihn herum passierten, auch tatsächlich überzeugt zu sein. An dieser Version habe ich jedoch berechtigte Zweifel anzumelden. Auf der Universität retteten ich und mein Freund uns oft gegenseitig das Leben, indem wir den anderen abwechselnd vor herannahenden Autos von der Straße zogen, während wir in Gedanken versunken die Straßen von New Haven, Connecticut, entlang gingen. Unsere anscheinende Gleichgültigkeit gegenüber den Gefahren um uns herum war bloß das Ergebnis unseres Nachdenkens über verwickelte philosophische Probleme und hatte nichts mit skeptischem Zweifeln an sich zu tun. Philosophen neigen nun mal einfach dazu, sich im Gedanken zu verlieren – besonders in Städten der Größe New Havens oder auch Elis'.

Andere Geschichten über Pyrrhon wiederum erscheinen glaubwürdiger und seinem Skeptizismus leichter zuschreibbar. Es wird erzählt, dass er einmal von einem aggressiven Hund angegriffen wurde, was ihm einen großen Schrecken einjagte. Später entschuldigte er sich dann bei seinen Freunden dafür, dass er nicht in Übereinstimmung mit seiner eigenen Philosophie gehandelt habe. In einer anderen Geschichte über ihn schafft er es allerdings, diese Übereinstimmung zu erreichen und sein Urteil (d.h. seine Reaktion auf eine Situation) zurückzuhalten, wodurch es ihm schließlich gelingt, seine innere Ruhe zu bewahren. Während einer Reise geriet er mit seinem Schiff einmal in einen starken Sturm, wobei er aber keine Furcht zu erkennen gab. Seine verängstigten Mitreisenden fragten ihn, wie er es schaffe, so ruhig zu bleiben. Es heisst weiter, dass er daraufhin mit dem Finger auf ein kleines Schwein mitten auf dem Deck gezeigt hätte, das dort friedlich vor sich hin fraß, und gesagt hätte, dass der Weise genauso gelassen in allen Lebenslagen bleiben solle wie dieses Schwein.

Zu Ehren Pyrrhons und aufgrund seiner Dienste für die Stadt Elis und seines Beispieles für ihre Bewohner befreite die Stadt schließlich alle Philosophen von jeglicher Steuer. Hätten sie sich nur dazu durchringen können, das zu glauben, so wären die Philosophen der Stadt sicher begeistert gewesen von dieser großartigen Neuigkeit.

Ich sollte noch einen weiteren Skeptiker der Antike mit Namen erwähnen, den Arzt Sextus Empiricus. Wir wissen nicht genau, wann er geboren wurde noch wann er gestorben ist und auch nicht genau, wo er gestorben ist. Man vermutet, dass er in der zweiten Hälfte des zweiten Jahrhunderts n. Chr. gelebt hat und Anfang des dritten Jahrhunderts n. Chr. gestorben ist. Da er in Griechisch schrieb und Kenntnisse des Landes besaß, wird angenommen, dass er Grieche war. Seine Schriften waren sehr einflussreich und sind unsere beste Quelle für Argumente und Positionen des klassischen griechischen Skeptizismus.

Genausowenig wie Pyrrhon bestritt auch Sextus die Möglichkeit, dass Menschen Wissen erlangen können. Er leugnete weder die Möglichkeit noch die tatsächliche Existenz echten Wissens. Er war lediglich äußerst vorsichtig, wenn es darum ging, irgend etwas zu glauben, was über die unmittelbare Erscheinung hinausging, und versuchte, andere Menschen ebenfalls zu dieser Vorsicht anzuhalten.

Skeptiker wie Sextus oder Pyrrhon waren der Meinung, die Menschen sollten ihr Leben in Übereinstimmung mit den Erscheinungen der äußeren Welt führen. Allerdings sollte man aus diesen bloßen Erscheinungen weder Schlussfolgerungen ziehen, die über sie hinausgehen, noch sollte man feste, auf diesen Erscheinungen beruhende Überzeugungen bilden. Diese Vorsicht sollte dazu dienen, seinen Geist von aller Unruhe zu befreien und im Leben einen ausgeglichenen Zustand der Glückseligkeit zu erreichen (Ataraxie).

Dies ist das Erbe des aus der Antike stammenden Skeptizismus. Unsere Verwendung skeptischer Fragen in diesem Kapitel ist jedoch ein wenig anders. Es geht uns hier nicht so sehr um die Ruhe des Geistes, sondern vielmehr um zusätzlichen Erkenntnisgewinn. Erst später im Verlauf des Buches wird uns dies auch für unseren Geist Nutzen erbringen. Im Moment geht es uns lediglich darum, die Frage zu klären, was wir denn normalerweise unter menschlichem Wissen verstehen.

Über das Zweifeln gelangen wir zur Wahrheit.

Cicero

Die dogmatischen Neinsager

Einige kühne Denker der Antike wie z.B. Carneades erklärten herausfordernd: »Wissen ist unmöglich.« Andere betonten ein wenig bescheidener, dass lediglich gelte: »Der Mensch weiß nichts.« Was aber ist die naheliegendste, am meisten in Verlegenheit bringende Frage, die man einem solchen Menschen darauf stellen könnte? Richtig: »Woher wissen Sie das?« Eine andere ähnlich negative Aussage könnte z.B. lauten: »Keine Überzeugung ist rational.« Alle diese Sätze jedoch sind – auf die eine oder andere Art – Beispiele für selbstwidersprüchliche Aussagen. Betrachten Sie z.B. das Folgende:

- ✔ Keine Aussage ist wahr.
- ✔ Dieser Satz ist nicht auf Deutsch.
- ✔ Nein, ich spreche keine bekannte Sprache.

Alle drei Sätze sind selbstwidersprüchlich. Selbstwidersprüchliche Aussagen lassen sich in die drei folgenden Kategorien einteilen: Die, die überhaupt nicht möglich sind; diejenigen, die nicht rational sind; und die, die mit ihrem eigenen Aussagegehalt im Widerspruch stehen. Alles in allem sind sie insgesamt nicht mehr als bloß sprachliche Kuriositäten.

Der Skeptizismus, den wir behandeln, ist nicht selbstwidersprüchlich wie irgendeine beliebige Form dogmatischen Neinsagens. Der eigentliche Skeptizismus streitet nicht einfach die Existenz von realem Wissen ab. Er zögert bloß, Dinge ohne weiteres zu glauben, und kritisiert die Glaubensüberzeugungen, die jeder von uns natürlicherweise hat.

Unglaubliche, unbeantwortbare Fragen

Der Skeptizismus stellt uns einige tiefgehende und anspruchsvolle Fragen, auf die es keine einfachen und schnellen Antworten gibt. Indem wir uns mit diesen Fragen beschäftigen, gewinnen wir ein tieferes Verständnis von all den Dingen, die wir immer als selbstverständlich erachtet haben.

Um es ganz einfach auszudrücken: Der Skeptizismus fragt danach, warum wir überhaupt das glauben, was wir glauben. Warum glauben wir, dass wir wirklich das wissen, was wir zu wissen behaupten? Können wir überhaupt das Wissen besitzen, das wir angeben zu haben? Die Fragen des Skeptizismus werfen ein Licht auf die Grundlagen all unserer Überzeugungen.

Bevor ich die Fragen, die der Skeptizismus an uns stellt, nenne, möchte ich einige einfache Unterscheidungen voranstellen. Alle Überzeugungen, die wir haben, lassen sich in drei Kategorien unterteilen. Ich führe erst die drei Kategorien an und gebe dann in der folgenden Tabelle 5.1 Beispiele für sie:

- ✔ **Vergangenheitsbezogen**: Überzeugungen bezüglich der Vergangenheit
- ✔ **Gegenwartsbezogen**: Überzeugungen bezüglich der Gegenwart
- ✔ **Zukunftsbezogen**: Überzeugungen bezüglich der Zukunft

Vergangenheitsbezogen	Gegenwartsbezogen	Zukunftsbezogen
Ich glaube, dass Plato der Lehrer von Aristoteles war.	Ich glaube dass, die globale Erwärmung den Meeresspiegel anhebt.	Ich glaube, Russland steckt in ökonomischen Schwierigkeiten.
Ich glaube, dass Amerika 1776 seine Unabhängigkeit erklärt hat.	Ich glaube, dass ich mein Geld gut investiert habe.	Ich glaube, Amerika bleibt demokratisch
Ich bin davon überzeugt, dass mein Vater im Zweiten Weltkrieg gekämpft hat.	Ich glaube, meine Frau arbeitet im Garten.	Ich glaube, meine Tochter wird die Schule beenden.
Ich glaube, ich hatte heute Toast und Marmelade zum Frühstück.	Ich glaube, dass heute die Sonne draußen scheint.	Ich glaube, dass Sie mein Buch zu Ende lesen.

Tabelle 5.1: Beispiele für die drei Kategorien von Überzeugungen

Die einfachen Fragen des Skeptizismus gliedern sich in zwei Kategorien. Zunächst einmal stellt der Skeptizismus die Verlässlichkeit der Quellen in Frage, aus denen unsere Überzeugungen bezüglich vergangener, gegenwärtiger und zukünftiger Sachverhalte stammen. Des Weiteren stellt der Skeptizismus jede dieser drei Kategorien von Überzeugungen sogar noch radikaler in Frage. Ich nenne diese beiden Formen skeptischen Fragens *Quellenskeptizismus* und *radikaler Skeptizismus*. Ihnen werde ich mich in den folgenden Abschnitten zuwenden.

Die Fragen des Quellenskeptizismus

Was ist die übliche Quelle unserer vergangenheitsbezogenen Überzeugungen? Nun, die meisten entstammen dem, was wir von anderen Menschen über die Vergangenheit gehört haben. Bei der Unterzeichnung der Unabhängigkeitserklärung war ich nicht anwesend Meinen Vater habe ich nicht mit eigenen Augen im Zweiten Weltkrieg kämpfen sehen können. Informiert worden bin ich über diese Ereignisse durch Quellen, die ich als vertrauenswürdig einstufe.

Die Schilderungen und Berichte anderer Menschen sind normalerweise die Hauptquelle für unsere Überzeugungen und Annahmen bezüglich der Vergangenheit. Manchmal jedoch waren wir sogar selbst Teil vergangener Ereignisse, Ereignisse, die wir am eigenen Leib erfahren haben und die wir in unserer Erinnerung jederzeit abrufen können. Die andere Quelle unserer Überzeugungen, unseres Wissens über die Vergangenheit ist dementsprechend die Erinnerung.

Manche Menschen glauben, dass materielle Beweise eine unabhängige dritte Quelle für unser Wissen über die Vergangenheit sind. Ob es sich nun aber um die versteinerten Fußabdrücke von Frühmenschen oder um die Videoaufnahme eines Ereignisses handelt, wir erfahren davon immer vermittelst der Berichte oder Erinnerung eines Menschen, dass es sich erstens um authentische und nicht gefälschte Dokumente handelt und was sie zweitens jeweils bedeuten. Wegen ihrer Abhängigkeit von der Verlässlichkeit der beiden erstgenannten Quellen, müssen wir diese Quelle hier nicht als dritte Kategorie einführen.

Daraus folgt also, dass all unser Wissen über die Vergangenheit entweder auf den Schilderungen und Berichten anderer Menschen oder auf Erinnerung oder auf beidem beruht. Der Skeptizismus stellt uns eine einfache aber doch scharfsinnige Frage: »Woher wissen wir, dass die Quellen unseres Wissens und unserer Überzeugungen jemals verlässlich sein können?« Wir gehen aber schrittweise vor und beginnen mit unserem Wissen über die Vergangenheit. Der Skeptizismus fragt: »Woher wissen wir, dass die Erinnerung und die Berichte anderer überhaupt verlässlich sind?«

Kluger Kopf, schlechte Erinnerung

Selbst ansonsten sehr schlaue Leute haben manchmal ein schlechtes Gedächtnis. Ich bin einmal mit einem Gastprofessor für Philosophie aus Oxford über den Campus der Universität Notre Dame spaziert. Dieser Professor, ein berühmt-berüchtigter Exzentriker, hatte den seltsamsten Gang, den ich je gesehen habe. Er ging mit großen Schritten vorwärts, bewegte dabei aber seinen durchgestreckten Körper ständig auf und ab. An jeder Kreuzung fing er plötzlich an, mit kurzen Schritten rasch gehend, die Knie weit nach oben bewegend und mit angelegten Armen, diese schnell zu überqueren. Mitten in unserer lebhaften philosophischen Unterhaltung musste ich plötzlich daran denken, dass ich es mit jemandem zu tun hatte, der anscheinend direkt aus Monty Pythons *Ministerium für lustige Gangarten* entsprungen zu sein schien. Ich war über den sich mir bietenden Anblick aufs Äußerste erstaunt, während ich atemlos versuchte, mit meinem Gesprächspartner Schritt zu halten, wobei ich gleichzeitig auch noch über Argumente für die Existenz Gottes nachdenken musste.

Nach zehn Minuten dieses seltsamen Versuchs, Aerobics und Theoretisieren miteinander zu verbinden, kam das Gespräch auf einen seiner besten Freunde und engsten Kollegen in Oxford, an dessen Namen er sich jedoch auch nach heftigem Bemühen nicht erinnern konnte. Dieser Freund war sogar noch exzentrischer als er. Mein Gesprächspartner empfahl mir dessen Buch, konnte sich aber partout nicht an seinen Namen erinnern. Am Ende stotterte er schließlich hervor: »Sie wissen schon, der Bursche, der immer so komisch geht.« Das ist eine wahre Geschichte.

Die Erinnerung gibt nicht das wieder, was wir auswählen, sondern das, was uns angenehm ist.

Montaigne

Wenn Sie die Richtigkeit meiner Geschichte bezweifeln, so gehen Sie nur einmal zu irgendeiner großen Universität und schauen sich mal auf dem Parkplatz des mathematischen Instituts um. Am interessantesten ist die Zeit gegen fünf Uhr Nachmittag, wenn die Institutsangehörigen am Ende des Tages nach ihren Autos suchen. Ist schon ein toller Anblick.

Genie findet sich häufiger in einem zerbrochenen Topf als in einem unversehrten.

E. B. White

Erinnerung

Wie kann ich wissen, ob das geistige Vermögen, sich erinnern zu können, überhaupt verlässlich ist? Woher weiß ich, dass in der Erinnerung auch wahres Wissen aufgehoben ist? Beachten Sie, dass die Frage hier nicht ist, ob das menschliche Erinnerungsvermögen immer zuverlässig oder wenigstens die meiste Zeit vertrauenswürdig ist. Die meisten Menschen würden wohl zugeben, dass die Erinnerung nicht so zuverlässig ist, wie sie manchmal vorgibt zu sein.

Die Erinnerung ist das Instrument, mit dem der Mensch vergisst.

Alexander Chase

Unsere Frage ist nicht, ob die Erinnerung unfehlbar ist oder zumindest meistens zuverlässig arbeitet. Dem Skeptizismus geht es vielmehr um die Frage, ob die Erinnerung *überhaupt jemals* verlässliches Wissen vermittelt. Die Frage mag sich vielleicht unspektakulär anhören; warten Sie jedoch, was passiert, wenn wir sie zu beantworten versuchen.

Woher weiß ich also, dass die Erinnerung jemals verlässlich ist? Nun, zunächst einmal weiß ich, dass meine Erinnerung oft verlässlich ist. Woher ich das weiß? Das ist einfach. Ich weiß z.B., dass ich mich schon oft richtig daran erinnert habe, wo ich mein Auto geparkt oder wo ich meine Uhr abgelegt habe.

Aber Moment mal. Wenn ich so die Tatsache rechtfertigen will, dass ich mich auf meine Erinnerung auch wirklich verlassen kann, nämlich indem ich darauf hinweise, dass sie ja schon manches Mal in der Vergangenheit verlässlich funktioniert habe, so tue ich nichts anderes, als die Verlässlichkeit der Erinnerung mit Hilfe der Erinnerung zu begründen. Das hilft mir aber nicht weiter, da sich die Begründung hier im Kreise dreht, weil ich ja die Wahrheit dessen, was ich beweisen will, bei meinem Beweis schon vorausgesetzt habe. Das bedeutet, wir verfügen immer noch über keinen Beweis der Verlässlichkeit der Erinnerung.

Es gibt jedoch noch einen anderen Weg. In der dritten Klasse sagte mir einmal mein Lehrer, ich hätte ein fotografisches Gedächtnis. Vielleicht habe ich es sogar noch immer. Sehr oft loben mich Leute für mein gutes Gedächtnis. Wenn das meine Antwort auf die Frage wäre, woher ich weiß, dass die Erinnerung jemals verlässlich sein könne, so habe ich ein doppeltes Problem. Zunächst einmal verließe ich mich immer noch auf meine Erinnerung daran, was andere über mein Gedächtnis gesagt haben. Zum anderen ist das aber nur dann ein gutes Argument, wenn ich berechtigten Grund dazu habe zu glauben, dass die Schilderungen und Berichte anderer Menschen manchmal zuverlässig sind, was wiederum gesondert beweisen werden müsste. Im nächsten Abschnitt werden wir uns mit dem Problem beschäftigen, das sich ergibt, wenn wir zu rechtfertigen versuchen, dass wir uns überhaupt auf unsere Erinnerung verlassen.

Berichte und Schilderungen anderer Menschen

Die Erzählungen anderer sind die Hauptquelle unseres Wissens über die Vergangenheit. Der Skeptizismus stellt die einfache Frage: Woher wissen wir, dass die Schilderungen und Berichte anderer Menschen jemals zuverlässig sein können? Woher weiß ich, dass das, was andere mir sagen, auch die Wahrheit ist? Wenn ich sage: »Nun, als ich noch klein war, sagten mir meine Eltern immer, dass man anderen Menschen normalerweise trauen könne, außer dann, wenn es um Geld und Immobilien ginge«, dann ist das natürlich kein Argument, das uns sehr viel weiter bringt. Ich kann nicht dadurch die Aussage begründen, dass die Erinnerung eine durchaus verlässliche Quelle von Wissen über die Vergangenheit ist, indem ich mich auf den erinnerten Bericht eines Menschen stütze. Andernfalls bewege ich mich nämlich bei meinem Argumentieren im Kreis, da ich das, was ich beweisen will, schon als wahr voraussetze.

Lasse den größten Teil der Dinge, die du hörst, den kleinsten Teil dessen sein, was du glaubst, damit nicht der größte Teil von dem, was du glaubst, der kleinste Teil von dem ist, was wahr ist.

Francis Quarles

Nehmen wir aber einmal an, ich würde auf die Frage des Skeptizismus antworten: »Ich erinnere mich an viele Male in der Vergangenheit, wo sich das, was andere mir erzählt haben, als wahr herausstellte. Daher schlussfolgere ich, dass die Erinnerung doch manchmal zuverlässig ist.« Wenn ich so argumentiere, dann gründe ich die Zuverlässigkeit der Schilderungen und Berichte anderer auf meine Erinnerung daran, dass in der Vergangenheit ihre Schilderungen und Berichte auch wirklich zuverlässig gewesen sind. Das einzige sich nicht im Kreis drehende Argument, das wir für die Zuverlässigkeit der Erinnerung vorbringen können, basiert damit auf dem Bericht einer anderen Person. Wenn ich nun aber nur dann wissen kann, ob die Erinnerung wenigstens manchmal zuverlässig ist, wenn ich auch sicher weiß, dass auch die Aussage eines anderen Menschen zuverlässig, d.h. wahr ist, und ich außerdem weiß, dass die Berichte einer anderen Person nur dann zuverlässig sind, wenn es auch die Erinnerung ist, so befinden wir uns nur in einem noch größeren Zirkelschluss, der uns hier überhaupt nicht weiterbringt. Wir haben somit immer noch keinen einwandfreien Beweis dafür gefunden, dass eine unserer beiden Wissensquellen jemals zuverlässiges Wissen liefern kann.

Man könnte vielleicht versucht sein zu glauben, dass sich die Situation ändert, wenn wir unser Wissen über die Gegenwart einer Prüfung unterziehen. Über Vergangenes kann man sich irren. Die Gegenwart jedoch steht sozusagen lebendig vor uns.

Aus welchen Quellen stammt unser Wissen über die Gegenwart? Nun, wenn man darüber nachdenkt, so scheint es, dass das meiste Wissen über den gegenwärtigen Moment, darüber, was jenseits unseres Wahrnehmungshorizontes passiert, von Schilderungen und Berichten anderer Menschen stammt. Nur so erfahre ich etwas über die aktuellen Ereignisse in der Welt – durch das, was andere mir darüber berichten. Gerade haben wir aber gesehen, was passiert, wenn man versucht, einen Beweis für die Zuverlässigkeit der Berichte anderer zu finden.

Wir können jedoch noch viel weiter gehen. Nicht nur das, was andere uns erzählen, erfahren wir nur aufgrund unserer Sinneswahrnehmung. Unser Wissen über die Gegenwart basiert ganz allgemein weitgehend auf unserer gegenwärtig geschehenden Sinneswahrnehmung. Möglicherweise ist es ja die Sinneswahrnehmung, die uns eine direkte, beweiskräftige Verbindung zur Wirklichkeit vermitteln kann, nach der der Skeptizismus sucht.

Sinneswahrnehmung

Ich brauche keine anderen Menschen um zu wissen, was in meinem Zimmer gerade passiert. Ich sehe mit eigenen Augen, dass mein Computermonitor an ist und dass die Tastatur funktioniert. Ich rieche das Aftershave, das ich vorhin benutzt habe. Ich höre das charakteristische Geräusch meines Druckers. Ein großer Teil meines gegenwärtigen Wissens beruht auf der Unmittelbarkeit und Intimität meiner Sinneswahrnehmung.

Was liefert uns fundierteres Wissen als die Sinne? Gibt es etwas Besseres, womit wir das Wahre und Falsche unterscheiden können?

Lukrez (erstes Jahrhundert v. Chr.)

Der Skeptizismus fragt: »Woher wissen wir, dass die Sinneserfahrung jemals verlässlich sein kann?« Was können wir darauf antworten? Ich bin versucht zu sagen: ›Schauen Sie, ich habe schon öfters in der Vergangenheit irgendetwas irgendwo von weitem liegen sehen, z.B. einen Groschen auf der Straße, und wenn ich dann näher kam, lag der Gegenstand dann doch tatsächlich auch immer da. Die Sinneserfahrung ist also offensichtlich manchmal zuverlässig.«

Die darin zum Ausdruck kommende Naivität sollte uns nun ja schon fast in beredtes Schweigen versinken lassen. Zunächst einmal habe ich ja gerade von meiner Erinnerung an ein vergangenes Ereignis Gebrauch gemacht. Wie wir jedoch im vorhergehenden Abschnitt über die Erinnerung gesehen haben, ist es unmöglich, Beweise für die Zuverlässigkeit der Erinnerung zu finden. Wir wollen das aber mal einen Moment vergessen. Meine kleine Geschichte enthielt eine Sinneswahrnehmung, die später durch was bestätigt wurde? Eine andere Sinneswahrnehmung, womit wir wieder in einem Zirkelschluss gefangen sind. Wenn alle Sinneswahrnehmung vom Skeptizismus in Frage gestellt worden ist, reicht es einfach nicht aus, wenn ich darauf mit dem Hinweis auf eine besondere Sinneswahrnehmung antworte.

Es scheint also schlecht für uns zu laufen. Dieser Eindruck aber täuscht vielleicht nur, so dass wir besser daran tun, nicht so schnell aufzugeben. Wenn Sie weiterlesen, so werden sich die Dinge zwar noch weiter verwirren, ich verspreche Ihnen aber, dass Sie sehr erstaunt sein werden, was danach passiert. Sind Sie nicht schon ängstlich gespannt darauf, welche Erkenntnisse der Blick auf unser Wissen über die Zukunft uns bringen wird?

Das ist aber gar nicht nötig, da wir dasselbe Argumentationsmuster anwenden werden. Wir bilden unsere Annahmen und Überzeugungen über die Zukunft auf der Basis der Vergangenheit und Gegenwart. Da wir aber keinen Grund haben, den Quellen unseres Wissens über die Vergangenheit und Gegenwart zu vertrauen, haben wir genausowenig Grund und Veranlassung, der Wahrheit unserer Überzeugungen und Annahmen bezüglich die Zukunft zu vertrauen. Ich überlasse es Ihnen, das noch einmal in Ruhe gründlich zu durchdenken.

Niemand kann wissen, was die Zukunft mit sich bringen mag.

Demosthenes

Schlussfolgerungen aus dem Quellenskeptizismus

Beachten Sie, dass die Fragen des Skeptizismus nicht nur zeigen, dass wir die Zuverlässigkeit der Quellen unseres Wissens und unserer Überzeugungen niemals beweisen können, sondern – und das ist eine noch tiefgreifendere Erkenntnis – dass wir außerdem auch nicht im Stande sind, auch nur einen Beweis für die uns allen gemeinsame Gewissheit zu liefern, auf der die Glaubwürdigkeit all unserer anderen Überzeugungen und des größten Teils unseres Wissens basiert, nämlich:

> Die Quellen unserer Annahmen und Überzeugungen sind manchmal zuverlässig.

Diese Tatsache ist sicherlich verblüffend, wenn nicht sogar beunruhigend. Wodurch sind wir mit der Wirklichkeit verbunden? Was verbindet den inneren Mechanismus, mit dem wir unsere Annahmen und Überzeugungen bilden, mit den Dingen, wie sie wirklich sind? Darauf scheinen wir keine Antworten zu haben. Es wird jedoch noch schlimmer – oder zumindest noch interessanter. Um Näheres darüber zu erfahren, lesen Sie den nächsten Abschnitt, der sich mit einer ganz anderen Art skeptischer Fragen beschäftigen wird.

Die Fragen des radikalen Skeptizismus

Die Fragen bezüglich des Quellenskeptizismus in den vorangegangenen Abschnitten haben unsere Aufmerksamkeit auf die Zuverlässigkeit unseres grundlegendsten wissensbildenden Mechanismus gelenkt. Woher wissen wir, dass die Erinnerung, die Schilderungen und Berichte anderer, die Sinneserfahrung oder irgendeine andere mögliche Quelle von Überzeugungen und Wissen jemals verlässlich Auskunft über die Wirklichkeit außerhalb unserer selbst geben können? Der *radikale Skeptizismus* geht bei diesen Fragen anders vor. Er stellt eine radikale Hypothese auf, die mit einer großen Anzahl unserer üblichen Überzeugungen unvereinbar ist. Diese Hypothese steht so im Gegensatz zu dem, was wir normalerweise glauben, dass, wäre sie wahr, eine sehr große Zahl unserer Annahmen und Überzeugungen falsch sein müsste. Der radikale Skeptizismus weist darauf hin, dass wir unsere bisherigen Anschauungen nur dann beibehalten können, wenn wir bestreiten, dass diese Hypothese wahr ist. Der radikale Skeptizismus fragt dann weiter, woher wir denn wissen, dass die Hypothese auch tatsächlich falsch ist.

Der radikale Skeptizismus in Bezug auf Ereignisse der Vergangenheit

Der Philosoph Bertrand Russell (1872-1970) stellte einmal eine radikale Hypothese über die Vergangenheit auf, die wir »Die Fünf-Minuten-Hypothese« nennen können. Es stellt folgende Überlegung an: Ich weiß einiges über das Frühstück heute morgen, darüber, wie ich letzte Nacht geschlafen habe, um wieviel Uhr ich ins Bett gegangen bin, darüber, was ich letzten Abend gemacht habe wie auch darüber, was während des ganzen Tages passiert ist. Dasselbe Wissen besitze ich auch über die Ereignisse von gestern und vorgestern. Meine Erinnerung reicht eine Woche, einen Monat, ein Jahr zurück. Ich besitze zig derartige Wissensfragmente über vergangene Ereignisse, Tausende oder sogar Millionen davon. Betrachten Sie doch mal die folgende Hypothese:

Die Fünf-Minuten-Hypothese: *Das gesamte Universum ist genauso, wie es jetzt ist, vor fünf Minuten aus dem Nichts entstanden, mit Bodenfossilien, alten, faltigen Menschen und anderen Zeichen des Alters, die alle jedoch momentan entstanden und von täuschender Echtheit sind.*

Diese Hypothese ist unvereinbar mit all meinem Wissen über Dinge, die vor fünf oder mehr Minuten passiert sind. Wenn die Hypothese war ist, so ist all jenes Wissen über die Vergangenheit unwahr. Wenn sie stimmt, dann habe ich weder Eltern, noch leibliche Kinder, bin nicht wirklich verheiratet, habe auch nie in meinem Leben irgendeinen Vertrag unterschrieben etc. Meine Erinnerungen an all das sind mit mir zusammen erst vor fünf Minuten entstanden. Vor diesem kosmischen Ereignis existierte nichts. Seltsame Vorstellung. Bizarr und verrückt.

»Aber«, so werden Sie vielleicht gleich einwenden, »woher wissen wir, dass die Hypothese überhaupt wahr ist?« Wenn das Ihr erster Einwand ist, so reagieren Sie normal. Die Hypothese ist so unplausibel wie nur irgend möglich. Darum geht es hier aber nicht. Der Skeptiker selbst glaubt auch nicht an die Wahrheit dieser Hypothese und versucht auch nicht, uns von ihrer Wahrheit zu überzeugen. Er weist uns nur darauf hin, dass unser jetziges Wissen und unsere momentanen Überzeugungen uns dazu drängen, die Wahrheit dieser Hypothese zu bestreiten. Das Ziel dieses Gedankenexperiments ist es zu fragen, woher wir überhaupt wissen oder zumindest vernünftigerweise annehmen, dass die Hypothese falsch ist.

Bei näherer Untersuchung wird einem sofort klar, dass sich kein einziger Beweis dafür finden lässt, dass diese Hypothese falsch ist. Egal was wir anführen – Haare, die so lang sind, dass sie schon eine lange Wachstumsperiode hinter sich haben müssen, Narben von lange verheilten Wunden, die Jahresringe von Bäumen usw. – alles ist vereinbar mit der Hypothese, dass alles das zusammen mit der Welt insgesamt erst vor fünf Minuten als Teil eines ausgeklügelten kosmischen Tricks entstanden ist.

Wenn wir jedoch für alles, was wir glauben, einen echten Beweis als vernünftige Beglaubigung benötigten, dann könnten wir nicht vernünftigerweise der Überzeugung sein, dass diese radikale Hypothese falsch ist. Das würde allerdings nicht bedeuten, dass wir unbedingt an die Wahrheit dieser Hypothese glauben müssten. Es würde lediglich bedeuten, dass wir mit unserem Urteil über die Wahrheit oder Falschheit der Hypothese vorsichtig sein müssten, auch wenn sich dadurch entsprechend eine Unsicherheit über die Wirklichkeit der länger als fünf Minuten zurückliegenden Ereignisse einstellen würde. Aus all dem folgt, dass wir die radikale Möglichkeit ins Auge fassen müssen, all unser Wissen über die Vergangenheit aufgeben zu müssen.

Der radikale Skeptizismus in Bezug auf Ereignisse der Gegenwart

Nun zu unserem Wissen über die Gegenwart. Der Philosoph René Descartes, der als Vater der modernen Philosophie gilt, machte im 17. Jahrhundert einen radikalen Vorschlag. Woher wissen wir, dass nicht alles uns Umgebende bloß in unseren Träumen existiert? Sie könnten z.B. nur träumen, dass Sie etwas über die Philosophie lesen. Die skeptische Haarspalterei, die wir hier betreiben, könnte vielleicht nichts als ein großer Alptraum von Ihnen sein. Schauen Sie sich den Raum, in dem Sie sich befinden, einmal genau an. Er ist bloß geträumt, nicht real existent. Schauen Sie sich Ihre

Kleidung an. Nichts als ein Traum. Oder, um es in der vom Skeptizismus bevorzugten Art auszudrücken: Woher wissen Sie, dass nicht alles Existierende bloß geträumt ist?

Das Leben und die Liebe sind nichts als ein Traum.

Robert Burns

Descartes spielte außerdem mit der Idee, dass unser ganzes Leben nichts als eine einzige, große Illusion sein könnte. Vielleicht gibt es einen bösen Dämon, der uns hypnotisiert hat, der für all unsere Sinneseindrücke verantwortlich ist und dem wir all das zu verdanken haben, was wir glauben. Wir glauben zwar nicht eine Sekunde lang, dass dies auch tatsächlich der Fall ist, aber warum sollte es eigentlich nicht?

Das Privileg des Absurden; etwas, das von allen Kreaturen nur dem Menschen eigen ist.

Thomas Hobbes

Wir können weder die Traumhypothese noch die Dämonhypothese oder eine andere ähnliche Hypothese widerlegen. Wir können noch nicht einmal beweisen, dass irgendeine dieser Hypothesen tatsächlich falsch ist. Dennoch aber nehmen wir bestimmte Dinge an, die mit diesen Hypothesen im Widerspruch stehen. Dies ist für den Skeptiker ein Problem.

Descartes: Der alles in Frage Stellende

René Descartes, Mathematiker, Militärfachmann und philosophisches Wunderkind, war der ultimative Revolutionär des Geistes. Er fragte sich, was passieren würde, wenn man sich dazu entschlösse, weder an das zu glauben, was andere einem sagen noch an das, was sie eigenen Sinne einem über die Welt mitteilen. Um festzustellen, ob es irgendetwas gebe, an dessen Existenz man nicht zweifeln könne, begann er systematisch alles in Frage zu stellen. Das einzige, so schloss er am Ende, das er nicht bezweifeln könne, war die Tatsache, dass, indem er zweifelte, er gleichzeitig auch dachte. Aus dieser Tatsache konnte er nun schlussfolgern, dass auch er selbst existieren müsse. Auf diese Weise hinterließ er der Geschichte das berühmteste Fragment philosophischen Denkens: »Ich denke, also bin ich« (auf Französisch »Je pense donc je sois« oder in der bekannteren lateinischen Version »*cogito ergo sum*«). Auf dieser Grundlage begann er dann ein Wissensgebäude zu errichten, von dem er glaubte, dass es wahr sein müsse.

Der radikale Skeptizismus in Bezug auf zukünftige Ereignisse

Wir sollten uns abschließend wenigstens kurz mit unseren Annahmen über die Zukunft beschäftigen. Die radikal skeptische Hypothese, um die es in diesem Abschnitt geht, wurde von einem meiner philosophischen Freunde erfunden, den ich vor Jahren in Connecticut oft vor herannahenden Autos retten musste (wenn er nicht gerade dabei war, mich zu retten), nämlich von dem zeitgenössischen Philosophen J. L. A. Garcia. Sie wird futuristischer Nihilismus genannt und ist recht einfach.

Der futuristische Nihilismus erklärt, dass die Zukunft nicht existiert. Damit eine Annahme wahr sein kann, muss der Gegenstand der Annahme zum Inventar der Wirklichkeit gehören. Außerdem muss dieser Gegenstand die Eigenschaft besitzen, die ihm durch die Annahme zugesprochen wird. Damit die Aussage, dass Gras grün ist, wahr ist, muss es so etwas wie Gras mit der Eigenschaft grün wirklich geben. Die Zukunft ist jedoch im Moment nichts weiter als eine große Leere. In diese Leere projizieren wir eine Menge Vermutungen und Annahmen, was wohl heute noch geschehen wird oder was morgen und nächstes Jahr alles passieren wird. Wir haben eine Fülle von Annahmen und Überzeugungen darüber, wie die Zukunft aussehen wird, egal wie vorläufig und vorsichtig diese auch sein mögen.

Der in die Zukunft ausgerichtete Skeptiker könnte sein Argument sogar noch weiter stützen, wenn er sich der anderen Formen des radikalen Skeptizismus bediente. Denken Sie nur an die radikale Hypothese des vorhergehenden Abschnitts. In jedem Augenblick könnten wir aus Descartes' Traum aufwachen und die nahe Zukunft ganz anders vorfinden als wir uns das vorher vorgestellt haben. Es könnte auch sein, dass Descartes' Dämon plötzlich mit den Fingern schnippt und wir in einer Zukunft aufwachen, die radikal verschieden ist von der, die wir im Sinn hatten. Das alles könnte ganz plötzlich geschehen. Woher wissen wir, dass es nicht passiert und dass unseren Annahmen über die Zukunft nicht der Boden entzogen wird? Darauf haben wir letztlich keine gute Antwort.

Mein Geist befindet sich in einem Zustand philosophischen Zweifelns.

S. T. Coleridge

Was der Skeptizismus uns zeigt

Die Fragen des Quellenskeptizismus haben uns gezeigt, dass wir keine Möglichkeit haben, einen überzeugenden Beweis dafür zu finden, dass der innere Mechanismus, mit dem wir unsere elementarsten Überzeugungen und Annahmen bilden, jemals zuverlässig sein kann. Die Fragen des radikalen Skeptizismus streuten dann zusätzlich noch Salz in die Wunde, indem sie uns demonstrierten, dass es keine auffindbaren Beweise gibt, mit deren Hilfe wir eine Reihe von verrückt klingenden Hypothesen widerlegen oder zumindest erschüttern könnten, die logisch mit unseren Überzeugungen hinsichtlich bestimmter Sachverhalte von vitaler Bedeutung unvereinbar sind.

Die Herausforderung, die der Skeptizismus an uns stellt, hat gezeigt, dass wir einige der grundlegendsten und wichtigsten Dinge, von denen wir alle überzeugt sind und die ansonsten ganz unstrittig sind, nicht beweisen können. Wir sind einfach von ihnen überzeugt. Der Skeptizismus fragt nach dem Warum. Eine seiner Erkenntnisse ist, dass es für den Menschen nur sehr wenig Veranlassung gibt, in großspuriger und arroganter Manier dogmatische Behauptungen aufzustellen. Wir sollten alle ein wenig bescheidener werden was unsere Gewissheiten anbelangt. Der Skeptizismus kommt aber zu noch weitergehenden Einsichten. Davon wird im nächsten Abschnitt die Rede sein.

Die eigenen Zweifel bezweifeln

Der Zweifel ist der Anfang, nicht das Ende der Weisheit.

George Iles

Die skeptische Untersuchung führt zu einem Zustand des Zweifelns. Wie können wir alles oder auch nur einen Teil von dem wissen, was wir zu wissen glauben? Wie gehen Vernünftigkeit und Überzeugungen zusammen? Kann es sein, dass die Skeptiker der Antike Recht hatten? Sollten wir davon Abstand nehmen, uns von allem, oder wenigstens einem Teil der Dinge, eine Meinung zu bilden? Sextus legte uns nahe, dass wir in Übereinstimmung mit den Dingen und Erscheinungen leben sollten, ohne allerdings auf die Idee zu verfallen, dass die Erscheinungen identisch mit der Wirklichkeit wären. Sollte so unsere Reaktion auf die Fragen des Skeptizismus und unsere überraschende Unfähigkeit, sie zu beantworten, aussehen?

Nein. Überhaupt nicht. Der Skeptizismus lehrt uns eine wichtige Lektion. Er kann aber nicht verhindern, dass wir auch weiterhin Annahmen über die Welt bilden und von Dingen überzeugt sein werden. Ohne die Überzeugung, dass die Begriffe, die er benutzt, eine bestimmte Bedeutung haben, die sich von der anderer Begriffe unterscheidet, kann der Skeptiker nicht einmal seine Fragen formulieren, genausowenig wie wir selbst. Überzeugungen zu haben ist ein integraler und vernunftgemäßer Bestandteil der menschlichen Natur.

Die Forderung des klassischen Skeptizismus, alle unsere Überzeugungen und Annahmen über Bord zu werfen, ist im wahrsten Sinne des Wortes unmöglich. Aber selbst wenn dies dennoch möglich wäre, so erwiese es sich als unpraktisch und obendrein sogar gefährlich. Wenn es so scheint, als ob ein Lastwagen beim Überqueren der Straße direkt auf mich zukommt, so tue ich gut daran, das zu glauben und entsprechend meinen Gang zu beschleunigen. Der Vorschlag des Skeptizismus, dass wir immer in Übereinstimmung mit den Erscheinungen handeln, dabei aber mental unbeteiligt bleiben sollten, ist für den Geist derart anstrengend, dass die Argumente, die der Skeptizismus dafür vorgebracht hat, nicht überzeugend erscheinen. Ist aber nicht unsere Unfähigkeit, die Fragen des Skeptizismus nach der Wahrheit unserer Annahmen und Überzeugungen auf überzeugende Weise zu begründen, zwingend genug für die Wahrheit der Einwände des Skeptizismus? Die Antwort darauf ist Nein. Die Fragen des Skeptizismus zeigen bloß, dass die Vernünftigkeit unserer grundlegendsten Annahmen und damit die Vernünftigkeit all unserer Überzeugungen nicht darin bestehen kann, dass wir Beweise unabhängig von ihrer Wahrheit anführen können. Dies ist die wichtigste Lehre des Skeptizismus.

Was kommt als Nächstes?

Woher wissen wir also, dass die grundlegenden Mechanismen, die bei der Bildung von Annahmen und Überzeugungen im Spiel sind, wie z.B. die Sinneserfahrung, die Erinnerung oder die Berichte und Schilderungen anderer Menschen über Ereignisse, jemals zuverlässig sein können? Wie kann die Überzeugung, dass die Welt schon länger als fünf Minuten existiert, rational begründet werden? Woher wissen wir, dass nicht alles bloß ein einziger großer Traum ist, dass es nicht irgendwo einen bösen Dämon gibt, der uns alle hypnotisiert hat? Gibt es überhaupt die Zukunft? Dies sind mit unsere elementarsten Überzeugungen. Woher stammen sie, und wer kann für sie bürgen? Wenn wir dies alles verstehen könnten, so würde uns das die entscheidende Hilfestellung bei der Betrachtung der anderen wichtigen Fragen, die in diesem Buch noch behandelt werden, geben. Im nächsten Kapitel erfahren Sie dazu mehr.

Die erstaunliche Wirklichkeit von grundlegenden Annahmen

6

In diesem Kapitel

- Die Grundlagen der Vernunft
- Der Empirismus und der Rationalismus
- Kritik an der allgemeinen Forderung nach Beweisen und anschaulicher Gewissheit
- Eine überraschende Einsicht in unsere grundlegenden Überzeugungen und Annahmen

Skeptiker ist nicht der, der zweifelt, sondern der, der die Dinge untersucht und erforscht, im Gegensatz zu dem, der Dinge behauptet und meint, sie gefunden zu haben.

Miguel de Unamumo

Die Ergebnisse unserer Überlegungen zum Skeptizismus in Kapitel 5 sind sowohl wichtig als auch interessant. Sie ergaben, dass die Vernunft weder in der Lage ist, die Wahrheit oder auch nur Vernünftigkeit unserer grundlegendsten Annahmen über die Wirklichkeit zu beweisen noch unmittelbare Gewissheit darüber zu erlangen. In diesem Kapitel wird dieses Problem wieder aufgenommen und gefragt, wie es dennoch vernünftig sein kann, ohne Beweise oder unmittelbare, anschauliche Gewissheit durch die Sinne diese grundlegenden Annahmen und Überzeugungen beizubehalten. Wir werden uns außerdem ausführlich mit dem allgemeineren Problem befassen, ob man sinnvollerweise überhaupt irgendwelche anderen Arten von Annahmen machen kann, ohne Beweise oder zwingende Gewissheit zu besitzen.

Vielleicht haben Sie das vorangehende Kapitel schon gelesen und sich die Argumentation dort noch mal durch den Kopf gehen lassen. Kapitel 5 und 6 zusammengenommen verschaffen uns einen lebendigen und neuen Blick auf unsere Annahmen und unser Wissen, der uns für die philosophischen Probleme, die wir noch anzugehen haben, von Nutzen sein wird. Diese Probleme betreffen z.B. Fragen hinsichtlich des Guten, der Freiheit, des Todes sowie Gottes. In gewisser Hinsicht sind wir immer noch dabei, das intellektuelle Rüstzeug zusammenzustellen, das uns dabei helfen kann, die dringendsten Fragen zu beantworten, die wir überhaupt stellen können. Um die Wirklichkeit verstehen zu können, ist es sehr hilfreich, dieses Rüstzeug zu finden, da wir allein dadurch schon neue Einsichten gewinnen können.

Die Grundlagen des Wissens

Wegen des einen oder anderen wichtigen Problems hat es in der Geschichte der Philosophie schon viele Kämpfe zwischen verschiedenen sich streitenden Parteien gegeben. Einer der größten unter ihnen wurde über die Grundlagen des Wissens geführt. Was ist das Grundlegendste an unseren

Annahmen über die Wirklichkeit? Was ist die Basis des Weltverständnisses eines jeden Menschen? Wo kommt das menschliche Wissen letztendlich überhaupt her? Kapitel 4 stellt die grundlegenden Begriffe von Urteil, Wahrheit und Wissen vor. Kapitel 5 zeigt uns, dass es für das, was wir glauben und wovon wir überzeugt sind, keinerlei Gewissheit geben kann. In diesem Kapitel werden wir untersuchen, was denn die Grundlagen für all unser Wissen über die Realität sind.

Empirismus und Rationalismus

Die Empiristen haben immer wieder behauptet, dass unser ganzes Wissens Ergebnis unserer Sinneswahrnehmung sei. Die Sinne, so sagen sie, liefern uns nur die nackten Daten über die Außenwelt; ohne diese Informationen, die uns im Rohzustand erreichen, gäbe es jedoch überhaupt kein Wissen. All unsere Annahmen, d.h. Urteile über die Welt, beruhen auf der Wahrnehmung, die einen Prozess der Erkenntnis in Gang setzt. Der Empirismus in Reinform behauptet, dass alleine die Sinneswahrnehmung der Grund und Ursprung all unserer Überzeugungen, Annahmen und unseres Wissens sei. Ein klassisches Beispiel für einen Empiristen ist der britische Philosoph John Locke (1632-1704).

Man kann leicht verstehen, wie es möglich war, dass der Empirismus viele Anhänger gewinnen konnte. Denken Sie mal einen Moment darüber nach: Es ist doch schon erstaunlich schwierig, bloß eine einzige Annahme oder Überzeugung des Menschen zu nennen, die nicht auf irgendeine Art von Sinneswahrnehmung beruht – sei es Sehen, Hören, Berühren, Riechen oder Schmecken. Es ist daher nur natürlich anzunehmen, dass die Sinne die einzige Quelle und der letzte Grund für unsere Annahmen und Überzeugungen sind.

John Locke

John Locke, Wissenschaftler, Arzt, politischer Denker und Philosoph, behauptete in seinem Hauptwerk *An Essay Concerning Human Understanding*, dass jede menschliche Seele als *tabula rasa*, d.h. als leere, wieder beschreibbare Tafel zur Welt komme. Einige menschliche Seelen jedoch scheinen leerer zu sein als andere. Es ist die Sinneswahrnehmung, so behauptete der Philosoph, die auf dieser Tafel schreibe und die die einzige Quelle unserer Ideen und unseres Wissens sei.

Locke war im 17. Jahrhundert ein außerordentlich einflussreicher Denker. Durch sein politisches Denken wurde er berühmt als der »Philosoph der Freiheit«. Allgemein bekannte Aussprüche Lockes sind z.B.:

»Keines Erdenmenschen Wissen reicht über seine Erfahrung hinaus.«

»Alle Menschen irren. Die meisten Menschen sind darüber hinaus in vielerlei Hinsicht durch Leidenschaft oder Interesse der Versuchung zu irren ausgesetzt.«

Aber noch lange nicht alle Philosophen glaubten, dass der Ursprung der Annahmen und Überzeugungen des Menschen alleine die Sinne sind. Es scheint so zu sein, dass einige Urteile des Menschen nicht allein durch die Sinneswahrnehmungen erlangt werden oder von sonst irgendeiner Wahrnehmung bewiesen werden können. Die Philosophen haben sich daher zu allen Zeiten in den Haaren darüber gelegen, welche Antwort auf die Frage, wo unsere Annahmen und Überzeugungen letzten Endes herkommen oder herkommen sollen, denn nun richtig sei.

Die *Rationalisten* behaupteten, dass nicht die Sinne der eigentliche Ursprung allen Wissens sind, sondern der Verstand. Ohne das Vorhandensein von Kategorien und Grundsätzen des Verstandes, die bereits vor der Erfahrung existieren, könnten wir weder unsere Sinneswahrnehmung ordnen noch auf irgendeine Weise interpretieren. Der Mensch wäre ohne diese Kategorien und Grundsätze mit einem einzigen, undifferenzierten und kaleidoskopartigen Durcheinander von Wahrnehmungen konfrontiert, die nichts bedeuteten und die keinen Sinn machen würden. Der Rationalismus in seiner reinsten Form geht soweit zu sagen, dass all unsere vernünftigen Annahmen und Überzeugungen sowie die Gesamtheit des menschlichen Wissens sowie alle weiteren aus den Grundsätzen des Verstandes logisch ableitbaren Urteile, auf diese ursprünglichen, ersten Grundsätze und angeborenen Begriffe (Begriffe, die wir schon als Neugeborene besitzen) zurückgehen. Auf irgendeine Weise werden diese Grundsätze und Begriffe vom Verstand erzeugt und beglaubigt.

Wie kann der Verstand überhaupt irgendwelche verstandesgemäßen Begriffe und erste Grundsätze liefern? Einige Rationalisten haben behauptet, dass wir mit mehreren grundlegenden Begriffen oder Kategorien schon von Geburt an ausgestattet sind, die sozusagen zur Benutzung schon bereit liegen. Diese liefern uns das, was die Rationalisten »angeborenes Wissen« nennen. Beispiele hierfür sind u.a. die Anschauungsformen von Raum und Zeit sowie der Verstandesbegriff von Ursache und Wirkung.

Wir denken von Natur aus in Begriffen von Ursache und Wirkung, mit deren Hilfe es uns möglich ist, unsere Erfahrungen in der Welt zu ordnen. Wir glauben zu sehen, wie ein Ereignis ein anderes verursacht. Die Sinneswahrnehmung alleine jedoch zeigt uns nur, wie bestimmte Ereignisse zeitlich vor anderen Ereignissen stattfinden. Damit verbunden ist die Erinnerung, früher schon einmal solche Vorher/Nachher-Ereignisse gesehen zu haben. Nehmen wir zum Beispiel den Fall eines Steins, der, gegen eine Fensterscheibe geworfen, diese zerbricht. In diesem Ereignis ist noch etwas Drittes enthalten, das wir Verursachung nennen aber nicht sehen können. Dennoch glauben wir, dass es so etwas wie Verursachung wirklich gibt. Der Stein, der die Scheibe trifft, hat deren Zerbrechen verursacht. Diese Tatsache jedoch wird von uns nicht auf die gleiche Weise erfahren wie der Flug des Steines oder das Zerspringen der Glasscheibe. Die Erfahrung ist es wohl nicht, die uns den Begriff der Verursachung aufzudrängen scheint. Wir benutzen diesen Begriff nur, um das, was wir erfahren, zu interpretieren. Der Verstandesbegriff der Ursache und Wirkung ist eine Kategorie, die wir aus unserer Erfahrung allein nicht ableiten können. Sie muss daher durch eine vorausgehende Veranlagung unseres Verstandes, durch die wir einen solchen Zusammenhangs von Ursache und Wirkung erst feststellen können, in diese Erfahrung gleichsam hineingelegt werden. Dies ist die rationalistische Perspektive.

Die Grundlagen des Wissens

Rationalistische Philosophen haben behauptet, dass unser Wissen auf selbstevidenten, d.h. offensichtlich wahren Aussagen, bzw. Sätzen aufgebaut ist. Eine selbstevidente Aussage hat die merkwürdige Eigenschaft, dass wir, wenn wir nur den Gehalt der Aussage erst einmal verstanden haben, rein verstandesmäßig »sehen«, dass sie wahr ist, auch ohne weitere Überprüfung oder sonstige Beweise. Beispiele für solche Aussagen sind:

- ✔ Jede Oberfläche, die rot ist, ist farbig.
- ✔ Wenn A größer ist als B, und B größer als C, dann ist auch A größer als C.

Wichtig ist hier, dass, sobald diese beiden Aussagen verstanden worden sind, es keiner weiteren Sinneswahrnehmung bedarf, um zu sehen, dass sie wahr sind.

René Descartes war ein Philosoph, der an den Anfang seines Denkens den Zweifel setzte und sich von diesem ausgehend eine rationalistische Philosophie erschuf. Er war davon überzeugt, dass wir alle unsere Annahmen und Überzeugungen, die auf der Wahrnehmung unserer äußeren Sinne beruhen, in Zweifel ziehen können. Bestimmte selbstevidente Überzeugungen wie z.B. »Ich denke«, kann man jedoch weder vernünftig anzweifeln noch kann dieser Zweifel aufrecht erhalten werden. Descartes versuchte daran anschließend genügend weitere erste Grundsätze zu finden, die sich als immun gegen verstandesmäßige Zweifel erweisen würden. Er versuchte auf diese Weise, eine unzweifelhafte, verstandesmäßige Basis für alle anderen begründeten Annahmen zu finden.

Die Philosophen glauben nicht, dass Descartes' Versuch tatsächlich erfolgreich war. Sein Denken sei jedoch den Versuch wert gewesen. Für einzelne, die sich zur Mathematik und zu den Schönheiten einer einheitlichen Theorie hingezogen fühlen, ist der Rationalismus allerdings eine verführerische Idee geblieben. Praktisch hat der Rationalismus aber noch nie funktioniert.

Evidentialismus

Das Ziel der Empiristen und Rationalisten war es herauszufinden, woher unsere Annahmen über die Wirklichkeit letzten Endes stammen. Damit verbunden ist die Frage, was die letztgültige Grundlage des Wissens ist. Die *Evidentialisten* sind Philosophen, die eine ähnliche, damit in Zusammenhang stehende aber dennoch etwas anderen Frage beantworten wollen, nämlich die, wo vernunftgemäße Annahmen und Überzeugungen herkommen, bzw. wie man zu solchen überhaupt gelangt und sie aufrecht erhalten kann.

Heutige Evidentialisten behaupten, dass keine Aussage, bzw. kein Satz vernünftig ist, wenn er nicht entweder selbstevident, unmittelbar durch die Sinne gewiss oder ausreichend durch beweiskräftige Aussagen aus einem der beiden Bereiche gestützt werden kann. Beispiele für Aussagen und Sätze, die durch direkte Sinneswahrnehmung zustande kommen, sind:

- ✔ Ich nehme gerade ein Kribbeln wahr.
- ✔ Die Farbe Weiß befindet sich in meinem Blickfeld.
- ✔ Ich höre ein Geräusch.

Die Suche nach Gewissheit

Menschen können auf verschiedene Dinge begierig sein. Manche sind gierig nach Geld. Andere streben nach immer mehr Macht. Für viele Menschen ist es eine innere Gewissheit, dass sie sich ohne Ende nach Dingen sehnen. Wir wollen wissen – und wissen, dass wir wissen. Wir wollen absolut sicher sein. Es darf keine Möglichkeit geben, dass wir uns irren. Wir wollen alles ganz genau festgelegt haben.

Jeder besitzt ein natürliches, aus dem Inneren stammendes Bedürfnis, die Dinge unter Kontrolle zu haben. Kontrolle jedoch ist unmöglich ohne Wissen. Daher streben wir danach, Gewissheit über unser Wissen zu erlangen. Die Welt aber gibt uns nicht immer das, wonach wir streben. Der Rationalismus ist ein Ausdruck für unsere Gier nach Gewissheit, der wir widerstehen müssen, um in der Welt, in der wir leben, ohne übermäßige Enttäuschung leben zu können.

Können wir überhaupt irgendeine Gewissheit im Leben finden? Ich muss gestehen, dass ich mir nicht ganz sicher bin.

Die einzige Gewissheit ist die, das nichts gewiss ist.

Plinius der Ältere

In einem berühmten Essay behauptete der britische Mathematiker W. K. Clifford Ende des 19. Jahrhunderts, dass es objektiv falsch sei, wenn irgendjemand irgendwo ohne ausreichenden Beweis etwas annehmen oder glauben würde. Ersetzen wir das Wort *falsch* durch das Wort *irrational*, so haben wir hier die zentrale Behauptung des traditionellen Evidentialismus vor uns:

Das evidentialistische Prinzip: *Es ist irrational für irgendjemanden an irgendeinem Ort, etwas ohne ausreichenden Beweis anzunehmen.*

Wenn wir das evidentialistische Prinzip so weit wie möglich fassen, können wir sowohl die Selbstevidenz von Annahmen als auch die Evidenz der Sinne, d.h. deren unmittelbare Gewissheit, zu den zulässigen Kriterien für vernünftige Annahmen hinzurechnen.

Der Evidentialist fragt ständig in Bezug auf jede Annahme oder Behauptung: »Was sind Ihre Beweise hierfür?« Er ist der Meinung, dass Rationalität, d.h. Vernünftigkeit, immer entweder Beweise oder unmittelbare Gewissheit erfordere. Es ist jedoch interessant die Frage des Evidentialisten an dessen eigenes Prinzip zu richten. Wenn jeder einen Beweis oder unmittelbare Gewissheit vorzulegen hat, was ist dann der Beweis des Evidentialisten für die Wahrheit seines Prinzips – eben jenes Prinzips, das diese Forderung aufstellt? Warum sollten wir diesen Beweis akzeptieren?

Es ist schwer einzusehen, wie diese Fragen, die vom evidentialistischen Prinzip gefordert werden, vom Evidentialisten selbst beantwortet werden können, wenn sie an seine zentrale Behauptung gerichtet werden. Er könnte behaupten, dass sein Prinzip selbstevident sei. Viele Philosophen, die das Prinzip klar verstanden haben, haben jedoch bestritten, dass es überhaupt wahr ist. Es ist also nicht so, dass alleine das Verstehen dieses Prinzips ausreicht, um seine Wahrheit zu erkennen. Darüber hinaus ist es nicht die Art von Aussage, deren Wahrheit durch die Sinne erkannt werden kann. Warum sollten wir also glauben, dass es wahr ist? Würden wir seine Wahrheit anerkennen, dann scheint es so, dass wir es ablehnen müssten, was gleichbedeutend mit einer selbstwidersprüchlichen Empfehlung ist.

Ungeachtet der Tatsache, dass zum einen der Evidentialismus unter Geistesgelehrten über einen langen Zeitraum hinweg sehr populär gewesen ist und dass Beweise zugegebenermaßen ein sehr wichtiges Indiz für die Wahrheit sind, gibt es dennoch sehr wichtige grundlegende Annahmen, die wir alle haben und deren Vernünftigkeit wir mit Bestimmtheit annehmen können, da sie die Grundlage für alle anderen Annahmen bilden, von denen wir glauben, dass sie vernünftig sind. Diese wichtigen, *elementaren Annahmen* jedoch können weder durch Beweise noch durch unmittelbare Gewissheit erhärtet werden.

Wenn es eine einzige Annahme von der Art gibt, dass wir sie ohne Beweis oder unmittelbare Gewissheit dennoch vernünftigerweise aufrechterhalten können, so ist die Forderung des Evidentialismus offensichtlich unangebracht und übertrieben. Gewissheit jedoch ist allem Anschein nach sehr wichtig im Leben. Wo ziehen wir also die Grenze?

Die Wichtigkeit von Beweisen

Wir leben in einer hochentwickelten und doch zur gleichen Zeit merkwürdig leichtgläubigen Epoche. Denken Sie nur an all die Male, an denen Sie spät am Abend im Fernsehen ein erstaunliches Produkt in einem *Infomercial* gesehen haben oder an denen Sie die 800er Nummer gewählt haben in der hoffnungsfrohen Erwartung, dass sich damit Ihr Leben ändern werde. Was Sie dann mit der Post erhielten, entsprach auch nicht ganz Ihren Erwartungen. Warum nur sind Sie so ein Narr gewesen? In Ordnung, vielleicht waren Sie keiner; ich jedoch war ganz sicher einer. Ich bin bombardiert worden mit den Zuschauer anspringenden *Infomercials*, bin geblendet worden von hübsch gemachter Werbung und gerührt worden von gewieften Schwindlern – und ich soll zu den Schlauen gehören. Wir sollten ein wenig mehr Gewissheit verlangen, bevor wir vorschnell etwas glauben. Denken Sie nur an all die Diäten, die schon gekommen und gegangen sind, und all die Versprechungen, die sie gemacht haben. Das Folgende ist eine wahre Geschichte: Während meines ersten Semesters an der Universität in Yale erfand ich meine eigene Diät. Ich aß zwei Hot Dogs pro Mahlzeit bei drei Mahlzeiten am Tag. Frühstück? Hot Dogs. Mittagessen? Lecker, wieder Hot Dogs. Abendessen? Weenies à la Tom. Das Ergebnis war, dass ich gut dreizehn Kilo in drei Monaten abnahm. Um ehrlich zu sein, vielleicht kam dieser Erfolg auch nur aus dem Grund zustande, weil ich bald damit begann, regelmäßig Mahlzeiten ausfallen zu lassen. Hätten Sie dies nicht auch getan? Was wäre gewesen, wenn ich ein Buch geschrieben und eine Infomercialkampagne gestartet hätte – die Yale Hot Dog Diät! Wären Sie nicht total darauf abgefahren? Sie persönlich sind vielleicht nicht ganz so leichtgläubig; wenn die Bestsellerlisten jedoch irgendeinen Hinweis darauf geben, so sind dies viel zu viele Menschen. Wir müssen die Forderungen des Evidentialismus hören und uns erst der Strenge einer sorgfältigen Untersuchung unterziehen, bevor wir vorschnell unsere Zustimmung geben. Im Leben kommt es auf Gewissheit an, selbst wenn die Forderung der Evidentialisten übertrieben ist, dass sie buchstäblich immer erforderlich sei.

Das Prinzip, Überzeugungen beizubehalten

Der Beweis des Puddings ist, dass er gegessen wird.

Cervantes

Der Versuch, unseren normalen Begriff von Rationalität tiefer zu verstehen, wird uns zu interessanten Ergebnissen führen. Zunächst einmal ist es so, dass nicht alle unsere Annahmen über die Wirklichkeit irrational, d.h. unvernünftig sein können, da sonst der Begriff der Rationalität nicht angewandt werden könnte. Der Begriff der Rationalität ist nur deswegen nützlich, weil er uns gestattet, einige Annahmen von anderen zu trennen, weil er sozusagen die Spreu vom Weizen trennt. Wie aber können unsere Annahmen und Überzeugungen rational sein, wenn wir nicht vernünftigerweise auch glauben können, dass die Quellen, aus denen wir sie gewinnen, wenigstens manchmal zuverlässig sind? Daraus folgt, dass die wichtigsten derartigen Quellen – z.B. die Sinneserfahrung, die Erinnerung oder die Berichte anderer Menschen – manchmal verlässlich sind. Wenn nun aber die Vernünftigkeit – und damit die Wahrheit – unserer Annahmen und Überzeugungen nicht durch Beweise oder anschauliche Gewissheit zu erlangen ist (die Schlussfolgerung I in Kapitel 5), dann muss es einen anderen Weg zur Rationalität geben.

Ich bin zu der Überzeugung gelangt, dass eine angemessene und vernünftige Antwort auf den Skeptizismus in dem besteht, was ich *Das Prinzip, Überzeugungen beizubehalten* nenne. Dieses Prinzip ist in der Lage zu zeigen, wie mit Hilfe eines unabhängigen rationalen Prinzips bestimmte grundlegende Annahmen und Überzeugungen rational begründet werden können, ohne dass man noch einen weiteren Beweis oder anschauliche Gewissheit benötigte.

Das Prinzip, Überzeugungen beizubehalten

Für jeden Satz *P* gilt:

1. Wenn man eine bestimmte kognitive Haltung gegenüber *P* nur dann einnehmen kann (z.B. kann man *P* glauben, man kann nicht an *P* glauben oder aber man kann sein Urteil über die Wahrheit oder Falschheit von *P* aufschieben), wenn man gleichzeitig eine große Anzahl seiner bisherigen Annahmen und Überzeugungen dafür ablehnen oder bezweifeln müsste

2. Und wenn weiter gilt, dass man keinen anderen davon unabhängigen Grund hat, seine Annahmen und Überzeugungen abzulehnen oder zu bezweifeln

3. Und man schließlich auch keinen überzeugenden Grund für diese Haltung gegenüber *P* hat

dann gilt, dass es vernünftiger ist, gegenüber P nicht diese Haltung einzunehmen.

Das ist ein sorgfältig formuliertes und formales Prinzip, dem aber alle vernünftig denkenden Menschen unterworfen sind. In gewisser Hinsicht ist es ein Prinzip des »geringsten Schadens«. Mit anderen Worten: Es ist höchst rational, da wir unsere Überzeugungen und Annahmen über die Wirklichkeit während unseres ganzen Lebens durch Lernen ständig so modifizieren, dass unsere bisherigen Annahmen und Überzeugungen möglichst geringen Änderungen unterworfen werden.

Unsere gegenwärtigen Überzeugungen sind wie ein Floß oder ein Boot, auf dem wir auf dem Ozean des Lebens dahingetragen werden. Man muss während der Reise ständig Reparaturen durchführen und neue Teile hinzufügen. Es kann aber auf keinen Fall sinnvoll und vernünftig sein, das ganze Boot zu zerstören, während man mitten auf dem Ozean dahin segelt in der Hoffnung, dass man es schon wieder aufbauen oder dass man auch ohne es weiterschwimmen könne.

Des Menschen wertvollster Zug ist ein untrüglicher Sinn dafür, was man nicht glauben soll.

Euripides

Die Beibehaltung von Überzeugungen und radikaler Skeptizismus

Um zu verstehen, wie das Prinzip, Überzeugungen beizubehalten, funktioniert, betrachten Sie nur einmal eine der verrückten Ideen, die in Kapitel 5 erwähnt worden sind, nämlich Bertrand Russells Fünf-Minuten-Hypothese, jene radikale Hypothese, die besagt, dass das gesamte Universum vor gerade fünf Minuten angefangen habe zu existieren, woraus folgere, dass alle unsere Annahmen und Überzeugungen über vergangene Ereignisse, die älter als fünf Minuten sind, falsch sein müssen. In Kapitel 5 habe ich gezeigt, dass man diese Hypothese mit Beweisen oder Vernunftgründen nicht widerlegen kann. Dennoch müssen wir aber irgendein rationales Prinzip finden, mit dem wir diese seltsame Hypothese widerlegen können, damit wir unsere Annahmen über die Vergangenheit überhaupt vernünftigerweise aufrechterhalten können.

Nehmen wir an, die Fünf-Minuten-Hypothese gelte als Satz *P* und wir würden das Prinzip, Überzeugungen beizubehalten, auf diesen anwenden. Ist es vernünftig anzunehmen, diese seltsame Hypothese sei wahr? Wenn wir dies täten, so nur um den Preis, viele andere unserer Annahmen und Überzeugungen aufgeben zu müssen, wozu wir aber keinen davon unabhängigen vernünftigen Grund haben. Wir haben auf der anderen Seite aber auch keinen zwingenden Grund, an die Wahrheit dieser absurden Hypothese zu glauben. Daher ist es aufgrund des Prinzips, Überzeugungen beizubehalten, überaus vernünftig, die Wahrheit der Fünf-Minuten-Hypothese zu bestreiten.

Wie steht es jedoch mit der anderen Möglichkeit, unser Urteil über diese Hypothese ganz zurückzuhalten? Dies würde bedeuten, dass wir eine große Anzahl unserer bisherigen Annahmen und Überzeugungen entweder bezweifeln müssten oder uns über ihre Wahrheit nicht sicher sein könnten, all jener nämlich, die nur dann wahr sein können, wenn die Fünf-Minuten-Hypothese falsch ist. Da wir nun aber keine Veranlassung haben, all unsere anderen Annahmen aufzugeben und es auch keinen überzeugenden Grund gibt, unser Urteil bezüglich der Fünf-Minuten-Hypothese aufzuschieben, ist es durchaus vernünftig, unser Urteil nicht zurückzuhalten.

Die einzige kognitive Haltung, die noch übrig bleibt, ist, nicht an die Wahrheit der Fünf-Minuten-Hypothese zu glauben. Unsere Antwort auf diese uns vom Skeptizismus vorgeschlagene Hypothese muss also vernünftigerweise ein klares Nein, wir glauben nicht an ihre Wahrheit, sein.

Die gleichen Argumente lassen sich auch bei den anderen radikalen Hypothesen, die in Kapitel 5 erwähnt worden sind, ins Felde führen, sei es Descartes' Traumhypothese oder die Hypothese, es existiere ein uns böse gesonnener Dämon. Das gleiche gilt auch für den futuristischen Nihilismus. Ein vernünftig denkender Mensch muss all diese seltsamen Gedankenexperimente als falsch zurückweisen.

Die Beibehaltung von Überzeugungen und der Quellenskeptizismus

Was ist nun aber mit dem Quellenskeptizismus? Auf die grundsätzliche Frage des Skeptizismus, woher wir wissen, ob die Sinneserfahrung, die Erinnerung oder die Berichte und Schilderungen anderer jemals zuverlässig sein können, haben wir keine überzeugende Antwort (siehe auch Kapitel 5). Wir sind nicht in der Lage, einen einzigen schlüssigen Beweis für unsere tiefsitzende Überzeugung anzuführen, dass das aus diesen Quellen stammende Wissen über die Wirklichkeit uns auch tatsächlich mit der Realität so wie sie ist verbindet.

Nehmen wir an, es solle die folgende Behauptung untersucht werden:

Die Quellen, aus denen unsere Annahmen und Überzeugungen stammen, sind manchmal zuverlässig.

Die Anwendung des Prinzips, Überzeugungen beizubehalten, auf diese Aussage zeigt uns, dass die vernünftigste Haltung, die wir zu dieser einnehmen können, die ist, von ihr überzeugt zu sein, genauso wie wir das vorher gedacht hätten.

Was nicht unvoreingenommen untersucht worden ist, ist nicht sorgfältig untersucht worden. Der Skeptizismus ist daher der erste Schritt auf dem Weg zur Wahrheit.

Denis Diderot

Der Skeptizismus kann uns nicht unserer grundlegendsten Annahmen und Überzeugungen berauben. Er kann uns jedoch zeigen, dass wir an sie vernünftigerweise glauben können, auch ohne im Besitz von Beweisen oder anschaulicher Gewissheit für sie zu sein. Für diese an sich schon überraschende Erkenntnis sollten wir dankbar sein und sie dafür nutzen, von hier aus weiterzudenken.

Der grundsätzliche Status der Beibehaltung von Überzeugungen

Das Prinzip, Überzeugungen beizubehalten, scheint ein Ausdruck für die Art und Weise zu sein, wie rationale Menschen normalerweise denken. In diesem Prinzip ist die Grundlage für unsere Reaktion auf den Skeptizismus enthalten. Woher wissen wir aber, dass dieses Prinzip selbst wahr ist? Mit sich selbst ist es zwar anders als der Evidentialismus vereinbar; dennoch gibt es aber keinen unabhängigen Beweis für seine Wahrheit.

Wir akzeptieren dieses Prinzip ohne Beweis oder eine andere unabhängige, begründete Gewissheit für seine Wahrheit. Trotz allem aber ist die Überzeugung, dass es wahr ist, vernünftig. Es gibt keine unabhängige Vernunftinstanz, die dieses Prinzip für ungeeignet erklären oder in Frage stellen kann. Wir akzeptieren es aus dem Grunde, weil es für uns ganz einfach wahr ist. Ihm liegen keine tieferliegenden Überzeugungen zugrunde. Es selbst ist elementar.

Das Prinzip, Überzeugungen beizubehalten, kann als Beispiel dafür genommen werden, was Philosophen als »Axiom«, als »elementare Annahme«, bezeichnen. Man kann es benutzen, um andere Annahmen zu begründen, ohne dass es selbst weiter begründbar wäre. Wir glauben es instinktiv, ohne dass die Möglichkeit besteht, nicht an seine Wahrheit zu glauben. Diese Tatsache alleine ist zwar noch kein Beweis für seine Wahrheit, dennoch ist das Prinzip wahr.

Man sollte keine Aussage glauben, wenn es keinen irgendwie gearteten Grund gibt anzunehmen, dass sie auch wahr ist.

Bertrand Russell

Das Prinzip, Überzeugungen beizubehalten legt den Schluss nahe, dass es vernünftig ist, jede der folgenden Aussagen zu glauben, ohne dass es direkt einen Beweis oder die Gewissheit liefern würde, dass eine von ihnen auch wahr ist:

- Die Sinneserfahrung ist manchmal zuverlässig.
- Die Erinnerung ist manchmal zuverlässig.
- Die Berichte anderer Menschen sind manchmal zuverlässig.
- Unsere grundlegenden Quellen, aus denen wir unsere Überzeugungen schöpfen, sind manchmal zuverlässig.

Als Philosoph bin ich nicht in der Lage, irgendeinen anderen Wahrheitsbeweis für diese Überzeugungen zu finden, an die wir alle vernünftigerweise glauben. Das Prinzip, Überzeugungen beizubehalten, muss aus Gründen der Vernunft wahr sein. Wenn dies so ist, ist allerdings der klassische Evidentialismus falsch. Daraus folgt, dass es durchaus vernünftig sein kann, an Dinge zu glauben, die weder selbstevident sind, noch von anschaulicher Gewissheit aufgrund von sinnlicher Wahrnehmung, noch gestützt oder abgleitet sind aus Sätzen, die einer der beiden ersten Kategorien entstammen.

Der Evidentialismus – widerlegt und revidiert

Der Schluss, dass der Evidentialismus falsch sein muss, ist überaus wichtig, weil sehr viele Geistesgelehrte im zurückliegenden Jahrhundert zum Evidentialismus tendiert haben und immer gefordert haben, dass man Beweise oder anschauliche Gewissheit haben müsse, bevor man an die Wahrheit einer Annahme glauben könne. Um es noch einmal deutlich zu sagen: Der Evidentialismus ist schlicht falsch. Wir haben nachgewiesen, dass man seine Forderung unmöglich immer erfüllen kann, was ihn aus der Gruppe der philosophischen Prinzipien, die wir akzeptieren sollten, ausschließt.

Wir sollten aber versuchen, so fair wie möglich zu sein. Der Evidentialismus könnte trotzdem versuchen, seine Position zu verteidigen, auch wenn er die Berechtigung unseres Einwandes einräumt. Er könnte vorbringen, dass seine Forderung, für alles, was nicht selbstevident oder aufgrund von sinnlicher Wahrnehmung gewiss ist, Beweise vorbringen zu müssen, tatsächlich voreilig ist. Wir haben gezeigt, dass es eine dritte Kategorie von Annahmen gibt, für die man nicht unbedingt Beweise braucht und die man auch noch nicht einmal beweisen kann. Aber, so könnte der Evidentialismus fortfahren, wir sollten jede Annahme, die auf anschauliche Weise durchaus unmittelbar gewiss ist, besser nicht in Betracht ziehen, solange wir sie nicht auch tatsächlich beweisen können. Alles andere ist unverantwortlich und unvernünftig.

Der Vorsichtige irrt selten.

Konfuzius

Lassen Sie uns den kühnen Versuch unternehmen, den Evidentialismus ein wenig zu präzisieren, indem wir eine weitere Art von Annahmen definieren:

Beweisfähige Annahme = (per definitionem) Eine Annahme, die bewiesen werden kann

Jetzt können wir die ursprüngliche Forderung des Evidentialismus modifizieren:

Modifizierter Evidentialismus: *Es ist jederzeit unvernünftig, eine beweisfähige Annahme zu machen, ohne gleichzeitig über ausreichende Beweise für ihre Wahrheit zu verfügen.*

In dieser Form des evidentialistischen Prinzips sind Aussagen wie »Das Prinzip, Überzeugungen beizubehalten« oder »Die Quellen, aus denen unsere Annahmen und Überzeugungen stammen, sind manchmal zuverlässig« ausgeschlossen aus der ansonsten allgemein geltenden Forderung nach Beweisen. Der Evidentialist mag vielleicht denken, dass es durch die Änderung seiner Forderung vielleicht möglich ist, die Erkenntnisse, die wir aus dem Skeptizismus gewonnen haben, so in seine Theorie zu integrieren, dass ihr Kerngehalt nicht angetastet wird.

Dies wird jedoch dann nicht funktionieren, wenn es beweisfähige Annahmen gibt, an deren Wahrheit (oder zumindest wahrscheinliche Wahrheit) man auch dann vernünftigerweise glauben kann, wenn man keine ausreichenden Beweise für sie hat. Der große aus dem letzten Jahrhundert stammende Philosoph und Psychologe William James war der Ansicht, er hätte gute Beispiele für derartige Annahmen. Wenn er Recht hat, ist selbst der modifizierte Evidentialismus falsch.

James war der Meinung, es gebe eine Art von beweisfähigen Annahmen, an deren Wahrheit man berechtigterweise auch dann glauben könne, wenn man keine ausreichenden Beweise für sie habe. Er behauptete, dass diese Annahmen auf der Basis einer bestimmten Art vernünftigen Glaubens aufrechterhalten werden könnten.

William James über den vorläufigen Glauben

William James ist der Autor eines berühmten Essays mit dem Titel *Der Wille zum Glauben*, in dem er den evidentialistischen Standpunkt W. K. Cliffords explizit kritisiert. Clifford bestand darauf, dass es falsch sei, jemals etwas anzunehmen, was über das Beweisbare hinausgeht. James dagegen war überzeugt, dass Clifford unrecht hatte.

James wies darauf hin, dass es zwei sehr verschiedene Herangehensweisen an Fragen des Lebens und des Glaubens gebe – eine positive und eine negative. Die Negative ist durch die Furcht gekennzeichnet, Fehler zu begehen. Sie erfordert ständige Vorsicht. Sie sagt: Gehe nie Risiken ein, warte auf Beweise. Diese Sichtweise bestimmt das Vorgehen des Evidentialismus. Er ist kleinlich was Annahmen und Überzeugungen anbelangt.

Dem anderen positiveren Zugang zu Fragen des Lebens und Glaubens geht es mehr darum, so viele Wahrheiten wie möglich zu entdecken. Ihm geht es nicht in erster Linie um die Vermeidung von Fehlern. Seine Empfehlung ist, sich hinauszuwagen, neue Dinge zu probieren, neue Erfahrungen zu machen und sich für große Entdeckungen zu wappnen. Nach William James ist dies die bessere Sicht der Dinge. Sie ist sehr viel großzügiger in Bezug auf Annahmen und Überzeugungen.

James war der Meinung, dass wir manchmal der Wirklichkeit auf halbem Wege entgegenkommen müssten. Wir können uns nicht nur zurücklehnen und darauf warten, dass die Welt uns ihre Wahrheiten schon von alleine anvertrauen wird. Wir müssen den Dingen offen begegnen, um in der Lage zu sein, Wahrheiten erkennen zu können.

Als Beispiel nannte James eine ganz gewöhnliche soziale Situation. Stellen Sie sich vor, Sie betreten einen Raum voller Menschen, die Sie noch nie zuvor gesehen haben. Wenn Sie fürchten, dass die Leute vielleicht nicht nett sind und Sie gar nicht mögen werden und Sie außerdem erst ein Zeichen verlangen, das Sie vom Gegenteil überzeugt, bevor Sie ein positives Urteil über die Ihnen fremden Leute abzugeben bereit sind, so werden Sie wahrscheinlich gar nicht erst dahin kommen, diese Menschen als gut zu bezeichnen. Wenn Sie jedoch der Situation mit einer anderen Herangehensweise begegnen und den Raum betreten in der Überzeugung, dass diese Fremden sehr wahrscheinlich überaus nette Leute sind, die Ihre Gesellschaft zu schätzen werden wissen und Sie darüber hinaus auch dieser Überzeugung gemäß handeln, so werden die Menschen Ihnen sicher genau so freundlich begegnen wie Sie es auch tun.

Manchmal ist es so, dass eine positive Einstellung, mit der man an die Dinge herangeht – egal wie unverbindlich und zögernd sie auch sein mag – dabei hilft, eine Situation herbeizuführen, die einem viel eher Beweise für die eigene positive Einstellung liefert. Unter diesen Umständen ist es vernünftiger, auf den Beweis zu warten, bevor man auch wirklich restlos überzeugt ist. Nach William James ist es jedoch durchaus vernünftig, einer solchen Situation mit einem *präkursiven, d.h. vorläufigen Glauben* zu begegnen, einem Glauben, der etymologisch gesehen »dem Beweis vorausgeht.«

Glaube daran, dass das Leben wert ist, gelebt zu werden, und dein Glaube wird diesen Wunsch in die Tat umsetzen.

William James

James entdeckte, dass das Bemühen von Sportlern, Leistungen auf höchstem Niveau zu erbringen, üblicherweise auf präkursivem Glauben beruht. Derartige Sportler stehen regelmäßig vor der Herausforderung, etwas zu tun, was sie noch nie zuvor getan haben, z.B. einen neuen Berg zu besteigen, mit einem noch unbekannten Gegner zu ringen oder einen neuen Weltrekord aufzustellen. Wenn diese Sportler nur auf die Ergebnisse ihrer vergangenen Leistungen schauen, so werden sie nie ausreichend Beweise und Sicherheiten dafür haben, dass sie der neuen Herausforderung auch gewachsen sind und sie meistern werden. James fand jedoch heraus, dass das, was Rekordhalter von normalen Sportlern unterscheidet, ihre Fähigkeit ist, mit präkursivem Glauben an eine Aufgabe heranzugehen und sich nicht von der Tatsache beirren zu lassen, dass ihre bisherigen Leistungen keine Gewähr und ausreichende Gewissheit für die Möglichkeit liefern, dass ihnen ihr neues Unterfangen auch gelingen kann.

William James war nicht unbedingt der Meinung, dass es stets vernünftig oder angemessen ist, mit präkursivem Glauben an eine Sache heranzugehen oder von etwas überzeugt zu sein, auch wenn man noch keine ausreichenden Beweise dafür vorliegen hat. Er sagte, dass dies nur dann angemessen sei, wenn die Möglichkeit, von der Wahrheit einer Sache überzeugt zu sein, eine »echte Möglichkeit« ist, die nicht allein auf der Basis von Beweisen entschieden werden könne. Nach sorgfältiger Überlegung kam er zu dem Schluss, dass drei Bedingungen vorliegen müssen, damit eine mögliche Annahme oder Überzeugung auch als echte Möglichkeit gelten kann. Diese Wahlmöglichkeit, von etwas überzeugt zu sein, müsse, so sagte er, denkbar, gezwungenermaßen und von großer Tragweite sein. Schauen wir uns mal an, was er meinte:

William James: Wenn die Möglichkeit, von etwas überzeugt zu sein, eine echte Möglichkeit ist, ist es vernünftig, an die Wahrheit der Überzeugung zu glauben, auch wenn man keine ausreichend verfügbaren Beweise für ihre Wahrheit hat.

✔ **Echte Möglichkeit (Definition):** Die Wahlmöglichkeit, von etwas überzeugt zu sein, ist echt dann und nur dann, wenn sie

- denkbar ist: Man kann sich dazu bringen, an sie zu glauben.
- gezwungenermaßen ist: Sie nicht zu wählen, hat die gleiche Folge wie eine negative Wahl.
- von großer Tragweite ist: Etwas sehr Wichtiges steht auf dem Spiel.

Die Möglichkeit, an etwas zu glauben, ist denkbar, wenn sie innerhalb der Grenzen der Glaubwürdigkeit liegt. Die Möglichkeit zu glauben, ich könnte mit einem Satz über mein Haus springen, ist für mich keine denkbare Möglichkeit. Der präkursive Glaube ist daher in diesem Fall nicht möglich. Die Möglichkeit jedoch zu glauben, ich könne meinen gewöhnlich ein bisschen besser als ich spielenden Tennisgegner schlagen, ist eine denkbare.

Eine Möglichkeit ist dann gezwungenermaßen, wenn die Folgen, die daraus resultieren, dass ich mich dagegen entscheide, eine Entscheidung zu treffen (in der Wirklichkeit oder nur im Geiste), gleichbedeutend sind mit den Folgen, die sich daraus ergeben, dass ich mich dazu entschließe, überhaupt nicht zu handeln. Ich erzählte kürzlich jemandem, dass ich ein Auto kaufen wolle, das gerade beim Autohändler eingetroffen war. Ich überlegte zwei Tage lang hin und her und unternahm insgesamt zwei Testfahrten. Ich fand den Wagen wirklich toll. Es wäre eine großartige Kaufgelegenheit gewesen. Wie gut das Auto auch immer war und wie günstig auch immer ich es hätte kaufen können, es war mir jedoch einfach nicht möglich, die positive Überzeugung aufzubringen, dass ich es auch kaufen sollte. Diese Situation war nun unglücklicherweise gleichbedeutend mit der Entscheidung, den Wagen nicht zu kaufen, da nämlich mein Zögern und Hin-und-her-Überlegen es einem anderen Käufer erlaubte, mir das Auto vor der Nase wegzuschnappen. Wenn Ihnen eine Arbeitsstelle angeboten wird und Sie zwei Tage mit Ihrer Antwort Zeit haben, dann sind die Folgen, keine Entscheidung zu treffen und sich einfach nicht mehr zu melden, die gleichen wie die, dem Arbeitgeber eine Absage zu erteilen. Die Wahlmöglichkeit enthält hier also eine Element des Zwanges, man muss sich gezwungenermaßen entscheiden.

Die Schwierigkeit im Leben ist, eine Wahl zu treffen.

George Moore

Eine Wahlmöglichkeit ist von großer Tragweite, wenn etwas von großem Wert auf dem Spiel steht und unter Umständen dann verloren gehen kann, wenn man von der eigenen jeweiligen Annahme nicht überzeugt ist. Stellen Sie sich vor, Sie können nicht besonders gut schwimmen. Sie sind an Land und sehen als einziger einen in Not geratenen Schwimmer im Wasser. Der Schwimmer ist zu weit draußen, als dass er es alleine bis an Land schaffen könnte. Sie sind ganz allein als der Schwimmer anfängt um Hilfe zu schreien. Sie sehen, dass sich ganz in ihrer Nähe ein wackeliges Ruderboot befindet. Es gibt keine Garantie, dass es das Boot bis zum Schwimmer auch tatsächlich schaffen wird, auch wenn Löcher im Boot nicht direkt zu erkennen sind. Es sieht nur einfach insgesamt nicht sehr Vertrauen erweckend aus. Die Möglichkeit anzunehmen, dass es wahrscheinlich doch bis zum Schwimmer hält, ist eine durchaus denkbare. Es ist außerdem eine solche, die James als eine gezwungenermaßen zu treffende bezeichnen würde. Die Wahl, nicht zu glauben, dass das Boot behilflich sein kann, ist unter diesen Umständen im Endergebnis gleichbedeutend mit der Wahlentscheidung zu glauben, dass es nicht durchhalten wird. Schlussendlich ist die Situation außerdem eine, bei der eine Menge auf dem Spiel steht, nicht weniger nämlich als ein Leben. In dieser Situation, so sagt James, ist es am vernünftigsten und richtigsten, nicht den Standpunkt des Evidentialismus anzunehmen und erst ausreichende Beweise für die Seetüchtigkeit des Bootes zu verlangen, bevor man es ins Wasser schiebt und losrudert; man solle vielmehr im präkursiven Glauben, ohne lange zu zögern, das Boot nehmen und den Schwimmer zu retten versuchen.

Das größte Ziel im Leben ist nicht das Erlangen von Wissen, sondern das Handeln.

T. H. Huxley

Wenn James Recht hat, so kann es manchmal vernünftig sein, an eine Annahme im positiven Sinne zu glauben, sich im präkursiven Glauben für sie zu entscheiden – d.h. einen Glaubenssprung zu tun – sogar dann, wenn es sich um eine beweisfähige Annahme handelt. Dies ist dann der Fall, wenn prinzipiell Beweise für oder gegen sie auffindbar sind, man aber im Moment keinen ausreichenden Beweis hat, dass sie auch wahr ist. Wenn dies nun stimmt, dann ist selbst der modifizierte Evidentialismus falsch.

Glaubenssprünge

Manchmal ist es vernünftig, einen Glaubenssprung zu wagen. Ob nun aber eine solche Schlussfolgerung auch auf so strittige Fragen wie religiöse Glaubensbekenntnisse oder andere tiefsinnige philosophischen Fragestellungen anwendbar ist, muss erst noch festgestellt werden. William James hat uns jedoch wirklich die Augen geöffnet. Im Leben ist es generell wichtig, nach Beweisen Ausschau zu halten, sie zusammenzutragen und ihnen gemäß zu handeln; manchmal jedoch ist es uns möglich, auch dann die Wahrheit zu erkennen, wenn wir überhaupt keine ausreichenden Beweise dafür haben, sondern alleine unserer vernünftigen Glaubensüberzeugung gemäß handeln.

Wir sind einfach von einer Sache überzeugt – ständig und überall. Wir glauben, dass unsere Sinne manchmal zuverlässig sind. Wir glauben außerdem, dass die Welt schon länger als fünf Minuten existiert. Wir sind auch der Überzeugung, dass unser Erinnerungsvermögen manchmal ein wahres Bild der Vergangenheit gibt. Keine Sekunde glauben wir daran, dass das Leben nichts weiter als ein Traum oder eine Massenhypnose sei. Die Vergangenheit dient uns als Grundlage für Annahmen über die Zukunft. All dies tun wir ohne Beweise oder anschauliche Gewissheit. Wir werden schließlich auch mit Situationen konfrontiert, wie sie William James beschrieben hat, bei denen wir unserer Überzeugung und unserem Glauben daran, das Richtige zu tun, den Vorrang vor Beweisen geben.

Der menschliche Geist hat seinen eigenen Zugang zur Wirklichkeit, den wir aber nicht ganz verstehen. Wir scheinen so beschaffen zu sein, dass unser Geist genau den grundlegenden kognitiven Gegebenheiten unserer Umwelt entspricht. Wir sind in der Lage, die meisten Situationen richtig zu bewältigen, wenn wir nur auf natürliche und ungehinderte Art und Weise unsere Fähigkeit, Überzeugungen und Annahmen zu bilden, in Anwendung bringen können. Wir sind durchaus in der Lage, auf rationale, vernünftige Weise zu glauben und zu wissen.

Es reicht nicht aus, nur einen guten Kopf zu haben. Das Wichtigste ist, ihn auch gut zu gebrauchen.

René Descartes

Woran möchten Sie in Ihrem Leben glauben? Nach welchem Wissen streben Sie? Wie gut gebrauchen Sie Ihren Verstand, um die Wahrheit herauszufinden, die Sie auf Erden herausfinden können?

Teil III

Was ist das Gute?

»Also, lassen Sie uns die Sache hier einmal etwas theoretischer betrachten.«

In diesem Teil...

In diesem Teil werden wir uns die ethisch-moralische Seite des Lebens anschauen. Glück! Charakter! Moralische Regeln! Hintertürchen aus der Verantwortung! Sie möchten den Weg zu Weisheit und Tugend gewiesen bekommen? Dann lesen Sie einfach Teil III.

Was ist gut?

7

In diesem Kapitel

- Das Wesen des Guten
- Die Bedeutung bewertender Sprache
- Nonkognitivismus, Subjektivismus und Objektivismus im Vergleich

Gut zu sein ist edelmütig; anderen jedoch zu zeigen, wie man gut sein kann, ist noch edelmütiger und sehr einfach.

Mark Twain

Was ist gut? Diese Frage beschäftigt die Philosophen schon seit Jahrhunderten. Diese Frage ist keine von denen, die man mit einer Liste von schönen Dingen beantworten kann wie z.B.: Sonnenschein, Schokolade, heiß duschen und kühle Getränke. Den Philosophen geht es vielmehr um das Wesen des Guten. Worin besteht dieses? Wie ist seine Beziehung zum Leben des Menschen? Und warum handeln die Menschen so wenig in Übereinstimmung mit dem Guten?

Seit dem letzten Jahrhundert haben sich die Philosophen immer mehr und mehr mit der Sprache als einer Verbindung zur Realität beschäftigt. Sie ist ganz sicher der Schlüssel zum Verständnis unseres Denkens. Die Philosophen haben daher oft die Frage nach dem Guten mit der folgenden Frage zu beantworten versucht: Was genau versteht man unter dem Wort *gut*? Vielleicht haben auch Sie schon einmal diese Frage gestellt? Warum wohl? Wir grübeln ja auch nicht ständig über die Bedeutung des Wortes *grün* nach? Was ist so schwierig an dem Wort *gut*?

Ein grünes Feld scheint etwas gemeinsam zu haben mit einem grünen Fußballtrikot, nämlich die Tatsache, dass ihre Farbe identisch ist. Was aber hat ein guter Film mit einem guten Bild (einem guten Essen, einem guten Buch, einem guten Rasierapparat oder einem guten Menschen) gemeinsam? Genau darin liegt die Schwierigkeit.

Das Gute ist leichter zu erkennen als zu identifizieren.

W. H. Auden

In diesem Kapitel stellen wir die Frage, was das Gute ist. Wir werden außerdem erfahren, wie die Antwort darauf mit dem menschlichen Leben zusammenhängt. Die großen Denker haben eine Menge zu diesem Thema zu sagen. Sie können uns eine Menge darüber lehren, was man benötigt, um ein guter Mensch zu werden. Zuerst werden wir einen Blick auf die Sprache werfen. Unser Ziel wird es sein, ein tieferes Verständnis der Wirklichkeit zu erlangen.

Eine erste Annäherung an die Fragen der Ethik und der Moral

Gleich zu Anfang müssen wir zwei wichtige Dinge klären. Viele Menschen verwenden die Begriffe *Ethik* und *Moral* in unterschiedlichen Bedeutungen. Grob gesagt ist es so, dass sie immer dann von Ethik sprechen, wenn es sich um berufsbezogene Regeln und Verhaltensvorschriften handelt – was z.B. in dem Ausdruck Standesethik zum Ausdruck kommt; auf der anderen Seite beziehen sie die Moral nur auf Angelegenheiten aus dem privaten Bereich. Manche Menschen sagen sogar: »Nun, Dienst ist Dienst, und Schnaps ist Schnaps«, womit sie ausdrücken wollen, dass die im Arbeitsleben praktizierte Ethik sich von dem moralischen Verhalten in ihrem Privatleben unterscheiden kann. Ich habe Menschen immer darauf aufmerksam zu machen versucht, dass sich das eine mit dem anderen durchaus vereinbaren lässt. Ich begreife das private Handeln und das öffentliche Verhalten als einen Zusammenhang. Weil dem so ist, sind bei mir beide Begriffe oft austauschbar.

Es gibt nur eine Ethik, einen moralischen Regelkatalog, einen Kodex guten Handels: Denjenigen nämlich, bei dem für das Handeln des Einzelnen dieselben Regeln gelten wie für alle anderen.

Peter Drucker

Der zweite Punkt, der vorab geklärt werden muss, ist, dass viele Philosophen das Thema Ethik und Moral dadurch angehen, dass sie entweder ethisch-moralische Problemfragen diskutieren oder einen geschichtlichen Überblick über das Thema geben.

- ✔ Der **Problemfragen-bezogene Ansatz** beginnt mit Fragen etwa zu den Themen Abtreibung, Euthanasie, Todesstrafe, Waffenkontrolle, Pornographie oder einem anderen gerade diskutierten Thema und stellt dann die Argumente dafür und dagegen vor, um so dem Leser dabei zu helfen, die Natur der rationalen Argumente, die bei diesen Problemen eine Rolle spielen, verstehen zu lernen.

- ✔ Der **geschichtliche Ansatz** zur Ethik gibt gewöhnlich einen Überblick über die Vielfalt an Fragen, die die Philosophen sowohl in Bezug auf die Moral als auch in Bezug auf die mannigfaltige Herkunft unserer moralisch-ethischen Prinzipien gestellt haben. Dieser Ansatz macht den Leser mit wichtigen Theorieansätzen wie z.B. dem Eudämonimus, dem Utilitarismus oder der Deontologie bekannt. Sie sind sicher froh zu hören, dass das nicht mein Ansatz ist. Es ist zwar nicht so, dass ich die philosophischen Fachbegriffe ganz vermeiden werde; dennoch sieht mein Blick auf die Ethik anders aus.

Ich will direkt zum Kern des Themas vordringen, um das es in der Ethik und Moral geht. Was ist gut? Was ist böse? Wie erkennen wir das Gute und das Böse und wie sind diese Dinge mit unserem Leben verbunden? Mein Ansatz verschafft uns die umfassendste und praktischste Sichtweise, die uns in die Lage versetzen wird, unsere eigenen ethischen Überlegungen zu einem schwierigen Problem anzustellen. Darüber hinaus wird er uns dabei helfen, die Tatsache wertschätzen zu lernen, dass das Nachdenken über moralische Probleme nicht immer eine Sache des Problemlösens ist. Oft geht es dabei alleine darum, innere Stärke für uns selbst zu entwickeln. Dazu jedoch später mehr.

Die Definition des Guten im Zusammenhang mit unserem Leben

Ich liebe es, ein öffentlich tätiger Philosoph zu sein. Ich unterhalte mich mit Menschen aus allen Gesellschaftsschichten und aus allen nur denkbaren Berufsfeldern. Sie berichten mir über ihr Erstaunen, ihre Verblüffung und ihre Fragen über das Leben. Ich muss die Menschen nicht so wie Sokrates mit Fragen festnageln. Gewöhnlich sind sie es, die mit ihren erstaunlichen Fragen auf mich zugehen. Sie fragen mich Sachen, die mir so noch nie in den Sinn gekommen sind. Oder sie machen eine Bemerkung, die ein altbekanntes Problem in ein ganz neues Licht taucht und mich anschließend noch eine Weile zum Weiterdenken anregt.

Vor einigen Jahren sagte mal jemand zu mir: »Herr Morris, ich jage nun schon seit zwanzig Jahren dem guten Leben hinterher; ich bin aber gerade erst dabei aufzuwachen und mich zu fragen, ob ich auch ein *gutes* Leben führe.« Das ist interessant. Was glauben Sie, woran dieser Mensch dabei dachte? Schauen Sie sich mal für einen Moment die folgenden beiden Redewendungen an:

- ✔ Das gute Leben
- ✔ Ein gutes Leben

Sie unterscheiden sich nur in einem Wort, haben aber dennoch völlig verschiedene Bedeutungen.

Das gute Leben. Wo auch immer ich das Publikum nach der Bedeutung dieser Redewendung gefragt habe, immer haben mir die Leute ähnliche Antworten darauf gegeben Sie sagten, es bedeute Komfort, Luxus und Reichtum. Sie verbanden mit dem Satz den Lebensstil der Reichen und Berühmten, Genuss, Sicherheit, gute Schulen, prächtige Häuser, tolle Autos und schöne Reisen.

Für andere wiederum hatte das gute Leben die Bedeutung, einen guten Ehepartner geheiratet zu haben, Spaß und kluge, freundliche Kinder zu haben, in einem schönen, ruhig gelegenen Haus zu leben, leckeres, gesundes Essen zu genießen und sich immer schicke Kleider kaufen zu können. Darüber hinaus waren für diese Menschen gute Freunde wichtig und ab und an die Gelegenheit, auf dem Golfplatz eine Runde mit ihnen zu spielen sowie über ausreichend Geld auf dem Konto zu verfügen, das sowohl für die täglichen Ausgaben als auch für den späteren Lebensabend reichen sollte. Das ist im allgemeinen das, was den Menschen auf die Frage nach »dem guten Leben« einfällt.

Das gute Leben, so wie ich es mir vorstelle, ist ein glückliches Leben.

Bertrand Russell

Wenn ich dagegen nach der Bedeutung der etwas anderen Redewendung »ein *gutes* Leben« frage, bekomme ich meistens ganz andere Antworten. Die Menschen verknüpfen damit häufig Dinge von mehr ethisch-moralischer oder auch spiritueller Art. Zum Beispiel ein Leben, das es wert ist, gelebt zu werden. Ein Dasein, das seinen Sinn darin sieht und erfüllt, anderen Menschen aktiv zu helfen. Wahre Freundschaft, Liebe, Hingabe, Erfüllung, Geben, Charakter, Verlässlichkeit, Wachstum, Glück.

Die Wörter *ein* und *das* alleine können sicherlich nicht für diese großen Unterschiede verantwortlich sein. Es ist vielmehr die Redewendung insgesamt und ihr heutiger Gebrauch in unserer Kultur, der für den Unterschied verantwortlich ist.

Kann ein Leben als gut beschrieben werden, wenn es sich in hoher Lebensqualität und Genuss erschöpft? Oder ist ein Leben dann gut, wenn es von ethischen und spirituellen Werten durchdrungen ist? Was ist mit dem Menschen, der dieses Leben führt? Was braucht man, um ein guter Mensch zu sein? Kann das Wort *gut* überhaupt so viele verschieden Bedeutungen haben?

Einen Hinweis auf die Beantwortung dieser Fragen können wir finden, wenn wir uns anschauen, was man über die Funktions- und Verwendungsweise des Wortes *gut* erfahren kann. Zunächst aber soll das Problem etwas allgemeiner ausgeleuchtet werden. Im folgenden Abschnitt möchte ich die Frage stellen, was wir unter einer bewertenden Sprache verstehen.

Drei Ansichten zur bewertenden Sprache

Ich benutze den Ausdruck *bewertende Sprache* in Bezug auf den Gebrauch von Wörtern wie *gut, schlecht, großartig, schrecklich, richtig* und *falsch*. Es gibt im Wesentlichen drei verschiedene philosophische Ansichten darüber, was die bewertende Sprache tut. Im folgenden Abschnitt möchte ich diese drei Sichtweisen kurz beleuchten.

Die Philosophie des Nonkognitivismus: Die Ja-Nein-Theorie

Der *Nonkognitivismus* ist eine philosophische Theorie, deren Bezeichnung von dem Wort *Kognition*, was soviel wie Kenntnis, Erkenntnis bedeutet, stammt. Der Nonkognitivist ist ein Philosoph, der davon überzeugt ist, dass die bewertende Sprache keine wie auch immer geartete Form von Wissen übermittelt. Sie teile keine Tatsachen mit, sondern besitze vielmehr eine rein expressive Funktion, so behauptet zumindest der Nonkognitivismus.

Wie kommt der Nonkognitivismus zu einer solchen Aussage? Hauptsächlich aufgrund der Tatsache, dass die Menschen in ihrem Werturteil nicht immer übereinstimmen. Eines der typischen Argumente des Nonkognitivismus ist, dass die Menschen in ihren moralischen und ethischen Einschätzungen zu weit auseinander liegen, als dass es so etwas wie objektive Tatsachen in diesem Bereich überhaupt geben könnte. Wenn es objektive moralische Kriterien gäbe, so lautet das Argument, würden wir nicht so im Streit über sie liegen. Die Menschen streiten sich über die ethische Richtigkeit oder Falschheit der Abtreibung, der Todesstrafe, der Sterbehilfe, der Pornographie und noch vieles mehr. Die Menschen streiten sich aber auch darüber, welche Filme, Bücher oder Restaurants gut oder schlecht sind. Der Nonkognitivismus ist davon überzeugt, dass das bloße Ausmaß der Meinungsverschiedenheiten im Bereich bewertender Sprache sowohl innerhalb als auch außerhalb ethischer Grenzen beweist, dass die bewertende Sprache nicht objektive Kriterien für gutes oder schlechtes Handeln liefert, sondern vielmehr einem anderen Zweck dienen müsse.

Meinen Satz:

»Ehrlichkeit ist die beste Einstellung im Leben«,

würde der Nonkognitivismus folgendermaßen interpretieren:

»Ein Hoch auf die Ehrlichkeit!!!«

Für ihn hieße das: Ich bin ganz allgemein von ehrlichem Verhalten angetan. Ich bin voll und ganz dafür. Ich kann es nur jedem empfehlen.

Würde ich dementsprechend sagen:

»Opfer für andere zu bringen, ist schlecht«,

dann hieße das für den Nonkognitivismus bloß:

»Opfer bringen für andere – Perlen vor die Säue!!!«

Ich täte nichts anderes als das Opfertum anderer schlecht und verachtenswert zu machen. Ich ließe kein gutes Haar daran. Opfermut. Der Nonkognitivismus wird daher manchmal als *Ja-Nein-Theorie bewertender sprachlicher Ausdrücke* bezeichnet.

Der Nonkognitivismus hat Recht, wenn er behauptet, dass es Verwendungsweisen von Sprache gibt, bei denen weder Tatsachen noch ein objektiver Sachverhalt wiedergeben wird. Wir verwenden die Sprache nicht nur, um Tatsachen mitzuteilen. Oft gebrauchen wir sie für Ausrufe, Aufforderungen und Interjektionen, bisweilen auch, um eine Frage an jemanden zu richten. Es gibt eine Menge anderer Funktionen der Sprache neben der, Sachverhalte objektiv mitzuteilen. Ich glaube aber, dass der Nonkognitivismus sich irrt, wenn er behauptet, dass diese Kategorie des Nicht-Tatsachen-Mitteilens dem typischen Gebrauch bewertender sprachlicher Ausdrücke entspricht.

Der Nonkognitivismus wirft mindestens zwei philosophische Probleme auf. Zunächst einmal ist es ironischerweise so, dass gerade das Phänomen der offensichtlich bestehenden Uneinigkeit in ethischen Fragen, das einige Denker in die Richtung des Nonkognitivismus hat tendieren lassen, von dieser Theorie nicht erklärt werden kann. Die Tatsache, dass Menschen bei ethischen Fragen uneinig sind, ist nicht zu bestreiten. Daniel glaubt, dass Abtreibung per se falsch sei. Susanne widerspricht dem vehement. Katharina ist der Meinung, die Todesstrafe sei verurteilenswürdig. Robert teilt nicht diese Ansicht. Worin genau besteht hier die Uneinigkeit? Der Nonkognitivismus sagt, dass es in Fällen wie diesem nicht um objektive moralische Sachverhalte geht. Diese unterschiedlichen Personen reagieren nur unterschiedlich auf dieselbe Sache. Der eine ist für die Todesstrafe, der andere dagegen. Der eine sagt Ja dazu, der andere Nein. Eine von allen Beteiligten bewusst reflektierte Meinungsverschiedenheit bezüglich eines objektiven moralischen Sachverhalts kann man hier nicht feststellen, so behauptet zumindest der Nonkognitivismus. Wie plausibel ist dies jedoch? Würden wir Katharina und Robert fragen, so würden die beiden wahrscheinlich antworten, dass ihre Uneinigkeit doch einen objektiven Grund habe und dass der Nonkognitivismus objektiv im Unrecht sei.

Es gibt unter den Menschen sicher Streit darüber, was recht und unrecht, gut und böse ist. Wenn der Nonkognitivismus keine vernünftige Erklärung dafür geben kann, so haben wir, glaube ich, allen Grund, Nein zu dieser Theorie zu sagen.

Ein zweiter Punkt: Warum sind wir überhaupt einmal für und dann wieder gegen etwas? Es ist ja nun nicht so, dass wir willkürlich die Freundlichkeit für eine Tugend und den Mord für verabscheuenswürdig halten. Wir fühlen tief im Inneren, dass unsere emotionalen, bewertenden Reaktionen dem Wesen der bewerteten Dinge genau angemessen sind. Wir verurteilen den Mord, *weil er unrecht ist*. Wir heißen die Freundlichkeit gut, *weil sie gut ist*. Der Nonkognitivismus hingegen hat in seiner Sicht der Dinge keinen Platz für objektive moralische Tatsachen, die vielleicht unsere moralischen Reaktionen rechtfertigen könnten. Seine Sicht der Dinge scheint daher einfach falsch zu sein. Darüber hinaus ergibt sich für ihn ein Problem bezüglich des Vorrangs, insofern als er keine vorrangigen oder vorgängigen Tatsachen erklären kann, die unsere Reaktionen sinnvoll oder vernünftig erscheinen lassen, anstatt bloß willkürlich oder zufällig.

Die Tatsachen sprechen für sich selbst.

Demosthenes (384-322 v. Chr.)

Ich meine, wir sollten die Philosophie des bewertenden und ethischen Nonkognitivismus ablehnen. Sie scheint falsch zu sein – voller Irrtümer und philosophisch unzulänglich. Welche philosophische Theorie kann aber sonst die moralische und bewertende Sprache erklären?

Ethischer Subjektivismus

Eine zweite Sichtweise ergibt sich aus der Beobachtung der Allgegenwart moralischer Uneinigkeit auf der Welt, die es während der gesamten Menschheitsgeschichte gegeben hat. Einige Philosophen waren der Ansicht, dass immer dann, wenn wir einen Satz der Form »*x* ist gut« äußern, wir überhaupt nichts Objektives über *x* zum Ausdruck bringen (was bis hierhin mit der Theorie des Nonkognitivismus übereinstimmt), sondern dass wir vielmehr bloß unsere subjektive Einstellung zu *x* in einem Sprechakt mitteilen (an dieser Stelle trennt sich diese Sichtweise von der des Nonkognitivismus).

Bei dieser Theorie des ethischen Subjektivismus ist die einzig objektive Information, die von der bewertenden Sprache mitgeteilt wird, die über das sprechende Subjekt und nicht über den Gegenstand, von dem man ansonsten denken könnte, dass über ihn etwas ausgesagt werde. Der Subjektivismus erweist sich somit als eine Version des *Kognitivismus*, der Theorie, die besagt, dass sowohl bewertende Sprache als auch ethische Forderungen objektive Sachverhalte übermitteln. Es scheint so zu sein, dass die meisten von uns tief im ihrem Inneren Kognitivisten sind; dass aber der Subjektivismus eine andere Form des Kognitivismus ist, überrascht uns. Der Subjektivismus mit seiner Aussage, dass wir bei ethisch-moralischen, oder ganz allgemein bewertenden Sachverhalten nur über uns selbst sprechen, wird wohl jeden überraschen.

Der ethische Subjektivismus behauptet, dass, wann immer ich einen Satz äußere wie

»Vanilleeis ist gut.«

die eigentliche Bedeutung, die mitgeteilt wird, in dem Satz zum Ausdruck kommt:

»Ich mag Vanilleeis.«

Mit anderen Worten, für den Subjektivismus enthalten einem Werturteil zugrunde liegende Wörter wie z.B. *gut*, *schlecht*, *großartig*, *richtig*, *falsch* oder *böse* niemals eine Eigenschaft oder ein charakterisierendes Element des Gegenstandes, auf den sie sich beziehen. Stattdessen werden sie nur verwendet, um eine Aussage bezüglich der inneren, subjektiven psychischen Verfasstheit der diese Wörter äußernden Person zu machen.

Daher gilt im Rahmen dieser Sicht auf den Diskurs bewertender Sprache für meinen Satz:

»Robert glaubt, dass Wohltätigkeit eine gute Sache ist«,

dass ich damit nicht sagen will, Robert habe die Überzeugung, dass wohltätiges Handeln eine bestimmte Eigenschaft habe, nämlich gut zu sein, sondern ich beschreibe Robert lediglich als eine Person, die sich zum Prinzip der Wohltätigkeit bekennt. Ebenso gilt, wenn ich sage:

»Robert glaubt, dass Opfer für andere zu bringen böse ist«,

dass ich – im Sinne des Subjektivismus – nichts weiter tue als zu sagen, dass Robert eine starke Abneigung gegen die hässliche Angewohnheit hat, für andere ein Opfer zu bringen.

Warum sollte man den Standpunkt des ethischen Subjektivismus überhaupt einnehmen? Viele Philosophen, z.B. die Nonkognitivisten, haben diesen Standpunkt vertreten. Auch hier lautet das Argument wieder, dass, wenn es objektive ethische Sachverhalte auf der Welt gäbe, die Uneinigkeit in moralischen Fragen nicht so weit verbreitet wäre, wie sie es unstreitig ist. Aus diesem Grund gibt es keine objektiven moralischen Sachverhalte. Werturteile scheinen nun aber doch einen gewissen objektiven Sachverhalt auszudrücken, der sich aber nicht auf etwaige objektive moralische Eigenschaften beziehen kann. Der offensichtlichste Kandidat für diesen objektiven Gehalt moralischer Werturteile sind die psychischen Einstellungen und Affekte der sprechenden Person. Daraus folgt, dass die gesamte moralische und bewertende Sprache subjektiv ist.

Wenn aber der Subjektivismus Recht hätte, dann folgte daraus seltsamerweise, dass es am Ende doch keine objektive Uneinigkeit zwischen Bettinas Aussage »Sex vor der Ehe ist falsch« und Karls Meinung »Vorehelicher Sex ist absolut in Ordnung« gäbe. Die beiden streiten sich nicht über einen Sachverhalt bezüglich vorehelichem Sex, sondern sie bringen nur ihre unterschiedlichen Haltungen dazu zum Ausdruck. Bettina berichtet von ihrer ablehnenden Haltung gegenüber dieser Praxis, während Karl seine Zustimmung dazu zu Gehör bringt. Weil Bettina nicht sagt, dass Karl vorehelichen Sex wirklich und aufrichtig tadelt und er dies nur nicht zugeben will, und weil Karl nicht leugnet, dass Bettina ihn ablehnt, folgt daraus, dass beide gar nicht über einen objektiven Sachverhalt uneinig sind. Dies ist die seltsame Konsequenz der subjektivistischen Sichtweise.

Das ist natürlich Unsinn. Menschen wie Bettina und Karl haben selbstverständlich eine Meinungsverschiedenheit. Jede Philosophie, die diese Tatsache nicht vernünftig in ihre Theorie integrieren kann, ist falsch. Seien Sie bei einer philosophischen Theorie vor versteckten Implikationen stets auf der Hut. Fragen Sie bei der Bewertung einer philosophischen Position immer, wie gut sie das, was Ihnen auf ganz natürlichem und intuitivem Wege richtig erscheint, erklären kann. Irren Sie sich manchmal was Ihre Intuitionen anbelangt? Sicherlich. Sie sollten sich aber nur von guten Gründen davon überzeugen lassen, dass Sie sich irren. Falls dem nicht so ist, so halten Sie sich an das, was Ihrer Meinung nach richtig ist.

Manchmal möchten wir von unseren inneren Einstellungen berichten, und manchmal wollen wir Dinge diskutieren, die die äußere Welt betreffen. Warum sollten wir glauben, dass moralische Werturteile sich nicht mit dem letzteren vereinbaren lassen? Der Subjektivismus muss sich am Ende den gleichen Problemen stellen, die auch den Nonkognitivismus betrafen. Beide können weder die unbestreitbare Existenz objektiver moralischer Uneinigkeit leugnen noch können sie erklären, warum wir so von der Berechtigung unserer inneren Einstellungen in Bezug auf moralische Probleme überzeugt sind. Der Subjektivismus muss sich außerdem auch mit dem Problem bezüglich des Vorrangs auseinandersetzen. Dies alles ist Grund genug für mich, an dieser Stelle nun fortzufahren.

Einige Anmerkungen zu einem Verwandten des Subjektivismus sollten wir hier aber doch noch anfügen. Man kann ihn *kulturellen Subjektivismus* nennen. Innerhalb dieser Sichtweise ist Stefans Meinung, dass die Beschränkung des Waffenbesitzes moralisch richtig sei, keine objektive moralische Aussage über eben diese Beschränkung, sondern lediglich ein Reflex auf die allgemeine Einstellung der Kultur, in der er lebt, zu diesem Thema. Wenn ihm Carolin darauf mit dem Satz antwortet »Nein, das stimmt nicht, die Beschränkung des Waffenbesitzes ist viel eher falsch«, so liegt hier eine echte Meinungsverschiedenheit zwischen den beiden vor. Für den kulturellen Subjektivismus gilt jedoch, dass der eine Recht und der andere Unrecht haben kann, zwar nicht so sehr, weil es ein objektives Wahrheitskriterium in diesem Fall gäbe, sondern nur aufgrund des Umstandes, dass die herrschende kulturelle Einstellung zu diesem Thema je nach dem gerade dafür oder dagegen ist.

Diese Version des Subjektivismus erweist sich jedoch als ebenso problematisch wie das Original. Uneinigkeit ist möglich; sie ist aber nicht die richtige, eigentliche Art von Uneinigkeit. Im Rahmen des kulturellen Subjektivismus ist es außerdem unmöglich, sich über die momentan herrschenden kulturellen Ansichten zu erheben und sie zu kritisieren. Selbstverständlich aber müssen wir betonen, dass jeder, der in einer Gesellschaft leben würde, die die Sklaverei gutheißt, sich berechtigterweise erheben und sie als falsch brandmarken könnte. Wenn der kulturelle Subjektivismus Recht hätte, so wäre man in einem solchen Fall im Unrecht, da man sich gegen die herrschende Meinung der eigenen Kultur wenden würde. Da dies im Gegensatz zu unserer natürlichen Reaktion auf das Übel der Sklaverei stehen würde, folgt daraus, dass auch diese Theorie inakzeptabel ist.

Moralischer Objektivismus

Einen unschuldigen Menschen aus sportlichen Gründen umzubringen, ist falsch. Kindestötung ist unmoralisch. Politische Freiheit ist eine gute Sache. Chancengleichheit ist willkürlicher Unfairness jederzeit vorzuziehen. Sowohl die Gerechtigkeit als auch die Gnade können sehr gute

Dinge sein. Die Menschen werden mit dem unveräußerlichen Recht geboren, mit Respekt und Würde behandelt zu werden.

Wenn wir Sätze wie diese aussprechen, so glauben die meisten Menschen, dass sie damit mehr als nur ihre Zustimmung oder Abneigung bekunden. Sätze wie diese geben nicht nur einen Einblick in die seelisch-psychische Verfasstheit eines Menschen oder sind eine Reflex kultureller Prägungen. Sie enthalten vielmehr objektive Tatsachenfeststellungen über bestimmte Aspekte der Wirklichkeit auf der Welt. Einen anderen Menschen zu foltern, ist per definitionem und schlichtweg (moralisch) falsch. Es gibt objektive moralische Sachverhalte unabhängig davon, was wir denken. Genau wie in der Wissenschaft haben wir manchmal Schwierigkeiten dabei zu erkennen, worin der objektive moralische Sachverhalt einer Situation besteht. Daher erscheint es vernünftig, dass Menschen hierüber mitunter unterschiedlicher Meinung sind. Diese Überlegungen sind Teil der verbreitetsten und normalsten Einstellung des Menschen in Bezug auf die Natur moralischer Äußerungen und den grundsätzlichen Status moralischer Fragen. Die ethisch-moralische philosophische Theorie, die auf diesen Überlegungen aufbaut, nennt man *moralischen Objektivismus*.

Der *bewertende Objektivismus* wäre eine allgemeinere philosophische Theorie. Diese Theorie würde argumentieren, dass jede Verwendung bewertender Sprache Tatsachenaussagen über objektive Wahrheiten enthalte. Dies ist aber sicherlich eine zu extreme Behauptung. Wenn ich sage »Dieses Eis schmeckt toll«, will ich damit tatsächlich nur sagen, dass es mir persönlich sehr gut schmeckt und ich glaube, dass andere es bestimmt auch lecker finden würden. Mit anderen Feststellungen darüber, ob etwas gute Eigenschaften besitzt oder nicht – z.B. »Dies ist ein guter Schraubenzieher« – will ich wiederum etwas Objektives zum Ausdruck bringen. Ähnliches gilt für den Satz »Freundlichkeit ist eine gute Sache«. Sätze wie der letzte gehören zu dem Bereich bewertender Sprache, auf den es uns hier am meisten ankommt, den Bereich moralisch-ethischer Fragen und Probleme nämlich.

Der moralischer Objektivismus nimmt an, dass zumindest ein Teil der bewertenden Sprache – derjenige nämlich, bei dem ein moralisches oder ethisches Werturteil aufgestellt wird – tatsächlich objektive Sachverhalte und faktisches Wissen über die Welt beinhaltet.

Objektivismus und moralischer Skeptizismus

Natürlich können wir trotz des moralischen Objektivismus auch eine Haltung des moralischen Skeptizismus einnehmen. Die Frage des moralischen Skeptizismus wäre: »Woher wissen wir, dass auch nur eine einzige unserer ethisch-moralischen Überzeugungen, im Sinne von Tatsachenbehauptungen bezüglich einer etwaigen moralischen Realität, überhaupt wahr ist?« Die Menschen sind in moralischen Fragen unterschiedlicher Meinung. Es ist darüber hinaus schwierig, etwas Überzeugenderes als unsere Intuition oder unser Gewissen zu finden, mit dessen Hilfe man einen Streit über moralische Sachverhalte entscheiden oder eine Moralfrage beantworten könnte. Der moralischen Skeptizismus könnte als Verwandter des Nonkognitivismus und des Subjektivismus erscheinen, insofern als er die Frage stellt, wie es möglich sein soll, objektives Wissen über moralische Sachverhalte zu haben.

Eine plötzliche, kühne und unerwartete Frage überrascht uns häufig und liefert uns schutzlos den anderen aus.

Francis Bacon

Der moralischen Skeptizismus kann viele Formen annehmen. Er könnte z.B. fragen, wie wir sicher sein können, dass die Quellen, aus denen unsere moralischen Überzeugungen stammen (z.B. das Gewissen oder die Intuition), überhaupt zuverlässig sind. Der uneingeschränkte Skeptizismus geht hier sogar noch weiter und fragt, woher wir wissen können, ob es so etwas wie objektive moralische Tatsachen überhaupt gibt. Vielleicht ist das Gewissen nichts weiter als eine weit verbreitete Form von Irrglaube. Wie können wir diese Fragen beantworten?

Wir können die Existenz von objektiven moralischen Tatsachen nicht dadurch beweisen, dass wir mit Hilfe gültiger Formen logischen Schließens und unabhängigen wahren Prämissen diese Tatsachen gleichsam ableiten. Es gibt auch keine zwingenden Beweise für deren Existenz. Kommt Ihnen das nicht bekannt vor? Allen von Ihnen, die die Kapitel über Annahmen, Überzeugungen und Skeptizismus gelesen haben, sollte es das. Alle anderen sollten sich diese Passagen zunächst einmal durchlesen. Sie werden dort darauf stoßen, dass es eine elegante Möglichkeit gibt, den Einwänden des moralischen Skeptizismus zu antworten, nämlich mit Hilfe des Prinzips, Überzeugungen beizubehalten. Die meisten Menschen haben eine ganze Reihe moralischer Überzeugungen. Viele von ihnen beinhalten den festen Glauben, dass Werturteile objektive Tatsachen widerspiegeln. Der Skeptizismus kann diese Gesamtheit objektiver moralischer Tatsachen in Frage stellen, genauso wie er dies auch mit unserem Gewissen oder unserer Intuition machen kann. Es gibt dabei für uns keine Möglichkeit, ihn zu widerlegen. Wir können den Skeptizismus allerdings auf »Das Prinzip, Überzeugungen beizubehalten« verweisen, aus dem folgt, dass es vernünftig ist, wenn diejenigen, die zum moralischen Objektivismus tendieren, an dieser Position unbeirrt von den Fragen des Skeptizismus festhalten. Diese Fragen machen uns höchstens noch ein bisschen weiser.

Steht die Moral auf wackeligem Grund? Darauf möchte ich mit einer Gegenfrage antworten: Ist unsere Überzeugung, dass es eine äußere Welt gibt, ohne Hand und Fuß? Ist unser Glaube daran, dass die Sinneserfahrung, die Erinnerung sowie die Berichte und Schilderungen anderer Menschen manchmal zuverlässig sind, völlig unbegründet? Die Unmöglichkeit, die Fragen und Einwände des Skeptizismus mit Beweisen zu widerlegen, beweist selbst nichts, außer der Tatsache, dass auch Beweise ihre Grenzen haben. Dies sollten wir als Ergebnis im Gedächtnis behalten. Der Skeptizismus muss nicht unbedingt widerlegt werden.

Dennoch bleibt aber eine nicht skeptische Frage übrig. Wenn der Gedanke vernünftig ist, dass es objektive moralische Tatbestände gibt, welche Art von Eigenschaft besitzt dann ein Gegenstand, der moralisch gut ist? Ist es etwas, was man sehen, hören, fühlen oder wiegen kann? Ist es eine physische Eigenschaft? Ist es ein geistiges Merkmal?

Wenn wir von etwas behaupten, es sei gut, welche Tatsache teilen wir da eigentlich mit? Zunächst einmal möchte ich diese Frage ganz allgemein ansprechen; danach werden wir uns mit den Auswirkungen unserer Ergebnisse auf den Bereich der Ethik beschäftigen. Die Ideen der großen Philosophen seit Aristoteles zu diesem Thema werden wir im nächsten Abschnitt zu Rate ziehen.

Teleologische Zielpraxis

Immer dann, wenn sich der legendäre amerikanische Football-Quarterback Joe Montana von seinen Mitspielern löste und den Ball bis ganz nach vorne zu einem Touchdown ins Spielfeld warf, schrien die Fans im Stadion »Guter Wurf, Joe!« Wenn ich behaupte, ich habe eine gute Kreissäge, einen guten Füller und eine gute Alarmanlage oder wenn ich einen Golfer für seinen guten Putt lobe, was haben all diese Sätze mit den Bekundungen der Footballfans gemeinsam? Welche Funktion erfüllt das Wort *gut* in all diesen Kontexten? Um welche Art von Tatsachenbehauptung handelt es sich hier?

Nach Aristoteles ist eine Sache dann gut, wenn sie den Zweck, der in ihr von Natur aus angelegt ist und der ihr Wesen ausmacht, in ihrem Dasein auch erfüllt. Ein guter Wurf von Joe Montana ist genau bei dem vorgesehen Spieler gelandet. Ein guter Putt hat zum Einlochen geführt. Eine gute Säge sägt Holz reibungslos und effizient. Ein guter Füller verteilt die Tinte genau so auf dem Papier, wie ich es haben will. Eine gute Alarmanlage schreckt Diebe wirkungsvoll ab. In allen diesen Fällen machen die guten Dinge genau das, wozu sie geschaffen oder erdacht worden sind. Sie erfüllen ihren Zweck und ihre Funktion. Unter Verwendung des griechischen Wortes für Zielscheibe, *telos*, können wir diese Vorstellung auch *Das Teleologische Konzept des Guten* nennen.

Die Geschichte der Theorien zur Ethik ist in vielerlei Hinsicht der Versuch, die Frage »Was macht einen Menschen zu einem guten Menschen?« zu beantworten. Diese Frage fragt nach dem moralisch oder ethisch Guten. Aristoteles dagegen hätte in dem Bemühen, diese Fragen zu beantworten, die Frage gestellt »Welchen Zweck und welches Ziel verfolgt das menschliche Leben? Welche Funktion, welche Aufgabe hat es?«

Der auf großartige und herrliche Weise vollendete Mensch ist der, der nach seinem Zwecke zu leben versteht.

Montaigne

Diese Frage kann auch auf eine andere, indirektere Weise auftauchen. Schauen wir uns mal einen Moment das seltsame Verhalten bewertender und moralischer Sätze im Kontext einfacher logischer Argumentationsmuster an. Die sehr interessanten Ergebnisse, die sich dabei ergeben, werden uns ein vertieftes Verstehen des im ethischen Sinne Guten verschaffen.

Sobald wir bewertende Satzmuster dazu verwenden, um Schlussfolgerungen zu ziehen oder versuchen, mit ihnen logisch zu argumentieren, ist generell Umsicht vonnöten. Um das zu verstehen, müssen Sie sich nur einige Fälle logischen Schlussfolgerns anschauen. Zuerst werden wir zwei logisch richtige Schlüsse betrachten, die ohne bewertende Elemente auskommen. Anschließend geben wir einige Beispiele logischer Fehlschlüsse, die bewertende Sprache enthalten.

Das folgende ist ein Beispiel für ein im philosophischen Sinne gültigen Schluss:

1. (a) Bill ist ein dunkelhäutiger Lügner.

   (b) Alle Lügner sind Menschen. Daraus folgt:

   (c) Bill ist ein dunkelhäutiger Mensch.

In Schluss 1 folgt (c) logisch aus (a) und (b). Wenn (a) und (b) beide wahr sind, so garantiert die logische Gültigkeit dieses Schlusses, dass auch (c) wahr ist.

2. (a) Bill ist ein guter Lügner.

   (b) Alle Lügner sind Menschen. Daraus folgt:

   (c) Bill ist ein guter Mensch.

In diesem Fall ist es so, dass diese Schlussfolgerung nicht wahr sein kann, selbst wenn beide Prämissen wahr sind. Hier scheint also allem Anschein nach etwas falsch gelaufen zu sein. 2 (c) folgt absolut nicht aus den beiden Prämissen. Ein guter Lügner ist tatsächlich ein schlechter Mensch. Dennoch ist der zweite Schluss genau wie Schluss 1 aufgebaut. Was stimmt hier also nicht?

Man könnte leicht auf die Idee kommen, dass sich die Unsinnigkeit des Schlussfolgerung nur deswegen ergibt, weil wir einen moralischen Ausdruck verwenden.

Man könnte zu dem Schluss kommen, dass vielleicht moralisch bewertende Satzteile an sich ungeeignet sind für logisches Schlussfolgern. Dies entspräche aber nicht ganz den wirklichen Verhältnissen. Betrachten Sie die folgenden Sätze:

3. (a) Konrad ist ein großer Jockey.

   (b) Alle Jockeys sind Menschen. Daraus folgt:

   (c) Konrad ist ein großer Mensch.

Konrad kann im Vergleich zu seinen Kollegen für einen Jockey recht groß sein und dennoch, bezogen auf die Durchschnittsgröße der Gesamtbevölkerung, eher klein von Wuchs sein.

Vergleichende und bewertende Begriffe wie groß und gut werden anders als andere logische Bestimmungswörter verwendet. Aus diesem Grund müssen wir vorsichtig sein, wenn wir sie in logischen Schlüssen benutzen. Betrachten Sie die folgenden Sätze:

4. (a) Manfred ist ein guter Vater.

   (b) Ein Vater ist eine Person. Daraus folgt:

   (c) Manfred ist eine gute Person.

Vielleicht ist dem so. Vielleicht ist (a) ein gewisser Hinweis darauf, dass (c) richtig ist. Die Wahrheit von (c) wird jedoch nicht durch (a) oder (b) garantiert. Vielleicht gibt es Leute, die berichten könnten, dass Manfred zwar durchaus seinen Kindern ein guter Vater ist, dass er aber sein persönliches Leben so weit von seinem andern Leben trennt, dass er beispielsweise ohne mit der Wimper zu zucken Kunden bei seiner Arbeit übers Ohr haut. Das gleiche gilt für den Fall, dass Manfred ein guter Freund, Onkel oder Sohn ist. Es ist durchaus denkbar, dass er sich vorbildlich in verschiedenen Hinsichten benimmt und doch nicht die Kriterien dafür erfüllt, in einem allgemeinen, moralisch-ethischen Sinne gut zu sein – gut als Person – eben weil er sich teilweise in krasser Weise im Widerspruch zu diesen Kriterien verhält. All diese verschiedenen Arten, sich gut zu verhalten, tragen ihren Teil zu einem im allgemeinen Sinne moralisch guten Verhalten bei. Daher sind sie auch ein vorläufig gültiger Beweis dafür. Wenn sie jedoch nicht vollständig den moralischen Charakter einer Person beweisen, dann können wir fragen: »Was macht diesen aus?«

Ein guter Mensch und ein guter Bürger zu sein, ist nicht immer dasselbe.

Aristoteles

Was macht einen guten Menschen aus? Wann ist das Leben eines Menschen ein gutes Leben? Diese Fragen müssen wir noch immer beantworten. Wenn Sie die Antworten darauf interessieren, so brauchen Sie nur die nächsten zwei Kapitel zu lesen.

8

Glück, Sittlichkeit und das gute Leben

In diesem Kapitel

- Worum es in der Ethik geht
- Die grundlegende Vorstellung vom Guten
- Die Moral innerhalb eines übergeordneten Rahmens

Was in einem Land geehrt wird, wird dort auch gedeihen.

Plato

In diesem Kapitel werden wir uns fragen, was das Gute ist und versuchen, den Zusammenhang zwischen Gutsein und Glück, Ethik und der Wohlfahrt des Menschen sowie zwischen Sittlichkeit und Tugend zu erforschen.

Memo an die moderne Welt

Bei der Ethik geht es nicht hauptsächlich darum, sich aus Schwierigkeiten herauszuhalten. Die Ethik schafft vielmehr Stärke, innere als auch zwischenmenschliche Stärke. Nach ethischen Maximen zu leben, macht die Menschen stärker. Sie stärkt die Familien, Gemeinschaften, Organisationen und die verschiedensten Institutionen. Letztendlich macht es auch die Nationen stärker.

Bei der Moral geht es nicht in erster Linie um Verbote und Beschränkungen. Ihr geht es vielmehr um die Förderung der Wohlfahrt des Menschen und darum, ein tiefes Glücksempfinden im Menschen hervorzubringen. Sie hilft dem Menschen dabei, das bestmögliche Leben zu leben. Bei ihr geht es um das, was wir ehren, in uns entwickeln und was wir schließlich auch werden.

Wir denken oft auf eine bestimmte Weise an Regeln und Strukturen. Stellen Sie sich eine Skala vor, die für das menschliche Leben steht. Das eine Ende repräsentiert absolute Ordnung. Das andere absolute Freiheit. Wenn wir uns das Leben so vorstellen, dann sind wir scheinbar mit einem Dilemma konfrontiert. Wollen wir die Planbarkeit und Sicherheit, die uns Ordnung garantiert, oder bevorzugen wir die Möglichkeiten, sich selbst in Freiheit auszudrücken sowie die kreativen Chancen, die sich uns durch die Freiheit eröffnen? Wollen wir Beschränkung oder Chaos? Die Straßen von Singapur oder die von Detroit?

Ordnung———————————————————————————Chaos

Dies ist vielleicht in gewisser Weise kein wirkliches Dilemma. Möglicherweise bietet die Moral ja – zumindest prinzipiell – eine Struktur, eine Form von Ordnung, die die wichtigste und erfüllendste Art von Freiheit ermöglicht. Diese Idee möchte ich in die Diskussion einbringen.

Dies ist die aus der Antike stammende Vorstellung des Guten, die wir beim Übergang in ein neues Jahrtausend zu verlieren drohen. Wir versuchen uns vor anderen auszuzeichnen, ihnen überlegen zu sein. Wir beten den Erfolg an. Wir wollen, dass unsere Unternehmen und unser Land dem Vergleich mit anderen Nationen standhalten. Zu häufig aber sind wir blind gegenüber dem Zusammenhang dieser Ziele, die wir verfolgen, mit unserem Bedürfnis nach dem Guten.

Nur die sind wirklich groß, die auch wirklich gut sind.

George Chapman

Die Idee des Guten: Eine kurze Einführung in die Vorstellungen vom Ursprung des Guten

Woher stammt unsere Vorstellung davon, was im menschlichen Leben gut ist? Woher kommt die Moral? Die Philosophen haben auf diese Fragen mancherlei Antwort gegeben. Ihre bekanntesten Theorien verdienen zumindest eine kurze Erwähnung.

Die Theorie göttlicher Gebote

Viele religiös geprägte Philosophen in der Geschichte waren der Meinung, dass ethische Vorschriften ihren Ursprung in einem Schöpfergott haben. Diese Vorschriften oder Gebote werden dann dem Menschen geoffenbart, entweder durch den normalen Gebrauch unseres von Gott stammenden Verstandes oder vermittels einer besonderen göttlichen Offenbarung, die den Mitgliedern einer Glaubensgemeinschaft gewährt wird, die diese Gebote dann in die Welt hinaustragen.

Innerhalb von dieser Theorie wird das Gute, bzw. das, was richtig ist, durch göttliches Gebot begründet. Seine Erfüllung wird den Menschen dann zur Pflicht gemacht. Das Gute und Richtige sind all die Handlungen, Einstellungen und Eigenschaften, die mit Gottes Geboten in Einklang stehen. Das Schlechte und Falsche ist entsprechend dasjenige, was zu diesen Geboten im Widerspruch steht. An dieser Stelle wollen wir die Frage, ob Gott wirklich existiert, nicht direkt beantworten. (Dazu finden Sie mehr am Ende von Teil VI.) Das Hauptproblem dieser Theorie göttlicher Gebote ist die Tatsache, dass Gottes Gebote an sich nur dann gut genannt werden können, wenn sie in dem logisch leeren Sinn mit sich selbst übereinstimmen. Es scheint so, dass alle traditionellen Religionen jedoch eigentlich sagen wollten, dass die Gebote Gottes in einem substantielleren Sinne gut sind. Seine Gebote sind das, was sie sind, aufgrund seiner Liebe, seiner Güte oder seiner selbstlosen Sorge um uns als seine Geschöpfe. Sie sind, was sie sind, weil es gut für sie ist, genau das zu sein. Keine Theorie herkömmliche göttlicher Gebote kann dieses gefühlsmäßige Überzeugung integrieren.

Vielleicht ist es ja so, dass die ethischen Werte und Gebote nichts anderes als das ewige Wesen eines Schöpfergottes widerspiegeln. Ich nenne diese Theorie die *Theorie göttlichen Wesens*. Diese Theorie unterscheidet sich jedoch von der wohlbekannten Theorie göttlicher Gebote.

Nirgendwo sind die Menschen gottähnlicher als dann, wenn sie anderen Gutes tun.

Cicero

Ein Problem betrifft beide Theorien. Wenn sie wahr wären, so würden all die Menschen, die nicht an Gott glauben, jegliche Grundlage für einen moralischen Objektivismus verlieren. Ist dieser Einwand entscheidend? Nein. Er hat aber dazu geführt, dass selbst viele Gottesgläubige weiter nach einer echten philosophischen Begründung der Moral gesucht haben.

Die Theorie des Sozialkontrakts

Einige Philosophen haben das Problem des Ursprungs der moralischen Gebote durch die Annahme zu erklären versucht, dass zu dem Zeitpunkt, wo sich Frühmenschen in sozialen Gruppen zu organisieren begannen, sie bewusst oder unbewusst festlegten, nach welchen Verhaltensregeln sie sich persönlich wie auch innerhalb der Gruppe verhalten sollten. Für sie waren Regeln notwendig, um zu verhindern, dass Konflikte eskalieren und dass Chaos ausbricht. Aus diesem Grunde gaben sie sich einen Sozialkontrakt, eine Vereinbarung, sich den von ihnen gesetzten Regeln gemäß zu verhalten. Dies ist nach dieser Vorstellung das Endziel jedweder Moral, Ethik sowie des Gesetzes.

Gut im Sinne dieser Theorie wäre dann alles, was mit den Regeln des Sozialkontraktes übereinstimmt. Ist die Existenz solcher Kontrakte eine gute Sache? Oder ist es möglich, dass der Kontrakt einer bestimmten Gesellschaft moralisch verurteilenswert sein kann? Wenn dem so ist, dann ist die Grundlage für die Zuschreibung dieser Art von gut und böse unabhängig von der in Rede stehenden Vereinbarung, was bedeutet, dass die Theorie des Sozialkontrakts bestenfalls unvollständig ist.

Ein Hauptproblem der Theorie des Sozialkontraktes ist, dass es manche Gesellschaften gibt, in denen die moralischsten Individuen die sind, die sich offen gegen die herrschenden Verhaltensnormen in diesen Gesellschaften stellen. Obwohl – oder gerade weil – sie sich im Gegensatz zum sozialen Kontrakt ihrer Gesellschaft befinden, gelten sie als Beispiele moralischen Heldentums. Wenn ihr Heldentum aber darin besteht, sich an höheren Standards moralischen Verhaltens als in ihrer eigenen Gesellschaft gelten zu orientieren, dann reicht die Theorie des Sozialkontraktes nicht tief genug (oder hoch genug), um uns die Antworten zu geben, die wir suchen.

Wahre Moralität besteht nicht darin, ausgetretene Pfade entlang zu gehen, sondern darin, den wahren Weg für uns selbst zu finden und diesem furchtlos zu folgen.

Mahatma Gandhi

Zum Schluss sein angemerkt, dass die Theorie des Sozialkontraktes entweder die Hypothese eines bestimmten Momentes in der fernen Vergangenheit der Menschheit aufstellt, an dem zum ersten Mal ein solcher Vertrag zwischen Menschen geschlossen worden ist, für den wir aber keinerlei geschichtlichen Beweis haben, oder aber sie benutzt diese Vorstellung nur als bequeme Fiktion. In beiden Fällen jedoch stehen wir am Ende ohne Antworten da.

Utilitarismus

Im 19. Jahrhundert begannen eine Reihe von englischen Philosophen damit, das Gute im Zusammenhang mit dem Nutzen, bzw. der Nützlichkeit für die Erzeugung von Vergnügen, Glück oder Bequemlichkeit zu sehen. Sie glaubten, dass in jeder Situation, bei der die Moral im Spiel ist, genau die Handlung richtig ist, welche den größten Nutzen hat oder bei der ganz allgemein der Zugewinn an Positivem für die Menschen am größten ist. Dementsprechend sind gute Charaktereigenschaften beim Menschen genau diejenigen Persönlichkeitsmerkmale, die auch zu guten Handlungen im Sinne des Utilitarismus führen.

Der Utilitarismus teilt sich in zwei Lager:

- ✔ Der **Handlungs-Utilitarismus** glaubt, dass es bei Moralfragen darum geht, individuelle Handlungen daran zu messen, inwieweit sie das Kriterium der Nützlichkeit erfüllen. Innerhalb dieser Theorie sollten wir immer das tun, das das jeweils größte Gut, definiert als Nützlichkeit, erzeugt.
- ✔ Der **Regel-Utilitarismus** setzt noch eine Stufe tiefer an. Eine Handlung ist nach dieser Theorie dann gut, wenn sie in Übereinstimmung mit einer Regel erfolgt, die ihrerseits den größtmöglichen Nutzen für die größtmögliche Zahl von Menschen produziert. Es ist sogar möglich, dass eine Handlung auch dann richtig ist, wenn es ihr nicht gelingt, den größten Nutzen in der jeweiligen Situation zustande zu bringen, solange sie nur in Übereinstimmung mit einer Regel geschieht, die in Bezug auf die in Frage kommenden Alternativen insgesamt den größten Nutzen in der Gesellschaft erzeugt.

Nach der herkömmlichen Vorstellung des Utilitarismus kann es richtig sein, einen unschuldigen Menschen zu erschießen, wenn dadurch z.B. ein Aufstand verhindert werden würde. Dies ist und bleibt nach heutigen Maßstäben aber dennoch falsch. Der Utilitarismus sieht zu Recht eine Verbindung zwischen gut und richtig auf der einen Seite und der Wohlfahrt des Menschen auf der anderen Seite. Ich denke jedoch, dass der Utilitarismus generell daran scheitert zu bestimmen, worin diese Verbindung genau besteht.

Deontologische Theorie

Deontologen glauben, dass das Gute und Richtige darin besteht, objektiven moralischen Pflichten zu gehorchen. Immanuel Kant (1724-1804) war der berühmteste und einflussreichste Deontologe aller Zeiten. Kant war der Ansicht, dass man dann von Sittlichkeit sprechen könne, wenn die Handlungen allein auf der Basis von Pflichten erfolgten. Er ging sogar so weit zu sagen, dass, wenn man eine Handlung gern tut und aus ihr Nutzen zieht und dies gar ein Teil der Motivation ausmacht, dass dann die Handlung nicht als ein reiner moralischer Akt zählen könne. Das stimmt so natürlich nicht. Einige der besten und moralischsten Handlungen sind von guten Menschen begangen worden, die Freude daran hatten, das Richtige zu tun. Diese Freude ist ein durchaus akzeptabler Teil ihrer Handlungsmotivation.

Es gibt ... nur einen kategorischen Imperativ. Er lautet: Handle so, daß die Maxime deines Willens jederzeit zugleich als Prinzip einer allgemeinen Gesetzgebung gelten könne.

Immanuel Kant (in seiner typischen klaren und anschaulichen Art)

Die Deontologen stellen jedoch normalerweise nicht die Frage, was Pflichten genau sind und woher sie stammen. Wenn sie nicht das Ergebnis göttlicher Gebote oder sozialer Vereinbarungen noch das Ergebnis utilitaristischer Überlegungen über das Nützliche sind, was sind sie dann genau? All dies bleibt bei den meisten Deontologen eher vage und undeutlich.

Ist die Pflicht wichtig im menschlichen Leben? Ganz sicher ist sie das. Der Hinweis auf die Pflichten alleine kann uns aber keine vollständige Erklärung geben, was Moral, Ethik oder auch das Gute in ihrem Wesen sind.

Soziobiologische Theorie

Im 19. und 20. Jahrhundert gab es eine Reihe von bekannten Natur- und Geisteswissenschaftlern, die vorgeschlagen haben, dass die bekannten Moralvorschriften menschlicher Gesellschaften sich entsprechend dem Wert entwickelt hätten, den unser Verhalten im Hinblick auf das evolutionäre Überleben gehabt hatte. Verhalten, das den Zusammenhalt und das Überleben der Gruppe oder Gesellschaft ermöglichte, wurde gefördert, während Verhalten, das als nachteilig für diese Ziele angesehen wurde, verboten wurde.

Versagen oder Erfolg im Kampf ums Dasein ist der einzige Gradmesser der Moral. Gut ist das, was überlebt.

W. Sommerset Maugham

Ein Gutteil der soziobiologischen Überlegungen ist durchaus überzeugend, selbst in der einfachen Form, in der wir sie gerade wiedergegeben haben. Dennoch aber scheint mir diese Theorie nicht umfassend genug zu sein, um auf unsere Fragen eine Antwort geben zu können.

Das Beispiel des moralischen Helden kann uns vielleicht genauso nützlich dabei sein, auf ein sich hier stellendes Problem aufmerksam zu machen, wie bei den Überlegungen zur Theorie des sozialen Kontraktes. Wer sich in Moralangelegenheiten gegen seine Gesellschaft stellt, gefährdet vielleicht auf kurze Sicht gesehen tatsächlich das Überleben jener Gesellschaft, beispielsweise wird durch das Aufbegehren gegen einen unmoralischen Tyrannen die soziale Struktur, die seine Herrschaft errichtet hat, bedroht. Dies jedoch läuft der soziobiologischen Erklärung zuwider. Was aber noch schlimmer für diese Theorie ist, ist die Tatsache, dass es gemäß ihrer Vorstellung von Moral nicht nur moralisch erlaubt, sondern außerdem eine Pflicht wäre, dass wir eine Anzahl von Menschen gegen ihren Willen für medizinische Experimente auswählten, ganz gleich wie riskant oder schmerzhaft dies für diese Menschen wäre, wenn damit nur das Überleben der Gattung befördert werden könnte. Ein solches Vorgehen wäre nun aber moralisch sicher falsch. Die Soziobiologie scheint daher unsere tiefgehendsten moralischen Instinkte nicht einmal ansatzweise erfassen und in ihrer Theorie verarbeiten zu können.

Tugendtheorie

Aus der Antike stammt eine weitere Theorie, die es nicht nur verdient erwähnt zu werden, sondern die darüber hinaus, meiner Meinung nach, genauso erhellend wie wahr ist. Meine Version der Tugendtheorie lautet folgendermaßen: Es gibt so etwas wie eine menschliche Natur. Tief im Inneren sind die Menschen auf elementare Weise identisch. Wenn man an Glück und an einem erfüllten Leben interessiert ist, so muss man danach streben, bestimmte Eigenschaften des Menschen – die Tugenden – in sich zu verwirklichen. Und wer wäre nicht daran interessiert?

Die Sittlichkeit ist der Bereich menschlichen Strebens, der sich damit beschäftigt, diese Eigenschaften oder Tugenden, die des Menschen Wohlfahrt ermöglichen, zu identifizieren, zu kultivieren und zu fördern. Das sittlich-moralisch Gute ist diejenige Eigenschaft einer Handlung, eines Merkmals oder eines Menschen, durch die festgestellt werden kann, ob eine Übereinstimmung mit den Tugenden gegeben ist oder nicht.

Nach der Tugendtheorie ist das, was die soziobiologische Theorie als wahr zu erkennen vermeint, erst im eigentlichen Sinne wahr aufgrund der uns allen gemeinsamen universellen menschlichen Natur. Außerdem gilt, dass die Gesellschaft sich über die Grundlagen der Moral typischerweise dadurch verständigt, dass sie zu erkennen versucht, welche Tugenden es gibt. In ähnlicher Weise gilt für den Utilitarismus und seine Vorstellung, dass beim Treffen ethischer Entscheidungen immer auch der Nutzen und der Schaden von Handlungen in Betracht gezogen werden müssen, dass wir nur dann erkennen können, was Schaden und Nutzen eigentlich bedeuten, wenn wir die menschliche Natur und die Tugenden jederzeit in unsere Überlegungen einbeziehen. Verfechter des Tugendbegriffs können zudem darauf hinweisen, dass wir unsere Natur von Gott verliehen bekommen haben und dass die göttlichen Gebote eine Widerspiegelung dieser Menschennatur sind. Die Gebote Gottes zeigen uns außerdem den Weg, wie wir unsere Natur zur Sittlichkeit hin entwickeln sollen.

Silber und Gold sind nicht die einzige Währung; auch die Tugend gilt in der ganzen Welt als eine solche.

Euripides

Kurz gesagt ist es so, dass eine Tugendtheorie des Guten, wenn sie nur entsprechend weiterentwickelt wird, in sich die Einsichten aller anderen Theorien aufnehmen kann, wobei sie aber deren charakteristische Probleme vermeiden kann. Wie eine solche Tugendtheorie entwickelt werden kann, wird im nächsten Abschnitt behandelt.

Vier Dimensionen menschlicher Erfahrung

Unser alter Bekannter Aristoteles' war der Ansicht, dass alle Menschen bei allem, was sie tun, nach dem Glück streben. Das menschliche Leben ist im Wesentlichen teleologisch, d.h. zielgerichtet (siehe Kapitel 7). Wir können nicht anders, als uns in unserem täglichen Leben Ziele zu setzen und diese Ziele dann auch zu erreichen versuchen. Aristoteles' Erkenntnis war es, dass das all diesem Streben zu Grunde liegende Ziel das Glück ist. Ein wirkliches Verstehen dieser Behauptung wird uns dabei helfen, sich der Rolle der Ethik in unserem Leben bewusst zu werden.

Wenn Aristoteles Recht damit hatte, dass das Gute immer teleologisch ist, dann haben wir vielleicht hier den Zweck, den Sinn oder das Ziel (*telos*) des menschlichen Lebens gefunden. Es ist schlicht das Glück. Persönliches Glück? Sicher. Aber auch Glück für andere Menschen. Glück und Erfüllung für die größtmögliche Zahl von Menschen.

Um das jedoch verstehen zu können, müssen wir zuerst verstehen, was Glück wirklich ist. Ist es bloß sinnliches Vergnügen, wie einige Philosophen vermutet haben? Aristoteles selbst dachte, dass dies unmöglich für Menschen gelten könne. Nicht, dass dem Vergnügen kein Platz eingeräumt werden solle, zumal ein glückliches Leben ohne Vergnügen nicht denkbar ist. Das Vergnügen ist aber nur ein kleiner Teil eines viel größeren den Glücksbegriff definierenden Gesamtzusammenhangs.

Anhänger der Philosophie von Aristoteles stellen sich das Glück mehr als Aktivität vor, bzw. als eine immer wiederkehrende Teilnahme an etwas, was Erfüllung mit sich bringt. Echtes Glück und echte Erfüllung sei sozusagen ein Nebenprodukt einer Lebensweise, die der Wohlfahrt des Menschen förderlich ist. Das Glück ist an die Tugend gebunden. Das Glück entspringt der Entdekkung des eigenen Selbst, der Entwicklung der eigenen Talente und des Einsatzes dieser Talente für den allgemeinen Nutzen anderer wie auch der eigenen Person.

Das moralisch Gute ist demnach die Eigenschaft, echtes Glück, Erfüllung im Leben und die Wohlfahrt des Menschen zu ermöglichen. Ein guter Mensch ist jemand, der das Ziel verfolgt, das Glück und die Wohlfahrt seiner selbst wie auch das der anderen zu befördern. Eine gute Handlung ist eine Handlung, die in diese Richtung zielt. Eine gute Eigenschaft des Menschen oder ein guter Charakterzug ist dasjenige Merkmal, das auf dieses Ziel gerichtete Handlungen ermöglicht.

Bei der Analyse der Erkenntnisse der großen Philosophen zu der Frage, was man braucht, um echtes Glück, wirkliche Erfüllung und die umfassendste Art menschlicher Wohlfahrt zu erlangen, bin ich zu der Auffassung gelangt, dass es vier grundlegende und universale Bereiche menschlicher Erfahrung gibt. Diese vier Bereiche menschlicher Erfahrung helfen uns dabei, die vier entsprechenden Ziele zu verstehen, denen wir folgen müssen, wenn es uns am Ende gelingen soll, für uns selbst Glück zu erlangen und das Glück anderer Menschen zu fördern. Diese vier Bereiche sind außerdem auch die vier Grundlagen für die Entwicklung und Erhaltung des sittlichen Prinzips in all unseren Handlungen. Als solche sind sie schließlich die entscheidenden Kriterien für die Beurteilung, was ein gutes Leben ist.

Diese vier Bereiche unterschiedlicher menschlicher Erfahrung, zusammen mit ihren zugehörigen Zielen, lauten wie folgt (die Anführungsstriche sind zu lesen als: »strebt an«):

- ✔ Die geistige Dimension » Wahrheit
- ✔ Die ästhetische Dimension » Schönheit
- ✔ Die moralische Dimension » das Gute
- ✔ Die spirituelle Dimension » Einheit, Geschlossenheit

Im folgenden Abschnitt werde ich jede der vier Dimensionen kurz erläutern. Das Verständnis der Bedeutung dieser Bereiche wird uns entsprechend ein tieferes Verständnis des menschlichen Glücks und der Bedeutung der Ethik für die Wohlfahrt des Menschen ermöglichen. Schon seit zu langer Zeit haben wir die Ethik von den anderen wichtigen Lebensfragen getrennt gesehen. Zu sehen, wo die Moral mit ihrem Ziel, das Gute zu erlangen, innerhalb der menschlichen Erfahrung ihren Platz hat, hilft uns dabei, ein tieferes Verständnis der Ethik und Moral zu gewinnen.

Jeder dieser Bereiche hat ein ihn begleitendes Ziel, das selbst als Grundlage der menschlichen Sittlichkeit angesehen werden muss. Das Gute ist eines dieser Ziele und zudem mit allen anderen Zielen verbunden.

Die geistige Dimension

Jeder Mensch hat einen Geist. Wir alle sind ihren Verstand gebrauchende Wesen. Wir benötigen Wahrheit so, wie wir Luft oder Wasser benötigen. Ohne Ideen können wir geistig nicht gedeihen; ohne Wahrheit gehen wir zugrunde.

Einer der Bereiche unserer Erfahrung ist der geistige, der danach strebt, Wahrheit zu erlangen. In jeder Hinsicht und in jeder Situation ist es für uns wichtig, dass man uns die Wahrheit sagt, wenn wir uns denn auf bestmögliche Weise verhalten sollen, bzw. uns in der jeweiligen Situation am besten fühlen wollen. Aus demselben Grund müssen wir auch anderen stets die Wahrheit sagen.

Die Wahrheit ist die Grundlage des Vertrauens. Ohne Vertrauen kann keine menschliche Beziehung gedeihen. Ohne eine solche Beziehung kann kein Mensch innerlich wachsen und ein Gefühl der tiefen persönliche Erfüllung erfahren.

Wissen ist Macht.

Francis Bacon

Der britische Philosoph Francis Bacon (1661-1626) sagte einst, dass Wissen Macht sei, ein Ausspruch, der bis heute zitiert wird. Es ist jedoch eine Schande, wie unangemessen die Menschen auf diese Erkenntnis reagiert haben. Viel zu viele Menschen glauben heutzutage, dass man ohne Macht seine Ziele nicht wirkungsvoll durchsetzen könne. Aus diesem Grund sollten die Menschen versuchen, Macht zu erlangen und zu erhalten. Da das Wissen die Grundlage für Macht ist, solle man nach möglichst viel Wissen streben. Diese Schlussfolgerung hat Geschäftsleute, Politiker und selbst Ärzte dazu veranlasst, die Wahrheit denjenigen vorzuenthalten, die sie dringend benötigten.

Die Menschen fürchten, dass das Teilen von Wissen so ist, wie wenn man ein Stück Kuchen mit jemandem teilte. Wenn ich meinen Nachtisch mit einem anderen teilen müsste, so würde ich ihn in der Mitte durchschneiden und die eine Hälfte, die ich ansonsten mir selbst hätte schmecken lassen können, dem andern geben. Je mehr ich gebe, desto weniger habe ich für mich selbst. Im Bereich des Wissens und der Wahrheit jedoch bedeutet teilen etwas ganz anderes. Je mehr man teilt, desto mehr wird hinzugefügt, ja desto mehr vervielfacht es sich.

Als Professor in Notre Dame lernte ich das Folgende: Wann immer ich meinen Studenten etwas beibrachte, sorgte ich gleichzeitig auch dafür, dass sich das Wissen in einer Weise vervielfältigte, wie ich es mir vorher nicht hätte vorstellen können. Es ging nicht nur darum, dass das, was vorher in meinem Kopf war, sich nun plötzlich in dreihundert anderen Köpfen befand. Dazu kam noch, dass diese dreihundert Studenten mein Wissen auf dreihundert verschiedene Weisen und aus dreihundert verschiedenen Blickwinkeln verarbeiteten. Dieser Student war in Nebraska aufgewachsen, jener kam aus Florida und ein anderer wiederum war aus Deutschland usw. Außerdem stammten die Studenten ja aus allen möglichen Schichten der Gesellschaft. Das Wissen, das ich ihnen mitteilte, filterten sie durch so viel Schichten an Überzeugungen, Einstellungen und Gefühlen, dass sie schließlich Dinge wahrnehmen mussten, die ich alleine nie hätte bemerken können und die sie schließlich auch untereinander weitergaben. Auf diese Weise wurde mein anfängliches Wissen durch meine Bereitschaft zu teilen auf ungeheure Weise vervielfacht.

Dasselbe ist in der Berufswelt und in jeder Familie möglich. Wahrheit ist das Rohmaterial für Kreativität. Wir müssen es achten, es leben und pfleglich mit ihm umgehen. Indem wir die Wahrheit (mit-)teilen, vervielfältigen wir das Wissen und schaffen so die Grundlage für das Wachstum der allgemein verfügbaren und vorhandenen Macht, die sich aus dem Wissen ableitet.

Die Wahrheit ist eine Grundlage für die Wohlfahrt des Menschen, für seine persönliche Erfüllung und die tiefste Form des Glücks. Kann die Wahrheit nicht aber manchmal schaden? Das kann sie ganz sicher. Die tiefsten und dauerhaftesten Formen des Glücks können aber nicht so zerbrechlich sein, dass es darauf ankäme, die Wahrheit stets bis auf eine Armeslänge entfernt zu halten. Illusionen zu hegen, kann niemals eine notwendige Bedingung für die Erfüllung und Wohlfahrt des Menschen sein.

Die Natur hat in uns das unstillbare Verlangen nach der Wahrheit gelegt.

Cicero

Ist ein Mensch gut? Respektiert und pflegt er die Wahrheit? Bei sich selbst und bei anderen? Nimmt er andere Menschen ernst? Respektiert er andere, indem er mit ihnen sein Wissen teilt, das ihnen vielleicht dabei helfen kann, herauszufinden, wer sie sind und was sie tun?

Unsere Beziehung zur Wahrheit kann in zwei Kategorien unterteilt werden, die wir bequemlichkeitshalber die passive und die aktive nennen können (siehe die folgende Tabelle 8.1):

Passiv	Aktiv
Aufmerksamkeit	Ehrlichkeit
Offenheit	Offenheit
Lernfähigkeit	Direktheit
Wir müssen Lernende sein	Wir müssen Lehrer sein

Tabelle 8.1: Unsere Beziehung zur Wahrheit

Zuerst betrachten wir die – wie ich es nenne – passive Seite unserer Beziehung zur Wahrheit. Jede der bedeutenden Religionen betont die Wichtigkeit derjenigen Dinge, denen wir unsere Aufmerksamkeit schenken. Wir müssen der Welt um uns herum Beachtung schenken, um während unseres Lebens überhaupt hoffen zu dürfen, Wahrheiten finden zu können. Wir sind aufmerksam – eine in Wirklichkeit aktive Haltung – um als passive Empfänger das aufzunehmen, was die Welt uns mitzuteilen hat. Mit der Kategorie »passiv« möchte ich keinen Moment lang unterstellen, dass wir jemals ganz passiv sind, wenn wir lernen. Dies ist nicht der Fall. Es gibt jedoch Aspekte unserer Beziehung zur Wahrheit, wo wir dazu aufgerufen sind zuzuhören und die Dinge in uns aufzunehmen. Dies ist allgemein gesagt die passive Seite unserer Beziehung zur Wahrheit.

Als zweites ist es wichtig, für neue Ideen und unerwartete Sichtweisen aufnahmebereit zu sein. Offenheit ist eine Form der geistigen Bescheidenheit. Sie ist eine wichtige menschliche Tugend. Den Dingen um uns herum Aufmerksamkeit zu schenken, bringt solange nichts, wie wir nicht wirklich bereit sind zu lernen.

Drittens müssen wir anderen Menschen gegenüber lernfähig sein. Niemand weiß alles. Jeder, dem wir in unserem Leben begegnen, hat uns etwas beizubringen oder zu lehren. Solange wir aber nicht lernfähig werden, werden wir niemals zu den Wahrheiten, die die anderen Menschen aufgrund ihrer Erfahrungen gewonnen haben, Zugang erhalten. Während unseres ganzen Lebens müssen wir aufnahmebereit bleiben. Auch diese Fähigkeit kann im besten Fall eine moralische Qualität sein.

Nun kommen wir zur aktiven Seite der Tabelle. Wir müssen mit uns selbst und mit anderen ehrlich umgehen. Ehrlichkeit ist eine Form, die Wahrheit zu achten. Der Ehrliche lügt oder täuscht keine anderen Menschen. Wer ehrlich ist, sagt immer die Wahrheit.

Die Ehrlichkeit kann jedoch eine ziemlich eingeschränkte Art sein, die Wahrheit zu achten. Die Offenheit geht noch einen Schritt weiter und gibt Wahrheit bei Bedarf noch über die Bitten des Gegenübers hinaus weiter. Einem offenen Menschen fällt es – unabhängig davon, ob nach ihr gefragt wurde oder nicht – nicht schwer, die Wahrheit mitzuteilen, solange die Wahrheit hilfreich sein kann.

So wie ich Direktheit verstehe, geht sie sogar noch weiter als Offenheit. Eine direkte Person enthält keines ihrer Motive anderen vor und hält keine Wahrheit zurück, die die Wohlfahrt eines anderen Menschen befördern könnte. Die Direktheit erkennt man sofort. Der direkte Mensch ist im Prinzip der beste Lehrer. Er verkörpert die Transparenz der Wahrheit. Wir alle sollten versuchen, ein Leben lang Lehrer zu sein. Dies ist wiederum die beste Voraussetzung dafür, dass wir auch unser Leben lang Lernende sein können. Wir lernen am besten das, was wir anschließend als Lehrer auch anderen beizubringen versuchen.

Um das eigentliche Ziel des Lebens zu erreichen, müssen wir in jeder Form danach trachten, nach der Wahrheit zu streben. Wir müssen uns für sie öffnen und sie auch anderen zugänglich machen. Dies ist eine der vier Grundlagen für die Beförderung der Sittlichkeit sowie des dauerhaften Glücks unter den Menschen.

Die ästhetische Dimension

Der zweite große Bereich menschlicher Erfahrung ist die Ästhetik. Ich bin zu der Ansicht gelangt, dass wir Schönheit genauso in unserem Leben brauchen wie Wahrheit. Beides ist gleichermaßen wichtig. Ohne den regelmäßigen Kontakt mit dem Schönen können die Menschen bei dem, was sie tun, oder auch in ihren Beziehungen mit anderen Menschen weder ihre Gefühle zum Besten hin entwickeln noch als Menschen ihre Fähigkeit zum Guten voll ausbilden.

Die Schönheit ist das Versprechen des Glückes.

Stendhal

Einer der größten Fehler der populären Kultur der letzten einhundert Jahre ist es gewesen, unsere Vorstellung des Schönen immer weiter reduziert zu haben. Ein Bergpanorama kann schön sein, genauso wie eine Blume, ein Strand oder auch ein menschliches Antlitz. Auch Musik und Tanz können schön sein, oder eine mathematische Gleichung, ein philosophisches Argument, ein Spielzug beim Basketball, ein Witz oder auch ein Liebesakt.

Das Ästhetische umfasst alle möglichen Arten von Freuden. Das Schöne kann sich auf sehr verschiedene Dinge und Handlungen beziehen. Eines bleibt jedoch stets gleich: Die Schönheit beflügelt immer.

An einem schönen Ort und in einer schönen Umgebung sind wir generell offener und kreativer. Hässlichkeit bedrückt das Gemüt. Die Schönheit erhebt unsere Herzen und unseren Geist. Sie regt unsere Gefühle und unsere Hingabe an die Dinge an.

Die Schönheit ist zu all dem jedoch nur imstande, wenn man sie bemerkt, fühlt und zu schätzen weiß. Liegt die Schönheit wirklich im Auge des Betrachters? In gewissem Maße ja. Die Erfahrung des Schönen erfordert eine objektive Realität mit den richtigen Eigenschaften; sie benötigt aber auch den subjektiv aufnehmenden Betrachter. Die aufmerksame Empfänglichkeit eines Menschen kann dort Schönheit wahrnehmen, wo andere sie nicht sehen können. Die Schönheit ist letzten Endes kein relatives Phänomen in der Welt. In Wahrheit ist es erstaunlich, wie allgemein die Kriterien für die Wahrnehmung von Schönem wirklich sind. Ob dies mit unserer gemeinsamen evolutionären Vergangenheit zu tun hat oder ob diese Kriterien göttlichen Ursprungs sind, ist unter Philosophen umstritten. Was bleibt, ist jedoch die Tatsache, dass die Erfahrung des Schönen von allen Menschen geteilt wird und dass sie für die Entwicklung des Menschen wichtig ist.

Das Gute ist das Schöne.

Plato

Von den Philosophen konnten wir in den letzten Jahrzehnten keine große Hilfe dabei erwarten, das Wesen des Schönen zu verstehen. Das ist jedoch keine Überraschung, da die Philosophen uns während dieser Zeit generell keine große Hilfe dabei waren, überhaupt irgendwelche praktischen Dinge zu verstehen. Die Philosophie war während der letzten einhundert Jahre im Wesentlichen eine akademische Veranstaltung. Ein großer Teil ihrer Aufmerksamkeit galt dabei Problemen, die mit dem außerordentlichen Siegeszug der Wissenschaft, der Technik und der Mathematik sowie deren Auswirkungen auf das menschliche Leben zu tun hatten. Das Ergebnis war, dass sie sich immer mehr auf theoretische Probleme konzentrierte und sich von den praktischen Dingen des menschlichen Lebens immer weiter entfernte. Eines der wichtigsten Themen, das die Philosophie dabei weitgehend ignoriert hat, war das Schöne, bzw. ganz allgemein das Thema der Ästhetik.

Für die Erfahrung des Schönen gibt es ebenfalls wieder zwei verschiedene Modi, der aktive und der passive (siehe die folgende Tabelle 8.2):

Passiv	Aktiv
Was wir sehen	Was wir planen
Was wir hören	Was wir erschaffen
Was wir riechen, ertasten und schmecken	Was wir tun

Tabelle 8.2: Zwei Arten, Schönheit zu erfahren

Es gibt zwei Arten des Schönen: Das Liebreizend-Schöne auf der einen Seite und das Würdevoll-Schöne auf der anderen.

Cicero

Da ist zunächst einmal das, was wir die äußere Schönheit der Welt und der von uns passiv aufgenommenen und genossenen Dinge in ihr nennen können. Es gibt jedoch auch noch das, was wir als die innere Schönheit unseres eigenen Tuns bezeichnen können. Diese Schönheit, die sich in unserem Handeln ausdrückt, sollte jeder von uns erfahren können. Sie ist zum Beispiel Teil der Erfahrung eines Balletttänzers, eines Jazzgitarristen, eines Redners, eines Malers oder eines Basketballspielers, alles Formen der Schönheit, die sich deutlich von der Schönheit unterscheiden, die von dem passiv diese Handlungen und dieses Tun beobachtenden Menschen erfahren wird. Genau diese aktive Form der Schönheit war es, die ich alte Männer erleben sah, während sie damit beschäftigt waren, aus Holz Figuren zu schnitzen, und die auch der Automechaniker fühlt, wenn er ein schwieriges mechanisches Problem gelöst hat und das Auto wieder zum Laufen gebracht hat.

Wir sind von Natur aus kreative Wesen, die der Schönheit, die sich im Tun ausdrückt, genauso bedürfen wie der allgemein anerkannteren passiven Form der ästhetischen Erfahrung. Wenn wir anderen die Gelegenheit sowohl für passives als auch aktives Erleben und Sich-Erfreuen am Ästhetischen verschaffen können, dann schaffen wir gleichzeitig auch die Bedingungen, unter denen sie ihre Anlagen entwickeln und das Erfüllende all ihres Tuns spüren können.

Sittliches Handeln, dem es um das innere Wachstum und die Wohlfahrt des Menschen bestellt ist, ist schön. Wir sollten das immer in Erinnerung behalten.

Die Schönheit ist eine Form des Genies – höher stehend sogar als dieses, da sie keiner Erklärung bedarf.

Oscar Wilde

Respekt und Bemühen um das Ästhetische unserer Erfahrung, das Ziel des Schönen bei all unserem Tun und bei dem, was wir sind, nie aus den Augen zu verlieren, macht es um so wahrscheinlicher, dass wir das wichtigste Ziel unseres Strebens, nämlich den Zustand des Glücks in unserem aktiven Dasein, auch erreichen.

Die moralische Dimension

Der Bereich menschlicher Erfahrung, den wir normalerweise moralisch nennen, bezieht sich auf die Wahrnehmung und Beurteilung des Guten, Richtigen und Erhabenen. Es ist das Gebiet der Güte, der Fairness, der Sensibilität und der Gerechtigkeit.

Das Gute im menschlichen Leben wird gemeinhin definiert als innerer Frieden und äußere Harmonie. Uns selbst gegenüber sind wir moralisch verpflichtet, verpflichtet dazu, uns unseren Anlagen gemäß zu entwickeln und unsere Interessen zu verteidigen. Darüber hinaus haben wir aber auch moralische Verpflichtungen gegenüber anderen, gegenüber unserer Familie, Freunden und Menschen, die uns in unserem Alltag begegnen.

Ich erwarte, dass mir nur ein Leben beschieden sein wird. Wenn ich daher anderen Freundlichkeit schenken oder meinem Mitmenschen etwas Gutes tun kann, so lass es mich gleich tun und es nicht verschieben oder versäumen, da die Gelegenheit dazu nicht wiederkommt.

William Penn

Es ist unmöglich, glückliche Menschen ausfindig zu machen, die sich auf keine andere Art verhalten noch selbst die Welt erfahren können als auf schlechte, falsche oder böse Weise. Umgekehrt aber muss zugegeben werden, dass man Menschen begegnen kann, die selbst aus schlimmsten Handlungen noch Vergnügen ziehen können. Echtes Glück aber kann nicht außerhalb des moralisch Guten gedeihen.

Das Gute, je mehr man es lebt, desto stärker wird es sich verbreiten.

John Milton

Es scheint für uns unmöglich, die höchste Erfüllung in unserem Leben ohne die Erfahrung des moralisch Guten zu finden. Menschen, die vom Weg der Güte abkommen und andere ohne Respekt behandeln, werden früher oder später herausfinden, dass es sich nicht lohnt, schlecht zu handeln. Oft wurde gesagt, die Tugend sei sich selbst Belohnung. Das ist genauso wahr wie der Satz, dass das Laster seine eigene Strafe ist. Plato sagte, dass Böses zu erleiden schlecht, dass aber Böses zu tun noch schlimmer sei. Andere können uns äußerlich ein Leid antun. Nur wir selbst aber können uns auch innerlich verletzen.

Über dieses Thema spreche ich im nächsten Kapitel ausführlicher. Zunächst ist wichtig zu sehen, wie die moralische Dimension mit den anderen Dimensionen menschlicher Erfahrung zusammenpasst. Das Moralische ist nicht einfach etwas Erfundenes. Es ist vielmehr der Natur der Dinge eingeschrieben. Darüber hinaus ist es entscheidend für die erfüllteste und befriedigendste Erfahrung der Welt.

In unserem Leben gilt stets, dass die wahre Frage nicht ist, was wir gewinnen, sondern was wir tun.

Thomas Carlyle

Die spirituelle Dimension

Die vierte Dimension menschlicher Erfahrung ist der Bereich des Spirituellen. Sein Ziel ist die Verbundenheit oder Einheit – innere Einheit, die Einheit zwischen mir und den anderen, zwischen allen Menschen und der Natur wie auch letzten Endes zwischen der Natur und ihrem Ursprung.

Wenn ich behaupte, die Erfahrung aller Menschen hätte eine spirituelle Seite, so meine ich hiermit nicht, dass jeder in seinem Inneren religiös wäre. Ich spreche hier nicht von Glaubensbeteuerungen oder der Zugehörigkeit zu einer Institution. Es gibt Agnostiker und Atheisten auf der Welt. Aber selbst Atheisten haben bestimmte Bedürfnisse und Ziele, die aus einer anderen Tiefenschicht unseres Menschseins stammen als diejenigen, die wir normalerweise als rein psychologisch bedingt betrachten.

Ein Beispiel für ein solch psychologisch bedingtes Bedürfnis wäre z.B. unser Bedürfnis nach Kontrolle. Dies scheint für alle Menschen zu gelten. Dennoch ist es ein Bedürfnis, das wir zeitweise um eines anderen Gutes willen aufgeben können, so z.B. wenn wir ein Flugzeug als Passagier besteigen. Spirituelle Bedürfnisse hingegen sind zu tief in uns verwurzelt, als dass wir sie zeitweise für etwas anderes außer Kraft setzen könnten. Man kann sie zwar vernachlässigen oder ignorieren, aber dann immer nur zu unserem Nachteil.

Diese spirituellen Bedürfnisse erfüllen in etwa die Funktion von miteinander verknüpften Strängen von Erfahrungsbahnen, die uns unterschiedliche Bandbreiten unserer allgemeinen täglichen Erfahrung vermitteln. Ich bin zu der Auffassung gelangt, dass es vier solcher Bedürfnisse gibt. Wenn wir versuchen, ihnen gemäß zu handeln, sowohl was uns selbst anbelangt als auch in Bezug auf andere, so verfeinern wir unser übergeordnetes Ziel, in unserem Leben nach Glück, Erfüllung und der Wohlfahrt des Menschen zu streben.

Diese vier Bedürfnisse, die zu erstreben wir alle ein tiefes Gefühl verspüren, sind:

- ✔ Einzigartigkeit
- ✔ Einheit
- ✔ Nützlichkeit
- ✔ Verstehen

Jeder Mensch braucht das Gefühl, sich als etwas Besonderes, Unverwechselbares und Einzigartiges ansehen zu können. Der erste große philosophische Rat war das Gebot »Erkenne Dich selbst«. Die endlose Suche nach Selbsterkenntnis ist die Suche nach unserer eigenen Einzigartigkeit. Dieses Bedürfnis filtert unsere Erfahrung der Welt. Wenn wir auch anderen Menschen ein Gefühl der Einzigartigkeit verschaffen können, so fördern wir deren Chancen, selbst auch Glück zu erfahren.

Jeder braucht ein Gefühl der Einheit mit etwas Größerem als einem selbst. Ob dieses Gefühl in einem mystischen Verbundensein mit etwas so Erhabenem wie Gott besteht oder darin, sich auf naturalistische Weise mit der Welt verbunden zu fühlen oder auch darin, einen bescheidenen Sinn für die Familie zu haben, oder sich seiner Arbeit zugehörig zu fühlen, wir alle brauchen das Gefühl der Verbundenheit mit etwas Größerem als wir selbst es sind. Dies wiederum beeinflusst unsere Erfahrung der Welt und ist entscheidend für die Erlangung von Glück. Jegliche Form der Güte und Freundlichkeit gegenüber einem anderen Menschen, wie gering auch immer sie sein mag, führt dazu, dass sich dieser Mensch weniger abgeschnitten und alleine fühlt und dem Gefühl der Erfüllung in seinem Tun näher kommt.

Jeder Mensch, der uns begegnet, ist eine Gelegenheit, Güte zu zeigen.

Seneca

Wir alle brauchen das Gefühl, nützlich zu sein. Deshalb ist Arbeitslosigkeit nicht nur ein ökonomisches Problem, sondern auch immer ein spirituelles. Das ist einer der eigentlichen Gründe, warum viele sozialstaatliche Hilfen Probleme nach sich ziehen. Wenn Menschen Nutznießer von Leistungen und nicht selbst Gebende sind, so fühlen sie sich unbehaglich. Der Mensch ist von Natur aus kreativ; wir wollen nützlich sein für die Welt. Aus diesem Grund ist Arbeit keine unleidige Notwendigkeit, sondern vielmehr eine lebensspendende Kraft, wenn man sie denn selbst auch gerne ausübt.

Ich glaube, dass das Leben eines jeden Menschen immerfort und unerwartet ermutigt wird, wenn er sich nur dazu entschließt, jeden Tag sein Bestes zu geben, und dass er auf diese Weise so sehr wie nur möglich das höchste Maß an reinem und nützlichem Leben erlangen kann.

Booker T. Washington

Das vierte spirituelle Bedürfnis ist es, ein tiefgehendes Gefühl für unseren Platz in der Welt, in unseren Familien, unserer Nachbarschaft, in unserer Arbeit und generell in unserem Leben mit allem, was in ihm geschieht, zu entwickeln. Wir filtern unsere Wahrnehmung der Welt um uns herum mit Hilfe des Wissens, das wir in unserem Leben gewinnen konnten. Umgekehrt ändern, vergrößern und korrigieren unsere Wahrnehmungen dieses Wissen und unser Verständnis der Welt.

Wenn wir diese vier spirituellen Bedürfnisse in unserem Leben und in dem der anderen achten und pflegen, so bewegen wir uns in Richtung wahrer Erfüllung und menschlicher Wohlfahrt. Wenn wir sie missachten, so werden wir scheitern.

Zusammen helfen diese vier Bedürfnisse, das Reich des Spirituellen in unserem Leben zu definieren. In aller Kürze gesagt hat das Spirituelle mit zwei Dingen zu tun: Tiefe und Verbundenheit. Dies ist die Essenz des Spirituellen, des Geistigen und der Kern der spirituellen Dimension unserer Erfahrung.

Zwei Seiten der Moral

Es gibt zwei Seiten des moralisch Guten:

- Innere Harmonie
- Äußere Harmonie

In der Ethik geht es um spirituell gesunde Menschen in sozial harmonischen Beziehungen. Innere Gesundheit und Harmonie führt zu äußerer Gesundheit und Harmonie, wodurch dann umgekehrt der innere Zustand wieder befördert wird, der die äußere Harmonie erst geschaffen hat. Der richtige Ansatzpunkt für die Verbesserung des Ethischen im Menschen liegt immer im Inneren. Das beste Zeichen des moralisch Guten jedoch ist immer außen zu finden.

Der Grundlage des Guten

Schauen wir an dieser Stelle einmal zurück und vergegenwärtigen wir uns, wo uns unsere Überlegungen hingeführt haben. Ich habe darauf hingewiesen, dass die bewertende Sprache, wie z.B. die Sprache der Ethik und Moral, oft ganz unmittelbar wie eine Tatsachen aufstellende und behauptende Sprache benutzt wird. Ich habe einen Überblick über die meisten herkömmlichen philosophischen Theorien und ihre Erklärungsversuche hinsichtlich der Frage, was diese Tatsachen sind und woher sie stammen, gegeben. Ich habe außerdem angedeutet, worin meines Erachtens die Wahrheit besteht – in einer Tugendtheorie, die auf Aristoteles' Erkenntnis beruht, dass »gut« immer etwas damit zu tun hat, ein Ziel zu erreichen. Was ist nun also das Ziel im menschlichen Leben, das uns erlaubt, das Werturteil zu fällen, ob ein einzelner Mensch, eine Handlung oder ein Charakterzug gut ist? Aristoteles' Antwort darauf lautete: Das Glück ist es, das Glück verstanden als eine Aktivität, die sich um die vier Bereiche der menschlichen Erfahrung herum organisiert und die von den vier Grundlagen der menschlichen Sittlichkeit gelenkt wird, nämlich der Wahrheit des Geistes, des ästhetisch Schönen, dem moralisch Guten sowie der spirituellen Einheit. All dies zusammengenommen bildet schlechthin die Grundlage dafür, von dem guten Leben eines Menschen sprechen zu können oder davon, was das Gute, das wir in einem Menschen suchen, ist.

Das Gute ist, ähnlich wie die Natur, eine ungeheure Landschaft, in der sich der Mensch durch Jahrhunderte der Erforschung und Erkundung voranarbeitet.

José Ortega Y Gasset

Was bedarf es, um im moralischen Sinne gut zu sein? Was braucht man, um die Anforderungen eines guten Lebens zu befriedigen? Diese Frage werden wir im nächsten Kapitel zu beantworten versuchen.

Ethische Regeln und moralischer Charakter

9

In diesem Kapitel

- Die moralischen Regeln
- Die goldene Regel
- Die Rolle der Weisheit und der Tugend

Suche das Gute nicht außer, sondern innerhalb deiner selbst, sonst wirst du es nie finden.

Epiktet

Die Sittlichkeit ist etwas, das mit persönlicher Erfüllung, individuellem Glück und der Wohlfahrt des Menschen zu tun hat. Ethisches Verhalten, moralisches Handeln respektiert und fördert die Wahrheit, das Schöne, das Gute sowie die Einheit sowohl unserer selbst als auch der Menschen, mit denen wir in unserem täglichen Leben zu tun haben. Gute Menschen sind in einem umfassenden Sinne geistige, ästhetische, moralische und spirituelle Wesen, die durch ihr Leben auch anderen zum Vorbild werden können.

Jeden Tag geschehen aber Dinge, die dazu im Widerspruch stehen. Ungezählte Menschen lügen und betrügen. Sie stehlen, sie misshandeln oder manipulieren andere und benehmen sich unhöflich. Sie fügen anderen Menschen Leid zu. Sie behandeln andere als wären sie Objekte, die man als bloßes Mittel für seine eigenen Zwecke benutzen dürfte. Nicht wenige töten sogar.

Ein guter Mensch liebt andere Menschen und benutzt nur Gegenstände, während ein schlechter Mensch Gegenstände liebt und Menschen benutzt.

Sydney J. Harris

Jeden Tag bemühen sich gute Menschen darum, ihr Leben in einer Welt zu leben, in der das Gute alles andere als selbstverständlich ist. Sie fragen sich, wie sie den Versuchungen und dem äußeren Druck widerstehen können, der sie ständig der Gefahr aussetzt, sich so zu verändern, dass sie hinterher unmöglich weiter stolz auf sich sein können. Sie wollen wissen, wie sie ihren Kindern beibringen können, wie man richtig lebt. Sie suchen nach einem Kompass für die Schattenbereiche des Lebens, wissend, dass diese Bereiche moralischer Zweideutigkeit einen Menschen leicht auf die Nachtseite des Lebens führen können.

Was ist Sittlichkeit nun genau? Meiner Ansicht nach ist sie die elementare Grundlage der menschlichen Wohlfahrt (vergleiche Kapitel 8). Was aber ist diese Grundlage der Sittlichkeit eigentlich? Und wie können wir sie als Richtungsweiser für unser Leben gebrauchen? Wie kann die Sittlichkeit uns leiten? In diesem Kapitel werden wir einen Blick auf die beiden bekanntesten philosophischen Theorieansätze werfen, die sich mit diesen Fragen beschäftigen. In einer Welt, die vom Guten und Bösen geprägt ist, ist es wichtig, eine Antwort auf diese Fragen zu finden.

Gebote, Regeln und Schlupflöcher

Die bekannteste philosophische Theorie der Sittlichkeit besagt, dass sittliches Verhalten in der Befolgung von Regeln besteht – von sehr vielen Regeln.

- Du sollst nicht töten.
- Du sollst nicht ehebrechen.
- Du sollst nicht stehlen.
- Du sollst kein falsches Zeugnis ablegen wider deinen Nächsten.
- Du sollst nicht begehren deines Nachbarn Haus ... und auch nicht die ganzen Sachen, die dein Nachbar sonst noch besitzt und wahrscheinlich gar nicht verdient hat, aber trotzdem irgendwie ungerechterweise bekommen hat

Dies sind nur einige der vielen bekannten biblischen Gebote. Schauen Sie sich nur einmal das Buch Levitikus des Alten Testaments an. Es ist wirklich erstaunlich zu sehen, wie viele Regeln es dort gibt.

Regeln sind außerdem ziemlich merkwürdiger Natur. Es kann zwar nie genug von ihnen geben; sie nehmen aber sehr schnell überhand.

Dass es nie genug Regeln geben kann, ist so zu verstehen, dass, ganz gleich wie viele Regeln guten Benehmens es gibt, es doch immer wieder die Gebote der Moral umgehende Schlupflöcher geben wird, die sicherlich auch von den faulen Äpfeln unter uns gefunden werden. Dazu kommt noch, dass es ständig Veränderungen im menschlichen Leben gibt und geben wird, für die wir die Regeln immer erst finden müssen. Im Moment trifft dies beispielsweise besonders auf die Gentechnik und ihre Möglichkeiten zu. Auch die Regeln, die für das Internet einmal gelten sollen, sind noch nicht richtig ausformuliert. Neue Entwicklungen im Leben des Menschen verlangen nach neuen Regeln. In einer sich ständig verändernden Welt gibt es daher mindestens zwei Gründe, warum wir niemals genug Regeln haben können.

Wir können jedoch sehr leicht zu viele Regeln haben. Wie lautet das alte Sprichwort? Zu viele Köche verderben den Brei? Soll heißen, zu viele Regeln binden uns über Gebühr. Diejenigen von uns, die einen schlechten oder bösen Charakter haben, werden sowieso das tun, was sie tun wollen. Regeln alleine haben die Menschen noch nie besser gemacht. Gute Menschen hingegen müssten zu viel ihrer Zeit und Energie darauf verschwenden, sich all die Regeln zu merken und sich über sie den Kopf zu zerbrechen – »Ich frage mich, ob ich Regel 357, Abschnitt 25, Paragraph 12, Punkt b, Unterabschnitt i-iv noch nicht verletzt habe? Kann bitte jemand unseren Ehtik-Experten ans Telefon holen?« Dabei ist es wahrscheinlich so, dass gute Menschen sowieso das Richtige tun würden, selbst wenn es gar keine schriftlich fixierten Regeln geben würde.

Vor einigen Jahrhunderten glaubte ein Rabbi mit Namen Hillel daran, dass man moralische Regeln auch vereinfachen könne. Er war der Überzeugung, dass in der Moral am Ende alles auf eine Regel hinausliefe. Dazu aber im nächsten Abschnitt mehr. Jesus sagte, dass es zu dieser einen

Regel noch eine weitere gebe, was zusammen zwei Hauptregeln ergibt. Wir dagegen wollen darauf bestehen, dass es mehr als nur zwei gibt.

Wenn das Gebot »Tue nichts Böses« verstanden worden ist, dann lerne die schwierigere und weitergehende Regel »Tue Gutes«.

Arthur Guttermann (1871-1943)

Wenn wir uns immer mehr Regeln ausdenken, so neigen diese dazu, negative Formulierungen anzunehmen. Haben Sie das je bemerkt? Betrachten Sie nur einmal die folgende ziemlich zufällige Auswahl an Regeln, die über die biblischen Gebote vom Anfang des Kapitels hinausgehen:

- ✔ Betrüge nicht.
- ✔ Prahle nicht herum.
- ✔ Manipuliere keine Menschen für deine eigenen Zwecke.
- ✔ Beginne keinen Streit.
- ✔ Nutze keine anderen Menschen aus.
- ✔ Sei kein Idiot.
- ✔ Sei nicht selbstsüchtig.
- ✔ Sei nicht gierig.
- ✔ Breche kein Versprechen.
- ✔ Sei nicht gefühllos.
- ✔ Mache anderer Leute Sachen nicht kaputt.
- ✔ Verletze nicht die Privatsphäre eines anderen Menschen.
- ✔ Gehe anderen nicht auf die Nerven.

Naja, Sie verstehen sicherlich, worauf ich hinaus will. Wie viele moralische Regeln kann es geben? Sehr viele. In jeder Kultur gibt es eine ganze Reihe von Regeln, die die Menschen zu einem moralischen Lebenswandel anhalten sollen. Sie reichen mitunter von direkten ethischen Ermahnungen bis hin zu Fragen der Etikette. Nicht immer ist es möglich, den Bereich der guten Manieren von dem der Moral zu scheiden. In beiden Bereichen geht es um Verhalten, das die Bedürfnisse und Gefühle anderer Menschen berücksichtigen muss. Soziale Harmonie ist ohne sie nicht denkbar. Sie sind darüber hinaus für unsere Entwicklung als Menschen von großer Bedeutung.

Die goldene Regel: Einige Kommentare zu ihr

Die goldene Regel kennen wir in vielen unterschiedlichen Versionen:

Was du nicht willst das man dir tu, das füg auch keinem anderen zu.

Konfuzius (551-479 v. Chr.)

Versuche dein Bestes dabei, andere so zu behandeln, wie auch du selbst behandelt werden willst. Du wirst finden, dass dies der kürzeste Weg zur Güte ist.

Mencius (um 371-289 v. Chr.)

Was dir verachtenswert erscheint, das tue auch keinem anderen an.

Rabbi Hillel (um 65 v. Chr.-9 n. Chr.)

Das, von dem du wünschst, das Menschen es dir tun sollen, das tue ihnen; dies nämlich ist das Gebot.

Jesus

Allen Menschen das zu tun, was du wünschest, selbst dir getan zu haben, und anderen das nicht zu tun, was du auch dir selbst nicht tun wolltest.

Mohammed (um 570-632)

Behandele andere so als wärest du die anderen.

Elbert Hubbard (1856-1915)

Die goldene Regel und ihre Bedeutung

Die Verbreitung moralischer Regeln war ein wesentlicher Bestandteil aller bedeutenden Kulturen der Menschheitsgeschichte. Die universale Gültigkeit der Sittlichkeit geht aber noch viel weiter. Es gibt nämlich eine Regel, die in der ein oder anderen Form in allen wichtigen Kulturen Verbreitung gefunden hat. Diese Regel moralischen Handelns ist allgemein unter der Bezeichnung »Die goldene Regel« bekannt:

Behandele andere so, wie du selbst auch von ihnen behandelt werden möchtest, wenn du an ihrer Stelle wärst.

Ich glaube, dass die goldene Regel den Kern der Moral beinhaltet. Sie zielt auf die Haltung und Einstellung eines ethisch handelnden Menschen gegenüber den Auswirkungen seiner Handlungen auf andere. Sie tut dies auf eine Weise, bei der die größte und wichtigste Kraft des menschlichen Lebens angesprochen wird – die Vorstellungskraft. Die goldene Regel ruft uns dazu auf, uns vorzustellen, wie es wäre, sich an der Stelle desjenigen Menschen zu befinden, der von unseren Handlungen betroffen ist. Sie veranlasst uns, auf dieser Basis dann unsere Entscheidung darüber zu treffen, wie wir uns verhalten wollen.

Das meiste Elend auf dieser Welt wird dadurch verschuldet, dass irgendjemand dabei versagt, in Übereinstimmung mit der goldenen Regel zu leben. Dabei ergibt sich ein interessanter Punkt. Die meisten, die in ihrem Verhalten dieser Regel nicht genügen, neigen stattdessen dazu, nach einer Regel zu handeln, die Philosophen *Die Regel der Wechselseitigkeit* nennen. Sie behandeln andere wie sie selbst behandelt worden sind. Sie legen schlicht das Verhalten an den Tag, von dem sie glauben, dass auch sie es erfahren (haben). Das Gute für die Anhänger der goldenen Regel ist hier, dass man solche Menschen leicht für die goldene Regel gewinnen kann. Wenn man sie nämlich nach Anweisung der goldenen Regel behandelt, so wird es zunehmend schwieriger für sie, sich nicht gemäß dieser Regel zu verhalten, da sie ja ihr Verhalten immer gleichsam wie ein Spiegel nach dem der anderen ausrichten. Letzten Endes ermahnt uns die goldene Regel dazu, andere Menschen ungeachtet ihres Verhaltens stets moralisch zu behandeln.

Die Bedeutung von gut und schlecht, besser und schlimmer besteht einfach darin, anderen entweder zu helfen oder ihnen zu schaden.

Ralph Waldo Emerson

Die goldene Regel umfasst durchaus nicht den gesamten Bereich der Sittlichkeit; sie enthält bloß die Essenz, das Wesentliche derjenigen Seite der Moral und Sittlichkeit, die damit zu tun hat, wie wir andere Menschen behandeln. Jedem normalen Menschen mit nur einem Funken Eigennutz und Eigenliebe ist sie Anleitung zu einem sittlichen Leben.

Die genaue Rolle der goldenen Regel

Die verbreitetste Fehlinterpretation der goldenen Regel besagt, dass sie uns dazu dränge, unsere eigenen Wünsche anderen Menschen aufzudrängen. Warum sollten wir andere so behandeln, wie auch wir behandelt werden wollen und nicht vielmehr so, wie sie selbst es eigentlich wollen? Dies ist die am häufigsten gestellte Frage der Kritiker. Die Antwort darauf ist einfach und besteht aus zwei Teilen.

Zunächst einmal wollte ich, dass, wäre ich jemand anderes, ich in Übereinstimmung und entsprechend meiner eigenen legitimen Wünsche und Bedürfnisse behandelt werde. Die goldene Regel verlangt also, dass ich den anderen stets in Übereinstimmung mit seinen Wünschen und Bedürfnissen behandele. Daraus folgt, dass diese Regel bei genauerer Betrachtung nicht von mir verlangt, ja noch nicht einmal vorschlägt, dass ich irgendeine meiner besonderen Vorlieben oder Abneigungen anderen aufdränge.

Zum Zweiten ist zu fragen, was zu tun ist, wenn der andere verlangt, auf ungebührliche Weise bevorzugt zu werden? Keine moralische Regel sollte von mir verlangen, dass ich diesem Wunsch nachgebe. Der Kritiker könnte daraufhin erwidern, dass man diesen Einwand leicht umgehen könnte, indem man fordert, dass man andere nur entsprechend ihrer *legitimen* Wünsche und Bedürfnisse behandeln solle. Weshalb sollten wir also überhaupt das, was wir selbst wollen, in die Überlegungen zu einer solchen Regel einbringen?

Die goldene Regel ist hier in ihren klassischen Formulierungen angeführt, nicht nur, um uns zur Sittlichkeit anzuleiten, sondern auch, um uns zu motivieren, ihr gemäß zu leben. Jede dieser Formulierungen ist gleichermaßen wichtig für moralisches Verhalten. Sie alle leiten uns zu der geistigen Haltung des Sich-in-jemand-Hineinversetzens an. Wir sollen uns an die Stelle des anderen Menschen versetzt denken, der von unseren Handlungen betroffen ist. Dabei werden alle eigennützigen Gefühle miteinbezogen und dafür nutzbar gemacht, dass wir uns in Richtung auf ein uneigennütziges Verhalten bewegen.

Ein Mensch, wenn er denn wahrhaft gut sein wollte, muss über außerordentliche und umfassende Vorstellungskraft verfügen. Er muss sich in einen anderen Menschen, ja in viele andere, hineinversetzen. Die Freuden und Leiden seiner Gattung müssen seine eigenen werden.

Percy Bysshe Shelly (1792-1822)

Der schottische Philosoph David Hume (1711-1776) glaubte, dass die Sittlichkeit und Moral auf dem Gefühl beruhe. Es seien genau die Menschen, die keinerlei natürliche Veranlagung zum Fühlen besitzen – jenes für die meisten von uns selbstverständliche affektive Vermögen des Sich-Einfühlen-Könnens – die die scheußlichsten Verbrechen und die unmoralischsten Handlungen begingen. Die goldene Regel hält uns dazu an, mit anderen mitzufühlen und uns in andere hineinzuversetzen. Sie leitet uns so auf emotionale Weise in die richtige Richtung. Das macht einen Teil ihrer Genialität aus.

Aber selbst die goldene Regel hat ihre Grenzen. Wie alle anderen Regeln muss man auch sie interpretieren. Sie alleine ist nicht in der Lage, aus einem schlechten Menschen einen guten zu machen.

Regeln sind für das moralische Verhalten von Menschen sehr wichtig. Wie man sich moralisch richtig benimmt, lernen wir schon als Kinder, wenn wir von den Erwachsenen mit einfachen Regeln vertraut gemacht werden. Sie sind ganz allgemein für die frühe Moralerziehung der Kinder von Bedeutung. Sie sind darüber hinaus von entscheidender Wichtigkeit für die Schaffung von gemeinsamen Erwartungen in sozialen Zusammenhängen wie z.B. Familien oder im beruflichen Umfeld.

Regeln machen jedoch nicht das Ganze oder sogar das Wesentliche der Sittlichkeit aus. Regeln müssen erst ausgelegt werden. Sie können sich außerdem prinzipiell widersprechen. Zudem wird es niemals genug Regeln geben, die auf alle nur denkbaren Situationen in all ihrer Komplexität und Besonderheit angewendet werden könnten.

Um das eigentliche Wesen der Sittlichkeit zu begreifen, sind mehr als nur Regeln erforderlich. Dieses Mehr an etwas ist nun genau das, was der anderen moralphilosophischen Denkart zugrunde liegt. Hiervon soll im folgenden Abschnitt die Rede sein.

Charakter, Weisheit und Tugend

Die zweite Denkrichtung der Ethik stellt den Charakter des Menschen in den Mittelpunkt. Das altgriechische Wort *ethos*, von dem wir unser Wort Ethik ableiten, bedeutet nicht *Regel*, sondern einfach Charakter.

Der *Charakter* sind diejenigen Veranlagungen und Denkgewohnheiten, Gefühle und Handlungsweisen, die zusammen den Menschen ausmachen. Sie zusammen bestimmen, wer wir sind. Der Charakter ist abhängig davon, über wie viel Weisheit und Tugend ein Mensch verfügt. Um also ganz zu verstehen, was Charakter ist, müssen wir zunächst wissen, was Weisheit und Tugend sind.

Weisheit ist eine Form des Verstehens, ein Verstehen dessen, wie wir leben sollen. *Tugend* ist einfach die erlernte oder natürliche Veranlagung in Übereinstimmung mit der Weisheit zu handeln. Ein altes japanisches Sprichwort sagt, dass Weisheit und Tugend wie die zwei Räder eines Karrens sind.

Die philosophische Tradition, die den Charakter in den Mittelpunkt der Ethik stellt, erklärt, dass im Zentrum der Sittlichkeit nicht gute Handlungen, sondern der gute Mensch stehe. Es geht nicht so sehr darum, was wir tun, sondern vielmehr darum, wer und was wir sind, was sich wiederum in unseren Handlungen niederschlage. Wer und was wir sind, bestimmt sich aus unseren festgelegten Gewohnheiten, Einstellungen und Handlungen. Werden wir zu weisen und tugendhaften Menschen, so handeln wir auch weise und tugendhaft.

Es ist leicht, eine gute Handlung zu tun; schwer jedoch, sich die Gewohnheit zu eigen zu machen, beständig Gutes zu tun.

Aristoteles

Diese moralphilosophische Denktradition betrachtet sowohl die Weisheit als auch die Tugend als zentral für das moralisch Gute. Die Weisheit ist das Vermögen zu sehen, was richtig und was falsch ist. Man kann sie niemals ganz in Aphorismen, Diskursen oder Regeln kodifizieren. Die Fähigkeit zur Weisheit entspringt der Wahrnehmung und der Urteilskraft. Sie ist außerdem ein Insgesamt an Einsichten und Überzeugungen, die sich der Anwendung der Wahrnehmung und Urteilskraft verdanken. Sie ist für einen wirklich tiefgehenden moralischen Lebenswandel unerlässlich. Alleine jedoch ist sie nicht ausreichend. Die Weisheit muss immer von der Tugend begleitet werden. Einsicht muss sich im Tun manifestieren.

Der Sinn für die Moral ist gleichermaßen Bestandteil unserer Verfasstheit wie das Fühlen, Sehen oder Hören.

Thomas Jefferson

Die Universalität bestimmter moralischer Prinzipien bei verschiedenen Kulturen scheint auf so etwas wie einen moralischen Sinn hinzudeuten, einer einem jeden normalen Menschen angeborenen Fähigkeit, das zu erahnen, was moralisch richtig ist. Vielleicht ist dies nichts anderes als das, was wir oft mit dem Wort *Gewissen* ansprechen. Die innere Stimme des Gewissens teilt uns mit, was richtig ist. Sie ist als solche eine Quelle der Weisheit und der Einsicht. Sie tut dies auf eine Weise, dass wir dazu angetrieben, angestachelt oder motiviert werden, in Übereinstimmung mit dem zu handeln, von dem wir glauben, dass es richtig ist. Das Gewissen ist keine Quelle bloßer Handlungsanweisungen, sondern mehr ein inneres, uns leitendes und führendes System.

Weder unsere Einsichten noch unsere Handlungen müssen perfekt sein, um als Beispiele für Weisheit und Tugend gelten zu können. Wir alle können zumindest einen Funken von Weisheit erlangen. Ausnehmend klug und weise zu sein, ist keine Voraussetzung für ein moralisches Leben. Es gibt viele verschiedene Tugenden, die man nicht unbedingt alle wie ein Heiliger in Perfektion verkörpern muss, bevor man ein gutes und ethisch richtiges Leben zu führen imstande ist, ein Leben, das sich in einem moralischen Charakter gründet.

Wenn es in der Ethik um Einsichten und Gewohnheiten, Weisheit und Tugend geht, dann müssen wir fragen, was denn diese Tugenden des menschlichen Lebens sind. Dazu gehe ich zurück zu Aristoteles, den ersten maßgeblichen Denker der Antike, der die Tugenden systematisch auf den Begriff gebracht hat. Seine Zusammenstellung enthält einige Tugenden, die man heute nicht mehr unbedingt mit der Ethik in Verbindung bringen würde. Es ist jedoch wichtig zu sehen, dass es keinen Bereich der Ethik gibt, der nicht in Verbindung mit den anderen Aspekten des Lebens stünde.

Im Folgenden sind die Tugenden nach Aristoteles aufgeführt:

Mut	Freundlichkeit	Mäßigung	Aufrichtigkeit
Großmut	Witzigkeit	Größe	Scham
Stolz	Gerechtigkeit	gutes Wesen	Ehre

In der Antike betrachtete man diese menschlichen Eigenschaften als notwendig für ein gutes Zusammenleben. Für Aristoteles standen die Tugenden zwischen zwei Extremen. Nehmen Sie z.B. die Tugend des Mutes. Diese Eigenschaft hat damit zu tun, wie wir auf Gefahr oder Risiko reagieren. Die entsprechende Untugend dazu wäre die Ängstlichkeit. Ins Extrem gesteigert, würde aus der Untugend der Ängstlichkeit das Laster der Unbesonnenheit oder Tollkühnheit.

Feigheit	**Mut**	**Unbesonnenheit**
(Der Mangel)	(Die Tugend)	(Das Extrem)

Die Tugend des Stolzes läge in der Mitte zwischen so etwas wie einem Mangel an Selbstachtung und einem Übermaß an prahlerischer Überheblichkeit.

Aristoteles' Aufzählung der Tugenden war von großer Bedeutung in der Geschichte der Philosophie. Es gab daneben jedoch noch andere derartige Tugendkataloge. Die christliche Theologie zählt z.B. die Bescheidenheit zu den wichtigsten Tugenden. Gerade diese menschliche Eigenschaft aber wurde von den griechischen Denkern nicht richtig wertgeschätzt, anders als bei anderen Philosophen der Antike wie z.B. den Taoisten in China.

Was wir als Tugenden ansehen, verdankt sich teilweise den in unserer Kultur vorherrschenden Vorstellungen von Sittlichkeit und menschlicher Wohlfahrt. Je umgreifender wir die tatsächlichen menschlichen Möglichkeiten sehen, desto umfassender wird unsere Vorstellung von Tugend sein. Eine modernere Aufzählung der Tugenden enthielte vielleicht zusätzlich zu denen, die Aristoteles nannte, auch eine Reihe der folgenden, wenn auch nicht unbedingt in dieser Reihenfolge:

Güte	Anstand	Beständigkeit	Standhaftigkeit
Demut	Hingabe	Loyalität	Rücksichtnahme
Integrität	Aufrichtigkeit	Offenheit	Ausgeglichenheit
Takt	Fröhlichkeit	Begeisterung	Liebenswürdigkeit
Humor	Toleranz	Mildtätigkeit	Glaubwürdigkeit
Liebe	Weitsicht	Bescheidenheit	Verständigkeit
Sensibilität	Verlässlichkeit	Ehrlichkeit	Hilfsbereitschaft
Anmut	Lebendigkeit	Würde	Unverwüstlichkeit
Vorsicht	Großmut	Harmonie	Freundlichkeit
Ausdauer	Vernünftigkeit	Höflichkeit	Einfühlungsvermögen
Treue	Kühnheit	Findigkeit	Uneigennützigkeit
Wärme	Besonnenheit	Optimismus	Gastfreundschaft
Kreativität	Toleranz	Wahrhaftigkeit	Aufmerksamkeit

Vielleicht fallen Ihnen noch weitere Tugenden ein. Der Mensch ist ein vielgestaltiges Wesen mit vielen möglichen Tugenden, Charakterstärken und persönlichen Eigenschaften, die der inneren geistigen Gesundheit und der äußeren sozialen Harmonie förderlich sind. Es geht hier nicht so sehr darum, ein erschöpfendes Inventar aller überhaupt existierenden Tugenden aufzustellen, sondern vielmehr darum, das Wesen all dieser Tugendeigenschaften zu verstehen. Ihnen allen gemeinsam ist, dass sie uns dabei helfen, gut miteinander im Leben auszukommen, anderen ein Vorbild zu sein und uns selbst zum bestmöglichen Menschen zu entwickeln. Alle oben angeführten Tugenden sind Einstellungen, Gewohnheiten oder charakterliche Veranlagungen, die für ein im besten und tiefsten Sinne bedeutungsvolles Leben von unerlässlicher Bedeutung sind. Man muss sie sich entweder als ursächlichen Grund oder als Bestandteil echten menschlichen Glückes vorstellen. Sie sind Teil eines guten Lebens. Sie sind die Grundlage der Wohlfahrt des Menschen.

Ein guter Mensch ist jemand, dessen Leben auf Weisheit und Tugend aufgebaut ist. Das Gute kann niemals vollständig sprachlich dargestellt werden und somit auch niemals in Form eines mechanischen Regelkatalogs zur Anwendung gebracht werden. Die Sittlichkeit ist ein Gewandtheit erforderndes Verhalten, eher eine Kunst als eine Wissenschaft. Mit dieser Erkenntnis stellt sich die Frage, ob die Sittlichkeit auch gelehrt werden kann?

Kann das Gute gelehrt werden?

Kann man Menschen beibringen, moralisch gut zu sein und gut zu handeln? Diese Frage beschäftigt die Philosophen schon seit Jahrhunderten. Ich glaube, dass man darauf mit Ja antworten kann, obwohl es so ist, dass die Moral, dass die Menschen das sittlich gute Verhalten nicht so sehr durch Unterweisung lernen, als vielmehr dadurch, dass sie es quasi nebenbei irgendwo aufschnappen. Wir gleichen uns in unserem Verhalten den Menschen um uns herum an. Dies kann man überall beobachten. Dies funktioniert so, wie das erlernte Verhalten im Tierreich. Das Entlein beobachtet bei seiner Mutter, wie man geht. Der junge Anwalt beobachtet seine (insbesondere älteren) Kollegen um zu erfahren, wie man als Anwalt geht, spricht und sich verhält. Mitunter ist dies eine traurige Wahrheit im menschlichen Leben. Alle von uns neigen dazu, uns dem von anderen vorgegebenen Niveau anzupassen.

Das Einüben ethischen Verhaltens ist nie eine Sache der bloßen Anleitung durch andere. Es erfordert außerdem Führung, Ermutigung und Motivation. Am meisten aber erfordert es das Beispiel eines anderen Menschen. Wir können anderen auch nur das beibringen, was wir auch selbst in unserem eigenen Verhalten und Benehmen zeigen.

Sokrates war der Lehrer von Plato. Plato wiederum hatte Aristoteles zum Schüler. Aristoteles unterrichtete Alexander den Großen, als dieser noch nicht seine Spuren in der Geschichte hinterlassen hatte. Er wurde erst zu Alexander dem Großen durch seine Verbindung zu den großen Männern vor ihm. So funktioniert das. Wir werden so wie die Menschen, mit denen wir zu tun haben, und zwar nicht durch das, was sie sagen, sondern durch das, was wir sie tun sehen und dann in unserem eigenen Verhalten nachbilden.

Charakter zieht Charakter nach sich.

Goethe

Plato glaubte, dass es in einer idealen Gesellschaft den Dichtern und Künstlern, deren Arbeiten so stark auf die Vorstellungskraft der Bürger wirkten, nicht erlaubt werden sollte, zu schreiben oder zu sagen, was immer sie wollten. Jede Kunst, die in eine Gesellschaft hineinwirke, trage eine gesellschaftliche Verantwortung mit sich. Das Ästhetische mag man vom Moralischen unterscheiden können, es ist jedoch von Letzterem nicht abtrennbar. Plato war zu seiner Zeit der Meinung, dass die Dichter die Jugend verderben würden, da sie nämlich die Götter auf unangemessene Weise darstellten, indem sie ihnen so untugendhafte Eigenschaften wie Kleinlichkeit, Fleischlichkeit und Rachsucht zuschrieben. Er war davon überzeugt, dass die jungen Menschen ihrer Neigung folgen und – ob bewusst oder unbewusst – ihr eigenes Verhalten nach den Darstellungen der Dichter ausbilden würden.

Die Vorstellung wirkt auf die Gefühle, und die Gefühle treiben den Willen an. Dies gilt heute genauso wie zu Platos Zeiten. Wenn die lebendige Darstellung der fiktiven Götter der modernen Welt – seien es Figuren im Kino, in Comics, im Fernsehen, im Internet oder auch in Videospielen – die Vorstellungskraft von Kindern oder Erwachsenen gefangen nehmen, so beeinflusst dies unweigerlich auch deren Verhalten. Dies ist Teil der menschlichen Psyche. Es liegt an uns allen zu fragen, was eine bestimmte Kunstform uns lehren will und worin die gesellschaftliche Verantwortung der Kunst heutzutage bestehen soll.

Eine Kultur, der es um die Wohlfahrt des Menschen geht, sorgt dafür, welche Anregungen der menschlichen Vorstellungskraft geboten werden. Sie versucht die richtige Entwicklung der moralischen Vorstellungskraft auf vielerlei Weise zu fördern. Im Verlaufe der Jahrhunderte haben Philosophen eine Reihe von Tests bezüglich moralischer Sachverhalte vorgeschlagen, die diese Vorstellungskraft einbeziehen. In den folgenden beiden Abschnitten führe ich die sich in zwei Kategorien unterteilenden Tests an.

Was bin ich? – Ein Charaktertest

Dieser Charaktertest geht auf Plato zurück. In ihm erzählt Sokrates die Geschichte eines magischen Ringes – des Ringes von Gyges. Wenn man ihn anziehe, so werde man vollständig unsichtbar. Der Test geht nun folgendermaßen. Wenn man sich unsichtbar machen könnte oder wenn die eigenen Handlungen auf irgendeine andere Art und Weise absolut verborgen bleiben könnten, was würde man dann tun? Würde man sich auf irgendeine Weise anders verhalten? Oder bliebe man sich vollkommen gleich?

Indem man sich vorstellt, dass die eigenen Handlungen von jeder möglichen Strafe und jeglichem Tadel abgeschnitten wären, gelangt man dazu zu erkennen, welche Dinge es sind, die man um ihrer selbst willen wertschätzt. Man lernt zu verstehen, wer man im tiefsten Inneren wirklich ist. Wenn man diesen Test einmal aufrichtig versucht, so öffnen sich einem vielleicht die Augen für eine Reihe von Dingen.

Was soll ich tun? – Ein Handlungstest

Es gibt verschiedene Arten von Handlungstests, die einem dabei helfen sollen, ethische Entscheidungen mit Hilfe der Vorstellungskraft zu treffen.

✔ **Der Öffentlichkeitstest:** Wie würde ich mich fühlen, wenn über meine Handlungen, von denen ich mir vorstelle, dass ich sie tun würde, in der Zeitung oder im Fernsehen berichtet werden würde?

- **Der Mentorentest:** Wie würde ich mich fühlen, wenn meine Handlungen von meinem am meisten verehrten Mentor (etwa meinem Professor, Vater, Mutter oder Priester) gesehen würden?
- **Der Vorbildtest:** Was täte mein größtes Vorbild an meiner Stelle? (Die religiöse Formulierung dieses Tests lautete »Was würde Jesus tun?«)
- **Der Spiegeltest:** Wenn ich dies tue, kann ich dann noch mit einem Gefühl von Stolz und Würde in den Spiegel schauen?

Wie Sie sich vorstellen können, setzen diese Handlungstest einen charakterlich im Wesentlichen guten Menschen voraus. Menschen mit einem ausgesprochen schlechten Charakter tun oft scheußliche Dinge nur um in den Medien zu erscheinen. Sie kümmert es nicht, was andere Menschen denken oder was ein moralisch handelnder Mensch tun würde. Manche sind sogar auf eine perverse Weise Stolz auf das, was sie an Bösem tun. Es ist also klar, dass diese Tests ein nützliches Hilfsmittel nur für Menschen sind, die sowieso schon in gewissem Maße über einen moralischen Wesenskern verfügen. Sie sollen solchen Menschen dabei helfen, in schwierigen Situationen ein Entscheidung zu treffen.

Wir liegen alle in der Gosse; manche von uns jedoch schauen dabei zu den Sternen empor.

Oscar Wilde

Die aufgeführten Tests können außerdem als Lehrmittel dienen. Indem wir jene Körnchen an Weisheit und Wissen, die wir in ihnen finden können, an andere weitergeben, geben wir gleichzeitig auch das weiter, was uns selbst als hilfreich bei unserer Suche nach dem Richtigen erschienen ist. Manchmal brauchen wir für moralisches Handeln bloß Informationen. Öfter jedoch mangelt es uns an richtiger Anleitung und Führung, die gleichermaßen motivierend wie informierend sind und die sowohl die Vorstellungskraft, das Herz als auch den Geist in den Lernprozess einbeziehen.

Die Antwort auf unsere Frage

Das Gute kann gelehrt und vermittelt werden. Jede Kultur, die überleben und sich fortentwickeln will, tut gut daran, diese Botschaft zu verstehen.

Teil IV

Sind wir jemals wirklich frei?

»Du weißt, Sokrates sagte ›Das ungeprüfte Leben ist es nicht wert, gelebt zu werden‹. In deinem Fall jedoch, Edwin, ist es vielleicht sogar ein Segen.«

In diesem Teil...

In diesem Teil werden wir uns mit der stärksten Herausforderung an unsere Überzeugung beschäftigen, die besagt, dass wir uns nur durch unseren freien Willen leiten lassen. Wir werden uns mit einigen ziemlich verrückten und verblüffenden Gedankengängen beschäftigen. Wir werden außerdem die philosophische Theorie zu umreißen versuchen, die uns am besten Aufschluss darüber geben kann, welche Art von Freiheit wir tatsächlich besitzen.

Schicksal, Vorsehung und das Du

10

In diesem Kapitel

- Die Bedeutung des freien Willens
- Gegenüberstellung der drei großen Herausforderungen an die Freiheit
- Einige der verrücktesten Geschichten meines Lebens

Wir müssen an den freien Willen glauben. Wir haben keine andere Wahl.

Isaac Bashevis Singer

In diesem Kapitel werden wir uns mit der Bedeutung des freien Willens beschäftigen und die drei wichtigsten philosophischen Ansätze untersuchen, die die Existenz eines freien Willens bestreiten. Wir werden uns dabei umfassend mit dem Wesen menschlicher Entscheidungen und Handlungen auseinandersetzen und einen Blick in die Zukunft werfen, der in den »Glauben Sie es, oder glauben Sie es nicht«-Bereich fällt.

Die Bedeutung des freien Willens

Wir treffen jeden Tag Entscheidungen. Was esse ich zum Frühstück? Was soll ich heute anziehen? Soll ich vor dem Abendessen einkaufen gehen oder danach? Was muss ich morgen alles tun?

Die Tatsache, dass wir der Meinung sind, wir seien es, die während des Tages Entscheidungen treffen darüber, was wir als nächstes tun, zeigt, dass wir tatsächlich davon überzeugt sind, über echte Entscheidungsfreiheit zu verfügen. Wir glauben daran, dass wir tatsächlich eine Wahlmöglichkeit haben. Wir sind der Überzeugung, wir seien freie Wesen.

Der Glaube an den freien Willen wird von jeder herkömmlichen Theorie der Sittlichkeit vorausgesetzt. Wir loben Menschen für ihre guten Taten und schelten sie für ihre schlechten. Lob und Tadel machen aber nur solange Sinn, wie die Menschen auch über einen freien Willen verfügen, mit dessen Hilfe sie eine freie Entscheidung treffen.

Ohne Freiheit gibt es keine Sittlichkeit.

Carl Gustav Jung

Die Affekte des Bedauerns und des Stolzes setzen ebenfalls den freien Willen voraus. Ein Gefühl des Bedauerns ist an die Überzeugung gebunden, dass ich mich auch anders hätte entscheiden können. In ähnlicher Weise entspringt das Gefühl des Stolzes aus der Einsicht, dass ich mich auch mit weniger hätte zufrieden geben können, was ich aber nicht getan habe.

Wir alle glauben ganz selbstverständlich daran, wir seien frei. Wir sind der Überzeugung, dass unser freier Wille uns die Zukunft eröffnet, für die wir uns dann in Freiheit entscheiden können. Dieser Glaube ist ein wesentlicher Bestandteil der meisten Weltanschauungen.

Vor einigen Jahrzehnten war die Psychologie beherrscht von Wissenschaftlern, die zu der Ansicht gelangt waren, dass der freie Wille eine Illusion sei. Anhänger Sigmund Freuds beschrieben den Menschen als ein Wesen, das Gefangener seiner frühkindlichen Erfahrungen und unbewussten Triebe sei. Diejenigen, die Binets Theorie unterstützten, glaubten, das entscheidende Kriterium für menschliches Handeln wäre das unterschiedliche Intelligenzvermögen der Menschen. Professoren und experimentell ausgerichtete Verhaltensforscher, die nach der Theorie B. F. Skinners arbeiteten, entwarfen ein Model menschlichen Verhaltend, das dem der Ratten entlehnt war, deren Verhalten man durch positive oder negative körperliche Reize nach Belieben steuern kann. In der universitären Psychologie jener Zeit gab es einfach keinen Raum für die Idee des freien Willens. Dies ist einer der Gründe dafür, warum ich auf der Uni nach nur einer Anfängerübung in Psychologie (aus freien Stücken) beschloss, dem Labor für immer den Rücken zu kehren und stattdessen meine Aufmerksamkeit den Philosophen und dem, was sie zu diesem Problem zu sagen hatten, zuwendete.

William James, einer der großen Psychologen und Philosophen des 19. Jahrhunderts, war, wie eine Vielzahl großer Denker vor ihm, fest davon überzeugt, dass es den freien Willen tatsächlich gibt. Er war der Meinung, dass die Menschen ihr Leben schon alleine dadurch verändern könnten, dass sie einfach ihre Einstellung und Ansichten wechselten. Die Schüler Freuds, Binets und Skinners sind ohne Zweifel in der Lage, Verhaltens- und Persönlichkeitsstörungen des Menschen zu erkennen und zu diagnostizieren. Wenn es jedoch darum geht, Menschen auch tatsächlich zu helfen, so sieht ihre Bilanz alles in allem recht kläglich aus. Ein Anhänger von William James kann hingegen das Leben von Menschen entscheidend verändern.

Unser Glaube an den freien Willen ist wichtig und tief sitzend. Wir glauben alle daran, dass wir in diesem Leben etwas bewirken können, dass wir Hindernisse überwinden und auf schöpferische Weise in die Welt hineinwirken können. Wir können aber weder an die schöpferische Kraft in uns noch an die Idee der Verantwortung glauben, solange wir nicht auch an den freien Willen glauben.

Wenn man etwas glaubt, so muss man außerdem auch an all das glauben, was für den Glauben an eine Sache Voraussetzung ist.

Ugo Betti

Der natürliche Glaube an die Existenz des freien Willens ist über die Jahrhunderte jedoch aus mindestens drei Richtungen attackiert worden. In diesem Kapitel werden wir uns mit diesen verschiedenen Einwänden der unterschiedlichsten Art allgemein beschäftigen. In den beiden darauf folgenden Kapiteln werden wir dann fragen, was man auf sie erwidern kann und ob sie gegebenenfalls auch zu widerlegen sind.

Die Zukunft vorhersagen: Die theologische Herausforderung an die Freiheit

Wenn jemand die Zukunft buchstäblich vorhersagen könnte, dann müsste alles von vornherein irgendwie schon festgelegt sein. Es stünde alles schon unumstößlich fest, und es gäbe nichts, was wir daran ändern könnten. Beachten Sie, dass ich nicht davon spreche, dass sich jemand eine mögliche Zukunft bloß vorstellt, sondern davon, dass ein Mensch tatsächlich im Voraus sieht, was in der Zukunft wirklich passieren wird.

Ein Kollegin von mir befand sich zusammen mit ihrer Mutter in einem Aufzug in einem Krankenhaus. Die Tür öffnete sich, und ein Mann trat hinein. Zuerst sagte er nichts. Nach einer Weile jedoch wendete er sich ihnen zu und sagte zu der jüngeren Frau: »Entschuldigen Sie, ich will Sie ja nicht stören, aber Ihrer Mutter wird nichts geschehen. Ich dachte, dass Sie das vielleicht interessieren könnte.« Die Frauen reagierten zuerst skeptisch. Der Mann war nicht wie ein Arzt gekleidet. Sie wussten nicht, wer er überhaupt war. Der Mann aber kannte die beiden Frauen. Er fuhr mit freundlicher Stimme fort und nannte ihnen die Namen der kleinen Kinder der jüngeren Frau. Er wusste sogar den Namen des Familienhundes. Er lächelte dabei und erklärte, dass er eine bestimmte psychische Fähigkeit besitze, die es ihm manchmal erlaube, Dinge über andere Menschen zu sehen und dass er das Bedürfnis verspüre, anderen, wenn die Dinge, die er sehe, gut sind, diese mitzuteilen. Trotz seiner sanften Art waren die beiden Frauen ein wenig beunruhigt wegen der offensichtlichen Kenntnisse des Mannes über ihr persönliches Leben betreffende Dinge. Alles, was er äußerte, erwies sich jedoch hinterher als wahr. Die Mutter meiner Freundin hatte wirklich nichts Schlimmes. Für die Frauen bedeutete es eine Erleichterung, das zu erfahren, noch bevor die Ärzte es ihnen mitteilen konnten. Für die Frauen war diese Begegnung eine wirklich erhebende Erfahrung. Wie ist nun aber so etwas möglich?

Während meines Studiums an der Universität in Yale traf ich auf einen alten Freund, der dort Briefe des protestantischen Theologen John Calvin für eine Buchveröffentlichung übersetzte. Er war einer der gebildetsten Menschen, die ich je in meinem Leben kennengelernt habe. Er hatte ein ausgezeichnetes Leseverständnis in sechs Sprachen, hatte an der Universität in Edinburgh seinen Dokter in Theologie gemacht, hatte mehrere akademische Ehrungen und Preise gewonnen und war mir schon immer ganz allgemein als ein überaus schlauer Bursche vorgekommen. Eines Tages im Sommer, als wir draußen alleine zusammensaßen, erzählte er mir, dass er während seines Jahres in Schottland einen immer wiederkehrenden Traum gehabt hatte. In jedem dieser Träume passierte einem seiner Verwandten ein Unfall. Ein Onkel fiel von der Leiter und brach sich sein Bein. Ein etwas entfernterer Verwandter hatte in einem anderen seiner Träume einen Autounfall. Jedesmal trat das von ihm geträumte Ereignis innerhalb weniger Wochen nach dem entsprechenden Traum dann auch tatsächlich genauso ein, wie er es in seinem Traum gesehen hatte. Bis zu dem Tag, als er mir von seinen Träumen berichtete, hatte er noch zu keiner anderen Menschenseele über sie gesprochen.

Mir will scheinen, die Andeutungen der Nacht sind göttlichen Ursprungs.

Henry David Thoreau

Nachdem dies zwei- oder dreimal geschehen war, fing mein Freund an sich zu wundern: Sah er in seinen Träumen das, was geschehen würde, falls er nichts dagegen unternähme? Oder erzählten ihm seine Träume Dinge, die, auch wenn er es gewollt hätte, so und nicht anders hätten ablaufen müssen? Was sollte das Ganze eigentlich bedeuten? Zu jener Zeit besaß ich darauf noch keine Antwort. Mir waren aber immerhin ähnliche Geschichten passiert.

Ein Traum ist eine Prophezeiung im Kleinen.

Talmud

Ich war schon immer an eher seltsamen Aspekten des Lebens interessiert, die von anderen normalerweise nicht beachtet werden. Die Physik im 20. Jahrhundert hat ein zunehmend interessanteres Bild des Universums gezeichnet, das für die meisten Menschen kaum nachvollziehbar erscheint. Wir brauchen ein gerüttelt Maß an Bescheidenheit um zu erkennen, dass unser Begreifen der Welt nicht weiter reicht als bloß bis an ihre Oberfläche.

Durch meinen familiären Hintergrund habe ich schon von klein auf einen Sinn für diese seltsamen Aspekte des Lebens entwickeln können. Mein Vater verließ die elterliche Farm schon als Teenager. Er zog nach Baltimore, Maryland, wo er für Martin Aircraft arbeitete. In dieser Firma lernte er alles, was mit dem Design und dem Bau von Flugzeugen zu tun hatte. Er arbeitete zu ungewöhnlichen Zeiten und war frei, sich einige Tage Urlaub zu nehmen, wann immer er seine Arbeiten für die Woche oder für den Monat erledigt hatte. So kam es, dass er öfter seine Eltern in North Carolina besuchen konnte. Jedesmal, wenn er unangekündigt das Haus betrat, war der Tisch schon für drei gedeckt. »Deine Mutter wusste, dass Du heute kommen würdest,« erklärte dann sein Vater, wobei er hinzufügte, dass sie sich noch nie geirrt hatte.

Mein Vater schien irgendeinen Sinn für die Dinge zu haben, die merkwürdig oder anders waren. Während des Zweiten Weltkriegs, auf einem Schiff im Südpazifik, war er einmal in ein Würfelspiel seiner Kameraden geraten. Er sagte zu ihnen, dass er im Voraus erraten könne, welche Zahl er beim nächsten Mal würfeln würde. Er lag jedes Mal richtig. Und er wusste, dass er immer richtig liegen würde, Wurf um Wurf, Stunde um Stunde. Jeder auf dem Schiff, der gerade frei hatte, schaute dem Spiel zu. Mein Vater bekam immer wieder neue Würfel. Er gewann trotzdem weiter und verdiente in jener Nacht mehr Geld, als er je auf einem Haufen hatte liegen sehen. Er konnte die folgende Nacht kein Auge zu machen, weil er ständig daran denken musste, was eigentlich geschehen war. Hatte er einfach gewusst, wie der Würfel fallen würde, oder hatte er es irgendwie verursacht, dass der Würfel immer so fiel, wie er es vorhergesehen hatte? Er befand sich während des Spiels in einem psychisch-mentalen Zustand, der von Sportlern manchmal als »flow«-Erlebnis beschrieben wird. Dieser Zustand stellt sich bei einem veränderten Bewusstseinszustand ein, während dem man scheinbar ohne Mühe und Anstrengung Dinge tun und erleben kann. Die ganze Nacht hindurch versuchte mein Vater die Geschehnisse zu analysieren. Sein Analysieren und Sich-Wundern verwandelte sich schnell in Zweifel. Am nächsten Abend spielte er erneut und verlor das ganze Geld wieder, das er die Nacht zuvor gewonnen hatte. Danach hatte er nie wieder ein solches flow-Erlebnis, und er fragte sich oft, ob er sich durch all seine intellektuelle Neugier, sein Nachforschen und In-Zweifel-Stellen nicht selbst von dieser Erfahrung für immer abgeschlossen hatte.

Jahre später jedoch entwickelte mein Vater ein weiteres Mal eine Art sechsten Sinn, der sich unserem normalen Fassungsvermögen entzieht. Als er vor Jahren zufällig einmal meiner damals noch zukünftigen Frau auf dem Gelände der Universität North Carolina begegnete, zu einer Zeit, da wir beide uns erst flüchtig kannten und noch nicht einmal miteinander ausgegangen waren, ging er anschließend nach Hause und berichtete meiner Mutter, dass er gerade die Frau getroffen habe, die ich einmal heiraten würde. Erst ein Jahr später, nach der Hochzeit mit meiner Frau, erfuhr ich schließlich von dieser Vorhersage.

Und öffne deine anderen Sinne für das Wissen.

John Dryden

Mein Vater besuchte einmal einen Freund, mit dem er tags zuvor ein Geschäft abgeschlossen hatte. Als er gerade seine Hand erhob, um an die Tür zu klopfen, »hörte« er die Worte: »Störe ihn nicht, er ist tot.« Er drehte sich um, stieg in sein Auto und fuhr nach Hause. Im Haus sagte meine Mutter zu ihm: »Ich dachte, du wolltest Pfarrer Harris heute besuchen.« Mein Vater antwortete darauf: »Er ist tot.« Er erzählte ihr außerdem, woher er das wüsste. Meine Mutter, die normalerweise überhaupt nichts von solchen Geschichten hält, glaubte ihm kein Wort – bis der Sohn des Pfarrers bei meinen Eltern anrief und mitteilte, dass sein Vater heute an einem Herzinfarkt gestorben sei.

Ich könnte noch weiter erzählen, was ich aber nicht tun werde. Genau wie jeder andere bin auch ich skeptisch was ungewöhnliche Geschichten anbelangt, die mir von einem fremden Menschen erzählt werden. Dies trifft insbesondere auf solch seltsame Geschichten zu, wie ich sie gerade Ihnen erzählt habe. Ganz anders liegt der Fall aber, wenn man derartige Geschichten quasi am eigenen Leibe erfährt oder sie von jemandem erzählt bekommt, den man gut kennt, den man liebt und dem zu vertrauen man allen Grund hat.

Wie wenig Dinge der Mensch doch mit seinem Verstande begreifen kann! Wie viele noch größere Dinge könnte er nur in derselben Zeit sehen.

Thoreau

Mein Argument hier ist sehr einfach zu verstehen. Wenn wir auf nicht wirklich nachvollziehbare Art und Weise Wissen erlangen können und wenn dieses Wissen Details über zukünftige Ereignisse enthält, so stellt dies eine Herausforderung und ein Problem für unseren Glauben an den freien Willen dar.

Um genau verständlich zu machen, worin das Problem besteht, benutze ich als Beispiel Gott. Gesetzt den Fall, es gäbe ein vollkommenes Wesen, das die Zukunft unfehlbar vorhersagen kann. Nehmen wir weiterhin an, dass dieses Wesen für bestimmte Zwecke ausgesuchten Menschen etwas von seinem Wissen zukommen lassen könnte. Diese Hypothese wurde mir übrigens als Erklärung der vorhin geschilderten merkwürdigen Begebenheiten angeboten. Wenn ein vollkommener Gott die Zukunft kennen würde, so wüsste er vermutlich vollständig Bescheid über sie. Ein vollkommener Gott kann sich nicht irren. Wenn er z.B. wüsste, dass Sie in genau einem Jahr eine Reise unternehmen werden, so werden Sie genau dies auch tun, auch wenn Sie beschließen, es nicht zu tun. Sie haben einfach keine andere Wahl. Es gibt kein Möglichkeit, Gottes Voraussage nicht eintreten zu lassen. Dasselbe gilt für der Fall, dass Gott weissagte, dass Sie noch weitere zehn Jahre in Ihrem jetzigen Haus wohnen bleiben werden. In beiden Fällen haben Sie nicht die Wahl – oder die Freiheit – anderes zu tun, als wie Ihnen geweissagt worden ist, auch wenn Sie im Übrigen glauben, dass Sie die Möglichkeit der freien Wahl haben.

Göttliches Wissen über die Zukunft schiene in diesem Fall tatsächlich eine ernsthafte Herausforderung an die menschliche Freiheit zu sein. Wenn es die Zukunft in einem metaphysischen Sinne irgendwie schon »gibt«, dann steht sie auch unumstößlich fest, egal was wir auch versuchen oder anstellen mögen. Wir besäßen dann auch nicht die Möglichkeit, uns aufgrund unserer Willensfreiheit für oder gegen etwas zu entscheiden. Können wir dieses Problem irgendwie lösen? Darauf gebe ich im nächsten Kapitel die Antwort. In den folgenden Abschnitten möchte ich jedoch zunächst einen Gesamteindruck des Problems vermitteln.

Was sein wird, wird sein: Die logische Herausforderung an die Freiheit

Der für uns bitterste Aspekt des Lebens ist der Glaube daran, dass es das Schicksal wirklich gibt.

Emerson

Es gibt ein berühmtes Gesetz in der Logik mit Namen »Das Gesetz über das ausgeschlossene Dritte«. Einfach gesagt bedeutet es, dass für jeden Satz *P* gilt, dass entweder *P* wahr ist oder dass *Nicht P* wahr ist. Es gibt keine dritte Möglichkeit. Entweder existiert also Gott, oder es gilt nicht, dass Gott existiert. Entweder es gibt ein Leben nach dem Tod, oder es gibt kein Leben nach dem Tod. Dieses Gesetz in der Logik gilt universal für alle Aussagen und Sätze.

Ein weiteres wichtiges Gesetz der Logik heißt »Das Gesetz über den Nichtwiderspruch«. Dieses Gesetz besagt, dass für jeden Satz *P* gilt, dass nicht sowohl *P* als auch *Nicht P* gleichzeitig wahr sein können. Es gilt nicht, dass es eine moralische Ordnung der Welt sowohl gibt als auch nicht gibt. Entweder es gibt sie, oder es gibt sie nicht. Beides gleichzeitig geht nicht.

Es ist faszinierend und ein bisschen beunruhigend zu sehen, was passiert, wenn wir diese beiden Gesetze der Logik auf eine auf die Zukunft bezogene Aussage wie die Folgende anwenden:

Sie werden morgen einen Apfel zu Mittag essen.

Nach dem Gesetz des ausgeschlossenen Dritten ist es entweder wahr oder nicht wahr, dass Sie einen Apfel zu der angegebenen Zeit essen werden. Dieser Aussage können wir das folgende Argument anschließen:

- ✔ Entweder Sie werden morgen Mittag einen Apfel essen oder nicht. (Ausgeschlossenes Drittes)
- ✔ Wenn Sie morgen Mittag einen Apfel essen werden, dann kann nichts, was zwischen jetzt und morgen geschieht, sie davon abhalten. (Dies folgt aus dem Gesetz über den Nichtwiderspruch.)
- ✔ Wenn Sie morgen Mittag keinen Apfel essen werden, dann wird jeder Versuch, doch einen Apfel zu jener Gelegenheit essen zu wollen, im Wortsinne fruchtlos bleiben. (Dies folgt aus dem Gesetz über den Nichtwiderspruch.) Daraus folgt:
- ✔ Sie haben zu diesem Zeitpunkt keine zwei gleichwertigen Wahlmöglichkeiten, morgen Mittag einen Apfel zu essen oder ihn nicht zu essen (entsprechend der Definition, was eine Wahlmöglichkeit ist). Es gilt also:
- ✔ Sie sind nicht wirklich frei darin zu entscheiden, morgen Mittag einen Apfel zu essen oder nicht zu essen. (Nach unserer Definition von Freiheit, die wesentlich echte Wahlfreiheit voraussetzt.)

Dieses Argumentationsschema gilt für jeden nur denkbaren Satz über ein zukünftiges Ereignis. Es scheint also so zu sein, dass wir in Bezug auf Zukünftiges überhaupt nicht frei sind. Kein schöner Ausblick. Die Philosophen nennen dies oft *Das Problem des logischen Fatalismus*.

Woher wissen wir nun aber, dass die Gesetze der Logik wirklich Gültigkeit besitzen? Aus dem Grund, weil es unmöglich ist, das Gegenteil anzunehmen, bzw. zu glauben, dass sie nicht gelten. Wir können nicht einmal denken, ohne die Gültigkeit der Gesetze der Logik immer schon vorauszusetzen. Sie werden auch dadurch nicht ungültig, dass wir einen Beispielsatz wie den oben aufgeführten heranziehen. Es scheint also so zu sein, dass selbst für jemanden, der nicht an Gott oder an die Möglichkeit, die Zukunft vorherzusagen, glaubt, der allgemein verbreitete Glaube an die menschliche Freiheit in durchaus problematischem Licht erscheint. Kann man dieses Problem irgendwie lösen? Die Philosophen haben dies schon seit Jahrhunderten zu beantworten versucht. Wir werden uns dem hier anschließen und einen eigenen Versuch unternehmen.

Vielleicht werden wir dabei erfolgreich sein, vielleicht aber auch nicht. Aber Spaß beiseite, im nächsten Kapitel werden wir uns mit der Lösung dieses Problems beschäftigen.

Roboter und kosmisches Puppenspiel: Die wissenschaftliche Herausforderung an die Freiheit

Seit der Zeit Isaac Newtons haben Wissenschaftler und Philosophen – vom Gang der Wissenschaft beeindruckt – ein Bild des menschlichen Verhaltens geliefert, das dem Glauben an die Freiheit des Menschen nicht unbedingt förderlich war. Die gesamte Natur ist in ihrer Vorstellung nichts weiter als eine einzige große Maschine. Wir Menschen sind bloße Teile dieses gigantischen Räderwerks. Im Rahmen dieser Idee basiert unser Denken und Leben auf den gleichen Gesetzen und Gründen, die auch alle anderen Teile der universalen Maschine bewegen.

Die Denker, die diese Vorstellung vertreten, sind der Auffassung, dass alles in der Natur eine Ursache hat. Nehmen wir also an, dass ein Mensch eine Handlung begeht, die wir unter normalen Umständen als frei bezeichnen würden. Als ein Ereignis in diesem Universum hat diese Handlung eine Ursache. Diese Ursache hat nun aber wiederum eine andere Ursache, die ebenfalls eine Ursache hat usw.

Schicksal

Steht die Zukunft schon von vornherein fest? Können wir den zukünftigen Ereignissen nicht entrinnen? Gibt es für uns keine Möglichkeit, den Gang der Dinge zu ändern? Das geschichtliche Urteil darüber ist uneindeutig. Im Folgenden einige Ansichten darüber:

Das Schicksal ist die endlose Kette von Verursachungen, durch die die Dinge sind; sie ist der Grund, die Formel, nach der die Welt sich bewegt.

Zenon

Alle Dinge entstammen dem Schicksal.

Chrysippos

Das Schicksal führt die Willigen; die Unwilligen zieht es hinter sich her.

Cleanthes

Ich will das Schicksal bei der Gurgel fassen.

Ludwig van Beethoven

Die Menschen sind manchmal Herren ihres Schicksals.

Shakespeare

Da der Mensch Mensch ist, ist er auch Herr über sein Schicksal.

Tennyson

So lang ich noch schwach bin, werde ich vom Schicksale reden. Erfüllt mich Gott mit seinem Reichtum, so werde ich das Schicksal verschwinden sehen.

Emerson

Jeder Mensch ist seines eigenen Glückes Schmied ... Ereignisse, Umstände etc. haben ihren Ursprung in uns selbst. Sie entsprießen einer Saat, die wir selbst ausgesät haben.

H. D. Thoreau

Alles ist vorherbestimmt, der Anfang wie auch das Ende, durch Kräfte, über die wir keine Gewalt haben. Die Vorherbestimmung gilt für das Insekt genauso wie für jeden Stern. Menschen, Pflanzen oder der Staub zwischen den Sternen – wir alle tanzen nach einer geheimnisvollen Melodie, die von einem unbekannten Spieler in weiter Entfernung angestimmt wird.

Albert Einstein (1879-1955)

Aus dem wissenschaftlichen Weltbild ergibt sich folgendes Bild:

Natürliche Bedingungen außerhalb unserer Kontrolle
verursachen
innere Zustände betreffend den Körper und das Gehirn
welche wiederum Ursache von
Handlungen des Geistes und des Körpers sind

Wenn das so richtig ist, dann sind wir Menschen letztlich nur eine Art Pipeline oder Durchleitung für eine Abfolge von natürlichen Verursachungen, die weit bis in unsere Vergangenheit vor unserer Geburt zurückreichen und bis weit in die Zukunft nach unserem Tod noch fortlaufen werden. Wir selbst bewirken nichts. Nichts, was wir tun, verdankt sich alleine unseren Entscheidungen oder Gedanken. Wir sind bloß Marionetten der Natur; bloße Roboter, die von einem gefühllosen Kosmos programmiert sind, das zu tun, was sie tun.

Die Psychologen reden von Vererbung und Umwelt, die unser Handeln bestimmen würden. Wenn dem so ist, so folgt daraus, dass wir gar nicht für unsere Handlungen verantwortlich sind. Heißt dies, dass wir tun und lassen können, was wir wollen, da wir ja keine Verantwortung tragen? Nein, das heißt es nicht. Es bedeutet bloß, dass wir gemäß unserer Veranlagung und Erziehung handeln. Aus dieser Überlegung folgt aber, dass die Erziehung nichts weiter wäre als ein täuschender Schleier, hinter dem sich eine herzlose und rohe Natur verbärge. Wir verfügen nur über das, was die Natur uns mitgibt. Nicht mehr und nicht weniger.

Wo bleibt hier die menschliche Freiheit. Nach dieser Überlegung existiert sie schlicht nicht. Sie ist eine unserer Hauptillusionen. Der natürliche Glaube an den freien Willen erweist sich als nichts weiter als ein einziger großer Irrglaube. Solange uns die Wissenschaft nicht eines Besseren belehrt hat, sollten wir uns aber keine großen Gedanken machen, wenn wir weiter an diesem Glauben festhalten. Eine andere Möglichkeit haben wir sowieso nicht.

Diese Überlegungen bezeichnet man als »Die Herausforderung des wissenschaftlichen Determinismus«. Nach der Überzeugung der Deterministen sind alle unsere Handlungen bis ins Detail hinein schon vorherbestimmt.

Diese Überlegungen sind eine ernste Herausforderung an die Freiheit des Menschen. Sie sind der Grund dafür, dass Pierre Simon de Laplace (1749-1827), einer der ersten Wissenschaftlicher im modernen Sinne, einst bemerkte, dass wenn man einem universalen Geist eine vollständige Beschreibung aller Zustände des Universums zu einem gegebenen Zeitpunkt mitteilen könnte, dass dann dieser Geist in der Lage wäre, alle weiteren zukünftigen Ereignisse mit Gewissheit vorauszusagen sowie darüber hinaus auch alle vor diesem Zeitpunkt schon geschehenen Dinge nachträglich aus seinem

Wissen zu bestimmen. Er glaubte, dass die Natur nichts weiter als eine solche vollkommene Maschine sei. Wir Menschen wären nichts weiter als kleine Rädchen in dieser Maschine, der Täuschung hingegeben, wir seien tatsächlich frei.

Hat der Determinismus recht? Verurteilt die Wissenschaft uns zu einem robotergleichen Dasein, ungeachtet unserer Gefühle, die doch das Gegenteil bezeugen? Die Antworten auf diese Fragen finden Sie in Kapitel 11.

Herkömmliche Ansichten über die Freiheit

11

In diesem Kapitel

- Worin die Herausforderung an die Freiheit des Menschen besteht
- Anfechtung der Argumente gegen den freien Willen
- Unterschiedliche Ansichten darüber, was der freie Wille ist

Die Erhabenheit der menschlichen Natur liegt in unserem scheinbaren Vermögen begründet, unser eigenes Schicksal der Kontrolle unseres Bewusstseins zu unterwerfen.

Winston Churchill

Es gibt eine Reihe von ernsthaften Herausforderungen an unseren Glauben daran, dass wir einen freien Willen haben. Im vorhergehenden Kapitel habe ich Näheres dazu ausgeführt. In der Neuzeit war es der wissenschaftliche Determinismus, der die größte Gefahr für die Überzeugung von der Freiheit unseres Willens darstellte. Innerhalb dieser deterministischen Theorie haben sich zwei sehr verschiedene philosophischen Anschauungen über die Willensfreiheit herausgebildet. In diesem Kapitel soll es um diese zwei unterschiedlichen Anschauungen gehen.

Gott, Logik und der freie Wille

Schon seit langem ist von zwei Seiten versucht worden, den Glauben an die Freiheit des menschlichen Willens anzufechten. Die eine Theorie gründet dabei ihre Kritik an der Willensfreiheit auf theologische Prinzipien, während die andere aufgrund von logischen Überlegungen die Unfreiheit des menschlichen Willens beweisen will. Bevor ich beide Theorien aber im Detail vorstelle, möchte ich sie zunächst kurz zusammenfassen, um einige Hinweise darauf zu geben, auf welche Weise die Philosophen auf sie reagiert haben.

Antworten auf die theologische Herausforderung

Erinnern Sie sich an das, was wir im vorangehenden Kapitel über die theologische Herausforderung gesagt haben. Wenn jegliche Handlung, die Sie – sagen wir in zehn Jahren – begehen werden, schon jetzt irgendwie von irgendeinem Wesen gewusst oder vorausgesehen wird, dann besteht für Sie just in dem Moment, an dem Sie gerade dabei sind, die Handlung auszuführen – nennen wir sie Handlung *A* –keine echte Wahlmöglichkeit, sich stattdessen etwa für Handlung *B* zu entscheiden. Warum das so ist? Weil, wenn Sie es täten, Sie dann im Widerspruch zu dem handeln würden, was bereits als Wahrheit feststeht. *A* ist ja schon wahr. Handelten Sie anders, so machten Sie auch Nicht-*A* wahr, was nun aber nach dem logischen Gesetz des Nichtwiderspruchs (vgl. Kapitel 10), nach dem nicht gleichzeitig sowohl *A* als auch *Nicht-A* wahr sein können, ausgeschlossen ist. Aus diesem Grunde ist es so, dass Sie zu dem Zeitpunkt von Handlung *A* keine wirkliche Wahl in Bezug auf diese Handlung haben, was gleichbedeutend damit ist, dass Ihr Wille sich nicht frei für oder gegen diese Handlung *A* entscheiden kann.

Wenn es einen vollkommenen Gott gibt, der alles über die Zukunft weiß, dann folgt aus den gerade angestellten Überlegungen, dass man streng genommen überhaupt gar keine freie Handlung begehen kann. Wir haben also keine Willensfreiheit. Dies ist kurz gesagt die Herausforderung des theologischen Determinismus, über die ich detailliert in Kapitel 10 gesprochen habe.

Kann man dieser Herausforderung begegnen? Ich meine ja, und zwar auf verschiedene Weisen.

Zunächst einmal ist es so, dass einige Theologen gemeint haben, dass Gott die Zukunft nur in zwei Hinsichten kennen würde. Erstens weiß er, dass diejenigen Dinge geschehen werden, die er selbst zu tun beabsichtigt. Weil die Menschen Gottes Absichten aber nicht durchkreuzen oder vereiteln können, so folgt daraus, dass Gott absolute Gewissheit über die Dinge besitzt, die er zu tun beabsichtigt. Zum Zweiten kann er gegenwärtige Tendenzen und Neigungen perfekt in die Zukunft vorausberechnen, wissend um die Möglichkeiten all dessen, was wir in Freiheit tun können. Weil er uns aber mit freiem Willen geschaffen hat, muss er sozusagen selbst auch warten, genau wie wir, um zu sehen, was tatsächlich geschehen sein wird. Dessen ungeachtet ist er aber darauf vorbereitet, mit allen Eventualitäten zurechtzukommen und das Endresultat zu erzielen, das er selbst wünscht.

Der Mensch ist kein blinder Automat, sondern ein für seine Handlungen verantwortliches Wesen. Wir sind Personen, keine Marionetten. Indem Gott uns unseren freien Willen geschenkt hat, hat Gott einen Teil seiner eigenen Allmacht aufgegeben und sich selbst ein gewisses Maß an Beschränkung auferlegt.

Martin Luther King Jr. (1929-1968)

Die andere Art, der Herausforderung des theologischen Determinismus zu begegnen, ist, von Anfang an zu betonen, dass das Wissen über zukünftige Ereignisse nicht dasselbe ist wie Vorherbestimmung. Jeder, der glaubt, dass es einen Gott gibt, der alles, was jemals geschehen wird, vorherbestimmt, wird in der Tat in Schwierigkeiten geraten, wenn er versucht, der Willensfreiheit ihren Platz einzuräumen. Vorherbestimmung beinhaltet die Vorstellung eines verursachenden Prinzips, eines Gottes, der Dinge geschehen macht. Bloße Kenntnis zukünftiger Ereignisse ist wiederum, zumindest prinzipiell, davon verschieden. Aus der Idee der Vorstellung von Vorherbestimmung folgt, dass, wenn Gott *A* vorherbestimmt, *A* nur deswegen geschieht, weil Gott es so vorherbestimmt hat. Aus der Idee einer bloßen Kenntnis über ein zukünftiges Ereignis *A* aber folgt nicht, dass, wenn Gott von Ereignis *A* Kenntnis besitzt, *A* deswegen geschieht, weil Gott um das tatsächliche Eintreten diese Ereignisses *A* weiß. Vielmehr gilt, dass Gott weiß, dass Ereignis *A* eintreten wird, weil es eintreten wird. Dies lässt im Prinzip die Möglichkeit offen, dass das Wissen um zukünftige Ereignisse auch Wissen von Handlungen beinhalten kann, die auf der Basis freier Entscheidungen von jemand anderem getroffen wurden als Gott, nämlich von uns.

Gott weiß unter Umständen, dass Sie *A* allein deswegen tun werden, weil Sie sich für Handlung *A* in Freiheit so entschieden haben. Der Augenblick, kurz bevor Sie dann entsprechend in Übereinstimmung mit *A* auch handeln, ist dann kein Augenblick, wo Ihnen die Wahlmöglichkeit, Kraft oder Gelegenheit fehlt, etwas anderes als *A* zu tun, sondern vielmehr ein Augenblick, an dem Sie tatsächlich Ihren freien Willen benutzen, um Handlung *A* zu wählen. Wenn Sie dann gefragt werden: »Wie aber hättest du überhaupt etwas anderes machen können, wenn Gott, der sich ja nicht irren kann, gewusst hätte, dass du *A* auch tun würdest?«, so ist die Antwort darauf, dass, wenn man etwas anderes als *A* getan hätte, dass dann Gott entsprechend immer schon etwas anderes gewusst hätte, als das, was er weiß, nämlich, dass Sie sich für etwas anderes als *A* entscheiden würden.

Es ist geradezu charakteristisch für die Philosophie, dass es wesentlich leichter ist, ein Problem zu formulieren als es zu lösen. Aus diesem Grund geben die meisten Menschen schon nach kurzer Zeit bei der Beschäftigung mit einer philosophischen Fragestellung auf, weil sie den Glauben daran verlieren, dass es für das Problem auch eine Lösung gibt. Fragen stellen sich in der Philosophie leicht; ihre Lösung aber ist außerordentlich schwierig.

Anstatt zu denken, dass das Wissen über das Eintreten von zukünftigen Ereignissen unsere Freiheit untergräbt, ist es vielleicht viel eher so, dass dieses Wissen Ergebnis einer genauen Kenntnis dessen ist, wie der freie Wille sich entscheiden wird. So wäre es möglich, dass Gott einigen Menschen Teile seines Wissens über die Zukunft mitteilte, ohne dass dabei ausgeschlossen wäre, dass die Handlungen, die im Vorhinein gewusst werden, dennoch auf der Basis einer freien Willensentscheidung getroffen werden.

Antwort auf die logische Herausforderung

Wie steht es nun aber mit der logischen Herausforderung an die Freiheit, die wir in Kapitel 10 behandelt haben? Nun, auch hier haben die Philosophen eine Vielzahl von Antworten gegeben. Die grundlegendste Herangehensweise an dieses Problem ist die Folgende: Wenn eine philosophische Denkfigur etwas in Frage stellt, von dessen Wahrheit wir unumstößlich und ganz intuitiv überzeugt sind, so ist es uns freigestellt, auf der Basis des Prinzips, Überzeugungen beizubehalten (siehe hierzu Kapitel 6), diese Denkfigur ganz in Frage zu stellen.

Was die Zukunft anbelangt, so ist unsere Aufgabe nicht, diese vorherzusagen, sondern die, sie möglich zu machen.

Antoine de Saint-Exupéry

Diese Überlegungen haben allerdings einen Mangel. Wir können genauso argumentieren, dass es möglich ist zu zeigen, dass die Tatsache, dass die Zukunft irgendwie im Voraus schon feststeht, nicht die Teilnahme des freien Willens der Menschen an der Gestaltung der zukünftigen Ereignisse ausschließt. Wenn es schon feststeht, dass ich morgen Mittag einen Apfel essen werde, so ist dies vielleicht nur deswegen wahr, weil ich mich in einem Akt freier Willensentscheidung dazu entschlossen habe, dieses Obst morgen gegen Mittag des Tages in mein Mittagessen einzuschließen.

Einige Logiker sind sogar noch weiter gegangen und haben vorgeschlagen, dass das Gesetz des ausgeschlossenen Dritten (siehe Kapitel 10), dasjenige Gesetz in der Logik, dessen Anwendung auf Aussagen über die Zukunft das Problem, um das es hier geht, erst erzeugt, nur auf Sätze über zukünftige Ereignisse angewendet werden kann, wenn diesen ein vorläufiger Wahrheitsgehalt zugewiesen werden kann. Dieser Wahrheitsgehalt gibt gewissermaßen gegenwärtige Tendenzen wieder, die jedoch durch Handlungen, die auf der Grundlage der Willensfreiheit des Menschen geschehen, abgeändert werden können.

Die Zukunft ist entscheidend durch ihre Unvorhersehbarkeit gekennzeichnet. Dies ist die einzige Voraussage, die wir machen können.

Paul Valéry

Jede dieser beiden Herausforderungen mag für sich genommen auf erfolgreiche Weise argumentieren. Wenn wir zu weit führende und zu komplizierte Überlegungen zu diesem Thema aber vermeiden wollen, kann unser Argument hier auf die Einsicht beschränkt werden, dass man das Problem des logischen Fatalismus durchaus auf vernünftige Weise lösen kann. Wenn es ein wirklich überzeugendes Argument gegen die Willensfreiheit des Menschen geben soll, so muss es von woanders her stammen.

Die moderne wissenschaftliche Herausforderung

Im 20. Jahrhundert wurden die meisten Philosophen und Psychologen in ihren Ansichten über das menschliche Verhalten am nachhaltigsten von der wissenschaftlichen Herausforderung an die menschliche Freiheit beeinflusst und herausgefordert (vgl. das Ende von Kapitel 10). Diese Herausforderung basiert auf einem Prinzip, das wir »Das Prinzip der universalen Kausalität« (UK) nennen können. Dieses Prinzip besagt,

Jedes Ereignis (a) hat eine Ursache; daher ist (b) über eine ursächliche Kette mit vielen Ereignissen der Vergangenheit direkt verbunden.

Stellen Sie sich irgendeine Handlung von mir vor, z.B. wie ich meinen Arm hebe und ihn ausstrecke. Ich habe gerade längere Zeit an der Schreibmaschine gesessen und mir dabei den Arm verspannt. Ich fasse den Entschluss, meinen Arm zu strecken, um mir Erleichterung zu verschaffen. Ich hebe dazu meine beiden Arme, strecke sie und entspanne meine Muskeln. Ich hätte mich auch dazu entschließen können, mit dem Schreibmaschineschreiben fortzufahren, anstatt eine kleine Pause zu machen, um mich zu strecken. Der wissenschaftliche Determinismus würde hier allerdings etwas anders behaupten. Er würde argumentieren, dass meine Dehnübung genauso wie alles andere, was in der Welt geschieht, einen ursächlich physischen Grund hatte, und dass das Ereignis, das wiederum diese Dehnübung ausgelöst hat, ebenso eine Ursache gehabt hat, die ebenfalls eine Ursache hatte usw. usw. bis weit zurück in die Vergangenheit. Die einfache Handlung des Austreckens meines Arms war für den Wissenschaftlichen Determinismus etwas, was schon seit langem feststand und unweigerlich so passieren musste. Dies verlangt das Prinzip der universalen Kausalität.

Im folgenden Abschnitt werde ich Ihnen zeigen, was drei verschiedene philosophische Schulen auf diese Prinzip erwidert haben. Die Anhänger der einen Schule hat dieses Prinzip davon überzeugt, dass es keine Willensfreiheit gibt, ungeachtet unserer Überzeugung und der Hinweise darauf, dass wir doch frei sind. Die beiden anderen Schulen haben jeweils eine andere Definition von Freiheit entwickelt, die sie schließlich sowohl zu einer anderen Auffassung des Prinzips der universalen Kausalität als auch der Willensfreiheit des Menschen gebracht haben.

Wissenschaftliche Deterministen

Wissenschaftliche Deterministen definieren eine Handlung dann als frei, wenn sie aufgrund absichtsvoller Planung eines Menschen zustande kommt und wenn sie keine weitere darüber hinausgehende Ursache hat. Wegen des Prinzips der universalen Kausalität negieren sie die Möglichkeit, dass es solche Handlungen tatsächlich geben könne.

Libertarier

Die Philosophen, die als Libertarianer bekannt sind, glauben an die Willensfreiheit des Menschen. Eine Version des Libertarianismus wird einfacher Indeterminismus genannt. Dieser definiert Freiheit ähnlich wie der wissenschaftliche Determinismus, nämlich als eine Handlung, die durch den Körper oder den Geist eines Menschen angestoßen wird und auf dessen Absichten beruht, ohne dabei aber im eigentlichen Sinne eine Ursache zu haben. Beide Theorien vertreten den Standpunkt, dass der Mensch in der Tat frei ist. Die Wahrheit des Prinzips der universalen Kausalität wird innerhalb dieses Theorierahmens entsprechend geleugnet, da es nicht verursachte freie Handlungen gibt.

Was ist der Grund dafür, dass die Libertarianer die Gültigkeit dieses Prinzip in Frage stellen? Zunächst einmal sind sie der Ansicht, dass unsere Willensfreiheit so offensichtlich ist, dass kein noch so verwickeltes wissenschaftliches oder philosophisches Argument diese Gewissheit erschüttern kann. Zum Zweiten behaupten die Vertreter des einfachen Indeterminismus, dass das Prinzip der universalen Kausalität überhaupt kein echtes wissenschaftliches Prinzip darstellt, insofern als dessen Wahrheit bisher noch durch keinen auf wissenschaftlicher Grundlage geführten Beweis untermauert worden ist. Die Tatsache, dass dieses Prinzip von zahlreichen Wissenschaftlern vertreten und angewendet wird, beweist allein für sich genommen noch gar nichts. Die Wahrheit dieses Prinzips ist streng genommen für ihre Arbeit nicht notwendig, genauso wenig wie die Arbeit der Wissenschaftler einen Hinweis auf die Wahrheit des Prinzip liefert.

Unser Leben gleicht nicht der Laufbahn eines Projektils aus einem Gewehr, das seinem Weg auf gerader, vorherbestimmter Richtung folgt.

José Ortega y Gasset

Diese From des Libertarianismus fand allerdings eine Vielzahl von Kritikern. Die meisten Kritiker werden jedoch – wie zögerlich auch immer – zugeben müssen, dass bisher noch niemand die Gültigkeit des Prinzips der universalen Kausalität bewiesen hat. Seine Wahrheit aber schlechterdings zu leugnen wie der einfache Indeterminismus dies tut, empfinden sie als zu extrem. Die Kritiker des Indeterminismus sind häufig übereinstimmend der Meinung, dass wir durchaus an unserer tiefen Überzeugung von der Existenz der Willensfreiheit festhalten sollen, dass wir aber deswegen das Prinzip der universalen Kausalität nicht vollends verwerfen müssen.

Dieselben Kritiker wenden auch ein, dass die in der indeterministischen Theorie zu findende Definition derjenigen Handlungen, die auf der Grundlage des freien Willens getroffen werden, unzulänglich ist. Eine solche Handlung sollte nicht so aufgefasst werden, dass man sagt, sie habe keinerlei Ursache. Stellen Sie sich nur vor, dass mein Arm ohne jegliche Ursache einfach so emporschnellt, gewissermaßen als ein zufälliges kosmisches Ereignis. Zu irgendeinem Zeitpunkt habe ich mich zwar dazu entschlossen, meinen Arm zu heben; dennoch bin ich überrascht zu sehen, dass er sich zu einem bestimmten Zeitpunkt tatsächlich nach oben bewegt, wobei ich nicht genau weiß, warum er sich gerade jetzt bewegt. Da dies nicht unbedingt ein Musterbeispiel einer auf meinem freien Willen basierenden Handlung ist, sondern eher unwillkürlich geschieht, so brauchen wir stattdessen eine bessere Definition davon, was eine auf dem freien Willen basierende Handlung ist.

Kompatibilismus

Kompatibilisten sind Philosophen, die versuchen, eine bessere Definition von Willensfreiheit zu geben, und zwar eine solche, die vereinbar ist mit dem Ursacheprinzip in der Wissenschaft. Eine auf der Willensfreiheit gründende Handlung wird folgendermaßen definiert: Handlungen, seien es körperliche oder geistige, beruhen dann auf der Willensfreiheit des Menschen, wenn sie durch eine innere Gemütsregung verursacht oder veranlasst werden, z.B. einen Wunsch, eine Absicht oder eine Entscheidung, so und nicht anders zu handeln.

Der Kompatibilismus hat seinen Namen daher, dass für ihn die Willensfreiheit und die universale Kausalität miteinander vereinbar – kompatibel – sind. Er sagt, dass zwar jedes Ereignis und jede Handlung eine Ursache hat, dass aber eines Menschen Handlung dann auf dem freien Willen beruht, wenn die Ursache der betreffenden Handlung im inneren Gemütszustand des betreffenden Menschen begründet liegt. Handlungen des freien Willens beruhen immer auf einer vorgängigen Wahl oder Entscheidung eines Menschen. Ein ganz einfacher Gedanke.

Der Kompatibilismus als philosophische Theorie hat in den letzten fünfzig Jahren eine beträchtliche Popularität erlangt. Seine Stärken scheinen von zweierlei Art zu sein: Zunächst einmal erkennt er an, dass wir in einem bestimmten Sinne frei sind, während er aber gleichzeitig die Gültigkeit des Prinzips der universalen Kausalität, das bei Wissenschaftlern so verbreitet ist, nicht per se ableugnet; zum Zweiten gelingt es ihm, eine Definition von auf Willensfreiheit gegründete

Handlungen zu entwickeln, der die Kritik an der Definition des einfachen Indeterminismus nichts anhaben kann.

Ist der Kompatibilismus wahr? Die Kritiker argumentieren folgendermaßen: Wenn der Kompatibilismus von der Gültigkeit der universalen Kausalität ausgeht, so ist er der Auffassung, dass alle unsere Handlungen eine Ursache haben und dass diese Ursachen wiederum auch eine Ursache haben usw. Wenn man nur eine bestimmte Ursachenkette weit genug zurückverfolgte, so käme man irgendwann zu anfänglichen Bedingungen, die sich ganz sicher außerhalb unserer Kontrolle und unseres Zugriffs befänden. Aus dieser Überlegung folgt nun, dass diese weit in der Kausalkette zurückreichenden Bedingungen jenseits unseres inneren Gemütszustandes letztlich zu unseren Handlungen geführt haben. Wenn dies aber stimmt, dann sind diese anfänglichen Bedingungen auch der Grund dafür, dass unsere Handlungen so sind wie sie sind und eben nicht anders. Falls wir nun aber im Moment der Handlung nicht anders können, als so zu handeln wie wir handeln, dann scheint es so zu sein, dass es uns schließlich doch an der Wahlmöglichkeit mangelt, das zu tun, was wir tun wollen, eine Möglichkeit, die doch rein gefühlsmäßig ein wesentlicher Bestandteil der Definition der Willensfreiheit ist. Vielleicht ist also die Definition des Kompatibilismus hinsichtlich der Willensfreiheit auf ihre eigene Art unzulänglich.

Um dieses Problem besser zu verstehen, will ich hier eine Geschichte erzählen:

Die Geschichte des Dr. Irrglaube

Stellen Sie sich vor, ein Meisterhypnotiseur, ein gewisser Dr. Irrglaube, verfüge über eine solch mystische Überzeugungsgabe, dass er jede Person so in seinen Bann ziehen könne, dass sie alles, was er verlangen mag, auch täte. Seine Opfer wären derart hilflos, dass sie keine Möglichkeit hätten, sich seinen Wünschen zu verweigern. Stellen Sie sich nun weiter vor, dass dieser Dr. Irrglaube einen Mann namens Jonas dergestalt hypnotisiere, dass, wenn er mit den Fingern schnippe, dieser vergessen solle, dass er sich in hypnotisiertem Zustand befindet, sich dann umdrehen und den Gang hinunter gehen solle, an dessen Ende er einen Raum zu betreten habe, dessen Tür anschließend zu schließen sei. In diesem Raum werde er dann einen alten Freund mit Namen Schmidt antreffen, der dort sitzen und in einer Zeitung lesen werde. Jonas werde sich zu ihm setzen und sich mit ihm unterhalten. Alle dreißig Minuten wird er auf seine Uhr schauen und bemerken, dass er jetzt eigentlich gehen müsse. Er wird jedoch genau zwei Stunden bleiben und sich dann plötzlich zum Gehen erheben. Dr. Irrglaube schnippt also mit den Fingern, und die Handlungsfolge läuft genauso ab, wie er es angekündigt hat.

Während sich also Jonas mit Schmidt in den nächsten zwei Stunden lebhaft unterhält, denkt Jonas mehrmals daran, dass er eigentlich noch wichtige Besorgen zu erledigen hätte; jedes Mal entscheidet er sich aber dafür, noch ein wenig länger mit Schmidt zu reden. Alle halbe Stunde schaut er auf seine Uhr. Nach exakt zwei Stunden entschließt er sich schließlich dazu zu gehen. Er verabschiedet sich, geht durch das Zimmer, öffnet die Tür und geht hinaus.

Frage: Blieb Jonas während jener zwei Stunden in dem Raum, weil er sich frei dazu entschieden hatte?

Pro: Jonas blieb, weil er es so wollte. Es war sein Wunsch zu bleiben, ein innerer Zustand, der ihn unmittelbar dazu veranlasste zu bleiben. Aus diesem Grund blieb er freiwillig. Dies ist die Antwort des Kompatibilismus.

Kontra: Während jener zwei Stunden blieb er nur deswegen, weil er darauf programmiert war zu bleiben. Der innere Zustand, der sein Bleiben bewirkte, wurde ihm durch eine außerhalb seiner Kontrolle stehende Kraft aufgezwungen. Er war eine bloße Marionette in den Händen von Dr. Irrglaube. Daher war es so, dass er nicht freiwillig so lange im Zimmer geblieben ist.

Die Moral von der Geschicht

Der Kompatibilismus will uns ein Bild der Willensfreiheit vermitteln, das es zulässt, dass unsere Handlungen durch Naturgesetze und außerhalb unserer Kontrolle liegende Bedingungen in unserer Umwelt verursacht oder eingeschränkt werden können. Dabei definiert er aber die Willensfreiheit dahingehend, dass eine freie Handlung nicht die unbedingte Möglichkeit beinhaltet, dass man sich auch anders hätte entscheiden können. Der Kompatibilismus versucht uns zu verdeutlichen, dass die Unmöglichkeit, eine andere Entscheidung zu treffen als die, für die wir uns letztlich entscheiden, uns nicht unserer Willensfreiheit beraubt.

Die Geschichte von Dr. Irrglaube lässt uns jedoch an der Stimmigkeit dieser Aussage zweifeln. In dieser Geschichte handelte der arme Jonas sicher nicht frei. Dennoch aber entspricht diese Geschichte der Weltsicht des Kompatibilismus. Daraus sollten wir, so meine ich, den Schluss ziehen, dass die Willensfreiheit im Sinne des Kompatibilismus nicht unserer gefühlsmäßigen Vorstellung von dem, was der freie Wille eigentlich ist, entspricht. Im Rahmen des Kompatibilismus gibt es eigentlich keine Willensfreiheit. Daher liefert uns der Kompatibilismus auch keine hinreichende Definition darüber, wann eine Handlung tatsächlich frei ist, d.h. auf der freien Entscheidung eines Subjektes beruht. Er ist damit auch nicht in der Lage, eine von uns benötigte philosophische Theorie der Freiheit zu geben.

Einige zeitgenössische Vertreter des Kompatibilismus widersprechen jedoch dieser Beurteilung. Sie behaupten, dass, wenn unsere Handlungen von unseren Wünschen verursacht werden und wir entweder den Wunsch haben, diese Wünsche zu haben, oder aber nicht wünschen, diese Wünsche *nicht* zu haben (in der Fachsprache der Philosophie besteht eine Übereinstimmung zwischen Wünschen erster und zweiter Ordnung), dann sollte dies alles in allem dafür ausreichen, dass unsere Handlungen frei sind. Der gegenwärtige Kompatibilismus stellt die eher rhetorische Frage, worin denn die Freiheit noch anderes bestehen könne, als darin, dass unsere Handlungen mit unseren Wünschen übereinstimmen und dass diese Wünsche wiederum mit unserem innersten Verlangen übereinstimmen. Was anderes wollen wir, als dass die Gesamtheit unserer Wünsche uns nicht von außerhalb unserer Kontrolle stehenden Instanzen aufgezwungen werde. Wir wollen keine, noch nicht einmal komplizierte Marionetten der Natur sein. Wir wollen frei selbst bestimmen, wer wir sind, ohne dass blinde, unpersönliche Kräfte außerhalb unserer selbst darüber bestimmen, wer wir sind und was wir tun. Wir wollen echte Wahlmöglichkeiten und echte Entscheidungsfreiheit. Wir wollen wirklich frei sein.

Welcher Ansatz ist der richtige?

Der wissenschaftliche Determinismus scheint sich rücksichtslos über all unsere gefühlsmäßigen Überzeugungen hinsichtlich des Wesens der menschlichen Handlungen hinwegzusetzen. Die Version des einfachen Indeterminismus von der Theorie des Libertarianismus setzt Freiheit allem Anschein nach mit Willkür und Zufälligkeit gleich. Der Kompatibilismus schließlich behauptet eine Form der Vereinbarkeit zwischen natürlicher Verursachung und Freiheit, die es ihm nicht ermöglicht, die gefühlsmäßigen Anschauungen der Menschen zum Thema der Willensfreiheit mit seiner Theorie zu versöhnen.

Gibt es noch eine andere Alternative? Dazu mehr in Kapitel 12.

Tu es einfach: Menschliches Handeln in der Welt

12

In diesem Kapitel

- Einiges Wissenswertes über die Freiheit
- Die Kontroverse um die Willensfreiheit
- Eine mögliche Theorie der Willensfreiheit, die unseren Überzeugungen entspricht

Das Schicksal ist keine Sache des Glücks, sondern etwas, das man sich selber erwählt. Es ist keine Sache, auf die man wartet, sondern etwas, das man gewinnen muss.

William Jennings Bryan (1860-1925)

In diesem Kapitel werde ich versuchen, die wichtigsten Züge der Kontroverse um die Willensfreiheit zu skizzieren. Ich werde einen Überblick über unsere gefühlsmäßigen Überzeugungen in diesem Bereich geben und eine der vielversprechendsten Theorien vorstellen, die dem menschlichen Handeln Sinn abzugewinnen versucht und mit deren Hilfe es uns gelingen sollte, unsere tiefsten Überzeugungen bezüglich unserer Willensfreiheit in einer Theorie zu formulieren.

Einige Erkenntnisse über die Freiheit

Die meisten von uns glauben, dass sie ihre eigenen wichtigen oder unwichtigen Handlungen während des Tages selbst bestimmen können. Wir sind jeweils in der Lage, zwischen verschiedenen Handlungsmöglichkeiten zu wählen. Was wir letztlich tun, ist uns überlassen. Anders als ein Zug bewegen wir uns nicht auf festgelegten Bahnen, die uns schicksalhaft auf einen schon festgelegten Kurs zwingen. Wir können jederzeit aus der Spur treten und uns unseren eigenen Weg bahnen.

Selbst ein Gefängnisinsasse ist was seinen Geist anbelangt frei. Er kann selbst entscheiden, was er denken und fühlen soll. Er kann sich innerhalb der Gefängnisbegrenzungen so bewegen, wie er es will. Selbst die Menschen, die nie ein Gefängnis von innen gesehen haben, leben auf die ein oder andere Art mit Beschränkungen. Normalerweise aber glauben wir, dass diese Beschränkungen unsere Freiheit nur unwesentlich einengen. Andere Menschen können uns zwar dazu bringen, uns sozial anzupassen, oder bestimmte Umstände können dazu führen, dass es schwieriger ist, in einer gegebenen Situation Handlung A als Handlung B zu tun – dennoch aber sind wir es, die dafür verantwortlich sind, wie wir leben und was wir tun. Unsere Freiheit ist außerordentlich umfassend und von großer Wichtigkeit für uns.

Draußen, unter deinen Zeitgenossen und unter Fremden, muss man den äußeren Schein wahren, muss man hundert Dinge beachten, die man nicht tun darf; in dir selbst aber herrscht das furchtbare Gefühl der Freiheit!

Ralph Waldo Emerson (*Journals*, 1832)

Wie man seine Freiheit nutzt, bestimmt, welche Art von Leben man führt. Diese allgemein gültige Maxime bestimmt jeden Tag in unserem Leben. Wenn wir uns dazu entschließen, in unserem Leben immer nur passiv zu verharren, so werden für uns stets nur die Brotkrumen vom Tisch derjenigen übrig bleiben, die sich stattdessen entschlossen haben, immer nur von den wohlschmeckendsten und besten Gaben zu speisen, die diese Welt zu bieten hat. Es sind immer die, die ihre Freiheit am besten nutzen, die auch dasjenige Leben führen, das zur Gänze auszukosten unsere Bestimmung hier auf Erden ist.

Dies ist mit das tiefgründigste Wissen über das Leben, über das wir verfügen. Es setzt voraus, dass unser Geist in der Tat frei ist. Ist das so?

Das Bild im Ganzen

In Kapitel 10 und 11 haben wir uns mit unserer Überzeugung beschäftigt, dass wir einen freien Willen haben. Wir haben außerdem einen Blick auf die üblichen von philosophischer Seite vorgebrachten Einwände gegen die Überzeugung geworfen und mögliche Antworten auf diese Einwände zu geben versucht. Die wissenschaftliche Herausforderung, die im vergangenen Jahrhundert die philosophischen Theorien der Willensfreiheit dominiert hat, bleibt jedoch bestehen. Die Unterschiede zwischen den verschiedenen philosophischen Theorien können wir uns verdeutlichen, wenn wir uns anschauen

- ✔ wie sie eine Handlung, die auf der Basis des freien Willens getroffen wurde, definieren und
- ✔ wie sie das Prinzip der universalen Kausalität (vgl. Kapitel 11) beurteilen.

Tabelle 12.1 fasst die unterschiedlichen Theorien zusammen. Das Prinzip der universalen Kausalität (UK) sagt, dass jedes Ereignis (a) eine Ursache hat und dass Ereignis (b) deshalb mit einer weit in die Vergangenheit zurückreichenden Kausalkette verbunden ist.

Philosophische Theorie	Definition einer freien Handlung	Urteil über die UK	Sind wir wirklich frei?
Wissenschaftlicher Determinismus	»Ereignis ohne Ursache«	Wahr	Nein
Indeterminismus	»Ereignis ohne Ursache«	Falsch	Ja
Kompatibilismus	»Ereignis mit innerer Ursache«	Wahr	Ja

Tabelle 12.1: Philosophische Theorien zur Willensfreiheit

Jede dieser Theorien hat sich als problematisch erwiesen. Gibt es noch eine andere?

Eine philosophische Theorie mit Namen *Handlungstheorie*, die erst in den vergangenen Jahrzehnten neu entwickelt worden ist, die aber schon eine lange Geschichte hinter sich hat, behauptet, dass es tatsächlich noch eine andere Theorie geben kann. Diese Handlungstheorie gibt eine dritte Definition von einer auf dem freien Willen basierenden Handlung. Ihr Urteil über die Gültigkeit der universalen Kausalität ist allerdings gespalten.

Nach der Handlungstheorie ist eine Handlung dann frei zu nennen, wenn sie durch einen Handlungsträger verursacht worden ist. Ein solcher Träger der Handlung ist ein Mensch, bzw. ein verstandesbegabter Handelnder, der über die Gabe eines Willens verfügt. Weder ein Ereignis ohne Ursache noch eine Handlung, die durch einen inneren Gemütszustand ausgelöst wird, erfüllen diese Vorgabe.

Was sagt nun die Handlungstheorie zum Prinzip der universalen Kausalität? Für sie ist dieses Prinzip zweigeteilt. Entsprechend besteht auch das Urteil der Handlungstheorie aus zwei Teilen. Nach ihr ist zwar UK (a) wahr, UK (b) jedoch ist falsch. Es stimmt, dass jedes Ereignis eine Ursache hat; nicht richtig aber ist, dass jedes Ereignis kraft seiner Ursache mit der Vergangenheit in einer sehr langen Ursachenkette verbunden ist. Dies verlangt nach einer Erläuterung.

Betrachten Sie die folgenden zwei Sätze:

(1) Jedes Ereignis hat eine Ursache. UK (a)

(2) Jede Ursache ist ein Ereignis.

Jeder, der an die Wahrheit beider Aussagen glaubt, ist aufgrund der Logik dazu verpflichtet zu glauben, dass jedes Ereignis, selbst das gewöhnlichste, unendlich viele Ursachen in der Vergangenheit besitzt. Man kann dann auch nicht der Ansicht sein, dass das Universum aus dem Nichts entstanden sei oder überhaupt irgendwann entstand, da zusammen aus UK (a) und UK (b) folgt, dass die Ursachenkette, die für die jetzigen Ereignisse verantwortlich ist, keinen Anfang haben kann. UK (b) ist demnach gelinde gesagt leicht untertrieben. Das Universum ist nämlich nicht nur sehr alt, ja nicht einmal 18 Milliarden Jahre alt; es ist schlicht unendlich alt.

Diese Konsequenz ist jedoch inakzeptabel. Wo liegt hier der Fehler?

Der Geist ist eine gefährliche Waffe, selbst für seinen Besitzer, wenn er ihn nicht dezent zu gebrauchen weiß.

Montaigne

Die Handlungstheorie würde sagen, dass Satz (2) einfach falsch ist. Aufgrund seiner unseren gefühlsmäßigen Überzeugungen zuwiderlaufenden Folgen muss er zurückgewiesen werden. Es stimmt nicht, dass die einzige Form der Verursachung die Ereignis-Verursachung ist. Welche andere Form der Verursachung gibt es aber? Ereignis-Verursachung ist normalerweise das Phänomen, das wir im Sinn haben, wenn wir darüber sprechen, dass ein Ereignis *A* ein Ereignis *B* verursacht. Beim Kegeln verursacht das Rollen der Kugel, d.h. ein Ereignis, das Anstoßen der Kegel, ein weiteres Ereignis, das wiederum das Umfallen der Kegel verursacht, was ein drittes Ereignis darstellt. Etwas geschieht, das Ursache eines weiteren Geschehens wird.

Die Handlungstheorie jedoch behauptet, dass es noch eine andere, uns sogar noch vertrautere Art der Verursachung gibt. Wir lassen Dinge geschehen. Wir verursachen Ereignisse. Wir sind es, die Dinge anstoßen und in Bewegung setzen. Seit unserer frühesten Kindheit sind wir fasziniert von unserer eigenen Fähigkeit, die Dinge um uns herum verändern zu können. Wir stoßen das Milchglas um. Wir ziehen dem Hund am Fell und veranlassen ihn so, sich fortzubewegen. Wir schreien und scheuchen so unsere Eltern auf. Wir haben Macht. Wir bestimmen selbst, was wir tun. Dazu kommt, dass uns all dies Spaß bereitet.

Wir sind die Urheber neuer Ursachenketten. Gesetzt den Fall, der Ast eines Baumes fällt herunter und trifft Ihr neues Auto. Wenn ein Blitz den Baum getroffen hätte und so den Ast zum Fallen gebracht hätte, so wäre dies die Ursache für sein Herunterfallen gewesen. Die Meteorologen jedoch versichern uns, dass der Blitz selbst auch eine Ursache gehabt hat usw. Man kann dem Blitz daher nur in einem metaphorischen Sinne die Schuld geben. Falls es aber überhaupt kein Gewitter gegeben hat und der Ast nur deswegen gefallen ist, weil Robert ihn abgesägt hat, dann ergibt sich gleich eine ganz andere Situation. Robert ist nämlich auf eine ganz besondere Weise verantwortlich. Ihm kann man auf eine sehr viel direktere und unmittelbarere Weise die Schuld für das kaputte Auto geben. Wir gehen von der Annahme aus, dass er eine neue Ereignisfolge in Gang gesetzt hat, die so gar nicht vorherbestimmt war. Die Handlungstheorie versucht nun einen Theorierahmen für unsere in diesem Fall bestehenden Annahmen aufzustellen.

Was heißt es, Handelnder zu sein?

Die Handlungstheorie erklärt, dass noch bevor wir die Ereignis-Verursachung verstehen, wir begreifen lernen, was Handlungs-Verursachung ist. Wir wissen, was gemeint ist, wenn wir davon sprechen, dass Menschen Geschehnisse bewirken. Dazu eine philosophische Anmerkung: Wenn nicht alle Ursachen Ereignisse darstellen – wenn manche Ursachen auf Menschen zurückgehen – dann bedeutet die Tatsache, dass wir an die Gültigkeit von UK (a) glauben, nicht unbedingt, dass wir außerdem der Ansicht sein müssten, dass jedes Ereignis, und sei es auch das kleinste, unendlich viel Ursachen haben muss oder dass das Universum seit unendlich langer Zeit existiert. Handelnde Menschen können neue Ursachenketten in Gang setzen. Das bedeutet, dass – bildlich gesprochen – einige der im Moment geschehenden Dinge nur eine sehr kurze Ursachenkette hinter sich herziehen. Außerdem folgt aus dieser Überlegung, dass die Gesamtheit der Ereignisketten in diesem Universum prinzipiell einen absoluten Anfang gehabt haben kann.

Die Handlungstheorie verweist darauf, dass der handelnde Mensch Ursache von Ereignissen sein kann. Tabelle 12.2 gibt einen Überblick darüber, welche Auswirkung dies auf die Willensfreiheit hat.

Philosophische Theorie	Definition einer freien Handlung	Urteil über die UK	Sind wir wirklich frei?
Wissenschaftlicher Determinismus	»Ereignis ohne Ursache«	Wahr	Nein
Indeterminismus	»Ereignis ohne Ursache«	Falsch	Ja
Kompatibilismus	»Ereignis mit innerer Ursache«	Wahr	Ja
Handlungstheorie	»Ereignisursache ein Mensch«	(a) Wahr (b) Falsch	Ja

Tabelle 12.2: Philosophische Theorien zur Frage der Willensfreiheit

Die Handlungstheorie ist eine neue Theorie der Willensfreiheit. Viele Philosophen sind der Ansicht, dass es sich um eine Version des Libertarianismus handelt, die gefühlsmäßig sehr viel eher akzeptiert werden kann als der einfache Indeterminismus. Die Handlungstheorie ist wie die Wissenschaft der Auffassung, dass – zumindest auf der makroskopischen Ebene – Ereignisse nicht ohne Ursache geschehen. Sie definiert Willensfreiheit so, dass die Probleme, die die anderen Theorien mit ihr haben, vermieden werden. Sie umgeht außerdem einige merkwürdige Folgen und Auswirkungen, mit denen die anderen Theorien, die nur Ereignis-Verursachung zulassen, sich herumplagen müssen. Der Handlungstheorie gelingt es, das theoretisch zu begründen, was wir rein gefühlsmäßig immer schon wussten, nämlich dass wir frei sind.

Ich glaube nicht an ein Schicksal, das die Menschen ungeachtet dessen, was sie tun und wie sie handeln, trifft; woran ich jedoch glaube, ist, dass das Schicksal sie dann treffen wird, wenn sie gar nichts tun.

G. K. Chesterton

Die Kritiker der Handlungstheorie haben allerdings zwei Einwände gegen sie vorzubringen. Zunächst einmal fragen sie, was denn überhaupt ein Handelnder ist? Ihre zweite Frage richtet sich an den Mechanismus, mit dessen Hilfe Handelnde Handlungen verursachen. Was die zweite Frage betrifft, so muss hier tatsächlich noch einiges geklärt werden. Bei der Antwort auf die erste Frage kann man auf eine ganze Denktradtion verweisen, mit der ich mich im nächsten Teil des Buches beschäftigen werde. Die Handlungstheorie steht im Einklang mit einigen wichtigen Überzeugungen des Menschen. Selbst wenn wir nicht alle Details kennen, z.B. wie ein Handlungsträger eine Handlung verursachen kann, so ist es doch so, dass sie mehr noch als andere Theorien zu Ergebnissen kommt, die wir intuitiv für wahr und richtig halten.

Innerhalb dieser Sichtweise auf die menschliche Freiheit ist unser Platz im Universum von herausragender Bedeutung, da wir die Fähigkeit besitzen, ganz neue Handlungsketten zu verursachen. Wir können neue Geschehnisse in der Welt in Gang setzen. Wir können Dinge verändern und durch unsere Kreativität außerordentliche Sachen erschaffen. Wir sind keine Marionetten des Schicksals, der Logik oder der Wissenschaft. Wir können unser Schicksal selbst bestimmen.

Diese Überlegungen erscheinen vielleicht ein wenig abgehoben. Sie sind das Ergebnis von mitunter ziemlich dunkler philosophischer Argumentation. Die Frage ist aber, ob sie auch stimmen? Sind wir wirklich Handelnde, die nicht gänzlich an die physisch-materiale Verursachung gebunden sind? Ist es möglich, uns gleichsam über den Fluss der natürlichen Ursachen zu erheben und einen Teil unserer selbst in die Natur hineinzubringen?

Die Antworten auf diese Fragen werden teilweise von den Antworten auf noch grundlegendere Fragen abhängen. Was ist ein Handelnder eigentlich? Welche Stellung muss der Mensch in der Natur innehaben, damit all dies möglich sein kann? Sind wir mehr als bloß komplizierte stofflich-körperliche Verbindungsteile in der universalen Ursachenkette? Sind wir zu echter Kreativität imstande?

Sind Menschen bloße körperhafte Wesen? Oder haben wir außer unseren Gehirnen auch noch einen Geist?

Der Mensch ist kein Gefangener des Schicksals, sondern nur ein Gefangener seines eigenen Geistes.

Franklin D. Roosevelt

Wer sind Sie wirklich? Wer bin ich? Um auf diese Fragen Antworten zu erhalten, lesen Sie einfach den nächsten Teil dieses Buches.

Teil V

Das unglaubliche, unsichtbare Du

»Unsere ganze Forschung scheint eine unbestreitbare Schlussfolgerung nahe zu legen. Das Weltall hat tatsächlich ein Aussehen, das, so scheint es, in einem Karomuster mit gerundeten Zwickeln besteht.«

In diesem Teil...

Erkenne dich selbst! Wer sind Sie? Wer bin ich? Sind wir bloß kompliziert aufgebaute Körper, organische Roboter, oder besitzen wir so etwas wie eine Seele? Bestehen wir aus Körper und Seele? Dieser Teil richtet sich an Sie, Brüder und Schwestern im Geiste.

Was ist eine Person?

In diesem Kapitel

- Die Kraft des Geistes
- Überlegungen zum Wesen des Menschseins
- Die Körper-Geist-Debatte
- Überblick über die philosophischen Theorien

Das Einzige von Wert auf der Welt ist die aktive Seele.

Ralph Waldo Emerson

In diesem Kapitel werden wir uns mit philosophischen Theorien darüber auseinandersetzen, was der Mensch ist. Sind wir bloß komplizierte biologisch-stoffliche Organismen, oder haben wir sowohl einen Körper als auch einen Geist? Ist unser Geist nur eine neutrale Struktur aus Gehirnsubstanz, oder besitzt er noch ganz andere Eigenschaften? Antworten darauf erhalten Sie in den folgenden Abschnitten.

Gitarren, Geister und Menschen

Als ich zwölf Jahre alt war und für kurze Zeit Unterricht in klassischer Gitarre bei einem der weltbesten aber auch exzentrischsten Lehrer für klassische Gitarre nahm, habr ich eine faszinierende Erfahrung gemacht. Während er tagsüber als Anstreicher arbeitete, wurde aus Herrn Flossie Moon nachts, wenn er im Hinterzimmer seines kleinen weißen Hauses in Durham, North Carolina, saß und seinen extra für ihn in aller Welt angefertigten Gitarren unglaubliche Töne entlockte, ein musikalischer Virtuose. Er war ein Michelangelo der Gitarrensaiten, und ich konnte ihm dabei zusehen, wie er etwas erschuf. Seine Gitarre auf den Knien haltend bewegten sich seine Finger lautlos von Saite zu Saite, während dabei gleichzeitig die herrlichsten Lieder ertönten. Schneller als ich denken konnte, bewegten sich seine Finger die Tonleiter auf und ab. Plötzlich konnte man seinem Spiel das Geräusch einer Snaredrum entnehmen, was er erreichte, indem er zwei Saiten mühelos mit seiner linken Hand übereinanderlegte, während er mit den Fingern seiner Rechten auf den Klangkörper der Gitarre klopfte und über ihn hinwegstrich. Er konnte alles spielen, Flamenco, klassisch und barock. Welch eine Enttäuschung jedoch, als ich nach Hause zurückkehrte und mich daranmachte, mit meinen Fingern die richtigen Noten zu treffen, um mein erstes Lied, eine kleine Melodie namens *Little Brown Jug*, wenigstens einigermaßen auf meiner Gitarre wiederzugeben.

Noch faszinierender als die Musik aber waren seine Geschichten. Mein Lehrer war Mitglied eines übersinnlichen Zirkels an der örtlichen Universität, der sich von der Arbeit J. P. Rhines, eines frühen Erforschers von übernatürlicher Wahrnehmung, inspirieren ließ. Immer Donnerstags ging ich also zum Gitarrenunterricht. Noch bevor ich aber meine Gitarre auspacken konnte, fing mein Lehrer auch schon von der letzten Sitzung seines Kreises an zu erzählen. Ich erfuhr von Gespenstern, hörte Geschichten über Auren und den Geist von Verstorbenen sowie Berichte über spezielle fotografische Aufnahmen, die die Seele eines gerade gestorbenen Menschen beim Verlassen des Körpers festhielten. Wenn dann die Stunde schließlich begann, so zitterten meine Finger meist so stark, dass ich kaum spielen konnte.

Von klein auf hörte ich immer wieder eine Geschichte, bei der es um übernatürliche oder zumindest nicht physische Phänomene ging. Der Mensch bestehe aus mehr als seinem Körper. Wir dürften annehmen, nach unserem Tode weiterzuleben. Außerdem besäßen wir ungeahnte geistige Kräfte, die wir nur anzuzapfen bräuchten. Das Reich des Geistes sei etwas Besonderes und von großer Stärke.

Die Seele von innen

Unsere Familie besaß ein besonderes Kartenspiel, das wir hin und wieder benutzten, um unsere übersinnlichen Fähigkeiten zu testen. Jemand nahm dabei eine Karte auf, schaute sie sich an und versuchte dann einem anderen Familienmitglied auf telepathischem Wege zu übermitteln, um welche Karte es sich handelte. Wir glaubten durchaus daran, dass man eine geistige Verbindung herstellen könne, ohne dass man sich in direktem physischen Kontakt miteinander befindet.

Der Geist ist alle Zeit der Herrscher über den Kosmos.

Plato

Viele Jahre später, als ich schon längst unsere übersinnlichen Spiele im Familienkreis vergessen hatte, arbeitete ich gerade als frisch gebackener Professor an der Universität Notre Dame. Meine Tochter Sara ging zu der Zeit noch zur Grundschule. Eines abends am Esstisch bemerkte ich, dass Sara einen Stapel mit Spielkarten aus dem Spiel Uno in Händen hielt. Der komplette Satz Karten bestand aus vier Farben mit jeweils gleicher Zahlenbeschriftung. Plötzlich hatte ich die Idee, ein kleines Spiel zu spielen. Ich sagte: »Sara, lass mich mal die Karten anschauen, ohne dass du sehen kannst, welche ich genau angucke. Versuch doch einmal an nichts zu denken und dann zu erraten, welche Farbe ich im Moment sehe.« Voller Vorfreude antwortete sie: »In Ordnung, Papa.« Ich nahm eine Karte auf, schaute sie an und sagte: »Nun, welche Farbe habe ich hier vor mir, Sara?« Sie erriet sofort die richtige. Auch beim zweiten Versuch lag sie richtig, ebenso wie beim dritten. Beim vierten allerdings machte sie einen Fehler. »Na so was«, sagte sie.

Ich fragte: »Sara, war das die erste Farbe, die dir in den Sinn gekommen ist?« Sie zögerte einen Moment und sagte dann: »Nein.« Ich fragte sie daraufhin, an welche

Farbe sie zuerst gedacht hatte, woraufhin sie mir schließlich die richtige Farbe nannte. Ich gab ihr den Rat, immer die Farbe zu nennen, die ihr als erstes in den Sinn käme.

Der erste Gedanke ist immer der beste Gedanke.

Jack Kerouac (1922-1969)

Die nächste Farbe erriet sie wieder richtig. Genauso wie die folgenden zwanzig auch. Schließlich entschied ich mich dazu, das Spiel ein wenig zu variieren. Ich sagte: »Sara, diesmal machen wir es so, dass ich eine Karte ziehe, die ich mir aber nicht anschauen werde. Ich werde sie dann mit der Vorderseite auf deine Schultern legen. Zuerst sagst du mir die Farbe, und erst dann werde ich nachschauen.« Selbst bei dieser Vorgehensweise erriet sie die nächste Karte richtig, ebenso die nächste und wieder die nächste, insgesamt achtunddreißig Mal hintereinander. Ich überlasse es Ihnen, die Wahrscheinlichkeit dafür auszurechnen, dass einem das gelingt. Wir hörten erst auf, als meine Frau uns zum Abendessen rief. Erst später wurde uns klar, wie aufregend das Experiment wirklich gewesen ist.

Wie lang hätte sie so noch weiter machen können? Was in aller Welt ist damals eigentlich geschehen? Verfügt der Geist über Kräfte, von denen wir uns keine Vorstellung machen? Gibt es für unseren Geist Möglichkeiten, Informationen zu erhalten, die auf einem anderem Wege als auf dem normalen des physischen Zeichens, des sensorischen Signals oder eines anderen Kommunikationskanals mitgeteilt werden? Und was sagt uns dies darüber, was ein Mensch ist?

Erinnern Sie sich an das erste Mal, als Ihnen bewusst wurde, dass Sie ein Mensch sind, der sich von allen anderen unterscheidet, und dass Sie ein so reiches Innenleben haben, das in seiner Gänze nur von Ihnen erfahren werden kann? Ich erinnere mich noch deutliche daran, obwohl ich seinerzeit erst zwei Jahre alt war. Es wurde mir eines Tages plötzlich klar, dass die Art, wie ich die Welt und die Menschen um mich herum erfuhr, einer Fernsehsendung ähnelte, die ich immer mit Begeisterung schaute, und die eine Figur mit Namen Tommy beinhaltete. Ich sah mich selbst als Tommy.

In meiner Kindheit herrschte noch die Zeit des Schwarzweißfernsehens; meine Fernsehsendung jedoch wurde in Farbe ausgestrahlt. Ich begann mich plötzlich zu fragen, ob all die Menschen um mich herum, meine Nachbarn und meine Eltern, begriffen, dass dies meine eigene Sendung war und dass sie selbst bloß Statisten darin waren, sozusagen meine Nebendarsteller. Die Vorstellung, dass sie alle vielleicht irrtümlicherweise annehmen könnten, dass diese Sendung *ihnen* gehörte und dass ich bloß eine Statist in ihr sei, machte mich beinahe schwindeln. Dieser Gedanke war nicht nur sehr verwirrend, sondern und auch ein wenig beängstigend für mich.

Kindlicher Solipsismus (die jugendliche Version der sehr absonderlichen philosophischen Vorstellung, dass nur meine Person wirklich existiere). Das im äußersten Maße egozentrische Universum, in dem wir unser Leben beginnen und das wir nur dann verlassen können – was nicht immer gelingen mag – wenn wir uns zu der unvermeidlichen Erkenntnis durchzuringen vermögen, dass die Welt sich nicht allein um uns dreht. Ja, es stimmt, dass ich mich von allen anderen unterscheide, dass ich einmalig bin, so wie alle anderen Menschen auch. Diese anderen jedoch haben genauso wie ich auch ein inneres Leben. Sie besitzen ein eigenes Verständnis ihres »Ich«. Was für eine profunde Entdeckung.

Jeder Mensch ist mehr als nur er selbst. Er repräsentiert außerdem den einzigartigen, sehr besonderen und stets bedeutsamen und bemerkenswerten Kreuzungspunkt, an dem sich die Phänomene der Welt überschneiden, und zwar nur das eine Mal auf diese besondere Weise und sonst nie mehr.

Hermann Hesse

Es gibt ein inneres Theater von sehr eigenen Gedanken und Gefühlen, das von einem anderen Menschen niemals ganz erfahrbar sein wird. Wir können aber einen anderen Menschen berühren und von diesem berührt werden. Nicht nur durch unsere Körper, sondern auch in seelischer Hinsicht. Wir können aus dieser Innenwelt heraustreten und in der Welt Dinge bewirken. Wir können darüber hinaus andere inspirieren, es uns gleich zu tun. Wir können mit anderen jederzeit ein geistiges Band knüpfen und auf diese Weise das unglaublichste geschehen machen.

Was sagt das alles über mich und über Sie als personale Wesenheiten in dieser Welt aus? Was sind wir? Sind wir nur Geist? Ist der Körper alles, was existiert? Oder bestehen wir vielmehr aus beidem? Was macht das Menschsein aus? Die Philosophen beschäftigen sich mit diesen Fragen schon seit frühesten Zeiten. Ihre Antworten darauf sind mannigfaltiger Art.

Philosophische Theorien über den Menschen

Es gibt eine Vielzahl von philosophischen Theorien darüber, was der Mensch ist. Nachdem ich jahrelang hunderte von Studenten jedes Semester unterrichtet hatte, erkannte ich am Ende, dass man fast jede dieser Theorien in den Ansichten und Überzeugungen eines willkürlich gewählten Ausschnitts der Bevölkerung wiederfinden kann. In den tausenden von Jahren, während der die Philosophen versucht haben, die Natur des Menschen zu analysieren, haben sich schließlich nur einige wenige gänzlich voneinander verschiedene Theorien herauskristallisiert. Ihre Gesamtheit ergibt eine vielgestaltige Ansammlung von Möglichkeiten.

Als erste Orientierung wollen wir zunächst einen Blick auf die allgemeinen philosophischen Theorien darüber werfen, was überhaupt existiert. Diese vorläufige Betrachtung wird uns einen übergreifenden Rahmen für das Verstehen der unterschiedlichen Theorien über den Menschen liefern.

Monismus

Der Monismus glaubt, dass die Wirklichkeit und alles in ihr Existierende nur auf einem Seinsprinzip aufbaut. Egal welche Ausprägung der monistischen Philosophie man gerade vor sich hat, allen gemein ist die Vorstellung, dass es nur eine Substanz, ein Prinzip alles Seienden gibt. Alles in der Welt ist dementsprechend nur eine Ausformung dieser einen Substanz. In der gegenwärtigen Physik ist es die Stringtheorie, die so etwas wie die jüngste Version des Monismus darstellt, insofern als sie annimmt, dass alles letztlich aus eindimensionalen, energetischen Strings besteht – was immer das auch genau bedeutet.

Historisch haben sich zwei Hauptformen des Monismus herausgebildet: Der Materialismus und der Idealismus.

Der **Materialismus** ist diejenige Theorie, die sagt, dass alles Seiende – auch die Seele und der Geist – aus Materie besteht, der sich zu stofflichen Gegenständen ausformt. Die Materie in all ihren Verwandlungen und Verbindungen ist das ursprüngliche und einzig existierende Seinsprinzip.

✔ Der **Idealismus** besagt, dass das einzig Existierende, d.h. alles objektiv Wirkliche, der Geist ist (immateriell denkendes Seiendes) sowie die Ideen, die dieser Geist denkt. Alles nicht geistige Seiende ist bloß eine Illusion, eine von unserem Geist erschaffene oder erzeugte Scheinwirklichkeit. Das ganze stoffliche Universum ist nichts anderes als die Gesamtheit der Ideen, die als Seinsprinzipien ihren Ursprung in Gott, dem Weltgeist oder anderen übergeordneten Prinzipien haben. George Berkeley (1685-1753) war der vielleicht bedeutendste der idealistischen Philosophen. Heutzutage hat sich das Feld der wirklich idealistische Auffassungen vertretenden Philosophen weitgehend gelichtet, obwohl durch die Erkenntnisse der Physik einige zeitgenössische Philosophen versucht haben, diese Vorstellung von der Welt neu zu durchdenken.

Dualismus

Die Vertreter des Dualismus sind der Ansicht, dass es zwei grundlegende Arten von Seiendem gibt. Auf der einen Seite den Geist und auf der anderen die Materie; seelische Eigenschaften hier und stofflich-körperliche dort. Es gibt sowohl die Natur wie auch den Geist. Diese Theorie gibt es in unterschiedlichen Ausformungen.

Die Materie ist nach der Vorstellung eines dualistischen Philosophen wie Descartes durch die zwei Eigenschaften Masse und Ausdehnung charakterisiert. Der Geist hat hingegen ganz andere Eigenschaften. Nach Descartes kann der Geist zwar als in der Zeit befindlich begriffen werden, eine räumliche Ausdehnung (d.h. so etwas wie eine Höhe, Breite oder Tiefe) hat er aber nicht. Auch besitze er keine Masse. Der Geist ist denkendes Seiendes. Darin besteht sein Wesen. Dies macht ihn zu etwas vollkommen anderem als die Materie.

Der Dualismus als Theorie vom Wesen des Menschen, als Theorie, die den Menschen als zusammengesetztes Wesen denkt, bestehend aus Geist und Materie in inniger Beziehung zueinander, hat einen allgemeinen metaphysischen Dualismus zur Folge. Wenn wir aus zweierlei Seiendem bestehen, dann muss die Wirklichkeit auch aus (mindestens) zwei verschiedenen Prinzipien zusammengesetzt sein. Prinzipiell ist es jedoch möglich, eine dualistische Philosophie zu vertreten, ohne diese auch auf den Menschen übertragen zu müssen. Eine solche Philosophie verträte die Position, dass es zusätzlich zum stofflichen Universum noch einen immateriellen Gott gibt, dass aber die Menschen, wie andere Lebewesen auch, bloß komplexe materielle Dinge seien. Obwohl eine derartige Kombination von Anschauungen eher selten ist, kenne ich zumindest einen Philosophen, der eine solche vertritt. Meistens jedoch findet man die Ansicht, dass der Dualismus sowohl für die Beschreibung der Wirklichkeit insgesamt als auch für die menschliche Natur gilt.

Die materialistische Auffassung vom Wesen des Menschen muss daher nicht automatisch eine allgemeine materialistische Grundhaltung zur Folge haben. Es ist durchaus möglich zu glauben, dass Menschen stoffliche Wesen sind und dennoch die Auffassung zu vertreten, dass es zumindest eine nicht stoffliche Wesenheit gibt, wie z.B. Gott. Eine allgemeine monistische Theorie hingegen bestimmt natürlich das Wesen des Menschen immer nach dem gleichen monistischen Prinzip, das es auch allem anderen Seienden zugrunde legt. Der Grund hierfür ist sehr einfach. Wenn man die Überzeugung vertritt, dass alles, was ist, aus Materie besteht, dann müssen auch wir selbst notwendigerweise aus nichts weiter als Materie zusammengesetzt sein. Wenn man dagegen sagt, dass das einzige Seinsprinzip der Geist sei, so sind auch wir Menschen Geistwesen und sonst nichts.

Im Gegensatz zu den Ansichten der meisten Leute ist der Materialismus keine Erfindung aus jüngster Zeit. Materialisten gab es schon in der Antike, so z.B. Lukrez oder Demokrit von Abdera. Ich glaube aber, dass man alles in allem behaupten kann, dass bis vor einigen hundert Jahren der Materialismus selbst unter Philosophen eine Minderheitenmeinung war. Die breite Masse der Bevölkerung neigte eher zu einer dualistischen Sicht der Dinge, von der man annahm, dass sie dem Wesen des Menschen viel näher komme.

Der Grund für unsere Neigung zum Dualismus ist einfach zu erklären. Wir verfügen offensichtlich über Körper. Meiner hat eine bestimmte Größe und Gewicht. Er ist träge, wenn ich müde bin, und aktiv, wenn ich meinen täglichen Verpflichtungen nachkomme. Er nimmt Nahrung auf und scheidet Überflüssiges wieder aus.

Der Unterleib ist der Grund dafür, warum der Mensch Mühe damit hat, sich als Gott zu betrachten.

Friedrich Nietzsche (1844-1900)

Ich handele vermittels meines Körpers. Nur durch ihn kann ich sprechen. Mit meinen Händen mache ich Gesten. Um zu arbeiten, zu spielen und mich auszudrücken, benötige ich meine Arme, Beine und andere Teile meines Körpers. Verletzungen spüre ich als Schmerz; Berührungen bereiten mir Vergnügen. Fieber wiederum erzeugt Unbehagen. Je älter ich werde, um so mehr Aufmerksamkeit muss ich darauf verwenden, mich um ihn zu kümmern, ihm Nahrung zuzuführen und ihn ganz allgemein zu pflegen und in Schuss zu halten. Ich sage zwar, dass ich einen Körper habe; ich besitze ihn aber nicht in der gleichen Weise wie ich ein Fahrrad oder ein Auto besitze. Er dient nicht nur einfach einem Zweck. Mein Körper ist bis zu einem gewissen Grade Ich. Wenn andere ihn sehen, so sehen sie mich und nicht nur meinen kostbarsten Besitz.

Genauso offensichtlich haben wir auch einen Geist – vielleicht nicht unbedingt jeder, mit dem ich je zu tun hatte, aber doch die meisten von uns. Wir fühlen Schmerz und Vergnügen. Wir erfahren innerlich Freude und Leid. Wir denken, überlegen, reflektieren, träumen und hegen Hoffnungen für die Zukunft. Wir empfinden die unterschiedlichsten Sinnesreize. Die Farben, Töne und Gerüche, die ich wahrnehme, können aufregend und großartig sein. Ich hege Gedanken und habe ständig Ideen. Kurz: Ich besitze einen Geist.

Wenn ich sage, ich habe einen Geist, so ist diese Form des Habens nicht gleichzusetzen mit dem Haben einer Gitarre. Die Gitarre besitze ich, genauso wie mehrere Paar Schuhe, meinen Computer oder auch meinen Hund. Meinen Geist *besitze* ich aber nicht. Ich *bin* vielmehr irgendwie dieser Geist. Wenn Sie meinen Geist kennenlernen, so lernen Sie gleichzeitig mich kennen.

Der Geist ist das wahre Selbst, nicht aber jene körperliche Gestalt, auf die du mit deinem Finger zeigen kannst.

Cicero

Doch einen Augenblick. Wenn ich mein Geist bin und mein Körper irgendwie mit mir identisch ist und außerdem mein Geist sich von meinem Körper unterscheidet, wie passt das alles dann zusammen? Die Vertreter des Dualismus sind der Ansicht, dass wir aus verschiedenen Teilen bestehende Wesen sind – teils Geist, teils Körper. Es gibt einen körperlichen sowie einen geistigen Teil von Tom Morris, die beide zusammen mich ergeben.

Plato dachte, dass unser Wesen unser Geist wäre und dass wir für die Spanne unseres Lebens nur in unserem Körper gefangen seien. Wir (d.h. unser Geist) existierten schon vor unserer Ver-Körperung als Menschen aus Fleisch und Blut und werden auch noch dem Tode unseres Körpers weiter bestehen. In seinen Dialogen erscheint Sokrates dementsprechend als ein Mensch, der dem Tode freudig entgegen sieht wie etwas, das ihn aus seiner physisch-körperlichen Einkerkerung befreien wird.

Querschnittsgelähmte Menschen fühlen sich sicher in ihrem Körper oft wie Gefangene. Wenn wir altern, so mögen wir manchmal das Gefühl haben, dass das Gesicht, das uns im Spiegel anblickt, ein uns fremdes ist. In seinen letzten Lebensjahren sagte mein Vater oft, dass der Kontrast zwischen dem Aussehen seines Spiegelbildes und dem Gefühl, das er beim Blick in den Spiegel hatte, ihn sehr häufig verblüffen würde. Er sagte, dass er sich immer noch so fühlen würde, als wäre er erst neunzehn. Sein Gesicht aber, das ihm im Spiegel entgegen blickte schaute aus wie fünfundsechzig. Er fühlte sich, als wäre er auf einem sinkenden Schiff gefangen.

In Momenten der Krankheit sind wir plötzlich genötigt einzugestehen, dass wir nicht alleine leben, sondern an ein Wesen aus einer anderen Sphäre gebunden sind, von dem uns Welten trennen, das von uns keinerlei Kenntnis besitzt und dem wir uns unmöglich verständlich machen können: unser Körper.

Marcel Proust (1871-1922)

Descartes, der Vater der modernen Philosophie, sagte, dass wir auf ganz andere Weise zu unserem Körper in Beziehung stehen als der Kapitän zu seinem Schiff. Wir steuern nicht nur von Punkt A nach Punkt B. Wir verfügen zusätzlich noch über eine nach innen gerichtete Perspektive. Zwischen Geist und Körper besteht eine intime Verbindung, die nicht ganz einfach zu beschreiben ist, die wir aber doch unmittelbar begreifen. Wie steht unser Geist mit unserem Körper in Verbindung? Sind es wirklich zwei verschiedene Formen von Seiendem, oder sind beide vielleicht auf einer tieferen Ebene Eins? Stehen sie in Wechselwirkung miteinander oder nicht? Repräsentiert der Geist eine höhere Form der Realität als der Körper, oder ist dies bloß eine Täuschung vermöge der neuralen Aktivität eines ausgesprochen stofflichen Gehirns?

Theorien zum Körper-Geist-Problem

Der Idealismus ist unter den Philosophen ein wenig aus der Mode gekommen, da es keine zwingenden Argumente für die Vorstellung zu geben scheint, dass nichts weiter als der Geist und seine Ideen existiere. Dennoch ist es so, dass die Physik der letzten einhundert Jahre immer mehr Indizien gesammelt hat, die darauf hindeuten, dass die Natur doch nicht aus den gewohnten stofflich-physikalischen Objekten besteht, wie wir gewöhnlich annehmen, sondern dass ihr andere Seinsformen und Prozesse zugrunde liegen, die sich von denen in der Makrowelt doch sehr unterscheiden. Am Schluss könnte es darauf hinauslaufen, dass eine materialistische Theorie der Welt, die all die neuen Erkenntnisse in sich aufnehmen würde, sich zumindest in einigen Hinsichten von einer bestimmten Art des Idealismus nicht mehr unterscheiden würde. Das sei hier allerdings nur am Rande erwähnt.

Die Kernaussage des Materialismus als Theorie über das Wesen des Menschen sagt, dass wir unsere Körper sind und sonst nichts. Es existiert kein nicht stofflicher Geist, keine Seele, keine Gedanken oder Gefühle. Das einzig Existierende beim Menschen ist seine stoffliche Körperlichkeit und gewisse physiologische Vorgänge in ihm.

Es gibt verschiedene Versionen des Materialismus, die für den akademischen Philosophen von Interesse sind. Der *eliminative Materialismus* behauptet, dass es so etwas wie Gedanken oder Schmerzen nicht gibt. Existieren würden alleine das Gehirn und neuronale Ereignisse. Der *reduktive Materialismus* dagegen lässt die Existenz von Gedanken und Empfindungen zu; für ihn sind sie aber identisch mit neuralen Vorgängen, Zuständen und Prozessen. Darüber hinaus gibt es noch Abwandlungen des Materialismus wie z.B. die analytische Verhaltenstheorie, um die wir uns jedoch nicht weiter kümmern werden. Für unsere Belange ist es ausreichend, wenn wir uns nur mit der zentralen Behauptung des Materialismus auseinandersetzen, dass wir nämlich nichts weiter als Stoffansammlungen seien, wenn auch besonders interessante, die noch dazu über beträchtliche Intelligenz verfügen.

Der Dualismus hingegen ist von anderer Art. Es gibt im Wesentlichen drei verschiedene geschichtliche Versionen des Dualismus, die es durchaus wert sind, dass wir sie im Detail vorstellen.

Interaktionismus

Der Interaktionismus ist die verbreitetste Form des Körper-Geist-Dualismus. Er ist diejenige metaphysische Theorie, die zu den festen Überzeugungen der meisten Menschen gehört, ohne dass diese aber jemals etwas von philosophischer Spekulation gehört haben müssten. Der Interaktionismus behauptet, dass Geist und Körper zwei getrennte Formen von Seiendem seien, die ursächlich aufeinander wirken können und dies auch tatsächlich tun. Bestimmte körperliche Funktionen verursachen geistige Zustände, wie auch umgekehrt gilt, dass die Befindlichkeit des Geistes auf den Körper zurückwirkt.

Der Mensch ist sich selbst das wunderbarste Wesen der Natur, denn was sein Körper sei, das vermag er nicht zu sagen, noch weniger aber, was denn sein Geiste sei, am wenigsten jedoch ist ihm erklärlich, wie der Körper denn mit dem Geiste zusammenwirken solle.

Pascal

Ein geistiges Ereignis kann zu einem körperlichen Ereignis führen. Jemand kann sich dazu entschließen, mich unvermuteterweise am Arm zu berühren. Dieses geistige Ereignis, nämlich die Entscheidung, dies zu tun, kann die reale körperliche Handlung des mich Berührens zur Folge haben. Entsprechend wird das reale Ereignis auch ein geistiges Ereignis in mir auslösen, und zwar die je nach dem positive oder negativ erlebte Empfindung, dass ich berührt werde.

Epiphänomenalismus

Eine andere Form des Dualismus ist der Epiphänomenalismus. Innerhalb dieses Theorierahmens ist der Geist ein Epiphänomen, d.h. ein Nebenprodukt des Körpers und seiner Prozesse. Entgegen allem Anschein kann der Geist selbst dabei keine körperlichen Reaktionen verursachen. Es ist aber durchaus möglich, dass der Körper auf die Zustände des Geistes wirkt. Die Berührung eines Menschen kann also nach der epiphänomenalistischen Theorie einen angenehmen Gemütszustand erzeugen. Die Ursache für die Handlung des Berührens kam jedoch nicht durch eine im Geist zu lokalisierende Entscheidung oder Absicht zustande, sondern ist nichts weiter als ein Effekt bestimmter neuronaler Muster. Die Entscheidung ist demnach ein Nebenprodukt eines körperlichen Prozesses, bei dem ein neuronales Ereignismuster ein anderes erzeugt, welches schlussendlich in die Handlung mündet, dass ein anderer Mensch berührt wird.

Worin besteht die Motivation, die epiphänomenalistische Theorie für wahr zu halten? Ist es nicht mehr als offensichtlich, dass unsere Gedanken, Entscheidungen und Absichten die Ursache von körperlichen Reaktionen sein können? Selbst eine einfache Empfindung kann schon eine Reaktion des Körpers auslösen. Stellen Sie sich nur vor, wie Sie von einer Biene gestochen werden. Was ist der Grund dafür, dass Philosophen die Existenz des Geistes zwar anerkennen, aber dennoch bestreiten, dass er auch als Ursache auf den Körper wirken kann?

Früher glaubten die Menschen fest daran, dass die Erde eine flache Scheibe sei. Von einer Sache fest überzeugt zu sein, führt einen aber noch nicht auf den Weg der Wahrheit. Es mag uns zwar durchaus offensichtlich erscheinen, dass geistige Zustände physische Handlungen auslösen; stimmen muss dies deswegen aber noch lange nicht. Es gab Philosophen, die die unbestreitbare Existenz von Erfahrungen des Geistes nicht bestreiten konnten und die daher an den Dualismus glaubten. Zur selben Zeit aber waren sie der Meinung, dass aufgrund der Erkenntnisse der Wissenschaften natürliche physikalische Systeme wie das stoffliche Universum geschlossene Systeme sein müssten, bei denen keinerlei ursächliche Einwirkung von außen möglich ist. In der Überzeugung, dass alle physikalischen Ereignisse auch physikalische Ursachen haben, womit gleichzeitig auch sichergestellt ist, dass Ereignisse in der stofflichen Welt prinzipiell auch wissenschaftlich erklärbar sind, wurden diese Philosophen schließlich zu Epiphänomenalisten.

Parallelismus

Einige wenige Vertreter der dualisitischen Theorie haben nicht nur die Möglichkeit verneint, dass der Geist ursächlich auf den Körper wirken könne, sondern auch den umgekehrten Fall, dass körperliche Zustände eine Veränderung geistiger Zustände bewirken, beispielsweise, dass Verletzungen des Körpers Schmerzen auslösen. Ebensowenig sind Lichtstrahlen die Ursache dafür, dass wir etwas sehen, noch sind Schallwellen der Auslöser von Hörempfindungen. Damit dies überhaupt möglich und denkbar ist, nehmen sie an, dass zwischen dem Körperlichen und dem Geistigen eine vorgängige Ordnung, eine Art *prästabilisierte Harmonie* durch Gott (eine besonders der Philosophie von Gottfried Wilhelm Leibniz eigene Vorstellung) oder einem anderen metaphysischem Prinzip herrscht. Die Ereignisse, bei denen der Körper und der Geist beteiligt sind, laufen zwar parallel zueinander ab, sie treten aber nie in Wechselwirkung miteinander.

Der Grund für diese Vorstellung liegt oft wiederum in einer wissenschaftlichen Anschauung der Welt begründet. Damit die Natur als geschlossenes System nicht gefährdet wird und das Prinzip der Energieerhaltung in physikalischen Systemen nicht verletzt wird, bestreitet der Parallelismus die Existenz einer ursächlichen Energie, die diese Trennung zwischen Körper und Geist überschreiten könnte. Der Parallelismus ist der Ansicht, dass ein Vorteil dieser Theorie darin besteht, dass man so die rätselhafte ursächliche Verbindung zwischen Körper und Geist vermeiden könne, deren Zustandekommen wir noch gar nicht verstanden hätten. Der Parallelismus erlaubt lediglich, dass geistige Zustände Ursache für andere geistige Zustände sind und dass eine körperliche Reaktion eine andere verursachen kann. Diese Theorie ist geeignet, das Problem der Existenz einer Schnittstelle, an der die unterschiedlichen Seinsformen von Körper und Geist über eine ursächliche Beziehung den Abgrund zwischen ihnen überbrücken, zu vermeiden.

Einengung der Wahlmöglichkeiten

Wir wollen wissen, wer wir sind. Worin besteht unser Wesen? In Kapitel 14 werden die wichtigsten Argumente angeführt, die uns bei der Beantwortung dieser Fragen helfen können. In diesem Abschnitt wollen wir jedoch das Feld ein wenig einengen.

Die meisten Anhänger des Dualismus sind Interaktionisten, d.h. sie glauben, dass sowohl der Geist ursächlich auf den Körper wirkt als auch an den umgekehrten Fall, dass der Körper den Geist beeinflusst. Der Parallelismus dagegen ist einfach eine zu absonderliche Theorie, da es letztendlich nicht zu erklären ist, wie der Geist und die stoffliche Welt ohne jede Wechselwirkung miteinander in vollkommen getrennten Welten existieren können. Die Vorstellung, dass es sich entweder um eine ständig bestehende zufällige Übereinstimmung handelt oder um eine bis ins Kleinste hinein wirkende göttliche Harmonie, scheinen beide gleichermaßen unschlüssige Hypothesen zu sein, um die vollkommene Parallelität von geistiger und stofflicher Sphäre zu erklären. Dazu kommt noch, dass der Parallelismus unserer tiefen Überzeugung zuwiderläuft, dass wir ohne Zweifel Veränderungen in der Welt der materialen Gegenstände kraft der Entscheidungen und Absichten unseres Geistes bewirken können. In Kapitel 14 werden wir uns deshalb mit dem Parallelismus nicht weiter auseinandersetzen.

Der Epiphänomenalismus vermag durchaus unsere Überzeugung in seine Theorie zu integrieren, dass körperliche Zustände vielerlei Arten von Erfahrungen auszulösen vermögen. Genau wie der Parallelismus versagt er aber, wenn es darum geht, eine Erklärung dafür zu finden, dass wir doch offensichtlich in der Lage sind, einen Entschluss auch in die Wirklichkeit umzusetzen. Die meisten Anhänger der Theorie des Dualismus würden nur dann bereit sein einzugestehen, dass der Geist nur auf sich selbst bezogen ist, wenn sie dazu genötigt würden. Es gibt aber gar keinen überzeugenden Grund, die Anhänger des Dualismus zu dieser Haltung zu zwingen. In Kapitel 14 werden wir also auch die epiphänomenalistische Version der Theorie des Dualismus nicht weiter beachten. Wenn wir nach der Wahrheit des Dualismus fragen, so werden wir dabei im Sinn behalten, welche Sichtweise die Menschen üblicherweise vertreten, nämlich einen ausgeprägten Interaktionismus.

In ähnlicher Weise brauchen wir uns bei der Diskussion der Vor- und Nachteile des Materialismus als einer Theorie vom Wesen des Menschen nicht mit der Vielzahl von existierenden Versionen dieser Theorie herumzuschlagen. Für die meisten von uns spielt es einfach keine Rolle, ob die analytische Verhaltenstheorie Recht hat mit ihrer Behauptung, dass die Sprache, die geistige Vorgänge wiedergibt, semantisch im Sinne von Sprache über bestimmtes Verhalten analysiert werden kann. Wir wollen wissen, ob wir Seelen haben oder nicht. Sind wir mehr als bloß komplizierte organische Maschinen? Selbst die Unterschiede zwischen eliminativem und reduktivem Materialismus stehen somit nicht im Zentrum unserer Überlegungen. Sind wir nur aus Stoff gemacht, oder bestehen wir noch aus etwas anderem? Dies ist die einfache Kernfrage unserer andauernden Erkundung des Problems von Körper und Geist in Kapitel 14.

Argumente für den Materialismus

14

In diesem Kapitel

- Die Argumente für den Materialismus
- Die positiven Argumente des Materialismus
- Die Kritik des Materialismus am Dualismus
- Allgemeine Beurteilung des Materialismus

Es gibt ein Schauspiel, das großartiger als das Meer ist, nämlich der Himmel; großartiger noch als der Himmel aber ist das Innere der Seele.

Victor Hugo

Die Welt der Intellektuellen ist heutzutage zwischen den Anhängern des Materialismus und denen des Dualismus geteilt. Einige sehr kluge Wissenschaftler behaupten, dass wir Menschen nichts weiter seien als aus Materie bestehende Organismen, die sich aus sehr viel primitiveren Formen von Leben entwickelt hätten, und dass das ganze Reich des Geistigen sozusagen bloß ein neuronaler Schatten sei, der gleichsam von der Aktivität des Gehirns geworfen werde. Andere wiederum widersprechen dem vehement und behaupten, dass wir dualistische Wesen seien, deren stoffliche Seite eine ganz andere Art von Wirklichkeit verkörpere und repräsentiere, nämlich die geistige oder spirituelle, die letzten Endes die wichtigerere Dimension unserer Existenz darstelle.

Die Körper-Geist-Debatte dauert nun schon Jahrtausende an. Wir sollten bei diesem Thema jedoch nicht leichthin mit dem Achseln zucken und sagen: »Nun, ich gebe auf. Das ist mir zu schwierig. Überlassen wir die Lösung des Problems doch einfach den Experten.« Denn: Diese Frage zielt genau auf den Kern dessen, wer wir sind. Sind wir mehr als nur unser Körper oder ist dem nicht so? Sind wir freie, schöpferische Menschen, die in die stoffliche Welt hinein wirken können, oder sind wir bloß komplizierte, durch unsere ererbten Anlagen und unsere Umwelt vollständig programmierte organisch-organismische Maschinen? Gibt es Wege, Wissen zu erlangen, die über diejenigen an physische Signale gebundenen hinausgehen, oder sind wir auf die Informationen beschränkt, die wir über unsere recht groben Sinne aufnehmen? Gibt es etwas, das nach dem Tode weiter bestehen bleibt, oder ist der Tod das Ende eines Menschen als Person? Sind diese Fragen unsere Aufmerksamkeit wert? Nun, darauf können Sie wetten!

Die Antwort auf die Frage nach dem Wesen des Menschen wird man nicht unbedingt bei den Experten finden, da jeder Ihnen etwas anderes erzählen wird, egal wie intelligent oder aufrichtig er oder sie auch immer sein mag. Was sollen wir also tun? Wir müssen es wohl selbst herauszufinden versuchen. Wie sollen wir das aber schaffen, wenn selbst Nobelpreisträger sich bisher noch nicht haben einigen können? Vielleicht ist es ja so, dass sie irgendwo einen blinden Fleck in ihrem wissenschaftlichen Denkansatz haben; auch ist es möglich, dass ein Vorurteil ihnen die Sicht auf die Lösung eines philosophischen Problems verstellt. Vielleicht haben nun aber *Sie* ja gerade nicht diese besondere, Ihnen den Blick verstellende Blockade. Woher Sie das wissen können? Nun, indem Sie einfach mal versuchen, sich auf die Fragen der Philosophie einzulassen. In diesem Kapitel werden wir uns mit den wichtigsten Argumentationslinien der beiden Haupttheorien zum Körper-Geist-Problem befassen, und ich werde Sie darum bitten, Ihren eigenen Verstand bei der Entscheidung über das Für und Wider einzusetzen.

Niemand kann ein großer Denker werden, solange er nicht einsieht, dass die erste Tugend eines Denkers die ist, seinem Verstand zu folgen, egal zu welcher Schlussfolgerung er ihn auch führen mag.

John Stuart Mill (1806-1873)

Die positiven Argumente

Der Materialismus führt für die Richtigkeit seiner Theorie sowohl positive als auch negative Argumente ins Feld. Die positiven Argumente sollen die These untermauern, dass der Mensch nichts weiter als ein stoffliches Wesen ist. Seine negativen Argumente stellen eine Kritik am Dualismus dar, der hartnäckigsten Alternative zum Materialismus. Um zu verstehen, warum man zur materialistischen Auffassung neigen kann und wieso der Materialismus glaubt, mit Hilfe seiner Argumente andere überzeugen zu können, müssen wir uns mit beiden Arten von Argumenten befassen. Zunächst wende ich mich den positiven zu.

Das Mensch-ist-ein-Tier-Argument

Dieses Argument geht von der einfachen Behauptung aus, dass wir uns erstens evolutionär aus Tieren entwickelt haben, wodurch wir selbst nichts anders als Tiere sind. Dazu kommt noch, dass wir uns letztlich, wenn man noch weiter in der Zeit zurückgeht, aus einfachen organischen Lebensformen entwickelt haben, die offensichtlich über keinen Geist und keine sich ihrer selbst bewussten Seele verfügt haben können. Daraus folgert der Materialismus, dass wir als die Nachkommen dieser frühen Lebensformen sehr wahrscheinlich auch über keinen Geist und keine Seele verfügen. Aus Materie entsteht nur weitere Materie. Stoff kann nur weiteren Stoff erzeugen. Wenn die Evolutionsbiologie Recht hat, dann sind wir nicht mehr als bloß hochentwickelte biologische Lebensformen und sonst nichts. Soweit die Behauptung des Materialismus.

Einige Vertreter der Theorie des Dualismus stoßen sich an der Tatsache, dass der Mensch so viel mit den Tieren gemeinsam hat. Descartes war der Ansicht, dass der Mensch eine Seele habe, dass aber die Tiere keine besäßen. Wäre dies doch der Fall, so würde das natürlich einen großen Unterschied bedeuten. Für Descartes war der Geist, bzw. die Seele, gleichsam das Theater des Bewusstseins. Wie kann es dann aber sein, dass manche Tiere ganz offensichtlich das Vermögen besitzen, Schmerz und

Freude zu empfinden? Denken Sie nur daran, wie Ihr Hund reagiert, wenn Sie ihm seinen Bauch kraulen oder an sein Geheule und Gewinsel, wenn er sich verletzt hat. Wenn die Seele wirklich die Bühne ist, auf der sich die Empfindungen des Bewusstseins abspielen, so scheint es oft so zu sein, dass Tiere eine Seele haben müssen. Wenn man aber andersherum argumentiert, so kann man mit gleichem Recht behaupten, dass die Annahme, ein Hund sei nichts anderes as ein biologischer Organismus, ein Grund dafür ist, der Überzeugung zu sein, dass der Mensch trotz seines inneren Reichtums und der Verwickeltheit seines Gemütes doch auch nichts weiter als eine Erscheinungsform der auf seine reine Körperlichkeit beschränkten kreatürlich-organismischen Existenz darstellt.

Was ist nun, wenn die evolutionsbiologische Theorie stimmt? Ist es nicht trotzdem möglich, dass wir Eigenschaften besitzen, die unseren Vorfahren fehlten? Mein Sohn hat lockiges Haar, ich dagegen nicht. Mein Vater hatte eine Glatze, ich hingegen bin nicht damit geschlagen. Natürlich wird der Materialismus hier einwenden, dass die Behauptung, einen nicht stofflichen Geist zu besitzen, etwas ganz anderes ist als mit oder ohne einen Lockenkopf auf die Welt gekommen zu sein, da der Geist einer ganz anderen metaphysischen Ebene entstammt.

Das Argument des Materialismus können wir hier in dem Bild zusammenfassen, dass ein Fluss immer den Berg hinunter fließt, niemals aber hinauf. Es gilt nun aber auch, um im Bilde zu bleiben, dass weder Wasserstoff noch Sauerstoff alleine nass sind. Führt man sie jedoch auf die richtige Weise und im richtigen Verhältnis zusammen, so entsteht wie von Geisterhand die Eigenschaft »Nässe«. Eigenschaften, die nur dann auftreten, wenn verschiedene Teile miteinander kombiniert werden, lassen sich überall finden. Kein einzelner Bildpunkt einer Fotographie miener Frau sieht aus wie meine Frau. Nimmt man aber ausreichend viele und fügt sie aneinander, so erscheinen schon bald ihre charakteristischen Züge.

Es könnte ja durchaus auch so gewesen sein, dass mit fortschreitender Komplexität des Lebens auf Erden einige Lebensformen plötzlich die Fähigkeit entwickelten, Erfahrungen zu sammeln, sich ihrer Umwelt bewusst zu werden sowie alle anderen damit einhergehenden höheren geistigen Funktionen in sich zu vereinen. Meine ich hiermit, dass natürliche Zustände des Nervensystems den Geist erzeugen? Nein, durchaus nicht. Es könnte jedoch so sein, dass, wenn ein aus Materie aufgebautes System nur hinreichend komplex genug wird, dass es dann in die Lage versetzt wird, die Funktion eines Geistes zu generieren, d.h. zu erzeugen. Eine geringfügigere oder irgendwie ungeeignete Komplexität reicht hierfür einfach nicht aus. Wenn nun eine Eigenschaft aus Teilen erzeugt werden kann, die diese Eigenschaft als Teile noch nicht besitzen, dann müsste es auch möglich sein, dass die Bedingungen für die Erschaffung geistiger Funktionen aus der natürlichen evolutionären Entwicklung hin zu immer neuen, wenn auch zu Anfang äußerst einfachen Lebensformen abgeleitet werden können. Das Erstaunlichste dabei ist, dass dieser Vorgang am Ende uns hervorgebracht hat.

Der Mensch, wie wir ihn kennen, ist eine armselige Kreatur. Er ist jedoch auf halben Wege zwischen Affe und Gott, und er bewegt sich in die richtige Richtung.

Dean William Ralph Inge (1860-1954)

Das Argument: Künstliche Intelligenz

Das folgende Argument ist dem schon erwähnten Mensch-Tier-Argument ziemlich ähnlich. Wir bauen immer kompliziertere Computer, von denen einige heute schon so weit entwickelt sind, dass sie selbständig lernen können, indem sie ihr Programm in Abhängigkeit von eingehenden Informationen ständig ändern. Es ist durchaus nicht abwegig sich vorzustellen, dass es irgendwann in der Zukunft einmal möglich sein wird, einen Supercomputer zu bauen, der das menschliche Gehirn so täuschend echt nachzuahmen vermag, dass sein Verhalten ununterscheidbar von dem eines intelligenten Menschen mit all seinen Bewusstseinsfunktionen sein wird. Der Computer selbst wird nichts weiter sein als ein aus Materie bestehendes Ding. Da er aber über dieselben »geistigen« Funktionen verfügen wird wie wir auch, so folgt, dass auch wir nichts anderes sind als aus Materie bestehende Objekte.

Dieses Argument hat nun jedoch die gleichen Schwächen wie das vorhergehende. Der Dualismus würde hier einwenden, dass es eine Form der Voreingenommenheit ist zu denken, dass nur bestimmte auf dem Element Kohlenstoff aufbauende Lebensformen zu geistigen Leistungen in der Lage sind. Es könnte vielmehr so sein, dass es nur einer ausreichenden Komplexität eines Systems bedarf, damit dieses auch zu geistigen Fähigkeiten imstande ist, sei es, dass der Geist auf natürliche Weise diesem System entspringt oder mit dem System derart verbunden ist, dass dessen sich einstellende Eigenschaften als passender Träger einer geistigen Funktionseinheit dienen können. Der Materialismus argumentiert also folgendermaßen:

1. Der weit entwickelte Supercomputer ist in seinem Verhalten von einem Menschen nicht zu unterscheiden.
2. Der Supercomputer hat keinen Geist; daher gilt:
3. Der Mensch besitzt auch keinen Geist.

Der Dualismus antwortet darauf:

1. Der weit entwickelte Supercomputer ist in seinem Verhalten von einem Menschen nicht zu unterscheiden.
2. Der Mensch besitzt einen Geist; daher gilt:
3. Der Supercomputer muss auch einen Geist haben.

Natürlich könnte der Dualismus auch argumentieren, dass es, wenn schon kein Unterschied im Verhalten, so doch zumindest einen Unterschied hinsichtlich des metaphysischen Status' zwischen dem hypothetisch angenommenen Endprodukt der Forschung über künstliche Intelligenz und unserem Geist, bzw. gar unserer Seele gibt. Wir wollen hier aber lediglich herausstellen, dass das Argument des Materialismus nicht funktioniert, und im Folgenden nicht weiter darauf eingehen.

Das Argument: Biochemie des Gehirns

Wir nehmen wahr, dass der Geist sich mit dem Körper entwickelt und mit diesem vergeht.

Lukrez (materialistischer Philosoph der Antike)

Das Argument Biochemie des Gehirns, das die Richtigkeit des Materialismus untermauern soll, besagt, dass unser zunehmendes Wissen über das Gehirn und seine Funktionen uns dazu gebracht hat, geistige Zustände, die früher dem psychologischen Bereich zugeordnet wurden, doch eher als physiologisch, als stoffwechselbedingte Zustände des Gehirns zu begreifen. Jedes Jahr gelingt es uns mehr und mehr, Krankheiten, die früher als psychologisch bedingt gegolten haben, mit Hilfe von Medikamenten und anderen Stoffwechseltherapien zu behandeln. Wenn die Stimmung eines Menschen, sein emotionaler Zustand und seine kognitiven Funktionen durch die Menge seines Schlafes, die Art seines Essens und die Frage, ob sein Körper auch die richtige Menge bestimmter Hormone und anderer Substanzen produziert, beeinflusst werden können, dann, so schlussfolgert der Materialismus, muss der menschliche Geist nichts weiter als ein elektrochemisches System sein.

Das Argument lässt sich mit der Aussage vergleichen, dass die Aufgabe der lange bestehenden Vorstellung, dass Krankheiten durch Flüche, Dämonen oder Hexenzauber zustande kommen, es erst ermöglicht hat, sie als Folgen einer Infektion mit Bakterien oder Viren zu begreifen. Auf ähnliche Weise begreifen wir erst jetzt, dass das ganze Reich des Geistigen ursprünglich biochemisch-stofflicher Natur ist.

Es stimmt, dass geistige Funktionen von chemischen Zuständen des Gehirns abhängig sind. Betrachten Sie aber mal die folgende Analogie: Wenn meinem Auto mitten auf der Autobahn das Benzin ausgeht, so wird es liegen bleiben. Gleichzeitig jedoch auch ich, obwohl ich etwas anderes bin als mein Auto. Ich bestehe noch nicht einmal aus dem selben Material. Dennoch bin ich von seinen (mechanischen) Zuständen und seinem einwandfreien Funktionieren betroffen. Wenn es schnell oder langsam fährt, bewege auch ich mich schnell oder langsam; wenn es ein Problem hat, habe auch ich eines. Nichtsdestotrotz bin ich aber eine von meinem Auto sich unterscheidende Seinsform.

Der Geist wird durch das Gehirn beeinflusst; sein Zustand hängt vom Funktionieren des Gehirns ab. Daraus folgt aber nicht zwangsläufig, dass der Geist aus demselben Stoff wie das Gehirn besteht. Der Dualismus kann folgern, dass dieser Zusammenhang nur die unbestreitbar enge Verbindung von Geist und Gehirn bezeugt. Dieses Argument des Materialismus ist wie die anderen unschlüssig und letztendlich nicht überzeugend für jemanden, der nicht schon an die Richtigkeit der materialistischen Theorie glaubt.

Die negativen Argumente

In den vorangehenden Abschnitten habe ich die typischen positiven Argumente des Materialismus aufgezählt. Es ist aber interessant, dass die meisten Argumente, die der Materialismus für die

Richtigkeit seiner Theorie anführt, in der Kritik an der dualistischen Theorie bestehen. Ich nenne diese Argumente negativ. Ein Beispiel für ein solches negatives Argument finden Sie gleich im nächsten Abschnitt.

Das Überflüssigkeitsargument

Dieses Argument behauptet, dass der Dualismus für ein vollständiges Verstehen und Erklären des menschlichen Verhaltens unnötig und überflüssig sei. Das Argument behauptet weiter, dass jede Theorie, die sich als unnötig und überflüssig erweist, zurückgewiesen werden müsse. Für den Materialismus ergibt sich daraus die Falschheit des Dualismus.

Das Argument geht von folgenden Annahmen aus: Wir akzeptieren die Existenz von bisher unbekanntem Seienden nur, wenn die Annahme, dass solches Seiendes auch tatsächlich existiert, für die Erklärung der Existenz von Dingen und Phänomenen, die wir auch wirklich kennen und sehen können, notwendig ist. In der Vergangenheit ist die Existenz der unterschiedlichsten Elementarteilchen von Forschern ursprünglich oft deswegen angenommen worden (und später dann sehr häufig auch experimentell bewiesen worden), weil mit ihrer Hilfe das Verhalten und die Existenz anderer subatomarer Systeme und Phänomene erklärt werden konnte, die wir mit unseren Geräten beobachten und messen können. Genauso ist auch die Existenz so mancher Himmelskörper durch theoretische Schlussfolgerung noch vor ihrer eigentlichen Beobachtung postuliert worden. Sogenannte *Perturbationen*, unregelmäßige Bewegungen von Sternen oder Planeten, können oft nur durch die Existenz eines anderen bisher von uns noch nicht beobachteten Himmelskörpers erklärt werden. Da dessen Existenz ein notwendiger Bestandteil der besten verfügbaren Erklärung dieses Phänomens ist, ist es vernünftig und gerechtfertigt, die Existenz dieses noch unbekannten Körpers auch anzunehmen.

Der Materialismus folgert entsprechend, dass die Annahme der Existenz eines nicht stofflichen Geistes nicht notwendig ist, um das menschliche Verhalten hinreichend zu erklären. Aus diesem Grunde, weil es kein notwendiger Teil der wissenschaftlichen Erklärung ist, ist es unvernünftig, an die Existenz des Geistes zu glauben. Jeder vernünftige Mensch müsse dementsprechend den Dualismus zurückweisen und den Materialismus akzeptieren.

Dieses Argument wirft allerdings zwei Probleme auf. Zunächst einmal ist es noch keinem Materialisten gelungen, zwingende Gründe oder Beweise für die Annahme anzuführen, dass es möglich ist, das menschliche Verhalten hinreichend wissenschaftlich zu erklären, ohne dass man gleichzeitig annimmt, dass der nicht stoffliche menschliche Geist auch existiere. Im Moment existiert einfach noch keine solche vollständige Theorie. Die Behauptung des Materialismus, es werde aber in Zukunft einmal eine solche geben, entspringt doch wohl eher Wunschdenken oder zumindest einer optimistischen Haltung, die man nicht unbedingt teilen muss. Eine noch nicht existierende Theorie kann keine schon bestehende widerlegen. Dies ist die eine Schwierigkeit dieses Arguments.

Der zweite und wichtigere Einwand ist, dass, selbst wenn der Dualismus als wissenschaftlicher Erklärungsversuch überflüssig wäre – wen würde das kümmern? – seine Überflüssigkeit hat ja nichts mit den Gründen zu tun, warum man von seiner Richtigkeit überzeugt ist. Glauben Sie etwa, dass ich einen Verstand besitze, weil dies die beste wissenschaftliche Erklärung für mein intelligentes Verhalten ist? Warum glaube ich wohl, ich hätte einen Verstand? Oder warum glauben Sie, dass Sie einen haben? Bildet irgendjemand wissenschaftliche Erklärungen, die geeignet sind, unser Verhalten zu erklären, nur um zu seiner metaphysischen Überraschung herauszufinden, dass die Annahme einer theoretischen Wesenheit mit Namen »Geist« ein notwendiger Teil der Erklärung ist? Betrachte ich mich und stelle zu meinem Erstaunen fest, dass ich einen Geist habe?

Die Praxis beweist mehr als die Theorie.

Abraham Lincoln (1809-1865)

Ich weiß, dass ich einen Geist habe, nicht indem ich die Existenz eines solchen theoretisch postulieren müsste, sondern weil ich es auf ganz direkte Art und Weise weiß – ich habe ihn ganz einfach. Ich könnte noch nicht einmal beginnen, mir die Frage seiner Existenz zu stellen, ohne ihn nicht schon benutzt zu haben. Darauf kommt es aber letztlich noch nicht einmal an. Es spielt keine Rolle, ob eine Vorspeise für sich genommen ein schlechtes Essen darstellt, wenn niemals beabsichtigt war, sie den Gästen als eine vollständige Mahlzeit anzubieten. Genauso spielt es keine Rolle, welche Art von wissenschaftlichem Erklärungsversuch der Dualismus machen würde, solange der Kern des Dualismus dadurch überhaupt gar nicht angetastet wird. Der Dualismus ist eine philosophische Anschauung. Er ist eine metaphysische Theorie, die versucht, die Wirklichkeit des Lebens und unserer Erfahrung in der Welt zu erfassen, unabhängig davon, ob diese Theorie als wissenschaftliche Erklärung fungieren kann oder nicht.

Der Rätseleinwand

Das zweite negative Argument des Materialismus behauptet, dass wir zwei Dinge über den Dualismus nicht verstehen können:

- ✔ Das grundlegende dualistische Verhältnis von Körper und Geist, bei dem ein bestimmter Körper und ein bestimmter Geist einen Menschen ergeben.
- ✔ Das dualistische Prinzip der aufeinander wirkenden Verursachung – das Problem, wie so verschiedene Dinge wie der stoffliche Körper und der nicht stoffliche Geist aufeinander wirken können; wie geistige Zustände eine Veränderung auf der körperlichen Ebene auslösen können sollen und umgekehrt.

Was man nicht verstehen kann, an das kann man auch nicht glauben. Weil nun im Zentrum des Dualismus ein diese Theorie letztlich unglaubwürdig erscheinen lassendes Moment des Unerklärlichen bestehen bleibt (nämlich wie diese Verbindung von Körper und Geist zu denken ist), muss sie zurückgewiesen werden. So weit der Materialismus.

Lassen Sie uns im Folgenden zuerst mit der Behauptung beschäftigen, dass die vom Dualismus postulierte Verbindung von Körper und Geist, die zusammen einen Menschen formen sollen, ein zu großes Rätsel darstellt. Nach der Auffassung des Materialismus gibt es darauf keine Antwort, so dass diese Verbindung rätselhaft bleiben muss.

Ist mein Körper der stoffliche Gegenstand, den mein Geist besitzt? Liegt die gesuchte Verbindung zwischen beiden in einem Besitzverhältnis? Die Antwort darauf ist nein, weil Besitz ein soziales Verhältnis darstellt. Wir suchen nach einem tieferliegenden, metaphysischen Band. Wie steht es aber mit einem Verhältnis des Bewohnens? Mein Körper ist derjenige stoffliche Gegenstand, den mein Geist sozusagen bewohnt. Leider ist der Begriff des In-etwas-Wohnen zu sehr an Gegenständlichkeit gebunden, als dass er das stoffliche und das nicht stoffliche verbinden könnte. Nach den traditionellen dualistischen Beschreibungen des Geistes und der Seele befinden sich diese nicht im Raum und können somit auch nicht *in* meinem Körper anwesend sein.

Einige Vertreter des Dualismus haben versucht, das Problem mit Hilfe einer Analogie zu lösen. Danach ist mein Körper das Instrument oder Werkzeug, das mein Geist benutzt, um sich in der Welt auszudrücken. Da stellt sich natürlich die Frage, ob mein Geist nicht irgendeinen anderen stofflichen Gegenstand als Werkzeug benutzen könnte? Ist mein Körper wirklich nichts anderes als ein Instrument meines Geistes? Besteht nicht ein viel intimeres Verhältnis zwischen beiden? Wenn das so ist, wie sieht dieses Verhältnis aus? Der Materialismus sagt, dass es notwendigerweise immer geheimnisvoll bleiben muss.

Der Geist dient uns zur Herrschaft, der Körper ist unser Diener.

Sallust

Was ist auf dieses Argument zu erwidern? Nun, lesen Sie zunächst die folgenden Abschnitte, um zu sehen, worin der andere Vorwurf des Rätselhaften besteht.

Das zweite Rätsel betrifft das Problem, wie der Geist und der Körper auf ursächliche Weise aufeinander wirken können. Wie kommt der Materialismus darauf, dass wir das dem Dualismus eigene Problem der wechselseitigen Verursachung nicht lösen können? Die am häufigsten anzutreffende Antwort darauf ist, dass Körper und Geist sich in ihrem Wesen zu sehr unterschieden, als dass es für sie Möglichkeiten geben könnte, miteinander in ein kausales Wechselwirkungsverhältnis zu treten. Körper sind Objekte mit einer raum-zeitlichen Dimension, einer Masse und anderen physikalischen Eigenschaften, die dem nicht stofflichen Geist allesamt fehlen. Neuronale Ereignisse bestehen aus biochemischen Prozessen, die Zeit in Anspruch nehmen, an bestimmten Stellen des Gehirns ablaufen und außerdem in bestimmten physikalischen, ursächlichen Verhältnissen zu anderen neuronalen und körperlichen Ereignissen stehen. Mit nicht räumlichen, nicht chemischen und nicht elektrischen geistigen Ereignissen können diese im Nervensystem ablaufenden Prozesse kein Verhältnis eingehen. Die materialistische Theorie ist der Auffassung, dass die Behauptung des Dualismus, dass geistige Entscheidungen Nervenzellen dazu bringen können, elektrische Impulse auszusenden oder derartige Impulse zumindest »umzuleiten«, noch absurder ist, als zu sagen, dass eine auf einem Instrument gespielte Note – sagen wir C – einen Topf Suppe zum Kochen bringen kann. Die abstrakte begriffliche Vorstellung »Gleichheit« kann mir meine Schuhe einfach nicht zubinden. Abstrakte Vorstellungen und Schnürsenkel sind metaphysisch von derart verschiedener Provenienz, dass es keine ursächliche Verbindung zwischen ihnen geben kann. Genauso wenig, so lautet der Einwand des Materialismus, kann der Geist, wenn er denn existiert, Veränderungen in der körperlichen Welt bewirken oder umgekehrt.

Alle Dinge und Geschehnisse werden durch Ursachen bewirkt; es gibt nun aber Ursachen von zweierlei Art: Einmal Folgen, deren Ursprung in der Seele liegen und zum anderen Folgen, die verursacht werden durch ... die Umwelt.

Plotin (205-270)

Das in diesem Abschnitt behandelte Argument des Materialismus lässt sich reduzieren auf die Behauptung, dass, wenn der Dualismus Recht hätte, dass dann eine ursächliche Wirkung des Körpers auf den Geist (und umgekehrt) zu rätselhaft und unerklärlich wäre und daher höchstwahrscheinlich auch nicht auftreten würde. Wir können einfach nicht verstehen, wie so etwas möglich sein soll. Aus diesem Grund kann es diese Verursachung auch nicht geben.

Mindestens zwei Dinge an diesem Argument stimmen nun aber nicht. Was heißt es überhaupt zu verstehen, was Verursachung ist? Wenn es heißt, A habe B verursacht und wir verstehen wollen, was das bedeutet, dann gibt es nur zwei mögliche Erklärungen, auf die man verweisen kann:

1. Zum einen kann so sein, dass Dinge vom Typ A normalerweise B zur Folge haben und dass es sich im vorliegenden Fall um einen bestimmten Fall dieses allgemeinen Zusammenhangs handelt (Typ 1).
2. Die zweite Möglichkeit ist, dass A, durch die Herbeiführung von C, was wiederum zu B führte, die Ursache von B ist (Typ 2).

Wenn der Materialismus – mit seinen Einwänden gegen die vom Dualismus geforderte ursächliche Beziehung von Körper und Geist – der Ansicht ist, dass hinsichtlich eines ursächlichen Wirkungsverhältnisses von Körper und Geist keine Antwort vom Typ 1 gegeben werden kann, dann ist er prinzipiell im Unrecht. Wenn ich sage, dass meine Entscheidung, meinen Arm zu heben, die Ursache seines Hochschnellens ist, so kann ich diesen Fall von Verursachung dadurch erklären, dass ich mich auf das allgemeine Prinzip beziehe, nach dem die Entscheidung, einen Arm (oder ein Bein etc.) zu heben, typischerweise auch zu der beabsichtigten Bewegung führt, solange nichts anderes dazwischenkommt und die Ausführung der Handlung verhindert. Wenn nun aber der Materialismus der Ansicht ist, dass eine Erklärung nach Typ 2 auch nicht möglich sei, so irrt er sich ebenfalls. Meine Entscheidung, meinen Arm zu heben war die Ursache dafür, dass er hochgegangen ist. Wie ist das möglich? Dadurch, dass durch meine Entscheidung bestimmte neuronale Ereignisse erzeugt werden, die wiederum muskuläre Prozesse verursachten, die schließlich in der Bewegung meines Armes gipfelten.

Wenn nun aber der Materialismus mit Bezug auf die gerade angestellte Überlegung darauf besteht, dass wir nicht erklären können, wie ein geistiges Ereignis ein körperliches verursachen kann, so steht dem Dualismus eine einfache Antwort zur Verfügung. Gemäß unserer letzten Überlegung können wir niemals eine Erklärung dafür finden, was es bedeutet zu sagen, dass ein Ereignis ein anderes verursacht. Es bleibt ein Rätsel. Sind Sie überrascht, das zu hören? Die einfache und verwirrende Wahrheit ist, dass es keine allgemein akzeptierte wissenschaftliche oder philosophische Erklärung der Kausalität gibt, die uns erlauben würde zu verstehen, was Kausalität wirklich ist. Wir wissen somit im Grunde nicht, was es heißt, dass ein Ding ein anderes verursacht. Daher ist der Dualismus in keiner schlechteren Position als alle anderen Theorien, die an irgendeine Art von Kausalität glauben.

Die letzte Schwäche des materialistischen Einwandes bezüglich der Rätselhaftigkeit der Verursachung – sowohl hinsichtlich der Verbindung zwischen Körper und Geist als auch hinsichtlich der geheimnisvollen Möglichkeit einer wechselseitigen Verursachung – ist die Behauptung, dass ein Rätsel an sich schon etwas Unglaubliches darstellt. Jeder, der sich auch nur im Entferntesten mit der modernen wissenschaftlichen Grundlagenforschung befasst, wird auf Schritt und Tritt mit rätselhaften Zusammenhängen und Entdeckungen konfrontiert. Allein die Tatsache, dass dieses Universum existiert, ist an sich schon ein Rätsel. Es ist ein nicht zu erklärendes Rätsel, warum die Menschheit so unterschiedliche Individuen hervorgebracht hat wie Mutter Theresa, Albert Einstein und Adolf Hitler. Es ist rätselhaft, dass gute Menschen zu sehr bösen Taten fähig sein können, genauso wie es rätselhaft erscheint, dass die von Menschen erfundene Mathematik auch noch die am schwersten zu verstehenden Phänomene der physikalischen Welt beschreiben kann. Anders als der Materialismus, der hierauf sagen würde »Rätselhaft, daher falsch«, bin ich bei solchen Dingen dazu geneigt zu vermuten, dass derartige Rätselhaftigkeit eher ein Ausweis der Realität in all ihrer Komplexität ist.

Das Rätselhafte ist nicht das Gegenteil der Vernunft, sondern seine aufrichtige Bestätigung: Die Vernunft führt unweigerlich zum Rätselhaften ... : das Rätselhafte und die Wirklichkeit sind zwei Seiten derselben Medaille.

Walt Whitman (1819-1892)

Das Problem der Existenz eines anderen Geistes

Das letze Argument für die Theorie des Materialismus, das ich hier kurz anführen möchte, ist unter der Bezeichnung »Das Problem der Existenz eines anderen Geistes« bekannt. Es lautet folgendermaßen: Wenn sich der menschliche Geist vom Körper unterscheidet und wir im Kontakt mit anderen Menschen nur Zugang zu ihren Körpern mit seinen Funktionen haben, woher wissen wir dann, dass andere Menschen überhaupt über einen Geist verfügen? Die Menschen um uns herum könnten ja nichts weiter als intelligent konstruierte Roboter sein, die darauf programmiert worden sind, so wie ein normaler Mensch zu wirken. Wenn der Dualismus Recht hätte, so gäbe es eine unüberbrückbare Kluft zwischen dem, was wir im Umgang mit anderen Menschen erfahren und dem, was wir glauben, dass sie seien.

Als Argument gegen den Dualismus ist dies ein wenig dürftig, um noch das Geringste zu sagen. Die materialistische Theorie ist der Auffassung, dass hinter den direkt beobachtbaren körperlichen Verhaltensäußerungen einer Person komplexe innere neuronale Prozesse ablaufen, die für das, was wir sehen, verantwortlich sind. Woher weiß aber der Materialist, dass in den Köpfen der Leute in seiner Umgebung – etwa seinen Kollegen an der Universität – diese komplizierten neuronalen Abläufe passieren? Er hat genauso wenig direkten Zugang zu diesen Prozessen wie der Dualist zum nicht stofflichen Geist.

Zum Zweiten kann das Problem der Existenz eines anderen Geistes gewinnbringend auch einfach als eine Form des allgemeinen Skeptizismus gesehen werden, der sich ja auf eine Reihe von ganz gewöhnlichen uns allen gemeinsamen Überzeugungen bezieht. Als solches kann an dieses Problem entsprechend genauso herangegangen werden. Sie werden sich daran erinnern, dass wir uns in Kapitel 5 mit den Fragen des Skeptizismus beschäftigt haben, etwa: »Woher wissen wir, dass die Erinnerung jemals zuverlässig sein kann?«; oder auch: »Woher wissen wir, dass es jenseits unserer Sinneswahrnehmungen wirklich eine äußere Welt gibt?«; und schließlich: »Woher wissen wir, dass das Universum schon länger als drei Minuten existiert?«

Wie sah unsere Antwort auf die Fragen des Skeptizismus aus? Nun, unsere Antwort bestand in dem in Kapitel 6 erläuterten »Prinzip, Überzeugungen beizubehalten«. Ich habe dort behauptet, dass dieses Prinzip es vernünftig erscheinen lasse, die radikalen Hypothesen und Annahmen des Skeptizismus, die ansonsten große Bereiche unserer alltäglichsten Überzeugungen unterminieren würden, zurückzuweisen. Dieselbe Antwort kann auch hier gegeben werden.

Woher weiß ich, dass auch andere Menschen über einen Geist verfügen? Ich glaube ganz selbstverständlich daran, dass dem so ist. Dies sagen mir mein Instinkt und meine Intuition. Ich kann außerdem jede gegenteilige Behauptung auf vernünftige Weise zurückweisen, indem ich erneut dasselbe Prinzip in Anwendung bringe, das ich schon bei den anderen Fragen des Skeptizismus angewendet habe. Es gibt nichts, weswegen der Dualismus sich hier Sorgen zu machen brauchte.

Urteilsspruch zum Materialismus-Problem

Wenn eines Debattierenden Position nicht eindrücklich genug erscheint, so führt er viele Argumente ins Felde.

Talmud

Mir scheinen die üblichen Argumente für den Materialismus und gegen den Dualismus in sich nicht schlüssig zu sein. Ich muss zugeben, dass ich nicht unbedingt zum Materialismus tendiere, obwohl ich mein eigenes Denken doch sehr am Empirischen ausrichte. Außerdem versuche ich möglichst nicht leichtgläubig zu sein. Ich neige eher dazu, Dinge anzuzweifeln. Hier hat meine Grundeinstellung zur Folge, dass ich so meine Zweifel habe was den Materialismus anbelangt auch ungeachtet seiner jüngsten Popularität in Gelehrtenkreisen.

Argumente überzeugen Menschen selten, wenn sie ihren Neigungen zuwiderlaufen.

Thomas Fuller (1654-1734)

Zunächst sollten Sie sich jedoch einmal die Argumente *für* den Dualismus anhören. Die Bevorzugung einer bestimmten Theorie kann uns auch in die Irre leiten. Oder es ist so, dass sie uns auf subtile Art auf die Spur der Wahrheit führt. Zu welcher Auffassung neigen Sie beim Körper-Geist-Problem? Mehr zum Dualismus im folgenden Kapitel.

Argumente für den Dualismus

15

In diesem Kapitel

- Die Vervollständigung unseres Bildes vom Dualismus
- Die Hauptargumente des Dualismus
- Der Stand der Debatte

Wir können vor einem Rätsel nur dann von Ehrfurcht ergriffen werden, wenn es uns sowohl selbst betrifft als auch unser Verstehen übersteigt.

Jonathan Schell

Das Wesen des Menschen ist in vielerlei Hinsicht ein Rätsel. Wer sind wir? Woher kommen wir? Wohin gehen wir? Wir sind das am meisten nach innen gewandte Wesen der Natur, zugleich aber auch das sozialste. Wir haben das Vermögen, viel Gutes zu tun, aber ebenso auch die Fähigkeit, Böses zu vollbringen. Wir können Veränderungen bewirken oder uns dazu entschließen, als passive und teilnahmslose Beobachter die Dinge geschehen zu lassen. Wir sind physische Wesen in einer materiellen Welt. Irgendwie sind wir aber auch mehr als das. Oder etwa nicht?

Sind wir physische Wesen, die mit der Zeit eine geistige Dimension entwickelt haben? Oder sind wir wesenhaft eine geistige Seinsform, die sich zu einem körperlich-kreatürlichen Dasein »entschlossen« hat? Sind wir bloß Gehirn, das nach Höherem strebt, oder doch eher immaterielle Seelen, die an einen Körper gebunden sind?

In diesem Kapitel werden wir uns mit den philosophischen Gründen beschäftigen, die uns Anlass dazu geben werden, die Meinung zu vertreten, dass der Dualismus von Körper und Geist, d.h. die parallele Existenz beider Seinsformen, tatsächlich besteht.

Die natürliche Überzeugung von der Richtigkeit des Dualismus

Die Wahrheit ist immer das stärkste Argument.

Sophokles (um 496-406 v. Chr.)

Bei der Auseinandersetzung mit dem Problem des freien Willens und des Determinismus in Teil III des Buches haben wir eine Auffassung vom Menschen als eines handelnden Wesens entwickelt, das schöpferisch in den Weltlauf eingreifen kann, weil es sich an einem Punkt außerhalb des vom Determinismus geforderten Kausalzusammenhangs befindet. Wie muss man sich aber ein solches handelndes Wesen vorstellen? Was macht es zu dem, was es ist?

Eine der hartnäckigsten und schon seit Urzeiten bestehenden Überzeugungen des Menschen ist der Glaube, dass der Mensch sich radikal zumindest vom allergrößten Teil der restlichen Natur unterscheidet. Wir sind nicht nur körperlich-kreatürliche Wesen, keine bloß komplexen organismischen Kreaturen. Wir sind vielmehr in einem einzigartigen und unverwechselbaren Sinne Personen.

Es gibt Beweise dafür, dass prähistorische Menschen (beispielsweise die Neandertaler) ihre Toten auf besondere Weise bestatteten, indem sie sie etwa mit Blumen bedeckten. Durch derartige Begräbnisriten erkannten die Frühmenschen den Verstorbenen ganz allgemein einen anderen Status zu als z.B. toten Tieren. Sie gedachten ihrer Toten wahrscheinlich deswegen, weil der Tod eines Angehörigen ihrer Horde für die Vormenschen jener Zeit etwas Besonderes war. Die besondere Art der Bestattung war Ausdruck für die Besonderheit des menschlichen Lebens und des es verkörpernden Individuums, das aus der Hordengemeinschaft geschieden war.

Denken Sie mal für einem Moment an den weit verbreiteten Glauben an ein Leben nach dem Tode. Wenn ein stofflicher Gegenstand zerstört wird, so hört er auf zu existieren. Zertrümmern Sie eine Vase, so ist alles, was übrig bleibt, ein Haufen Glasscherben. Die Vase selbst existiert nicht mehr. Einer der seit Alters her tiefsitzendsten Glauben der Menschen jedoch ist die Überzeugung, dass wir uns darin von den Dingen unterschieden, als wir den Untergang unserer Körper überleben können. Unser Dasein ist nicht so zerbrechlich wie das unseres Körpers und aller anderen Gegenstände um uns, die sich nur durch bestimmte sie zusammenhaltende Kräfte der Zerstörung widersetzen können, beispielsweise der molekularen und atomaren Anziehung.

Wir verhalten uns normalerweise gegenüber Menschen anders als gegenüber unbelebten Objekten oder Tieren. Wir betrachten andere Menschen als moralisch frei Handelnde, die eigene Verpflichtungen und Rechte haben. Wir machen andere moralisch verantwortlich für das, was sie tun. Wir sind außerdem der Ansicht, dass man sich geistig weiterentwickeln kann, eine Eigenschaft, die andere Tiere nicht haben.

Diese allgemein verbreitete Ansicht über Menschen hat das Denken des Menschen durch alle Zeiten und beinahe alle Kulturen bestimmt. Sie entspricht der Theorie des Dualismus. Diese Theorie, die besagt, dass wir über einen Geist, eine Seele sowie über einen Körper verfügen, ist derart weit verbreitet, dass wir trotz dieser Tatsache selten darüber nachdenken, was es für Gründe geben kann, an die Wahrheit dieser Theorie zu glauben.

Der Mensch als beseeltes Wesen

Warum glauben die meisten Menschen an den Dualismus? Fragen Sie einen beliebigen Menschen (und damit meine ich natürlich alle die, die nicht Philosophieprofessor sind) und Sie werden sehr oft zu hören kriegen: »Weil er wahr ist.« Warum soll man das aber glauben? Die folgenden Abschnitte beschäftigen sich kurz mit einigen Argumenten zugunsten des Dualismus.

Das Introspektionsargument

Der Mensch hat eine merkwürdige Fähigkeit – er kann in sich selbst hineinschauen. Wir sind zur Introspektion fähig. Ich kann meinen eigenen inneren Zustand, meine Befindlichkeit beobachten, schauen wie dieser war und was zur Zeit in meinem Geist vor sich geht. Gleichzeitig besitze ich außerdem noch die Gabe der Sinneswahrnehmung. Ich kann mir der Natur und Art dieser Wahrnehmung bewusst werden. Ich kann überlegen, welche Bedeutung ihr zukommt. Ich kann zudem diese Erfahrung als Ausgangsmaterial für meine Vorstellungskraft heranziehen.

Der schottische Philosoph David Hume glaubte, dass, wenn ich versuchen würde, mein wahres Ich durch Introspektion irgendwie dingfest zu machen, ich dann unweigerlich enttäuscht werden würde. Das Einzige, so sagte er, was ich je beobachten könnte, wäre bloß eine spezifische Erfahrung – ein Gedanke, ein Gefühl oder eine Empfindung. Mit meinem wahren Selbst könnte ich so niemals in Kontakt kommen. Ich glaube, dass Hume sich in diesem Punkt irrte.

Man kann argumentieren, dass ich durch Introspektion mit mir selbst in Kontakt stehe. Ich stehe vermittelst meiner bewussten Erfahrung in Verbindung mit dem Eigentlichen meiner Person. Diese Erfahrung macht mir Dinge bewusst, die sich durch keine Untersuchung der Zustände der Nervenzellen meines Gehirns herausfinden lassen. Ich weiß, was es heißt, Ich zu sein. Dieses Wissen steht mir jederzeit zur Verfügung. Diese Erfahrung ist keine körperliche, physische oder sonstwie stoffliche. Es ist eine transzendente, die körperliche Sphäre übersteigende Erfahrung, die lediglich vom Körperlichen vermittelt wird.

Ob die Philosophen nun glauben oder nicht, dass wir eine Seele haben, es ist offensichtlich so, dass wir mit etwas ausgestattet sind, das unsere Ideale und Träume erzeugt und unsere Wertvorstellungen in die Welt bringt.

John Erskine

Skeptiker können hier einwenden, dass dies gar kein Argument ist, sondern eine kühne Aneinanderreihung von mehr oder weniger unverständlichen Annahmen, die sich bloß als logische Schlussfolgerung gebärden. Darauf würde ich antworten, dass hieran gar nichts Unverständliches ist, eine Meinung, die von den meisten Menschen geteilt wird. Ich selbst kenne mich auf eine Weise, wie kein anderer mich je kennen kann. Es gibt eine wesenhafte Innerlichkeit, ein inneres Wesen meiner selbst, das sich von jeder möglichen körperlichen Eigenschaft, die ich oder mein Gehirn besitzt, unterscheidet. Die Seele begegnet in einem selbstbezüglichen Akt immer sich selbst, und jede Unfähigkeit des Skeptizismus, dies zu begreifen, stellt ein philosophisches Unvermögen dar und ist kein Ergebnis etwaig überlegener philosophischer Standards oder Denkverfahren.

Es gibt noch eine weitere Möglichkeit, dieses Argument zu formulieren. Wir wissen, dass es den Geist oder innere Empfindungen oder Erfahrungen betreffende Wahrheiten gibt, die man der gegenständlichen Welt so nicht entnehmen kann, bzw. die kein Äquivalent in der stofflich-körperlichen Sphäre haben. Nehmen wir an, Frau Keller wäre die bedeutendste Neurologin der Welt, die außerdem noch seit ihrer Geburt an einer vollständigen Farbenblindheit litte. Nehmen wir weiterhin an, dass sie in der Zukunft nach dem Abschluss ihrer Forschungen einmal alles gewusst haben wird, was es über das Gehirn und seine Prozesse nur zu wissen gibt. Wenn geistige Zustände wie beispielsweise Farbempfindungen nichts weiter als Gehirnereignisse wären, dann würde Frau Keller also aufgrund ihres vollständigen Wissens über das Gehirn alles wissen, was es über Farbempfindungen überhaupt zu wissen gibt. Ganz sicher aber vermag kein noch so umfangreiches Wissen über neuronale Strukturen und Prozesse Frau Keller ihr fehlendes Farbsehen zu ersetzen. Es gibt etwas beim Sehen von Farben, das sich einfach nicht in den Gehirnen der Menschen auffinden lässt, die über diese Gabe verfügen. Aus diesem Grund kann man folgern, dass der Geist nicht dasselbe ist wie das Gehirn.

Divergierende Standpunkte: Eine zufällige Auswahl

Hoch intelligente Leute waren sehr oft unterschiedlicher Meinung hinsichtlich der Frage, ob es eine Seele gibt oder nicht. Einige große Geister haben deutlich ihre Ansicht dazu geäußert. Zwei repräsentative Zitate sollen ein Gefühl für die Art der Debatte vermitteln helfen.

Wenn es eine Seele gibt, was ist sie, woher kam sie und wohin geht sie nach dem Tode? Kann sich jemand, der sich von seinem Verstand leiten lässt, überhaupt vorstellen, eine vom Körper und seinem Aufenthaltsort, seiner Art und alles ihn betreffende unabhängige Seele zu besitzen? Wenn es dem Menschen freisteht, an eine bestimmte Sache zu glauben oder nicht zu glauben, so ist es ihm auch freigestellt, nicht an die Existenz der Seele zu glauben. Kein noch so kleiner Beweis ist bisher angeführt worden, der ein solch unmögliches Ding bewiesen hätte.

Clarence Darrow (1857-1938)

Die Menschen tun alles, ganz gleich wie absurd es auch sein mag, um der Begegnung mit ihren eigenen Seelen ausweichen zu können.

Carl Jung (1875-1961)

Das Argument der Nicht-Identität

Die Logik ... beinhaltet allgemeine Prinzipien und Gesetze der Wahrheitssuche.

John Stuart Mill

In der Logik gibt es ein Gesetz, das sich auf Identitätsaussagen bezieht, das besagt, dass für jedes Objekt *A* und jedes Objekt *B* gilt, dass *A*=*B* (d.h. *A* ist identisch mit *B*) dann und nur dann gilt, wenn alle Eigenschaften von *A* auch *B* enthält und umgekehrt. Wenn es sich nicht um Philosophie handelte, wäre eine solche Feststellung einfach banal, denn wie sollte eine Identität von *A* und *B* auch anders möglich sein? Die Konsequenzen aus diesem einfachen Prinzip sind jedoch von großer Tragweite. Wenn jemand eine Behauptung aufstellt, dahingehend, dass er sagt, dass *A*=*B* sei, und wir eine Eigenschaft finden könnten, die *A* zwar hat, *B* jedoch nicht (oder umgekehrt), dann haben wir die behauptete Identität von *A* und *B* falsifiziert, d.h. widerlegt.

Der Materialismus behauptet, dass der Geist nichts weiter sei als das Gehirn, bzw. dass geistige Zustände und Ereignisse auf physiologisch-körperliche Prozesse zurückgeführt werden könnten. Es ist nun aber allem Anschein nach so, dass das Gehirn Eigenschaften hat, die der Geist nicht haben kann und umgekehrt. Daraus folgt, dass sie nicht miteinander identisch sind. Im Folgenden einige Beispiele für diese These.

Denken Sie für einen Moment einmal an eine ausgesprochen geistige Eigenschaft, die so keinem Objekt aus der Gegenstandswelt eigen ist. Ich selbst denke im Moment an meine Absicht, heute abend noch trainieren zu gehen. Ich beabsichtige, einen Spaziergang zu machen, Rad zu fahren sowie anschließend ein wenig Gewichte zu stemmen. Genau genommen will ich nur ein oder zwei dieser Dinge tun. Wie intensiv ich trainieren will, ist mir noch nicht so klar. Die Frage ist hier: Kann ein Ereignis im Gehirn überhaupt unklar, unsicher sein? Was für einen Sinn könnte eine solche Aussage haben? Der geistige Zustand, in dem ich mich momentan befinde, hat die Eigenschaft, die Philosophen »Intentionalität« nennen. Dabei geht es um einen Gedanken *an* etwas, an etwas, das ich zu tun beabsichtige. Diese Eigenschaft des »An-etwas-Denken« ist eine charakteristische Eigenschaft des Geistes. Welcher Eigenschaft entspricht dieses »An-etwas-Denken« auf den Körper bezogen? Es gibt keine Zustände des Körpers oder der Nervenzellen, die diese Eigenschaft der Intentionalität besäßen. Intentionalität kann nicht gemessen werden. Es ist physikalisch nicht darstellbar. Es hat seinen Sitz im Geist und nicht im Gehirn.

Meine Absicht, trainieren zu gehen, ist auf die Zukunft bezogen und wird sich an einem Ort ganz in der Nähe meines Wohnortes abspielen. Wie aber meine Nervenzellen sich auf eine Zukunft hin verhalten sollen oder auf einen Ort jenseits meines Kopfes ist physikalisch undenkbar. Daraus folgt, dass Ereignisse im Geist Eigenschaften haben können, die Ereignissen auf der neuronalen Ebene nicht zukommen. Daher können solche geistigen Ereignisse auch nicht mit neuronalen Ereignissen identisch sein.

Geistige Zustände wie z.B. der Zustand des Von-etwas-Überzeugt-seins stehen miteinander in Beziehung – etwa in der logischen Beziehung der Ableitbarkeit, der Folgerung oder des Widerspruchs, allesamt Beziehungen, die weder für neuronale noch irgendeine andere Art von physikalischen Zuständen gelten. Auch aus diesem Grund sind stofflich-physikalische Zustände nicht identisch mit Zuständen geistiger Art.

Ein neuronaler Zustand kann sich über eine gewisse Strecke im Gehirn erstrecken. Es ist durchaus sinnvoll zu fragen, ob meine Hoffnungen und Ziele Sinn machen oder ob sie über meine Talente und Möglichkeiten hinausgehen. Es macht jedoch absolut keinen Sinn zu fragen, ob meine Hoffnungen und Ziele, sagen wir, eine Strecke von 5 cm in Anspruch nehmen. Meine Hoffnungen und Ziele können aus diesem Grunde nicht auf neuronale Zustände reduziert werden, sie sind mit diesen nicht identisch.

Der Geist eines Menschen kann sich selbst übersteigen und sich in Freiheit dazu bestimmen, zu wachsen und sich in eine neue Richtung fortzuentwickeln. Ein Geist kann neue Ziele und Absichten fassen. Kein gegenständliches Objekt ist dazu imstande. Daher ist der Geist auch nicht stofflicher Natur.

Wir könnten noch weiter fortfahren. Das Prinzip der Nicht-Identität gilt in der Logik ebenso wie in der Metaphysik. Der Geist ist nicht identisch mit der stofflichen Welt. Aus diesem Grund ist der Materialismus falsch. Der Geist umschließt eine eigene Sphäre. Richtig ist vielmehr die Theorie des Dualismus.

Der Materialist könnte behaupten, dass alle diese Argumente über die Nicht-Identität wiederum selber falsch seien. Vielleicht sind wir ja bloß nicht daran gewöhnt, im Zusammenhang mit geistigen Zuständen auch von deren physikalischen Eigenschaften und Parametern zu sprechen, woraus sich natürlich nicht ableiten lässt, dass sie diese nicht besitzen. Vielleicht gelten die logischen Zusammenhänge und Gesetze wie etwa dasjenige der Implikation auch für neuronale Zustände. Der Materialist wird letztlich nur die Ansicht äußern, dass sich der Dualismus von irrigen Annahmen leiten lasse und behaupten, dass trotz der eingestandenen Schwierigkeit unserer Sprache, diese Tatsache zum Ausdruck zu bringen, einige geistige und neuronale Zustände durchaus dieselben Eigenschaften haben. Der Dualismus wird natürlich kontern und erklären, dass die Annahmen (d.h. Vorurteile) des Materialismus völlig daneben liegen. Was meinen Sie?

Das Cartesianische Argument

Der große Philosoph Descartes hatte ein schnelles und einfaches Argument für den Dualismus. Ich kann theoretisch die Existenz meines Körpers bezweifeln. Es ist so weit ich weiß logisch möglich, dass alle meine Wahrnehmungen bezüglich der Existenz meines Körpers auf Täuschung beruhen können. Ich kann jedoch nicht die Existenz meines Geistes bezweifeln, da ich im Akt des Zweifelns der Existenz meines Geistes ja gewahr werde. Auch ist es logisch nicht möglich, ohne Geist an Dingen zu zweifeln. Aus diesem Grund ist der Körper von meinem Geist unterschieden.

Dies ist in gewisser Hinsicht eine historische Version des Arguments der Nicht-Identität. Mein Körper (bzw. stoffliches Gehirn) hat die Eigenschaft, so beschaffen zu sein, dass es mir möglich ist, seine Existenz zu bezweifeln. Mein Geist hat diese Eigenschaft nicht. Daher sind beide nicht identisch, woraus sich der Schluss ergibt, dass der Dualismus Recht hat.

Wie kann der Materialismus hierauf antworten? Nun, etwa mit dem folgenden Vergleich: Es ist möglich, daran zu zweifeln, dass der Himmelskörper, der schon seit alters her als »Morgenstern« bezeichnet wird, auch abends am Himmel erscheint. Den gleichen Zweifel kann ich nicht in Bezug auf den als »Abendstern« bekannten Planeten haben. Wenn ich nun aber daraus vorschnell schließe, dass der Morgenstern unter keinen Umständen mit dem Abendstern identisch sein kann, so läge ich falsch. Beide Bezeichnungen beziehen sich nämlich auf denselben Planeten Venus, der je nach dem, wann er erscheint, einmal Morgen- und dann wieder Abendstern genannt wird. Mit Blick auf den Materialismus ist es allerdings fraglich, ob der Zweifel alleine hinreicht, auch zu interessanten Ergebnissen bei der Beantwortung der Argumente des Dualismus zu kommen.

Das Platonische Argument

Plato war der erste uns bekannte Philosoph, der das Geistige klar vom Stofflichen, Körperlichen geschieden hat. Ihm verdanken wir ein weiteres, ebenfalls recht einfaches Argument für die Wahrheit des Dualismus. Die Seele, bzw. der Geist kann vor der Entstehung des jeweiligen Körpers existieren sowie auch nach dem Tode dieses Körpers weiterbestehen, unabhängig davon, ob sie dies auch tut oder nicht. Es ist möglich, eine körperlose Form der Existenz zu postulieren, ohne den Preis des logischen Widerspruchs zu riskieren und ohne dass dieser Gedanke inkohärent wäre. Wenn es nun aber dem Geist möglich ist, unabhängig vom Körper zu existieren, so kann der Geist nicht mit dem Körper oder einem seiner Teile identisch sein.

Die andere Seite des Arguments ist sogar noch einfacher. Der Materialismus mag vielleicht die Möglichkeit verneinen, dass der Geist den Tod des Körpers überdauern kann. Wenn er dies tut, so wird dieses Argument nicht funktionieren können. Der Materialismus kann nun aber schwerlich bestreiten, dass mein Körper durchaus den Tod oder das Verlöschen des in ihm wohnenden Geistes überleben kann. Dies scheint sogar im Gegenteil sehr häufig der Fall zu sein. Schauen Sie sich nur mal an ihrem Arbeitsplatz dahingehend um. Aber im Ernst: Wenn der Körper das Erlöschen des Geistes in ihm überleben kann, wie kann dann der Körper, bzw. das Gehirn, identisch sein mit dem Geist?

Gebe dem Argument eine konkrete Form, erfinde ein Bild – irgendeine griffige Formulierung, rund und solide wie ein Ball, den die anderen sehen, anfassen und mit nach Hause nehmen können – und siehe, der Streit ist halb gewonnen.

Ralph Waldo Emerson (ein weiteres Mal)

Der Materialismus wird darauf erwidern, dass der Geist nicht mit dem Körper oder dem Gehirn identisch ist, sondern vielmehr mit einem gut funktionierenden Nervensystem. Der Tod des Geistes ist gleichbedeutend mit der Zerstörung des gut funktionierenden Nervensystems. Wir haben vielleicht einen toten Körper ohne einen Geist vor uns liegen; dies ist aber nicht gleichbedeutend damit, dass wir auch ein gut funktionierendes Nervensystem ohne einen entsprechenden Geist vor uns haben. Wenn wir glauben, dass man sich die Existenz eines Geistes vorstellen kann, der ohne die Existenz eines gut funktionierenden Nervensystems auskommt, mit dem der Geist ja identisch ist, dann würden wir bloß Dummheit mit Vorstellungskraft verwechseln, etwas, das sich nie besonders auszahlt.

Diese Antwort ist bezeichnend. Argumente, die von dem, was wir uns vorstellen können, auf das, was auch tatsächlich wahr ist, schlussfolgern, sind besonders heikel. Man kann ihnen jedoch leicht begegnen.

Das parapsychologische Argument

Der Geist erinnert mich an die geistreiche Bemerkung der Männer über Frauen: Man kann nicht mit ihnen, man kann aber auch nicht ohne sie leben.

Eugene O'Neal

An diesem Punkt beginnt man sehr leicht daran zu zweifeln, ob philosophisches Argumentieren alleine ausreicht, die Existenz oder Nichtexistenz irgendeines Dinges zu jedermanns Zufriedenheit darzulegen. Normalerweise wissen wir, dass etwas existiert, weil wir es selbst erfahren haben. Dies ist die Annahme hinter dem, was wir das *Introspektionsargument* genannt haben. Weil aber dieses Argument auf der Erfahrung unseres eigenen Selbst aufbaut, Erfahrung, die sozusagen aus erster Hand stammt, könnte man auf die Idee kommen, dass die Erfahrung eines körperlosen Geistes oder einer körperlosen Seele die denkbar stärkste Basis wäre, mit Hilfe deren man die Überzeugung rational fundieren könnte, dass der Geist oder die Seele als von gegenständlichen Dingen unterschiedene Objekte tatsächlich existieren.

Wenn mein früherer Gitarrenlehrer wirklich einmal gesehen hat, wie eine Seele ihren Körper verließ, dann folgt daraus, dass Seelen nicht das gleiche sind wie der Körper oder das Gehirn. (Diese Anspielung wie auch die im Folgenden erwähnte beziehen sich auf die in Kapitel 13 erzählten Geschichten.) Woher sollen wir aber wissen, ob sich dies auch in Wirklichkeit zugetragen hat?

Wenn mein Vater Kenntnis von zukünftigen Ereignissen besaß oder Dinge über bestimmte Menschen wusste, mit denen er in keinem direkten Kontakt stand, dann bedeutet das, dass der Geist auch Wissen jenseits physischer Informationskanäle erlangen kann. Wenn dem so ist, dann ist es vielleicht vernünftig anzunehmen, dass der Geist selbst kein physisch-stoffliches Seiendes gleich welcher Art auch immer ist. Woher wissen wir aber, dass sich diese Fälle von ungewöhnlichem Wissen auch wirklich zugetragen haben?

Wenn wir nur sicher gehen könnten, dass es wirklich Geister gibt, d.h. übernatürliche »Erscheinungen« körperloser Seelen, dann könnten wir daraus schließen, dass der menschliche Geist sich vom Gehirn unterscheidet und unabhängig von diesem existieren kann. Die meisten derartige Phänomene betreffenden Geschichten gehören aber leider dem Reich der Phantasie an. Zu fragen bleibt, ob es überhaupt ein glaubwürdiges Ereignis dieser Art gibt?

In meiner Jugend betrachtete ich das Universum als ein offenes Buch, geschrieben in der Sprache der mathematischen Gleichungen; jetzt hingegen erscheint es mir wie ein mit unsichtbarer Tinte verfasster Text, von dem wir nur in seltenen Augenblicken der Gnade Fragmente zu entziffern vermögen.

Arthur Köstler (1905-1983)

Beruhen die Geschichten von gut meinenden, wohl informierten und ehrlichen Menschen über die persönliche Begegnung mit den Seelen oder Geistern verstorbener Menschen alle nur auf Halluzination? Eine Menge anderer weniger glaubwürdiger Menschen behaupten Ähnliches. Deren Geschichten können wir aber getrost ignorieren. Was ist jedoch mit den Geschichten der anderen? Sind ihre Erfahrungen mit den Seelen von Verstorbenen ein Beweis für die Existenz eines menschlichen Geistes, der sich von den stofflichen Körpern, die wir zu Lebzeiten auf Erden bewohnen, unterscheidet?

Der Materialismus weist alle Behauptungen, es gebe eine paranormale Sphäre, weit von sich. Für ihn sind Geschichten über Geister, Kommunikation mit körperlosen Menschen und nicht physische Formen des Wissens Humbug. Für den Materialismus sind die Menschen eben unverbesserliche, dem Aberglauben verfallene Wesen, fasziniert von wilden Geschichten über seltsame Dinge, die – leichtgläubig wie sie nun mal sind – freiwillig an die abenteuerlichsten Dinge glauben. Es gibt keine Geister, die sich einfach so unter uns bewegen oder im Rampenlicht der Öffentlichkeit stehenden Menschen bisher unbekannte Informationen mitteilen, die diese dann zum Guten oder zum Schlechten nutzen können. Der Materialismus ist überzeugt davon, dass es bisher noch keinen wirklichen Beweis für die Richtigkeit der dualistischen Theorie gibt, und zwar aus dem Grunde, weil diese Theorie schlicht und ergreifend falsch sei. Ist dem wirklich so?

Gibt es möglicherweise noch weitere Beweise, die für unser Thema von Bedeutung sein können, Belege oder vielleicht sogar Argumente, die wir bisher noch nicht genannt haben? Ich glaube, dass dem tatsächlich so ist.

Die Notwendigkeit eines Beweises

Der Mensch kennt das Wesen der Seele nicht, sei es, dass sie gleichzeitig mit uns erzeugt wird, oder sei es, dass sie bei der Geburt in uns einfließt. Vergeht sie mit uns im Moment des Todes, oder geht sie ein in die düstere Schattenwelt des Orkus mit seinen bodenlosen Schlünden, oder ist es so, dass sie, durch göttlichen Einfluss, in ein anderes Tier eingeht.

Lukrez

Die philosophische Argumentation, die wir in den vorangegangenen Abschnitten untersucht haben, hat sich als nicht überzeugend erwiesen. Sie ist nicht geeignet, alle aufrichtig denkenden Menschen zu überzeugen. Wohin können wir uns also stattdessen wenden?

Ist die behauptete Erfahrung parapsychologischer Phänomene eine Mischung aus Betrug und Fantasie, oder enthalten die entsprechenden Berichte einen Kern an Wahrheit und vertrauenswürdigen Beweisen? Ist der Tod das Ende des Lebens und der bewussten Existenz, oder ist er irgendwie das Tor, nicht nur zu einer anderen Existenzweise, sondern auch zu etwas, das uns einen greifbaren Beweis für die Beantwortung der Frage liefern kann, wer und was wir sind?

Wir müssen unsere Netze ein wenig weiter auswerfen. Wir müssen uns mit einigen der Fragen auseinandersetzen, die das Phänomen des menschlichen Todes betreffen. Vielleicht gelingt es uns ja so, einige Beweise zusammenzutragen, oder zumindest einige solide philosophische Argumente, die uns dabei helfen können herauszufinden, worin die Wahrheit besteht.

Diese Fragen sind von so großer Bedeutung, dass ich die nächsten Kapitel (Kapitel 16 bis Kapitel 18) auf ein Thema verwenden werde, das uns letzten Endes bei unserem Problem behilflich sein wird.

Teil VI

Was ist dran am Tod?

»Wir nennen sie so, weil wir glauben, dass die Menschen gänzlich frei sind und deswegen verantwortlich dafür, was sie aus sich machen. Also, wollen Sie immer noch die extragroße Pizza mit Anchovis und Mozzarella?«

In diesem Teil...

Tod und Steuern. In Steuerfragen müssen Sie einen Steuerberater aufsuchen. Ein Ihnen wohlgesonnener Philosoph aber kann Ihnen dabei helfen, die andere unangenehme Seite des Lebens zu verstehen. In diesem Teil werden wir uns mit den Einstellungen des Menschen zu seinem Tod beschäftigen. Was ist der Tod? Sollten wir vor ihm Angst haben? Ist er das Ende aller Dinge oder erst der Anfang eines noch größeren Abenteuers? Was sollen wir nur glauben?

16

Vom Staub zum Staube: Die Angst und die Leere

In diesem Kapitel

- Was ist das Leben, was der Tod
- Das Phänomen des Todes
- Vier verschiedene Ängste, die der Tod in uns wachruft

Das Ende aller Dinge ist der Tod, und das Leben des Menschen vergeht ganz plötzlich, als wäre es ein Schatten.

Thomas À Kempis

In diesem Kapitel werden wir uns mit dem Tod, unserer Sterblichkeit sowie vier verschiedenen Arten der Angst vor dem Tode beschäftigen. Da in der Philosophie alles mit allem anderen verbunden ist, wird uns die Auseinandersetzung mit diesem Thema unweigerlich auch mit anderen philosophischen Fragen in Berührung bringen. Die speziellen Fragen, die das Problem des Todes aufwirft, werden uns die anderen Themen in der Philosophie in einem neuen Licht erscheinen lassen.

Zunächst möchte ich mich dem Thema nähern, indem ich einen Blick auf unsere Reaktion auf den Tod werfe. Wie reagiert der Mensch normalerweise auf den Tod? Wie manifestiert sich seine Angst vor ihm?

Der Mensch ist das einzige Wesen, das bewusst über den Tod nachdenkt. Er ist aber auch das einzige Tier, das Zweifel an seiner Endgültigkeit erkennen lässt.

William Ernest Hocking

Das endgültige Ableben und die vier Ängste

Als kleiner Junge erfuhr ich vom Tod nur aus den Erzählungen meiner Mutter. Als sie noch ein Kind war, wurde ihr Vater eines Tages von einem Fuhrwerk überfahren. Sein Sterben dauerte Tage. Meine Mutter war damals noch klein und verstand noch nicht, was vor sich ging. Wenige Augenblicke vor seinem Tod sagte ihr Vater: »Es ist wunderschön.«

Dies waren seine letzten Worte. Für meine Mutter waren es die Worte, die sein Leben für sie fortan zusammenfassten.

Noch Jahrzehnte später dachte sie über jene rätselhaften Worte nach. Er konnte ihr zwar in ihrem Leben nicht mehr beistehen, in jenem letzten Augenblick aber spendeten seine Worte ihr den Trost, der sie ihr ganzes mühevolles Leben lang begleitete.

Mir wurde erzählt, dass die Worte meines Großvaters – während er zwischen der diesseitigen und der jenseitigen Welt, zwischen Leben und Tod schwebte – einen Ausblick in das große Unbekannte des Jenseits darstellten. Mehr als das, was er sagte, konnte er nicht mitteilen, da mehr nur diejenigen wissen könnten, die die Erde schon für immer verlassen hätten.

Mein erstes echtes Erlebnis mit dem Tod hatte ich in der siebten Klasse. Die Mutter meines besten Freundes bekam plötzlich Krebs. Noch bevor ich ganz begriffen hatte, was eigentlich los war, war sie schon gestorben. Ich erinnere mich daran, wie ich in meinem Bett lag und dachte, dass ich sie nie mehr wiedersehen würde. Niemals. Damals ging ich mindestens zwei oder drei Tage in der Woche nach der Schule immer zu ihnen. Ich brauchte nämlich für meine Band jemanden, der Bassgitarre spielen konnte. Ich besuchte daher oft meinen Freund und brachte ihm bei, wie man dieses Instrument spielt. Seine Mutter brachte uns dann immer etwas zu essen und unterhielt sich mit mir über die Schule. Sie lachte immer sehr viel. Nun aber war sie plötzlich einfach tot.

In meinem Leben tat sich abrupt eine Leere auf. Ich konnte und mochte mir gar nicht vorstellen, wie es für meinen Freund sein musste. Mein Verstand verweigerte einfach seinen Dienst, sobald ich es dennoch einmal versuchte. Es geschah alles so unvermittelt. Ihr Tod war so endgültig, eine seltsame und kaum zu begreifende Tatsache. An einem Tag noch voller Leben; am anderen für immer tot.

Der Tod überrascht uns noch während wir voller Hoffnungen sind.

Thomas Fuller (18. Jahrhundert)

Ich lag des Nachts wach und hatte furchtbare Angst. Eine unbestimmte Angst erfüllte mich, eine Angst angesichts der Macht und der Schnelligkeit des Todes wie auch eine Angst vor der Endgültigkeit jener Abwesenheit der einst Lebenden, jener Leere nach ihrem Tod.

Wir fürchten den Tod, und doch verleugnen wir ihn. Wir selbst sind von ihm nicht betroffen, es sind ja immer nur die anderen, die sterben. Studenten im ersten Semester lernen in ihren Logikseminaren die Kunst des logischen Schließens anhand des klassischen syllogistischen Schlusses:

Alle Menschen sind sterblich.
Sokrates ist ein Mensch.
Daraus folgt: Auch Sokrates ist sterblich.

Während wir uns an die Schlussfolgerung später immer erinnern können, ignorieren wir meist die Bedeutung, die die erste Prämisse auch für uns hat. Der arme Sokrates. Er hätte das Gift ja nicht unbedingt trinken müssen. Er hätte ebenso gut auch entkommen können. Vielleicht kann ich es ja auch.

Einige berühmte letzte Worte

Einige der berühmtesten und schöpferischsten Menschen haben erinnernswerte letzte Worte hinterlassen. Hier eine Auswahl:

Ich werde im Himmel hören.

Ludwig van Beethoven (mit Bezug auf seine Taubheit)

Mein Wunsch ist es, alles daranzusetzen, möglichst schnell das Zeitliche zu segnen.

Oliver Cromwell

Ich werde die Sonne zum letzten Male sehen.

Jean-Jacques Rousseau

All meinen Besitz für einen Augenblick Zeit.

Königin Elisabeth von England

Ich mache mich daran, meine letzte Reise anzutreten, einen großen Sprung ins Dunkle.

Thomas Hobbes

Ich sehe keinen Grund dafür, warum die Existenz von Harriet Martineau fortgesetzt werden sollte.

Harriet Martineau

Ich mache mich auf die Suche nach einem großen Vielleicht. Lasset den Vorhang nieder, die Farce ist zu Ende.

Rabelais

So viel bleibt noch zu tun, so wenig erst ist getan.

Cecil Rhodes

Ich erinnere mich, wie ich irgendwann in den Siebzigern im College an Veranstaltungen von in christlichen Vereinigungen organisierten Studenten teilgenommen habe. Dort gab es meistens gute Musik und eine Menge Spaß. Oft hörte ich dort, wie sich Leute über den Jüngsten Tag unterhielten. Dem Buch der Offenbarung konnte man entnehmen, dass die letzte Generation auf Erden nicht zu sterben brauche; ihre Leiber führen vielmehr empor in den Himmel, wo sie zusammen mit dem wieder auferstandenen Christus in die Ewigkeit eingehen würden. Vielleicht waren ja wir damit gemeint, ich und meine Generation, so dachte ich zumindest. Ich hatte es schon immer geahnt. Der auserwählte Tom. Der arme Sokrates.

Jeder Mensch glaubt, dass alle außer ihm selbst sterblich sind.

Edward Young (18. Jahrhundert)

Als junger Professor der Philosophie wurde ich von Kollegen davor gewarnt, mit meinen Studenten über das Thema Tod zu reden, da sie nicht wirklich glauben würden, dass der Tod irgendetwas mit ihnen selbst zu tun haben könnte. Der Jugend sei nun mal ein Gefühl der Unsterblichkeit eigen, das selbst bei etwas älteren Studenten noch dominiere. Aus diesem Grunde tränken sie ja zu viel, führen zu schnell mit ihren Autos, lägen in der prallen Mittagssonne, um sich zu bräunen oder vergnügten sich beim Bungeespringen.

Mit fortschreitendem Alter jedoch verflüchtige sich dieses jugendliche Unvermögen, den Tod ernst zu nehmen, sehr schnell. Vielleicht stirbt ein Freund, ein Elternteil oder auch ein Verwandter. Ein solches Ereignis rüttelt in jedem Fall ungemein auf. Es reicht schon ein kleiner Unfall mit dem Auto oder das Erlebnis, während eines Fluges in heftige Turbulenzen zu geraten, und schon ist der Verstand für diese Realität des Lebens erweckt.

Was mich anbelangt, so war es – seltsam genug – die Eröffnung meines Zahnarztes, dass ich nach fünfundzwanzig unbeschadet überstandenen Jahren mein erstes Loch im Zahn hätte. Plötzlich stand mir die Sterblichkeit meines Körpers vor Augen. Der Zerfall des Körpers. Das unvermeidliche und unentrinnbare Nahen des Todes hatte begonnen. Mag sein, dass ich hier überreagierte, aber so empfand ich nun mal.

Als ich schließlich Anfang dreißig war, wachte ich oft unvermittelt mitten in der Nacht auf und war von der Überzeugung erfüllt, dass ich eines Tages sterben würde. Ich konnte diesem Schicksal einfach nicht entgehen. Es würde so und nicht anders mit mir geschehen. Ich stellte mir vor, wie ich stürbe. Mein Herz fing dabei an zu pochen. Mein Bewusstsein wurde schärfer; ich konnte die Dinge wie durch ein Brennglas sehen. Ich würde bei meinem Tod alles, was ich in diesem Leben liebe, zurücklassen müssen. Meine ganze Erfahrung und all mein Erleben auf Erden wären mit einem Schlag untergegangen.

Ich war nie in meinem Leben wacher als in jenen Nächten. Oder auch beunruhigter und erschrokkener. Die Empfindungen Entsetzen und Angst beschreiben diese Erfahrung vielleicht am besten.

Warum haben wir so schreckliche Angst vor etwas, das nicht anders als andere Geschehnisse auch Teil des Kreislaufs der Natur ist? Warum haben wir so einen Horror vor unserem vorweggenommenen Tod?

Es gibt mindestens vier verschiedene Arten der Angst vor dem Tode: die Angst vor dem Prozess des Sterbens, die Angst vor einer Strafe im Jenseits, die Angst vor dem Unbekannten und die Angst vor dem Nichts. Die folgenden Abschnitte werden sich mit diesen vier Ängsten beschäftigen.

Die Angst vor dem Prozess des Sterbens

Es ist oft gesagt worden, dass nicht der Tod das Schreckliche sei, sondern das Sterben.

Henry Fielding

Wenn manche Leute behaupten, sie fürchteten den Tod, so fürchten sie nicht eigentlich den Tod selbst, sondern vielmehr den physischen und psychischen Prozess des Sterbens. Sie haben Angst, dass sie vor dem Tod schrecklich leiden müssen. Sie fürchten die Schmerzen, die mit dem Sterben verbunden sind. Es ängstigt sie der Gedanke, dass sie alles, was ihnen lieb und teuer, und alle Menschen, denen sie in Liebe zugeneigt sind, zurücklassen müssen. Sie fürchten sich vor der äußersten Einsamkeit desjenigen, der dem Tod ins Auge sieht.

Ich erlebte, wie mein Vater viel zu früh an Lungenkrebs starb. Er war erst neunundsechzig Jahre alt. Der Krebs hatte in seinem Gehirn Metastasen gebildet, die zu schrecklichen Krämpfen führten. Wir konnten nichts tun, um ihm zu helfen. Seinen Tod empfanden wir alle als eine Erlösung von all seiner Qual. Eine Stunde nach seinem Tod beugte ich mich über ihn und küsste ihn auf seine immer noch warme Stirn. Ich tat einen tiefen Seufzer der Dankbarkeit dafür, dass er nun schließlich frei von dem Leiden war, das er so lange hatte durchstehen müssen.

Die Furcht vor dem Tod ist ein natürlicher Begleiter all derjenigen, die Zeuge eines schweren Todes geworden sind. Manchmal dauert er so lange, dass er einer Folter gleicht. Ein anderes Mal wiederum ist er einfach zu schnell. Als ich noch ins College ging, ereignete sich in Boston einmal ein Flugzeugabsturz. Ich las alle Zeitungsberichte über dieses Unglück, derer ich nur habhaft werden konnte. Wenn mich die Erinnerung nicht trügt, so geschah der Unfall, als das Flugzeug zu einer routinemäßigen Landung ansetzte. Aus irgendeinem Grund streifte das Fahrwerk eine Mauer am Ende der Landebahn, was dann zur Katastrophe führte. Als die Feuerwehrautos an der Unglücksstelle ankamen, hatte das auslaufende Kerosin schon Feuer gefangen. Dutzende von Menschen, die sich nicht befreien konnten, schrien noch um Hilfe. Sie konnten den Flammen jedoch nicht entkommen. Noch bevor die Feuerwehrmänner zu ihnen gelangen konnten, waren sie schon alle tot.

Ich erinnere mich daran, dass mich die Geschichte noch längere Zeit nach dem Unglück beschäftigte. Ich versuchte mir vorzustellen, wie es war, gerade noch in einer Zeitschrift zu blättern, auf seine Uhr zu schauen, vielleicht zu überlegen, dass es gut wäre, so früh wie möglich zur Gepäckhalle zu kommen, und alles nur, um eine Minute später lichterloh in Flammen zu stehen und eine weitere Minute später tot zu sein. Das Ganze war so unerwartet, so plötzlich und vor allem so unausdenklich entsetzlich.

Dieses Ereignis führte dazu, dass ich in den nächsten sechs Jahren nur ungefähr viermal flog. Danach weigerte ich mich ganze neun Jahre lang, überhaupt noch einmal ein Flugzeug zu besteigen. Hatte ich Angst vor dem Fliegen? Nun, ich hatte Angst davor, so wie die Menschen in Boston zu sterben. Heutzutage fliege ich häufig mehr als 150.000 Kilometer pro Jahr. In meinem Buch *True Success* beschreibe ich, wie es mir gelang, meine Angst schließlich zu überwinden. Was ich hier aber eigentlich sagen will, ist, dass dieses Unglück mein Leben für viele Jahre beeinflusst hat.

Die Menschen fürchten den Tod, so wie Kinder die Dunkelheit fürchten. Und so, wie die natürliche Furcht des Kindes mit Geschichten wächst, die man ihm erzählt, so wächst auch die Furcht des Erwachsenen.

Francis Bacon

Die Frau eines Kollegen von mir betrat ihre Klasse und wollte mit dem Unterricht beginnen. Sie stand am Pult, blickte ihre Studenten an und fiel tot zu Boden. Ein Aneurysma im Gehirn war die Ursache für ihren augenblicklichen Tod. Ein Mann saß wartend in seinem Wagen vor einem Einkaufszentrum, weil er seine Tochter von der Arbeit abholen wollte. Er starb an einer Schussverletzung. Auch für ihn kam der Tod plötzlich und unerwartet.

Wessen Tod ist am schrecklichsten? Der Tod desjenigen, der weiß, dass er sterben wird und der sich auf den Tod und seine Schmerzen vorbereiten kann, oder der Tod derer, die ihn gar nicht kommen sehen? Hierzu gibt es unterschiedliche Meinungen. Die meisten Menschen scheinen aber vor beiden Arten des Todes Angst zu haben, auch wenn sie jeweils unterschiedliche Gründe für ihre Angst angeben.

Die Angst vor einer Strafe im Jenseits

Manche Menschen, die angeben, sie fürchteten den Tod, haben in Wirklichkeit Angst vor bestimmten Dingen und Geschehnissen, die möglicherweise nach ihrem Tod mit ihnen passieren. Diese Menschen glauben meist an ein Leben nach dem Tode und haben Angst vor einem jenseitigen Jüngsten Gericht und davor, dass dieses sie für ihre Taten im Leben bestrafen wird. Oft sind es die gewöhnlichsten Menschen, Leute, die niemals in ihrem Leben etwas Böses oder Kriminelles getan haben, die derartige Ängste hegen. Der Grund für ihre Furcht ist dann meist in ihrer (religiös geprägten) Erziehung zu suchen.

Diese Angst entsteht typischerweise aus Überzeugungen wie den Folgenden. Es gibt einen moralisch vollkommenen Schöpfergott, der das Universum und alles Leben in ihm unter der Herrschaft absoluter moralischer Gesetze geschaffen hat, deren Befolgung er auch durchsetzen wird. Wir Menschen sind moralisch nicht vollkommen, da wir unsere Freiheit häufig missbrauchen, um Böses zu tun. das Böse verdient nicht nur Strafe, sondern es muss nach den Maßstäben vollkommener Gerechtigkeit diese notwendig auch erleiden. So wie das Gute nun aber nicht immer hienieden gedeihen kann, genauso wird das Böse auch nicht immer in dieser Welt bestraft. Daher muss es nach dem Tod ein Reich geben, in dem die Gerechtigkeit obsiegt. Diese Vorstellung erfordert die Idee eines Lebens nach dem Tode, in welchem die, die auf Erden Böses getan haben, für ihre Sünden bestraft werden, während die Guten für ihr tugendhaftes Leben belohnt werden. Streng religiös erzogene Menschen glauben nun aber, dass alle Menschen, was immer sie auch tun mögen, alleine kraft ihres Menschseins schon Böses getan haben, bzw. gar nicht anders tun können als böse zu handeln. Aus diesem Grunde verdienen auch alle von uns die Strafe, die uns durch unseren vollkommenen kosmischen Richter unweigerlich ereilen wird.

Über viele Jahrhunderte hinweg haben sich die Priester, Lehrer und Künstler der alten und der neuen Welt gegenseitig darin übertroffen, die schrecklichen Qualen der uns nach unserem Tod erwartenden Strafe Gottes mit großer Lebendigkeit und Anschaulichkeit zu schildern und auszumalen. Einer der hervorragendsten frühen amerikanischen Philosophen, der puritanische Geistliche Jonathan Edwards (1703-1758), war unter den auf ihn folgenden Generationen vielleicht am meisten bekannt wegen seiner Strafpredigt »Sünder in den Händen des zornigen Gottes«. In ihr sprach er von dem, was die diesseitigen Sünder im Jenseits erwarte:

Der Zorn Gottes wird sie wie ein Flammenschwert treffen, ihre Verdammnis wird ewig währen. Die Hölle ist vorbereitet, das Feuer schon geschürt. Der Ofen ist schon heiß, bereit sie zu empfangen. Die Flammen züngeln bereits empor. Das glänzende Schwert ist gewetzt und schwebt schon über ihnen, die Hölle unter ihnen hat ihre Pforten geöffnet.

Papst Johannes Paul der Dritte hatte das Folgende mitzuteilen:

Es gibt keine Erlösung von der Hölle.

Es ist klar, dass fromme Gläubige sich sehr wohl Sorgen darum machen, was nach ihrem Tod mit ihnen geschieht. Selbst jene aber, die nicht an das glauben, was Jonathan Edwards so bunt ausgemalt hat, fürchten nichtsdestotrotz ein vorübergehendes Fegefeuer, das ja vielleicht die Voraussetzung für den Eintritt in das immer währende Paradies ist. Die Aussicht auf ein solches Fegefeuer ist sicherlich geeignet, in einem Menschen ein Gefühl der Furcht zu erwecken.

Diese besondere Art der Angst vor dem Tode ist natürlich an eine spezielle Weltsicht gebunden. Viele zeitgenössische Theologen empfinden mittlerweile Abscheu vor der Angstmacherei der Vergangenheit. Dennoch haben einige Philosophen als Reaktion auf den Horror des 20. Jahrhunderts die Idee der Hölle und ihre Auswirkungen auf den modernen Glauben und unsere Moral neu zu denken versucht.

Es heißt oft, die Tugend sei sich Lohn genug und das Böse bestrafe sich selbst. Viele intelligente und sensible Menschen aber vermuten noch mehr hinter einem Universum, von dem sie glauben, dass es von vollkommener Gerechtigkeit bestimmt wird. Dieses Mehr rechtfertige durchaus den Glauben, dass sich im Jenseits ein uns erwartender Gerichtshof befinden könnte.

Die Angst vor dem Unbekannten

Bis zum jetzigen Zeitpunkt musste ich nur einmal eine Vollnarkose durchmachen, nämlich als mir mit Zehn die Mandeln entfernt wurden. Ich erinnere mich deutlich an die Schwester, wie sie das Krankenzimmer betrat, um mir das erste Narkosemittel zu spritzen. Ich sollte eigentlich still liegen bleiben, als ich in meinem Bett aus dem Zimmer gerollt wurde. Ich lehnte mich jedoch auf einen Ellenbogen, damit ich auch alles sehen konnte, was so vor sich ging. Ich stellte andauernd Fragen. War das der Fahrstuhl zum OP? Wie sah er aus? Würde ich ganz einschlafen? Ich musste unbedingt alles wissen. Ich weigerte mich, mich hinzulegen und hatte auch keine Lust, schläfrig zu werden. Selbst als sie mir die Maske auflegen wollten, durch die das Narkosegas strömen würde, stellte ich noch Fragen. Das Ergebnis war, dass sie mir zu viel von dem Gas verabreichten. Es dauerte zehn Stunden, bis ich aus der Narkose aufwachte, und als ich schließlich immer noch bewusstlos in mein Zimmer zurückgefahren wurde, war noch so viel von dem Gas um mich, dass meine Mutter davon einschlief – zumindest berichtete sie es mir später so.

Jahre danach fragte ich einmal einen Arzt, ob eine Überdosis an Äther Nervenzellen töten könne. Ich sagte: »Wäre es möglich, dass aus mir ein intelligenterer Mensch und ein besserer Philosoph geworden wäre, hätte ich damals nicht so viel von dem Narkotikum abbekommen?« Der Arzt antwortete darauf: »Ich bin erstaunt, dass sie überhaupt herumgehen und sich unterhalten können.« Kein Wunder also, dass ich noch nicht alle Geheimnisse der Welt gelöst habe.

Viele Psychologen würden wohl behaupten, dass die Neugier, die mich zu meinen Fragen bewog und mich veranlasste, mir alles genau anzuschauen, nur die Kehrseite meiner unbewussten Angst gewesen war – meiner Angst vor dem Unbekannten. Tatsächlich gehen einige sogar so weit zu behaupten, dass es nur die Angst des Menschen vor dem Unbekannten ist, die ihn dazu veranlasse, Dinge zu erkunden und zu erforschen. Diese Angst sei der Ansporn zu der menschlichsten aller Aktivitäten – des Fragen-Stellens.

Eine der verbreitetsten Ängste ist die Angst vor dem Unbekannten. Diese Angst hat mit unserem tief verankerten Bedürfnis zu tun, die Dinge unter Kontrolle haben zu müssen. Wir glauben, unsere Umwelt und unser Geschick einigermaßen unter Kontrolle zu haben, solange wir nur wissen, was los ist, wie plausibel und angemessen dieses Gefühl auch immer sein mag. Das Unbekannte hingegen erlaubt keinerlei Möglichkeit, Pläne zu schmieden oder Erwartungen zu hegen.

Der Mensch glaubt, es sei der Tod, der ihm Angst mache; in Wirklichkeit aber fürchtet er das Unbekannte ...

Saint-Exupéry

Oft ist es so, dass die Menschen am Tod eigentlich nur das mit ihm verbundene Unbekannte fürchten. Wird der Tod wie der Schlaf sein, oder werde ich in einen bodenlosen Abgrund fallen? Wird er schrecklich oder wunderbar werden, der Tod? Ist er das Ende von allem, oder ist er erst der Anfang? Selbst die, die schon ihre fest gefügte Meinung über den Tod haben, fragen sich mitunter, ob sie auch wirklich recht haben. Tief im Inneren sind sie wohl meist unsicher. Sie könnten sich ja auch irren. Man weiß es einfach nicht, ob man recht hat. Also fürchtet man sich.

Die Angst vor dem Nichts

Der Tod ... ist einfach der größte Schrecken im Leben.

Jean Giraudeaux

Im College passierte eines Tages etwas, was ich niemals vergessen werde. Ich hatte seit vier oder fünf Stunden Tennis gespielt. Zurück im Studentenwohnheim nahm ich eine Dusche. Plötzlich hatte ich einen unglaublich lebendigen Tagtraum. Ich sah mich selbst in einem Bett liegend, auf weißen Leinen, und anscheinend am Sterben. Es war meine letzte Lebensminute. Wie die Sekunden verstrichen und ich dem Abgrund immer näher kam, wurde ich zunehmend von Entsetzen ergriffen bei dem Gedanken, nun womöglich für immer das Bewusstsein zu verlieren. Ich erlebte jene letzten Sekunden bewussten Daseins auf dieser Erde, als bedeutete der Tod die vollständige Auslöschung meiner Existenz als Person, als würde meine bewusste Existenz hienieden für immer vernichtet.

Der Tod gebiert nur einen Schrecken, dass es kein Morgen mehr geben werde.

Eric Hoffer

Ich glaubte weder damals noch glaube ich heute, dass das Tod die vollständige Vernichtung und Auflösung der personalen Existenz bedeutet. Jener Tagtraum aber machte mich ihn erleben, als wäre es so. Die letzte Lebenssekunde war quälend, da ich wusste, dass diese erstaunliche und wunderbare dem Menschen zum Geschenk gemachte Möglichkeit, die Welt erleben zu dürfen, nun für immer von mir genommen würde. Ich klammerte mich an sie, an die letzten noch vorhandenen Augenblicke bewussten Daseins, zu entsetzt, um überhaupt noch denken zu können. Ich beendete den Traum schließlich, indem ich mich dazu zwang, ihn aufhören zu lassen. Ich schaffte es am Ende, meinen Geist jener grässlichen Szene zu entziehen und begann innerlich fürchterlich zu zittern. Nachdem ich mich abgetrocknet hatte, saß ich noch Stunden einfach da und dachte über den Schrecken jenes Traumes nach. Ich brauchte zwei Wochen, um dieses Erlebnis vollständig von mir abzuschütteln.

Diese Art der Furcht vor dem Tode ist für die nächtlichen Alpträume der Menschen verantwortlich, die plötzlich erkennen, dass sie unweigerlich sterben müssen und dass das, was ihnen bevorsteht, die totale Aufösung des Individuums als Person bedeuten könnte. Von der Endgültigkeit einer solchen unumkehrbaren und unentrinnbaren Leere können sich die Menschen keine Vorstellung machen. Diese Endgültigkeit ruft ein Gefühl in uns wach, das man nur als Horror beschreiben kann. die Angst der Ängste. Das Äußerste an vorweggenommener Daseinsangst, zu der der Mensch fähig ist.

Auf Wiedersehen Welt ... auf Wiedersehen, ihr schlagenden Uhren ... und Mutters Sonnenblumen. Und Tee und Kaffee. Und frisch gebügelte Kleider und heiße Bäder ... und Schlafen und Aufwachen. Oh Erde, du bist viel zu wunderbar, als dass irgend jemand dich begreifen könnte.

Thorton Wilder

Überleben wir den Tod unseres Körpers, oder ist er das Ende aller Dinge? Jeder, der glaubt, der Tod sei das Ende von allem, ist für diese Art der Angst vor dem Nichts anfällig, eine Angst, die sich grundlegend von anderen Arten der Angst unterscheidet. Sie ist der Alptraum des Materialismus. Die beispiellose existentialistische Qual. Sie steht drohend hinter jedem Dualismus, der das nicht halten kann, was er versprochen hat zu halten.

In Kapitel 17 und 18 werden wir uns mit den Beweisen und Argumenten zu der Frage auseinandersetzen, ob es ein Leben nach dem Tod gibt.

Der Tod und der Trost der Philosophie

17

In diesem Kapitel

- Beiträge der Philosophie zum Akzeptieren des Todes
- Wie man mit der Todesfurcht umgehen kann
- Die großen Denker und ihre Auffassung vom Tod

Die lange Gewohnheit des Lebens lässt uns nur unwillig dem Tode begegnen.

Sir Thomas Browne (1605-1682)

In diesem Kapitel werden wir uns mit dem Trost beschäftigen, den uns die Philosophie im Zu sammenhang mit unserer Angst vor dem Tode spendet. Außerdem werden wir uns die Angebote der verschiedenen philosophischen Standpunkte hinsichtlich der Milderung unserer Sorgen über unsere eigene Sterblichkeit anschauen. Einige der Argumente, die geeignet sind, uns unsere Furcht zu nehmen, werden wir dem Materialismus, andere einer agnostischen Sicht der Dinge entnehmen. Auch die Position des Dualismus werden wir mit in unsere Betrachtung einbeziehen und uns dann in Kapitel 18 auf ausführliche Weise mit den Argumenten des Dualismus und seiner Ansicht befassen, dass der Tod gar nicht gefürchtet werden müsse, da er nicht das Ende für uns bedeute.

Mein Vorgehen hier ist sehr einfach. Mancher Versuch der Philosophie, Trost zu spenden, betrifft jeden. Es gibt die jedem offen stehende Möglichkeit, sich mit seinem eigenen Tod zu versöhnen, wenn man nur einige grundlegende Überlegungen anstellt oder zumindest nachvollzieht, die ganz unabhängig von der eigenen Haltung zur Körper-Geist-Debatte oder auch des eigenen Glaubens sind. Im Folgenden werde ich diese Versuche der Philosophie erläutern und kritisch in Augenschein nehmen.

Für die meisten Menschen ist der denkbar schlechteste Fall der, dass wir alle bei unserem Tod der vollständigen Auflösung anheimfallen (mehr zu dieser Angst in Kapitel 16). Andere wiederum fürchten nicht so sehr diesen Aspekt des Todes, sondern vielmehr den bewusst erlebten Vorgang des Sterbens selbst, der ganz sicher alles andere als angenehm ist. Noch bevor man direkt die Frage angeht, ob unser Geist und unser Bewusstsein nach dem Tod weiter bestehen, kann man Überlegungen anstellen, die einem Menschen erlauben, diese beiden Ängste zu bewältigen.

Don't worry, be happy

Was kann nun die Philosophie dazu beitragen, diese Ängste zu mildern? Die Philosophie hat nicht weniger als vier verschiedene Ansätze entwickelt, um dieser Angst vor dem Tod begegnen zu können (zu den vier verschiedenen Ängsten vgl. Kapitel 16). Zwei von ihnen beschäftigen sich direkt mit den Ängsten, die durch die Vorwegnahme des Vorgangs des Sterbens erzeugt werden. Die beiden anderen Ansätze wenden sich an die Angst vor dem Zustand des Todes, an die Endgültigkeit seiner Realität. Zwischen diesen Ansätzen gibt es aber immer wieder Überschneidungen. Zuerst wollen wir uns einige Antworten bezüglich unserer Angst vor dem Sterben an sich anschauen.

Die stoische Antwort auf die Angst vor dem Vorgang des Sterbens

Nicht der Tod oder seine Schwere ist das, was die Menschen fürchten, sondern die Furcht vor der Schwere und dem Tod.

Epiktet

Die stoischen Philosophen, wie z.B. Seneca, Epiktet oder Marcus Aurelius, glaubten, dass das Leben uns nur bis zu dem Maße in Not stürzen könne, wie wir von unserer Natur her auch aushalten können. Es gibt zwei Versionen dieser Ansicht. Die eine stützt sich auf die Beobachtung, dass Menschen ab einem bestimmten Grad von Schmerzen normalerweise in Ohnmacht fallen und somit keine Schmerzen mehr empfinden. Darauf lässt sich erwidern, dass für das Empfinden vieler Menschen diese Ohnmacht erst viel zu spät einsetzt. Außerdem ist es so, dass die Schmerzen chronisch Kranker, etwa Krebspatienten, deren Leiden sich manchmal über Jahre hinzieht, von dieser Linderung und Erlösung gar nicht betroffen sind.

Die Stoiker glaubten aber, dass, was immer die Natur uns an nicht zu linderndem Leid auferlegt, wir dieses jederzeit durch unseren Freitod beenden könnten. Sie hießen Verzweiflungstaten wie den Freitod für derartige Ausnahmesituationen durchaus für angemessen und vernünftig. Die Ansichten der Stoiker über den Selbstmord sind kompliziert und nuancenreich; es bleibt jedoch die Tatsache bestehen, dass Gott uns die Mittel an die Hand gegeben hat, das, was wir nicht ertragen können, auch zu beenden. Das qualvolle Sterben eines Menschen kann durch entsprechende Intervention unmittelbar gestoppt werden.

Diese Form des Trostes ist natürlich von eher rauher und strenger Art. Aus einer Reihe von Gründen ist diese Möglichkeit von vielen nachfolgenden Moralisten als unannehmbar zurückgewiesen worden. Dessen ungeachtet bleibt diese Möglichkeit aber als letzter Ausweg (und letzter Trost) theoretisch für die betroffenen Menschen immer bestehen. Die Natur oder Gott werden uns niemals von unserer Entscheidung abhalten können, das, was nicht mehr zu ertragen ist, auch nicht mehr ertragen zu wollen. Dieser Trost ist nicht der Geringste unter allen Möglichkeiten, und er ist eine Antwort auf eine der unmittelbarsten Ängste der Menschen vor dem Tode.

Das Argument, der Tod sei ein natürlicher Vorgang

Zu sterben ist genauso natürlich wie geboren zu werden.

Francis Bacon

Zu allen Zeiten haben Philosophen und andere Gelehrte uns davon zu überzeugen versucht, dass der Tod ein natürlicher Vorgang sei, den man als solchen akzeptieren müsse und den man nicht zu fürchten bräuchte.

Der Tod als ein natürlicher Teil des Lebens

Alle möglichen Denker haben versucht, die Meinung zu vertreten, dass der Tod ein Teil des natürlichen Lebenskreislaufs sei:

Sobald wir geboren werden, fangen wir an zu sterben; und das Ende ist mit dem Anfang verbunden.

Minilius Astonomica

Denn das Leben nähert sich dem Tod jeden Tag etwas mehr.

Phaidros

Jeder Augenblick des Lebens ist ein Schritt in Richtung Grab.

Crébillion

Der, der zu leben anfängt, beginnt auch mit dem Sterben.

Francis Quarles

Mitten im Leben sind wir auch im Tod.

The Book of Common Prayer (Das Gebetbuch der anglikanischen Kirche)

Du wirst nicht deswegen sterben, weil du krank bist, sondern weil du lebst.

Seneca

Denn Staub bist du, und zum Staub musst du zurück.

Genesis 3:19

Unser ganzes Leben ist ein Hinschreiten zum Schafott – dem Tod.

John Donne

Ich, als ich geboren wurde, wurde zum Sterben geboren.

William Drummond (1656)

Ist das Sterben dem Menschen etwas Unbekanntes, dessen Leben nichts als eine Reise hin zum Tode ist?

Seneca

Dieses Argument könne genauso gut auf den Vorgang des Sterbens angewendet werden, auf die Tatsache, dass wir dem Tod, seinem Vorlauf und seiner Endgültigkeit ins Auge blicken werden. Da er ein natürliches Phänomen ist, müsse man ihn nicht fürchten.

Giftige Spinnen oder Schlangen, unheilbare Krankheiten sowie zerstörerische Tornados sind genauso natürlich wie der Tod auch und sollten dementsprechend auch so gefürchtet werden. Ich persönlich habe diesen Gedankengang noch nie als besonders tröstlich empfunden und kann auch nicht recht einsehen, warum er anderen als solcher erscheint. Ich vermute mal, dass die meisten sich einfach an jeden Strohhalm klammern, den sie kriegen können, solange er nur ihre Angst vor dem Tode zu mildern hilft. Das Ergebnis ist, dass sie sich wegen der Dringlichkeit ihrer Not von den Antworten der Skeptiker zu schnell philosophisch betäuben lassen.

Das Notwendigkeitsargument

Der Tod nimmt die Alltäglichkeit des Lebens hinweg.

Alexander Smith (1863)

Das Notwendigkeitsargument ist verwandt mit dem Argument, der Tod sei ein natürlicher Vorgang. Es behauptet, dass wir uns gefühlsmäßig mit der Realität des Todes versöhnen könnten und uns nicht fürchten sollten, wenn wir nur verstehen würden, dass der Tod für zwei wichtige und sehr positive Dinge notwendig ist. Erstens ist er bedeutsam für unsere Wertschätzung des Lebens. Je größer unser Sinn für die Vergänglichkeit der menschlichen Existenz sei, desto mehr könnten wir die kleinen Dinge des Lebens genießen. Zum Zweiten ist der Tod wichtig für den beständigen Gang der Evolution, eines immer währenden Vorgangs, der zu immer vollkommenerem und wertvollerem Dasein auf der Welt führen würde.

Als Beispiel einer derartigen Anschauung soll uns hier ein Zitat aus Charles Lindberghs Autobiographie *Autobiography of Values* dienen:

Ohne den Tod gäbe es kein Bewusstsein vom Leben. Die immer wiederkehrende Auswahl und Erneuerung, die den Fortschritt des Lebens befördert, käme zu einem Ende.

Lassen Sie uns das etwas allgemeiner fassen und uns zunächst den letzten der beiden Punkte herausgreifen. Ich weiß, dass ich – bildlich gesprochen – irgendwann aus der Mannschaft ausscheiden muss, obwohl ich hart arbeite und anscheinend ganz gut mitspielen kann. Außerdem soll ich dieses Schicksal gutheißen, weil mir versichert wird, dass mein Ausscheiden unweigerlich zu einer Verbesserung der Mannschaft insgesamt führen wird. Man sagt mir darüber hinaus, dass ich mich am Rand des Spielfeldes bereit halten solle, damit ich, falls ich die Chance bekomme, die neue und verbesserte Mannschaft anfeuern kann für das, was sie ohne mich zu leisten imstande ist. Bei diesem Vergleich gibt es allerdings ein kleines Problem. Wenn mich mein Trainer aus dem Team nimmt, so kann ich mich im wirklichen Leben nicht mehr an den Spielfeldrand stellen. Ich werde viel eher unter den Rasen gepflügt, etwas, worüber man sich nicht besonders freuen kann.

»Jeder fliegt aber doch irgendwann aus der Mannschaft. Warum sollte uns das also etwas ausmachen?« Das müsste es tatsächlich nicht, wenn es nur irgendwo ein anderes Team gäbe, das uns aufnehmen würde. Wenn aus der Mannschaft herauszufliegen jedoch bedeutet, dass man für immer dem Sport ade sagen muss, so weiß ich wirklich nicht, was ich daran so gut finden soll.

Schauen wir uns nochmals Lindberghs Bemerkung an. Stimmt es überhaupt, dass es ohne den Tod kein Bewusstsein und keine Wertschätzung des Lebens gäbe? Es ist eine traurige Wahrheit über den Menschen, dass wir erst dann etwas wirklich wertschätzen, wenn es für immer verloren und für uns unerreichbar geworden ist. Diese Eigenschaft der menschlichen Psyche, so scheint es, ließe sich aber durch ausreichende Bewusstwerdung und Sensibilisierung für die Unwiederbringlichkeit insbesondere des Lebens überwinden. Die Menschen könnten es durchaus lernen, die kleinen Dinge des Lebens wieder wertzuschätzen. Mitunter sind die Menschen sogar von sich aus des oberflächlichen Lebens einfach müde und verändern ganz alleine ihre Einstellung zum Leben, indem sie neue Wege zur Liebe und zur Wertschätzung finden.

Oft scheint es jedoch so zu sein, dass nur die Drohung eines nahenden Todes einen solchen Wechsel der Lebensperspektive erreichen kann. Für mich gibt es aber keinen Grund, warum dies nur der Tod zu leisten vermögen soll. Im Gegenteil, die Tatsache des Todes alleine ist für sich genommen sogar sicher nicht hinreichend für einen solchen Wechsel, zum einen, weil wir uns über seine Unvermeidlichkeit selbst täuschen und zum anderen, weil wir seine Auswirkung auf die Bedeutsamkeit der schönen Momente, die wir erfahren, grundsätzlich ignorieren. Aus diesem Grund erweist sich nach reiflicher Überlegung diese Argumentation als nicht überzeugend.

Das agnostische Argument

Niemand weiß, was der Tod in Wirklichkeit ist, noch ob er für den Menschen nicht der größte aller Segen ist. Dennoch fürchten aber die Menschen ihn so als wäre er das größte aller Übel.

Sokrates

Das agnostische Argument funktioniert besser. Es ist jedoch nicht auf den Vorgang des Sterbens gerichtet, sondern auf den Tod als Zustand in all seiner Endgültigkeit. Plato lässt Sokrates in einem seiner Dialoge die folgende Überlegung anstellen:

1. Es ist falsch (unangemessen oder unvernünftig) etwas zu fürchten, solange man nicht weiß, ob es einem auch schaden kann.
2. Man weiß nicht, ob im Zustand des Todes die eigene Person einen Schaden nimmt.
3. Daher ist es falsch, den Tod als Endzustand zu fürchten.

Um es noch mal zu wiederholen: Dieses Argument bezieht sich nur auf den Zustand des Totseins an sich, nicht auf den Vorgang des Sterbens. Der letztere kann einem Menschen ganz sicher Schaden zufügen. Aus diesem Grund ist es auch durchaus vernünftig, diesen Vorgang zu fürchten. Die meisten Menschen aber haben vor dem Tod als Endzustand die meiste Angst, woran sie sogar recht tun. Der Vorgang des Sterbens ist zeitlich begrenzt, wie lang einem Leidenden die Zeit auch immer erscheinen mag. Der Zustand des Todes als solcher aber ist ewig und immerwährend. Je mehr Gründe man anführen kann, warum wir ihn nicht fürchten sollen, um so besser ist es.

Sokrates erkannte, dass wir normalerweise vorgeben, mehr über das Leben zu wissen, als es tatsächlich der Fall ist. Er erkannte auch, dass wir demselben Fehler auch in Bezug auf den Tod erliegen. Wir haben Gefühle und Einstellungen dem Tod gegenüber, die ein Wissen beinhalten, das wir so gar nicht besitzen. Der Tod ist in vielerlei Hinsicht das große Unbekannte. Sokrates ist daher der Ansicht, dass wir uns bescheiden und nicht vorschnell ein Urteil fällen sollten. Nach allem, was wir wissen, ist der Tod vielleicht das Großartigste und nicht so sehr das Schlechteste unter allen Dingen. Unsere Einstellungen und Gefühle sollten unsere Dürftigkeit an konkretem Wissen widerspiegeln.

Das Argument der zwei Ewigkeiten

Dieses Argument beruht auf der Voraussetzung, dass der Tod das vollkommene Erlöschen der personalen Existenz bedeutet. Es kann auch von denen angewendet werden, die zwar nicht glauben, dass dies schlechthin die Wahrheit über den Tod ist, die aber dennoch fürchten, dass es sich doch so verhalten könne.

Das Argument baut auf einem Gedankenexperiment auf. Es wird manchmal mit einem bestimmten Gedankengang Epikurs verwechselt, dessen Argument wir im nächsten Abschnitt betrachten werden. Unser Argument hier steht und fällt jedoch nur durch sich selbst.

Es gab eine Zeit, zu der wir noch nicht waren. Dies beunruhigt uns nicht. Warum sollte es uns also bekümmern, dass einmal eine Zeit kommen wird, zu der wir nicht mehr sein werden?

William Hazlitt

Stellen Sie sich einen Menschen vor, der glaubt, der Tod sei das absolute Ende von allem. Ein solcher Mensch, vornehmlich eine der Theorie des Materialismus zugeneigte Person, ist entsprechend davon überzeugt, dass der Tod seines Körpers von einer Ewigkeit des Nichtseins gefolgt wird. Er ist der Ansicht, sein Geist werde für immer verlöschen, eine Sichtweise, die ihn mit der denkbar größten Panik erfüllt. Er glaubt aber ebenso, dass vor seiner Geburt eine unbegrenzte, der Zeit nach seinem Tode vergleichbare Zeitspanne gelegen hat, in der er auch noch nicht existierte. Und doch ist es so, dass er dieser Tatsache mit äußerstem Gleichmut und größter Ruhe begegnen kann.

Auf der anderen Seite könnte ein Philosoph argumentieren, dass es sich dabei um zwei vollkommen gleichrangige Unendlichkeiten handele. Die eine muss man genauso wenig fürchten wie die andere. Während der vorhergegangenen Ewigkeit, der Ewigkeit, die hinter uns liegt, ist nichts Böses oder Schädigendes geschehen, das dem über das Leben und den Tod nachdenkenden Anhänger der materialistischen Theorie geschadet hätte. Das Gleiche gilt nun aber genauso auch für diejenige Ewigkeit, die noch vor uns liegt. Daraus folgt, dass man die Zukunft genauso wenig zu fürchten braucht wie die Vergangenheit.

Es gibt jedoch einen alles entscheidenden Unterschied zwischen der Zukunft und der Vergangenheit. Während die Vergangenheit sich immer weiter von uns entfernt, kommt die Zukunft immer weiter auf uns zu. Ich kann mich gedanklich einer Tatsache aus der Vergangenheit in aller Seelenruhe genau deswegen zuwenden, weil ich mich jetzt nicht darauf einlassen muss, mich mit ihr auseinander zu setzen oder sie am eigenen Leibe zu erfahren. Ich habe zwar manchmal mit Auswirkungen vergangener Ereignisse zu tun; was allerdings die Vergangenheit an sich anbetrifft, so kann sie mir jetzt keinen Schaden mehr zufügen. Was jedoch die Zukunft anbelangt, so sehen die Dinge ganz anders aus.

Meine Einstellungen und Gefühle, Überzeugungen und Neigungen, die in das Nachdenken über zukünftige Möglichkeiten unweigerlich einfließen, können nun aber durchaus meine unmittelbaren Aussichten beeinflussen, dass sich diese Möglichkeiten für mich früher oder später auch in Wirklichkeit einstellen. Die Furcht kann mir dabei helfen, einen von mir nicht gewünschten zukünftigen Zustand hinauszuschieben oder ganz zu vermeiden, indem sie mich dazu anhält, gegenwärtige Zustände, die dessen Herbeiführung beschleunigen könnten, zu vermeiden.

Das Argument kann also wegen der Verschiedenheit von Gegenwart und Zukunft nicht richtig funktionieren. Ich bin von seiner Gültigkeit nicht eigentlich überzeugt. Sind Sie es etwa?

Ein Leben: Ein kleines Aufschimmern der Zeit zwischen zwei Ewigkeiten, ohne zweite Chance für uns!

Thomas Carlyle (1795-1881)

Epikurs Argument

Das Philosoph Epikur (um 341-270 v. Chr.) dachte sich eines der intelligentesten und am meisten diskutierten Argumente überhaupt aus. Es stellt einen direkten Versuch dar, uns von unserer Angst vor dem Tode zu befreien. Es wird manchmal im gleichen Atemzug mit dem Argument der zwei Ewigkeiten aus dem vorhergehenden Abschnitt genannt (ja mitunter sogar mit diesem verwechselt). Es ist jedoch von diesem völlig verschieden und sollte auch unabhängig von diesem bewertet werden.

Dem Tod, dem am meisten gefürchteten Übel, müssen wir daher nicht mit Sorge begegnen; denn, solange wir sind, ist der Tod noch nicht und wenn der Tod ist, sind wir nicht mehr.

Epikur

Epikur erläuterte seinen Gedanken folgendermaßen:

1. Wenn man ist, so ist der eigene Tod nicht, und was nicht ist, das kann einem Menschen auch nicht schaden.

2. Wenn aber der eigene Tod ist, so ist man selbst nicht, und was nicht ist, dem kann auch nicht geschadet werden.
3. Es ist unvernünftig, das zu fürchten, was einem nicht schaden kann.
4. Es ist unvernünftig, Furcht zu haben, wenn einem kein Schaden zugefügt werden kann.
5. Entweder man selbst ist, oder der eigene Tod ist.
6. Daher kann entweder der Tod dir nicht schaden, oder du selbst kannst durch den Tod keinen Schaden nehmen.
7. Es ist also unvernünftig, überhaupt den Tod zu fürchten.

Wahrlich erstaunlich, einfach brillant. Vom Gefühl her jedoch absolut nicht überzeugend. Schon seit Epikurs Zeiten haben die Philosophen immer wieder versucht herauszufinden, was mit diesem Argument nicht stimmt. Man nahm an, dass irgendetwas an ihm falsch sein müsse. Epikur behauptet ja, dass der Tod das vollständige Erlöschen einer Person und seines Bewusstseins bedeutet. Für viele Menschen ist dies die am meisten gefürchtete Möglichkeit, die es überhaupt gibt. Nie mehr die Sonne sehen, nie mehr etwas empfinden. Nie mehr einen Gedanken fassen können. Und gerade davor, so will uns Epikur weismachen, sollen wir keine Angst haben müssen?

Diejenigen, die den Tod als vollständiges Verlöschen des eigenen Selbst begreifen, fürchten keine unangenehmen Erfahrungen im Zustand des Todes, sondern die Tatsache, dass der Tod sie für immer all ihrer Möglichkeiten und all ihrer angenehmen Erfahrungen und Empfindungen berauben wird. Epikur behauptet nun, dass dieser Umstand für einen Menschen keinen Schaden beinhaltet. Auf dieser Behauptung gründet er dann seine Schlussfolgerung, dass es keinen Sinn mache, den Tod zu fürchten.

Trotz der Unfähigkeit der Philosophen, sich darüber zu einigen, was an diesem faszinierenden Argument denn nun nicht stimmen könne, lassen sich die meisten Menschen von ihm nicht von ihrer Angst vor dem Tod abbringen. Sie sind allenfalls ein wenig verblüfft, wenn man sie mit dem Argument konfrontiert. Letztendlich ähnelt es aber mehr einem Rätsel als einem stringenten und erhellenden Gedankengang.

Ist dies deswegen der Fall, weil der Mensch kein Vernunftwesen ist? Oder besteht der Grund darin, dass die Gefühle des Menschen einfach nicht rational sind? Ist etwas in jedem Falle besser als nichts? Kann es sein, dass dem Argument diese Tatsache irgendwie entgeht? Was meinen Sie?

Materialistische Vorstellungen von der »Unsterblichkeit«

Philosophen, die glauben, dass der Tod das Ende von allem ist, weil der Geist oder die Seele für sie keine vom Körper unabhängige Existenz besitzen, haben eigene Vorstellungen von Unsterblichkeit vorgeschlagen, die uns mit unserem körperlichen Untergang versöhnen sollen. Diese Vorstellungen beinhalten nicht das Weiterbestehen der Seele oder eines anderen Teils der personalen

Existenz eines Menschen über das Grab hinaus, sondern sie stellen vielmehr eine Art trostspendende Projektion in die Zukunft dar, durch wir in dieser Welt Halt gewinnen können. Die folgenden Abschnitte befassen sich mit einigen dieser Vorstellungen.

Soziale Unsterblichkeit

Als ich noch zur Schule ging, fuhr ich einmal im Winter zu einem Skiausflug übers Wochenende in die Berge. Am Samstag Morgen, nach einem Frühstück in einem Restaurant in der Nähe meines Motels, ging ich durch den Schnee zurück zu meinem Zimmer. Der Verkehr auf der Hauptstraße war ziemlich stark. Ich hielt an einer Kreuzung und wartete auf Grün. Ein gut gekleideter Mann von vielleicht Ende vierzig, Anfang fünfzig stand plötzlich neben mir, wandte sich zu mir und sagte: »Wenn ich sterbe, werde ich in meinen Kindern weiterleben.« Er sagte nichts weiter. Kein Hallo oder Guten Morgen. Nur diese eine philosophische Anmerkung.

In den Herzen derer zu leben, die wir verlassen
Heißt, nicht zu sterben.

Thomas Campbell

Stellen Sie sich meine Reaktion vor, als ich die Worte hörte »Wenn ich sterbe.« Direkt an einer viel befahrenen Straße. Würde ich unter Umständen den Mann am Ärmel packen müssen, damit er sich nicht vor irgendein vorbeifahrendes Auto würfe. Warum erzählte der Mann mir das gerade in jenem Augenblick? Äußerst seltsam. Ich nehme an, ich war schon in jungen Jahren zum Philosophen geboren. Es stand mir wohl schon mit siebzehn im Gesicht geschrieben.

Was dieser mir fremde Mann zum Ausdruck brachte, ist ein weitverbreitetes Gefühl, nämlich die Überzeugung, dass wir durch unsere leiblichen Kinder irgendwie einen Teil unserer Selbst nach unserem Tod zurücklassen können. Die einen legen dabei den Schwerpunkt auf die rein genetische Ausstattung ihrer Kinder, die ja zur Hälfte von ihnen stammt; die anderen sehen ihre Existenz dadurch über ihren Tod hinaus verlängert, als sie durch die Erziehung und Entwicklung ihrer Kinder, durch das Formen ihrer kleinen Persönlichkeiten (natürlich nach dem Vorbild des eigenen Selbst) sich selbst in ihnen fortbestehen lassen können. Sehr häufig leiden die Kinder geradezu unter diesen Bestrebungen ihrer Eltern, sich in ihrem Nachwuchs auf erzieherischem Wege selbst zu verewigen. Ein Manager kann schließlich nicht in seinem eigenen Kinde wiedergeboren werden, wenn aus diesem nur ein Taugenichts wird. Zumindest glauben das viele Menschen, die in der Gesellschaft eine hohe soziale Stellung einnehmen. Aus diesem Grund üben sie in der Erziehung Druck auf ihre Kinder aus, nicht unbedingt zum Guten der Kinder. Was solchen Menschen vorschwebt, ist, der Welt ihr Vermächtnis in Form ihrer Kinder zu hinterlassen.

Der, der von uns gegangen ist, so wir uns denn seiner gerne erinnern, ist uns gegenwärtiger als die Lebenden.

Saint-Exupéry

Kulturelle Unsterblichkeit

Während meiner Studienjahre in Yale besuchte ich eines Tages meinen Studienfreund auf seinem Zimmer. In seinem Wohnheim saß eine Gruppe Studenten beieinander und unterhielt sich. Ich fragte eine Studentin, was denn ihr Hauptfach sei. Sie antwortete Architektur. Ich fragte sie, ob es ihr denn nicht schwer fiele, alles über die verschiedenen Baumaterialien und alles mögliche über Statik lernen zu müssen. Sie sagte Nein, derartiges würde man in Yale gar nicht unterrichten. Stattdessen werde man zum künstlerisch schaffenden Menschen ausgebildet. Sie würden eines Tages bei irgendeiner Firma arbeiten und die elementaren Aufgaben dann solchen untergeordneten Kräften übertragen, die über das entsprechende architektonische Grundwissen verfügten. Ich fragte sie darauf: »Musst du aber nicht trotzdem alles Wissenswerte über die entsprechenden Materialien beim Häuserbau wissen?« Sie antwortete: »Meine Aufgabe ist es, das Äußere und Innere der Gebäude zu entwerfen. Du musst verstehen, wir sind Künstler. Mein Plan ist es, in der Stadtlandschaft Amerikas weiterzuleben.«

All unsere Versuche, Unsterblichkeit zu erlangen, sei es durch Eroberung fremder Territorien, durch wissenschaftliche Leistungen oder durch die Kunst, sind auf lange Sicht gleichermaßen vergebens, weil »auf lange Sicht« eine längere Zeitspanne umfasst als ein jeder von uns es sich vorstellen kann.

Sydney J. Harris

Nun, jene Studentin wird nicht allzu lange in ihren Gebäuden weiterleben, wenn diese erst einmal wieder abgerissen worden sein werden. Ich muss schon sagen, dies stellte schon ein wirklich erstaunliches Maß an Zuversicht, Arroganz und Anmaßung, um nicht zu sagen Hybris, das griechische Wort für maßlosen Stolz, dar. Wer von uns kann schon von sich behaupten, dass er oder sie in seinen schöpferischen Hinterlassenschaften weiterleben wird? Wenn sie Glück hat, werden die künstlerischen Monumente der jungen Studentin – wenn überhaupt – dann nur rußüberzogen und mit den Ausscheidungen der Vögel bedeckt die Zeiten überdauern.

Selbst wenn es vernünftig wäre, so etwas wie kulturelle Unsterblichkeit anzunehmen, so würden dennoch die meisten Woody Allens geistreicher Bemerkung zustimmen: »Ich will nicht durch meine Arbeit unsterblich werden. Ich will dadurch unsterblich werden, dass ich nicht sterbe.«

Kosmische Unsterblichkeit

Ich hatte früher einen Freund, der einmal zu mir sagte: »Wenn ich sterbe, so möchte ich in entweder in einem Sarg aus Kiefernholz beigesetzt werden oder in gar keinem einfach so in die Erde hinabgelassen werden. Ich möchte möglichst schnell verwesen, damit die Moleküle, aus denen ich bestehe, schnell von der Erde, den Pflanzen und Tieren absorbiert werden können, so dass meine Bestandteile schließlich so weit verbreitetet werden, dass ich eins werde mit dem Universum und in kosmischer Unsterblichkeit bis ans Ende der Zeit weiter existieren kann.«

Dies ist sicherlich eine für einen größeren Teil der Menschheit zugängliche Form der Unsterblichkeit als diejenige, die von künstlerisch schaffenden Menschen erstrebt wird. Alles in allem ist es jedoch ein eher dürftiges Ziel, das kaum erstrebenswert erscheint. Je mehr Moleküle ich nach meinem Tod in der Welt verstreuen kann, desto größer soll meine Unsterblichkeit dann wohl auch sein. Also, her mit der extragroßen Portion Eis.

Ich muss schon sagen, diese Vorstellung ist nun wirklich nicht geeignet, in mir eine besonders große Zuversicht zu erzeugen.

Wissenschaftliche Unsterblichkeit

Die wissenschaftliche Unsterblichkeit ist die letzte Form der materialistischen Vorstellung von Unsterblichkeit, die ich hier vorstellen möchte. Sie ist von allen sicherlich die interessanteste Variante, da sie als einzige der vier unseren Wunsch nach einem Weiterbestehen unseres Bewusstseins über den Tod hinaus anspricht. Wir wollen ja als Person weiterleben und nicht bloß in dem, was wir der Welt hinterlassen. Der Materialismus wendet sich mit seinem Konzept der wissenschaftlichen Unsterblichkeit genau an dieses menschliche Verlangen.

Wissen Sie, wie die Lebenserwartung vor ein- oder zweihundert Jahren war? In keinem Land betrug sie mehr als fünfzig Jahre. Natürlich wird die Statistik durch die hohe Kindersterblichkeit etwas verzerrt. Es ist jedoch unbestritten, dass das durchschnittliche Lebensalter der Menschen durch die moderne Medizin, durch Schutzmaßnahmen in allen möglichen Bereichen des täglichen Lebens, durch verbesserte Ernährung und ein allgemein gesünderes Leben der Menschen entscheidend gesteigert werden konnte. Heutzutage schauen wir mit vierzig oder fünfzig Jahren sicher viel besser (sprich »jünger«) aus als die Menschen früherer Epochen.

Die Entwicklung der chirurgischen Medizin und der Transplantationsmedizin haben das Lebensalter der Menschen weit über die natürlichen Grenzen hinaus verschoben. Das Entscheidende in diesem Zusammenhang aber ist, dass es uns mit dem Durchbruch im Bereich der Genetik und der Verfeinerung der Möglichkeiten der mikrochirurgischen Medizin vielleicht möglich sein wird, das Lebensalter der Menschen um ein noch viel höheres Maß zu verlängern als das in der Vergangenheit schon möglich gewesen ist. Einige kürzlich veröffentlichte Bücher behaupten sogar, dass wir die erste Generation sein werden, die überhaupt nicht mehr zu sterben brauche.

Die seltsamste Form, die dieser Glaube angenommen hat, nennt sich *Kryonik* und beruht auf der Idee, Tote solange einzufrieren, bis die medizinische Wissenschaft eines Tages in der fernen Zukunft eine Möglichkeit gefunden hat, diese eingefrorenen Körper der Toten nicht nur wieder zu reanimieren, sondern auch die Krankheiten, an denen die Toten einst gestorben waren, zu heilen und ihnen damit ein endloses Leben zu schenken. Sie haben von dieser Methode vielleicht in der Vergangenheit einmal in der Zeitung gelesen. Bisher sind noch nicht allzu viele Menschen derart bei ca. minus 170 °C eingefroren worden. Eine Reihe von Menschen haben allerdings in der Voraussicht auf ein Wiedersehen in der Zukunft ihre Angehörigen für eine solche Behandlung entweder »vorgemerkt« oder eine solche schon veranlasst.

Eine amerikanische Firma mit Namen *Alcor Life Extension Foundation* warb vor einigen Jahren damit, dass sie den vollständigen Körper eines Menschen für 100.000 $ einfrieren könnte. Ein abgetrennter Kopf alleine würde immer noch mit 25.000 $ zu Buche schlagen. Dieses Angebot war ihre Form des Rabatts und zeugte von der Geschäftstüchtigkeit dieser Firma. Auf die Frage, wie aussichtsreich ein solches Unterfangen sein mag, wollen wir hier aber nicht weiter eingehen.

Einige wenige Computerexperten prognostizieren sogar, dass zukünftige Generationen von Computern in der Lage sein werden, den Inhalt unseres gesamten neuronalen Systems, unseres ganzen Gehirns zu simulieren, so dass man seine Erinnerungen, seine persönlichen Charaktermerkmale und alles zum eigenen Bewusstsein Gehörende nur in einen solchen Computer einspeichern müsste, um vorübergehend in dieser virtuellen Form überdauern zu können und zwar solange, bis die Wissenschaft einen Weg gefunden hat, unsere im Computer gespeicherten Daten auf eine geeignete organische Lebensform rückzuübertragen.

Auch wenn sich all das verdammt nach Sciencefiction anhören mag: Kann man in dieser Voraussage nicht wenigstens einen Hoffnungsschimmer entdecken? Wird es der Wissenschaft und der Technik nicht eines Tages doch möglich sein, sich so weiterzuentwickeln, dass sie uns ein ewiges Leben wird ermöglichen können?

Die Zeit ist dasjenige, in dem alle Dinge vergehen.

Arthur Schopenhauer

Nun, wenigstens wird dies solange nicht möglich sein, wie es uns nicht gelingt, die kosmischen Prozesse des Universums in den Griff zu bekommen und radikal in diese einzugreifen. Eines Tages nämlich wird unsere Sonne ausgebrannt sein und ihr Feuer erlöschen. Nicht unbedingt sehr bald, aber doch in einer absehbaren und berechenbaren Zukunft von vielleicht noch einmal fünf Milliarden Jahren. Der Physiker Freeman Dyson jedoch scheint zu glauben, dass es uns einmal möglich sein wird, ein Raumschiff zu bauen, das zumindest einige wenige von uns zu einem anderen Sonnensystem bringen könnte, um so auch der letzten planetaren Katastrophe entgehen zu können und unser Überleben zu sichern.

Unsere Sonne stellt allerdings nicht das einzige Problem für uns dar. Auch die Entropie bedroht unsere Existenz, also jenes Gesetz, nach dem alles im Universum dem Chaos entgegen strebt, d.h. – wissenschaftlich ausgedrückt – dem Zustand geringster Informationsdichte. Dieses Gesetz ist die direkte Folge des Urknalls, der vor etlichen Milliarden Jahren stattfand. Es gibt nur zwei wissenschaftlich allgemein akzeptierte Szenarios für das Schicksal unseres Universums. Das eine sieht vor, dass das Universum seine jetzige Ausdehnung bis in alle Ewigkeit fortsetzt, ein Prozess, bei dem nach und nach alle Sterne im Kosmos ihren atomaren Brennstoff aufbrauchen und schließlich verlöschen werden, bis es keinen mehr geben wird, der das dann kalte und dunkle Universum, in dem dereinst auch kein wie auch immer geartetes Leben mehr möglich sein wird, erleuchtete. Beim anderen noch am ehesten positiven Szenario wird es so sein, dass die Ausdehnung des Universums an irgendeinem Punkt zum Halten kommen wird, worauf es sich dann anschließend wieder zusammenzieht, bis es in einer gewaltigen Implosion, die keine strukturierte Materieanhäufung, also auch keine Lebensform, überleben wird, wieder an seinen ursprünglichen Anfangszustand gelangen wird. Mein Rat dazu: Knüpfen Sie Ihre Hoffnungen nicht zu sehr an die Wissenschaft.

Der, der am längsten gelebt hat und der, der das kürzeste Leben gehabt hat, werden beide, wenn sie dereinst gestorben sein werden, das Gleiche verloren haben.

Marcus Aurelius

Die Quintessenz dieser ganzen Überlegungen ist, dass auch die Wissenschaft uns das ewige Leben nicht wird schenken können. Die Erlangung der Ewigkeit wird an unseren technischen Möglichkeiten immer scheitern müssen.

Das Entscheidende ist, dass auch der Materialismus uns keine Perspektive eröffnen kann, die es uns erlauben würde, an die Möglichkeit des ewig währenden Lebens zu glauben. Es gibt also schlussendlich recht wenig, was eine materialistische Philosophie, oder selbst eine Philosophie, die eine unentschiedene Haltung zum Körper-Geist-Problem des Dualismus und Materialismus einnimmt, tun kann, um jenen von uns Trost zu spenden, die immer noch den Traum vom ewigen Leben träumen. Dennoch aber müssen wir uns die Frage stellen, ob es nicht vielleicht doch trotz allem die metaphysischen Voraussetzungen geben kann, den Tod unseres Körpers in einer Form zu überleben, die uns die Erfahrung der Unendlichkeit der Zeit eröffnet. Oder anders gefragt: Gibt es irgendeinen letzten Trost für die Tatsache, dass wir in dieser Welt unweigerlich an unsere Grenzen stoßen müssen?

In Kapitel 18 werden wir uns dieser Frage zuwenden und uns an einer Antwort versuchen.

»Die antike Philosophie des Skeptizismus ist besonders hilfreich, wenn man es mit Speck im Sonderangebot zu tun hat.«

Gibt es ein Leben nach dem Tod?

18

In diesem Kapitel

- Die philosophischen Argumente für den Glauben an ein Leben nach dem Tod
- Die Kritik an diesem Glauben
- Die Gründe für diesen Glauben

Der Tod vernichtet uns entweder, oder er befreit uns. Wenn er Befreiung bedeutet, so erwarten uns bessere Dinge, wenn wir uns erst unserer Last entledigt haben werden. Wenn der Tod die Vernichtung ist, so gibt es nichts, was uns erwartet, kein Segen und kein Fluch.

Seneca

Kapitel 16 und 17 haben sich mit den verschiedenen Formen der Angst des Menschen vor dem Tode beschäftigt. Wir haben uns außerdem die wichtigsten, nicht auf einem Glauben an ein Leben nach dem Tod aufbauenden philosophischen Versuche angeschaut, uns mit unserem allem Anschein nach unentrinnbaren Schicksal zu versöhnen. In diesem Kapitel werden wir das Problem des Weiterlebens direkt angehen. Existieren wir nach dem Tod weiter, oder tun wir das nicht? Gibt es ein Leben nach dem Tod, oder ist er der vollständige Untergang unserer selbst als Menschen?

Zuerst werde ich den in dieser Hinsicht skeptischen Zweiflern das Feld überlassen, um mich dann anschließend den positiven Argumenten zu widmen.

Philosophische Zweifel und Ablehnungen

Von der Antike bis in unsere Zeit haben sich die Philosophen eine Reihe von Argumenten einfallen lassen, die darlegen sollen, warum wir unseren physischen Tod nicht überleben können. In diesem Abschnitt werfen wir einen Blick auf die vier gängigsten und stärksten Argumente.

Das Argument, dass der Glaube an ein Leben nach dem Tod aus unserer Psyche abgeleitet werden kann

Die Menschen glauben freiwillig an das, an das sie zu glauben wünschen.

Cäsar

Dieses Argument versucht nicht, Gründe dafür zu finden, warum wir unseren Tod nicht überleben können, sondern unseren Glauben an ein solches Leben nach dem Tode in Zweifel zu ziehen.

Das Argument lautet folgendermaßen: Die Menschen glauben an ein Leben nach dem Tod nur deswegen so stark, weil sie daran glauben wollen. Eine Überzeugung aber, die sich einem solch tief empfundenen Wunsch oder Bedürfnis verdankt, ist, zumindest auf der Oberfläche (oder wie die Anwälte sagen würden, *prima facie*) immer verdächtig. Wünsche sind kein verlässlicher Weg zur Wahrheit. Daher sollten wir dem Glauben an ein Leben nach dem Tod immer skeptisch begegnen.

Die Logik dieses Argumentes ist durchaus überzeugend. Ebenso wie man Wasser aus einer vergifteten Quelle nicht trinken sollte, so sind auch Überzeugungen aus nicht verlässlichen Quellen eher mit Vorsicht zu genießen. Wünsche sind ganz allgemein keine zuverlässige Quelle für Überzeugungen. Aus diesem Grund sollte jede Überzeugung, die auf einen Wunsch zurückgeführt werden kann, vermieden werden.

Wir glauben an das, was wir glauben wollen, was wir zu glauben wünschen, an dasjenige, was unseren Vorurteilen gemäß ist und unsere Leidenschaften beflügelt.

Sydney J. Harris

Aber Moment mal. Ich habe doch den tiefen Wunsch zu glauben, ich sei ein netter und lustiger Mensch, mit dem andere gern was zu tun haben. Ist das jedoch ein Grund für andere, in Frage zu stellen, dass dem auch tatsächlich so ist? Ganz und gar nicht. Warum? Weil ich auch wirklich ein netter und umgänglicher Mensch bin, deshalb.

Ich glaube, man kann mit gutem Grund behaupten, dass die Menschen an den folgenden Satz glauben:

Die meisten Menschen haben zumindest etwas Gutes an sich.

Ich glaube außerdem, dass die meisten Menschen, die an die Wahrheit dieser Aussage glauben, auch ein tiefes Bedürfnis verspüren, von der Richtigkeit dieses Satzes überzeugt zu sein. Ist dieser Glaube deswegen zweifelhaft? Ich meine, dass ein solcher Schluss nicht unbedingt zwingend sein muss, sondern dass es vielmehr genügend Beweise gibt, die seine Wahrheit nahe legen, und zwar unabhängig davon, welche Art psychologischer Bedürfnisse die einzelnen Menschen für ihren Glauben an die Wahrheit dieses Satzes auch immer auch haben mögen.

Welchen Grund haben wir anzunehmen, dass die Menschen, die an ein Leben nach dem Tod glauben, dies nur deswegen tun, weil sie ein tief empfundenes Bedürfnis oder einen entsprechenden Wunsch dazu verspüren? Die bloße Existenz eines solchen Wunsches, an die Wahrheit einer Sache zu glauben, beinhaltet nicht notwendigerweise, dass dieser Wunsch auch der Grund für das Überzeugtsein von der Wahrheit einer Sache sein muss. Es könnte sein, dass die meisten Menschen, die an ihre Unsterblichkeit glauben, zu dieser Überzeugung auf der Basis von Gründen, Beweisen oder Intuitionen gelangt sind und dass es außerdem so ist, dass, obwohl ihr tiefes Bedürfnis nach einer Form der Unsterblichkeit derart befriedigt worden ist, dieses Bedürfnis doch nicht die Ursache für ihre Überzeugung ist.

Solange wir keinen Grund oder Beweis dafür finden können, dass es ein Leben nach dem Tode gibt, der auch für die Menschen, die daran glauben, wenigstens prinzipiell verfügbar ist, solange haben wir auch keine Grund zu glauben, dass alle oder gar die meisten dieser Menschen dies nur einzig aufgrund eines psychologischen Bedürfnisses oder Wunsches tun.

Aber selbst wenn wir zugäben, dass die meisten Ansichten von einem Leben nach dem Tod auf ein Bedürfnis oder einen Wunsch zurückgehen, so könnten diejenigen, die vom Weiterbestehen nach ihrem Tod überzeugt sind, die Schlussfolgerung von der Quelle dieser Überzeugung auf die Unzuverlässigkeit dieser Überzeugung argumentativ bestreiten.

Eine religiöse Person könnte nämlich behaupten, dass die meisten Menschen deswegen ein tief verwurzeltes Bedürfnis hätten, an ein Leben nach dem Tod zu glauben, weil unser Schöpfer, dem wir diese Möglichkeit verdanken, in uns dieses Bedürfnis »hineingelegt« hätte. Dies ist sogar möglicherweise eine bessere Erklärung für die Existenz eines psychologischen Bedürfnisses, an ein Leben nach dem Tod zu glauben, als alle, die der Materialismus anführen könnte. Der Materialismus könnte behaupten, dass dieses Bedürfnis genauso wie alle anderen auf natürliche Weise entstehenden psychischen Zustände durch natürliche Auswahl und entsprechend des Kriteriums des evolutionären Überlebens entstanden sei. Dies ist jedoch unwahrscheinlich. Denn worin könnte der evolutionäre Überlebensvorteil eines Wunsches oder Bedürfnisses schon bestehen, der stark genug ist, in uns die Überzeugung von einem Leben nach dem Tod zu erzeugen? Die, die an eine solche Möglichkeit glauben, haben eher eine geringere Überlebenswahrscheinlichkeit in dieser Welt, da sie viel eher bereit sind, ihr Leben für eine ihnen wertvoll erscheinende Sache zu opfern oder Risiken einzugehen, die andere vermeiden würden, weil ihr Verstand es ihnen angeraten erscheinen lässt. Ein derartiger Glaube ist also alles in allem evolutionär von Nachteil für das Überleben des Individuums.

Die Wahrheit dieses Arguments kann natürlich auf verschiedene Weise angefochten werden. Was ich allerdings hier nur zeigen wollte, ist, dass der Materialismus doch nicht so einfach ein Argument gegen die Behauptung, es gebe ein Leben nach dem Tod, anführen kann.

Das ursprüngliche Argument bringt nun aber zwei Probleme mit sich. Zunächst einmal ist noch nicht gezeigt worden, dass diejenigen, die an ein Leben nach dem Tod glauben, dies deswegen tun, weil sie ein tiefes inneres Bedürfnis dazu verspüren. Zum Zweiten gilt, dass, selbst wenn man dies darlegen könnte, der Kritiker dieses Glaubens an ein Leben nach dem Tod noch zeigen müsste, dass dieser besondere psychologische Mechanismus nicht automatisch die Wahrheit dieses Glaubens garantiert. Dies ist bisher jedoch noch nicht geschehen. Außerdem glaube ich, dass sich Argumente dafür finden lassen, dass es eine bestimmte Art Überlebenswunsch gibt, der ein Beispiel für einen im Allgemeinen recht verlässlichen Mechanismus darstellt, mit dessen Hilfe der Mensch zu seinen Überzeugungen gelangt (vergleiche hierzu den Abschnitt »Das Wunschargument« weiter unten in diesem Kapitel).

Aus all diesen Gründen schließlich finde ich dieses Argument nicht überzeugend.

Das Argument des Schweigens der Toten

Dieses Argument ist kurz, direkt und interessant. Wenn Millionen und Abermillionen von Menschen vor uns schon gelebt haben und gestorben sind und sie außerdem über ihren Tod hinaus weiter existiert haben, warum verfügen wir dann über so wenig Beweise für das Weiterleben nach dem Tod? Warum nehmen die Toten (oder wenigstens einige wenige von ihnen) keinen Kontakt mit uns auf und lassen es uns wissen? Ganz sicher wäre ihnen bewusst, wie wichtig den Hinterbliebenen eine solch tröstliche Nachricht wäre. Sie wüssten ganz bestimmt um die Bedeutung dieser Frage für die Lebenden. Warum also schweigen die Toten?

Einige Autoren von Bestsellerbüchern, Leute aus Hollywood, die Betreiber von ganz bestimmten Jahrmarktsbuden und noch allerlei andere seltsame Gestalten überall auf der Welt haben behauptet, dass es mehr Kontakte mit den Toten gibt, als es sich irgendjemand von uns vorstellen könne. Die wenigsten ihrer Berichte sind allerdings auch nur im Entferntesten glaubwürdig. Warum aber gibt es keine anderen, glaubhafteren Beweise für ein Weiterleben nach dem Tod?

Kurz gefasst lautet der Grund hierfür folgendermaßen:

1. Wenn Menschen nach dem Tod weiterleben könnten, so würden die vielen schon Gestorbenen diese Tatsache unmissverständlich an uns übermittelt haben.

2. Bisher gab es noch keine derartige Mitteilung der Toten an die Lebenden.
   Daraus folgt:

3. Menschen leben nach dem Tod nicht weiter.

Die Form des Schlusses besitzt logische Richtigkeit. Wenn beide Prämissen wahr sind, so ist auch die Konklusion wahr. Beide Prämissen sind jedoch umstritten. Nicht nur Wirrköpfe würden die Wahrheit von (2) bestreiten, obwohl es manchmal durchaus so scheinen mag. Diejenigen, die die Behauptung, es gebe ein Leben nach dem Tod, anzweifeln, benutzen häufig dieses Argument, um die andere Seite darauf aufmerksam zu machen, dass es noch immer keine echten Beweise dafür gibt.

Man kann aber auch fragen, warum wir überhaupt Prämisse (1) akzeptieren sollten? Einige haben darauf hinzuweisen versucht, dass die Toten im Himmel, oder wo auch immer, ja vielleicht »Besseres zu tun hätten« als sich an Séancen zu beteiligen, Bestsellerbuchautoren Hilfestellung zu leisten oder irgendeinen Fernsehsender zu kontaktieren. Andere wiederum spekulieren darüber, dass der metaphysische Unterschied zwischen unserer Welt und der der Toten vielleicht zu groß ist, als dass irgendeine Form der Kommunikation zwischen ihnen möglich wäre. Wie dem auch sei, wir sind letztlich nicht imstande, über die Wahrheit oder Falschheit von (1) abschließend zu urteilen. Folglich kann uns das Argument als Ganzes auch nicht richtig überzeugen. Viele hat es jedoch zum Nachdenken angeregt.

In der Stille liegt genauso der Keim zu Geist und Wissen verborgen wie im unbehauenen Marmor die große Plastik.

Aldous Huxley

Das Argument der Trompetenanalogie

Denken Sie mal für einen Moment an eine auf einer Trompete gespielte Note. Solange wie in das Instrument geblasen wird, solange existiert auch diese eine Note. Setzt man die Trompete aber ab, so verklingt der Ton. Die Existenz der Note war an die Existenz der Trompete (und das Vorhandenseins des sie spielenden Musikers) gebunden. Sobald man die Trompete etwa zerstörte, würde auch die erklungene Note aufhören zu existieren.

Manche Philosophen, die die Möglichkeit eines Lebens nach dem Tode verneinen, argumentieren, dass man sich das Verhältnis von Körper und Geist nach dieser Analogie vorstellen könne. Der Geist, d.h. das Bewusstsein mit seinen Gedanken, ist ähnlich wie eine auf einem Instrument erklingende Note vorzustellen. Damit er existieren kann, muss auch der Körper existieren und seine Funktionen ordentlich erfüllen. Zerstört man das Instrument, hört auch die Note auf zu sein. Analog beraubt der Tod den Geist seines Ursprungs und seines Trägers (das Gehirn), womit auch er genau wie die Note aufhört zu existieren. Die Schlussfolgerung aus all dem ist, dass der Tod das Ende allen bewussten menschlichen Lebens ist.

Die Antwort auf dieses Argument ist recht interessant. Um wirklich erhellend zu sein, müssen wir den Vergleich mit der Trompete ein wenig komplizierter gestalten. Der menschliche Körper ist eine komplexe Verbindung verschiedener Teile auf makroskopischer und mikroskopischer Ebene. Im Bereich der Musik ist ein Sinfonieorchester eine komplexe Verbindung unterschiedlicher Teile, nämlich der einzelnen Musiker und ihrer Instrumente. Versuchen wir nun einmal die Analogie mit der Trompete auf diesen größeren Korpus zu übertragen.

Wir stoßen ständig Teile unseres Körpers ab, z.B. Haut, Haare oder auch Nägel, wenn wir uns sie schneiden. Unser Körper ist ständig im Fluss, er erneuert sich ständig, und zwar nicht nur auf so augenscheinliche Weise wie eben beschrieben, sondern auch auf zellulärer Ebene. Es heißt, dass der Körper eines Menschen innerhalb eines Zeitraums von sieben Jahren alle seine Moleküle einmal vollständig austauscht. Dies bedeutet, dass unser Körper und alle seine Teile sich von unserem Körper von vor sieben oder auch zehn Jahren unterscheidet. Er ist insofern, d.h. solange man ihn als stoffliches Objekt ansieht und seine Identität von der Identität seiner Teile abhängig macht, nicht mehr identisch mit seinem vorherigen Zustand. Er ist zur gleichen Zeit derselbe und doch ein anderer. Er gehört jedoch auf jeden Fall zur gleichen Person. Die Persönlichkeit eines Menschen, sein Wissen oder seine gesellschaftliche Position mögen sich vielleicht innerhalb der sieben oder zehn Jahre mit geändert haben; es ist jedoch immer ein und dieselbe Person, die all diese Veränderungen und noch andere mehr mitgemacht hat. Was bedeutet das alles für unser Argument?

Derselbe Mensch durchlebt seine Lebensalter in verschiedenen Ver-Körperungen, vom Säugling über das Kleinkind zum Teenager und schließlich zum Erwachsenen. Immer aber bleibt er mit sich selbst identisch. Man erlebt sich selbst als komplizierte Abfolge verschiedener physischer Zustände. Man kann nun dieses komplexe Verhältnis von Körper und Geist auf ein vergleichbar komplexes Wechselverhältnis aus dem Bereich der Musik übertragen.

Stellen Sie sich eine sehr merkwürdige Sinfonie vor. Sie wurde komponiert, um folgendermaßen aufgeführt zu werden: Ein Orchester betritt die Bühne, die Musiker nehmen alle ihre Instrumente hervor, der Dirigent hebt seinen Taktstock und die Aufführung beginnt. Einige Minuten nach Beginn der Musik, während die Schlaginstrumente eine Pause haben, stehen die Musiker, die die Schlaginstrumente spielen, auf und verlassen die Bühne, während ihr Platz gleichzeitig von neuen Musiken eingenommen wird, die just zur rechten Zeit bereit sind für den erneuten Einsatz der Musik. Stellen Sie sich nun weiter vor, dass dies nacheinander mit allen Musikern des Orchesters passierte, dass also die alten ständig durch neue ersetzt würden und dass dabei allerdings die Funktionsfähigkeit des Gesamtkörpers Sinfonieorchester nicht beeinträchtigt werden würde. Zur Halbzeit des Stückes gibt es nun eine Pause von sechzig Sekunden, während der kein Instrument zu hören ist. Die Sinfonie ist noch nicht zu Ende. Diese Pause ist Teil der Komposition. Stellen Sie sich außerdem vor, dass während dieser sechzig Sekunden alle Musiker des Orchesters auf einmal aufstehen und geschlossen die Bühne verlassen. Noch während dieser sechzig Sekunden betreten neue Musiker die Bühne und nehmen die Plätze der alten Musiker ein. Rechtzeitig mit dem Einsatz des Dirigenten setzen sie das Stück fort.

Dies ist eine bessere Analogie für das Verhältnis von Körper und Geist als die zu Anfang genannte. Die Zellen des Körpers erneuern sich genauso wie das Orchester, dessen Musiker durch immer neue ausgetauscht werden. Die Person eines Menschen an sich fährt weiter fort zu existieren. Beim Tod nun verlässt das ganze Orchester die Bühne. Es entsteht sozusagen eine Fermate. Die Sinfonie selbst muss aber nicht unbedingt hier auch enden. Was hindert denn ein neues Orchester daran, sich zu versammeln und das Stück genau an der Stelle weiterzuführen, an dem es das alte beendet hat? Die christliche Theologie kennt den Gedanken des wieder auferstandenen Körpers. Andere dualistische Vorstellungen sprechen von einem Geist-Körper, einem Astralkörper, d.h. der nicht körperlichen Entsprechung zum stofflichen Körper hienieden auf Erden.

Alles verändert sich, nichts aber stirbt.

Ovid (43 v. Chr.-17 n. Chr.)

Wenn es gemäß dieser Analogie möglich sein sollte, dass unser physischer Körpers sich nach unserem Tod in einer neuen stofflich-körperlichen Form materialisiert oder sich zumindest in eine geeignete spirituelle Form umwandelt, was kann dann noch das Fortbestehen der personalen Existenz eines Menschen verhindern? Ich bin nicht ganz sicher, ob der Materialismus hierauf eine zwingende Antwort parat hat. Festzuhalten bleibt aber auf jeden Fall, dass die Analogie mit der Trompete, die nahe zu legen schien, dass der Tod gleichbedeutend mit dem Untergang unserer personalen Existenz ist, eine unpassende Analogie ist und dass, wenn man sich eine geeignetere Analogie überlegt, diese Schlussfolgerung ganz und gar nicht mehr zwingend sein muss.

Noch eine weitere Anmerkung kann und sollte hier gemacht werden. Viele Musiker behaupten, dass eine Sinfonie unabhängig davon, ob sie gerade aufgeführt wird oder nicht, im Geist des Komponisten alleine existieren kann. Selbst dann, wenn sie niemals von Musikern zur Aufführung gebracht wird, existiert sie doch im Kopf des

Komponisten. Der Religionsphilosoph kann entsprechend die These aufstellen, dass jeder Mensch gleichsam wie eine Sinfonie im Geiste Gottes existiere. Es gebe entsprechend eine Form der Existenz, die völlig unabhängig von einer etwaigen physischen Verkörperung in einem körperhaften Analogon zur Orchesteraufführung alleine dem schöpferischen Geiste eines göttlichen Prinzips sich verdanke. Dies stellt eine Erweiterung der anfänglichen Analogie dar, durch die die ursprüngliche Absicht des Argumentes gegen ein Leben nach dem Tod noch weiter blockiert werden kann.

Das Argument des Gehirnschadens

Dieses Argument ist das vielleicht überzeugendste Argument des Materialismus gegen die Idee von einem Leben nach dem Tod. Auch dieses ist ganz einfach zu verstehen.

Die Zerstörung eines kleinen Bereiches des Gehirns eines Menschen z B. durch einen Unfall, beraubt diesen Menschen eines Teils seiner Gehirnfunktionen, etwa des Sprechens, der Gefühle oder seiner Wahrnehmungsmöglichkeit. Der Schluss liegt nahe, dass der dauerhafte Tod des gesamten Gehirngewebes auch zu einem dauerhaften Ende aller Gehirnfunktionen führt. Dies ist nun wiederum gleichbedeutend mit dem Ende der personalen und bewussten Existenz eines Menschen, woraus folgt, dass keiner von uns seinen Tod überleben wird.

Dieses Argument hat viele intelligente Leute nach Abwägung aller entsprechenden medizinischen Aspekte zu überzeugen vermocht. Ein kurzes Gedankenexperiment kann uns aber vielleicht eines Besseren belehren.

Stellen Sie sich vor, Sie befänden sich in einem kleinen Gebäude mit nur einem Raum. Die Außenwelt könnten Sie nur durch ein einzelnes Fenster wahrnehmen. Es steht offen, so dass Sie auch hören und riechen können, was draußen vor sich geht. Sie spüren außerdem die kühle Luft, die durch das Fenster hereinweht. Stellen Sie sich nun weiter vor, jemand käme vorbei und schlösse Ihr Fenster. Außer durch Ihren Gesichtssinn könnten Sie nun keine Informationen mehr von draußen empfangen.

Nehmen wir nun an, ein Mann würde von draußen das Fenster so zunageln, dass kein Lichtstrahl mehr durchdringen könnte. Jede Veränderung des Fensters hat Sie eines Teils Ihrer Sinneswahrnehmung der Außenwelt gekostet. Solange wie Sie in dem Raum verharren, werden Sie keinerlei Informationen über die Welt draußen mehr empfangen können. Dies würde sich allerdings ändern, wenn Sie die Tür öffneten und nach draußen träten. Jetzt wären Sie in der Lage, alles um Sie herum ohne die Hilfe des Fensters direkt zu erfahren.

Dies ist eine Analogie für den Zustand des Lebens und des Todes. Solange wir in unserem Körper »eingesperrt« sind, benötigen wir unser Gehirn und die mit ihm verbundenen Sinnesorgane als unser Fenster zur Welt. Nimmt dieses Fenster irgendeinen Schaden, so vermindert sich entsprechend die Möglichkeit für uns, die uns umgebende Welt wahrzunehmen. Wenn wir sterben, so öffnet sich jedoch plötzlich die Tür und wir können ins Freie treten. Wir sind dann nicht mehr auf den Zustand des Gebäudes oder auch seines Fensters angewiesen, um Zugang zur Außenwelt zu erhalten. Wir sind der Beschränkungen des Gebäudes vollkommen entledigt, und es ist von keinerlei Bedeutung mehr, ob dieses jetzt zugrunde geht oder nicht. Woher wissen wir denn eigentlich, dass diese Analogie nicht eine akkurater Vergleich für die Auswirkung des Todes auf unser Wahrnehmungsvermögen ist? Zumindest ist es geeignet, das Argument des Gehirnschadens und seine beträchtliche Überzeugungskraft abzuschwächen.

Argumente für das Weiterleben nach dem Tod

Die vorangegangenen Abschnitte haben die verschiedenen Argumente gegen die These, dass es ein Leben nach den Tod gibt, behandelt. Unsere Überlegungen haben gezeigt, dass alle mehr oder weniger nicht in der Lage sind, uns zu überzeugen. Wie sieht es nun mit den Argumenten *für* eine solche These aus? Sind die Argumente für die Vorstellung von einem Leben nach dem Tode stichhaltiger?

Platos Argument der Unzerstörbarkeit

Platos Argument für ein Weiterbestehen nach dem Tod hat die Menschen schon seit jeher fasziniert. Stoffliche Gegenstände hören nicht einfach auf zu existieren. Plato schien es, dass die Dinge in dieser Welt dadurch zerstört oder vernichtet werden, dass sie sich in ihre Bestandteile zerlegen oder zerlegt werden. Eine Vase zerspringt in kleine Teile und hört auf zu existieren. Übrig bleiben nur einzelne Splitter, die mit dem ursprünglichen Gefäß beinahe nichts mehr gemein haben. Ein Buch verbrennt, und nur seine Asche bleibt übrig. Ein Tornado fegt durch eine Stadt und zerlegt alles in seine Bestandteile. Plato behauptet, dass dies die einzige Art und Weise sei, wie Dinge in dieser Welt zerstört werden könnten.

Nach Plato hat die Seele jedoch keine Bestandteile. Man kann sie daher auch nicht in kleinere Teile zerlegen. Sie ist unzerstörbar und muss daher unsterblich sein.

Dies ist ein ausgesprochen einfaches Argument, und es hat entsprechend viele Entgegnungen herausgefordert. Zuerst ist zu sagen, dass Plato bei seinem Argument immer schon die Existenz einer Seele annimmt. Wenn dies gleichbedeutend mit der Annahme ist, dass es so etwas wie ein immaterielles Seiendes gibt, so ist dies etwas, das man nicht einfach so postulieren kann, da – wie wir in Kapitel 13, 14 und 15 zur Genüge gesehen haben – die Vorstellung von der Existenz einer immateriellen Seele von vielerlei Seiten Kritik erfahren hat. Viele würden einfach bestreiten, dass es eine Seele überhaupt gibt, so dass Plato Gründe anführen muss, die seine Annahme, es gebe eine Seele, plausibel erscheinen lassen.

Zum Zweiten stellt sich die Frage, was genau Plato meint, wenn er sagt, die Seele habe keine Teile. Wenn sie nichtstofflicher Natur ist, so könnte sie ja auch aus nichtstofflichen Teilen bestehen. Die Seele oder der Geist besteht nach allgemeiner Auffassung aus Verstand, Gefühl und Wille. Sind dies seine Teile? Platos Behauptung ist einfach zu unvollständig, um in der Lage zu sein, eine verlässliche Antwort auf diese Frage zu geben.

Drittens müssten wir beantworten, warum etwas nur dadurch aufhören können soll zu existieren, indem man es in seine Bestandteile zerlegt. Warum kann etwas nicht einfach nur so vergehen? Spielt man auf einer Gitarre einen Ton, so wird dieser nach und nach einfach vergehen. Schaut man in eine helle Lichtquelle, so entsteht ein Nachbild, das zunehmend schwächer wird, bis es schließlich ganz verschwindet. Wenn es also andere Formen des Übergangs vom Sein zum Nichtsein gibt, so ist aus dem, was Plato zu diesem Thema sagt, nicht ersichtlich, warum nicht auch die Seele dieser Form des Vergehens unterworfen sein sollte und also wie der Körper vergänglich ist.

So faszinierend das Argument auch sein mag, es ist letztlich nicht überzeugend. Wir können einfach nicht entscheiden, ob alle seine Prämissen auch wahr sind. Wir können somit auch nicht entscheiden, ob die Schlussfolgerung legitim ist oder nicht.

Das Argument der Analogien aus der Natur

Die Natur und die Weisheit widersprechen sich nie.

Juvenal

Ein weiteres dualistisches Argument für ein Leben nach dem Tod nutzt Vergleiche mit Phänomenen aus der Natur. Als ich einmal in den Regenwald von Monteverde in Costa Rica reiste, wurde mir dieses Argument schlagartig viel klarer.

Bei einem Spaziergang entlang eines Pfades mitten durch den Regenwald hörte ich zufällig, wie unser Führer über den Kreislauf der Natur sprach. »Im Regenwald stirbt nichts einfach so. Der Tod ist immer der Vorläufer zu neuem Leben. Schauen Sie sich diesen Baum an«, sagte er und zeigte dabei auf den verrottenden Stamm eines großen umgestürzten Baumes. »Er stürzt und stirbt, und doch ermöglicht er gleich wieder neues Leben wie alles im Urwald, das stirbt. Jedes Ende ist immer auch ein neuer Anfang.« Ich schaute mir den Baum genau an. Überall konnte man kleine Pflanzen, Moose und Pilze aus und auf ihm wachsen sehen. Eine Vielfalt neuen Lebens drängte überall ans Licht.

Das Argument der Analogien aus der Natur besagt, dass in dieser Welt jedes Ende zugleich ein neuer Anfang ist. Genauso wie eine Raupe, die eine Form ihrer Existenz beenden muss, um die andere, noch viel schönere des Schmetterlings beginnen zu können, genauso müssen auch wir unser stofflich-körperliches Dasein hier auf Erden beenden, um nach unserem Tode eine neue und bessere Form der Existenz zu beginnen.

Dies ist sicherlich ein schöner und poetischer Gedanke. Aber wie überzeugend ist der Vergleich wirklich? Ein Analogieschluss wie dieser hat immer die Form:

1. Alle Gegenstände vom Typ A haben die Eigenschaft B.
2. Gegenstände von Typ C sind analog zu Gegenständen vom Typ A.
   Daraus folgt:
3. Gegenstände vom Typ C besitzen wahrscheinlich auch eine Eigenschaft analog zu den Gegenständen vom Typ B.

Alle Raupen haben die Eigenschaft, dass sie das Ende einer ihrer Existenzformen überleben, indem sie in eine andere Existenzform transformiert werden. Das Leben des Menschen ist analog zu der Existenzform der Raupe zu denken. Aus diesem Grund ist es wahrscheinlich, dass Menschen eine Eigenschaft haben, die derjenigen des Überlebens einer Form des Daseins durch die Verwandlung in eine andere Seinsweise vergleichbar ist.

Was können wir nun daraus für das Leben nach dem Tod ableiten? Menschen überleben ja die Verwandlung vom Kind zum Erwachsenen und vom Erwachsenen zum Greis. Woher wissen wir aber, dass es noch eine weitere, von den vorausgegangenen qualitativ verschiedene Verwandlung gibt, die uns von der Gebundenheit an unseren stofflichen Körper hier auf Erden zu einer radikal anderen Seinsform nach unserem Tod hinführt?

Einige Versionen dieses Arguments sind noch einfacher gestaltet.

1. Jedes Ende ist ein Anfang.
2. Der Tod eines Menschen ist ein Ende.
   Daraus folgt:
3. Der Tod eines Menschen ist ein Anfang.

Aber nochmals, was haben wir mit so einem Schluss eigentlich gezeigt? Der Materialismus wird sicher nicht bestreiten, dass der Tod eines Menschen ein Anfang ist. Mit ihm beginnt der Mensch eine Leiche zu sein. Diesem Schluss kann man aber keine Begründung dafür entnehmen, dass man eine neue Form des Bewusstseins beginnen oder seine personale Existenz in irgendeinem neuen metaphysischen Universum fortsetzen könnte. Der Tod eines Menschen ist vielleicht einfach zu verschieden von anderen Transformationen, die wir in der Natur beobachten können und bei denen der Fortbestand der Existenz eines Individuums gewahrt bleibt, als dass dieses Argument wirklich überzeugen könnte.

In noch die kleinsten vergessenen Ecken und Winkel der Erde, in die Toten und in das Leben selbst versucht die Natur immer neues Leben zu pflanzen.

Henry Beston

Auch wenn das Leben immer wieder neues Leben gebiert, eine Garantie dafür, dass ich auch noch zehntausend Jahre nach meinem physischen Tod hier auf Erden lebendig und meiner Selbst bewusst mein Leben in einer neuen und verbesserten Existenzform werde führen können, gibt es trotz allem nicht. Existiert wirklich kein besseres Argument, auf das wir uns stützen können?

Das Wunsch-Argument

Dieses Argument setzt mit einer Unterscheidung zwischen angeborenen und künstlichen, d.h. erlernten Wünschen, bzw.- Verlangen an. Ein *angeborenes Verlangen* ist grob gesagt ein Verlangen, mit dem wir schon auf die Welt gekommen zu sein scheinen oder dessen Anlagen wir zumindest schon seit unserer Geburt in uns tragen. Ein solches Verlangen erscheint spontan bei einem Menschen, ohne dass es eines äußeren Anlasses oder Einflusses bedürfte. Angeborene Wünsche sind normalerweise bei allen Menschen im gleichen Maße vorhanden, solange ihre Entwicklung nicht irgendwie verhindert oder unterdrückt wird. Ein *erlerntes Verlangen* tritt dagegen nicht spontan auf und ist auch nicht im Entferntesten so allgemein verbreitet wie ein angeborenes Verlangen. Das Verlangen nach teurem Schmuck ist z.B. ein gutes Beispiel für ein erlerntes Verlangen. Ein Bedürfnis nach Luft zum Atmen ist ein Musterfall eines angeborenen Verlangens. Hat man diese Unterscheidung verstanden, kann man sich dem eigentlichen Argument zuwenden.

Menschen haben ein angeborenes Bedürfnis nach Nahrung und Wasser Es gibt Nahrung und Wasser, mit denen wir dieses Bedürfnis erfüllen können. Genauso verhält es sich mit unserem angeborenen Verlangen nach Zuwendung, das uns auch erfüllt werden kann. Nun verspüren die Menschen aber auch das angeborene Verlangen nach einem Leben nach dem Tod. Dies verleitet zu der Annahme, dass es mit großer Wahrscheinlichkeit auch ein solches Leben nach dem Tod gibt.

Der Himmel begünstigt immer die guten Wünsche.

Cervantes (1547-1616)

Das Verlangen nach einem Leben nach dem Tod scheint erstaunlich weit verbreitet zu sein. Er lässt sich in beinahe jeder Kultur und jeder Epoche der Geschichte finden. Dieses Verlangen entspringt einem natürlichen Bedürfnis der Menschen. Jeder möchte gerne möglichst lange leben. Wie bei allen Dingen gibt es selbstverständlich auch hier Ausnahmen, die aber grundsätzlich begrüßt werden können. Man kann also argumentieren, dass das Verlangen nach einem Leben nach dem Tode ein angeborenes Verlangen ist. Noch weitere Voraussetzungen muss man bei diesem Argument nicht machen.

Es gibt kein Verlangen nach dem Unbekannten.

Ovid

Kann jedes angeborene Verlangen aber immer erfüllt werden? Manchmal sind wir hungrig oder durstig, und es gibt nichts, womit wir unseren Hunger oder unseren Durst stillen könnten. Manchmal wollen wir geliebt werden, es ist aber niemand da, der uns auch lieben will oder kann. Dennoch gibt es aber unzweifelhaft solche Dinge wie Nahrung, Wasser oder eben auch Liebe. Mitunter aber wird das Verlangen nach einem dieser Dinge nicht immer erfüllt werden können. Selbst wenn es ein Leben nach dem Tode gibt, so nützt uns diese Tatsache nicht viel, solange wir keine Aussicht darauf haben, auch an diesem Leben nach dem Tod teilzuhaben. Auf diesen Einwand geht das Argument allerdings nicht weiter ein.

Man könnte dem jedoch entgegnen, dass es keinen triftigen Grund gibt, warum ein bestimmter Mensch glauben sollte, von einem Leben nach dem Tode ausgenommen zu sein, wenn es ein solches tatsächlich auch gibt. Warum sollten wir so etwas auch glauben? Das Argument enthält nichts, auf das man eine bestimmte Erwartungshaltung stützen könnte, selbst wenn es im Allgemeinen einige Vorzüge hat.

Und doch ist es so, dass dieses Argument für viele Menschen, die sich mit ihm beschäftigt haben, von besonderem Gewicht ist. Unser angeborenes Verlangen scheint eine Entsprechung in der Wirklichkeit zu haben. Ist dies so aber auch für etwaig angeborene Verlangen metaphysischer Art der Fall? Unser angeborenes Verlangen nach Dingen in dieser Welt kann man mit einem evolutionsbiologischen Modell erklären, nach dem wir in unserer Entwicklung bestimmte physische, emotionale, geistige und soziale Bedürfnisse entwickelt haben, die ganz unmittelbar befriedigt werden müssen. Ein Verlangen nach etwas, was jenseits dieser Welt liegt, ist allerdings eine ganz andere Angelegenheit. Es mag durchaus so sein, dass es für ein solches Verlangen keine Entsprechung in der Realität oder in einem metaphysischen Jenseits gibt.

Was ist nun also richtig? Sind unsere tiefsten Wünsche auch ein verlässlicher Führer zu den tiefsten Wahrheiten des Seins? Oder ist es so, dass einige unserer Wünsche und unser Verlangen nach einem jenseitigen Leben im Gegenteil vollkommen von der Realität abgekoppelt sind?

Das Nachdenken über diese Fragen führt uns auf das nächste Argument, das ich im Zusammenhang mit der Frage nach einem möglichen Leben nach dem Tod diskutieren möchte. Es wird uns weitere Aspekte dieser Frage liefern.

Moralische Argumente

Immanuel Kant (1724-1804) ist neben vielen anderen Dingen dafür bekannt, dass er ein Argument in die Diskussion eingebracht hat, das von der Sittlichkeit auf die Unsterblichkeit des Menschen schlussfolgert. Ein moralisches Argument für das Leben nach dem Tode kann mindestens zwei Formen annehmen. Beide verdanken Kant einiges.

Zunächst einmal glaubte Kant, dass das Sittengesetz von uns verlangt, dass wir immer nach dem Guten streben und als Endziel sittliche Perfektion zu erreichen versuchen sollten. Da wir aber in diesem Leben sittliche Perfektion nicht erreichen können, muss es ein anderes Leben geben, in welchem wir die Forderung des Sittengesetzes an uns schließlich erfüllen können.

Zum Zweiten ist es so, dass die Würde und Geschlossenheit des Sittengesetzes verlangt, dass die Gerechtigkeit am Ende über die Ungerechtigkeit obsiegen müsse. Nun weiß aber jeder, dass die Gerechtigkeit in unserer Welt nur selten triumphiert. Wir müssen daher folgern, dass es einen anderen Ort gibt, an dem der Gerechtigkeit zum Durchbruch verholfen wird.

Die Sterblichkeit hat ihren Ausgleich. Der eine ist, dass alles Böse nur vorübergehend ist; der andere besteht darin, dass bessere Zeiten irgendwann vielleicht kommen mögen.

George Santayana

Kant war der Überzeugung, dass das zweite Argument den Schluss erlaube, dass wir einen sittlich vollkommenen Gott postulieren müssen, sodass Sorge getragen werden kann, dass die Gerechtigkeit sich letzten Endes auch durchsetzt.

Sind moralische Argumente für ein Leben nach dem Tod zwingend? Viele Menschen würden gerne glauben, dass sich sittliche Vollkommenheit tatsächlich auch erreichen lässt. Noch mehr Menschen wären gerne davon überzeugt, dass die Gerechtigkeit letztlich den Sieg davontragen wird. Woran wir gerne glauben möchten, ist jedoch kein verlässlicher Wegweiser für die Wahrheit. Beachten Sie auch, dass die beiden vorgestellten Argumente Kants nicht zuallererst den Schluss beinhalten, dass es ein Leben nach dem Tod gibt; vielmehr wird uns nahe gelegt, dass wir dies vernünftigerweise *postulieren*, d.h. annehmen sollten. Die meisten Menschen, die einen geliebten Angehörigen verloren haben, wollen jedoch keine Empfehlung, aus Vernunftgründen an etwas Jenseitiges zu glauben, sondern sie wollen eine Versicherung, dass es noch etwas außerhalb und jenseits dieser Welt gibt.

Noch einen anderen Aspekt des moralischen Argumentes sollten wir hier in Betracht ziehen. Als ich noch ins College ging, erzählte mir ein befreundeter Arzt, dass er an ein Leben nach dem Tod glaube, weil seine Mutter gestorben sei. Er berichtete, dass er nicht an die Existenz eines Universums glauben könne, in dem eine solche Verkörperung des Guten wie seine Mutter für immer einfach so verschwinden könnte. Der Gedanke, dass ein Wesen, das so umfassend die Liebe und das Gute darstellte, existieren könne, nur um für immer unterzugehen, erschien ihm unmöglich. Er verspürte eine moralische Notwendigkeit für das Weiterbestehen eines solchen Wesens in welcher Form auch immer über den Tod hinaus. Er sagte, er müsse einfach an ein Leben nach dem Tod glauben, andernfalls mache ein solches Leben wie das seiner Mutter keinen Sinn.

Diese Version des moralischen Argumentes zeigt, welche Kraft der ihm zugrunde liegende Gedanke mitunter haben kann, wenn es sich nur wie hier um eine lebendige und konkrete Antwort auf eine echte Situation handelt. Manchmal ist es so, dass ein Ereignis in der Welt eine so starke Reaktion hervorruft, dass wir uns veranlasst sehen, eine Schlussfolgerung anzustellen, die über das hinausgeht, was wir mit unseren Augen tatsächlich vor uns sehen. Vom philosophischen Standpunkt aus müssen wir solche Schlüsse sehr ernst nehmen.

In einer eindringlichen Passage sagte der berühmte Schriftsteller C. S. Lewis einmal über seine tote Frau:

Wenn sie nicht jetzt ist, dann war sie nie. Ich verwechselte eine Wolke von Atomen mit einer Person. Es gibt keine Menschen und hat sie nie gegeben. Der Tod enthüllt nur die Leere, die immer schon dort gewesen ist. Was wir die Lebenden nennen, sind die, die nur noch nicht enttarnt worden sind.

C. S. Lewis konnte sich nie dazu bringen, tatsächlich so über seine Frau zu denken. Genausowenig wie mein Freund der Arzt so nicht über seine Mutter denken konnte. Lewis' Bemerkungen legen eine verwandte Form des moralischen Arguments nahe. Wenn niemand den Tod seines Körpers überlebt, so gibt es in Wirklichkeit keine menschliche Natur, die sich von der der stofflichen Gegenstände unterscheiden würde. Stimmte dies, so ist es schwer, unseren moralischen Empfindungen irgendeinen Sinn zuzusprechen. Die gesamte Sittlichkeit kann ja schließlich in dem einen kurzen Diktum zusammengefasst werden: »Liebe die Menschen und benutze die Dinge. Liebe niemals Dinge und benutze Menschen niemals nur als Zweck.«. Wenn es keinen grundlegenden Unterschied zwischen Menschen und Gegenständen gibt, so bricht die Grundlage dieser ansonsten vernünftig und weise erscheinenden Ermahnung an uns zusammen.

Haben mein Freund oder C. S. Lewis einen Beweis für die Unsterblichkeit des Menschen in Händen, der auch alle Skeptiker überzeugen könnte? Natürlich nicht. Beide allerdings verfügen über einen Gedanken, der für sich genommen durchaus in der Lage ist, ein Argument zu konstruieren, das für einen Menschen selbst durchaus zwingenden Charakter gewinnen kann. Daran kann es keinen Zweifel geben.

Lassen Sie uns hier aber wirklich ehrlich sein. Die Argumente für und gegen ein Leben nach dem Tod sind in den Augen der meisten kritisch eingestellten Fragenden allesamt nicht überzeugend. Sie setzen entweder zuviel als wahr voraus oder sie schließen vorschnell, als dass sie wirklich jemanden überzeugen könnten, der ernsthaft und wohlwollend sich daranmacht, eine eigene Meinung zu diesem Problem zu bilden.

In den meisten Fällen unseres Alltagslebens ist es so, dass wir bei einer Sache um so mehr unzweifelhafte Beweise, vernünftige Gründe und überzeugende Argumente verlangen, bevor wir eine Entscheidung treffen, je mehr auf dem Spiel steht. Wie sollen wir entscheiden, was wir von einem Leben nach dem Tod zu halten haben? Die Argumente der überwiegenden Zahl der Philosophen erscheinen einem aufrichtig nach der Wahrheit Suchenden so ganz und gar nicht überzeugend. Wir müssen die Frage hier unbeantwortet liegen lassen. Ein wirklich überzeugendes Argument für oder dagegen lässt sich nicht auffinden.

Existiert Gott? Zwei verschiedene Ansichten über die Welt

19

In diesem Kapitel

- Vergleich der zwei wichtigsten Weltsichten
- Die Frage, ob Gott existiert
- Gebete und kleine Wunder

Wenn es Gott nicht schon gäbe, so müsste man ihn erfinden.

Voltaire

Gibt es einen Gott, oder gibt es keinen? Diese Frage ist der Grund und Ausgangspunkt für zwei gegensätzliche Weltsichten. Aufgabe dieses Kapitels ist es zu klären, worin diese beiden Sichten bestehen, und die Dinge einzuführen, über die wir nachdenken müssen, um entscheiden zu können, welche Weltsicht mit unserer Erfahrung besser in Übereinstimmung gebracht werden kann.

Beginnen möchte ich allerdings mit einer Geschichte.

Der verlorene Strandball

Es war ein sonniger und ungewöhnlich warmer Frühlingstag im mittleren Westen der Vereinigten Staaten. Da wir uns nach einem langen und bitterkalten Winter nach ein wenig Sonne sehnten, fuhren ich und meine Familie zu einem Park am Lake Michigan, um dort am Strand die Sonne und den See zu genießen. Ich glaube, meine kleine Tochter Sara war in jenem Frühling ungefähr sechs Jahre alt und mein Sohn Matt vier. Die ganz wenigen anderen Ausflügler, die ebenso töricht waren zu glauben, dass es am Strand dieses Sees schon warm genug sein würde, um sich dort aufzuhalten, verteilten sich entlang des weiten Strandes, vermieden es, ins kalte Wasser zu gehen und versuchten, den Wind davon abzuhalten, ihre Habseligkeiten hinfort zu blasen, da die Brise, die vom See her hereinwehte, stärker war, als wir alle angenommen hatten.

Matt spielte mit einem nagelneuen, vielfarbigen Strandball, der ein wenig größer als ein Basketball war. Er stand am Rande des Wassers und warf ihn immer wieder in die Luft, wobei der Wind ihn immer ein wenig abtrieb, so dass er Mühe hatte, ihn wieder einzufangen. Ich sagte zu ihm: »Matt, sei vorsichtig mit dem Ball. Der Wind bläst in Richtung Wasser, und wenn du nicht vorsichtig bist, so wirst du ihn verlieren.« Er antwortete darauf mit einem »In Ordnung, Papa.« Ich legte mich auf die mitgebrachte Liege und schloss meine Augen.

»Papa, Papa, der Ball!« Ich öffnete meine Augen und sah den Ball zehn Meter weit draußen im Wasser treiben. Der Wind trieb ihn mit jedem Stoß weiter hinaus auf den See. Ich sprang aus meiner Liege, rannte ans Wasser und beobachtete zusammen mit meinem Sohn, wie der Wind unseren Ball außer Sichtweite abtrieb. »Hab ich es dir nicht gesagt, jetzt ist er weg«, sagte ich schließlich leicht ermahnend zu ihm.

Matt schaute zu mir auf und sagte mit engelsgleichem Gesicht: »Papa, wenn wir ein Gebet zu Gott schicken, gibt er ihn uns dann zurück?«

Zuerst dachte ich bei mir nur ganz sarkastisch »Ja, das wird er ganz bestimmt tun«. Laut versuchte ich natürlich, ihn mit den Worten zu trösten: »Nun, vielleicht macht er das ja wirklich«, worauf ich noch hinzufügte, dass wir in Zukunft doch möglichst ein wenig sorgsamer auf unsere Sachen aufpassen sollten. Innerlich dachte ich: »Armer Matt, er versteht einfach noch nicht, wie die Welt wirklich funktioniert.«

Während ich zu meiner Liege zurückging, hallten Matts Worte in meinem Kopf wider: »Papa, wenn wir ein Gebet zu Gott schicken, gibt er ihn uns dann zurück?« Mich berührten seine kindliche Unschuld und sein Vertrauen. Ich schämte mich plötzlich meines Sarkasmus' und meiner Ironie, die mich so auf seine von Herzen kommende Zuversicht reagieren ließen.

Nun, lassen Sie mich mein Beispiel erläutern. Ich war ein Philosoph, ein Fachmann in Fragen der Religion. Zu jener Zeit hatte ich schon mehrere Bücher über die philosophischen Aspekte theologischer Fragen geschrieben. Obwohl im Grunde ein Skeptiker, war ich doch offiziell von meinen Veröffentlichungen her ein durchaus gläubiger Mensch. Ich hatte auf subtile und, wie ich meine, überzeugende Weise die klassischen Glaubensüberzeugungen der Religionen verteidigt. Hier stand ich aber nun und hatte im Innersten für das Vertrauen meines Sohnes auf Gott nur abschätzige Worte übrig. Ich war von mir selbst ein wenig angewidert. War meine schriftstellerische Tätigkeit nichts weiter als eine Pose, während ich doch insgeheim vollkommen verweltlicht war?

Ich legte mich also auf meine Liege und schloss die Augen. Mir wurde plötzlich warm im Gesicht. Vor Verlegenheit wurde ich ganz rot. Ich konnte nichts dagegen tun. Still und vollkommen ernst sagte ich leise: »Also gut Gott, gib uns unseren Ball zurück.« Ich dachte bei mir, dies ist bloß ein Test. Ein sehr geeigneter Test. »Gott, ich ersuche Dich, diesen Jungen zu ehren und uns unseren Ball zurückzugeben.« Die Verlegenheit wich von mir. Ich entspannte mich und döste ein.

Es gibt nur wenig Menschen, die es wagen, der ganzen Welt ihre Gebete preiszugeben, die sie an Gott richten.

Montaigne

Eine Dreiviertelstunde später erwachte ich von dem entfernten Geräusch eines Bootsmotors. Ich öffnete meine Augen und sah am Horizont einen kleinen Flecken, der sich beim Näherkommen als ein sehr großes Motorboot erwies. Es sollte das einzige Boot bleiben, das wir an diesem Tage sahen. Etwas bewog mich aufzustehen. Mir kam plötzlich die Eingebung, mit meinen Armen einen großen Kreis zu bilden und in die Richtung zu zeigen, in die der Ball entschwunden war. Ich versuchte es zweimal und ließ es dann genug sein, da das Boot nun schon recht weit entfernt war. Ich setzte mich wieder, und das Boot entschwand aus unserem Blickfeld.

Nach einer Stunde vernahm ich wieder dasselbe Motorengeräusch. Ich sah wieder einen Fleck am Horizont und fragte mich, ob dies wieder dasselbe Boot sein könnte. Es kam immer näher. Mich überkam ein seltsames Gefühl, so dass ich schließlich aufstand. Es kam immer näher, ein sehr großes Boot. Als es noch circa dreißig Meter entfernt war, ging ich in Richtung Strand los. Trotz meiner Abneigung gegen alles Kalte watete ich schließlich soweit ins Wasser hinein, bis ich bis zur Hüfte im Wasser stand. Mich trennten noch zehn Meter vom Boot. Auf ihm waren zwei Männer zu sehen. Einer von ihnen beugte sich nach unten, holte unseren Strandball hervor und fragte, ob dies unserer sei.

Ich rief ihnen zu: »Ja, vielen Dank, woher haben Sie ihn?« Einer der beiden antwortete, dass sie, als sie zum ersten Mal an dieser Stelle vorbeigekommen seien, den Strand mit einem Fernglas abgesucht hätten. Dabei hätten sie mich gesehen, wie ich mit meinen Armen einen Kreis bildete. Eine halbe Stunde später, weit draußen auf dem See hätten sie plötzlich einen Ball auf der Oberfläche treiben sehen. Sie schafften es, ihn ins Boot zu holen. Sie hätten sich dann dazu entschlossen umzukehren und ein weiteres Mal diesen Abschnitt des Ufers entlang zu fahren. Mit ihren Ferngläsern hätten sie uns dann zufällig wieder am Strand gesehen. Wie einer mich auf das Boot zugehen sah, sei es ihm schließlich klargeworden, was ich ihnen mit meiner Geste hatte mitteilen wollen.

Ich stellte ihnen noch weitere Fragen. Sie sagten, dass sie heute eigentlich gar nicht geplant hätten, mit dem Boot rauszufahren. Das Wetter war einfach zu windig. Sie waren gerade dabei, ihr Boot an seiner Anlegestelle zu reinigen, als sie den Drang verspürten, das Boot startklar zu machen und Richtung Norden zu fahren, ohne genau zu wissen wieso. Sie waren ungefähr eine Dreiviertelstunde unterwegs, als sie unsere Stelle des Strandes schließlich erreichten. Hm, sagte ich zu mir, das hieß wohl, dass sie ungefähr zu dem Zeitpunkt aufbrachen, als ich mein Gebet an Gott richtete. Ich freute mich schon darauf, meinen Philosophiestudenten am nächsten Tag davon zu berichten. Laut Stundenplan sollten wir uns über Wunder unterhalten.

Der Zufall ist manchmal Gottes Pseudonym, wenn er sich nicht zu erkennen geben will.

Anatole France (1844-1924)

Zurück in der Universität erzählte ich jedem Kollegen in Reichweite von meinen gestrigen Erlebnissen. Meine Geschichte enthielt alle Ingredienzen, die ein Philosoph liebt: Kindliches Vertrauen, weltlicher Skeptizismus, das Gebet als empirischer Test, eine offensichtlich wundertätige Intervention und die schlussendliche Bestätigung einer Weltsicht.

Nachdem ich alles erzählt hatte, brach schließlich einer meiner Kollegen die einsetzende Stille und sagte: »Viel besser wäre es ja gewesen, wenn der Ball einen Meter über der Wasseroberfläche zu dir zurückgetrieben worden wäre.« Ich gab zu, dass das natürlich noch besser gewesen wäre, wies aber darauf hin, dass ich das gar nicht von Gott verlangt hätte.

Ein anderer Professor schüttelte den Kopf und sagte mit einer an Widerwillen grenzenden Mattheit und Lustlosigkeit in der Stimme: »Während die Leute überall auf der Welt in der Krankenhäusern an Krebs und anderen Krankheiten sterben, ist es für dich ein Wunder, deinen Strandball wiederbekommen zu haben. Menschen werden umgebracht, du aber bekommst deinen Strandball zurück.« Alle drehten sich um und schauten erst mich an und dann den Ball.

»Ja, so ist es.«

Die Götter gewähren den Sterblichen nicht alles zur gleichen Zeit.

Homer (neuntes Jahrhundert v. Chr.)

Die große Teilung

Es gibt zwei Weltsichten, die miteinander um unsere Gunst wetteifern. Sie kommen sicherlich in mannigfaltigen Variationen vor; zwei Haupttypen aber fassen in sich das gesamte Spektrum zusammen. Wir nennen sie *Theismus* und *Atheismus*. In diesem Kapitel werden wir versuchen, ihre Unterscheide herauszustellen und die große Debatte, die um die Wahrheit der einen oder der anderen Sicht der Welt geführt wurde, in groben Umrissen nachzuzeichnen.

Zunächst einmal möchte ich einige wichtige Begriffe definieren:

- ✔ *Theismus*: Der Glaube, dass es zumindest einen Gott, bzw. ein höchstes Wesen gibt (abgeleitet von griechischen Wort für Gott, theos)
- ✔ *Polytheismus*: Der Glaube, es gebe mehrere Götter, bzw. menschenähnliche Wesen, die über sehr viel Macht verfügen und die auf bestimmte Weise über unsere natürliche Welt herrschen. Der Glaube der Römer und Griechen war polytheistisch.
- ✔ *Monotheismus*: Der Glaube, dass es nur einen Gott gibt. Der späte Judaismus ist die ursprüngliche Form des Monotheismus.
- ✔ *Henotheismus*: Der Glaube, dass es zwar mehrere Götter gibt, dass wir aber nur einen verehren und anbeten sollten.
- ✔ *Trinitarischer Monotheismus*: Der Glaube, dass es nur einen Gott gibt, der aber auf bestimmte Weise in drei Personen verkörpert ist. Dies ist der philosophisch entwickelte Glaube des Christentums.
- ✔ *Deismus*: Der Glaube daran, dass es einen Gott gibt, der zwar alles erschaffen hat, der jedoch nach dem Schöpfungsakt nicht mehr in seine Schöpfung eingreift. Viele wissenschaftlich denkende Menschen, die sich dennoch zum Religiösen hingezogen fühlen, hängen diesem Glauben an einen abwesenden Gott an.
- ✔ *Atheismus*: Der Glaube und die Überzeugung, dass es keinen Gott, keinen Schöpfer des Universums, kein mächtiges, körperloses und vollkommenes Wesen, das sich irgendwie in einem Jenseits der Welt aufhält, gibt.
- ✔ *Agnostizismus*: Die Haltung, dass wir nicht wissen können, ob es einen Gott gibt oder nicht. Der bescheidene Agnostiker sagt, dass er nicht weiß, ob es einen Gott gibt. Der weniger bescheidene würde sagen, dass auch die anderen es nicht wissen können. Der am wenigsten bescheidene Agnostiker schließlich würde darauf verweisen, dass wir diese Frage niemals entscheiden können.

Theisten glauben an ein übernatürliches Reich, in dem wir nach unserem Tod weiter bestehen. Atheisten glauben dagegen, dass es nichts über oder jenseits unserer Welt gibt. Die eine Anschauung glaubt an ein metaphysisches Jenseits, die andere an ein natur- und welthaftes Diesseits.

Im Folgenden soll es um diesen Unterschied zwischen den hoch entwickelten Formen des Theismus auf der einen Seite – etwa des Christentums, des jüdischen und islamischen Glaubens sowie des Hinduismus – und dem mehr oder weniger einfachen Atheismus auf der anderen Seite gehen.

Philosophisch eingestellte Theisten haben behauptet, dass Gott so erstaunliche Eigenschaften besitze wie die Folgenden:

- *Allmacht*: Gott kann alles tun.
- *Allwissenheit*: Gott weiß alles.
- *Allgegenwart*: Gott ist auf bestimmte Weise allgegenwärtig.
- *Güte*: Gott ist das vollkommen Gute.
- *Körperlosigkeit*: Gott ist kein stoffliches, körperliches Wesen.
- *Aseïtät*: Gott ist von keinem anderen Seienden abhängig. Er besteht in und durch sich selbst.
- *Ewigkeit*: Gott ist nicht an und durch die Zeit gebunden. Er ist definiert als zeitlich von ewiger Dauer oder nicht zeitlich zeitlos.
- *Unsagbarkeit*: Gottes Wesen kann niemals ganz in Worte gefasst werden.
- *Einfachheit*: Gott ist auf einzigartige Weise eins mit sich selbst, er ist nicht aus Teilen »zusammengesetzt«.
- *Vollkommenheit*: Gott ist ohne Fehl oder Makel. Dies ist die allen anderen übergeordnete Eigenschaft Gottes. Sie fasst alle anderen seiner Eigenschaften in sich. Gott ist vollkommen mächtig, vollkommen wissend, vollkommen gut usw.

Wenn Gott wirklich Gott ist, so ist er vollkommen und ohne Mangel.

Euripides

Eine ganz schöne Liste. Man könnte sie sogar noch weiter fortsetzen. Atheisten hingegen bestreiten, dass es ein Wesen gibt, dem man diese Eigenschaften auch nur teilweise zusprechen könnte.

Woher kommt eine solche Liste der göttlichen Eigenschaften? Woher stammt unsere Vorstellung, dass es überhaupt einen Gott gibt? Einige Theisten glauben, dass wir diese Vorstellung kraft göttlicher Offenbarung besitzen. Andere wiederum sagen, dass wir sie aus der Tatsache von Gottes Hineinwirken in die Welt ableiten können, bzw. dass sie direkt aus der Vorstellung von vollkommener Perfektion geschlossen werden könne. Unter den verschiedenen Religionen auf der Welt gibt es interessanterweise ein erstaunliches Maß an Übereinstimmung, welche Eigenschaften man einem höchsten Wesen zuschreiben müsste.

Warnungen vor unserer Neigung, uns von Gott ein Bild zu machen

Eine Reihe von klugen Denkern hat uns davor gewarnt, uns Gott nach unserem Ebenbild geformt vorzustellen, dem wir nur die Eigenschaften zuschreiben würden, die auch uns selbst wertvoll erschienen:

So wie die Menschen zu sein scheinen, so wird auch Gott ihnen erscheinen.

John Smith der Platoniker (1618-1652)

Der Himmel wird der Erde immer ein wenig ähnlich sehen. Der Gott der Kannibalen wird ein Kannibale sein, der der Kreuzritter immer ein Kreuzritter und der der Kaufleute immer ein Kaufmann.

Ralph Waldo Emerson

Wenn Pferde und Stiere zeichnen könnten, so würden sie die Götter als Pferde und Stiere zeichnen.

Xenophon

Wenn Gott uns nach seinem Ebenbilde geschaffen hat, so werden wir um so mehr ihn nach dem unseren geschaffen haben.

Voltaire

Die hauptsächlich vertretene theistische Weltanschauung

Die am häufigsten vertretene philosophisch entwickelte theistische Glaubensvorstellung beinhaltet einen Gott, der nicht nur Schöpfer des Universums ist, sondern auch wundertätig in die Welt hineinwirkt. Der Deismus ist hier etwas distanzierter. Er glaubt nicht, dass Gott sich seiner Kreaturen nach dem Schöpfungsakt weiterhin annimmt. Der Gott des Theismus ist einer, der als oberster Herrscher über das Universum bestimmt und sowohl für die moralische als auch für die natürlich-physikalische Ordnung der Welt verantwortlich ist.

Nach dieser hauptsächlich vertretenen theistischen Weltanschauung ist Gott unser Schöpfer, der auch jetzt noch ständig in unser Geschick eingreift, nicht nur hier auf Erden, sondern auch noch nach unserem Tod im Jenseits.

Im theistischen Weltverständnis verkörpern die Menschen das Bild Gottes. Ein einzelner Mensch ist Gott näher als irgendein anderes Wesen in der Natur es sein könnte. Im Menschen schwingt also die höchste Form der Wirklichkeit gleichsam mit. Die Menschen können und werden dereinst an Gottes Seite in Ewigkeit verweilen, ganz gleich was mit dem Rest der Natur auch geschehen mag. Halb Tier und halb engelsgleiches Wesen ist uns das große Abenteuer der Entwicklung aus bescheidenen Anfängen hin zur Erlangung der Ewigkeit beschieden.

Die atheistische Weltanschauung

Der Atheismus vertritt eine ganz andere Auffassung von unserem Leben und unserer Stellung in der Welt. Seine Anhänger glauben, die Wirklichkeit bestehe aus nichts weiter als Materie und Energie. Leben entstand nach dieser Vorstellung durch eine lange Reihe höchst unwahrscheinlicher und zufälliger Ereignisse. Das Bewusstsein ist nichts weiter als ein weiterer Schritt in der blinden Abfolge des natürlichen evolutionären Prozesses. Wir sind organische Strukturen, die von den Kräften, die uns beeinflussen, bestimmt sind, das zu tun, was sie tun. Wir werden geboren, leben eine Zeitlang und sterben schließlich, womit wir die Bühne der Welt für immer verlassen. Das Erlöschen unseres bewussten Selbst spiegelt dabei den Untergang wider, der sich früher oder später auch auf kosmischer Ebene abspielen wird.

Vergleich der beiden Weltsichten

Den Atheismus prägt letztlich eine pessimistische Sicht auf die Welt. Der Theismus ist durch eine optimistischere Haltung gekennzeichnet, zumindest was die fernere Zukunft anbelangt. Es ist wichtig, dass wir uns klarmachen, dass diese beiden Vorstellungen von der Welt sich nicht nur hinsichtlich der Frage, ob es Gott gibt oder nicht, definieren. Der Theismus unterscheidet sich vom Atheismus nicht nur durch das eine Detail, dass er der Meinung wäre, die Welt enthielte zusätzlich zu allen Dingen in der Natur noch ein Wesen mit Namen Gott. Die Tatsache, dass man an die Existenz eines höchsten Wesens glaubt – oder eben nicht glaubt, ist für die Sicht auf alles andere von fundamentaler Bedeutung.

Der Lebensweg eines Menschen kann nach der Vorstellung des Atheismus wie folgt beschrieben werden: Zufall – Geburt – Existenz – Tod und Untergang.

Die individuelle Existenz eines Menschen ist innerhalb dieser Sichtweise von beinahe infinitesimaler Bedeutungslosigkeit. Er existiert eine Zeitlang in einem fremden und feindlichen Universum und verschwindet nach einer Weile genauso lautlos wie er gekommen ist wieder aus ihm.

Der Lebensweg eines Menschen kann nach der Vorstellung des Theismus dagegen wie folgt beschrieben werden: Gott – Geburt – Existenz – Tod und Transformation (in eine andere Seinsweise).

Für den Theismus ist der Mensch ein Wesen, das sich in eine immer schon bestehende spirituell reiche und erfüllte und der Erfüllung zustrebende Wirklichkeit einordnet und von dieser quasi immer schon gewollt und bejaht ist. Der Mensch ist ein unendlich kleiner Teil eines im Vergleich mit seinem Schöpfer seinerseits unendlich kleinen Universums; und doch ist seine Existenz gewollt. Neben anderen gleichermaßen wichtigen Gründen schuf Gott das Universum deswegen, damit der Mensch in ihm lebe.

Welche Sichtweise ist nun aber die richtige? Manche Leute begreifen diese Frage als eine Frage danach, ob die letzte Wahrheit über die Welt schrecklich oder tröstlich ist. Man könnte sie aber auch als Frage verstehen, bei der es darum geht zu entscheiden, ob die menschliche Existenz eine Herausforderung und ein Versprechen darstellt oder im Gegenteil eine Geschichte des Ausgesetztseins und Erlöschens ist.

Lassen Sie uns im Folgenden ein letztes Argument für die Existenz Gottes betrachten. Es ist traditionell als der ontologische Gottesbeweis bekannt.

Das ontologische Argument

Das ontologische Argument, bzw. der ontologische Gottesbeweis, ist ein Argument für die Existenz Gottes, mit dem sich so unterschiedlichen Denker wie Anselm von Canterbury (um 1033-1109) oder René Descartes (1696-1650) sowie noch viele andere Philosophen bis in unsere Zeit hinein beschäftigt haben. Dieses Argument ist das vielleicht ungewöhnlichste Argument, das jemals für die Existenz eines höchsten Wesens vorgebracht worden ist. Die meisten anderen Argumente gehen von irgendeiner innerweltlichen Tatsache aus und schlussfolgern dann, dass die beste Erklärung für diese bestimmte Tatsache darin gefunden werden könne, dass man die Existenz und das Wirken eines Wesens annähme, das sich von allem anderen in der Welt vorfindbaren Seienden wesenhaft unterscheide. Der ontologische Gottesbeweis hingegen beginnt mit nichts weiter als einer Idee, d.h. einer Vorstellung, und folgert dann von ihr ausgehend auf ein Wesen, das sich in dieser Idee ausdrückt.

Das ontologische Argument entlehnt seinen Namen von zwei griechischen Wörtern, deren eines »seiend« oder »existierend« bedeutet (*ón, óntos*); das andere (*lógos*) bedeutet soviel wie »Sprechen; Rede, Wort; Vernunft«. Dieses Argument geht davon aus, dass es möglich ist, dass der menschliche Geist ohne Hilfe durch Sinneswahrnehmung oder empirische Beweise zumindest eine wichtige Folgerung hinsichtlich dessen ziehen kann, was in der Wirklichkeit existiert, bzw. existieren muss.

Dies allein ist schon eine faszinierende Vorstellung. Normalerweise denken wir ja, dass der Bereich der Ideen und Vorstellungen und der der tatsächlich material existierenden Dinge vollständig verschieden und getrennt voneinander sei.

Wir stellen uns viele Dinge vor, die überhaupt nicht existieren, etwa Marsianer, Einhörner oder Feen. Wahrscheinlich gibt es aber auch im Universum noch zahlreiche andere Dinge, von deren Existenz wir bisher noch gar keine Vorstellung besitzen.

Normalerweise ist es so, dass, wenn wir die Vorstellung von etwas haben, das entweder existieren oder auch nicht existieren könnte, dass wir dann die Wirklichkeit danach untersuchen müssen, ob es ein solches Ding auch tatsächlich gibt. Anselm und Descartes waren der Meinung, dass es zumindest ein vorgestelltes Seiendes, eine Idee geben müsse, bei der man nicht erst herausfinden müsse, ob es für sie auch eine Entsprechung in der Wirklichkeit gibt oder nicht. Vielmehr sei es so, dass die Vernunft des Menschen alleine ausreiche, den notwendig wahren Schluss zu ziehen, dass diese eine Idee die Trennung zwischen dem Bereich der Ideen und dem der Wirklichkeit aufheben könne und dass diese Idee sich in vollkommener Weise in der Wirklichkeit widergespiegelt finden würde. Diese eine Idee ist natürlich die Idee Gottes.

Anselm glaubte, dass man Gott am besten verstehen könne, wenn man ihn definiere als »das, über dem Größeres nicht gedacht werden kann«. Die meisten Philosophen haben diesen Satz so verstanden, dass Anselm sagen wollte, dass die Idee Gottes die Idee des »höchsten möglichen Seienden« sei. Andere haben ähnlich gefolgert und sich Anselms Meinung angeschlossen, dass Gott als das absolut vollkommene Wesen gedacht werden müsse. Zu diesen gehörte etwa der französische Philosoph René Descartes.

Wenn also das, über dem Größeres nicht gedacht werden kann, im Verstande allein ist, so ist eben das, über dem Größeres nicht gedacht werden kann, über dem Größeres gedacht werden kann. Das aber kann gewiss nicht sein. Es existiert also ohne Zweifel etwas, über dem Größeres nicht gedacht werden kann, sowohl im Verstande als auch in Wirklichkeit.

Anselm von Canterbury (*Proslogion*)

Immer dann, wenn Gott als absolut vollkommenes, unübersteigbares Seiendes definiert wird, kann man dieser Definition eine interessante Überlegung anschließen. Im Folgenden möchte ich bloß eine einfache Version dieser Überlegung anfügen. Ein ontologisches Argument für die Existenz Gottes, das wie folgt lautet:

1. Gott ist das eine und einzig größtmögliche Seiende. (Gemäß seiner Definition)
2. Das größtmögliche Seiende besitzt die größtmögliche Form der Existenz, nämlich eine notwendige Existenz, eine Existenz unter allen möglichen Verhältnissen. (Gemäß seiner Definition)
3. Die Existenz Gottes ist zumindest möglich. (Die Existenz Gottes ist unter gewissen möglichen Verhältnissen denkbar, seien es reale Verhältnisse oder bloß – wenn auch mögliche – vorgestellte)
4. Existiert Gott in jedem möglichen Verhältnis, so existiert er auch in allen. (Folgerung aus Prämisse 2)
   Daher gilt:
5. Gott existiert in der realen Welt. (In den Verhältnissen, in denen auch wir existieren)

Es ist notwendig, die Existenz von etwas anzunehmen, was durch sich selbst notwendig ist, was keinen Grund seiner Notwendigkeit außerhalb seiner selbst hat, sondern vielmehr Grund der Notwenigkeit anderer Dinge ist. Dies nennt der Mensch Gott.

Thomas von Aquino (um 1225-1274)

Ein zugegebenermaßen recht verwickelter Gedankengang. Das Entscheidende ist hier der Gedanke der notwendigen Existenz, bzw. der Existenz in allen möglichen Verhältnissen. Nach dieser Vorstellung ist Gott das maßgebliche Prinzip des Reiches der Möglichkeiten. Jedwedes Seiende, das in irgendeiner Hinsicht, d.h. das in irgendeinem Verhältnis oder unter irgendwelchen Umständen existieren kann, in anderen wiederum aber nicht existiert, ist ein weniger als vollkommenes Seiendes. Ein vollkommenes Seiendes muss so groß sein und über eine so hohe Form der Existenz verfügen, dass es unmöglich nicht sein kann. Gott muss also notwendig existieren.

Bemerkenswert und erstaunlich; für einige Philosophen sogar unerhört irritierend. Kritiker haben zu zeigen versucht, dass mit diesem Argument etwas nicht stimmen könne. Sie haben sich aber bisher noch nicht darauf einigen können, was genau es denn sei, was hier falsch ist. Auch haben sie bisher noch nicht zu zeigen vermocht, dass mit dem Beweis an sich etwas nicht stimme.

Kritiker sehen vor allem in Punkt 3 des Argumentes seine Schwächen. Dieser Punkt behauptet, dass wir unabhängig davon, ob es einen Gott wirklich gibt oder nicht, zumindest die Möglichkeit anerkennen müssen, dass es Gott geben kann. Die Befürworter des Beweises haben argumentiert, dass, solange die Vorstellung Gottes als größtes und höchstes mögliches Seiendes logisch folgerichtig ist und keine zwei sich ausschließenden Aussagen beinhaltet, dass dann die Existenz Gottes zumindest möglich sein müsse, wodurch die Wahrheit von Punkt 3 gezeigt wäre. Dem ist entgegnet worden, dass die hier verwendete Vorstellung von Möglichkeit nicht so ohne weiteres verwendet werden dürfe. Genau wie im Leben sollte aber auch in der Philosophie gelten: Unschuldig bis zum Beweis des Gegenteils. Auf unseren Beweis bezogen heißt dies, dass wir unsere Vorstellung von Gott als eine folgerichtige, logisch zusammenhänge oder theoretisch mögliche solange aufrechterhalten sollten, bis gute Gründe auftauchen, sie zu ändern.

Die Philosophen sind sich bis zum heutigen Tage uneins, wenn es darum geht, den Wert des ontologischen Gottesbeweises einzuschätzen. Verteidiger des Beweises fahren wahrhaft eindrucksvolle Geschütze logischer und metaphysischer Komplexität auf, um den Beweis zu stützen und gegen seine Kritiker zu verteidigen. Am Ende ist es aber stets so, dass die dem Beweis gegenüber skeptisch eingestellten Denker trotz allem fortfahren seine Gültigkeit anzuzweifeln.

Die ganze Eintracht unter den Menschen besteht in ihrer Zwietracht.

Seneca

Teil VII

Der Zehnerteil

In diesem Teil...

Zehn große Philosophen! Zehn große Fragen! Größe und noch mehr Größe! In diesem Teil des Buches werden uns einige der bedeutendsten Philosophen der Geschichte begegnen. Wenn Sie sich in zehn Jahren noch an das erinnern können, was Sie in diesem Teil lesen werden, so wissen Sie ungefähr das, was auch ein durchschnittlicher Student der Philosophie zehn Jahre nach seinem Examen noch weiß.

Wenn also dieser Teil (etwas übertrieben ausgedrückt) in etwa das Wissen vermittelt, das auch ein Student vom seinem Fach nach zehn Jahren noch weiß, was für ein Wissen vermittelt dann erst das ganze Buch? Unter der Bedingung, dass Sie sich auch nach Jahren noch daran erinnern, kommt der Inhalt des ganzen Buches fast einem Magisterabschluss nahe. Werden Sie aber nicht überheblich. Sie müssen sich vor allem auch an alles *erinnern* können. Sie wollen Wissen vermittelt bekommen, mit dem Sie anderen imponieren können? Dann lesen Sie einfach diesen letzten Teil des Buches.

Zehn große Philosophen

20

In diesem Kapitel

- Zehn der größten Denker der Philosophiegeschichte
- Unrühmliches über einige berühmte Philosophen

Der Geist eines Menschen zeichnet sich dadurch aus, welche Gesellschaft er sucht.

James Russel Lowell (1819-1891)

In diesem Kapitel werden wir kurz die zehn wichtigsten Philosophen der Geschichte vorstellen. Einige von ihnen würden sich wohl auf der Liste von jedem wiederfinden. Andere dagegen wurden von mir speziell in diese Liste aufgenommen. Allen gemeinsam ist, dass sie uns jeweils wichtige Dinge zu lehren haben.

Sokrates

Sokrates lebte im fünften vorchristlichen Jahrhundert in Griechenland. Er lebte und unterrichtete seine Schüler in Athen. Von den Bürgern der Stadt wurde er des Verbrechens beschuldigt, einen schlechten Einfluss auf die Jugend Athens auszuüben, wofür er schließlich zum Tode verurteilt wurde. Sein einziges »Verbrechen« hingegen war es, sich durch seine Lehren bei den mächtigen Bürger der Stadt unbeliebt zu machen und sie schließlich gegen sich aufzubringen. Als man ihn fragte, was für eine Strafe er denn verdiene, antwortete er, man solle ihm freie Kost und Logis gewähren. Seine freie Unterkunft sollte er zwar für eine kurze Zeit bekommen; am Ende aber wurde ihm der Schirlingsbecher gereicht.

Berühmtes Zitat: »Das ungeprüfte Leben ist es nicht wert, gelebt zu werden.«

Je weniger ein Mensch begehrt, um so näher ist er den Göttern.

Sokrates

So weit wir wissen, schrieb Sokrates keine Bücher. Seine philosophische Methode bestand darin, seinen Schülern Fragen zu stellen und solange nicht locker zu lassen, bis sie ihm auf seine Fragen Antwort gaben. Man nennt Sokrates' Methode auch *Maieutik* (gr., »Hebammenkunst«), was soviel bedeutet wie die Kunst, einem Menschen auf so geschickte Weise Fragen zu stellen und ihm dann immer wieder solange zu antworten, bis die in ihm verborgene richtige Erkenntnis schließlich von ihm selbst ans Licht befördert worden ist.

Unbeliebt machte sich Sokrates bei den Athenern unter anderem durch das Folgende: Als ihm berichtet wurde, dass das Orakel von Delphi ihn zum weisesten Manne in Athen ernannt hatte, war er zuerst verwirrt. Um zu verstehen, was genau das Orakel damit meinte, begann er die Bürger Athens zu befragen, um schließlich einen finden zu können, der sich als noch weiser als er selbst erweisen würde. Seine überraschende Erkenntnis war, dass es außer ihm keinen weiseren Mann in der Stadt gab. Alle, die er befragt hatte, glaubten nämlich, dass sie über Wissen verfügten, das sie in Wahrheit gar nicht besaßen. Sokrates war der einzige, der verstand, dass er in Wirklichkeit nichts wisse, so dass er sich schließlich von allen als der Weiseste erwies.

Plato

Plato, wie Sokrates auch Grieche, lebte von Mitte des fünften Jahrhunderts bis Mitte des vierten vorchristlichen Jahrhunderts. Von Geburt an zur aristokratischen Oberschicht der Stadt Athen gehörend, verfügte er über ausreichend Geld für seinen Lebensunterhalt. Überliefert ist, dass Plato von athletischem Körperbau war, was ihm einmal zwei Preise bei einem Wettkampf im Ringen eingebracht haben soll. Sein wirklicher (und wenig bekannter) Name war Aristokles. Der Name »Plato« (wohl eine Anspielung auf seine breiten Schultern) war sein ihm von seinen Freunden verliehener Spitzname.

Plato war Sokrates' berühmtester Schüler und schrieb zahlreiche Dialoge, in denen er seinen Lehrer im Disput mit anderen auftreten ließ. Diesen Dialogen verdanken wir wichtige Informationen zum Leben und zur Person von Sokrates. Plato glaubte, dass die Seele des Menschen schon vor seiner Geburt existiert und auch nach seinem Tod nicht untergeht. Das Leben ist für ihn die Zeitspanne, während der die Seele im Körper eingesperrt sei. Neben der stofflichen Welt gebe es noch das Reich der Ideen, das die eigentliche Wirklichkeit darstelle.

Der bekannteste Gedanke Platos ist sein nach ihm benanntes Höhlengleichnis. In ihm vergleicht er die Situation des Menschen damit, dass er sagt, alle Menschen lebten gleichsam wie Gefangene in einer Höhle, die, gefesselt und mit dem Rücken zum Höhlenausgang dasitzend (so dass sie sich nicht nach hinten umdrehen könnten), nichts weiter als die Wand der Höhle vor sich sähen. Die Schatten der Dinge, die sich vor den Höhlenbewohnern auf der Wand abzeichneten, hielten sie für die alleinige Wirklichkeit, während sich doch gerade die wahre Welt außerhalb der Höhle im lichten Sonnenschein befände. Sein Hauptwerk ist das Buch *Der Staat* (*Politeia*), in dem die Idee des idealen Staates behandelt wird. In diesem Buch findet sich auch sein Gedanke, dass der Philosoph der bestmögliche Herrscher im Staat wäre.

Aristoteles

Auch Aristoteles war ein griechischer Denker. Er lebte im vierten Jahrhundert v. Chr. und war Platos bester und bedeutendster Schüler. Eine Zeitlang war er Erzieher Alexanders des Großen. Im Alter von fünfzig gründete Aristoteles seine eigene Philosophenschule (die sogenannte »Peripatetische Schule«). Obwohl er nur um die sechzig

Jahre alt wurde, verfasste er beinahe einhundertundsiebzig Schriften, von denen allerdings nur siebenundvierzig bis heute überliefert sind.

Alle Menschen streben von Natur aus dem Wissen zu.

Aristoteles

Nach dem Namen für seine von ihm gegründete Schule nannte man ihn auch den *Peripatetiker* (gr., *peripatein* = umherwandeln). Aristoteles hatte nämlich die Angewohnheit, seine Schüler im Gehen zu unterrichten. Diese Bezeichnung wurde später auch für die Vertreter der aristotelischen Philosophie geprägt.

Eine der wichtigsten Lehren von Aristoteles ist der Gedanke, dass das Glück (bzw. mit dem griechischen Wort *eudaimonia*) das eigentliche Ziel des Lebens sei. Aristoteles war sehr viel weniger als Plato einem jenseitigen Reich der Ideen zugewandt. Er ist der wohl einflussreichste Philosoph in der Geschichte der Philosophie. Seine überragende Bedeutung liegt darin, dass er als erster die Philosophie systematisch als Disziplin ausgearbeitet und entwickelt hat. Der Gottlosigkeit bezichtigt, verließ er schließlich Athen und ging ins Exil, damit, wie er sich ausdrückte, »Athen nicht ein zweites Mal gegen die Philosophie sündigt«.

Es reicht nicht, allein um die Sittlichkeit zu wissen, wir müssen auch danach trachten, sie anzuwenden.

Aristoteles

Als Begründer der Logik war Aristoteles der Ansicht, dass die höchste Form der Vernunfttätigkeit des Menschen darin bestehe, seine Verstandesgaben im logisch-mathematischen Denken zu schulen. Eine seiner bekanntesten Ideen ist sein Gedanke der goldenen Mitte, verstanden als die Vermeidung von Extremen, als Mäßigung in allen Dingen. Sein wichtigster Schüler, Alexander der Große, hat diesen Punkt seiner Lehre anscheinend nie ganz verstanden.

Thomas von Aquino

Der Heilige Thomas lebte im Italien des 13. Jahrhunderts. Er war der bedeutendste Philosoph der sogenannten Scholastik, d.h. des philosophisch-theologischen Denkens des Mittelalters, und ist seit 1879 der offizielle katholische Kirchenphilosoph. In seiner Philosophie verbindet er die Lehren der christlichen Kirche mit der Philosophie des Aristoteles. Er hinterließ zahlreiche Schriften.

Thomas war sicherlich der größte christliche Denker überhaupt. Einer seiner berühmtesten Beiträge zur Philosophie sind die sogenannten fünf Wege – fünf Argumente für die Existenz Gottes. Das bekannteste von ihnen ist das kosmologische Argument. Nach seiner Vorstellung schuf Gott die Welt aus dem Nichts. Die Seele des Menschen ist unsterblich; als »reine Form« könne man sie nicht zerstören. Erkenntnis erlangt der Mensch nicht wie bei Plato durch die Wiedererinnerung an Ideen, sondern durch Sinneswahrnehmung und Erfahrung.

Es gibt drei Dinge, die für die Erlösung des Menschen wichtig sind: Zu wissen, was er glauben muss; zu wissen, was er wollen soll; und zu wissen, was er tun soll.

Thomas von Aquino

Eine überlieferte Anekdote aus seinem Leben berichtet, dass sein Bruder ihn gegen seinen Willen in einem Schloss einsperrte, als Thomas seiner Familie mitteilte, dass er ein einfacher Ordensbruder werden wolle. Auch der Versuch, ihn mit Hilfe der Verlockungen einer ihm zugeführten Frau von seinem Wege abzubringen, scheiterten.

Wilhelm von Ockham

In England im Jahre 1300 geboren, gehörte Ockham in seinem Denken und Philosophieren ebenfalls der Scholastik an. Aufgrund seiner philosophischen Gewandtheit wurde er als *doctor invincibilis*, als unbesiegbarer Lehrer bekannt. Ockham glaubte, dass die Universalien, d.h. Allgemeinbegriffe von ursprünglicher, objektiv-metaphysischer Realität (z.B. Platos Ideen) – Begriffe wie Gerechtigkeit oder Gleichheit – nicht als reale, abstrakte Wesenheiten existieren, sondern lediglich als Begriffe metaphysischer Spekulation ihre Gültigkeit besitzen. Einen Beweis für Gottes Existenz könne man nicht erbringen. Gott müsse man in einem Akt des Glaubens annehmen. Die Philosophie und die Theologie sieht er als zwei voneinander getrennte Bereiche des Denkens an.

Ockham stellte die Behauptung auf, dass Gottes Tun immer per definitionem gut sein müsse, ganz gleich was er tue. Außer Gottes Geboten existierten keine anderen objektiven Werte. Er ging sogar so weit zu sagen, dass: »Wenn Gott seinen Kreaturen befiehlte, ihn zu hassen, so wäre der Hass auf Gott gleichbedeutend mit seiner Lobpreisung«.

Als er die kirchliche Politik kritisierte, geriet Ockham mit dem Papst aneinander. Unter anderem missfiel ihm, dass die Kirche ungeheure Summen für den Bau eines Gebäudes zu Ehren Franz von Assisis ausgab, dem Gründer des Ordens, dem Ockham angehörte. Er schrieb eine kraftvolle »Verteidigung der Armut«, mit der er dem Papst entgegentrat. Man steckte ihn schließlich ins Gefängnis. Anders als Sokrates brach er aber aus und begab sich in den Schutz des Kaisers Ludwig den Bayern.

Das Ergebnis seiner Flucht war, dass der Papst ihn exkommunizierte. Seiner Hinrichtung konnte er allerdings zeitlebens entgehen.

Wilhelm von Ockham ist dadurch ausgezeichnet, dass er der einzige unter den großen Philosophen ist, dessen Grabstätte durch eine Tafel in einer deutschen Tiefgarage markiert ist. Man erinnert sich seiner allerdings mehr seiner logischen Fähigkeiten wegen und nicht so sehr, weil ihm die Ehre zuteil geworden ist, auf ewig in einem Parkplatz zu ruhen.

René Descartes

Descartes wurde 1596 in Frankreich geboren und starb 1650 in Stockholm. Als Begründer des modernen Rationalismus gilt er als der Vater der modernen Philosophie. Sein Leben lang suchte er nach einer Möglichkeit, das menschliche Wissen auf eine einheitliche Basis zu stellen.

Sein Leben führte ihn auf ausgedehnte Reisen durch ganz Europa. Er erklärte einmal, dass von allen Dingen auf der Welt ein gutes Buch, eine anziehende Frau und ein vollkommener Prediger am schwersten zu finden seien.

Es reicht nicht, einen hervorragenden Verstand zu haben; wichtiger noch ist, ihn auch gut gebrauchen zu können.

Descartes

Descartes begann sein bekanntestes philosophisches Werk mit einem alles umfassenden Zweifel, der ihn nach und nach auf die eine unbestreitbare und nicht weiter anzweifelbare Wahrheit führen sollte. Diese Wahrheit wäre dann – so glaubte er – die Grundlage allen weiteren Wissens. Die Wahrheit, auf die er stieß, fasste er in dem berühmten Satz: »Ich denke, also bin ich« (*cogito ergo sum*) zusammen. Diese Entdeckung, zusammen mit der Einsicht, dass Gott uns nicht täusche, führte ihn darauf, dass unser Leben doch kein Traum sein oder auf der Täuschung eines bösen Genius' beruhen könne.

Beinahe sein ganzes Leben lang übte sich Descartes in der Kunst der Meditation. Zwei Jahrzehnte lang lebte er zurückgezogen in Holland. Sein Gottesbeweis sieht folgendermaßen aus: Unter den Vorstellungen des Menschen befinde sich auch die Vorstellung Gottes als eines vollkommenen Wesens. Da wir uns aber selbst nicht die Idee eines vollkommenen Seienden, einer vollkommenen Realität geben können (da wir ja unvollkommen sind), so folgt daraus notwendig, dass nur Gott selbst dem Menschen diese Idee eingegeben haben kann. Da Gott die Ursache unserer Vorstellung von ihm ist, ist das Erscheinen dieser Vorstellung in uns gleichzeitig der Beweis für Gottes Existenz.

Immanuel Kant

Kant lebte von 1724 bis zum Jahre 1804. Er wurde in Königsberg, Ostpreußen, geboren. Seine Heimatstadt verließ er zeitlebens nie. Kant ist der vielleicht berühmteste der vielen komplizierten und weitschweifigen deutschen Philosophen. Er entstammte einer Handwerkerfamilie und war eines von zwölf Kindern. In jungen Jahren lebte er in bescheidenen Verhältnissen und litt mitunter an Hunger. Kaum ein Meter sechzig groß, wurde aus ihm einer der wahrhaft großen Philosophen in der Geschichte.

Die Lektüre der Werke des schottischen Philosophen und Skeptikers David Hume erweckten ihn – wie er sagt – aus seinem »dogmatischen Schlummer«. Sein bekanntestes Buch ist *Die Kritik der reinen Vernunft*. Kant selbst beschrieb dieses sehr schwer zu lesende Buch einmal als »trocken, dunkel, allen herkömmlichen Ideen entgegengesetzt und darüber hinaus weitschweifig«, womit er zweifelsohne recht hatte. Kant schickte einmal eines seiner Manuskripte an einen Freund zum Lesen. Dieser war selbst ein hervorragender Gelehrter. Er las einen Teil des Buches, schickte es aber, ohne es ganz ausgelesen zu haben, wieder mit den Worten an Kant zurück: »Wenn ich bis zum Ende weiterlese, so fürchte ich, ich müsse verrückt werden«.

Kant unternahm in seiner Heimatstadt jeden Tag einen Spaziergang mit einer so großen Pünktlichkeit, dass die Leute ihre Uhr nach ihm stellen konnten. Er blieb zwar unverheiratet, war aber sehr gesellig und lud Freunde, Kollegen und Bekannte beinahe täglich zum Essen ein. In seiner Philosophie ging es ihm darum, dem Glauben neben der Vernunft ihren Platz zuzuweisen. Er versuchte zu zeigen, dass die Vernunft nicht über die Grenzen der empirischen, d.h. sinnlich erfahrbaren Welt hinausreichen könne. Die herkömmlichen »Beweise« für die Existenz Gottes waren für ihn dementsprechend keine echten Erkenntnisse, sondern bloß Anmaßungen des Verstandes. Für ihn war der Glaube eine Angelegenheit der »praktischen Vernunft«. Er machte eine strikte Trennung zwischen der Welt des sinnlich Erfahrbaren, der Phänomene, und der Welt der Dinge an sich, der sogenannten noumenalen Welt.

Die Sittlichkeit ist nicht eigentlich die Lehre davon, wie wir uns selbst glücklich machen sollen, sondern davon, wie wir es wert werden, glücklich zu sein.

Kant

Bekannt ist seine über Gebühr strenge Vorstellung von Moral und Sittlichkeit, an denen er den Pflichtcharakter betont und als einziges Prinzip anerkennt. Seine allgemeine Formel der Ethik (der kategorische Imperativ) ist noch heute gegenwärtig, z.B. in der Frage: »Was, wenn alle das täten?«

Immanuel Kant ist einer der einflussreichsten und am schwersten zu lesenden Philosophen überhaupt. Wenn man sich aber mit der Philosophie im Allgemeinen beschäftigt, so ist eine genaue Kenntnis seines Denkens unerlässlich. Er steht mit seiner Philosophie an zentraler Stelle der Denkgeschichte.

Georg Wilhelm Friedrich Hegel

Hegel wurde 1770 in Stuttgart geboren und starb 1831 während einer Choleraepidemie in Berlin. Er studierte Philosophie und Theologie in Tübingen. Seine Beiträge zur Philosophie sind von sehr großer geschichtlicher Bedeutung. Im Allgemeinen ist er noch schwerer zu lesen als Kant.

Hegel war der wichtigste Philosoph des (deutschen) Idealismus, einer Richtung, die glaubte, dass das alleinig Existierende in Prinzipien wie dem Geist, dem Ich oder der Idee aufgefunden werden könne. Hegel glaubte, dass der objektive, bzw. absolute Geist alles sei, was real ist. Letztendlich gibt es nach seiner Vorstellung keine vom Geist unabhängigen stofflichen Gegenstände (ein Gedanke, über den Sie mehr in Kapitel 13 erfahren können). Nach Hegel ist die Geschichte der Welt die Geschichte der Konkretisierung des absoluten Geistes (gedacht als Identität von Substanz und Subjekt). Die Geschichte ist eine Form der Entwicklung, bei der Gott aus sich die stoffliche Welt hervorbringt. Da Gott aber ein viel höheres Prinzip der Einheit darstellt, ergibt sich ein Widerspruch mit der Welt des Materiellen, aus dem sich die dialektische Entwicklung, die das Geschehen der Welt bestimmt, ableitet. Dialektik bedeutet vereinfacht gesagt, dass etwas geschieht (These), dann etwas anderes (Antithese), bis beide schließlich in einer höheren Einheit aufgehoben werden (Synthese).

Was vernünftig ist, das ist wirklich, und was wirklich ist, das ist vernünftig. Der einfache Mensch wie auch der Philosoph beginnen mit dieser Einsicht. Von ihr aus nimmt die Philosophie ihren Anfang und widmet sich dem Studium der Vernunft wie der Natur.

Hegel

Kunst und Religion sind nach Hegel genauso wie die Wissenschaft Formen des Denkens. Die höchste Form des Denkens ist natürlich die Philosophie.

Sören Kierkegaard

Kierkegaard war ein dänischer Philosoph und Theologe und lebte von 1813 bis 1855. Er war ein kenntnisreicher theologischer Autor, der seine Schriften oft unter einem Pseudonym veröffentlichte. Er war außerdem ein strikter Gegner der Philosophie Hegels und seines Idealismus. Er legte sich eine ironisch-sarkastische Haltung zu, hinter der er seine melancholische Grundhaltung und seine Empfindung von der Sinnlosigkeit der Welt verbarg. Kierkegaard wurde später so etwas wie der Vater des *Existentialismus* (eine besonders in Frankreich nach dem Zweiten Weltkrieg entwikkelte philosophische Weltanschauung, die mit so berühmten Namen wie Jean Paul Sartre und Albert Camus verbunden ist).

Die Idee des »Glaubenssprungs« war eine der bekanntesten Beiträge Kierkegaards zum philosophischen und religiösen Denken. Ein anderer war die Bedeutung, die er dem Engagement des Subjekts beimaß, sich vorbehaltlos dem Absoluten, dem christlichen Gott hinzugeben.

Die größte Gefahr unter allen Gefahren ist es, sein eigenes Selbst zu verlieren. Dies kann sehr leise und unauffällig geschehen wie kaum ein anderer Verlust. Jeder andere – ein Arm, ein Bein, ein Geldbetrag, eine Frau, etc. – wird ganz sicher bemerkt werden.

Kierkegaard

Ludwig Wittgenstein, ein österreichischer Philosoph des 20. Jahrhunderts, war der Ansicht, Kierkegaard sei der bedeutendste Philosoph seines Jahrhunderts. Er merkte jedoch kritisch zu seinen Schriften an: »Er ist zu umständlich. Er wiederholt ein ums andere Mal immer wieder denselben Gedanken. Bei seiner Lektüre möchte ich ihm am liebsten immer sagen, dass er ja recht habe, dass er aber doch bitte jetzt mit seinem Gedanken fortfahren solle.« Als Beispiel für Kierkegaards Sicht der Philosophie möchte ich die folgende für ihn typische Passage zitieren:

»Der Unterschied zwischen populär und philosophisch besteht in der Zeit, die auf etwas verwandt wird. Fragen Sie irgendjemanden: Wissen Sie dies, oder wissen Sie es nicht. Wenn er sofort antwortet, so ist die Antwort populär, und er ist jemand, der erst am Beginn seiner Studien steht. Wenn die Antort des Befragten allerdings zehn Jahre benötigt und wenn sie in Form eines Systems kommt, wenn es also nicht ganz klar ist, ob er die Antwort auch wirklich weiß, dann ist die

Antwort philosophisch und der Mann ein Professor der Philosophie – zumindest sollte er das nach allem sein.«

Bertrand Russell

Russell (1872-1970) war ein englischer Mathematiker und Philosoph. Er leistete wichtige Beiträge zur Logik und war ein ebenso produktiver wie einflussreicher Denker, der im Laufe seines langen Lebens oft seine Ansichten und Haltungen änderte.

Seit frühesten Tagen hatte Russell ein Interesse an der Mathematik entwickelt. Seine Beschäftigung mit mathematisch-naturwissenschaftlichen Problemen führte ihn schließlich zur Philosophie. Gegen Ende seines Lebens fasste er einmal seine geistige Laufbahn mit der Bemerkung zusammen, dass er, als er zu dumm für die Mathematik geworden war, sich der Philosophie zuwandte. Als er schließlich auch für diese nicht mehr klug genug war, verlegte er sich auf die Geschichte.

Russell schrieb über eine Vielzahl von Themen, über die er oft interessante Dinge sagte: Die Demokratie zum Beispiel habe zumindest einen Vorzug: Die gewählten Volksvertreter können unmöglich dümmer sein als die Wähler, die sie gewählt haben, denn es gilt, je dümmer der gewählte Politiker, desto dümmer noch sind die, die ihn überhaupt erst gewählt haben.

Als ein Verleger ihn einst fragte, ob er denn bereit sei, für das Buch eines anderen Philosophen, von dem Russell glaubte, dass er ihm immer seine Ideen stehlen würde, ein Vorwort zu schreiben, antwortete Russell: »Die Bescheidenheit verbietet es mir.«

Die Beschäftigung und Gebundenheit an Besitz ist mehr als alles andere der Grund dafür, warum die Menschen ihr Leben nicht frei und auf erhabene Weise leben können.

Russell

Mit Anfang sechzig wurde ihm eine Stellung als Dozent an einem College in New York angeboten. Als jedoch die Frau eines Zahnarztes eine Steuerklage gegen ihn vor Gericht anstrengte, um seine Ernennung zu verhindern, befand ihn ein Gericht für moralisch ungeeignet, Bürger der Stadt New York zu unterrichten, woraufhin Russel die ihm angebotene Stelle nicht antreten konnte. In dem Verfahren gegen ihn wurden seine Bücher als »lüstern, anzüglich, triebhaft, schlüpfrig, erotomanisch, atheistisch, unbedeutend, engstirnig, unwahr und bar jeden moralischen Anstands« bezeichnet. Ludwig Wittgenstein, ein ehemaliger Schüler von Russel, kommentierte diesen Vorfall mit der Bemerkung, wenn irgend etwas nicht aphrodisisch sei, dann wären es Russells Schriften, in denen er über den Sex redete.

Zeit seines Lebens kämpfte Russell aktiv gegen den Krieg. Sein politisches Engagement machte ihn zu einer wichtigen Figur der Kulturkritik. Seine schriftstellerischen Arbeiten brachten ihm schließlich den Nobelpreis für Literatur ein.

Zehn große Fragen

21

In diesem Kapitel

- Zehn der großen Fragen der Philosophie
- Ein Versuch, sie zu beantworten

Ein Mensch, so er denn weise ist, sollte sich niemals schämen, Neues zu lernen und stets seinen Geist dem Wissen öffnen.

Sophokles

In diesem Kapitel werden wir uns kurz mit den zehn wichtigsten Fragen der Philosophie auseinandersetzen.

Ist die Philosophie praktisch?

Die Philosophen haben in endlosen Diskursen Fragen zu lösen versucht, für die es – so scheint es – keinerlei letztgültige Lösungsmöglichkeit gibt. Wenn ich sage, draußen befindet sich ein rotes Auto und Sie sagen mir, draußen befinde sich kein derartiges Auto, so können wir beide nach draußen gehen und nachschauen, wer von uns beiden Recht hat. Wenn ich aber behaupte, es gibt einen Gott und Sie wiederum sagen, dass dem nicht so sein könne, dann gibt es keinen so einfachen Weg herauszufinden, wer von uns beiden Recht hat. Spielen Philosophen vielleicht nur mit Worten herum und bemühen ihren Geist, um Fragen zu lösen, die sich abschließend nicht beantworten lassen? Wenn dem so ist, ist die Philosophie dann nicht die unpraktischste und müßigste Veranstaltung, die man sich denken kann?

Wann ist etwas praktisch? Etwas ist dann praktisch, wenn es einem dabei hilft, die eigenen Ziele zu erreichen. Wenn nur aber eines der Ziele, die man sich gesteckt hat, ist, zu wissen, wer man wirklich ist, worum es im Leben überhaupt geht oder was für einen Sinn unsere Existenz letzten Endes hat, dann erweist sich die Philosophie als durchaus eminent wichtig, bedeutsam und praktisch. Wenn man sich dieses Ziel nicht gesteckt hat, nun, dann ist es an der Zeit, sich neue zu suchen.

Alles ist für irgendetwas nützlich.

Tacitus

Können die Philosophen endlos über die letzten Fragen streiten? Ganz sicher können sie das. Das bedeutet aber noch nicht, dass es auf diese Fragen keine Antworten gibt oder dass diese Antworten unbedeutend sind. Man kann endlose Debatten führen über die beste Möglichkeit, sein Geld zu investieren; eine gute, Gewinn abwerfende Investition schlägt eine schlechte aber dennoch immer um Längen. Politiker streiten sich ohne Unterlass über Fragen der Regierung und der Politik. Dennoch ist es so, dass einige politische Theorien sich in der Praxis für die Lösung von Problemen als geeigneter erwiesen haben als andere. Selbst bei den Fragen und Problemen, für die es im strengen Sinne keine Beweise gibt, mit deren Hilfe man entscheiden könnte, welche Lösung denn nun jeweils richtig ist, selbst für diese Fragen lassen sich vernünftige Aussagen und Argumente zusammentragen, die dem Menschen insgesamt ein Wissen mit auf den Weg geben, das ihm dabei helfen kann, sein Leben zu bestreiten und ihm einen tieferen Sinn zu verleihen. Die Philosophie ist die Suche nach genau diesem Wissen.

Kann der Mensch jemals wirkliches Wissen erlangen?

Ja, das können wir. Gibt es ein Weiterleben nach dem Tod, oder gibt es es nicht? Sie meinen vielleicht, Sie wüssten die Antwort auf diese Frage. Vielleicht sagen Sie aber auch, dass Sie diese Frage nicht beantworten können. Was Sie jedoch ganz sicher wissen, ist, dass es ein solches Leben nach dem Tod entweder gibt oder nicht gibt. Dies allein ist schon ausreichend, um den logischen Beweis zu erbringen, dass wir wirklich etwas wissen können, auch wenn es natürlich nicht ausreichend ist, nur solches Wissen zu besitzen, das die Antworten auf Fragen enthält, die nach einem simplen Ja/Nein-Schema vorgehen. Ein solches Wissen kann einem Menschen nicht bei der Planung und Gestaltung seines Lebens helfen. Wir sind jedoch durchaus fähig und imstande, mehr als nur triviales Wissen zu erlangen. Selbst zu dem Wissen, das jenseits der Einholbarkeit durch Beweise liegt, haben wir Zugang, eine Tatsache, die an sich schon etwas darstellt, das zu wissen lohnt.

Wir wissen eine Vielzahl von Dingen über unser tägliches Leben. Wir wissen, wie wir behandelt werden wollen. Wir wissen, dass unsere Lebenszeit eine nur in sehr begrenztem Umfang zur Verfügung stehende Ressource ist. Wir wissen, wie es sich anfühlt, sehr beschäftigt zu sein, oder was es heißt zu leiden. Die Philosophie stellt einen Versuch dar, aufbauend auf solch gewöhnlichen Dingen außergewöhnliche Schlüsse und Folgerungen über grundlegende Fragen abzuleiten, über die wir in der Hetze unseres alltäglichen Lebens meist nicht nachdenken.

Wissen erfordert nicht, dass sich alle darauf verständigen können. Es ist noch nicht einmal erforderlich, dass jeder, den ich respektiere und achte, sich mit mir auf eine Antwort auf ein Problem oder eine Frage einigen kann. Manchmal ist es vielleicht so, dass eine Person in etwas eingeweiht ist oder sich einer besonderen Wahrheit verschrieben hat, die noch nicht allgemein anerkannt ist. Ein Mangel an Klarsicht oder der richtigen Perspektive kann jedoch niemals die Fähigkeit eines Menschen untergraben, auf eigenem Wege und mit eigenen Mitteln echtes Wissen zu erlangen.

Tatsächlich ist es so, dass Meinungsverschiedenheiten unter den Menschen diese anregen können, noch mehr Wissen zu erlangen – solange wir nur aufgeschlossen genug sind, von dem zu lernen, was sich uns zum Lernen darbietet. Auf diese Weise vermehren wir unser Wissen.

Die Skeptiker tun sicher recht daran, wenn sie so viel als möglich in Frage stellen. Unrecht haben sie aber meist dann, wenn sie die Wahrheit von Dingen oder Zusammenhängen weitgehend abstreiten oder leugnen wollen. Das Wissen ist eine der grundlegenden Fähigkeiten und Vermögen des Menschen. (In Kapitel 4, 5 und 6 finden Sie mehr zum Thema Wissen, Erkenntnis und Skeptizismus.)

Kann die Ethik prinzipiell auf ein objektives Fundament gestellt werden?

Die Menschen setzen unterschiedliche Werte und haben sicher mitunter Meinungsverschiedenheiten hinsichtlich ihrer ethisch-moralischen Urteile. Das ist jedoch nicht gleichbedeutend damit, dass es keine objektive Wahrheit bezüglich Fragen der Moral und der Ethik geben kann. Mit der richtigen Sichtweise und Einstellung fällt es uns nicht schwer, die Fragen und Probleme der Sittlichkeit in den Griff zu bekommen.

Unser ganzes Leben ist überraschend moralisch.

Henry David Thoreau

Die Erkenntnistheorie sollte die Metaphysik nicht bestimmen können. Anders ausgedrückt heißt das, dass ein Mangel an Übereinstimmung hinsichtlich dessen, was wir wissen (können), nicht in letzter Konsequenz konstitutiv (d.h. bestimmend) dafür sein darf, was es überhaupt an Wissen geben kann. Aus der Tatsache, dass wir nicht mit Bestimmtheit wissen, ob sich etwas so oder anders verhält, folgt logisch nicht, dass das, was wir zu verstehen suchen, gar nicht existiert und auch nie zu unserem Wissen gehören kann. Meinungsunterschiede gibt es unter Physikern wie unter Ökonomen. Trotzdem gibt es ein objektives Universum, in dem die Gesetze der Physik herrschen, genauso wie es auch eine objektive ökonomische Realität gibt, und zwar unabhängig davon, ob die Modelle der Wirtschaftswissenschaftler hinreichen, diese zu beschreiben, oder nicht.

Dasselbe trifft auch auf die Ethik zu. Wissen und Sein sind zwei getrennte Dinge. Vergleicht man die Tiefenschichten der ethischen Anschauungen unterschiedlicher Kulturen in praktischer Hinsicht, d.h. im täglichen Handeln der Menschen selbst, so findet man ungeachtet oberflächlicher Unterschiede überraschende Übereinstimmungen zwischen ihnen. Der Grund dafür ist darin zu sehen, dass es eben universale Wahrheiten in Bezug auf das Wesen des Menschen gibt.

Es gibt aber vielleicht trotz dieser Tatsache Bereiche, wo wir niemals ganz sicher sein können, worin jeweils die ethische Wahrheit liegt. Es mag sogar sein, dass es Felder der Ethik gibt, denen wir Regeln nur auf dem Wege der Konvention und willkürlichen Übereinstimmung setzen können, Felder, die über keine inhärente moralische Ordnung verfügen, denen wir also allererst eine solche verleihen müssen. Meistenteils ist es aber so, dass die Wirklichkeit ethisch-moralischer Regeln, noch bevor wir hingehen und die entsprechenden Gesetze und Regeln kodifizieren, quasi schon bereit liegt.

Wer bin ich?

Die Frage nach der personalen Identität des Menschen, philosophisch ausgedrückt die Frage nach dem Subjekt, ist mit die entscheidendste Frage der Philosophie und eine, die sich am meisten einer endgültigen Antwort widersetzt. Ist das nicht geradezu ironisch? Man würde ja erwarten, über sich selbst noch am ehesten Bescheid zu wissen. Immerhin haben wir bei dieser Frage ständigen Zugang zu dem Gegenstand unserer Untersuchungen. Leider sind aber die Dinge nicht immer das, was sie zu sein scheinen. Die Erkenntnis des eigenen Selbst ist und bleibt eine der am schwersten zu meisternden Aufgaben der Philosophie.

Während unseres Lebens sagen uns immer wieder andere, wer und was wir sind. Um uns selbst aber darüber klarzuwerden, müssen wir uns auf einen Weg machen, der teils aus Entdeckungen und teils aus dem Erfinden unserer Selbst besteht. Die Frage nach dem eigenen Ich, nach dem Subjekt, kann man in mehrere kleine Teile aufspalten. Sie nehmen Bezug auf die großen metaphysischen Fragen, die wir im Verlaufe des Buches angeschnitten haben, etwa der Frage nach der Objektivität der Moral (Teil III), der Wirklichkeit der Freiheit (Teil IV), der Existenz des Geistes (Teil V) und schließlich unseren Einstellungen dem Tod gegenüber sowie Fragen hinsichtlich eines möglichen Lebens nach dem Tod (Teil VI). Auch die Fragen nach Gott und dem Sinn des Lebens gehören hierher. Die Art, wie wir auf diese Fragen reagieren, bestimmt zu einem erheblichen Maß, wer wir sind. Ein anderes Element der Frage nach unserer personalen Identität lässt sich allerdings nur in der Auseinandersetzung mit praktischen Fragen unseres Lebens, wie etwa Erfolg im Leben, ins Blickfeld rücken.

Was sind Ihre Talente? Welche Werte vertreten Sie? Was kümmert Sie im tiefsten Inneren wirklich? Was wollen Sie im Leben bewirken? Was wollen Sie der Welt am liebsten als Vermächtnis hinterlassen?

Dies sind die Fragen, die die Selbsterkenntnis betreffen. Nur selten lassen sie sich früh im Leben eines Menschen beantworten. Unser Verständnis für sie wächst im Verlaufe unseres Lebens mit der Zunahme an Erfahrung, die wir gewinnen, und den verschiedenen Lebensentwürfen, die wir ausprobieren. Das Leben ist gedacht als eine Reihe von Abenteuern – Abenteuern der Selbsterkenntnis und der Selbstverwirklichung.

Um sich zu kennen, muss man sich durchsetzen.

Albert Camus

Die Frage »Wer bin Ich?« ist weniger eine Frage, die man beantworten müsste, als vielmehr eine Frage, die man leben und anwenden sollte. Man sollte sie immer in Verbindung mit der Frage »Was wird aus mir?« sehen. Letzten Endes ist jeder von uns dafür verantwortlich, was wir aus unseren Talenten und Möglichkeiten machen, die uns gegeben worden sind. Jeder kann in der Welt Gutes bewirken. Durch seine Taten drückt der Mensch aus, wer er ist. Um dies leisten zu können, ist es notwendig, von unserer Freiheit Gebrauch zu machen und unseren eigenen Weg durchs Leben zu finden. In dem Bemühen, aus dem weisesten Rat, den wir finden können, zu lernen und Nutzen zu ziehen, hat jeder einzelne von uns die Verantwortung, sein eigenes Wissen zu entwickeln und praktisch in die Tat umzusetzen.

Können wir echtes Glück in dieser Welt erlangen?

Die Antwort darauf ist: Ja. Auch wenn es vielleicht manchmal so unerreichbar wie nur irgend etwas erscheint – wir können dieses Ziel trotz aller Umstände erreichen. Man sollte das Glück niemals mit Genießertum, Hemmungslosigkeit oder Leichtfertigkeit verwechseln. Glück ist nicht so sehr ein gefühlsmäßiger Zutand als vielmehr ein den ganzen Menschen umfassender Zustand des Seins. Böses erschwert sein Zustandekommen; Leiden macht es unmöglich. Oft scheint es so zu sein, dass viele Dinge uns so sehr gefangen nehmen, dass wir unfähig sind, sie abzuschütteln, um uns in die Lage zu versetzen, wirkliches Glück zu empfinden. Es ist leicht, in Sorge um seine geliebten Angehörigen, Freunde, Lebenspartner oder Kinder, das Gefühl zu haben, nicht glücklich sein zu können. Wie kann ich außerdem heute glücklich sein, wenn ich nicht weiß, was der morgige Tag mir bringen wird. Selbst wenn man aber gar nicht an die Zukunft denkt, so kann es dennoch sein, dass die Tatsache, dass man sich von der Last der Vergangenheit nicht befreien kann, einen Menschen davon abhält, das ersehnte Glück auch zu finden.

Die Philosophen haben gezeigt, dass der einzige Augenblick, den der Mensch besitzt, der gegenwärtige Augenblick ist. Trotz allem aber können wir die Ereignisse der Vergangenheit und die Sorge um die Zukunft nicht aus unserem Geist verbannen. Eine der wichtigsten Formen der Freiheit, die der Mensch gewinnen kann, ist die Freiheit von den Zeiten, die wir nicht wirklich besitzen. Den gegenwärtigen Augenblick können nur die wenigsten Menschen in all seinem Reichtum wirklich erfahren und leben. Dies zu lernen, ist die erste Voraussetzung, um wahres Glück empfinden zu können.

Die großen Philosophen haben deutlich gemacht, dass eine der entscheidenden Grundlagen des allgemein angestrebten Zustands persönlichen Glücks darin besteht, dass man sich beständig darum bemüht, zusammen mit anderen guten Menschen würdige und wertvolle Ziele zu erstreben. Alleine könne man das Ziel des Glücks im Allgemeinen nicht erreichen. Erkaufen könne man es schon gar nicht. Es ist nur auf dem Wege des Liebens und schöpferischen Wirkens auf Erden gleichsam als Ausfluss dieser Haltung zur Welt zu erlangen.

Wir verfehlen unser Glück vielleicht, und strebten wir noch so sehr danach; wenn wir aber unsere Chancen und unser Vermögen zum Glück mit unserer Vernunft einzuschätzen wissen, so werden wir nicht so leicht scheitern müssen.

Agnes Reppler

Es gibt glückliche Menschen auf der Welt. Viele sogar. Mitunter muss man sich zwar etwas abseits unserer normalen Lebens- und Arbeitswelt umschauen, um sie zu finden. Hat man aber einmal einen solchen Menschen gefunden, so kann er eine lebenslange Quelle der Inspiration werden. Selbst ein glücklicher Mensch zu werden, erlaubt Ihnen, andere für ihr Leben zu inspirieren.

Existiert letztlich doch ein Gott?

Welche Vorstellung ist am besten dazu geeignet, die Tatsache unserer Existenz sinnvoll zu deuten. Ist es der Theismus, oder ist es der Atheismus? Der Theismus ist sicher dazu geeignet, unserem Leben einen tiefen Sinn zu verleihen. Beim Atheismus muss man sich beständig fragen, warum wir überhaupt existieren. Aber natürlich hat auch der Atheismus darauf eine Antwort zu geben vermocht (beispielsweise in der existentialistischen Theorie und Weltanschauung).

Die meisten großen Philosophen waren der Ansicht, es gebe einen Schöpfergott. In unserer Liste der zehn größten Philosophen war nur einer Atheist – der als letzter aufgeführte Bertrand Russel. Erst seit etwa hundert Jahren hat der Säkularismus – in der Form des Agnostizismus oder des Atheismus – unter den Philosophen weite Verbreitung gewonnen. Seit einiger Zeit allerdings lässt sich in den Kreisen der akademischen Philosophie eine Kehrtwende, eine neue Offenheit gegenüber der Frage nach Gott beobachten. Dieser neuen Umkehr oder Einkehr mögen vielleicht nicht unbedingt die Mehrheit der Philosophen folgen; man kann in ihr aber eine bemerkenswerte Rückkehr zu der theistischen Tradition der Vergangenheit sehen, freilich modifiziert und in Kombination mit den Einsichten der neueren Zeit.

Viele berühmte Schriftsteller des vergangenen Jahrhunderts haben versucht, das Wesen und die Natur des Menschen sowie sein Erleben der Welt so tief als nur möglich zu verstehen. Eine Reihe dieser Schriftsteller glaubte an Gott, z.B. Flannery O'Connor, Walker Percy oder Reynolds Price. Natürlich gibt es auch viele Autoren, die nicht an Gott glauben. Einige von denen, die unsere Welt und unseren Platz in ihr am tiefsten erkundet haben, sind aber, so meine ich, auch die, die noch am ehesten an Gott geglaubt haben.

Was wir auf Erden sehen können, deutet nicht auf die totale Abwesenheit noch die manifeste Gegenwart eine Gottes hin, sondern auf die Anwesenheit eines versteckten Gottes. Alles trägt sein Mark.

Blaise Pascal

Letzten Endes können wir die anfangs gestellte Frage nicht ein für allemal klären. Sie ist jedem einzelnen von uns anheimgegeben. Entsprechend unserer eigenen Erfahrung im Leben müssen wir versuchen, selbständig für uns eine Antwort zu finden. Was macht aus dem Leben so wie wir es sehen und erleben am meisten Sinn? Was berührt uns am meisten?

Wie die Frage nach dem eigenen Ich kann auch diese Frage nur im Verlaufe des Lebens beantwortet werden.

Worin besteht ein gutes Leben?

Das gute Leben dreht sich nicht in erster Linie um den Erwerb von Gütern, um Macht, Luxus oder Status. Es geht auch nicht darum, berühmt zu werden. Auch lässt es sich nicht dadurch gewinnen, dass man ein Leben in ungezügelter Ausschweifung lebt.

Unser Wille handelt immer im Interesse unseres eigenen Guten; nicht immer aber erkennen wir, worin dieses besteht.

Jean Jacques Rousseau

Ein gutes Leben muss sich auf einer Haltung und Einstellung gründen, die durch Achtung und Respekt vor den geistigen, ästhetischen, moralischen und spirituellen Bedürfnissen eines jeden Menschen geprägt ist. Es beginnt im inneren Kreis der Familie und nächsten Angehörigen, weitet sich aus auf den Freundes- und Bekanntenkreis, führt weiter zu den Arbeitskollegen und erreicht und umfasst schließlich jenseits dieses sozialen Nahraums eines Menschen das ganze Leben auf Erden in all seinen Formen.

Ein gutes Leben beinhaltet Freiheit, Liebe, Arbeit, Vergnügen, Herausforderungen, Freundschaft, Gemeinschaftlichkeit sowie das Vermögen eines Menschen, sich schöpferisch und kreativ auszudrücken.

Egal wo ein Mensch auch lebt, es steht immer in seinen Möglichkeiten, ein gutes Leben zu führen, und es gibt prinzipiell nichts, was ihn davon abhalten könnte. Die größten Hindernisse für ein gutes Leben sind nicht äußerlicher Art, sondern jene inneren Untugenden, um die wir schon seit der Antike aus den Schriften der großen Philosophen wissen. Neid, Groll, Bitterkeit, Boshaftigkeit, Verlogenheit, Vorurteile und noch vieles mehr sind allesamt Feinde eines guten Lebens und Hindernisse auf dem Weg dorthin.

Das beste Leben, das dem Menschen offen steht, ist ein bedeutsames, schöpferisches, offenes Abenteuer, das dem Leben anderer Menschen neue Möglichkeiten eröffnet und ihnen unverhoffte Erfahrungen und Freude beschert. Ein solches Leben schöpft aus der tiefsten Realität und erstrebt die höchsten Möglichkeiten des Menschen.

Die, die versuchen, das Glück auf direktem Wege zu erreichen, werden dabei scheitern können. Es scheint, dass dasselbe auch für das Gute gilt.

Bertrand Russell

Ein gutes Leben mag sich vielleicht in seinen Einzelheiten für jeden von uns etwas unterscheiden. Seine allgemein gültigen Umrisse aber sind universal.

Warum gibt es so viel Leid auf der Welt?

Es gibt deswegen so viel Leid auf der Welt, weil wir Wesen sind, die in sehr großem Maße durch ihr Empfindungsvermögen ausgezeichnet sind. Wir fühlen ebenso wie wir denken. Wir erleben und erfahren das Leben auf vielen verschiedenen Ebenen. Weil dem so ist, können wir unser Leben auch tief empfinden. Aus dem gleichen Grund sind wir aber ebenfalls ungeheuer leidensempfänglich.

Je klüger ein Mensch ist, um so mehr kann er oder sie auch leiden, solange, bis man schließlich genug Lebensklugheit gesammelt hat. Dann ist es möglich, die Dinge in einem größeren Zusammenhang zu sehen und zu erdulden, was vorher unerträglich gewesen war.

Dennoch bleibt aber die Frage, warum es so viel Leid gibt. Unsere Freiheit ist so umfassend, dass wir anderen sehr großes Leid zufügen können. Diese Freiheit erklärt einen Teil des Problems. Der Grund für menschliches Leid ist teilweise in den bösen Absichten anderer Menschen und teilweise in deren reiner Dummheit begründet. Aber selbst unabhängig von Bosheit und Gedankenlosigkeit findet das Leid seinen Weg in unser Leben.

Nicht immer können wir verstehen, wieso und warum das Leid, das wir um uns herum sehen, existiert. Dieses Unvermögen ist eine beständige Quelle der Frustration. Was wir jedoch können, ist, diesem Leid und unserem Unvermögen, es zu beenden, auf bessere Weise zu begegnen als wir dies normalerweise tun. Es gibt allerdings eine Tatsache hinsichtlich des menschlichen Lebens, die mir schon immer faszinierend erschienen ist. Diejenigen, die auf das Leid anderer am souveränsten und großherzigsten reagieren – denken Sie nur an Mutter Theresa – scheinen durch es am wenigsten gelähmt oder frustriert zu werden.

Der kennt seine eigenen Stärken nicht, der nicht die Not als Gegner gehabt hat.

Ben Johnson (1573-1637)

Wenn ein Baum im Wald umfällt ...

»Wenn ein Baum im Wald fällt und es niemanden gibt, der ihn fallen hören kann, macht er dann überhaupt ein Geräusch?« Gute Frage, nicht wahr.

Diese Frage fragt nach der Rolle eines Beobachters in der Wirklichkeit, bzw. danach, welcher Status der Wirklichkeit unabhängig von einem sie beobachtenden Beobachter zukommt. Man kann diese Frage auch in der Hinsicht verstehen, dass sie nach dem fragt, was manche Philosophen primäre und sekundäre Qualitäten nennen. Eine primäre Qualität ist ein Eigenschaft, die einem Gegenstand an sich zukommt, wie etwa seine Masse. Eine sekundäre Qualität ist eine, die nur in Beziehung auf einen Beobachter gedacht werden kann. Wenn es im gesamten Universum keine Wesen gäbe, die des Farbsehens mächtig wären, so gäbe es auch keine Farben, sondern lediglich Lichtwellen mit einer bestimmten Wellenlänge. Farben sind ein Ergebnis neuronaler Prozesse des Gehirns. Eine Reihe von Philosophen bestehen auf dieser Unterscheidung, da sie sie für sinnvoll halten. Die eingangs gestellte Frage nach dem fallenden Baum ist sozusagen ein Testfall dafür, ob man diese Unterscheidung auch für sinnvoll erachtet und ob man Geräusche als Beispiel für eine sekundäre Qualität ansieht oder nicht.

Die Frage nach dem Baum kann man aber auch in einem umfassenderen ontologischen Zusammenhang sehen, d.h. als Frage nach unserer grundlegenden Theorie des Seins oder der Existenz. Ist ein Geräusch ein Phänomen, das wesentlich vom Wahrnehmenden abhängig ist, so dass es nicht unabhängig von diesem existieren kann, oder ist es so, dass ihm ein objektives Sein, eine an sich bestehende Existenz zukommt?

Die Ontologie ist der Zweig der Philosophie, der danach fragt, welche von den Dingen und Phänomenen in der Welt auch tatsächlich zum Inventar des an sich Seienden gehören und welche bloß vorgestellt oder abhängig vom Sein eines anderen Seienden sind.

George Berkeley glaubte, dass allen stofflichen Dingen nur eine von anderem Seienden abhängige Wirklichkeit zugesprochen werden könne (vergleiche Kapitel 13). Nach dieser Spielart des Idealismus, bei der nur der Geist und die in ihm gedachten Ideen existieren, ist es so, dass es ohne einen Beobachter nicht nur nicht das Geräusch des fallenden Baumes gibt, sondern dass der Baum selbst gleich auch nicht existiert. Nach Berkeley ist es so, dass, wenn wir den Baum nicht beobachteten, dass dann Gott diese Aufgabe übernehmen müsse, da der Baum sonst nicht existieren würde. In dem folgenden (hier einmal im Original wiedergegebenen) Limerick von Ronald Knox fasste dieser einmal Berkeleys Philosophie humoristisch so zusammen:

There was a young man who said, »God
Must think it exceedingly odd
If he finds that this tree
Continues to be
When there's no one around in the Quad.«
REPLY
Dear Sir:
Your astonishment's odd:
I am always about in the Quad.
And that's why the tree
Will continue to be,
Since observed by
Yours faithfully,
God.

Die Frage nach dem Baum könnte uns auf die Idee bringen, dass die Vorstellung von George Berkeley die richtige ist. Wenn ein Geräusch abhängig von einem Beobachter ist und Farben desgleichen, dann ist es auch möglich, dass viele andere Dinge im weitesten Sinne ebenfalls von der Existenz eines Beobachters abhängig sind.

Wenn ein Mann im Wald spricht und es keine Frau gibt, die ihm zuhört, irrt er sich dann immer noch.

Schild an einem von Frauen betriebenen Hotdog-Stand

Am dringendsten stellt sich das Problem mit der Abhängigkeit des Beobachteten vom Beobachter vielleicht in den Naturwissenschaften. Besonders in der Physik zeigen Entdeckungen, dass die Rolle des Beobachters nicht aus der Betrachtung der Natur eliminiert werden kann. Worin besteht die Grenze zwischen uns und dem Rest der Natur? Diese Frage lässt sich nicht so einfach beantworten, wie man möglicherweise denken könnte. Auch wenn ich also hier die Antwort schuldig bleiben muss – ich habe zu Anfang des Buches ja schließlich nicht versprochen, auch alle

Fragen, die ich mir anfangs gestellt habe, zu beantworten, sondern ich habe Ihnen lediglich angeboten, sie Ihnen zu präsentieren.

Welche Kraft spielt im Leben die größere Rolle: Rationalität oder Irrationalität, Vernunft oder Unvernunft?

Keine Frage: Das Irrationale, die Unvernunft ist meistens stärker als rationales, vernünftiges Denken. Sie verleitet uns oft dazu, sehr unvernünftige Dinge zu tun. Nicht rationale Kräfte, d.h. un-vernünftige Antriebe müssen aber nicht per se irrational sein. Unser Herz führt uns auf eine Weise, die der Verstand so zu leisten nicht imstande ist. Gefühle sind mächtiger als die Vernunft. Was den Geist anbelangt, so ist die Vorstellungskraft sehr viel stärker als der logische Verstand.

Ein Pferd aber kann stärker sein als sein Zaumzeug; ein Hund stärker als seine Leine. Und doch ist es so, dass das Pferd und der Hund von der Unterordnung unter der Führung durch Zaumzeug oder Leine profitieren können, eine Führung, die anders nicht herstellbar wäre.

Die Vernunft soll uns Führer und letzte Richtschnur in allem sein.

John Locke (1632-1704)

Die Logik kann uns im Denken anleiten. Die Vernunft kann uns im Leben führen. Nur die nicht rationalen Kräfte in uns aber sind letzten Endes in der Lage, unser Denken und Handeln zu motivieren, zu inspirieren und den Antrieb zu liefern, mit dessen Hilfe wir schöpferisch unser Leben gestalten können. Ohne die Zügel und Kontrolle durch die Vernunft aber können dieselben Kräfte, die so viel Gutes bewirken, auch zu schrecklichen Tragödien führen. Das Leben ohne das Vermögen zum logischen Denken und Handeln wäre nichts anderes als ein Herumirren in finsterer Nacht. Nur die Vernunft kann unseren Weg erhellen. Zusammen mit unseren seelisch-emotionalen Kräften, die uns die erforderliche Sensibilität und das erhöhte Wahrnehmungsvermögen ermöglichen, müssen wir uns unsere höchsten Ziele im Leben setzen, die über das hinausgehen, was der Verstand alleine in den Blick bekommen kann.

Oft obsiegt die Unvernunft im menschlichen Leben. Das ist jedoch noch kein Grund zu verzweifeln. Es ist vielmehr ein Ansporn für diejenigen von uns, die die Vernunft wertschätzen, dafür Sorge zu tragen, dass wir in unserem täglichen Leben ein Beispiel geben, indem wir die Vernunft den ihr gebührenden Platz im Zentrum unserer Existenz einnehmen lassen.

Stichwortverzeichnis

A

D

E

F

H

I

J

M

N

O

P

Q

R

T

U

V

W

X

Y

Z

Kalyani Salzmann

Diagnose aussichtslos - Selbstheilung gelungen

Krankheit als Weg gehen, Placebo Effekt nutzen, Selbstheilungskräfte aktivieren

Meiner Mutter Karin gewidmet

Inhalt

Einleitung

Ich, Kalyani Salzmann, bin einem unentrinnbaren Schicksal entkommen - der seltenen Erbkrankheit **‚Chorea Major Huntington'.** Ihretwegen hat sich meine Mutter mit 58 Jahren das Leben genommen.
Die Krankheit wird ausgelöst durch ein dominant vererbtes Gen, das bei jedem ausbricht, der es erbt. Die Schulmedizin gab mir mit 34 Jahren noch 5 gesunde Jahre. Heute bin ich 25 Jahre älter und gesund. Ich habe meine Mutter an Lebensjahren mittlerweile überlebt.

Es war die Macht meiner Gedanken, die mich aus den schlimmsten Albträumen dieser drohenden Zukunft gerettet hat.

Doch damals, vor 30 Jahren, hatte ich keine Ahnung davon, dass so etwas möglich ist. Ich war in so außerordentlicher Not, dass ich mir etwas wirklich Neues einfallen lassen musste, etwas, das zuvor niemand gedacht, gelehrt oder ausprobiert hatte. Zumindest wusste ich nichts davon. Ich musste – gedanklich – das Universum wechseln, in dem ich lebte, um mich zu retten.

Dabei musste ich die Prägung meiner westeuropäischen Erziehung hinter mir lassen. Ich musste mein einseitig-rationales, linear-kausales Denken ablegen, vor allem meine atheistische Erziehung, die sich tief eingebrannt hatte, und

die den Glauben an einen Gott verlachte und mit Gläubigen nur Mitleid hatte.
Mit der in der DDR weit verbreiteten Weltanschauung, die Materie sei das Primat und alles Bewusstsein resultiere daraus, bin ich an unüberwindbare Grenzen gestoßen, die mein Problem verschärft hätten. Für mich wäre der Untergang gewesen. Doch ich hatte eine Tochter, die ich über alles liebte. Ihretwegen bin ich am Leben geblieben und bin neue Wege gegangen. Ihretwegen gab ich meine alte atheistische Glaubenswelt auf.

In diesem Buch erfährst Du in kurzen Zügen meine Geschichte, meinen außergewöhnlichen Weg zur Heilung. Wie kann es sein, dass ich ein dominantes Gen stilllegen konnte? Wie kann es sein, dass ich die aussichtslose Diagnose Chorea Major Huntington so gut überlebe?

Wenn Du noch nie etwas über diese Krankheit gehört hast, kein Problem. Du kannst Dich ganz leicht über YouTube informieren: ‚Chorea Huntington Filmbeitrag'.
https://www.youtube.com/watch?v=lzh6KpoWKM8 [1]
Das Video lohnt sich auch, wenn Du schon etwas darüber gehört hast. Es dauert nur zwei Minuten und Du bist im Bilde, worüber ich spreche. Deshalb, schau es Dir in jedem Falle an, jetzt!

Wenn Du beim Lesen irgendwann an Grenzen stößt und Dir sagst, „Jetzt spinnt sie total!", dann erinnere Dich an den Ausspruch von Samuel Hahnemann: „*Wer heilt hat recht.*" Er

wurde damals zu meiner einzigen Maxime. Eine andere konnte ich mir auch nicht leisten.
Das Buch ist interessant für alle, die eine Diagnose erhalten haben, die sie in Angst und Schrecken stürzt. Genauso lesenswert ist es für Gesunde. Denn die Erfahrungen, die ich auf meinem Weg gesammelt habe und die Erkenntnisse, die ich gewinnen durfte, belegen eine neue Sicht auf unsere Welt. Meine Krankheit dient als Sinnbild für alle Herausforderungen im Leben.

Egal, in welcher Sackgasse Du Dich im Augenblick befinden magst, es gibt immer Wege, die Dich hinausführen. Denn auch wenn das in unserer Alltagserfahrung kaum nachvollziehbar ist, was ich mit dieser Krankheit erfahren habe, lässt sich auf nahezu alle Herausforderungen des Lebens übertragen. Du selbst bist es, der Dein Leben formt. Du bist Mitschöpfer.

Wenn wir realisieren würden, wieviel Macht wir besitzen, dann könnten wir sie viel besser einsetzen, für unser eigenes Leben, für unsere Ziele und Wünsche, für andere Menschen und für das Gute in der Welt.

Im Übrigen: mein Erlebnisbericht erhebt keinen Anspruch auf umfangreiche wissenschaftliche Expertise. Ich bin weder Schulmedizinerin noch Genetikerin, Neurowissenschaftlerin, Quantenphysikerin, und auch keine Philosophin. Ich habe auch keine Zeit, das alles zu studieren. Ich bin einfach nur eine Frau, die einen Ausweg gesucht und gefunden hat. Darüber handelt mein Buch.

Deine Kalyani Salzmann

Weitere Tipps

Die 5 Tipps aus Teil II waren und sind essentiell für mich. Sie stellen aber nur eine Auswahl dar. Wenn Dich weitere Tipps interessieren, dann gehe zu

kalyanisalzmann.de/tipps

und lade sie Dir als PDF-Dokument herunter!

Eine letzte Bemerkung

Schau Dir unbedingt beide Videos an! Sie helfen enorm bei der Verarbeitung des Stoffes. Ohne sie werden Dir die Zusammenhänge wahrscheinlich nicht so klarwerden.

Teil I

Meine Geschichte

Das Erbe

Ich war acht. Während ich meinen Vater in der Küche das Frühstück zubereiten hörte, gut gelaunt vor sich hin pfeifend, sprang ich ins elterliche Bett und kuschelte mich an meine Mutter. Sie soll mir wieder eine von diesen spannenden Geschichten erzählen, wie die von der Quadratur des Kreises oder von Achilles, dem schnellsten Läufer der Antike, der mit der Schildkröte um die Wette lief. Und weil er ihr 100 Meter Vorsprung ließ, holte er sie nie ein. Ja, so eine Geschichte wollte ich hören.

Meine Mutter war Lektorin für Philosophie, was genau das war, wusste ich nicht. Nur ihre Geschichten waren spannend und ich freute mich schon die ganze Woche auf Sonntagmorgen, die einzige Stunde, wo wir Zeit für solche Sachen hatten. Dieses Mal fragte ich nach ihrem Vater, meinem Großvater, der gestorben war, als ich noch sehr klein gewesen war. Ich wusste so gut wie nichts über ihn.

Meine Mutter zog mich nah an sich und begann zu erzählen: „Mein Vater war mathematisch hochbegabt, ein Mathematiklehrer an einem Gymnasium, ein Studienrat. Seine Schüler liebten ihn, weil er die Mathematik wirklich gut erklären konnte. Nur, er stammte aus einer Familie mit einer schlimmen, sehr seltenen Erbkrankheit..."

„Was ist das, eine Erbkrankheit?" fragte ich. Sie zögerte ein paar Sekunden, dann beschloss sie offensichtlich, mich in etwas Wichtiges einzuweihen: „Das ist eine Krankheit, die von Generation zu Generation weitergegeben wird, von den Eltern an die Kinder. Seine Mutter ist daran gestorben und all seine Geschwister, bis auf einen Bruder, der als junger Soldat im ersten Weltkrieg gefallen ist. Die Krankheit heißt Chorea Huntington oder auch Veitstanz, und sie ereilt jeden, der diese Erbanlage hat."

Diese Geschichte, die sie heute erzählte, ließ sich nicht so gut an wie die anderen. Aber mal abwarten. Sicher hatte meine Mutter auch dieses Mal eine gute Auflösung parat. Sie war ja meine Mama und lag offensichtlich recht fröhlich neben mir.

Dann folgten Erklärungen, viele Erklärungen. Ich hörte das erste Mal etwas über die DNA und X- und Y-Chromosomen, die in jeder Zelle unseres Körpers sitzen, im Zellkern. Und genau dort liegt auch das kranke Gen, in jeder Zelle das gleiche. Dann wechselte sie zum Thema Mutationen, die Erbkrankheiten auslösen können. Sie erzählte weiter, dass die Leute im Mittelalter dachten, die Veitstanz-Kranken hätten einen Bund mit dem Teufel geschlossen und tanzten sich deshalb in den Tod. Mir wurde irgendwie flau im Magen, aber zugleich war ihre Geschichte so spannend, dass ich sie nicht unterbrechen wollte. Schließlich erwähnte sie auch die Euthanasie-Gesetze unter Hitler, der Menschen mit diesem Gen zum Opfer fielen, wenn die Krankheit ausgebrochen war. Sie wurden einfach umgebracht wie andere ‚geistig Behinderte'. Ihre Tante Gertrud war ‚Gott sei

Dank nur' zwangssterilisiert worden, damit sie keine ‚genetisch unwerten' Kinder bekam.
Als sie dann auch noch die sonderbaren Bewegungen vorführte, die ihre Tante Gertrud gezeigt hatte, im Gesicht und am Körper, hätte ich diesen Sonntagmorgen am liebsten doch noch einmal völlig neu begonnen. Mir lag jetzt ein Stein auf dem Herzen. Der Lichtstrahl, der bis vorhin noch durch die Dachluke in die Schlafkammer gefallen war, in dem der goldene Staub getanzt hatte, war verschwunden. Ich begriff, dass Schlimmes geschehen war.

Jetzt musste ich nur noch rauskriegen, ob das Ganze noch etwas mit uns zu tun hatte. Verängstigt fragte ich sie: „Mama, hatte Dein Vater das auch?"

Glück gehabt

„Nein." sagte sie und zog mich tröstend an sich, „Er hatte es nicht, als einziger von seinen Geschwistern. Er hat zu viel getrunken. In seinem Totenschein steht nur „Alkoholsucht". Deshalb hatte sich meine Mutter von ihm getrennt, als ich 14 war. Und deshalb kann ich das gar nicht mehr bekommen. Ich kann das Gen gar nicht geerbt haben und auch nicht mehr weitergeben. Wir sind da raus."

„Phuuu...", dachte ich erleichtert, „Glück gehabt." Endlich rief mein Vater: „Frühstück". Er läutete den schönsten aller Wochentage ein, den Familiensonntag. Inmitten meiner schwatzhaften Familie versuchte ich, mir Kakao und Frühstücksei schmecken zu lassen. Doch es gelang mir nicht wie sonst. Das Gehörte hatte sich irgendwie in mir festgehakt.
Insbesondere so schlimm zu erkranken und deshalb ausgeschlossen zu werden aus der Gesellschaft, ohne jede eigene Schuld, vielleicht sogar deshalb umgebracht zu werden, das war für mich unvorstellbar schlimm. Doch genau das war vielen Chorea-Huntington-Kranken geschehen und einigen meiner Vorfahren. Es brauchte Zeit, bis ich diese Geschichte in den Bereich „Es war einmal..." verschoben hatte.

Meine Mutter und ich, 1969

Und sie lebten weiter

Wir lebten unser Leben weiter, meist glücklich. Wir redeten viel, diskutierten, sangen zur Gitarre meiner Mutter, mehrstimmig. Ich war Teil eines lustigen Familien-Clans, in dem ich zu einer neugierigen Jugendlichen heranwuchs, die viele Fragen stellte, auch philosophische, und die schließlich selbst Gitarre spielen lernte. Ich mochte mein Leben, meine Freunde und die Welt um mich herum.

Irgendwann bemerkte ich an meiner Mutter sonderbar unruhige Bewegungen, die mich aber nicht beunruhigten, denn die Chorea konnte es ja nicht sein. Meine Großmutter, die Mutter meiner Mutter, zeigte schon lange solche eigenartigen Arm- und Beinbewegungen, Symptome, die von der Schulmedizin später unter dem Krankheitsbild Restless-Legs-Syndrom, Syndrom der ruhelosen Beine, zusammengefasst wurden. Das war die Erklärung, die uns alle beruhigte.

Außerdem erklärten wir uns ihre sonderbaren Bewegungen damit, dass die Arbeit als Lektorin für Philosophie und ihr Job als Mutter für sie doch sehr zur Überlastung geworden waren. Für beides setzte sie sich extrem ein. Doch tief drinnen konnte das alles unseren Blick nicht dafür trüben, dass ihr Nervenkostüm mehr und mehr Risse bekam, die im Laufe der Jahre immer deutlicher hervortraten. Ihre Reaktionen waren jetzt nicht mehr ‚normal'.

Die Wende

Die friedliche Revolution 1989 und die darauffolgende politische Wende wurde für meine Mutter persönlich ein tiefer Einschnitt: Sie war 55, verlor ihre Arbeit. Ihre Kinder und Enkelkinder, das Liebste, was sie hatte, verließen sie und gingen in den Westen. Drei Jahre später konnten wir alle die Augen nicht mehr verschließen. Noch immer hofften wir, es sei ‚nur' ihre nervliche Überlastung, auch wegen der Wende. Doch meine Mutter entschloss sich, die Diagnose stellen zu lassen. Damals war das krankheitsauslösende Gen noch nicht gefunden, dennoch war die Diagnose nach allerlei Messungen eindeutig: Der Psychiater diagnostizierte ‚Chorea Major Huntington' – ‚Großer Veitstanz'.

Zwei Tage später nahm sich meine geliebte Mutter das Leben – mit 58 Jahren. Mein Vater fand sie im Wohnzimmer, am Deckenhaken. Neben ihr ein Abschiedsbrief. Dabei hatte sie sich auf ein Leben im Alter mit ihrer Familie so sehr gefreut.

Doch nun wollte sie mit ihrem Schritt vermeiden, dass sie selbst es war, die die Bilder der Erkrankung an uns weitergibt. So wie sie sie einst an ihrer Tante und ihrem Onkel gesehen hatte, und die sich tief in sie eingekerbt hatten. Für meine Tochter Ann war sie nämlich bereits die ‚Wackeloma'.

Das Leben ohne Mutter

Sie fehlte uns fürchterlich. Ihre Abwesenheit riss ein tiefes Loch ins Familiengefüge, das wir nie mehr flicken konnten. Nie wieder kamen wir unbeschwert zusammen, um miteinander zu lachen, uns auszutauschen, zu diskutieren oder gemeinsam zu singen. Uns alle hatte der Schlag getroffen, als sei ein Komet eingeschlagen, und ein grauer Schleier legte sich über alles, Staub, der unser Familienleben erstickte. Er sollte nie mehr verschwinden.

Der lange Schatten

Die Chorea Huntington hatte jetzt auch ihre Kinder eingeholt. Wir waren nun Risikopersonen. Ich trug mit einer Wahrscheinlichkeit von 50 Prozent eine tödliche Dosis auf einem meiner X-Chromosomen. Vielleicht hatte ich sie schon an meine Tochter Ann weitergegeben, die mittlerweile acht Jahre alt war. Statistisch gesehen waren meine Erbanlagen drei Mal schlimmer als Russisches Roulette. Praktisch gesehen sechs Mal so schlimm. Denn jetzt realisierten wir, dass sich der Veitstanz aus den letzten drei Generationen jeden geholt hatte, der das spezifische Erkrankungsalter unserer Familie erreicht hatte: das lag bei uns zwischen 38 und 40. Und ich war schon 33. Warum sollte er bei mir Halt machen?

Meine Mutter ist ihrem schrecklichen Ende durch Suizid ausgewichen, auch aus ihrer Liebe zu uns. Und am liebsten hätte ich es ihr gleichgetan und wäre ihr gefolgt, sofort.
Doch da gab es meine kleine Tochter Ann.
Von Geburt an war sie extrem anhänglich mir gegenüber, wollte nicht einen Tag ohne mich sein. Und jetzt hatte sie auch keinen anderen mehr, der sie hätte liebevoll auffangen können. Sie hätte sich von einem solchen Schock nie mehr erholt.
Ich begriff, dass ich sie nicht verlassen durfte. Und da ich überhaupt keine Symptome hatte, die sie hätten belasten können, durfte ich mich nicht davonstehlen. Ich musste weiterleben. Nur wie?

Beten hilft scheinbar doch

Aus tiefstem Herzen konnte ich nicht begreifen, warum uns das geschah! Noch weniger konnte ich mich damit abfinden.

In meinem Unglück stellte ich erschüttert Fragen an irgendjemanden da oben, den es ja nicht gab, dessen Namen ich nicht kannte: „Wieso tust Du uns das an? Wieso meiner Ann, diesem unschuldigen Mädchen? Habe ich sie dafür in die Welt gesetzt, dass sie zu einem Leben voller Schmerz verbannt sein würde, unfähig, sich auch nur zur Hälfte zu entfalten, erdrückt angesichts des Schicksals ihrer Oma, ihrer Mutter, ihres eigenen und dem ihrer Kinder, wenn sie je welche bekommen sollte? Soll das alles gewesen sein?"

Ich, die überzeugte Atheistin, betete in alle Himmelsrichtungen, zu allen mir zu Ohren gekommenen Mächten: zu Gott, Jesus, Shiva und auch zu Wakan-Tanka, dem Gott der Dakota-Indianer. Ich bat inständig um Aufklärung und um ein Zeichen: Was hatte das alles zu bedeuten und was konnte ich tun?

Die Antwort kam, über Nacht.

Etwa ein halbes Jahr nach dem Tod meiner Mutter hatte ich eine Nahtodeserfahrung, im Traum. Diese Art von spontanem Nahtoderlebnis tritt zwar selten auf, kann aber geschehen, wenn jemand „äußersten Schrecken erlebt oder von einem anderen zutiefst traumatisierenden Ereignis betroffen wird."[2]

Ich erlebte ein unbeschreiblich schönes gold-orangenes Licht aus reiner Liebe. Ich löste mich darin auf und verstand endlich, wie die Welt zusammenhängt.

Die Botschaften, die ich, telepathisch und ohne Worte, erhielt, waren: „Du bist reine Freude und wirst unendlich geliebt.", „Du bist in allem und alles ist in dir!" Und – „Alles, was geschieht, ist zutiefst richtig."

Von diesem Tag an hatte ich keine Angst mehr vor dem Tod. Ich spürte, dass ich aus einer höheren Perspektive beschützt bin. Und dass der Tod nicht das Ende ist, sondern das Tor zu einem Reich von allumfassender Liebe.

Jetzt hatte ich nur noch Angst vor dem Leben in meiner Zukunft. Aber ich realisierte, dass ich mich im Notfall jederzeit dorthin flüchten könnte. Ich könnte, wenn es ganz schlimm käme, mein Leben beenden und würde in dieses Reich der Liebe wechseln.

Weiterhin erkannte ich, dass so, wie meine Vorfahren mit der Krankheit umgegangen waren, umgehen mussten, sie offensichtlich nicht erfolgreich waren. Ich wollte versuchen, einen anderen Weg einzuschlagen, indem ich der Gefahr ins Auge blickte. Nur so ließ sich wahrscheinlich diese Dauerlast abschütteln, die die Angst vor der Krankheit in mir auslöste. Ich musste andere Wege gehen als alle zuvor.

Dadurch gewann ich wieder neuen Mut. Vor allem war in der Zwischenzeit das Gen gefunden worden und ich konnte bereits mit 34 Jahren über mein Schicksal erfahren, mittels einfacher Blutprobe - als Erste in der Ahnenreihe.

Unter Abwägung aller Umstände rang ich mich als eine der ersten in Deutschland zu der Diagnose durch, auch für meine Tochter. Wie unbeschwert würde sie leben und sich entfalten können, wenn ich es nicht hätte. Und wenn ich es hätte, würde ich schon irgendwie einen Weg finden. Ich wusste ja, wohin ich fliehen könnte, sollte ich unter der Last einer schlimmen Diagnose zerbrechen. Und statistisch gesehen standen meine Chancen ja trotzdem 50 zu 50.

Die Diagnose

Am 4. Januar 1994 morgens um 10:00 Uhr war es soweit. In den Räumen meines Therapeuten erhielt ich Besuch vom Leiter des Instituts für Humangenetik der Georg-August-Universität Göttingen. Prof. Dr. Wolfgang Engel überbrachte mir im Beisein meines Therapeuten sinngemäß folgende Botschaft: „Sie sind Trägerin der Erbkrankheit Chorea Huntington Disease. Ihre Repeatzahl liegt eindeutig im tödlichen Bereich. Sie werden an dieser Krankheit erkranken und sterben, ungefähr im selben Alter und mit denselben Symptomen wie ihre Vorfahren, von denen Sie das Gen geerbt haben."

Der Arzt und Professor, ein älterer, überaus freundlicher Herr, war blass geworden, als er mir den Befund vorlas. Und auch das Gesicht meines Therapeuten wurde mit jedem Wort betrübter. Er hatte sich zu einer 14-tägigen Notbereitschaft rund um die Uhr verpflichtet, im Falle, ich tue mir etwas an, denn laut Professor Engel brachte sich jeder Zweite um, der die Diagnose erhielt und nicht in therapeutischer Behandlung war.[3] Aber natürlich hatte mein Therapeut E. Keller gehofft, dass der Spuk nun vorbei sein würde und seine noch junge Patientin an diesem Tag befreit aus seinen Räumen hinaus spazieren könnte, um endlich ihr neues Leben zu beginnen.

Und ich selbst? Ich hatte geglaubt, auch auf diesen schlechten Diagnose-Ausgang gut vorbereitet zu sein. Nun spürte ich, dass er mir meine Zukunft in tausend Stücke häckselte. Das Pendel schlug also auch bei mir in die tödliche Richtung. Aber immerhin, ich hatte Klarheit gewonnen, wenigstens das.

Den Diagnose-Schock verarbeiten

Das Diagnoseschreiben ließ ich bei meinem Therapeuten liegen. Ich akzeptierte es, aber ich spürte, dass es meine Wohnung vergiftet hätte. Dann schlich ich nach Hause. Mein Ex-Ehemann war meiner Bitte nachgekommen, diese eine Woche unsere Tochter zu betreuen, so hatte ich drei Tage Zeit, das Gehörte zu verkraften:

Krankheitsausbruch mit spätestens 40!
Sterben mit Anfang 60!
Keine Medikamente, die den Verlauf abdämpfen könnten!
Keine Chance auf Heilung in absehbarer Zeit!

Ich musste das alles erst einmal reflektieren, neu einordnen, und für mich annehmen.

Als mein Ex-Mann abgereist war, waren Ann und ich wieder allein. Einige Tage lang drang kaum ein klarer Gedanke zu mir durch. Irgendwann tauchte dann eine innere Stimme auf: „Du musst das Kind groß bekommen, egal wie, zumindest die nächsten fünf bis zehn Jahre, bis sie es schafft, von selbst ins Leben zu starten..."

„Aber wann ist sie soweit?" fragte ich verzweifelt und zählte die Jahre? „Mit 14, 16, 18? Jetzt ist sie doch erst 9" ...

„Bevor bei Dir die ersten Symptome kommen," stellte die Stimme unmissverständlich fest.

„Ja, das könnte ich schaffen." räumte ich ein.

Als nächstes zerbröselte mein Selbstbild, als ‚Leistungsträgerin', als attraktive, sportliche, mutige, junge Frau. Wozu all meine Begabungen, fragte ich mich, wenn sie in ein paar Jahren schon völlig auseinanderfallen würden? Bin ich dann überhaupt noch ich?

Genetisch betrachtet war ich jetzt eine Null, Kinder würde ich sowieso keine mehr kriegen, und alt werden würde ich auch nicht mehr. Und wozu jetzt noch meine kostbare Zeit einem Job opfern, den ich nicht mochte und auf die Rente sparen, die ich nicht erleben werde?

Ich entschied stattdessen, mich um Ann zu kümmern, der es zurzeit gar nicht gut ging. Wir hatten noch maximal zehn unbeschwerte Jahre miteinander, die durfte ich uns auf keinen Fall durch meine Angst versauen.

Mein neues Selbst

Mein täglicher Job war jetzt – den Tag überleben. Außerdem wollte ich den Schlüssel finden, den Schlüssel zum Drama meiner Familie. Ob ich wollte oder nicht, es verfolgte uns ja nun einmal, unübersehbar, von Generation zu Generation. Mir sausten ständig Goethes berühmte Worte durch den Kopf, die er Mephisto in seinem Faust sagen lässt: „Alles was entsteht, ist wert, dass es zugrunde geht."[4] Dann müsste doch auch diese Erbkrankheit zu beenden sein, damit unsere Familie wieder frei sein konnte.

Ich kündigte meinen gut bezahlten Job als Diplom-Bauingenieurin und war jetzt arbeitslos. Ich schlief zwölf Stunden täglich. In den Schlafpausen kümmerte ich mich um meine Kleine und – las wie besessen Bücher: von berühmten Wissenschaftlern wie Fritjof Capra, Psychologen wie C.G. Jung, über den Sinn des Lebens, Quantenphysik, Schamanismus, Spiritualität und Nahtoderfahrungen. Was mich damals am meisten beeindruckte war die wissenschaftliche Schlussfolgerung, dass Raum und Zeit nur eine Illusion sind. In Wirklichkeit ist alles - JETZT. Das hieße ja, dass alles, was passiert ist und passiert und passieren wird, genau in diesem Augenblick geschieht. Und dass ich all das beeinflussen kann! Nicht nur das, was ich im Moment wahrnehme, sondern auch Ereignisse, die vergangen sind oder in der Zukunft liegen, durch mein Handeln im Jetzt.

Mir begegneten in all den Büchern und Zeitschriften auch Berichte über Spontanheilungen. Natürlich interessierte mich das brennend. Bei Krebs oder Neurodermitis gelangen sie nachweislich öfter mal. Jesus soll sogar Leprakranke, Blinde, Gelähmte geheilt haben - doch nirgendwo fand ich etwas über den Veitstanz.

Nur Dr. Rüdiger Dahlke, der deutsche Experte für Psychosomatik, widmete meiner seltenen Krankheit ein Kapitel in seinem Buch ‚Krankheit als Sprache der Seele'. [5]
Er, der jeder Krankheit eine Chance gab, hatte zwar wertvolle Hinweise für mich, eine Chance auf Heilung sah er aber nicht. Auch er gab hier auf.
Und seine Liste von Fragen enthielt mehrere, die mir unlösbar erschienen und die mich ziemlich ratlos zurückließen, unter anderem die folgenden:

- **Welche Erblast habe ich in seelischer Hinsicht zu erlösen?**

- **Gibt es ein Vermächtnis meiner Vorfahren an mich?**

Bis jetzt hatte ich in meinem Leben Besseres zu tun gehabt, als mich mit irgendwelchem Esoterik-Zeug herumzuschlagen. Ich liebte die Wissenschaft. Nun schickte mich dieser Rüdiger Dahlke auf einen Weg, auf dem ich eine ‚Erblast erlösen' sollte, wie der Jüngling im Märchen Joringel und Jorinde, der die Zauberblume finden muss.

Doch es nützte nichts. Ich hatte noch 5 gesunde Jahre. Es gab nicht einmal Medikamente gegen meine Krankheit. Besser, ich folgte Rüdiger Dahlke jetzt, als die Hände in den Schoß zu legen.

Ich las sein ganzes Buch und andere, von vorn bis hinten, und verstand: die meisten Krankheiten haben ihren Ursprung im hiesigen Leben und können beeinflusst werden. Bei der Chorea lag der Ursprung aber 10, 100 oder 1.000 Generationen zurück. So pervers das auch klingen mag, ich hätte lieber Krebs gehabt, da hätte ich wenigstens noch irgendwie Einfluss nehmen können. Aber als Chorea-Betroffene? In mir grübelte es: „Wie soll ich das auflösen, wenn das in jeder Zelle steckt? Und was hat das alles mit Erlösung zu tun?"

Dann hörte ich eines Tages im Fernsehen einen Vater sagen, dessen Kind von einem Sexualstraftäter getötet worden war: „Wenn Dir so etwas passiert, wenn Du Dein Kind auf so grausame Weise verlierst, dann ist nichts mehr, wie es war. Dann hast Du Dich total verändert, und Dein Leben auch. Dann bist Du wie ausgewechselt. Dann hast Du Dich bis in die letzte Zelle hinein verändert, bis in die Gene hinein."

Das war es! Was der Vater da beschrieben hatte, war der Entstehungsprozess einer Mutation. In seinem Fall hervorgerufen durch ein schreckliches Ereignis.

Ohne es zu beabsichtigen, hatte mir dieser Vater gerade den Weg gewiesen. Und ich schlussfolgerte weiter: Was sich durch ein Trauma in die Gene einschreibt, das muss auch wieder gelöscht oder überschrieben werden können. Ich musste also zum Ursprungsereignis zurück, an dem die Mutation passiert war. Ich musste versuchen, dort etwas zu reparieren.

Geht so etwas überhaupt? Und wenn ja, wie? Ich musste auf alle Fälle jetzt neue Wege beschreiten, solche, die mir als rational erzogener Mensch komplett verschlossen geblieben waren.

Die Wanderung beginnt

Ich suchte jetzt Heiler und Schamanen auf und erlebte ihre hochwirksamen Techniken. Hier ins Detail zu gehen würde den Rahmen dieses kurzen Buches sprengen. Aber wann immer ich Hilfe suchte, ich fand sie. Ich lernte mit der Zeit, meine Ängste im Zaum zu halten, neuen Mut zu fassen, eine Zukunft zu entwerfen und, wie wir es heute nennen, sie zu manifestieren.

Und dann eröffnete sich mir mittels einer schamanischen Reise ein spiritueller Weg, zum Ursprungsereignis zurückzureisen, eine Zeitreise zum Auslöser der Mutation. Ein einziger Schrecken. Doch jetzt hatte ich die Möglichkeit, in dieses furchtbare Geschehen einzugreifen. Ich ‚reparierte' es im ‚Damals'. Schon auf der Rückreise fühlte ich mich erlöst. So transformierte ich mich selbst und mein Leben Schritt für Schritt.

Neue Freunde, die Quanten

Und dann waren da noch diese Quanten. Ich kannte sie bereits aus der Schule. Sie stellten die herkömmliche Physik völlig auf den Kopf. Diese kleinsten bekannten Teilchen, aus denen alles besteht, verhalten sich so verrückt, dass ihr Entdecker und Nobelpreisträger Niels Bohr sinngemäß über sie sagte:

„Wer über die Quantentheorie nicht entsetzt ist, kann sie unmöglich verstanden haben."[6]

Ihre Eigentümlichkeit besteht darin, dass sie immer nur dann zum Teilchen werden, wenn ihnen jemand Aufmerksamkeit schenkt, sie zum Beispiel messen möchte. Unbeobachtet bleiben sie einfach Wellen. Quanten werden nur deshalb Teilchen, weil wir auf sie schauen.

Diese Wirkung ist nachgewiesen für den mikroskopischen Bereich, für Elektronen etwa. Für den makroskopischen Bereich erklärten im Jahre 1994 die allermeisten Physiker dieses Verhalten für ‚völlig unmöglich'.

Doch als echte Philosophentochter begehrte ich auf: Wieso kann das, was fürs Kleinste gilt, nicht ebenso fürs Große gelten? Vielleicht sind wir alle so etwas wie ‚Makroquanten' und wissen es nicht. Wir erleben uns immer nur in dieser einen Realität, die zu Materie wird, weil wir ja gerade da sind. Dass wir auch noch Welle sein können, bleibt uns

schlicht und einfach verschlossen. Weil wir das nicht wahrnehmen können.
Und glaubten nicht auch alle Menschen vor Kolumbus, die Erde sei eine Scheibe, weil sie die riesige Erdkrümmung nicht wahrnehmen konnten?

Ich weihte Ann in meine Gedanken ein. Mit kindlicher Zuversicht und froh, endlich etwas tun zu können, beschlossen wir, etwas auszuprobieren. Wir wollten versuchen, das Paradox der Quantenphysik aus dem Mikrokosmos in den Makrokosmos zu übertragen, in unser Leben. Indem wir auf die bestmögliche Realität schauten, eine Welt ohne Chorea Huntington! Allein dadurch, dass wir unseren Fokus darauf richteten, was wir uns wünschten. Damit sich genau das realisiert. Mehr brauchten wir nicht zu tun. Darin sahen wir unsere einzige Chance, und die kleinen Quanten waren unsere Helfer.

Wir schafften das nicht immer. Anfangs noch ungewohnt, lernten wir aber mehr und mehr, uns neu auszurichten, wenn sich die Verzweiflung wieder ausbreiten wollte. So wurde unser Leben wieder lebendig, sogar zum Abenteuer.

Die nächsten 25 Jahre

Unser Leben verlief ganz und gar nicht gerade, eher im weit auskragenden Zickzack. Über die Jahre stabilisierte sich aber doch unser Kurs. Wir kamen dem näher, was uns entsprach und was wir alles erleben und tun wollten. Ich selbst fand weitgehend zu meiner Kraft zurück.

Ich wünschte mir einen guten Mann, der stark genug war, mir zur Seite zu stehen - und fand ihn. Mit 40 heiratete ich ein zweites Mal, dieses Mal glücklich. Unsere Beziehung wird mit jedem Jahr inniger und gehaltvoller.

Ich wechselte mehrfach den Beruf, wurde Autorin, schrieb Drehbücher für das Fernsehen. Ich machte mich selbständig, gründete gemeinsam mit meinem Mann eine Firma, führte sie fast zehn Jahre lang mit zeitweise über 30 Mitarbeitern. Wir schlossen sie wieder, als der Aufwand zu hoch wurde und über unsere Kräfte ging. Es gab Wichtigeres im Leben, als nach außen zu brillieren, Wichtigeres als beruflichen Erfolg.

Ich erfüllte mir, so gut es ging, darüber hinaus weitere Träume. Ich lebte zwei Jahre in England, um dort endlich Englisch zu lernen, zog danach in meine Heimatstadt Leipzig zurück.
Und Ann, unsere Tochter? Die ist in die USA gegangen. Dort schreibt sie an einer Top-Universität ihre Doktorarbeit, genau wie sie es sich gewünscht hatte.

Im Juli 2018 hatte ich meine Mutter altersmäßig überlebt. Während viele Menschen mit Ende 50 die für dieses Alter üblichen Krankheiten und Beschwerden entwickeln, bin ich kerngesund.

Die Schulmedizin

Was sagt die Schulmedizin dazu? Der empathische Professor, der mir die Diagnose überbrachte hatte, ist tot. Andere Humangenetiker reagieren entgeistert: Eine von ihnen schaute mich an, als wolle ich sie auf den Arm nehmen, so wenig entspreche ich dem Krankheitsbild. Auf meine Frage, wie viele Menschen mit dieser Erbanlage nachweislich der Krankheit entrinnen konnten, antwortete sie knapp: „Zwei." „Dann werde ich die dritte sein." strahlte ich.

Doch sie fand für mich eine neue Kategorie, in die sie mich stecken konnte: ‚Late Onset', auf Deutsch: ‚Spätausbruch'. Ich war sauer. Hatte ich doch all die Jahre alles getan, um mich meinem Schicksal nicht zu ergeben, dieser Krankheit ‚Herr zu werden', war mehr als 20 Jahre über die Zeit symptomfrei, und sie interpretierte meine Symptomlosigkeit als reinen Zufall? Im Sinne von: „Du hast halt Glück gehabt, aber garantiert nicht mehr für lange!" Und wischte damit jegliche Beteiligung meiner Person an diesem Erfolg vom Tisch?

Dann realisierte ich die Krux der Schulmedizin: Sie folgt dem Grundsatz, ‚Chronische Krankheiten sind nicht heilbar' Und wenn dann doch Heilung geschieht, dann steckt sie diese Fälle in die Kategorie ‚Spätausbruch', um sich selbst nicht in Widersprüche zu verwickeln.
Insofern wertete ich diese Aussage jetzt um. Es ist die höchste Auszeichnung, die die Schulmedizin zu vergeben hat. ‚Spätausbruch' heißt: „Du hast es geschafft!"

Geschafft

Ich habe mich ausprobiert, weiterentwickelt, Berufe und Länder gewechselt, Menschen bewegt, Ärzte in Verwunderung versetzt. Ich habe auf die Welt um mich herum Einfluss genommen, ich habe sie mit meinen Gedanken und Erfahrungen bereichert. Meine Tochter hatte einige Jahre keine gute Kindheit. Aber am Ende ist das eingetreten, womit mich mein Therapeut vor vielen Jahren trösten und in der Spur halten wollte: „Keiner wünscht sich für sein Kind ein Schicksal, wie es Deine Tochter hat. Aber eine Mutter zu erleben, die sich aus schlimmsten Zuständen wieder herausgekämpft hat, das ist auch ein Schatz."

Heute kann ich sagen: Ich habe nicht nur gesund überlebt. ich habe darüber hinaus einer Tochter die Mutter erhalten. Ich habe für sie einen neuen Vater gefunden, mit ihm zusammen konnten wir ein Zuhause schaffen, in dem Liebe, Schutz, Respekt und Zuversicht regieren. Und nicht zuletzt...

Der Anruf

... klingelte eines Tages im Frühsommer 2016 das Telefon. Ann rief an aus Durham, USA. Normalerweise skypen wir, damit wir uns sehen können, dieses Mal hatte sie es eilig.

„Mama," fragte sie: „Jürgen! Steht ihr oder sitzt ihr? Bitte holt euch einen Stuhl. Ich muss euch was Wichtiges erzählen."

Ich holte mir einen Stuhl herbei und überlegte: Was hat das zu bedeuten? Gutes oder Schlechtes?

Ann drängte weiter: „Sitzt ihr jetzt wirklich beide? Nicht schummeln."

„Ja klar," beruhigte ich sie, das Stuhlkissen jetzt unter mir: „mach es nicht so spannend. Was ist los!"

„Mama," verkündete sie. „ich habe den Test machen lassen."

„Welchen Test?" Ich war an allerlei Tests gewöhnt, wegen ihres Studiums. Aber das war nichts Besonderes und deswegen rief sie nicht mitten am Tag an.

Ann: „Na, den wegen der Chorea."

Ich stockte. Dann fuhr ich angstvoll fort: „Und? Was kam dabei raus?"

„Ich bin frei, Mama!" jubelte sie.

Ich traute meinen Ohren nicht. „Wie meinst Du das ... Du bist frei?"

„Ich habe keine Chorea. Absolut nicht. Jetzt kann ich den Doktor machen, den PhD, Du weißt schon. Jetzt lohnt sich das alles!"

Mir dämmerte die Tragweite dieser Information: „Kind, heißt das, Du bist von jetzt an raus, ein für alle Male und kein Nachfahre kann das jemals mehr bekommen?"

„Genau das." jubelte sie. „Ich habe sogar so wenige Repeats auf meiner DNA, ich bin sozusagen am untersten Ende der Gefahrenzone."

Jetzt jubelten auch wir. Am helllichten Tag holte Jürgen eine Flasche Champagner aus dem Kühlschrank, die auf einen solchen Anlass gewartet hatte. Wir prosteten uns zu und stießen an, durchs Telefon.

Noch immer fassungslos forschte ich: „Kind, hattest Du nicht furchtbare Angst vor der Diagnose?"

Und sie: „Naja, schon. Aber eigentlich auch nicht so sehr. Ich wusste ja, dass Du schon was an dieser Geschichte gedreht hattest. Deshalb habe ich doch geahnt, dass ich es vielleicht nicht habe. Aber sicher war ich mir natürlich nicht."

Meine Kernfamilie

Schwester, Papa, ich, Mama, 1972

Teil II

Wirkungsmechanismen und Tipps

Im Folgenden führe ich wesentliche Aspekte zusammen, die ich für meine Selbstheilung als essentiell betrachte.

Was habe ich gedacht und erlebt, welche Modelle hatte ich im Kopf? Wie konnte ich meine Selbstheilungskräfte derart aktivieren? Woher kam mein unbedingter Wille, mich nicht zu ergeben?

Diagnose ja oder nein?

Menschen, die wie ich ein genetisches Risiko in sich tragen, ob für Brustkrebs, vor allem der Risikogruppe BGCA1 oder für Diabetes, Depression, Parkinson oder Multipler Sklerose, tragen dieses Gefahren-Päckchen oft schon bewusst mit sich, weil die Krankheit bereits im Familienkreis aufgetaucht ist. Ein populäres Beispiel ist Angelina Jolie, die sich aus Angst vor einer Brustkrebserkrankung beide Brüste hat abnehmen lassen, um nicht etwa wie ihre Mutter an Brustkrebs zu sterben. Und die offiziell verlauteten Statistiken mit ihren Todeswahrscheinlichkeiten machen das Päckchen nicht leichter.

Auf mich wirkte die Gen-Diagnose, so sehr ich sie auf der einen Seite als Entscheidungshilfe für mein weiteres Leben auch erhofft und begrüßt hatte, in der Zeit danach wie ein Verstärker aller Probleme. Ich fühlte riesige Angst und hatte zudem körperliche Symptome, weit vor der Zeit des ‚familientypischen' Krankheitsausbruchs.

Ich interpretierte kleinste Anzeichen als Vorboten des Schreckens, der noch kommen würde. Ich erzählte über diese Symptome in der Stunde, als mir die Diagnose mitgeteilt wurde. Professor Engel beruhigte mich aber: „Was Sie jetzt an Zuckungen in ihrem Körper spüren, ist erst einmal nur Hysterie. Und ich verspreche Ihnen: Jeder in ihrer Lage, der auf diesem Stuhl sitzt, ob er die Chorea Huntington nun hat oder nicht, zeigt solche Anzeichen."

Ich war perplex. War mein Körper in der Lage, aus heiterem Himmel hysterische Symptome dieser Art zu erzeugen, also in gewissem Sinne ‚krank zu spielen', nur aus Angst? Und wenn er das konnte, war er dann vielleicht logischerweise auch in der Lage, ‚gesund zu spielen', wenn er keine Angst mehr hatte, obwohl er krank war?

Später las ich in der Literatur, dass das, was ich erlebt hatte, ein Nocebo-Effekt war, und dass es auch das Gegenteil davon gab, den Placebo-Effekt.

Placebo statt Nocebo

Damals hatte ich keine Ahnung von den Wirkmechanismen. Ich war meinen Symptomen zunächst ausgeliefert, zumindest ein paar Wochen lang. Es gab ja keine Medikamente dagegen, mit denen ich hätte behandelt oder die etwas hätten abdämpfen können, wie Chemotherapie gegen Krebs oder Psychopharmaka gegen Depressionen.

Ich gab sogar mein geliebtes Klavierspiel auf, weil meine Finger hysterisch zuckten – ein unüberhörbares, andauerndes Pochen der Krankheit in jeder freien Minute. Das stresste mich enorm und aktivierte die Angst. Erst, als ich lernte, die Aufmerksamkeit von den körperlichen Symptomen wegzulenken auf etwas Anderes, verschwanden die körperlichen Symptome vollständig.

Was für eine Wirkung! War ich tatsächlich so einfach in der Lage, alles in meinem Körper wieder auf normal umzustellen und ohne jede Störung arbeiten zu lassen? Ohne Einnahme von Medikamenten? Konnte ich so zaubern? Hatte ich solch eine innere Kraft?

Diese Erfahrung lehrte mich, dass mein Geist große Macht über meinen Körper hat. Und mittlerweile hat es die Wissenschaft in unzähligen Studien bewiesen:

Emotional aufgeladene Gedanken innerhalb unseres Körpers werden REALITÄT.

Gute Gedanken erzeugen Placebo, schlechte Gedanken Nocebo!

Was bedeutet Nocebo? Ein Diagnoseschock, wie der meine, führt leider sehr oft dazu. Wenn die Schulmedizin keine oder wenig Hoffnung lässt, erwartet ein Patient eine Verschlechterung. Und dann geht es ihm auch schlechter. Das kann bis hin zum Tod führen. Viele Patienten sterben wirklich nur deshalb, weil sie glauben, sie hätten keine Chance! Weil sie sich selbst aufgeben!

Das Gegenteil von Nocebo ist der lateinische Begriff Placebo, und das heißt ‚Ich werde gefallen'. Placebo setzt die Entwicklung in Richtung Heilung in Gang. Placebo-Medikamente sind solche, die keinerlei Wirkstoff beinhalten, die aber dennoch denselben oder annähernd denselben Effekt haben wie eine erwartete Heilung durch echte Medikamente! Allein deshalb, weil die Patienten eine Verbesserung e-r-w-a-r-t-e-n. Das wurde in zahlreichen Studien nachgewiesen! Der Placebo-Effekt wird bei jeder seriösen Studie berücksichtigt. Es gibt immer eine entsprechende Kontrollgruppe.

Dr. Ulrich Warnke führt eine Reihe von Beispielen in seinem überaus lesenswerten Buch ‚Quantenphilosophie und Spiritualität' auf. [7] Er schreibt, dass Placebo-

Chemotherapien bei Krebs sehr oft sogar zu den unangenehmen Nebenwirkungen wie Haarausfall führen, dass Allergien verschwinden, gefakte Knie-OPs zu Schmerzfreiheit führen usw. Selbst bei Parkinson und Alzheimer können Verbesserungen registriert werden.
Dr. Joe Dispenza widmet diesem Phänomen sogar ein ganzes Buch mit dem Titel ‚Du Bist Das Placebo'.

Ohne es zu beabsichtigen hatte Prof. Engel in jener Diagnosestunde im Jahre 1994 den ersten Placebo-Schub in mir ausgelöst, indem er meine Symptome unter Hysterie verbuchte. Das half mir, die Perspektive zu wechseln. Mein überaus couragierter Therapeut E. Keller, dem ich sehr viel verdanke, glaubte aber nicht an meine Heilung. Als die Zeit gekommen war, musste ich nach anderen Helfern suchen. Ich brauchte jemanden, der gegen die schulmedizinische Prognose aufbegehrte und Heilung für möglich hielt. Glücklicherweise fand ich genügend Menschen, die die Haltung vertraten: ‚Akzeptiere die Diagnose, doch nicht die Prognose!'[8]

Das alles sollten wir bedenken, wenn wir selbst eine Todesdiagnose erhalten oder wenn wir gegenüber jemandem im Bekannten- oder Freundeskreis die Hoffnung verlieren. Hoffnungslosigkeit infolge einer schlimmen körperlichen Verfassung ist eine verständliche Reaktion, sie setzt aber leider auch oft eine sich selbst erfüllende Prophezeiung in Gang, durch Nocebo. Deshalb tragen wir eine große Verantwortung, wenn wir aufgeben oder

‚schwarzsehen', uns selbst gegenüber und allen anderen gegenüber. Denn wir alle wissen nicht wirklich, was kommt. Es gibt weltweit zahlreiche Fälle von Spontanheilung, die das gezeigt haben.

Wir alle besitzen die menschliche Fähigkeit, mit Placebo oder Nocebo zu reagieren. Wir können es auch ‚Selbstheilung' oder ‚Selbstaufgabe' nennen. Das gilt nicht nur für unsere körperliche und seelische Gesundheit, es gilt im übertragenen Sinne auch für unsere Beziehungen und die Welt um uns herum.

Tipp Nummer 1:

Hole Dir immer eine zweite oder dritte Meinung ein.

Es gibt Heil-Perspektiven, Lehrmeinungen, die sich von der schulmedizinischen Sicht vehement unterscheiden. Im Biologischen Heilwissen beispielsweise kann der Krebs eine Stufe in der Regenerationskette eines überforderten Körpers sein.

Finde jemanden, der das unterscheiden kann. Vorausgesetzt, Du möchtest auch im tiefsten Inneren wieder gesundwerden, brauchst Du jemanden an Deiner Seite, der an die Möglichkeit einer Heilung glaubt. Dann kann sich der Placebo-Effekt in Dir entwickeln.

Quantenheilung – Vertraue in Deine Gestaltungskraft

Dieser Abschnitt ist der Kern meiner Erkenntnisse: Es klingt zu verrückt, um wahr zu sein. Ich bitte Dich aber trotzdem, dieses Kapitel durchzulesen und immer daran zu denken – ‚Wer heilt hat recht.' Es war wahrscheinlich dieser eine Gedanke, der nichts weiter war als eine logische Schlussfolgerung, und der all meine Selbstheilungskräfte aktivierte und wie starkes Placebo wirkte.

In den neunziger Jahren des letzten Jahrhunderts waren alle davon überzeugt, dass wir unseren Genen völlig ausgeliefert sind. So wurde ich erzogen, so wurde es in der Schule gelehrt, so brachte es mir meine Mutter bei und so erklärten es mir die genetischen Beratungsstellen, bei denen ich Hilfe suchte. Auch mein Therapeut sah die Welt so. In diesem Geistesfeld blieb mir nur, mich auf einen sich über zwei Jahrzehnte verschlimmernden Krankheitsverlauf einzurichten und mit einem frühen Tod zu rechnen, wie meinen Vorfahren geschehen!

Das war überhaupt nicht das, was ich mir für mein Leben vorgestellt hatte. Ich protestierte dagegen im tiefsten Inneren, auch meiner Tochter wegen. Ich musste mir etwas Außergewöhnliches einfallen lassen! Ich musste die Welt verändern oder ganz und gar woandershin wechseln.

Wie im ersten Teil erwähnt, wurden die Erkenntnisse der Quantenphysik zu meinem einzigen Hoffnungsträger für meine Zukunft. Sie war so paradox wie das, was ich für mein Leben wünschte: mein Kind in Frieden großziehen und gesund alt werden.

Die Quantenphysik, die Anfang des 20. Jahrhunderts entdeckt wurde, stellte die klassische Physik tatsächlich vollkommen auf den Kopf: Ein berühmtes Experiment namens ‚Doppelspaltexperiment' zeigte:

Im Quantenfeld existieren unendlich viele Möglichkeiten. Es werden aber nur die zu Realität, die wir erwarten, anschauen und beobachten! Und das in komplett unerwarteter Form.

Ein kurzes Video von fünf Minuten erklärt dieses Phänomen lustig und selbst für Kinder verständlich. Mach also jetzt unbedingt eine Pause, auch wenn Dir das alles nicht neu ist. Schau Dir dieses YouTube-Video an: ‚Dr Quantum erklärt das Doppelspalt-Experiment'.[9]

https://www.youtube.com/watch?v=ip8cmyitHss.

Es lohnt sich, denn Filme sagen mehr als Worte.

Versuchsaufbau Doppelspaltexperiment

Als ich damals über die Quantentheorie las, ergriff mich Pioniergeist.

Vorausgesetzt, die Gesetze im Mikrokosmos gelten auch im Makrokosmos, könnte ich mir selbst die Welt gestalten. Dann wäre ich kein Opfer mehr, sondern bewusst Wählende. Dann könnte ich mir sogar die Welt oder auch ein Universum wählen, das mir viel besser gefiel.

Und wie würde ich messen können, ob ich mein Ziel erreicht hätte? Welche Messergebnisse würden eindeutig klarstellen, dass mein Experiment geglückt ist? Welche Varianten von Testergebnissen gäbe es überhaupt?

Ganz einfach! Wenn ich krank würde, wäre ich im Ursprungskosmos geblieben, denn dort gab es nur den Versuchsausgang ‚krank'. Wenn ich gesund bliebe, hätte ich das Universum gewechselt mit dem angestrebten Versuchsausgang ‚gesund'.

Diese meine Krankheit in ihrer klar definierten Unausweichlichkeit machte das erstmalig möglich. Ich nahm mir also vor, in ein Universum zu gehen, in welchem

- entweder andere genetische Gesetze herrschen,
- oder meine genetische Anlage verschwindet,
- oder ich auf magische Art gar nicht erkranke,
- oder Medikamente entwickelt werden, die die Krankheit am Ausbrechen hindern.

Wenn ich mit 58 immer noch gesund wäre, jenes Alter, indem meine Mutter freiwillig aus dem Leben geschieden war wegen ihrer auffälligen Symptome, dann hätte ich den Beweis erbracht!

Dann wäre ich gewandert von dem Universum hier mit unheilbarer Krankheit in das Universum dort, in dem ich gesund überlebe. Cool, oder?

Die Vorstellung, dass ich eine von ganz wenigen Menschen war, die überhaupt einen solchen Praxistest machen konnten, weil die Ergebnisvarianten so eindeutig waren, nämlich ‚krank' oder ‚gesund', gab meiner Chorea sogar so etwas wie einen Sinn.
Jetzt wurde ich ein wenig Forscherin. Und das fühlte sich viel besser an als die Depression, die mich einholte, wenn ich mich der genetischen Prognose hingab.

Selbst Albert Einstein konnte sich keinen wirklichen Reim auf die Messergebnisse der Quantenphysik machen. Er schrieb:

"Es scheint hart, dem Herrgott in die Karten zu gucken. Aber dass er würfelt und sich telepathischer Mittel bedient (wie es ihm von der gegenwärtigen Quantentheorie zugemutet wird), kann ich keinen Augenblick glauben."[10]

Tipp Nummer 2:

Nutze auch Du die Eigenschaften der Quanten!
Denn Du wirst, was Du erwartest. Entwirf ein Universum, in dem Du gerne leben möchtest, ob es sich um Gesundheit, um Fülle irgendwelcher Art oder um unsere Erde handelt.

„Die einzige Limitierung deines Einflusses ist deine Vorstellungskraft und dein Wille."
Tony Robbins

Der Beweis: Bruce Lipton und die Epigenetik

Eines Tages in England, ich war bereits 10 Jahre länger symptomfrei als meine Vorfahren, radelte ich gemütlich durch Cambridge zur Arbeit, die Kopfhörer im Ohr. Ich wollte auch diese Zeit zum Englisch lernen nutzen. Ich lauschte der Audiodatei eines amerikanischen Wissenschaftlers namens Bruce Lipton, irgendein Zellbiologe, der mir bis dato kein Begriff gewesen war.

Plötzlich vernahm ich, mitten in der Lektion, die schön breit und deutlich amerikanisch ausgesprochenen Worte:

„Der Glaube kann mutierte Gene veranlassen, wie normale Gene gelesen zu werden. Und normale Gene können wie mutierte Gene gelesen werden." [11]

Ich traute meinen Ohren kaum, bremste, stieg vom Rad ab. Was hatte ich da gehört? Ich spulte zurück, wiederholte die Stelle wieder und wieder. Da sprach dieser Bruce Lipton von ‚intelligenten Zellen', deren Schicksal nicht vorherbestimmt ist, die sich stattdessen trotz gleicher DNA je nach Umgebung ganz verschieden entwickeln können. Das haute mich um.

Nach der Arbeit zu Hause angekommen, recherchierte ich im Internet: Bruce Lipton, US-amerikanischer Entwicklungsbiologe und Stammzellforscher, Pionier der Epigenetik.

Dieser Wissenschaftler, der offenbar weltweit bekannt war, hatte in zahllosen Versuchen an menschlichen Zellen beobachtet, dass sie in der Lage sind, sich je nach Umgebung komplett anders zu entwickeln, obwohl sie die gleichen Gene hatten.

Das waren Studienergebnisse, wie ich sie mir ersehnt hatte! Er hatte den Beweis erbracht: Unsere Gene bestimmen uns nicht mehr vollkommen. Jetzt können wir sie an- und abschalten. Diesen Mechanismus in den Zellen nennt man Epigenetik. War ich schon in ein anderes Universum gewechselt?

Meine Zellen schienen das seit langem schon so zu regeln. Sie reagierten bereits zehn Jahre länger gesund als prognostiziert. Ich war symptomfrei.

Du magst darüber lachen, für mich bin ich ins Universum mit Epigenetik gewechselt. Im neuen Bruce-Lipton-Universum herrschten offenbar neue genetische Gesetze. Diese Entwicklung hatte ich nun wirklich nicht erahnen können.

Ein entsprechender Aufschrei ging durch die Gemeinde der Wissenschaftler. Unsere Gene sollen plötzlich an- und abschaltbar sein? Was war das für ein Nonsens...

Mir war es sehr recht. In meinem Universum war jetzt die Epigenetik aufgetaucht. Das ist für mich ‚Quantenheilung'.

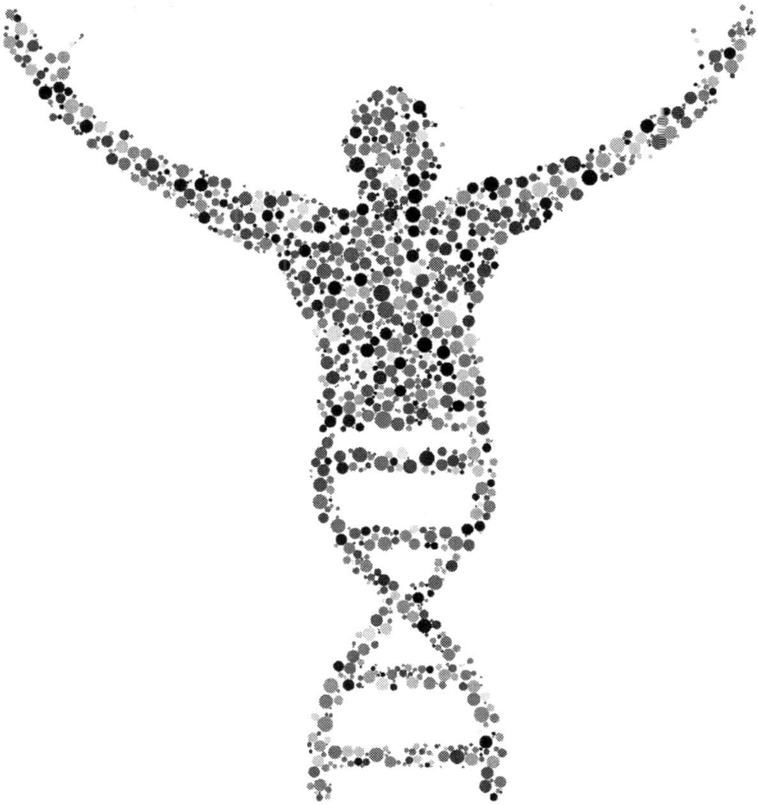

Ein Hurra auf die Epigenetik

Erkenne Krankheit als Weg

Im Buch ‚Krankheit als Sprache der Seele' von Dr. Rüdiger Dahlke fand ich erstmals Hinweise zusammengetragen und Zusammenhänge erwähnt, die für mich zu Wegweisern wurden.

Auch wenn Dr. Dahlke keinerlei Hoffnung auf Heilung sah, so folgte ich seinen Hinweisen in den nächsten 20 Jahren. Er half mir, herauszufinden, wo ich meine Suche starten, in welche Richtung ich gehen könnte. Wie vage Orts- und Richtungsangaben beim Ostereiersuchen in Form von warm und kalt besaß ich nur spärliche Informationen. Doch besser als nichts.

Über 20 Jahre führte mich der Weg genau da entlang, den Dr. Dahlke aufgezeigt hatte. Ich durchlebte seelische Schmerzen, erlangte aber auch zahlreiche Erkenntnisse, erfuhr Erleichterung und Transformation.

Nicht nur Dr. Dahlke, auch andere schreiben, dass im Grunde jede Krankheit, so schrecklich sie sein mag, immer auch etwas Positives in sich trägt: eine Botschaft. Und die ist für jeden unterschiedlich.

Der Krebs des einen bedeutet etwas anderes als der Krebs des Anderen. Logisch, denn jeder hat ja seine unverwechselbare Lebensgeschichte, seine Persönlichkeit und lebt in seinen ganz eigenen Lebensumständen.

Krankheit ist immer eine ganz spezielle Antwort auf Herausforderungen, die wir in unserem Leben nicht adäquat meistern. Wenn wir dann tatsächlich erkennen dürfen, dass „eine Krankheit immer eine gütige, unendlich hilfreiche Antwort des Universums ist...", wie der Therapeut Mike Hellwig das sinngemäß in seinem Buch ‚Wie wir uns vom positiven Denken heilen'[12] formuliert, dann sind wir wirklich weit gekommen. Denn eine Krankheit will immer etwas mitteilen und uns auf den richtigen Weg verhelfen. Und niemand ist vor dieser Art von Botschaft gefeit.

Sinngemäß formuliert Mike Hellwig weiter: Wenn wir mit unseren Gefühlen verbunden sind, auch mit den negativen, dann erschließt sich uns der Sinn dessen, was uns passiert, und wir können dann gar nicht anders als zuzustimmen. ... Haben wir aber keine Verbindung zu unseren Gefühlen, bleiben uns die Botschaften ein Rätsel. „Und dann gilt, was Meister Eckart[13] über jene sagte, die in die falsche Richtung gehen: ‚Je weiter er geht, desto mehr er irrt!'"

Manchmal ist jemand mit einer Krankheit konfrontiert, deren Ursache nicht im hiesigen Leben zu finden ist, sondern auf der Seelenebene. Das ist bei mir der Fall. Diese Menschen müssen noch einmal woanders graben.

Auch wenn ich mich anfangs gewehrt habe, meine Reise hat mir viel klargemacht: Ich habe erfahren, dass in meiner Ahnenlinie ein schweres Trauma nach Erlösung sucht, seit vielen Generationen, mittels dieser Erbkrankheit – eine schmerzhafte Erinnerung aus fernen Zeiten. Als erste in der Ahnenlinie hatte ich die Möglichkeit, meine genetische Veranlagung früh genug untersuchen zu lassen. Kein Vorfahre hatte dazu je die Chance. Das Gen war ja nicht gefunden.

Als erste von allen hatte ich das Glück, die Suche früh genug zu starten: noch jung, kräftig, und nach einer Phase von Angst und Erstarren entschlossen, meine Kräfte zu bündeln, um auf Bedeutungssuche zu gehen.

Ich wollte die Erblast erlösen und die Letzte sein, die dieses Schicksal zu tragen hat. Es ist mir gelungen.

Tipp Nummer 3:

Erkenne die Botschaft, die hinter der Krankheit steckt!
Auch wenn wir es uns nicht vorstellen können, sie ist immer zu unserem Besten und will uns auf unseren Weg bringen. Irgendetwas in Dir ruft nach Veränderung.

Versteckte Nachrichten Deiner Seele

Meditiere, statt Pillen zu nehmen

Und jetzt zu etwas Praktischem: öfter als einmal bat ich meinen Therapeuten um Pillen. Ich wollte den Schmerz nicht mehr spüren und endlich Frieden finden. Doch selbst, als er sich die 14 Tage nach der Diagnose zu einem Not-Bereitschaftsdienst rund um die Uhr verpflichtet hatte, für den Fall, ich drehe durch, stellte er klar: „Du kriegst nix. Du wirst das durchstehen. Du schaffst das. Du hast das Format und wirst Deinen Weg finden. Antidepressiva würden Dich nur abbringen."

Er behielt recht. Ich löste im Laufe der Zeit Knoten für Knoten, befreite Schicht für Schicht. Aktuelle Probleme nach der Wende, die erst drei Jahre zurücklag, solche als alleinerziehende Ostdeutsche im Westen, den Suizid meiner Mutter, Traumata aus meiner Kindheit, solche, die meine Eltern geprägt hatten und seelische Lasten aus der Ahnenlinie. Ich löste alles nacheinander auf. Ich erlebte Transformation für Transformation.

Wann immer mir eine Auflösung gelang, spürte ich tiefes Wohlgefühl und Erleichterung. Immer hatte ich irgendetwas Wichtiges begriffen, hatte Klarheit gewonnen, in welche Richtung ich meine Suche fortsetzen sollte. Kein Medikament der Welt hätte das für mich regeln können. Meine ‚Seelen-Aufgabe' auf Erden wäre unter dem Einfluss von Medikamenten nicht zu bewältigen gewesen.

Extrem selten griff ich als Übergangslösung zu einem pflanzlichen Beruhigungsmittel wie Johanneskraut.

Erst spät entdeckte ich die heilbringende Wirkung der Meditation. Von Natur aus lebhaft, fand ich das Meditieren zum Einschlafen langweilig und weigerte mich ziemlich lange, diese Art von ‚Ruhigstellung' zu probieren.

Wenn ich heute an der Schrittfolge etwas ändern könnte, würde ich mit dem Meditieren beginnen. In kurzer Zeit entfaltet es seine beruhigende Wirkung, und nach wenigen Wochen schon hat sich nachweislich sogar Dein Gehirn umgeformt. Wir haben eben keine starr verdrahtete Maschine im Kopf, sondern alles formt sich andauernd um in die Richtung, die wir nutzen. Besonders ausführlich beschreibt das Dr. Joe Dispenza in seinem Buch ‚Schöpfer der Wirklichkeit'.[14]

Genau das geschieht, wenn Du meditierst. Du kannst Deinen Geist trainieren, überwältigende Gefühle zu regulieren, besser als mit Johanneskraut oder anderen Beruhigungsmitteln.

Nach einiger Übung bist Du in der Lage, in Sekunden die Verbindung zu einer Metaebene aufzubauen, von der aus Du einen viel besseren Überblick über Dein Leben gewinnst. Genauso nutze ich Meditation für mich, immer und immer wieder.

Ich meditiere seit 9 Jahren, regelmäßig. Wenn ich doch einmal einige Tage pausiere, meist aus Zeitmangel, dann macht sich nach wenigen Tagen Unzufriedenheit breit. Die ist das Signal für mich, wieder anzufangen. Aus Eigennutz, weil das Leben mit Meditation viel mehr Spaß macht.

Tipp Nummer 4:

Nutze die Kraft der Meditation
und ihre Auswirkung auf Deinen Körper! Finde Abstand zu den Ereignissen in Deinem Leben und reguliere Deine Gefühle! Wenn möglich ohne Medikamente.

Meditation als Lebenshilfe

Gefühle bei der Manifestation

Noch eines ging mir durch den Kopf, seitdem ich als Kind über meine Vorfahren erfuhr, die so viel Leid ertragen mussten. Es bedrückte mich, dass ich ihnen nicht helfen konnte - eine für ein achtjähriges Mädchen wahrscheinlich normale Reaktion. Als sich meine Mutter als letzte in die Kette einreihen musste, übermannte mich diese Ohnmacht noch einmal mehr.

Doch auch darin spendete die Quantenphysik mir Trost. Sie besagt, dass außerhalb unserer sichtbaren Realität weder Vergangenheit noch Zukunft existieren, sondern alles JETZT ist. Wenn das so ist, hoffte ich, dann wäre meine Mutter auch noch JETZT, am Leben und zugleich tot, als Kind, junge Frau, Mutter und Verstorbene, alles gleichzeitig. Und genauso wären es all meine Ahnen, am Leben und zugleich tot, alles parallel.

Und deshalb habe ich vielleicht mit der Heilung meiner Person auch all meine Ahnen mit geheilt, weil die ‚Erblast', die Dr. Dahlke erwähnt hatte, nun ‚erlöst' ist.

Klingt das jetzt absolut durchgeknallt? Zu verrückt, um wahr zu sein? – Nicht für diese Quanten! Waren sie einmal zusammen, bleiben sie ‚verschränkt', egal was passiert. Sie reagieren wie ein Wesen, auch wenn sie sich an die entgegengesetzten Enden des Universums entfernt haben und 93 Milliarden Lichtjahre voneinander entfernt sind. Sie reagieren aufeinander, ohne Zeitverzögerung, zu exakt dergleichen Zeit.

Wieso kann dann nicht auch ich mit meinen Vorfahren verschränkt sein und sie erlöst haben?

Der folgende Artikel vom 26. Februar 2017 untermauerte meine Hoffnung:[15]
‚Neue Forschung schockiert Wissenschaftler: Menschliche Emotionen formen die Realität physisch!'

Drei Versuche lieferten folgende Ergebnisse:

Versuch 1: DNA, die einem Menschen entnommen worden war und in einem Behälter versiegelt wurde, reagierte auf emotionale Reize genau wie sein Spender: bei positiven Emotionen entspannte sie sich, bei negativen verengte sie sich.

Versuch 2: Weiße Blutkörperchen, die einem Spender entnommen worden waren, reagierten auf Emotionen wie der Spender, zeitgleich, ohne Verzögerung, selbst als beide 50 Meilen voneinander entfernt waren.

Versuch 3: Lichtphotonen, das sind kleinste Teilchen, aus denen unsere Welt besteht, sind normalerweise zufällig angeordnet. Nach Einbringen menschlicher DNA ordneten sie sich genau entlang dieser DNA an.

Die Wissenschaftler schlussfolgerten:
Wenn also unsere Emotionen unsere DNA beeinflussen, indem sie sie verengen oder entspannen, und wenn die Lichtphotonen sich dann an diese DNA klemmen, ihre Linien nachziehen, dann prägen wir durch unsere Gefühle nachweislich die Welt um uns herum, unsere physische Welt.
Aber nicht nur das. Wir bleiben sogar, jenseits von Raum und Zeit, mit unserer DNA verbunden!

Damit hat die Wissenschaft bewiesen: Menschliche Emotionen prägen buchstäblich die Welt um uns herum. Nicht nur unsere Wahrnehmung von der Welt selbst, sondern unsere REALITÄT.

Im Artikel heißt es wortwörtlich:

„Wir erschaffen unsere Realität, indem wir sie mit unseren Gefühlen auswählen."

Hurra!

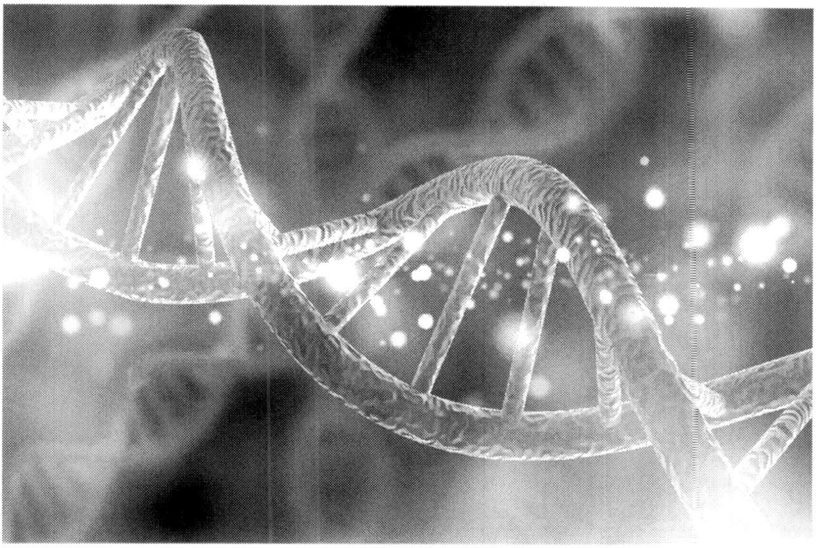

Lichtphotonen folgen den Linien der DNA

Wir sehen und spüren davon nichts. Aber wir können tatsächlich davon ausgehen, dass jeder Gedanke, jede Emotion, jede Handlung im Hier und Jetzt sich überallhin und auf alle Zeiten auswirkt, auf alles, was jemals war, ist und sein wird.

Und auch ich habe mit meinen Gedanken und Gefühlen auf alles Einfluss genommen, auch auf meine Mutter und meine anderen Vorfahren, weil alles miteinander verbunden ist.

Was für eine Wirkkraft!

Gedanken sind wirkende
Kräfte,
da sie von
Emotionen begleitet werden!

Tipp Nummer 5:

Werde Dir Deiner Gefühle bewusst.
Denn sie prägen Deine Realität. Deshalb ist es absolut wichtig, dass Du eine positive Grundhaltung gewinnst, nicht nur, um selbst gesund zu bleiben oder zu werden, sondern um die Welt um Dich herum positiv zu beeinflussen! Manifestiere Dein neues Selbst, Dein neues Leben durch positive Gefühle!

Positiv heißt nicht, dass wir negative Gefühle unterdrücken und unseren Tränen keinen Raum mehr geben. Auch Schmerz will gelebt und ausgedrückt werden. Aber wir können uns dann schnell wieder aufrichten und neu ausrichten. Das ist für mich eine positive Grundhaltung.

Rückschau

Nach der Diagnose dauerte es ein bis zwei Jahre, bis ich mit Körper und Seele ein neues Gleichgewicht gefunden hatte. Mit dem Abstand von heute weiß ich, dass es richtig war, mich der Diagnose gestellt zu haben. Wäre ich ihr ausgewichen, hätte ich zwar den Diagnose-Schock damals vermieden, ich hätte aber 25 weitere Jahre in Unklarheit gelebt. Das hätte wertvolle Energie gefressen und hätte dem Nocebo-Effekt Vorschub geleistet.

Nur mit der Klarheit, welchem Feind oder besser, welchem Herausforderer ich gegenüberstehe, konnte ich all meine Kräfte mobilisieren und bündeln, die ich für die Krankheitsbewältigung brauchte. Das unterscheidet mich von meinen Vorfahren, die dazu keine Chance hatten, weil das Gen nicht gefunden war.

Aus den prognostizierten 5 gesunden Jahren wurden mittlerweile 25. Keine Symptome in Sicht. Meine dominante Erbkrankheit, mein ‚genetischer Plan', der alle infrage kommenden 8 mir bekannten Verwandten mit Ende 50 bis Anfangs 60 dahingerafft hatte, ist nicht aufgegangen. Ich lebe volle Fahrt voraus! Ich bin mir meines Lebens täglich voll bewusst. Nein, eine Todesdiagnose muss nicht das Ende sein. Sie kann der Anfang eines neuen, viel bewussteren Lebens sein.

Achilles, der schnellste Läufer der Antike, von dem mir meine Mutter als Kind erzählt hatte, stößt ja auch nur theoretisch an Grenzen. In der Praxis hat er die Schildkröte ruckzuck überholt.

Meinen mit mir selbst abgeschlossenen Praxistest bestand ich am Tag, an dem ich meine Mutter an Lebenstagen überlebte: Das war am 20.07.2018, im Alter von 58 Jahren. An diesem sonnigen Freitag gedachte ich meiner Mutter und trauerte um sie. Am Abend ging ich zum Feiern über. Ich hatte bewiesen, dass ich mein Schicksal gewendet habe.

Ich tanzte vor Freude und Glück, weil ich jetzt frei war. Und meine Mutter tanzte, imaginär, neben mir, ein paar Zentimeter kleiner als ich, Freude in den Augen. Über Stunden tanzten wir, in unserem Garten, Mutter und Tochter, Arm in Arm, vor Erleichterung und Glück, weil es jetzt vorbei war. Bis die Nacht anbrach. Ich fühlte mich frei.

Frei wie damals, als ich das erste Mal von den Klippen unseres Steinbruchs in Beucha sprang, in dieses tiefgrünklare Wasser. Ich war jung und schön und als ich mich das erste Mal, nach kurzem Bangen, von den Felsen abstieß, um im freien Fall nach unten zu sausen, 12 Meter tief, bis ich ins glasklare Wasser eintauchte, erlebte ich diese Freiheit. Ich hatte mich den ganzen Winter darauf gefreut. Ich war jetzt 14 geworden, jetzt konnte ich es wagen.

Ganze Monate hatte ich darauf hingelebt, bis der Sommer begann und das Wasser warm genug geworden war. Sobald wie möglich setzte ich mich auf mein Fahrrad und fuhr 15 km
weit, quer durch die Landschaft, erst durch die Stadt, dann über Landstraßen. Das alles für ein paar Sekunden freier Fall. Ob sich der Aufwand lohnt? Aber sicher doch. Die Fahrradfahrt war ja angefüllt mit Vorfreude. Und dann erst der Sprung. Das war Freiheit, das war Freude pur. Dafür lohnte es sich zu leben.

Am Steinbruch waren es die Macht meiner Gedanken und mein Wille, die Bewegungen zielgerichtet auszuführen. Für mich als Kind die höchste Form von Glück. Heute ist es die Auswirkung meines eigenen Entschlusses, mein Schicksal gewendet zu haben. Wenn es sein muss, dafür in ein neues Universum zu wechseln. Der Praxistest ist bestanden.

Was ich in der Not ausprobiert habe, pfeifen die Spatzen mittlerweile von den Dächern:

Du kannst Deine Wünsche materialisieren,
wenn Du die Technik kennst.

Bereit für die Zukunft

Goethe formulierte das bereits vor ungefähr 250 Jahren wie folgt:

„In dem Augenblick, in dem man sich endgültig einer Aufgabe verschreibt, bewegt sich die Vorsehung auch. Alle möglichen Dinge, die sonst nie geschehen wären, geschehen, um einem zu helfen.

Ein ganzer Strom von Ereignissen wird in Gang gesetzt durch die Entscheidung, und er sorgt zu den eigenen Gunsten für zahlreiche unvorhergesehene Zufälle, Begegnungen und Hilfen, die sich kein Mensch vorher je so erträumt haben könnte. Was immer Du tun kannst oder wovon Du träumst, fange es an. In der Kühnheit liegt Genie, Macht und Magie."

5 Tipps aus meinem Erfahrungsschatz

Tipp 1:

Nicht jeder hat 5 Jahre Zeit, um sich zu sortieren. Manchem bleiben nach einer Hiobsbotschaft nur noch Monate oder Wochen, schlimmstenfalls nur ein Tag. Aber selbst dann gilt: Suche Dir jemanden, der die Welt anders sieht, der daran glaubt, dass alles gut gehen kann. Wenn Du den **Placebo-Effekt** nutzt, übergibst Du die Regulation aller körperlichen Prozesse an eine höhere Intelligenz!

Tipp 2:

Nutze die Eigenschaften der **Quanten**! Entwerfe ein Universum, in dem Du gerne lebst, ob es sich um Gesundheit, um Fülle irgendeiner anderen Art oder um unsere Erde handelt.

Tipp 3:

Erkenne die **Botschaft**, die hinter der Krankheit steckt! Auch wenn wir es uns nicht vorstellen können, sie ist immer zu unserem Besten und will uns auf unseren Weg bringen.

Tipp 4:

Nutze die Kraft der **Meditation** und ihre Auswirkung auf Deinen Körper! Finde Abstand zu den Ereignissen in Deinem Leben und reguliere Deine Gefühle!

Tipp 5:

Werde Dir Deiner **Gefühle** bewusst. Sie prägen Deine Realität. Es ist absolut wichtig, dass Du eine positive Grundhaltung gewinnst, ohne negative Gefühle unter den Teppich zu kehren. Nicht nur, um selbst gesund zu bleiben oder zu werden, sondern um die Welt um Dich herum positiv zu beeinflussen! Manifestiere Dein neues Selbst, Dein neues Leben durch positive Gefühle!

Vision und Ausblick

Hätte ich gewusst, dass mein Selbstversuch gelingt, dass die Quantenphysik in meinem Makrokosmos funktioniert, hätte ich mir noch viel mehr gewünscht. Es wäre nicht nur um mein privates Wohlergehen gegangen, gesund zu überleben und weiteres Unglück von meiner Familie abzuwenden. Es wäre auch um das Wohlergehen der ganzen Welt gegangen!

Denn Klimawandel, Migration und andere globale Probleme lassen die Welt im Augenblick in einem hoffnungslosen Licht erscheinen. Was sollen junge Menschen tun, die verantwortungsvoll ihr Leben planen wollen?

Viele fragen sich: Soll ich Kinder bekommen, denen höchstwahrscheinlich eine schlimme Zukunft droht? Und genau hier ist die Parallele zu meiner Erfahrung.

Hätte ich Kinder bekommen, wenn ich von der Chorea Huntington in meinen Genen gewusst hätte? Sicherlich nicht. Nur was hätte ich dann alles verpasst? Meine Tochter ist ja das Beste, was mir passiert ist in meinem Leben. Es war ja gerade meine Tochter, die mich durch ihre bloße Existenz am Leben gehalten hat, sodass ich das Maximale aus mir herausgeholt habe und gekämpft habe wie eine Löwin!

Andere wiederum verdrängen lieber diese Fragen, sprechen sie nicht an, verschieben sie in den letzten Winkel ihres Bewusstseins. Doch im Grunde wissen wir alle seit mindestens zehn Jahren, dass die Uhr für unseren Planeten und für uns auf 5 nach 12 steht.

Die Parallele: Auch ich war komplett verloren, wie Du erfahren hast. Alles war aussichtslos, trostlos, ohne Hoffnung auf eine glückliche Zukunft, sondern voller Schrecken. Vernünftigerweise hätte ich aufgeben müssen. Meine Gene führten in die Katastrophe für meinen Körper und Geist, so wie der Klimawandel die Zukunft der Erde bedroht.

Und was geschah dann? Bruce Lipton tauchte auf mit seiner Epigenetik, die Gene an- und abschalten kann. Und vor ein paar Jahren wurde die Genschere entwickelt, die einzelne Gene zuschneiden kann, in jeder einzelnen Zelle! Bald sind wir in der Lage, alle überzähligen Repeats des Huntington Gens abzuschneiden! Hätte sich das jemand vorher jemals vorstellen können? Nicht im Traum.

Und darin liegt meine Hoffnung. Das Geheimnis der Quantenphysik besagt, dass völlig unvorhersehbare Ereignisse dazu führen, dass sich das verwirklicht, was wir anstreben.

Wichtig dafür ist, dass wir unsere Gefühle einsetzen, Gefühle wie Hoffnung, Erleichterung, dass wir zuvor erdenken, wie es sein soll. Denn unsere Gefühle prägen unsere physische Welt.
Deshalb bin ich mir sicher, dass bald Techniken in unserer Realität erscheinen werden, die

- das Kohlendioxid aus der Luft filtern können
- die Meere reinigen können
- Wüsten begrünen können
- Unsere Umwelt regenerieren lassen.

Die Menschheit wird, wenn viele es verstanden haben, in der Lage sein

- Regenwälder neu aufzuforsten
- Städte menschlicher und bewohnbarer zu machen
- Weltweit ein bedingungsloses Grundeinkommen einzuführen, dass alle am Reichtum dieser Welt teilhaben lässt
- Die Tierquälerei zu beenden
- und so weiter

Es gibt mittlerweile unendlich viele gute Ansätze: In TED Talks und Interviews werden neue Ideen vorgestellt. Zahlreiche Projekte werden bereits praktisch umgesetzt: in 180 englischen Schulen wird das Fach Achtsamkeit eingeführt; in Eritrea werden an einem Tag 353 Millionen Bäume gepflanzt...

Auf YouTube werden neue Projekte bekanntgegeben; in Facebook-Gruppen wird dieses Wissen exponentiell verbreitet. Auch das Wissen über Quantenphysik.

Vielleicht wird der Anstieg des Meeresspiegels rückgängig gemacht werden können, der Golfstrom bleibt, wie er ist, irgendwelche Wetterkapriolen erweisen sich als fruchtbar, oder erdmagnetische, sonnenbezogene Einwirkungen und Veränderungen minimieren wieder die drohende Katastrophe, sodass alles doch nicht so schlimm ist ...
Alles ist möglich. Oder wir finden auf geniale Weise andere adäquate Antworten auf die Herausforderung.

In jedem Fall gilt. Hiobsbotschaften sind die Wendepunkte unseres Lebens, die Plot Points der Geschichte. Und wenn wir dann in die Verantwortung gehen, wenn wir unsere Vorstellungskraft bemühen, ihr freien Lauf lassen und darüber nachdenken, wie wir die Welt gerne hätten, wenn wir dann auch noch konkrete Schritte in die richtige Richtung gehen, dann reißen wir das Ruder wieder herum.
Wenn wir tatsächlich handeln und eine bessere Zukunft visionieren, wird das Schiff seinen Kurs ändern. Davon bin ich nach all den Jahren überzeugt.

Es wird etwas geschehen, was die Probleme löst, wahrscheinlich wieder einmal in komplett unerwarteter Form...

Versöhnung von Spiritualität und Quantenphysik

... genau das besagt die Quantenphysik, aber auch Religionen, Mystiker, Schamanen, die altes Wissen bewahren. Altes Wissen ist mittlerweile immer besser wissenschaftlich messbar.

Meine und andere Nahtodeserfahrungen geben mir außerdem die Sicherheit, dass wir alle beschützt sind. Das Universum ist ein unendlich liebendes, es wünscht nichts mehr, als dass wir das gut hinkriegen. Das habe ich erfahren.

Und was wäre das Leben schon ohne Herausforderungen? Ein langweiliges Dahindämmern, ohne jede Spannung, wie ein schlechtes Drehbuch ohne Wendungen.
Über diese Sicht erfuhr ich aus dem überaus unterhaltsamen und Denkgrenzen sprengenden Buch von Robert Scheinfeld: ‚Raus aus dem Geldspiel'. Darin geht es bei weitem nicht nur um Geld, sondern um das Leben.

Was Robert Scheinfeld so schön beschreibt, trifft auf mein Leben zu.
Im Grunde habe ich mich die ganze Zeit wie eine Spielerin gefühlt, die jederzeit auch hätte verlieren können. Ich hätte erkranken können, jeden Tag, das war mir bewusst!
Nur gab ich dieser negativen Vorstellung keinen Raum mehr, sodass sie sich nicht mehr hat entfalten können.

Ich habe das Spiel gewonnen. Die Erfahrungen, die ich dabei sammeln konnte, sind die Ursache für den Optimismus, der jetzt zu meinem Wesenszug geworden ist. Ich bin fest davon überzeugt, dass wir nicht nur uns selbst, sondern auch unseren Planeten retten können.
Denn alles ist möglich!

Ich wünsche mir, dass wir uns dieser Kraft bewusstwerden und diese Mechanismen nutzen. Ich wünsche mir, dass Spiritualität Wissenschaft ergänzt und Wissenschaft Spiritualität. Damit wir alle diese Welt in eine Bessere verwandeln.

Ich schließe mit einem berühmten Zitat, das Martin Luthers zugeschrieben wird:

„Wenn ich wüsste,
dass morgen die Welt unterginge,
würde ich heute noch ein
Apfelbäumchen pflanzen"

Was kannst Du jetzt tun?

Viele Menschen suchen nicht mehr nur nach Wissen, sondern verlangen nach Veränderung. Und die gelingt nur, wenn sie sich selbst ändern. im Hier und Jetzt!

Ein E-Book kann das nicht leisten. Es vermittelt wichtige Informationen, gibt wertvolle Hinweise, kann etwas anstoßen - zur Veränderung führt es nicht. Wenn ich selbst beim Bücher-Studieren geblieben wäre, wäre auch ich nicht weit gekommen. Der Erkenntnis sollten immer Taten folgen!

Ein nächster Schritt wäre, dass Du Dir weitere Tipps von meiner Seite herunterlädst: kalyanisalzmann.de/tipps

Der konsequente und erfolgversprechende Weg zur Veränderung führt über eine persönliche Begleitung, wie ich sie oft in Anspruch genommen habe. Ein Mentor oder Coach, der es geschafft hat, sich aus schwierigen Situationen zu befreien, ist auch in der Lage, Dich auf Deinem Weg zu unterstützen.

Wenn Dir das Buch Mut gemacht hat, du neue Hoffnung gewonnen hast, Du jetzt etwas ändern möchtest, dann hat mein Buch seinen Zweck erfüllt. Ich wünsche Dir viel Neugierde und Erfolg bei Deiner Transformation.

Deine Kalyani Salzmann

„Es geht nicht darum zu wissen,
was zu tun ist;
es geht darum zu tun,
was Du weißt."

Tony Robbins

Kontakt

Wie kannst Du mit mir in Verbindung treten?

Anregungen und Fragen gern über E-Mail an

info@kalyanisalzmann.de.

Ich werde in absehbarer Zeit antworten.

Ich plane für die Zukunft ein eigenes Coaching-Programm, in dem ich mein Wissen weitergebe - für Menschen, die etwas in Ihrem Leben verändern möchten. All meine Erfahrungen werden darin einfließen.

Wenn Du mit mir dafür in Kontakt bleiben möchtest, dann trage Dich hier in meinen Newsletter ein. So bleibst Du über alles informiert.

https://kalyanisalzmann.de/newsletter/

Ich freue mich auf Dich.

Übrigens

Wenn Dir mein Buch gefallen hat, freue ich mich über eine Rezension und eine Bewertung auf Amazon.

Und bitte empfiehl es auch Familienangehörigen, Freunden und Bekannten, die Ermutigung auf ihrem Weg gut gebrauchen können.

Danksagung

Ich danke meiner Tochter Ann, die viele Jahre ihrer Kindheit mit mir als eine alleinerziehende Mutter durchgemacht hat. Sie war allen Ereignissen und Veränderungen langanhaltend, unmittelbar und direkt ausgesetzt. Sie ist vor der Zeit gereift. Ich danke ihr für ihren Humor, ihren Verstand und ihr liebevolles Wesen, mit dem sie mich immer wieder auf die Erde gebracht hat.

Ich danke meinem lieben Mann Jürgen, der zu mir hält, in guten wie in schlechten Zeiten! Danke für all Deine seelische und moralische Unterstützung in den letzten zweiundzwanzig Jahren. Du bist Anker und Fels in den Brandungen meines Lebens. Ich danke Dir auch für die inhaltliche Bereicherung des Buches.

Ich danke meinem Vater Dr. Günter Gurst, Philosoph und Lexikograph, der mir eine unerschütterliche Liebe entgegengebracht hat. Neben meiner Mutter ist er der Grund, dass ich die Welt neugierig und kritisch betrachten kann. Seinem Witz, seiner Tatkraft und Begeisterung ist zu verdanken, dass ich mich als Kind so frei entfalten konnte. Als wandelndes Lexikon war er für mich das Google in der internetlosen Zeit.

Dank auch meinem lieben Freund und Kollegen Holger Bräuning, mit dem mich vor allem das Streben nach Spiritualität verbindet. Er hat mit seinen zahlreichen

Anregungen und Ideen dieses Buch quergebürstet, so dass es jetzt auch für den spirituell unerfahrenen Leser verständlicher und lesbarer geworden ist.

Last but not least: Dank der US-Amerikanerin Nancy Wexler, Psychologin und Wissenschaftlerin, die ihre Mutter an Chorea Huntington verloren hatte und die, angesichts eigener Todesgefahr, die Suche nach dem Huntington-Gen in Gang brachte. Ihre jahrzehntelangen Bemühungen waren letztlich erfolgreich. Nur dadurch konnte ich den Gentest machen lassen. Wenn ich einen Einfluss auf die Auswahl der Nobelpreisträger hätte – ich würde ihr den Nobelpreis verleihen.

Ich danke auch den Erfindern der CRISPR/Cas9-Technik und allen anderen Wissenschaftlern, die sich direkt oder indirekt der Heilung der Chorea Huntington angenommen haben. Vielleicht wird die Entwicklung der Genschere bald dazu führen, dass die Chorea Huntington demnächst in jeder einzelnen Zelle behandelt werden kann – eine Methode, die noch vor kurzem vollkommen unvorstellbar war. Dann wäre die Erblast des Veitstanzes für alle Erbträger erloschen.

Anhang

Was ist Chorea Huntington?

Solltest Du gerade im Urlaub am Strand liegen oder aus anderem Grund kein Internet haben, habe ich hier den Text des Videos zusammengetragen, auf das ich in der Einleitung verwiesen habe. Besser wäre, Du schaust es Dir früher oder später noch einmal an. Denn Bilder sagen einfach mehr als Worte. Das folgende Transkript bezieht sich das YouTube-Video der eingangs erwähnten Quelle [1].

„In diesem kleinen Fischerdorf in Venezuela ist ein großer Teil der Einwohner von einer schrecklichen Krankheit betroffen, die man Chorea Huntington nennt. Der amerikanische Arzt George Huntington beschrieb 1872 erstmals diese Nervenerkrankung, die schließlich seinen Namen erhielt.
Alle Bewohner des Ortes stammen von einem gemeinsamen Vorfahren ab. Das dominante Gen, dass die Krankheit auslöst, wird von Generation zu Generation weitergegeben. Die ersten Symptome zeigen sich in vielen Fällen erst im Alter von ungefähr 40 Jahren.

Zunächst kommt es zu Muskelzuckungen und zu Persönlichkeitsveränderungen. Innerhalb einiger Jahre verringern sich unaufhaltsam die geistigen Fähigkeiten und der Kranke verliert die Kontrolle über seinen Bewegungsapparat.
Er wird schließlich bettlägerig und stirbt meist im Alter zwischen 50 und 60 Jahren.

Die Nachkommen eines Betroffenen sind mit einer Wahrscheinlichkeit von 50% Träger des mutierten Gens.
Als Ursache der Krankheit konnte die Mutation eines Gens auf Chromosom 4 identifiziert werden. Es kommt zur Produktion einer veränderten Form des sogenannten Huntington Proteins, das die Zerstörung von Nervenzellen bewirkt.

Fassen wir die wichtigsten Fakten zusammen. Etwa ab dem vierzigsten Lebensjahr kommt es bei Chorea Huntington zum Verlust der motorischen Kontrolle und zum Abbau der geistigen Fähigkeiten bis hin zur Demenz. Als Ursache wurde eine Mutation des sogenannten Huntington Gens auf Chromosom 4 identifiziert. Die Folge ist die Zerstörung von Nervenzellen. Die Vererbung erfolgt autosomal dominant. In Westeuropa sind etwa 7 von 100.000 Personen betroffen."

Als Betroffene weiß ich sehr gut, dass die Belastung noch viel weiterreicht: Denn das Schicksal Deiner Vorfahren zeigt dir sehr leibhaftig, wie es Dir selbst bald ergehen wird.

Evelyn Elsaesser Valarino
Erfahrungen an der Schwelle des Todes
Wissenschaftler äußern sich zur Nahtodeserfahrung
Ariston

Ruediger Dahlke
Krankheit als
Sprache der Seele
Be-Deutung und
Chance der
Krankheitsbilder
GOLDMANN

Geseko von Lüpke
Altes Wissen für eine neue Zeit
Gespräche mit Heilern und Schamanen des 21. Jahrhunderts
KÖSEL

Bruce H. Lipton
Intelligente Zellen
Wie Erfahrungen
unsere Gene steuern
Aktualisierte
und erweiterte
Neuauflage
KOHA

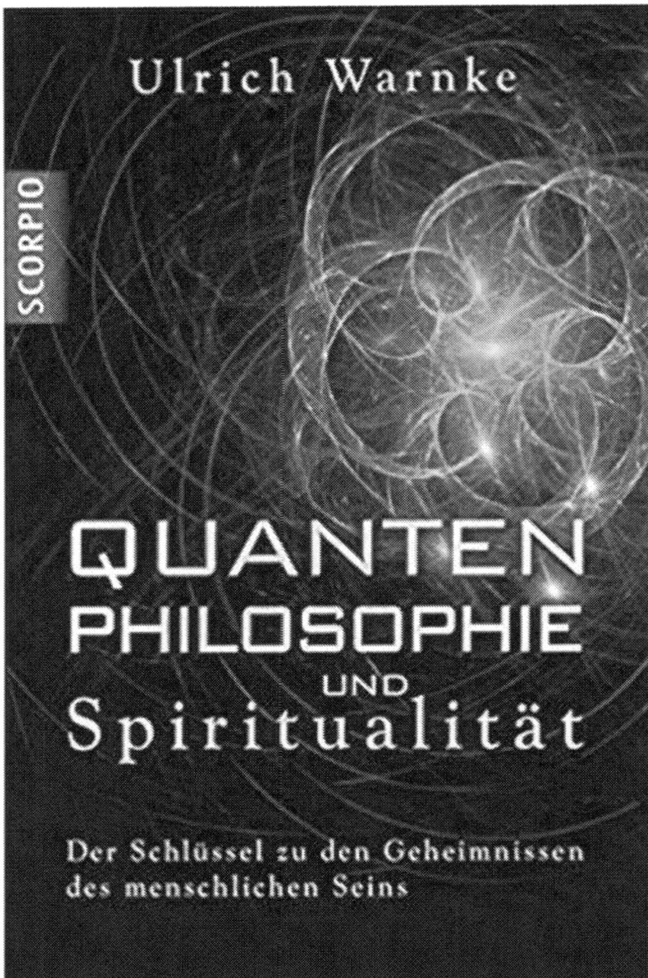
Ulrich Warnke
SCORPIO
QUANTEN
PHILOSOPHIE
UND
Spiritualität
Der Schlüssel zu den Geheimnissen
des menschlichen Seins

Schöpfer der Wirklichkeit

Autor : Joe Dispenza

rororo
Robert Scheinfeld
RAUS AUS DEM
GELD-SPIEL!
Ihr Wegweiser für den täglichen
Kampf um die Finanzen

Literatur

---

[1] YouTube: Chorea Huntington Filmbeitrag: https://www.youtube.com/watch?v=lzh6KpoWKM8

[2] Evelyn Elsasser Valarino, *Erfahrungen an der Schwelle des Todes, 1995: Genf, S. 11*

[3] Selbstmordrate laut offizieller Statistik: 13%, sieben bis zwölf Mal höher gegenüber der Allgemeinbevölkerung (<1%), *Suicidal ideation in Huntington disease: The role of comorbidity*

[4] Johann Wolfgang von Goethe: *Faust: Eine Tragödie - Kapitel 6*

[5] Dr. Rüdiger Dahlke: *Krankheit als Sprache der Seele*, 1992, 8. Auflage, S. 212 - 216

[6] Niels Bohr zitiert in *Der Teil und das Ganze. Gespräche im Umkreis der Atomphysik* von Werner Heisenberg, R. Piper & Co., München, 1969, S. 280. Originaltext: *„Denn wenn man nicht zunächst über die Quantentheorie entsetzt ist, kann man sie doch unmöglich verstanden haben."*

[7] Dr. Ulrich Warnke: *Quantenheilung und Spiritualität*, 2013, 4. Auflage, S. 47 ff

[8] Ebo Rau, deutscher Mediziner, https://www.aphorismen.de/zitat/46232

[9] Dr Quantum erklärt das Doppel Spalt Experiment:

https://youtube/ip8cmyitHss

[10] Albert Einstein, *Brief an Cornelius Lanczos*, 21. März 1942, Einstein-Archiv 15-294, zitiert nach Einstein, Briefe, Seite 65, zitiert nach Alice Calaprice (Hrsg.): *Einstein sagt*, Piper-Verlag, München, Zürich 1996, ISBN 3-492-03935-9, S. 146

[11] Bruce Lipton: *Intelligente Zellen*

[12] Mike Hellwig: *Wie wir uns vom positiven Denken heilen*, Originalausgabe, 2012, S. 85

[13] Meister Eckard: *Zitat eines Mystikers und Philosophen des Spätmittelalters*

[14] Dr. Joe Dispenza: *Schöpfer der Wirklichkeit*

[15] New Research Shocks Scientists: *Human Emotion Physically Shapes Reality!*: https://www.lifecoachcode.com/2017/02/26/emotion-shapes-reality/

Haftungssausschluss:

Die Verwendung der Informationen in diesem Buch und die Umsetzung derselben erfolgt ausdrücklich auf eigenes Risiko. Die Autorin kann für etwaige Unfälle und Schäden jeder Art aus keinerlei Rechtsgrund die Haftung übernehmen. Haftungsansprüche gegen die Autorin für Schäden jeglicher Art, die durch die Nutzung der Informationen in diesem Buch bzw. durch die Nutzung fehlerhafter und/oder unvollständiger Informationen verursacht wurden, sind ausgeschlossen. Folglich sind auch Rechts- und Schadenersatzansprüche ausgeschlossen. Der Inhalt dieses Werkes wurde mit größter Sorgfalt erstellt und überprüft. Die Autorin übernimmt keine Gewähr und Haftung für die Aktualität, Korrektheit, Vollständigkeit und Qualität der bereitgestellten Informationen. Druckfehler können nicht vollständig ausgeschlossen werden. Weiterhin beruht der Inhalt dieses Werkes auf persönlichen Erfahrungen und Meinungen der Autorin. Der Inhalt darf nicht mit medizinischer Hilfe verwechselt werden. Bei allen Erkrankungen ist immer die Hilfe eines erfahrenen Arztes oder Heilpraktikers hinzuzuziehen

Impressum:

1. Auflage 2019

Kontakt: Marion Kalyani Salzmann / Giordano-Bruno-Straße 20 / 04249 Leipzig
email: info@kalyanisalzmann.de
Covergestaltung: Kalyani Salzmann
Bilder: Pixabay; Adobe:Stock und Kalyani Salzmann
Coverfoto: Angeregt durch Canva

Printed in Poland
by Amazon Fulfillment
Poland Sp. z o.o., Wrocław

63358446R00063

Mayer/Metzger/Wilhelmi · Schwarz – Weiß – Rot in Afrika

Wolfgang Mayer/Franz Metzger/Jürgen Wilhelmi

Schwarz – Weiß – Rot in Afrika

Die deutschen Kolonien
1883 – 1918

IDEA
Edition historica

CIP-Kurztitelaufnahme der Deutschen Bibliothek
Mayer, Wolfgang:
Schwarz-Weiss-Rot in Afrika: d. dt. Kolonien
1883-1918/Wolfgang Mayer; Franz Metzger; Jürgen
Wilhelmi. —
Puchheim: IDEA, Edition historica, 1985
ISBN 3-88793-105-X
NE: Metzger, Franz; Wilhelmi, Jürgen;

ISBN 3-88793-105-X

Satz: C. Spitko, Meitingen
Gesamtherstellung: Buch- und Offsetdruck Verlag F. Steinmeier, Nördlingen
Printed in Germany

Zeichnung Karten (S. 27, 37, 45, 51, 57): Margarethe von Waldburg
Fotos S. 212/225 Dr. Wolfgang Mayer

Inhaltsverzeichnis

Kapitel 1
Begegnung zwischen zwei Kontinenten
Der Anfang der Beziehungen zwischen Europäern und Afrikanern

Sie segelten tage- und wochenlang nach Süden, so weit, wie vor ihnen noch niemand gekommen war. Sie erlebten Flauten und Stürme und landeten schließlich mit ihren Schiffen in einem Land, in dem die Menschen schwarz waren und nichts anderes trugen als die nackte Haut. Wann genau und durch wen die ersten Kontakte zwischen Europa und dem afrikanischen Kontinent südlich der Sahara geknüpft wurden, läßt sich freilich nicht mehr mit Sicherheit feststellen. Vermutlich waren es Händler aus der französischen Hafenstadt Dieppe, die 1364 oder auch schon 1339 bis zur Guineaküste segelten und im Gebiet des heutigen Liberia erste Tauschgeschäfte abschlossen. Der Kontakt wurde bis um das Jahr 1410 aufrechterhalten. So behaupten es zumindest französische Chronisten aus dem 17. und 18. Jahrhundert. Die Quellen, auf die sie sich berufen, sind vernichtet. Auch die Ruinen der Stützpunkte mit den Namen Grand Dieppe, Petit Dieppe, Grand Paris und Petit Paris, die jene namenlosen Kaufleute erbauten und die noch 1785 in einer geographischen Beschreibung der Guineaküste genannt werden, sind inzwischen nicht mehr zu orten.

Die eigentliche Geschichte der Beziehungen zwischen Europa und dem schwarzen Afrika beginnt erst um die Mitte des 15. Jahrhunderts. Ohne Kenntnis von den Routen und Handelsplätzen der Diepper Kaufleute machten sich Seeleute und Händler aller Nationen über das Meer auf, um die Quellen jener Goldschätze zu suchen, die arabische Karawanen seit langem auf dem Landweg nach Nordafrika brachten. Nebenbei winkte diesen Pionieren, die nach europäischem Verständnis als "Entdecker" gelten, die Aussicht auf einen päpstlichen Ablaß ihrer Sünden. Vor allem waren es Portugiesen, die als offizielle Entdecker Einzug in die Geschichtsbücher hielten. Im Dienste Portugals stand auch der Italiener Ca da Mosto, der um 1450 bis über die Mündung des Senegal-Flusses hinaus gelangte und vor allem deshalb bekannt wurde, weil er den ersten Reisebericht über seine Erlebnisse einer staunenden europäischen Öffentlichkeit vorlegte. 37 Jahre später erreichte der portugiesische Seefahrer Bartolomeu Diaz die Südspitze des Kontinents. Er nannte sie "Kap der Stürme" – eine Bezeichnung, die bald darauf in "Kap der Guten Hoffnung" umgeändert wurde. Zu den Männern, die am Hof zu Lissabon Diaz' Reise vorbereitet hatten, zählte der Nürnberger Patriziersohn Martin Behaim, der selbst an anderen Entdeckungsreisen teilnahm und später den ersten Globus der Welt schuf.

Die Kontakte über das Meer weiteten sich langsam zu einem florierenden Tauschhandel aus; für Jahrhunderte blieben sie allerdings auf die Gebiete unmittelbar an der Küste beschränkt. Vorstöße, die schon im 15. Jahrhundert auf dem Landwege von Nordafrika aus durch die Sahara erfolgt sein sollen, sind nicht beweisbar und blieben auf jeden Fall ohne Folgen. So hat für die Geschichtsschreibung der europäisch-afrikanischen Beziehungen zum Beispiel die Sage von einem französischen Matrosen, der 1630 als Sklave in die geheimnisvolle Stadt Timbuktu verschleppt worden sein soll, allenfalls anekdotischen Wert.

Zunächst begegneten sich Europäer und Afrikaner allenthalben mit Mißtrauen. Viele Neger vermuteten in den weißen Fremden nichts anderes als Menschenfresser – ein Image, das die Kaufleute der europäischen Handelsnationen über Generationen hinweg nie ganz loswurden. Die Europäer stuften die Schwarzen, deren an sich hochentwickelte Kulturen sie nicht verstehen konnten und wollten, als "Wilde" ein. Freigebig wurden ihnen alle nur denkbaren Untugenden zugeschrieben. "Gemein, gail, diebisch, betrüglich, lügenhaft", so kennzeichnet zum Beispiel der holländische Kaufmann Dapper 1670 die Bewohner an der Mündung des Senegal-Flusses. Und er berichtet nach Europa: "Sie halten es für einen Ruhm, wenn sie andere betrogen. Ja, sie sind auch überaus freßhaftig, also daß sie nicht essen, sondern fressen wie das Vieh".

Trotz des Mißtrauens und trotz des Glaubens an die Überlegenheit der eigenen Zivilisation gingen die europäischen Kaufleute bereitwillig auf die geschäftlichen Spielregeln der Afrikaner ein: den Tauschhandel von Ware gegen Ware, ohne Zwischenschaltung von Geld, der sich zuvor auch schon im Trans-Sahara-Handel mit der arabischen Welt durchgesetzt hatte. Unter dieser Voraussetzung fanden die Europäer in den schwarzen Königen, Stammesfürsten und Dorfältesten beflissene Lieferanten aller gewünschten Güter. Eine gewaltsame Unterwerfung der afrikanischen Völker, ähnlich wie in Nord- und Südamerika, erübrigte sich dadurch bis auf weiteres. Dagegen sprach auch die Unwirtlichkeit des Landes, vor allem die Ohnmacht gegenüber dem "Gelben Hans" – so nannte man das Gelbfieber, das im Hinterland der Handelskontore wütete und selbst in den Küstenstützpunkten zahllose Opfer kostete.

Es war auf europäischer Seite genau geregelt, wer wo mit wem Handel treiben durfte. Grundlage der Geschäftsbeziehungen mit Afrika waren sogenannte "Konzessionen", die von den einzelnen Staaten an Handelskompanien vergeben wurden. Zweck jener Aufteilung der afrikanischen Küste in Konzessionsgebiete war die Sicherung größtmöglicher Gewinne. Einer der letzten Direktoren der französischen Senegal-Kompanie, Jean Baptiste Durand, räsonierte 1788 in diesem Sinne: "Was ist die Wirkung der Privilegien? Kaufpreise zu verringern und Verkaufspreise zu erhöhen, also weniger zu geben, um mehr zu bekommen!".

Aufgrund ihrer Privilegien hatten die Handelskompanien praktisch unbegrenzte Machtbefugnisse. Sie schlossen im Namen der europäischen Könige Verträge mit afrikanischen Herrschern ab, hatten eine eigene Gerichtshoheit und waren für alles verantwortlich, was in ihrem Zuständigkeitsbereich an Fragen und Problemen auftauchte. Die Handelskompanien legten damit den Grundstein für die koloniale Beherrschung Afrikas, die später mit der Einsetzung offizieller Gouverneure und Verwaltungsbeamter durch die europäischen Mächte nur einen anderen rechtlichen Rahmen bekommen und gleichzeitig ihren Höhepunkt erlangen sollte. Als die mächtigsten jener Gesellschaften galten vor allem die britische "Royal African Company" und die französische sowie die holländische Westindien-Kompanie. Ihrem Aufbau nach waren sie mit den heutigen Aktiengesellschaften vergleichbar.

Die Güter, die von den Schiffen der Handelskompanien geladen wurden, waren Elfenbein, Holz, Gummi, Wachs, Leder, Palmöl und Gewürze. Zum Teil ging es den Europäern auch darum, für solche Waren einen Ersatz zu bekommen, die zuvor aus Asien eingeführt worden waren; denn der Nachschub von dort hielt wegen der Blockade von Handelswegen durch die Ausdehnung des osmanischen Herrschaftsbereiches mit der Nachfrage nicht mehr Schritt. Bisweilen erhielten die Europäer auch Gold – die Hoffnung, daß irgendwo ein "Peru Afrikas" mit entsprechenden Schätzen vorhanden sei, mußten die Kaufleute freilich begraben. Im Austausch boten die Europäer ihren schwarzen Handelspartnern vor allem Eisenbarren, Branntwein, Textilwaren und bald auch Waffen nebst Munition an. Gleich gewichtig dazu taucht in den zeitgenössischen Ladelisten der Handelsschiffe aber auch eine Menge Ramsch und Plunder auf. Mal waren es "missinge Trompeten, schlechte rote Mützen, runde Hängeschlösser, gläserne Flaschen mit zinnernen Schrauben"; ein andermal "drei Fässer Essig, 50 Ries Papier, 200 blecherne Becken, 20 Dutzend kleine Koffer". Afrika wurde als Absatzmarkt in jedem Fall immer interessanter.

Die Jagd der Europäer auf exotische Produkte und Reichtümer aus Edelmetall war aber nur ein harmloses Vorspiel zu jenem Handel, der das dunkelste Kapitel der afrikanischen Geschichte kennzeichnet: dem Geschäft mit der Ware Mensch. Gemeint ist der Sklavenhandel, als Teil eines Dreiecksunternehmens zwischen Europa, Afrika und Südamerika bzw. Westindien. Der Sklavenhandel löste die größte und schicksalsschwerste Völkerwanderung – als mit Gewalt erzwungene Wanderung – in der Geschichte der Menschheit aus, wie es der britische Historiker Basil Davidson einmal formulierte. Und er stürzte den Kontinent in einen Jahrhunderte andauernden Bürgerkrieg.

Die Europäer entschädigte dieses Geschäft tausendfach dafür, daß es kein "Peru Afrikas" gab. Zwar waren die Handelsschiffe auf der Fahrt im Dreieck durchschnittlich acht Monate lang unterwegs; aber wenn ein Kaufmann seine europäischen Waren an der Küste Afrikas günstig gegen Sklaven eingetauscht hatte, wenn dann die Fracht wohlbehalten nach Martinique oder Jamaica gelangt und dort von Plantagenbesitzern als Arbeitskraft aufgekauft war, wenn schließlich auf der letzten Etappe die Ladung westindischen Zuckers keinen Schaden nahm – dann hatte sich das investierte Kapital zumindest verzehnfacht. Alles fing übrigens ganz bescheiden an, damals im Frühsommer 1518. Zu diesem Zeitpunkt transportierte zum ersten Male ein namenloser portugiesischer Kapitän afrikanische Sklaven von der guineischen Küste direkt zu den karibischen "Zuckerinseln". Es waren nur ein paar Dutzend Neger, denen aber bald Tausende und Abertausende folgten.

Man geht nach neuesten Schätzungen davon aus, daß während der Epoche des transatlantischen Sklavenhandels insgesamt an die zehn Millionen Afrikaner in die "Neue Welt" gebracht wurden. Die Europäer betätigten sich auch bei diesem Geschäft lediglich als Einkäufer, die die Sklaven von einheimischen Zwischenhändlern und Agenten einheimischer Herrscher erwarben. Jene wiederum bezogen ihre "Ware" aus systematischen Menschenjagden oder aus Überfällen auf fremde Stämme; manche Herrscher verkauften sogar ihre eigenen Untertanen. Auf jeden Fall entstand ein schonungsloser Teufelskreis: um sich vor den Sklavenjägern zu schützen, brauchten die Dörfer Waffen, die sie nur bekamen, wenn sie selbst Sklaven fingen und diese bei den Europäern eintauschten. Die Alternative war auf jeden Fall nur die ständige Flucht. Wieviel Afrikaner bei diesen Wanderungen, bei den Sklavenjagden oder beim Transport über den Atlantik umkamen, läßt sich nicht schätzen. In jener Epoche des Sklavenhandels schrumpfte jedenfalls der Anteil der Bevölkerung Afrikas an der Weltbevölkerung von einem Fünftel auf gerade ein Zehntel.

Der Verschleiß an Arbeitskräften aus dem fernen Afrika war in Westindien enorm. Spätestens alle 15 bis 20 Jahre mußte das Arbeiterheer der Neger vollständig ersetzt werden. Danach – so lautete die Kalkulation der europäischen Plantagenbesitzer – war es billiger, neue Sklaven zu kaufen, als die alten, abgearbeiteten Neger weiter zu verköstigen. Genug Nachschub gab es ja – be-

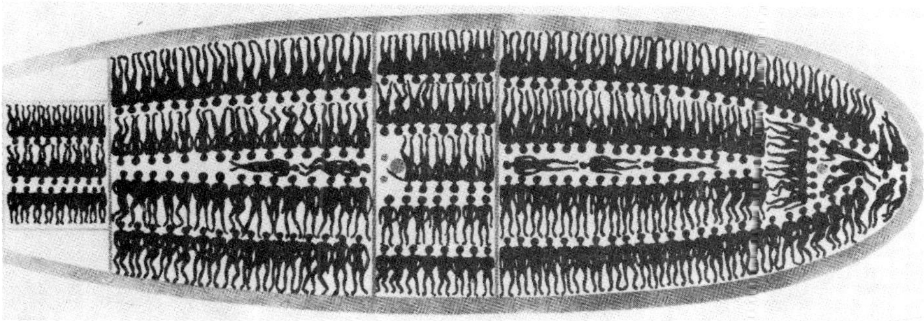

Aufsicht eines Sklavenschiffs. Der Belegungsplan zeigt die völlige Ausnützung des zur Verfügung stehenden Raumes.

Zeitgenössische Darstellung der Zustände auf einem Sklavenschiff. Folterungen und Mißhandlungen der Negersklaven entsprangen vielfach sadistischen Gelüsten.

sonders in der zweiten Hälfte des 18. Jahrhunderts riß die Kette der Schiffe über den Atlantik kaum noch ab. Allein von der französischen Stadt Nantes aus wurden zwischen 1715 und 1775 nachweislich 768 Schiffe auf die Dreiecksroute geschickt.

Sowohl in Europa als auch in Afrika lief das Geschäft über bestimmte, im Laufe der Jahrhunderte an Bedeutung wechselnde Handelszentren. An der Küste des schwarzen Kontinents zählten dazu zum Beispiel die Insel Gorée (Heute Senegal), Ouidah (Benin) oder Luanda (Angola). In Europa waren es Nantes, Le Havre, Bordeaux, Liverpool und Bristol, die dadurch neuen Reichtum und wirtschaftliche Macht erlangten. In einem Memorandum stellte die Handelskammer von Nantes im Jahre 1784 fest: "Der Handel mit Afrika ist für unser Königreich am interessantesten. Er ist die ergiebigste Quelle des Reichtums für unser Land. Der Handel mit Schwarzen ist die Grundlage unserer ganzen Schiffahrt". Jener Reichtum schuf wirtschaftliche Wachstumsimpulse, er begünstigte die Gründung neuer Verarbeitungsbetriebe, die sich später durch entsprechende Erfindungen zu Industrien entwickelten. Die Profite, die mit dem Blut und Schweiß von Millionen Negersklaven verbunden waren, waren eine der vielen Vorbedingungen für die industrielle Revolution in Europa. Diese wiederum schuf neue wirtschaftliche Einnahmequellen, die den Handel mit Arbeitskräften über den Atlantik erübrigten und später eine Abschaffung des Sklavengeschäfts ermöglichten.

Engländer, Franzosen, Portugiesen und Holländer waren mit unterschiedlichem Volumen am Sklavenhandel beteiligt. Daß die Deutschen in dieser Tragödie der Weltgeschichte keine nennenswerte Rolle spielten, ist keinesfalls ihr Verdienst, auch nicht ein Zufall; Hintergrund ist in erster Linie, daß Deutschland wegen seiner geographischen Lage ganz zwangsläufig in seinem Handel mehr innerkontinental ausgerichtet war, und wegen seiner politischen Zergliederung im Gerangel um die Aufteilung überseeischer Einflußbereiche zu wenig Investitionen an Menschen und Kapital in die Waagschale werfen konnte.

In Afrika hatten allein die Preußen nach dem Vorbild der anderen Europäer ihr Glück versucht. Ihr Intermezzo an der Goldküste war der zweite Versuch der Deutschen überhaupt, in Übersee Fuß zu fassen. Davor hatten die Augsburger Handelshäuser der Fugger und Welser in Südamerika dem Traum vom Inka-Gold nachgehangen. "Klein-Venedig" (spanisch: Venezuela) hieß das Siedlungsgebiet, das sich die Welser 1528 mit allen Handelsrechten als Ausgleich für massive Finanzhilfen an den spanischen Hof hatten zusprechen lassen. Ein Jahr später war der Augsburger Ambrosius Ehinger an der Mündung des Orinoco-Flusses gelandet, um als erster für die Welser jenes Land in Besitz zu nehmen. Gold fand er nicht, und das Unternehmen der Schwaben endete kläglich, nachdem die Spanier 1546 in Venezuela deren Vertreter

Bartholomäus Welser und Philipp von Hutten gefangen nahmen und hinrichteten. Aber die Berichte aus Südamerika machten die großen Konkurrenten der Welser, die Fugger, neidisch genug, um ebenfalls in jener Neuen Welt einzusteigen. 1531 bekam Anton Fugger tatsächlich gegen entsprechende Finanzspritzen in die Kriegskasse Karls V. drei Viertel der südamerikanischen Pazifikküste auf einer Breite von 2000 Meilen zugesagt. Das Augsburger Kaufmannsgeschlecht wurde so auf dem Papier mit einem Schlag zur größten privaten Kolonialmacht der Erde. Die Fugger haben sich aber dann doch nicht auf das Abenteuer des Überseehandels eingelassen.

Über eineinhalb Jahrhunderte danach hieß das neue Eldorado für die Europäer, wie gesagt, nicht Südamerika, sondern Afrika. Friedrich Wilhelm, der spätere "Große Kurfürst" von Brandenburg, hat vermutlich in seinen Jugendjahren in Holland die Bedeutung des Handels mit exotischen Waren kennengelernt. Jedenfalls wurde 1647 die Brandenburgische Gesellschaft von Ostindien aus der Taufe gehoben. 1680 entsandte dann der holländische Reeder Benjamin Raule auf Rechnung von Friedrich Wilhelm Schiffe an die Küste von Guinea. Sein Beauftragter, Kapitän Blonck, schloß am 16. Mai 1681 in Accada (heute Ghana) mit drei Häuptlingen Verträge, in denen sich diese verpflichteten, ausschließlich mit den Brandenburgern Geschäfte zu treiben. Jene Kontakte waren die Geschäftsgrundlage für die am 17. März 1682 gegründete Brandenburgisch-Afrikanische Kompanie mit Sitz in Emden und einem Grundkapital von 50.000 Talern. Der Große Kurfürst übertrug ihr für 30 Jahre das Monopol für den Afrikahandel, zeichnete selbst 8000 Taler an dem Unternehmen und beauftragte den frisch gebackenen Kammerjunker und Major Otto Friedrich von der Gröben, mit zwei Schiffen nach Guinea zu fahren.

Gröben, Jahrgang 1657 und ehemaliger Jesuitenschüler, hatte bis dahin schon ein bewegtes Leben hinter sich. Mit 17 Jahren schloß er sich einem preußischen Oberst an, der nach Italien und nach Malta reiste, nahm dann an einem Kaperfeldzug gegen die Türken teil und machte auch eine Pilgerfahrt ins Heilige Land. Seine beiden Fregatten "Churprintz" und "Morian" mit der Zielbestimmung Westafrika waren bis an den Rand beladen: mit Handelswaren, Steinen für den Bau eines Stützpunktes und Geschenken für einheimische Häuptlinge – zum Beispiel Silberbecher mit dem Portrait des Kurfürsten. So segelte Gröben mit zwei Bauingenieuren, zahlreichen Maurern, Tischlern, Zimmerleuten und 40 "guten, gesunden Musketieren" im Gefolge von der Elbmündung aus um Schottland herum und an den Kanarischen Inseln vorbei an die Goldküste, wo er am 1. Januar 1683 beim "Kap der drei Spitzen" (Cape Three Points) landete. Im Namen des Kurfürsten nahm Gröben dieses Gebiet in Besitz, auch wenn von den drei Häuptlingen, mit denen 19 Monate zuvor Kapitän Blonck verhandelt hatte, keiner mehr aufzufinden war. Gröben ließ unter Pauken- und Schalmeienklängen die Flagge der Brandenburger hissen und mit dem Bau eines Forts beginnen. "Groß-Friedrichsburg" war dessen Name, zu Ehren des preußischen Landesherren.

Vier Jahre später ließen sich die Brandenburger vorübergehend noch an der mauretanischen Küste nieder, aber das gesamte Unternehmen Afrika brachte ihnen wenig Glück. 1691 waren in der Bilanz der Kompanie 500.000 Taler Verlust verzeichnet. Es fehlte an neuem Kapital und auch am Interesse, und schließlich begann der Preußenkönig Friedrich Wilhelm I. Verkaufsverhandlungen mit den Holländern über die Besitzungen in Guinea – andere Probleme schienen dem Herrscher dringlicher zu sein als die Kolonialexpansion. 1716 verließ der letzte preußische Kommandant Dubois Groß-Friedrichsburg. Die Geschäfte übergab er dem afrikanischen Häuptling Jan Cunny, der die Festung noch verteidigte, als längst die Holländisch-Westindische Kompanie den Besitz gekauft hatte. Der entsprechende Vertrag ist vom 13. August 1720 datiert. Als Kaufsumme zahlten die Holländer an die Preußen 7200 Dukaten und zwölf Negersklaven, von denen sechs in goldenen Ketten gefesselt übergeben wurden. Genau 200 Jahre sollten seit der Hissung der Brandenburger Fahne durch den Major von Gröben vergehen, bis die Deutschen den nächsten Anlauf im kolonialen Wettlauf in Afrika unternahmen.

Besitzwechsel von Kolonialgebieten gehörten überhaupt zur Tagesordnung an der afrikanischen Küste. Holländer, Franzosen und Engländer stritten sich erbittert um die besten Standorte für ihre Stützpunkte. Die Verteidigung wurde damit zu einer immer kostspieligeren Aufgabe. Insgesamt wuchsen mit der Ausweitung des Handels die nicht-kommerziellen Verpflichtungen, die die Handelskompanien in ihren Konzessionsgebieten eingegangen waren – alles Belastungen, durch die sich diese Gesellschaften allmählich überfordert sahen und die dem Interesse der Aktionäre nach einem schnellen Gewinn zuwider liefen. So entstand der Ruf nach einer Rückendeckung durch den Staat: das Handelskapital bat den Staat um die unmittelbare Übernahme der territorialen Hoheit und Verantwortung.

Am 12. September 1763 trat Poncet de la Rivière, zuvor Kommandant einer Freiwilligen-Kompanie in Indien, im Gefolge von 126 Soldaten sowie 74 weiteren Bediensteten auf der kleinen Sklavenhandels-Insel Gorée vor der Westspitze des Kontinents als erster Gouverneur Frankreichs seinen Dienst an. Er war der erste von insgesamt 77 Gouverneuren, die bis zur Gründung der Föderation Französisch-Westafrika im Jahre 1895 teils offiziell, teils provisorisch diesen Posten in Senegal verwalteten. T. P. Thompson hieß der erste von der britischen Krone ernannte Gouverneur an der westafrikanischen Küste. Bei den Briten übernahm der Staat freilich erst mit erheblicher zeitlicher Verzögerung die Verantwortung. Sierra Leone war der Sitz Thompsons:

das "Löwengebirge", das seit 1787 freigelassenen Negersklaven als neue Heimat offen stand und das seit 1791 ein "Superintendent" verwaltet hatte, wurde per Gesetz vom 8. August 1807 von der zuständigen Handelsgesellschaft an "Seine Majestät, Seine Erben und Nachfolger" übergeben. 1821 wurden der dortigen Verwaltung auch vorübergehend Gambia und die Goldküste unterstellt.

Bei Thompsons Amtsantritt stand im übrigen längst fest: die bisherigen Handelsbeziehungen zwischen Europa und Westafrika kamen zu einem ziemlich abrupten Ende. Der politische Erfolg der philantropischen Bewegung gegen den Sklavenhandel, die von Großbritannien ausgegangen war, zerstörte aus der Sicht der Handelsunternehmen die Grundlage aller Geschäfte. Verlassene Kontore kennzeichneten somit zu Anfang des 19. Jahrhunderts das Bild an der afrikanischen Küste. Die Suche nach neuen Ausbeutungs- bzw. Verwendungsmöglichkeiten der Einflußzonen, die das profitable Geschäft mit der Ware Mensch zu ersetzen vermochten – das war die schwierige Aufgabe, vor der sich die kolonialen Verwaltungen Frankreichs und Großbritanniens unvermittelt gestellt sahen. Typisch ist in diesem Sinne die Dienstanweisung, die der französische Gouverneur Schmaltz 1816 aus Paris erhielt: "Die Abschaffung des Negerhandels hat den Stützpunkten fast alle Bedeutung genommen, die sie einmal hatten. Dies soll für den Colonel Schmaltz das Motiv dafür sein, alle Gelegenheiten zu nutzen, um in Erfahrung zu bringen und dem Marineministerium mitzuteilen, welche andere Arten des Handels dem nachfolgen könnten . . .". Das Ergebnis der staatlichen Bemühungen war die wirtschaftliche Neuorientierung bei der landwirtschaftlichen Produktion Afrikas – die Einführung von Export-Monokulturen, von denen der Erdnußanbau in Senegal als Paradebeispiel gelten kann. Diese Neuorientierung machte für die Europäer auch (unter dem Vorwand der "Befriedung") ein Vordringen von der Küste ins Landesinnere notwendig.

Diese Neuorientierung lenkte nun auch die Aufmerksamkeit auf Ostafrika, wo sich bis zum 18. Jahrhundert nur die Portugiesen nachhaltig hatten festsetzen können. Für eine Einbeziehung in den transatlantischen Sklavenhandel waren diese Küsten zu weit abseits gelegen. Sie hatten für die Europäer bis dahin weder einen kommerziellen Nutzen noch einen strategischen Wert gehabt. Eng angebunden an den arabisch-islamischen Herrschaftsbereich, war Ostafrika in seinem Handel eher nach Indien und bis hin nach China ausgerichtet gewesen. Ein Meilenstein bei den Beziehungen zu Europa war es da schon, als 1840 der Sultan von Zanzibar, mächtigster Herrscher an jener Küste, einen britischen Konsul in seinem Territorium duldete – nachdem vier Jahre zuvor bereits ein amerikanischer Konsul hier als erster weißer Diplomat seine Residenz aufgeschlagen hatte.

Die Dramaturgie der Kontakte zwischen Europa und Westafrika unterschied sich auch gründlich von der kolonialen Expansion im südlichen Teil des Kontinents, der heute wegen seiner Herrschaftsform, die sich auf die Tradition einer europäischen Ansiedlung beruft, als "weißes Afrika" bezeichnet wird. Jan Van Riebeeck hieß der Mann, auf den diese Tradition zurückzuführen ist. Dieser warf nach einer Reise von drei Monaten und 13 Tagen am 6. April 1652 vor dem Tafelberg an der Südspitze Afrikas Anker. Er kam mit drei Schiffen, voran dem 200-Tonnen-Segler Dromaderis, im Auftrag der Niederländisch-Ostindischen Aktiengesellschaft, um hier eine befestigte Versorgungsstation für Fahrten nach Ostindien anzulegen. Von den 200 Mitreisenden war die Hälfte dafür ausersehen, in Afrika zu bleiben.

Riebeeck baute ein Fort mit Krankenhaus und Unterkünften. Fünf Jahre nach seiner Ankunft fiel dann die eigentlich erst folgenschwere Entscheidung: die ersten europäischen Bauern erhielten für die Dauer von 20 Jahren "Konzessionen" für die Bebauung von Land. Die Holländer begannen, sich in Afrika ein neues "Vaterland" zu erschließen und den ansässigen Eingeborenenstamm, dem sie den Namen Hottentotten gaben, zu vertreiben. 1688 kam es zur ersten Massenansiedlung von Kolonialisten fremder Nationalität in dem Land – es waren sieben Schiffe, vollgestopft mit französischen Protestanten, den Hugenotten. Diese waren aus ihrer Heimat geflüchtet, nachdem das Edikt von Nantes aus dem Jahre 1598, das ihnen die freie Religionsausübung gestattet hatte, vom französischen König Ludwig XIV. aufgehoben worden war. Insgesamt lebten um 1700 knapp 2000 Siedlerfamilien in der Nähe des Kaps. Die Kolonie hatte sich von dem begrenzten Zweck, den ihr die Ostindienkompanie zugedacht hatte, entfernt und verselbständigte sich immer mehr.

Die weißen Bauern, die unter ihrem holländischen Namen als Buren in die Geschichte eingingen, zogen mit ihren Wagenkolonnen, den Treks, eine lange und blutige Spur ins Innere des Landes, dem ganze afrikanische Dörfer und Stämme zum Opfer fielen. Sie standen dabei allerdings in Konflikt mit dem holländischen Gouverneur am Kap. Der Vorstoß gewann neue Dimensionen, nachdem im Verlauf der Napoleonischen Kriege Holland von den Franzosen besetzt wurde und Großbritannien die territoriale Hoheit über die einst niederländische Kapkolonie an sich riß. Im "Großen Trek" zogen rund 15.000 Buren mit ihren Ochsenkarren zwischen den Jahren 1835 und 1838 über den Oranjefluß, die Grenze der Kapkolonie, nach Norden und schützten sich unterwegs mit ihren legendären Wagenburgen.

Die Trekburen gründeten am Ziel ihrer Reise die Republiken Natal, Transvaal und Oranje-Freistaat, die mehr durch märchenhafte Diamantenfunde als durch die unmenschliche Behandlung der schwarzen Bevölkerung das Interesse der Weltöffentlichkeit auf sich zogen. Die folgenden Auseinandersetzun-

Buren mit ihren Herden auf der Suche nach Weideland in Transvaal 1881.

gen mit der britischen Kolonialmacht im Süden, die im sogenannten Burenkrieg 1899 bis 1902 ihren Höhepunkt erreichten, sollten erst mit der Gründung der Südafrikanischen Republik im Jahr 1910 enden.

Parallel zur Geschichte der Inbesitznahme und Einsetzung europäischer Verwaltungen in Afrika verläuft die Geschichte einer Welle von "Entdeckungen". Mungo Park, Hugh Clapperton, Richard Lander, David Livingstone, John Rowlands alias Henry Morton Stanley, Gordon Laing, René Caillié – das sind nur einige der berühmtesten Reisenden, die das geheimnisvolle Innere des Kontinents für Europa erschlossen und sich dadurch einen sicheren Platz in den Geschichtsbüchern erwarben. Einer der gefeiertsten Forscher ist der Deutsche Heinrich Barth, der die Randgebiete zwischen Sudan und Sahara durchstreifte. Der geborene Hamburger war eigentlich Philologe und Privatdozent in Berlin gewesen, bevor er sich, 28jährig, 1849 einer britischen Expedition in Tripolis anschloß. Von den sechs Jahren, die Barth unterwegs war, verbrachte er acht Monate in der sagenumwobenen Stadt Timbuktu. Bekannt ist auch Georg Schweinfurth, der sich besonders bei der Erforschung des oberen Nils Verdienste erwarb. Oder Gerhard Rohlfs, der zwischen 1860 und

1885 in Marokko, Libyen, dem Negerreich Bornu, Äthiopien ebenso wie in Zanzibar seine Spuren hinterließ. Schließlich gehört in den exklusiven Kreis der bedeutendsten Entdecker der Militärarzt Gustav Nachtigal.

Andere Entdeckernamen sind fast vergessen. Das trifft wohl auch auf die beiden Württemberger Ludwig Krapf und Johannes Rebmann zu, die immerhin 1848 als erste Europäer den "Berg des bösen Geistes" erblickten – so heißt der höchste Berg Afrikas, der Kilimandscharo, in der deutschen Übersetzung. Krapf und Rebmann waren Missionare und hatten keinen Ruhm im Sinn, sondern wollten nur einen Weg zu ihrem gemeinsamen Einsatzgebiet in Äthiopien von Zanzibar aus finden. Neben dem Kilimandscharo "entdeckten" sie dabei noch den Mount Kenya, als sie mit Empfehlungsschreiben des Sultans von Zanzibar ins Landesinnere vorstießen. Insgesamt blieb – im Gegensatz zu anderen Gebieten – der Anteil der Missionare an der Kolonialgeschichte des schwarzen Afrika jedoch gering. Erst ab den 40er Jahren des 19. Jahrhunderts bemühten sich Mönche, Priester und Laienbrüder zum Beispiel aus Bremen oder aus Basel, den christlichen Glauben von der Küste des Golfs von Guinea aus landeinwärts zu verbreiten.

Kaum mehr bekannt sind heute der Krefelder Eduard Vogel und der Hamburger Adolf Overweg, die wie Barth für die britische Regierung nach Zentralafrika gingen und einige Zeit auch Begleiter Barths waren. Oder Friedrich Konrad Hornemann aus Hildesheim, einer der frühesten Afrikareisenden überhaupt, der schon um das Jahr 1800 von Kairo aus über Tripolis durch die Sahara bis tief ins heutige Nigeria gelangte. Martin Heinrich Lichtenstein, der spätere Gründer des Berliner Zoos, wanderte 1803 bis 1806 durch das südliche Afrika. Der Vogelkundler Theodor von Heuglin gehört in die Liste der deutschen Afrikaforscher, ebenso der Entdecker der rätselhaften Ruinen von Simbabwe, der Lehrer Karl Mauch. Karl Klaus von der Decken, Otto Kersten, Richard Brenner, Hermann von Wissmann, Ludwig Wolf, Kurt von Francois und wie sie alle hießen: irgendwo in Afrika erhoben alle diese Männer einmal den Anspruch, die ersten Weißen gewesen zu sein. Die meisten von ihnen sind, wie gesagt, inzwischen vergessen. Einen festen Platz in den Geschichtsbüchern haben andere eingenommen: Zum Beispiel ein Kaufmann namens Lüderitz.

Kapitel 2
Deutschlands Weg zur Kolonialmacht

2.1 Die Initiative Adolf Lüderitz': SÜDWESTAFRIKA

Angra Pequena: ein Name wie aus einem Fremdenverkehrsprospekt. Und tatsächlich bietet diese Bucht an der Südwestküste Afrikas zwei der Dinge, die Urlauber so sehnsüchtig suchen: riesige Sandstrände und nahezu 365 Tage ohne Regen. Aber Angra Pequena könnte heute ebensowenig sonnenhungrige Touristen anlocken wie vor 100 Jahren. Die Küste Südwestafrikas gehört zweifellos zu den trostlosesten Gegenden unseres Planeten: Die Sandstrände gehen in eine gleichfarbige, baum- und strauchlose Wüste über, in der es meilenweit nicht einmal ein Wasserloch gibt. Und der Südatlantik lädt auch nicht zum Baden ein: Der vorbeiziehende Benguelastrom ist bitter kalt, und so verhüllen immer wieder dichte Nebelbänke die Felseninseln, die der Bucht vorgelagert sind.

Die Portugiesen, die bei ihren Umsegelungen der Südspitze Afrikas als erste Europäer vorbeikamen, hinterließen hier auch nicht mehr als den Namen Angra Pequena und segelten rasch nach Süden weiter. Die halbverhungerten Buschmannsfamilien, die ab und zu am Strand Muscheln und Vogeleier sammelten, konnten auch wenig für einen gewinnbringenden Handel anbieten.

Die Seevögel und Robben, von der fischreichen kalten Strömung angelockt, brachten dann im 19. Jahrhundert doch einige Weiße nach Angra Pequena. Robbenschläger errichteten auf den Inseln Behelfsunterkünfte für die Jagdsaison, und ein englischer Händler begann, den Guano der Vögel abzubauen. Diese bescheidenen Aktivitäten genügten freilich nicht, in irgendeiner europäischen Hauptstadt Interesse für den öden Landstrich zu wecken. Angra Pequena dämmerte im Schatten der Weltpolitik dahin.

Das änderte sich erst, als am 10. April 1883 ein Schoner unter der Flagge des Bremer Handelshauses Lüderitz in die Bucht segelte. Zu seiner Ladung gehörten Bauteile für einfache Blockhäuser, die rasch auf der kargen Strandfläche errichtet wurden. Die neuen Bewohner Angra Pequenas, vier junge Deutsche, denen sich bald einige Buschmänner als Diener und Handlanger anschlossen, entwickelten eine fieberhafte Reise- und Forschungstätigkeit. Die Robbenschläger und der Guanohändler beobachteten die neue Nachbarschaft mit gemischten Gefühlen: Das Eindringen von Fremden war ihnen reichlich suspekt, aber was wollten die denn aus dieser Wüste herausholen? Die kleine Siedlung würde wohl so rasch wieder verschwinden wie sie entstanden war . . .

Doch am 6. August 1884 segelten plötzlich zwei gedeckte Korvetten der Kaiserlichen Deutschen Kriegsmarine, SMS "Elisabeth" und SMS "Leipzig", in die einsame Bucht. Am nächsten Morgen, gleich nach Tagesanbruch, wurden die Beiboote der beiden Schiffe zu Wasser gelassen; nahezu die gesamten Besatzungen kletterten von Bord, und dann schossen die Boote auf die Küste zu. Sie kamen nicht weit, knirschend liefen die Boote auf dem flachen Sandstrand auf. Und so bot sich den Bewohnern von Angra Pequena, den vier Deutschen und ihren einheimischen Gehilfen, ein merkwürdiges Bild: Kräftige Matrosen zogen Schuhe und Strümpfe aus und trugen die Offiziere in ihren schmucken Uniformen huckepack durch das flache Wasser. Ebenso brachten die Mitglieder der Bordkapelle ihre Instrumente aufs Trockene, und so konnte sich bald die gesamte Truppe unter schmetternden Marschklängen in Bewegung setzen. Sie zogen einen kleinen Hügel hinauf, der die Bucht überragte und auf dem schon ein Flaggenmast bereitstand. Oben angekommen, entfaltete Kapitän Herig, der Kommandant der "Leipzig", ein Dokument und verlas die folgende Erklärung:

"Seine Majestät der Kaiser haben mir befohlen, mit der gedeckten Korvette 'Elisabeth' nach Angra Pequena zu gehen, um das dem Herrn Adolf Lüderitz gehörige Territorium an der Westküste Afrikas unter den direkten Schutz Sr. Majestät zu stellen. Das Territorium des Herrn Lüderitz wird nach der amtlichen Mitteilung als sich erstreckend von dem Nordufer des Oranjeflusses bis zu 26 Grad Südbreite, 20 geographische Meilen landeinwärts angenommen, einschließlich der nach dem Völkerrecht dazugehörigen Inseln.

Indem ich diesen allerhöchsten Auftrag zur Ausführung bringe, hisse ich hiermit als äußeres Zeichen die kaiserliche deutsche Flagge, stelle somit das erwähnte Territorium unter den Schutz und die Oberherrlichkeit Sr. Majestät des Kaisers Wilhelm und fordere die Anwesenden auf, mit mir einzustimmen in ein dreifaches Hoch – Seine Majestät Kaiser Wilhelm I. lebe hoch!

Schering, Kapt. z. S., Kommandant SMS 'Elisabeth'"

(Schering war erkrankt, und so vollzog sein Kollege den historischen Akt.)

Dann stieg am Fahnenmast die schwarz-weiß-rote Reichsflagge empor, die

Skizze eines Augenzeugen von der Flaggenhissung in Angra Pequena am 7. August 1884. Im Hintergrund sind die Fregatten "Elisabeth" und "Leipzig" zu sehen.

Schiffe in der Bucht donnerten 21 Salven Salut, und alle Anwesenden fielen in die Kaiserhymne ein: "Heil Dir im Siegerkranz, Heil Kaiser Dir . . .!"

Die Hauptperson fehlte freilich bei diesem feierlichen Akt: Adolf Lüderitz, der Eigentümer von 45.000 Quadratkilometern Land in Südwestafrika, befand sich zu dieser Zeit in Deutschland, um Mittel und Interesse für die Neuerwerbung zu sammeln. Adolf Lüderitz wurde am 16. Juli 1834 in Bremen als Sohn eines Tabakgroßhändlers geboren. Nach der Lehrzeit ging er 1854 nach Amerika, wo er den örtlichen Tabakhandel studieren wollte. Das Leben in Übersee zog ihn rasch in seinen Bann, er versuchte, als Farmer und Viehzüchter in Mexiko zu Wohlstand zu kommen. Aber eine der vielen Revolutionen dort rollte auch über Lüderitz' Besitz hinweg; arm und krank kehrte er 1859 nach Bremen zurück.

Die Heirat mit einer vermögenden jungen Dame versöhnte ihn schließlich wieder mit seinem Vater, nach dessem Tod Adolf 1878 die Führung des Familienunternehmens ergriff. Als Chef eines bedeutenden Tabakhandelshauses sah sich Lüderitz von den Plänen der Reichregierung bedroht, ein staatliches

Tabakmonopol einzurichten, und er begann, sich nach neuen Geschäftsgebieten umzusehen. Andere Bremer Handelshäuser unterhielten an der Westküste Afrikas Faktoreien, und Lüderitz konnte sich an einer Niederlassung in Lagos in Nigeria, damals "Sklavenküste" genannt, beteiligen. Hier mußte er aber bald erfahren, daß deutsche Kaufleute im britischen Einflußbereich wenig Erfolgschancen besaßen, und er begann, die Karte Afrikas nach "weißen Flekken" abzusuchen.

1882 traf Lüderitz den 20jährigen Bremer Kaufmannsgehilfen Heinrich Vogelsang, der den Süden Afrikas schon bereist hatte, und den stellungslosen Kapitän Karl Timpe, der ebenfalls einige Afrikaerfahrungen besaß. Nach langen und hitzigen Diskussionen einigten sich die drei Männer schließlich darauf, daß Timpe und Vogelsang mit einem Schoner Lüderitz' nach Südafrika fahren sollten, um an der Südwestküste von Eingeborenen Land zu erwerben und dort eine Faktorei zu errichten. Die Entscheidung für den Südwesten hatte verschiedene Gründe: Zum einen erhob für den langen Küstenstreifen zwischen der britischen Kapkolonie und dem portugiesischen Angola keine Großmacht Hoheitsansprüche. Desweiteren hatte Timpe das Klima im Bergland als durchaus erträglich für Europäer geschildert, was Lüderitz' Plänen für eine Siedlungskolonie entgegenkam, und außerdem hoffte man dort auf landsmännische Unterstützung: Seit 1829 war die Rheinische Missionsgesellschaft unter den Eingeborenenstämmen tätig, Lüderitz erwartete von den Missionaren Hilfe bei der Anknüpfung von Kontakten und Informationen über das Land. Denn welche Handelsgüter man bei den armen Hirten erwerben konnte, war höchst unklar.

Tatsächlich traf Vogelsang in Kapstadt einen deutschen Missionar, der ihm Hoffnungen auf Kupfer und andere Edelmetalle machte. Die Handelsaussichten beurteilte auch er skeptisch, doch Vogelsang könnte versuchen, dem Hottentottenhäuptling Joseph Fredericks den Hafen von Angra Pequena abzukaufen, auf den noch niemand Anspruch erhoben hatte.

Am 10. April 1883 lief also der Schoner in Angra Pequena ein. Mühsam mußten Vogelsang und seine Kollegen die Fracht durch das flache Wasser an Land schleppen, ehe sie sich ein erstes Quartier errichten konnten. Vogelsang verlor nicht viel Zeit damit, sich häuslich einzurichten. Er sandte einen Buschmann zur 1814 gegründeten Missionsstation Bethanien, die gleichzeitig das Hauptquartier des Hottentottenhäuptlings Joseph Fredericks war, und bat um Pferde.

Am 30. April erreichte Vogelsang Bethanien, machte seinen Antrittsbesuch bei Joseph Fredericks und konnte schon am nächsten Tag die Bucht von Angra Pequena mit 5 Meilen Hinterland für 100 Pfund in Gold und 200 Gewehre kaufen. Im August schloß Vogelsang einen weiteren Vertrag mit den

Hottentotten, durch den ihm der erwähnte breite Küstenstreifen überlassen wurde, für weitere 500 Pfund und 60 Gewehre.

Für die armen Hirten war das eine hübsche Summe und eine beträchtliche militärische Stärkung, und doch waren sie über's Ohr gehauen worden: Vogelsang dachte in deutschen geographischen Meilen (7,4 Kilometer) und vermerkte dies auch im Vertragstext, doch Joseph Fredericks kannte natürlich nur die englische Meile (1,6 Kilometer). Der Häuptling glaubte, einen für ihn und sein Volk wertlosen Wüstenstrich teuer verkauft zu haben, während er in Wirklichkeit fast das gesamte Weideland seines Stammes verschleudert hatte. Vogelsang kamen später selbst Bedenken wegen dieses "Mißverständnisses", doch Lüderitz beschwor ihn, Fredericks im falschen Glauben zu belassen.

Lüderitz besaß nun also nicht nur die extrem trockene Namib-Wüste an der Küste, sondern auch Teile des bis zu 2000 Meter ansteigenden Hochlands. Auch im Bergland fallen Niederschläge höchst unregelmäßig, doch es gibt dort zahlreiche Wasserstellen, sogar Flüsse, so daß extensive Viehwirtschaft und, bei künstlicher Bewässerung, auch Ackerbau möglich sind. Weiter nach Osten fällt das Bergland in die ausgedehnte, ebenfalls sehr trockene Kalahari-Wüste ab. Die Wüsten Namib und Kalahari waren und sind das letzte Rückzugsgebiet der Buschmänner, Nachfahren der Ureinwohner des Landes, die praktisch noch auf der Stufe der Steinzeit als Jäger und Sammler von Kleintieren und Wurzeln leben.

Aussehen und Sprache weisen die Hottentotten als Verwandte der Buschmänner aus. Allerdings hatte dieses Volk eine sehr viel höhere Kulturstufe erreicht: diese "Namas" kannten Viehzucht und einfachen Ackerbau und verstanden es so, die dürftigen Quellen ihres Landes voll auszuschöpfen. Aber die Hottentotten mußten nicht nur gegen die Natur kämpfen: Hatten sie einst das gesamte Südafrika beherrscht, so waren sie seit dem 16. Jahrhundert von eindringenden Bantunegerstämmen immer weiter zurückgedrängt worden. Das Nama-Land in den Bergen Südwestafrikas war um 1880 ihre letzte Bastion. Ihnen entgegen standen im Damara-Land des Nordens die Herero als vorderste Spitze der Bantu-Wanderung. Viehzüchter waren sie beide, und so tobte in den Bergen hinter Angra Pequena ein erbitterter Kleinkrieg um Weideplätze und Wasserstellen, den auch das Wirken der Missionare bei beiden Völkern nur wenig hatte mildern können.

Mit dem Landkauf waren Lüderitz und seine Leute sofort in diese Auseinandersetzungen verwickelt, zumal sie, zumindest in den Augen der Herero, durch den Vertrag mit Joseph Fredericks eindeutig Partei für die Hottentotten bezogen hatten, vor allem durch den Kaufpreis in Form von Gewehren. Um diesem schlechten Eindruck gegenzusteuern, begab sich Vogelsang auch bald nach Okahandja, dem Sitz des Häuptlings Kamaherero, um mit ihm einen ähnlichen Vertrag abzuschließen. Wider Erwarten kam Vogelsang von dieser Reise lebend zurück, freilich auch ohne Vertrag. Wenigstens konnte er Kamaherero so freundlich stimmen, daß die prekäre Situation der Ansiedlung noch nicht durch neue Kämpfe erschüttert wurde.

Während Vogelsang Kopf und Kragen riskierte, bemühte sich Lüderitz in Deutschland, den Schutz des Reichs für sein Unternehmen zu gewinnen. Die plötzlichen Aktivitäten rund um Angra Pequena waren natürlich den Briten in der Kapkolonie nicht verborgen geblieben, Politiker und Händler entdeckten plötzlich ihr Interesse für das so lange vernachlässigte Land. Allerdings, die Entscheidungen konnten nicht in Kapstadt getroffen werden, sie mußten in London fallen, und dort sah man die Frage von Einfluß und Souveränität mit nüchterner Distanz und unter gesamtpolitischen Aspekten.

Auf Drängen von Lüderitz hatte das Auswärtige Amt schon Anfang 1883 in London angefragt, ob die Britische Regierung den Schutz von deutschen Ansiedlern in Südwestafrika übernehmen würde. Eine klare Antwort ließ auf sich warten – London ließ sich weder ein "Ja", das allen deutschen Kolonialplänen dort einen Riegel vorgeschoben hätte, noch das "Nein" abringen, das den Deutschen freie Hand gegeben hätte. Das erfolgreiche Wirken Vogelsangs als Landkäufer ließ diese theoretische Frage akut werden. Im August erschien Lüderitz persönlich in Berlin, legte den Kaufvertrag von Bethanien vor und bat um den Schutz des Reichs. Der überrumpelte Referent versicherte Lüderitz, daß sein privater Besitz in Übersee selbstverständlich auf den üblichen Schutz rechnen könne, wies ihn aber auch nachdrücklich darauf hin, daß er sein Land keinesfalls als deutsches Hoheitsgebiet ausweisen dürfe. Inzwischen ließ Vogelsang aber schon die Reichsflagge in Angra Pequena flattern . . .

Sollten sich die Diplomaten weiterhin den Kopf zerbrechen – Lüderitz wollte zunächst sein Territorium persönlich in Augenschein nehmen.

Am 13. September 1883 traf er an dem Ort ein, der später einmal "Lüderitzbucht" heißen sollte. Als erstes fiel sein Blick auf die britische Flagge, die der Guanohändler aufgezogen hatte. Lüderitz ließ das Ärgernis kurzerhand umhauen. Dann brach er nach Bethanien auf, wo er von Joseph Fredericks freundlich empfangen wurde, zumal es Lüderitz peinlichst vermied, die Frage nach den "Meilen" anzuschneiden. Der Hottentotte schenkte dem Deutschen sogar ein fruchtbares Stück Ackerland; Lüderitz revanchierte sich mit einer schmucken Husarenuniform, die der Häuptling stolz spazierentrug. Lüderitz' Hoffnungen, mit anderen Häuptlingen weitere Verträge abzuschließen, zerschlugen sich freilich, da die Hottentotten wieder einmal zu einem Kriegszug gegen die Hereros rüsteten.

Nachdem er für einen weiteren Ausbau der Siedlung in Angra Pequena gesorgt, allerdings vergeblich nach einer Trinkwasserquelle gesucht hatte, kehrte Lüderitz im März 1884 nach Deutschland zurück. Dort war inzwischen, von der Presse und vom Kolonialverein kräftig geschürt, das Kolonialfieber ausgebrochen. Lüderitz konnte also hoffen, in Berlin und bei Bismarck persönlich offenere Ohren für sein Anliegen zu finden, endlich für klare staatsrechtliche Verhältnisse zu sorgen. Am 1. Mai 1884 legte er dem Auswärtigen Amt eine Eingabe vor, in der er um die Ausstellung eines Schutzbriefs des Reichs für seinen Besitz bat. Darin stellte Lüderitz nochmals nachdrücklich fest, daß er keine Reichskolonie gründen wolle, sondern daß die Verwaltung einzig in den Händen einer Handelsgesellschaft liegen würde, womit er Bismarcks Vorstellungen von Kolonialpolitik weitgehend entsprach. Die internationale Vertretung des Territoriums sollte allerdings durch das Reich geschehen, wie auch für alle Weißen dort deutsches Recht gelten sollte. Zur Durchführung dieses Schutzvertrags bat Lüderitz um die Entsendung von Kriegsschiffen, die die deutsche Flagge hissen sollten, und eines Konsuls, der Schutzverträge mit den Eingeborenen abschließen konnte.

Nachdem aus London noch immer keine klaren Stellungnahmen zu bekommen waren, hatte Bismarck schon am 24. April 1884 das folgende Telegramm an den deutschen Konsul in Kapstadt abgeschickt, das den eigentlichen Beginn des deutschen Kolonialreichs bedeutete:

"Nach Mitteilungen des Herrn Lüderitz bezweifeln die Kolonialbehörden, ob seine Erwerbungen nördlich des Oranje Anspruch auf deutschen Schutz haben. Sie wollen amtlich erklären, daß er und seine Niederlassungen unter dem Schutz des Deutschen Reiches stehen."

Nach den langen Jahren des Zögerns handelte die Reichsregierung nun sehr rasch. Der Afrikaforscher Dr. Gustav Nachtigal wurde zum deutschen Generalkonsul für Afrika ernannt und stach mit SMS "Möwe" in See, um für die Ansprüche deutscher Bürger in Afrika Flagge zu zeigen. Da er hierzu aber geographisch der Reihe nach vorgehen wollte und zuerst Togo und Kamerun anlief, wurden die "Elisabeth" und die "Leipzig" vorsichtshalber direkt nach Angra Pequena geschickt, wo es dann am 7. August zu der eingangs beschriebenen Flaggenhissung kam.

Nachtigal traf erst im Oktober in Südwestafrika ein und trat nun seinerseits die mühselige Reise in die Berge nach Bethanien an – sein Kommentar: "Welch eine Steinwüste haben wir uns da aufreden lassen!" Immerhin wurde er in Bethanien von Joseph Fredericks freundlich empfangen, freilich auch gleich mit der Frage nach der Interpretation von Meilen konfrontiert. Nachtigal verwies die Hottentotten an Lüderitz und konnte am 28. Oktober den "Schutz- und Freundschaftsvertrag zwischen dem Deutschen Reich und Bethanien" unterzeichnen lassen.

Wie sahen diese Schutzverträge aus, die von Vertretern des Reichs mit den Häuptlingen abgeschlossen wurden? Das Reich verpflichtete sich darin zur äußeren Verteidigung des Stammesgebiets und zur internationalen Repräsentation seiner Interessen. Die Häuptlinge versprachen dafür den Schutz von Person und Eigentum deutscher Staatsangehöriger und sicherten ihnen freie Bewegung, Ansiedlung und Handel zu. Die Landrechte wurden nicht an das Reich abgetreten; Privatpersonen, die sich niederlassen wollten, mußten, ähnlich wie es Lüderitz getan hatte, von den einheimischen Besitzern das Land kaufen. Die freie Ansiedlung von Weißen war nur in den "stammesfreien" Gebieten möglich. Erst später wurden, im Gefolge der großen Aufstände, Stammesgebiete kurzerhand eingezogen und unter direkte Reichsverwaltung gestellt. Immerhin verpflichteten sich die Häuptlinge auch, kein Land an Nicht-Deutsche zu veräußern, ohne dafür die Einwilligung der Reichsregierung einzuholen. Dafür versprach das Reich, dafür zu sorgen, daß die Europäer die lokale Rechtstradition achteten, und übernahm die Rechtspflege zwischen den Weißen.

Diese Herbstmonate des Jahres 1884 stellten zweifellos den Höhepunkt im Leben Adolf Lüderitz' dar. Er sprühte von Unternehmungslust und konnte auch in den folgenden Monaten, gemeinsam mit Vogelsang, weitere Verträge mit verschiedenen Hottentottenhäuptlingen abschließen. Die Hereros blieben freilich unzugänglich, und die Waffen im Weidekrieg wollten nicht schweigen. Und auch über den sicheren Besitz des Hauses Lüderitz fielen erste Schatten: Der Chef hatte mehrere geologische Expeditionen ausgesandt, die endlich die erhofften Mineralien entdecken sollten. Doch alles, was die Geologen herbeischafften, war eine Vergrößerung des Defizits, das die Handelsstationen zwischen der Küste und Bethanien erwirtschafteten – mit den Buschmännern und Hottentotten ließen sich keine gewinnbringenden Geschäfte machen. Als dann auch noch ein Schiff mit wichtigen Nachschub- und Handelsgütern bei der Einfahrt nach Angra Pequena unterging, stand die Firma Lüderitz vor dem Ruin. Lüderitz suchte nun verzweifelt nach Geldgebern, konnte aber nur bitter kommentieren: "Interesse zeigen die Leute für mein Unternehmen, aber durch Geldmittel es zu unterstützen, fällt keinem ein!"

Die Finanzlage seines Hauses wurde immer prekärer, und Lüderitz mußte einsehen, daß er auf eine Kapitalbeteiligung nicht hoffen durfte: Die einzige Sicherheit, die er bieten konnte, waren seine Besitzrechte. Er mußte sich also davon trennen, aber auch dieses Angebot ließ die Gelder noch nicht fließen. Erst als Lüderitz durchsickern ließ, daß ihm von englischer Seite ein Kaufangebot vorlag, kam es im März 1885 zur Gründung der "Deutschen Kolonialgesellschaft für Südwestafrika", die bereit war, Lüderitz' Rechte zu übernehmen. Um dafür von diversen Banken die notwendigen Mittel zu erhalten,

DEUTSCH – SÜDWESTAFRIKA

Fläche: 835 000 qkm Einwohner: ca. 300 Tausend

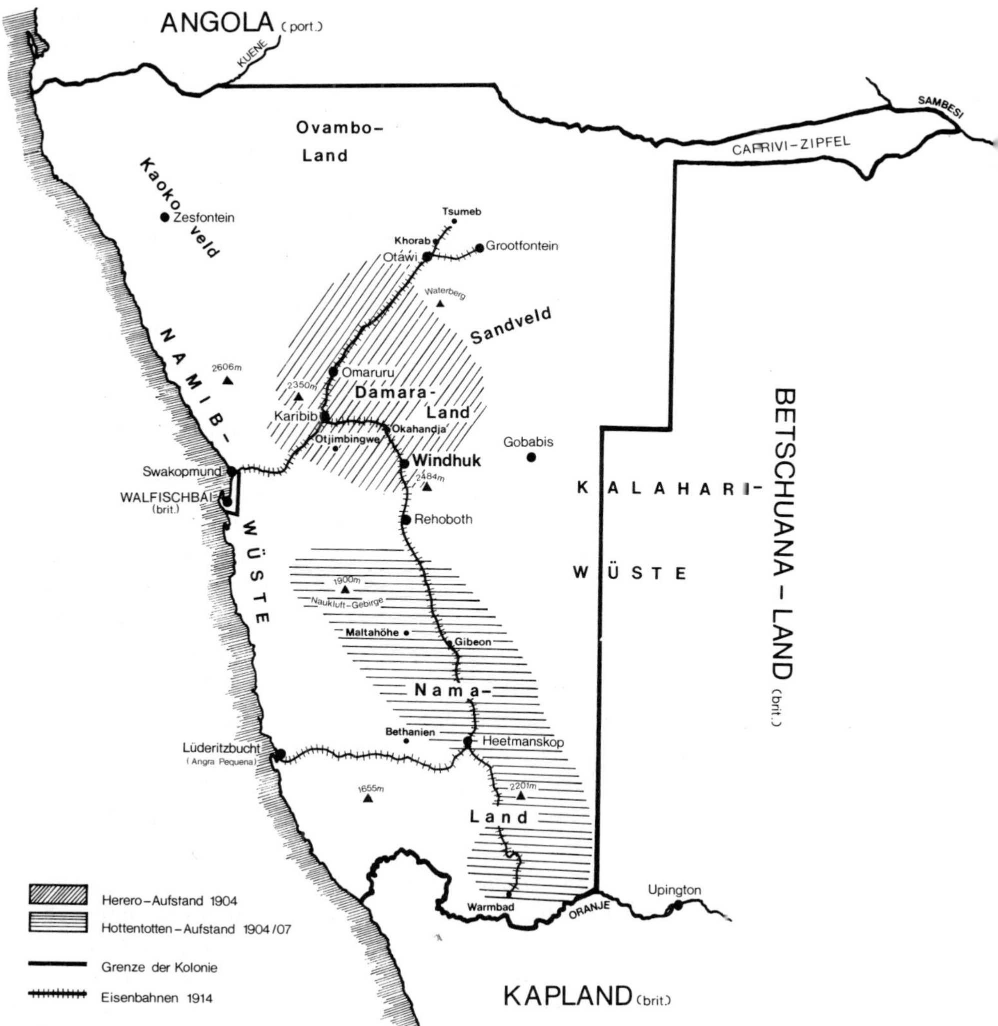

mußte Lüderitz eine höchst optimistische Darstellung seines Landes geben: Kupfer und andere abbauwürdige Erze seien reichlich vorhanden, ebenso gutes Weideland in einem durchaus europäerfreundlichen Klima, man könne die Bodenschätze und die Landwirtschaftsprodukte über gute Häfen bequem exportieren. Zumindest letztere Behauptung war mehr als beschönigend, war doch soeben erst ein Schiff an den Felsen vor Angra Pequena gescheitert. Der beste Hafen der gesamten Küste, Walfischbai, war in britischem Besitz. Und auch das Versprechen von Bodenschätzen war zum damaligen Zeitpunkt höchst gewagt, wenn es sich in der Zukunft auch glänzend bestätigen sollte.

Immerhin klangen Lüderitz' Ausführungen überzeugend genug, daß die Banken ihre Tresore öffneten und auch optimistische Privatleute dazu beisteuerten, daß das "Territorium Lüderitz" von der Gesellschaft erworben werden konnte. Lüderitz mußte freilich seine Forderungen erheblich zurückstekken; er erhielt nur 300.000 Reichsmark in bar und weitere 200.000 Mark in Anteilscheinen der Gesellschaft – etwa nur die Hälfte der Ausgaben, die er selbst in die Kolonie gesteckt hatte. Lüderitz hoffte natürlich, daß sich seine eigenen Versprechungen erfüllen würden und er durch Gewinne der Gesellschaft die Verluste wieder gutmachen könnte.

So brach er im Juni 1886 wieder nach Südwestafrika auf, um dort geologische Forschungsexpeditionen zu leiten. Nachdem sich die Umgebung von Angra Pequena auch auf mineralischem Gebiet als höchst unfruchtbar erwiesen hatte – daß der Wüstensand voller Diamanten steckte, wurde erst 1908 entdeckt –, stieß er in das Hochland vor. Während die Geologen dort auf Mineralienjagd gingen, interessierte sich Lüderitz mehr für den offensichtlichen Bodenschatz von Weide- und Ackerland. Besondere Hoffnung setzte er auf den äußersten Süden, wo der Oranjefluß für eine ständige Wasserzufuhr sorgte. In diesem Gebiet von "freundlichem Klima, großer Fruchtbarkeit und mit einer kleinen, gutmütigen einheimischen Bevölkerung" hoffte Lüderitz, die ersten deutschen Auswanderer anzusiedeln, wie er in seinem letzten Brief an die Kolonialgesellschaft schrieb.

Um den gesamten Lauf des Oranje bis zur Mündung erforschen zu können, führte er zwei zerlegbare Boote mit sich, auf denen er und drei Begleiter auch gut vorankamen. Ein Versuch, über Land nach Angra Pequena zurückzukehren, scheiterte, und so brach Lüderitz mit dem Steuermann Steingröver am 22. Oktober von der Oranjemündung auf, um die Faktorei über See zu erreichen. Von diesem Augenblick an verlieren sich alle Spuren; man muß annehmen, daß beide Männer mit ihrem Boot untergingen. Lüderitz mußte aber nicht mehr miterleben, wie sein – und Bismarcks – Konzept von einer Verwaltung der Kolonie durch die Kaufleute sehr rasch zusammenbrach.

Während Lüderitz noch um den Verkauf seines Territoriums verhandelte, hatte sich das Schutzgebiet als ganzes vergrößert. Das große Problem dabei war bisher die tiefe Abneigung der Hereros gegen jedermann gewesen, der eine Verbindung zur Firma Lüderitz hatte. So bat noch 1884 das Reich einen früheren Missionar, Dr. Büttner, Kontakte zu den Hereros aufzunehmen. Büttner hatte mehrere Jahre das Augustineum in Otjimbingwe geleitet, die bedeutendste Station der Rheinischen Missionare. Der Missionar konnte tatsächlich verschiedene Schutzverträge abschließen, blieb aber gerade bei den beiden "Sorgenkindern" des Landes, Häuptling Kamaherero und dem Hottentottenführer Hendrik Witbooi, erfolglos. Den Durchbruch bei den Herero sollte erst der "Reichskommissar" Dr. Heinrich Göring erreichen. Die Entsendung des Vaters des späteren "Reichsmarschalls" war das erste Zugeständnis, das das Reich seiner neuen Funktion als Kolonialmacht einräumen mußte. Die Gründe dafür lagen noch nicht in internen Schwierigkeiten des Landes begründet, sondern im internationalen Recht:

Neben der Handvoll Deutschen lebten in Südwestafrika auch Angehörige anderer weißer Nationen, hauptsächlich Briten oder Buren: Missionare, Händler, Siedler. An wen sollten sie sich bei Streitfällen wenden? Sicher nicht an Vertreter der Kolonialgesellschaft. Denn abgesehen davon, daß diese bei Konflikten um Land- oder Schürfrechte parteiisch gewesen wären, konnten sie als Repräsentanten eines Privatunternehmens auch keine hoheitlichen Funktionen ausüben. Die Schutzverträge zwischen dem Reich und den Eingeborenen beschränkten sich ausdrücklich auf diese und Reichsangehörige: Die Häuptlinge verpflichteten sich, Person und Eigentum *deutscher* Staatsangehöriger zu schützen, Ausländer befanden sich in einem rechtlosen Zustand.

Nach einem entsprechenden Protest der britischen Regierung blieb Berlin gar nichts anderes übrig, als zu handeln, und so wurde Landgerichtsrat Dr. Göring, zusammen mit einem Kanzler und einem Polizeimeister, nach Südwestafrika gesandt. Als ersten "Regierungssitz" wählte Göring Otjimbingwe, weil dort die meisten Weißen lebten und weil es nahe beim Hereroland lag, dem die erste "diplomatische Offensive" galt.

Göring hatte sich kaum häuslich eingerichtet, als er schon nachdrücklich mit den Problemen des Landes konfrontiert wurde: Bei der Siedlung Okahandja wurde er Augenzeuge einer erbitterten, blutigen Schlacht zwischen den Hereros und angreifenden Hottentotten. Das Blutvergießen konnten die wenigen Deutschen nicht verhindern, aber sie leisteten den verwundeten Hereros immerhin Erste Hilfe. Dieser freundliche Akt trug dann nicht wenig dazu bei, daß Göring am 21. Oktober 1885 endlich den langersehnten Schutzvertrag mit den Hereros abschließen konnte.

Nördlich der Hereros trieb ein anderes Bantuvolk, die Ovambo, seine Viehherden über die karge Steppe des Kaokovelds. Inmitten ihres Gebiets, in

Grootfontein, hatte sich eine Gruppe von Buren, die es auf einem langen "Treck" dorthin verschlagen hatte, niedergelassen und eine kleine, unabhängige Republik ausgerufen. Als ihnen die schwarze Nachbarschaft, durch die ständigen Weidekonflikte gereizt, zu bedrohlich wurde, unterstellten sie sich der deutschen Schutzherrschaft, die im gleichen Jahr 1886 auch auf die Ovambos selbst ausgedehnt werden konnte.

Das Gebiet unter der schwarz-weiß-roten Fahne hatte damit den Kuene erreicht, den ersten ständig wasserführenden Fluß nördlich des Oranje. Man war damit an das Territorium herangerückt, das die Portugiesen verwalteten. Entlang des Kuene wurde dann am 30. Dezember 1886 auch die Grenze zu Angola festgelegt. Das Reich hatte nun mehreren hunderttausend Eingeborenen und einigen hundert Weißen seinen Schutz versprochen.

In London hatte man eingesehen, daß man das Deutsche Reich nicht ohne schwere politische Folgen vom kolonialen Wettrennen ausschließen konnte, und war bereit, ihm einige, nicht zu bedeutende Stücke des "großen Kuchens Afrika" zu überlassen. Südwestafrika war, weltpolitisch gesehen, ein Stück, das man durchaus opfern konnte. In der Kapkolonie sah man das verständlicherweise anders. Einflußreiche Kreise, die in der Person von Cecil Rhodes (1853 - 1902) ihren leidenschaftlichsten Anwalt fanden, träumten von einem britischen "Groß-Südafrika", von dem aus dann die breite Schneiße "vom Kap nach Kairo" durch den Kontinent gelegt werden sollte. Südwestafrika hätte man dabei zwar im wörtlichen Sinne links liegen lassen können, hätte es nicht die Burenrepubliken gegeben. Die Buren in Transvaal und im Oranje-Freistaat waren die erklärten Feinde der Briten am Kap, waren ihre Republiken doch durch den protestierenden Exodus aus der britischen Bevormundung entstanden. Und waren die ehemals holländischen Buren nicht nahe Stammesverwandte der Deutschen? Lagen nicht nur ein paar hundert menschenleere Kilometer zwischen der neuen deutschen Kolonie und dem Oranjefreistaat? Und hatte nicht dieser Lüderitz versucht, an der Südostküste Afrikas eine weitere Kolonie zu gründen, die Transvaal einen direkten Zugang zum Indischen Ozean eröffnet hätte? (Dieses brisante Unternehmen des Bremers war freilich von Bismarck rasch zurückgepfiffen worden und hatte zur Krise des Hauses Lüderitz mit beigetragen).

Vor den geistigen Augen Rhodes' und seiner Freunde entstand eine deutsch-burische Barriere, die die Kap-Kairo-Linie für immer illusorisch gemacht hätte. Auf dringende Vorhaltungen aus Kapstadt hin hatten die Briten 1885 das Betschuanaland besetzt, ein fast menschenleeres Wüsten- und Steppengebiet, dessen einzige Aufgabe darin bestand, einen Riegel zwischen Deutschen und Buren zu bilden. Die drängendste Gefahr war damit zwar beseitigt, aber konnte man nicht trotzdem versuchen, die Deutschen aus dem Land zu werfen? Schließlich hatten sie keinerlei Kampftruppen im Lande; ihre Herrschaft beruhte einzig auf den Schutzverträgen mit den Eingeborenen, und Verträge ließen sich schließlich kündigen . . .

Nach Agenten, die dies in die Wege leiten konnten, mußten Rhodes & Co. nicht lange suchen: Am besten Hafen der Südwestküste, in Walfischbai, hatte sich ein kleines Handelszentrum gebildet, das hauptsächlich von Briten und Kapländern betrieben wurde. Schon 1876 war Walfischbai, freilich ohne jedes Hinterland, zum britischen Besitz erklärt worden und blieb es auch in der deutschen Zeit. Die Händler dort wickelten kleine, aber doch einträgliche Geschäfte mit Hereros, Hottentotten und Ovambos ab; ihre wichtigsten Tauschgüter waren Branntwein und Gewehre. Gegen beides hatten die Deutschen sehr viel einzuwenden: Abgesehen davon, daß sich Repetiergewehre in Eingeborenenhand sehr leicht gegen sie selbst wenden konnten, war eine Eindämmung der Weidekriege unter diesen Umständen nahezu hoffnungslos. So nahm man auch Klauseln gegen den Alkohol- und Waffenhandel in die Schutzverträge mit auf, was der Reichsverwaltung unter den Händlern wenig Freunde verschaffte. Einer von ihnen, ein gewisser Lewis, hatte dann auch ein offenes Ohr für die Vorschläge aus Kapstadt, und er begann, Häuptling Kamaherero mit Versprechungen großer Alkohol- und Waffenlieferungen zu bearbeiten, damit dieser den deutschen Schutzvertrag durch ein Abkommen mit Großbritannien ablöse.

Tatsächlich wurde die Lage für Göring 1888 so bedrohlich, daß er Otjimbingwe räumte und sich nach Walfischbai zurückzog. Zu diesem Zeitpunkt gab es zwar schon eine kleine Polizeitruppe, die als Privatarmee zum Schutz erster, bescheidener Goldfunde aufgestellt worden war, aber die Handvoll Deutscher und etwa 20 Eingeborenen konnten nicht an aktiven Widerstand denken.

Die Tatsache, daß ein deutscher Reichskommissar von aufgewiegelten Eingeborenen zur Flucht gezwungen worden war, ließ in Deutschland die Wellen hochschlagen. Die kolonialfreundliche Presse forderte energisch die Entsendung von Truppen, doch im Reichstag, der darüber zu entscheiden hatte, überwogen noch die Kritiker der kolonialen Expansion, die vor den Folgelasten zurückschreckten und eher für die Aufgabe der bedrohten Kolonie plädierten. Das Eintreten Bismarcks, der die öffentliche Meinung in Betracht zog, gab schließlich den Ausschlag für die Schaffung einer staatlichen Schutztruppe.

Freilich waren es nur 21 Mann unter dem Kommando des Hauptmanns Kurt von François – mehr hatte der Reichstag zunächst nicht bewilligt –, die am 24. Januar 1889 in Walfischbai landeten. Durch die Zusammenarbeit mit rivalisierenden Hererohäuptlingen, die Ausweisung von Lewis und Genossen

Gefangene Hereros während der Aufstände gegen die deutschen Kolonialherren in Südwestafrika. Zeitgenössischer Holzschnitt.

und einen Handstreich gegen einen Waffentransport gelang es von François, der bedrohlichen Situation Herr zu werden; Kamaherero kehrte reumütig zu seinen geschlossenen Verträgen zurück. Die nächste Aufgabe der Schutztruppe, die nach einem Jahr um wenigstens 43 weitere Mann verstärkt wurde, bestand nun darin, den inneren Frieden durchzusetzen und auch die letzten Häuptlinge, vor allem den widerspenstigen Hottentottenführer Hendrik Witbooi, zum Abschluß von Verträgen zu zwingen. Als Stützpunkt für diese Aktionen wählte von François die kleine Ansiedlung Windhuk, die nicht nur zentral, sondern auch an der Grenze von Herero- und Hottentottenland lag. Daß die weitere Konsolidierung Südwestafrikas zunächst ein militärisches Problem war, kam auch dadurch zum Ausdruck, daß der zivile Reichskommissar Dr. Göring 1890 durch von François als "Landeshauptmann" abgelöst wurde. Auch sein Nachfolger, Major Theodor Leutwein, regierte das Land noch bis 1898 als Militär, ehe er zum Gouverneur ernannt wurde.

Während von François Windhuk zur Festung und Residenz ausbaute, gab es im Deutschen Reich tiefgreifende politische Umwälzungen, Bismarck, der "Eiserne Kanzler", nahm seinen Hut, sein Nachfolger wurde Georg Leo Graf von Caprivi (bis 1894). Außenpolitisch fühlte sich dieser durchaus der Politik

Bismarcks verbunden, durch Freundschaftsverträge die politische Stellung des Reichs zu sichern. Besonderen Wert legte er auf die Annäherung an Großbritannien, und dafür mußten vor allem die kolonialen Hindernisse aus dem Weg geräumt werden. Neben dem noch schwerwiegenderen Problem Ostafrika zählte vor allem die Grenzziehung in Südwestafrika dazu. Daß es hier deutsche Ansprüche gab, bestritt in London niemand mehr, nur, wo sollten sie enden? Im Norden, Westen und Süden gab es keine Probleme, die Küste und die Flüsse Oranje und Kuene boten natürliche Trennungslinien. Aber im Osten verlor sich das Land in der Kalahariwüste, wo es nicht einmal mehr Stammesgebiete gab, die man hätte aufteilen können.

So trat beim deutsch-britischen Vertrag vom 1. Juli 1890 einmal mehr das Lineal in Aktion: Als Ostgrenze Südwestafrikas wurde kurzerhand der 20. Grad östlicher Länge durchgezogen. Das heißt, nicht ganz: Berlin war überhaupt nicht zufrieden, mit dem Rücken zur Wüstenwand zu stehen. Wirtschaftlichen Aufschwung glaubte man nur durch Fernhandelswege erwarten zu können. Einen Querbalken durch ihre Kap-Kairo-Linie wollten aber die Briten nicht zugestehen. Nach zähen Verhandlungen räumten sie der Reichskolonie wenigstens einen Zugang zum Sambesi ein, der in den Indischen Ozean mündet. Der naheste Punkt dieses Flusses, in einem fast undurchdringlichen Sumpfgebiet, lag aber 500 Kilometer östlich des 20. Längengrads. Doch Diplomatie ist Diplomatie, und so entstand der merkwürdige Pfannenstiel des "Caprivi-Zipfels", eine der groteskesten Ergebnisse der an Grotesken reichen kolonialen Grenzziehungspolitik (Als Handelsweg erwies sich der Zipfel als unbrauchbar, aber das konnte bis heute niemand bewegen, ihn von den Karten zu löschen).

Sieben Jahre nach der Landung von Adolf Lüderitz in Angra Pequena hatte "seine" Kolonie ihre endgültigen Grenzen gefunden. Doch im Gegensatz zu den anderen Überseebesitzungen des Reichs hatte sich in dem Land zwischen Oranje und Kuene noch kaum eine koloniale Wirtschaftsstruktur entwickeln können, und noch wies wenig darauf hin, daß "Südwest" einmal, was die deutsche Besiedlung betreffen sollte, die bevölkerungs- und erfolgreichste Kolonie werden würde.

2.2 TOGO UND KAMERUN: Wettlauf in Westafrika

Die langgestreckte Westküste Afrikas zwischen dem Kap Verde und der Bucht von Kamerun war zwar Schauplatz der ältesten und intensivsten Handelskontakte zwischen Afrikanern und Europäern gewesen, doch seit dem

Ende des opferreichen Sklavenhandels waren diese Ländereien wieder in den Schatten der Weltpolitik zurückgefallen.

Briten und Franzosen sicherten sich schließlich doch den Einfluß in den vielversprechendsten Küstenstrichen: Die Goldküste (Ghana) und die Sklavenküste (Nigeria) fielen so in den britischen Einflußbereich, die Elfenbeinküste in den französischen. Wie schon Adolf Lüderitz bei seinem ersten afrikanischen Unternehmen erfahren mußte, hatten fremde Händler dort einen schweren Stand; für die Aktivitäten deutscher Kaufleute boten sich nur jene Küstengebiete an, die zwischen den Stationen ihrer Konkurrenten lagen.

Eines dieser Gebiete war das Land Togo zwischen der britischen Goldküste und den französischen Niederlassungen um Kotonou (Dahomey) – dort, bei den Siedlungen Anecho und Klein-Popo, konnten tatsächlich in den 1870er Jahren einige Bremer und Hamburger Kaufmannsgesellschaften Fuß fassen. Sie zahlten den örtlichen Häuptlingen Jahrespensionen und erhielten dafür das Außenhandelsmonopol in dem betreffenden Gebiet.

Daß dieses Land so wenig Interesse seitens der Europäer geweckt hatte, ist überraschend, da Togo einer der wenigen Abschnitte der Guineaküste ist, die nicht von einem dichten Urwaldgürtel bedeckt sind. Aber in Togo mündeten keine wichtigen Ströme, die einen leichten Zugang ins Hinterland eröffnet hätten. Außerdem war dort die politische und soziale Situation unter den Eingeborenen noch um einiges verworrener als im übrigen Westafrika. Togo war meist Grenzgebiet der großen Eingeborenenreiche der frühen Neuzeit gewesen, etwa des Gonja-Reichs im Nordwesten oder des Aschanti-Reichs im Osten. Das zahlenmäßig bedeutendste Volk im Gebiet der späteren Kolonie waren die Ewe, die im 18. Jahrhundert das mächtige Reich von Dahomey bildeten. Aber auch dessen Schwerpunkt lag weiter im Osten; die ethnografische Situation Togos war und blieb von einer großen Vielfältigkeit und Zersplitterung gekennzeichnet, was eine Koloniebildung per Schutzverträge erschwerte. Im Grunde waren alle Dorfgemeinschaften verschiedenster Wirtschaftsgrundlage – Fischer an der Küste, Ackerbauern im Landesinneren und Viehzüchter im äußersten Norden – autonome Einheiten, die von der Organisationsform der Sippe geprägt wurden. Es gab auch größere Stammesverbände, die einen Oberhäuptling anerkannten, der vielleicht sogar den Titel eines Königs trug, aber selbst hier blieb ein starkes föderatives Denken spürbar, und jeder Tod eines Häuptlings hatte langwierige Thronstreitigkeiten zur Folge.

Wie sich solche spezifisch afrikanischen Probleme in den 1880 er Jahren plötzlich mit Weltpolitik vermischen konnten, mußten 1883 die Deutschen in Anecho erleben: Häuptling Kwadjowi, dem die hansestädtischen Gesellschaften ihre Handelsrechte verdankten, war gestorben. In dem üblichen Throngerangel tauchte plötzlich ein "Ausländer" auf, ein Neger namens William

Lawson aus der britischen Kolonie Sierra Leone. Vordergründig setzte er sich für den Thronanspruch eines Verwandten ein, doch es wurde bald offensichtlich, daß Lawsons Hauptziel die Übertragung des Stützpunkts Anecho an die Briten war.

Die Situation wurde rasch bedrohlich, und wäre nicht rechtzeitig ein deutsches Kriegsschiff, SMS "Sophie", vor Anecho erschienen, hätten die deutschen Kolonialhoffnungen dort wohl ein klägliches Ende gefunden. Die De-

acht stellte zwar rasch die Ruhe wieder her,
chtung Osten weitergesegelt, wurden Lawson
Kaufleute galoppierte dem Schiff nach und
' auf französischem Gebiet noch erreichen.
rgisch durch, Lawson und mehrere seiner Ge-

rleben, daß das Auftreten Lawsons keines-
gab offensichtlich einen großangelegten Ver-
tschen aus Togo zu vertreiben. Auch in den
pro-britische Aktivitäten spürbar. Die deut-
: Sie trommelten die Häuptlinge zusammen,
onnten, und veranlaßten sie, eine Denkschrift
sen, in der sie um den Schutz des Reichs ba-
rwegs, und zwar in Form des Kanonenboots
"Reichskommissars für Afrika" Dr. Gustav

er der Elite der deutschen Afrikaforscher in
litik, die zwar einen ausgezeichneten Ruf als
ng kaum einen Beitrag zur wirtschaftlichen
Afrikas geleistet hatten. Die kolonialpoliti-
n waren gleich Null gewesen und entlarvten
ischen Kolonialmächte, daß aus der Entdek-
hse, daß der erste Weiße sozusagen die Ho-
h führe: Ohne die aktive Staatsmacht im Hin-
ecken, was sie wollten, "deutsch" wurden die
.

lenburg geboren, hatte Nachtigal die Ausbil-
n. Dann erkrankte er jedoch an Tuberkulose
Klima der nordafrikanischen Mittelmeerküste.
n nicht nur seine Gesundheit wieder, sondern
hnete Kenntnis der arabischen Mentalität an.
rauen des Beis von Tunis, zu dessen Leibarzt
aufstieg.

Neger heim ins Reich

Ihr auf Seite 9 der Ausgabe vom 21. November gebrachtes Bild eines Bismarck-Denkmals in Kamerun mit dem erläuternden Text habe ich mit Interesse betrachtet und gelesen. Zum Schmunzeln hat mich allerdings der Bericht gebracht, der einen Teil des Verses „Wir wollen deutsche Neger sein und wollen heim ins Reich" wiedergibt. Hier ist Ihr Rezensent offenbar einem Irrtum erlegen. Denn dieser Vers stammt aus der Zeit des Dritten Reiches und bezieht sich auf dessen „Heim ins Reich"-Politik, zu der immer die Berufung auf die Heimkehrwünsche deutscher Volksgruppen in der Nachbarschaft des damaligen Deutschen Reiches gehörte, so zum Beispiel die Eingliederung des Sudetengebiets, später der ganzen Tschechoslowakei, in der noch weitere Gebiete mit starken deutschen Volksgruppen entdeckt wurden, Österreichs, Memels und so weiter. Damals entstand der Spottvers: „In Afrika die Neger, sie rufen allzugleich: Wir wollen deutsche Neger sein und wollen heim ins Reich."

Die deutsche, kaiserliche Kolonialverwaltung besaß die Geschmacklosigkeit gewiß nicht, von den Eingeborenen in den Kolonialgebieten neben dem Absingen des zitierten Verses der damaligen deutschen Nationalhymne auch das Bekenntnis zum Heimkehrwillen in das Reich abzulegen. Allerdings ist auch mir nicht bekannt, ob der auf Kamerun bezogene Vers der Nationalhymne „Auch wir in Kamerun sind deine Kinder nun" authentisch ist oder wie jener andere Vers ein Spottvers, der vielleicht auf Bierabenden gesungen oder zu Gehör gebracht wurde.

Hellmut Rohweder, Flintbek

In Tunis traf Nachtigal dann 1869 mit dem damals schon berühmten Afrikareisenden Gerhard Rohlfs zusammen, der gerade einen Boten suchte, um dem Sultan von Bornu (heute Nord-Nigeria) Geschenke des preußischen Königs zu überreichen – eine merkwürdige und kaum näher beachtete Episode aus der "Urzeit" der deutschen Afrikapolitik. Rohlfs und Nachtigal wurden sich rasch einig, und aus diesem "Botengang" entwickelte sich eine der gründlichsten Forschungsreisen durch die Sahara und den zentralen Sudan, die nach sechs Jahren in Khartum am Nil ihr Ende fand und deren Erträge Nachtigal die uneingeschränkte Anerkennung der Geographen einbrachte.

Der materielle Nutzen für Nachtigal war freilich gering, noch hatte das junge Deutsche Reich wenig Gebrauch für Afrikakenner!

Das änderte sich erst, als Frankreich in Nordafrika eine expansivere Kolonialpolitik entwickelte und 1881/82 Tunis besetzte. So ganz ungestört wollte das Reich dem alten Rivalen das Revier nicht überlassen, und die Regierung entschloß sich, einen Generalkonsul als Beobachter nach Tunis zu entsenden. Für diesen Posten bot sich der landeskundige Nachtigal geradezu an. In Tunis erreichte diesen dann die Ernennung zum "Reichskommissar für Westafrika" und der Auftrag "an einigen Stellen der Westküste die Errichtung deutscher Schutzgebiete durchzuführen". Der Forscher war zum Kolonialpolitiker geworden.

Am 2. Juli erreichte Nachtigal an Bord der "Möwe" die Togoküste und konnte schon am 5. Juli mit Mlapa, dem "König von Togo", den gewünschten Vertrag abschließen. Mlapa bat darin um den Schutz des Reiches für sein Gebiet, das sich von Porto Seguro im Osten bis Lome im Westen erstreckte. Mlapa verpflichtete sich, den Handel, das Leben und den Besitz der deutschen Kaufleute zu schützen. Als Gegenleistung wurden dem König die bisher üblichen Zölle auf die wichtigsten Exportprodukte – Palmenkerne und Palmöl – zugesichert sowie die Anerkennung aller früher abgeschlossenen Handelsverträge. Des weiteren versprach Mlapa, keine Verträge oder Abtretungen mit anderen europäischen Mächten einzugehen. Dieser Punkt wurde sogleich bedeutungsvoll, da das plötzliche Auftreten der deutschen Staatsmacht die Briten und Franzosen in der Nachbarschaft aufgeschreckt hatte. Die Franzosen hatten sich inzwischen Anechos bemächtigt; mit der deutschen Flaggenhissung in Porto Seguro waren sich die beiden Nachbarn nun bedrohlich nahegerückt. Da aber die Deutschen in Anecho unbestreitbare ältere Ansprüche hatten, räumten die Franzosen nach diplomatischen Verhandlungen 1885 die Siedlung und zogen sich nach Osten auf die spätere Grenzlinie zwischen beiden Kolonien zurück.

Die Regelung der Westgrenze wurde die Aufgabe des ersten in Togo residierenden Reichskommissars Ernst Falkenthal. Dieser konnte 1886 einen

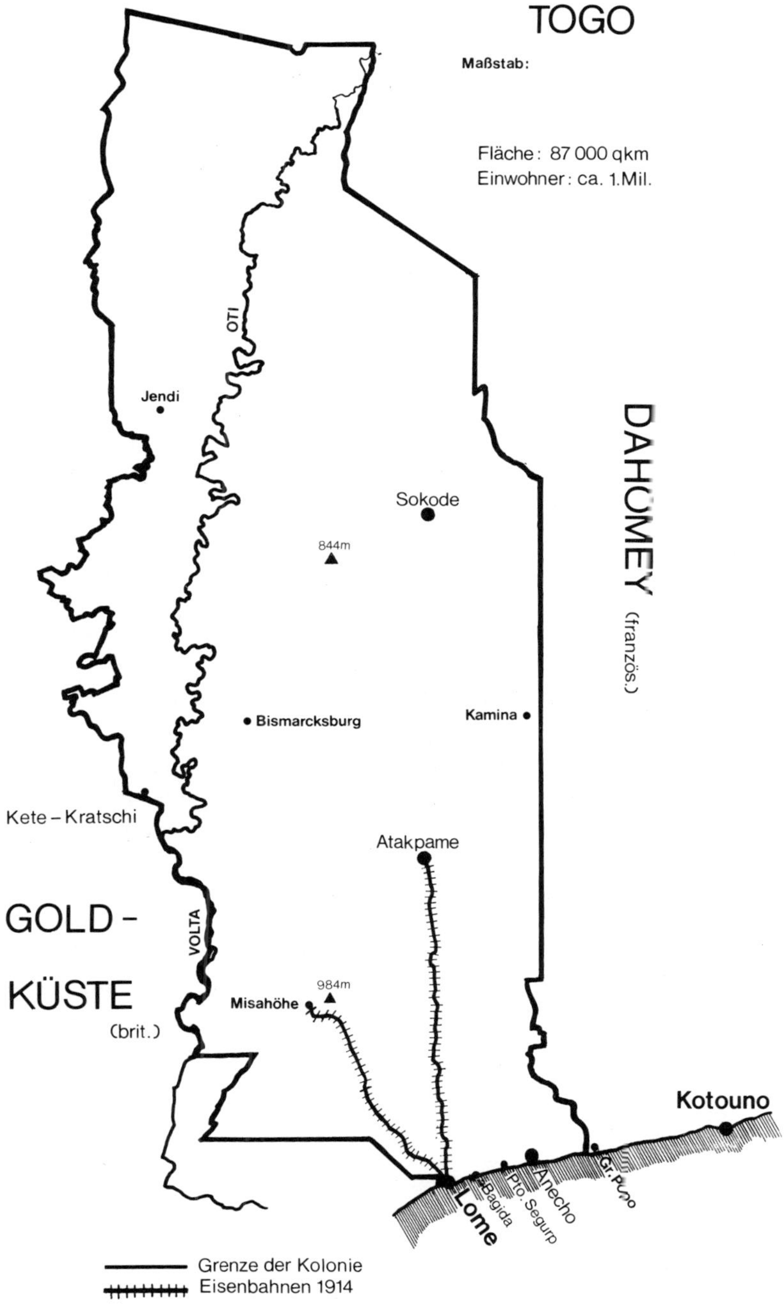
TOGO
Maßstab:
Fläche: 87 000 qkm
Einwohner: ca. 1.Mil.
DAHOMEY
(französ.)
OTI
Jendi
Sokode
844m
Bismarcksburg
Kamina
Kete-Kratschi
Atakpame
GOLD-
KÜSTE
(brit.)
VOLTA
984m
Misahöhe
Kotouno
Lome
Bagida
Pto. Segurp
Anecho
Gr. Popo
Grenze der Kolonie
Eisenbahnen 1914

Schutzvertrag für das Hinterland von Kitta abschließen, gleichzeitig aber nicht verhindern, daß sich die Briten den Unterlauf des Volta-Flusses sicherten. Zu den vielen Handelsobjekten des Sansibar-Vertrags von 1890 – siehe dazu später – gehörte dann auch der Zugang zu diesem größten Strom zwischen Niger und Senegal, der den Deutschen durch eine Grenzkorrektur zugestanden wurde. Die tatsächliche Besitzergreifung des Hinterlands von Togo ließ erstaunlich lange auf sich warten. Für mehrere Jahre blieb die 1888 gegründete Station Bismarcksburg der nördlichste Vorposten des Reichs. Erst mit der großen Togo-Expedition der Jahre 1894/95 begann die endgültige Erforschung und Durchdringung des Nordens der Kolonie. Hierbei kam es auch zu den wenigen Fällen von Widerstand, die die Geschichte von Togo aufweist: Eine Rebellion des Kkomba-Volks mußte mit Waffengewalt niedergeworfen werden. Zwischenfälle wie der vom 28. April 1887, als ein Spitzbube das Seil vom Flaggenmast vor dem Regierungsgebäude von Bagida stahl und damit das Hissen der Reichsflagge verhinderte, zählten in Togo schon zu den "dramatischeren" Ereignissen.

Trotz der relativen Friedfertigkeit der Kolonie lief in Togo die deutsche Besiedelung nur sehr zäh an. 1892 wurden hier ganze 19 Beamte, 33 Kaufleute und 22 Missionare gezählt. (Wie wenig die ursprüngliche Kolonialkonzeption: "So viel wirtschaftliche Aktivitäten wie möglich, so wenig staatlicher Aufwand wie nötig" auch in Togo zum Tragen kam, zeigt die weiße Bevölkerungsstatistik von 1910: Das Verhältnis Beamte zu Kaufleuten hatte sich auf 77 : 55 verschoben!)

Die langsame Entwicklung und Durchdringung der Kolonie ließ die endgültige Grenzziehung im Hinterland nicht so dringend erscheinen. Erst 1897 wurden die Grenzen im Norden und Osten zum französischen Besitz näher bestimmt, womit auch die vagen Hoffnungen auf einen deutschen Zugang zum Niger endgültig abgeschrieben werden mußten. Definitiv wurde die Grenze zwischen Togo und Französisch-Westafrika sogar erst 1912 festgelegt. Diese neuen Verhandlungen waren dadurch erzwungen worden, daß die Grenzziehungskommission des Abkommens von 1897 höchst nachlässig gearbeitet hatte und, wie so oft in der Kolonialgeschichte Afrikas, versäumte, das strittige Gebiet persönlich in Augenschein zu nehmen. Einer der Bestimmungspunkte war z. B. in die Mitte zwischen den Orten Dje und Gando gelegt worden. Später stellte sich heraus, daß "Dje" und "Gando" die Bezeichnungen für denselben Ort in zwei Stammessprachen waren, wobei nicht einmal klar war, ob sich diese Bezeichnung auf eine Siedlung oder eine ganze Landschaft bezogen. In ihrer Ratlosigkeit entschieden sich die Ministerialbeamten in Berlin und Paris, die inzwischen von den Franzosen angelegte Telegrafenleitung als Orientierungslinie zu nehmen, ohne jede Rücksicht auf geographische oder ethnographische Zusammenhänge. Die Westgrenze zur britischen Goldküste wurde schließlich im Samoa-Vertrag von 1899 völkerrechtlich verbindlich festgelegt.

Mit einer Fläche von 87.000 Quadratkilometern war Togo die kleinste Kolonie in Afrika. Es sollte freilich auch die unproblematischste bleiben, schließlich sogar die profitabelste. Lange konnte sich das Deutsche Reich aber auch an seiner "Musterkolonie" nicht erfreuen.

Östlich von Togo beginnt das Einzugsgebiet des Niger, des größten Stroms Westafrikas, der in seinem bogenförmigen Lauf von Westen und mit seinem wichtigsten Nebenfluß Benue im Osten den natürlichen Zugang zum Sudan eröffnet. Dieser breite Landstreifen zwischen den Küstenurwäldern und der Sahara-Wüste bietet mit seinen reichen Acker- und Weideländern in einem relativ gemäßigten und gesunden Klima gute Lebensbedingungen. Lange vor den Europäern waren hamitische und arabische Kriegervölker aus dem Osten und Norden eingewandert und hatten neben dem Islam auch ihr politisches Talent mitgebracht, das sich in der Ausbildung großer, gut organisierter und mächtiger Reiche wie denen der Haussa oder der Fulbe niederschlug.

Der Islam mit seiner Verpflichtung zur Pilgerfahrt nach Mekka und das Zusammengehörigkeitsgefühl der Völker in der Lehre des Propheten sorgten mit dafür, daß die Karawanenstraßen nach Osten und durch die Wüste eifrig begangen wurden – der Sudan war die große Handelsdrehscheibe Afrikas. Wichtiges "Handelsgut" der Sudanreiche waren vor allem Sklaven aus den benachbarten oder unterworfenen Negerstämmen, und dieser Handel florierte noch lange, nachdem die Europäer die Sklavenmärkte an der Küste geschlossen hatten. Aber auch die Natur- und Bodenschätze Afrikas machten die Sudanländer zu gesuchten Handelspartnern. Die Nigermündung stellte als Pforte zum Sudan also einen der wirtschaftsstrategisch bedeutsamsten Räume der afrikanischen Küste dar, und selbstverständlich hatten sich die Briten frühzeitig dort festgesetzt.

Eine Folge davon war, daß die anschließende Kamerunbucht weitgehend im Schattendasein der Kolonialpolitik stand. Diese zerklüftete, von Mangrovensümpfen begleitete Küste bot wenig Anreize: In diesem niederschlagreichsten Gebiet Afrikas überhaupt, nahe dem Äquator, wucherte der tropische Urwald besonders dicht, Temperatur und Luftfeuchtigkeit waren für Europäer fast unerträglich. Außerdem stauten sich die Gezeiten im "Winkel Afrikas" extrem hoch und erschwerten so den Zugang von See.

Außerdem, so fragten sich Händler und Kolonialpolitiker, was würde man gewinnen, wenn man von der Küste die steilen Berge hinaufstieg? In Kamerun traf der Küstendschungel mit dem großen Zentralafrikanischen Urwald zusammen, zu dem der weiter südlich gelegene Kongo den sehr viel einfacheren Zugang bot. Grundsätzlich war der Urwald auch für die deutschen Händler nicht uninteressant: Seltene Hölzer, Kautschuk und Elfenbein waren Güter, die es lohnte, nach Europa zu bringen. In Kamerun kam man dabei den anderen Handelsnationen nicht allzusehr in die Quere. Auf Grund dieser Überlegungen eröffnete das Hamburger Handelshaus Woermann 1868 in Batango am Kamerunfluß eine Faktorei, die sich so gut entwickelte, daß die Firma 1874 das Reich um die Entsendung eines Konsuls zur Sicherung ihrer Interessen bat. Angesichts der kolonialpolitischen Einstellung der damaligen Regierung überrascht es nicht, daß der Antrag abgelehnt wurde. Dafür entschloß sich eine weitere Hamburger Firma, Jantzen & Thormälen, ebenfalls in das Kamerungeschäft einzusteigen, und in den folgenden Jahren entstanden weitere Faktoreien im Winkel Afrikas. Der Handel nahm rasch solche Ausmaße an, daß es Woermann sogar riskieren konnte, eine regelmäßige Dampferlinie nach Westafrika einzurichten.

Wie so häufig in diesen Jahren, weckten deutsche Handelserfolge mehr Interesse bei den Briten als im Reich selbst. Das Auftauchen einer Konkurrenz veranlaßte britische Firmen, dem bislang vernachlässigten Kamerun erheblich mehr Aktivitäten zu widmen. Und so tauchten an der Küste nicht nur immer häufiger britische Handelsschiffe auf, sondern auch Kanonenboote, die den Eingeborenen die Macht Britanniens anschaulich vor Augen führen sollten. Diese Demonstrationen verfehlten nicht ihre Wirkung: 1882 konnten die britischen Händler die Häuptlinge der Küstenstämme überreden, eine Bittschrift um Übernahme der Schutzherrschaft nach London abzusenden.

Was nun folgte, gehört sicher zu den peinlichsten Pannen der so erfolgreichen Kolonialpolitik Großbritanniens. Offensichtlich war man sich in London des eigenen Ansehens in Afrika so sicher, daß man die Bittschrift in die Rubrik "Bei Gelegenheit zu erledigen" ablegte. Erst im Frühjahr 1883 wurde ein britischer Konsul ausgesandt, um die gewünschten Verträge abzuschließen. Zu diesem Zeitpunkt segelte aber schon die "Möwe" die Westküste Afrikas entlang, mit dem Reichskommissar Gustav Nachtigal an Bord. Auf Drängen der Hamburger Handelskammer, in der Woermann & Co. natürlich großen Einfluß besaßen, hatte Bismarck zugestimmt, daß Nachtigal nach Erledigung seines Auftrags in Togo gleich nach Kamerun weiterreisen sollte, um auch dort per Schutzbriefe die deutschen Interessen zu sichern. Und so sah das Land unter dem Kamerunberg einen der dramatischsten Wettläufe der Kolonialgeschichte: Die Häuptlinge waren über die schleppende Behandlung ihres Angebots durch London natürlich nicht begeistert, und die Deutschen im Lande schürten kräftig die Unzufriedenheit. Wenn die Briten so wenig Interesse an Land und Leuten zeigten, waren da die Stämme nicht besser bei den Deutschen aufgehoben, mit denen sie so lange gut zusammengearbeitet hatten?

Trotzdem wäre beinahe alles vergebens gewesen: Am 10. Juli 1883 lief das britische Kanonenboot "Goshawk" im Kamerunfluß ein. Zur großen Erleichterung der Deutschen hatte das Schiff aber den britischen Konsul nicht an Bord, der befähigt gewesen wäre, Schutzverträge abzuschließen. An den Formalitäten des Völkerrechts scheiterte somit der Griff der Briten nach Kamerun. Denn auch die Häuptlinge waren sich dessen bewußt und ließen sich vom Kommandanten der "Goshawk" weder durch Drohungen noch durch Versprechungen beeinflussen. Die "Goshawk" mußte also versuchen, so schnell es ging einen Konsul aufzutreiben. Wenige Stunden, nachdem sie den Kamerunfluß wieder verlassen hatte, traf die "Möwe" ein.

Die deutschen Vertreter hatten gute Vorarbeit geleistet, und so konnte Dr. Nachtigal noch am 12. Juli mit den "Königen und Häuptlingen des Landes Kamerun am Kamerunfluß" einen Vertrag abschließen. Die Hoheitsrechte und die internationale Vertretung des Landes gingen an die örtlichen Repräsentanten der Hamburger Firmen über, die Wahrung der Reichsrechte übernahm Nachtigals Begleiter Dr. Buchner als "provisorischer Gouverneur". Am 14. Juli wurde dann auch offiziell und mit den üblichen Machtdemonstrationen die deutsche Flagge an der Kamerunmündung gehißt. Fünf Tage später traf doch noch ein britischer Konsul ein. Neben verbalen Protesten konnte er freilich nichts mehr ausrichten; er mußte mitansehen, wie an weiteren Küstenplätzen die schwarz-weiß-rote Flagge gehißt wurde.

So recht überzeugt vom kolonialen Engagement des Deutschen Reichs scheinen die Briten im Jahr 1884 aber noch nicht gewesen zu sein. Wie in Togo und in Südwestafrika versuchten sie auch in Kamerun, durch gezielte Aktionen unter den Eingeborenen die Deutschen wieder aus dem Land zu verdrängen. Zweimal mußte im ersten Jahr der Kolonie ein deutsches Flottengeschwader ausrücken, um dem Negerfürsten König Bell gegen Angriffe britenfreundlicher Stämme zu Hilfe zu eilen.

In Kamerun wurde aber der große Unterschied zwischen der Flaggenhissung und der tatsächlichen Besitzergreifung am deutlichsten sichtbar. Die geographischen Probleme und die ethnographische Zersplitterung Kameruns, in dem zahlreiche Bantustämme in keineswegs friedlicher Nachbarschaft lebten, ließen das Vordringen von der Küste aus zu einem höchst mühseligen Unternehmen werden, das zudem unverhältnismäßig hohe Opfer forderte. Das Hochplateau von Jaunde, der späteren Hauptstadt, das nur etwa 200 Kilometer Luftlinie von der Küste entfernt ist, wurde erst 1888 von einer deutschen Expedition erreicht, die zudem auf heftigen Widerstand traf. Nicht vor 1899 konnte in Jaunde eine dauerhafte Station des Reichs errichtet werden, von der aus in zahlreichen militärischen Aktionen der Südosten der Kolonie unterworfen wurde.

Hissung der deutschen Flagge am 21. Juli 1884 in Kamerun im Einvernehmen mit dem deutschen Reichskanzler. Zeitgenössischer Holzschnitt.

Auch in Kamerun zögerte die Reichsregierung lange, die teuren Konsequenzen einer Kolonialmacht zu ziehen. 1891 wurde schließlich doch eine Polizeitruppe installiert, nachdem selbst das Kerngebiet der Erwerbung rund um den Kamerunberg ständig von neuen Unruhen erschüttert wurde. Eine der ersten Aktionen dieser Truppe hatte sich dann gegen die eigenen Kameraden zu wenden: 1893 revoltierten etwa 50 Truppenangehörige aus dem Dahomeystamm. Mit dem Argument, daß die Deutschen sie aus der Sklaverei freigekauft hätten und sie also zunächst den eigenen Kaufpreis abdienen müßten, war diesen Soldaten keine Löhnung ausgezahlt worden. 1894 kehrte am Kamerunberg Ruhe ein, und es konnten dort die großen Plantagen angelegt werden, auf denen die wirtschaftlichen Hoffnungen der Kolonie ruhten.

All diese örtlichen Schwierigkeiten konnten die Kolonialpolitiker in den europäischen Hauptstädten nicht davon abhalten, in der üblichen großzügigen Weise die Grenzen zwischen ihren jeweiligen Einflußbereichen zu ziehen. Die Grenze zu den britischen Besitzungen in Nigeria wurde denn auch, in einem Vertrag von 1893, eine der typischen, schnurgeraden "Linealgrenzen". Schwieriger gestalteten sich die Abmachungen mit Frankreich, dessen Ziel ein möglichst geschlossenes Kolonialreich in West- und Mittelafrika war, während sich die Briten dort mit einigen wichtigen Küstenkolonien plus Hinterland zufriedengaben.

Die Franzosen stießen im nördlichen Sudan immer weiter nach Osten vor, umgingen so das britische Nigeria und versuchten gleichzeitig, einen südlichen Kolonialstreifen entlang des Kongo und seiner nördlichen Nebenflüsse zu schaffen. Um Kamerun entstand eine französische Zangenbewegung, die die endgültigen Grenzen der Kolonie diplomatischen Verhandlungen überließ.

Ähnlich wie in Südwestafrika befürchtete das Deutsche Reich auch in Kamerun eine Kolonie "ohne Hintertür" zu erhalten, die keinen Anteil an dem für die Zukunft erhofften afrikanischen Fernhandel haben würde. Besonders wichtig erschien den Kolonialstrategen der Zugang zu der großen sudanesischen West-Ost-Straße, die am Tschadsee vorbei verlief. Tatsächlich gewann Berlin in einem Grenzvertrag vom März 1894 den sogenannten "Entenschnabel", der bis zum Fluß Schari reichte und diesem bis zu seiner Mündung in den Tschad-See folgte. Für die Verwalter und Militärs vor Ort bedeutete diese Ausweitung der Kolonie in den Nordosten keine reine Freude. Mit minimalen Kräften mußte nun ein Gebiet von 500.000 Quadratkilometern erschlossen und unterworfen werden. Erwies sich die Befriedung des Küstenlandes und seiner vergleichsweise rückständigen Negervölker schon als schwierig genug, so trafen die Deutschen im Südsudan auf noch viel formidablere Gegner: Die arabisierten und islamisierten Fulbestämme hatten dort gutorganisierte und durchaus kriegerisch ausgerichtete Staaten gebildet, von denen das Sultanat Adamaua der bedeutendste war.

Mit demonstrativen Polizeiaktionen alleine war dort die Herrschaft der Weißen nicht zu etablieren; die "besitzergreifenden Expeditionen" ab 1898 weiteten sich zu regelrechten Feldzügen aus, die auf beiden Seiten hohe Opfer forderten.

Kamerun blieb bis zum Ersten Weltkrieg ein ständiger Unruheherd – und eine entsprechend große Belastung für den deutschen Kolonialetat. Lediglich die volkstumsmäßige Zersplitterung des Landes, die durch die religiösen Spannungen zwischen dem islamischen Norden und dem animistischen, teils auch schon christianisierten Süden noch verstärkt wurde, verhinderte die Zusammenfassung der zahlreichen Revolten zu einer wiklich bedrohlichen Bewegung.

Trotzdem wurde diese so wenig gesicherte Kolonie Kamerun nochmals beträchtlich vergrößert. Ein weiteres Mal sollte Bismarcks Idee, die Kolonialreiche der europäischen Nationen als "Tauschbörse" zur Ablenkung von Konflikten zu verwenden, zum Tragen kommen: Frankreichs Besetzung von Teilen Marokkos hatte 1911 eine geradezu hysterische Reaktion des Kaiserreichs Wilhelms II. zur Folge gehabt; Europa stand für einige Wochen am Rande des Abgrunds, in den es 1914 stürzen sollte. Frankreich war nicht bereit, seinen Einfluß in dem Nachbarland Algeriens aufzugeben, doch es mußte den Deutschen, die sich durch große Worte arg bloßgestellt hatten, irgendein Trostpflaster anbieten. Am wenigsten würde Paris ein Zugeständnis im kaum erschlossenen Zentralafrika schmerzen. Und so bekamen die Kartographen wieder Arbiet: Sie legten zwei Schneißen von der Südgrenze Kameruns zum Kongostrom und eröffneten der deutschen Kolonie einen weiteren Zugang zum Atlantik südlich der kleinen spanischen Besitzung Rio Muni. Theoretisch waren damit die Handelswege Kameruns erweitert worden; angesichts der geographischen und klimatischen Bedingungen war an eine Umsetzung in die Praxis freilich kaum zu denken.

Kamerun war jetzt um weitere 250.000 Quadratkilometer angewachsen, doch die wenigen Jahre, die der Kolonie noch unter deutscher Flagge verblieben, reichten bei weitem nicht aus, auch nur ansatzweise deutsche Herrschaft in den Neuerwerbungen durchzusetzen. Nach dem Ersten Weltkrieg wurde Kamerun als Treuhandgebiet des Völkerbundes zum größten Teil wieder auf seine alten Grenzen zurückgeführt.

KAMERUN
Fläche: 790 000 qkm Einwohner: 3,5 Mil.
TSCHAD-SEE 290m
Ft. Lamy
Dikoa
MANDARA
SCHARI
LOGONE
NIGERIA (brit.)
BENUE
Garua
Yola
ADAMAUA
Ngaumdere
1265m
Banjo
Kunde
Bamenda
2300m
Calabar
Kamerunberg 4070m
Buea
Duala
Fernando Poo (span.)
Edea
Jaunde 780m
Lolodorf
Lomie
Kribi
Batanga
FRANZÖS. ÄQUATORIAL-AFRIKA
Bangi
Rio Muni (brit.)
Bata
Wesso
AFRIKA
UBANGI
Libreville
FRANZÖSISCH ÄQUATORIAL-
SSANGA
KONGO-STAAT (belg.)
KONGO
Grenze bis 1911
Grenze nach 1911

2.3 OSTAFRIKA: Der hartnäckige Herr Peters

War die Gründung der deutschen Kolonie in Südwestafrika zunächst dem Einsatz Adolf Lüderitz' zu verdanken, so ist die Erwerbung Ostafrikas untrennbar mit dem Namen Carl Peters (1856 - 1918) verbunden. Wie Lüderitz brach auch Peters mit einer Handvoll Gesinnungsgenossen auf eigene Faust nach Afrika auf, und auch er zwang letztlich durch vollendete Tatsachen die Reichsregierung, seine Initiative im Nachhinein anzuerkennen. Doch während Lüderitz bald, nicht zuletzt durch seinen tragischen Tod, zu einem "Helden" der deutschen Kolonialgeschichte wurde, blieb Peters eine der fragwürdigsten und umstrittensten Persönlichkeiten in Übersee und im Reich.

Lüderitz' Unternehmungslust hatte, bei allen Unüberlegtheiten, stets etwas vom nüchternen Realismus des hanseatischen Kaufmanns an sich; Peters war und blieb eine Abenteuerernatur, die bedenkenlos die eigenen Interessen mit denen seiner Partner und sogar der ganzen Nation gleichsetzte. Der junge Geograph und Historiker war das typische Produkt der Gründungsjahre des Deutschen Reichs – er konnte und wollte die Welt nur durch die nationale bis chauvinistische Brille betrachten. In ihm vereinigte sich das pubertäre Selbstbewußtsein der jungen, kraftstrotzenden Nation mit der fast hysterischen Überempfindlichkeit des vermeintlich Zukurzgekommenen. Ähnlich dem gut zwei Jahre jüngeren Kaiser Wilhelm erschien ihm die Weltpolitik oft als eine gigantische Verschwörung, Deutschland den ihm zustehenden "Platz an der Sonne" zu verwehren. Nirgends war das für ihn deutlicher zu sehen als in der kolonialen Aufteilung der Erde.

Diese Haltung drückte er noch als fast 60jähriger so aus: "Für uns war das deutsche das kriegsstärkste Volk der Erde. Und wenn wir dann auf die Landkarten sahen und fanden, daß von allen europäischen Staaten dieses mächtige Land fast allein ohne jeden Kolonialbesitz war, oder, wenn wir ins Ausland kamen und fanden, daß der Deutsche der Mindestgeachtete unter den Völkern Europas war, dann mußte tiefe Beschämung unser Herz erfüllen und in der Reaktion sich unser Nationalstolz aufbäumen." Diese Haltung teilten im Deutschen Reich um 1880 nicht wenige junge Männer, und wie Peters verschlangen sie Abenteuer- und Forschungsberichte aus Afrika, etwa die eines Henry Morton Stanley. Peters beließ es nicht beim Träumen; er war entschlossen, seinen Beitrag dazu zu leisten, den "unerträglichen Zustand" zu beenden.

An Selbstbewußtsein fehlte es ihm nicht. In den schon zitierten Erinnerungen schreibt er auch: "'Wie sind Sie eigentlich dazu gekommen, in Ostafrika eine deutsche Kolonie zu gründen?' Wie oft ist diese Frage an mich gerichtet worden!

Wenn ich selbst auf meinen Lebenslauf zurückblicke, so wundert mich viel mehr, als daß ich Deutsch-Ostafrika gegründet habe, die umgekehrte Tatsache, daß ich nicht viel weitere Länderstrecken dem Deutschen Reiche zuführen konnte und daß es mir nicht gelungen ist, mir persönlich ein Reich nach meinem Geschmack zu erwerben."

Ein mehrjähriger Aufenthalt nach dem Abschluß seiner Studien bei seinem Onkel in England hatte Peters' Kolonialbegeisterung nur verstärkt. Die ganze Macht und den gesamten Reichtum des Inselreichs sah er in dem weltumspannenden Kolonialreich begründet – wollten die Deutschen den Briten einmal ebenbürtig werden, mußten sie ein gleichwertiges Übersee-Imperium schaffen. Daß man ein solches Imperium nicht aus dem Boden stampfen kann, daß das britische Empire nur deshalb so gut funktionierte und jetzt, am Ende des 19. Jahrhunderts, so profitabel war, weil es in Jahrhunderten gewachsen war, weil die Briten ungeheuere Erfahrungen in der Kolonialpolitik sammeln konnten – all das scheint dem Historiker Peters merkwürdigerweise nie recht klar geworden zu sein.

Der Onkel, ein naturalisierter Engländer, bot Peters übrigens an, sein Erbe und damit selbst britischer Staatsangehöriger zu werden. Über diesen Onkel war Peters auch mit dem britischen Handelsminister Joseph Chamberlain verwandt – zu einer Karriere unter dem "Union Jack" wären ihm also alle Türen offengestanden. Doch Peters lehnte ab, aus Nationalstolz wohl ebenso wie aus der Erkenntnis, daß ihm die wohlorganisierte englische Kolonialpolitik kaum die Freiheit lassen würde, ein "Reich nach seinem Geschmack" zu bilden.

Nach Deutschland zurückgekehrt, trat Peters 1882 sogleich mit einem Paukenschlag auf die eben entstehende koloniale Bühne. Mit einem pathetischen Aufruf wandte er sich an das deutsche Volk, das endlich seine kolonialen Versäumnisse aufholen sollte. Das Rezept dafür glaubte er in der britischen Kolonialgeschichte gefunden zu haben: Es waren kapitalkräftige kaufmännische "Abenteurergesellschaften" zu gründen, die in eigener Regie in den "Niemandsländern" der Erde Rechtstitel erwerben sollten, die dann wiederum vom Reich geschützt werden müßten.

Peters' Sprung in die Öffentlichkeit verursachte einiges Unbehagen, bei der Reichsregierung ebenso wie in den Kreisen des sich gerade bildenden Kolonialvereins, zu dem Peters zeitlebens eine herzliche Feindschaft erhalten blieb. Aber Peters fand auch Freunde und Helfer: Dr. Friedrich Lange, den Redakteur der "Täglichen Rundschau", den Juristen Dr. Karl Jühlke und Joachim Graf Pfeil. Letzterer war eine besonders wertvolle "Erwerbung"; da Pfeil mehrere Jahre als Farmer in Südafrika gelebt hatte und wenigstens etwas Erfahrung mit Land und Leuten des Schwarzen Kontinents einbrachte. Der Graf hatte auf Grund politischer Unsicherheit und wirtschaftlicher Krisen das Farmerleben aufgegeben und war nach Deutschland zurückgekehrt, um seinerseits für die Kolonialpolitik aktiv zu werden. Nach ersten Kontakten mit den Kreisen um Dr. Fabri, dem Inspektor der Rheinischen Missionsgesellschaft, wandte er sich schließlich Peters zu.

Die Erfahrungen Pfeils führten dazu, daß sich das Interesse der Peters-Gruppe auf das südöstliche Afrika richtete, auf das Hinterland der portugiesischen Kolonie Moçambique, das spätere Rhodesien. Die Vorlage entsprechender Pläne beim Auswärtigen Amt quittierte die Reichsregierung zunächst mit eisigem Schweigen und als Peters hartnäckig nachsetzte, im Sommer 1884 mit der brüsken Erklärung, daß das Reich alles Land südlich des Sambesi als britisches Interessengebiet ansehe und zu respektieren beabsichtige.

Peters, Pfeil & Co. waren in der Wartezeit nicht untätig geblieben. Sie hatten Vorträge und Versammlungen organisiert und auch schon etliche potentielle Geldgeber gefunden. Diesen mußte nun rasch ein neuer Kolonialplan vorgelegt werden. Man verfiel zunächst auf das Gebiet von Mossamedes nördlich der im Entstehen befindlichen Lüderitz-Kolonie Südwestafrika. Mossamedes lag aber eindeutig im portugiesischen Angola; das irritierte Auswärtige Amt erließ ein weiteres, geharnischtes Veto. In einer "Katastrophensitzung", wie sie Pfeil später nannte, traf man zwei rasche Entscheidungen: daß man sich auf das zentrale Ostafrika verlegen wollte und daß man die Reichsregierung vor vollendete Tatsachen stellen müsse.

Aber Peters und seine Freunde hatten inzwischen soviel öffentliches Interesse auf sich gezogen, daß ihre Bewegungen kaum geheimgehalten werden konnten. Die Expedition, die im Herbst 1884 aufbrach und aus Peters, Pfeil, Dr. Jühlke sowie einem der hoffnungsvollen Geldgeber, dem Kaufmann August Otto, bestand, reiste verkleidet nach Triest, um dort unerkannt ein Schiff zu besteigen. Die Komödie funktionierte freilich nicht: Als sie in Sansibar eintrafen, mußten sie erfahren, daß der dortige deutsche Konsul, William O'Swald, bereits ein Telegramm vorliegen hatte, in dem Bismarck darauf hinwies, daß "der p. p. Peters . . . weder einen Anspruch auf Rechtsschutz für eine Kolonie noch auch Garantie für sein eigenes Leben habe." O'Swald verbot der Expedition ausdrücklich, auf das Festland überzusetzen, aber ein Peters war mit verbalen Protesten nicht zu stoppen.

Wie stellte sich die politische Lage nun in dem Gebiet dar, das Peters, mehr oder weniger freiwillig, zur Erfüllung seines Kolonialreich-Traums ausgewählt hatte? Lüderitz hatte sich für einen Küstenstreifen entschieden, der nach europäischen Vorstellungen tatsächlich "Niemandsland" war. In Ostafrika lagen die Verhältnisse sehr viel komplizierter.

Im Gegensatz zur Westküste Afrikas war der Osten nie in den gleichen Schatten der Weltgeschichte gefallen. Seitdem ab der Mitte des 2. Jahrtausends v. Chr. die Pharaonen Ägyptens Handelsexpeditionen in das "Land Punt" entsandt hatten, bestanden Verbindungen zum südöstlichen Mittelmeerraum. (Die Lage von "Punt" ist zwar noch immer nicht eindeutig geklärt, doch auf Grund der Darstellungen der Handelsgüter auf ägyptischen Reliefs muß es ein äquatorial- bis südafrikanisches Land gewesen sein.) Beträchtlichen Auftrieb erhielten diese Kontakte durch die Ausbreitung der Araber seit dem Wirken Mohammeds. Sie machten die Küsten des Indischen Ozeans zu ihrem Handelsimperium und errichteten dort punktuelle Herrschaftszentren.

Eines der bedeutendsten wurde die Insel Sansibar, die bald wichtige Ströme des Dreieckhandels zwischen Arabien, Indien und Ostafrika an sich zog. Höhepunkt des Handelsimperiums von Sansibar wurde die Regierungszeit des Sultans Seyyid Said, der 1840 seine Residenz vom arabischen Maskat auf die Insel verlegte. Das ostafrikanische Araberreich blieb allerdings auf den Handel ausgerichtet: Die islamischen Händler ließen sich nur weit verstreut in einzelnen Stützpunkten an der Küste (Dar-es-Salam, Tanga) oder im Binnenland (Tabora, Udjidji am Tanganijka-See) nieder und begnügten sich damit, die Eingeborenen in loser Abhängigkeit zu halten. Überhaupt waren die Eingeborenen für die Araber weniger als Untertanen denn als "Ware" interessant: Ostafrika bildete das wichtigste "Nachschubgebiet" für den arabischen Sklavenhandel. Wie in Westafrika, läßt sich auch hier der ganze Umfang des grausamen Geschäfts mit der Ware Mensch nur schätzen; man vermutet, daß zwischen 1850 und 1870 jährlich 20.000 bis 30.000 Neger die Küstenstädte zur Verschiffung erreichten. Da auf jeden verkauften Sklaven wohl drei bis fünf Tote zu rechnen sind – Opfer der Überfälle auf die Dörfer und "Transportverluste" –, zählten die Opfer des Sklavenhandels auch in Ostafrika Millionen. Die relativ dünne Besiedlung des Landes bei der Ankunft der Weißen ist nur durch diesen ständigen Blutverlust zu erklären.

Denn Ostafrika bietet dem "homo sapiens" recht gute Lebensbedingungen. Das Küstenland ist zwar tropisch heiß, aber außerordentlich fruchtbar, was schon die Araber, später die Europäer zur Anlage von Kautschuk-, Indigo- und anderen Plantagen veranlaßte. Hinter der Küste steigt das Land bald zu einer Hochebene zwischen 1000 und 2000 Metern über dem Meer an, wo entsprechend angenehme Klimabedingungen bestehen. Hier wurden auch die bislang ältesten Überreste von Urmenschen gefunden. Im trockenen Norden des späteren Kolonialgebiets herrscht Grasland vor, das vor allem Viehzüchtern – und unzähligen Wildtieren – eine Lebensgrundlage bietet, während entlang der Flußläufe und Seen des Westens und Südens ertragreicher Ackerbau möglich ist.

Die Ackerbauern Ostafrikas gehörten zum größten Teil seßhaften Stämmen des Bantuvolks an. Da Ostafrika ein offenes Land ohne bedeutende natürliche Grenzen und Barrieren ist, wurde ihre friedliche Welt immer wieder empfindlich gestört und zerstört: In den Steppen des Nordens breiteten sich die Viehzüchter vom nilotischen Stamm der Massai immer weiter aus und waren mit ihren Raubzügen der Schrecken der Bauern. Im Süden drangen gleichzeitig ebenso kriegerische Angehörige des Zulu-Volks nach Norden vor und errichteten, wo sie die Siedlungen nicht in Schutt und Asche legten, typische Erobererstaaten. Ihr Auftreten förderte dann allerdings auch bei den ansässigen Bantustämmen die Ausbildung von Kriegerkulturen nebst dazugehörigen Herrschaftsformen, etwa bei den Wahehe.

Die Fähigkeit, sich verteidigen und zurückschlagen zu können, wurde mit der Ausbreitung des arabischen Sklavenhandels zur noch bittereren Notwendigkeit. Nur ein kleiner Teil des "Sklavenmaterials" wurde von den Arabern durch persönlich geführte Raubzüge eingebracht. Gewöhnlich arbeiteten die Händler, wie auch in Westafrika, mit Stammeshäuptlingen – die dann gerne den arabischen Titel "Sultan" übernahmen – zusammen. So führten Afrikaner die Raubzüge gegen andere Afrikaner aus, denn nur für die Beute erhielten sie die Waffen, die sie dazu benötigten, sich selbst gegen Überfälle schützen zu können. Und diese Waffen wandten sich dann auch gegen die einheimische Tierwelt – Elfenbein war neben Sklaven der wichtigste Exportartikel Ostafrikas für die arabischen Händler.

Die durch Krieg und Raubzüge entstandenen Eingeborenenreiche waren selten von langer Dauer – dafür sorgten schon die einflußreichen Händler. Außerordentlich stabil war jedoch das Watussi-Reich, das sich im Bergland von Ruanda und Urundi – weitab von der "gefährlichen" Küste – ausgebildet hatte. Dort hatten die Krieger-Hirten vom nilo-hamitischen Stamm der Watussi die Bauern vom Bantu-Stamm der Bahutu unterworfen und ein außerordentlich strikt regiertes Priester-Königreich geschaffen, mit Strukturen, die an den europäischen Feudalismus erinnern. Die Watussi stellten dabei nur 4 Prozent der Bevölkerung.

Der jahrhundertelange arabische Einfluß an der Küste hatte dort eine eigene Mischrasse entstehen lassen, die Suaheli, die ihrerseits eine wichtige und dynamische Mittlerrolle zwischen den Arabern und Afrikanern übernahmen. (Die Bedeutung dieser Rolle wird schon aus der heutigen weiten Verbreitung ihrer Sprache ersichtlich.) Als Moslems waren die Suaheli vor der Versklavung sicher, auch begannen sie, Handwerk und Ackerbau über den unmittelbaren Eigenbedarf hinaus exportorientiert zu betreiben. Ein weiterer ethnographischer Farbtupfer Ostafrikas war ebenfalls dem arabischen Handel im Indischen Ozean zu verdanken: In den Geschäftszentren ließen sich Inder nieder, die durch ihre große ökonomische Dynamik bald große Teile des Handels und der Finanzgeschäfte an sich zogen. Darunter sollten nicht zuletzt die Araber leiden: Seit dem Tod Sayyid Saids (1859) ging es mit Sansibar bergab.

KOLONIEN IN AFRIKA

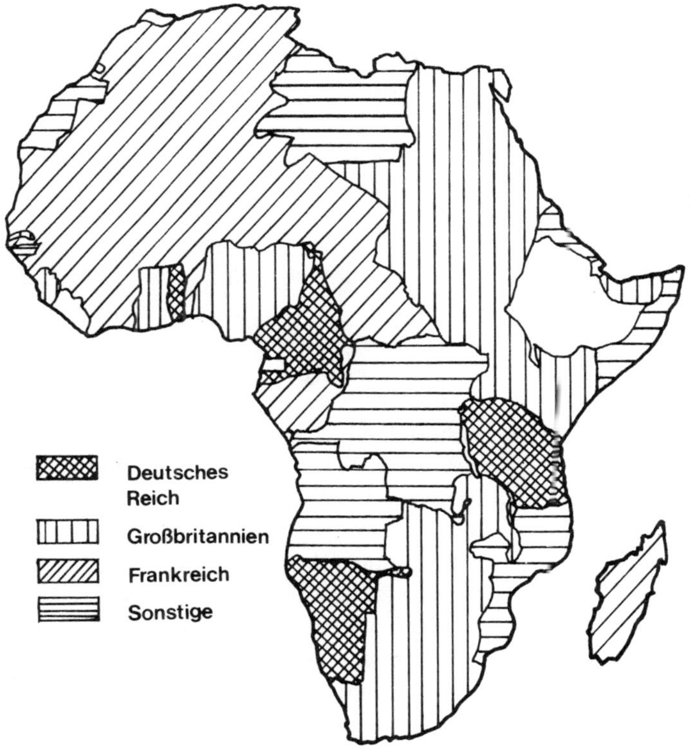

Als "Nachzügler" der Aufteilung Afrikas im Zeitalter des Imperialismus konnte das Deutsche Reich nur verstreut Kolonien anlegen. Die traditionellen Kolonialmächte sicherten sich dagegen große zusammenhängende Komplexe: Frankreich in Westafrika, Großbritannien entlang der "Kap-Kairo-Linie".

Dabei hatte die Insel schon unter seiner Regierung begonnen, das verstärkte Interesse der Weißen zu wecken; der Sultan schloß Handelsverträge mit den USA, Großbritannien und Frankreich, seit 1844 liefen auch deutsche Schiffe, vor allem aus den Hansestädten, die Insel an. Gleichzeitig konnte der Sultan verhindern, daß sich die Europäer an der Festlandsküste niederließen und dort Faktoreien errichteten. Die Großmächte respektierten Ostafrika als Einflußsphäre der Araber – bis Carl Peters kam.

Und doch hatte das Erscheinen der Europäer tiefgreifende Folgen für die Machtstellung des Sultans: 1869 war der Suez-Kanal eröffnet worden; die Kontakte zwischen Ostafrika und Europa vermehrten sich schlagartig und gewannen zudem an Intensivität. Sansibar stieg von einem etwas "toten Winkel" in Welthandel und -politik zur wichtigen Flankenstellung am Seeweg nach Indien und Ostasien auf. Logischerweise wuchs das Interesse der Briten an dem Sultanat, die allen Staatswesen eine besondere Aufmerksamkeit – und Empfindlichkeit – entgegenbrachten, die zwischen dem Mutterland und Indien, der "Perle des Empires", lagen. Aus weltpolitischen Gesichtspunkten war Ostafrika also kein "Niemandsland"; entsprechend groß war das Unbehagen Bismarcks über die Aktivitäten von Peters & Co. Oberstes Prinzip seiner vorsichtigen Kolonialpolitik war für den Reichskanzler, Konflikte mit den Briten zu vermeiden – Peters mußte ihm als Elefant im internationalen Porzellanladen erscheinen!

Die Briten hatten sich in Sansibar bald festgesetzt – auf mehr indirekte Weise, aber nichtsdestoweniger erfolgreich. Zugute kamen ihnen dabei die inneren Schwächen des Sultanats. Nach längeren Thronwirren errang 1870 Sultan Bargasch die Herrschaft über die Insel, doch ein starker Herrscher konnte er während seiner ganzen Regierungszeit (bis 1895) nicht werden. Immer häufiger griffen die Briten in die inneren und wirtschaftlichen Verhältnisse der Region ein; bereits 1873 konnten sie das Verbot des Sklavenhandels durchsetzen – ein tödlicher Schlag für die Araber in Sansibar. Nicht, daß der Sklavenhandel damit schon beendet gewesen wäre – bis zur Etablierung der deutschen Herrschaft florierte der Schmuggel mit der Ware Mensch vom Festland aus weiter, doch dieser Handel und seine Gewinne liefen jetzt an Sansibar vorbei. Damit brach der Einfluß des Sultans und seiner Verbündeten über die Eingeborenenstämme zusammen: Wie konnte man die Araber noch respektieren, wenn sie keine Waffen und Tauschgüter mehr lieferten? Dieser Mangel an Nachschub schwächte auch die Stellung der Stammeshäuptlinge, die ihre Untertanen nicht mehr in gewohntem Umfang belohnen und bewaffnen konnten. Die mächtigsten Männer in Ostafrika wurden jetzt die "unabhängigen" Sklavenjäger wie Buschiri oder Tippu Tib, die sich auf die Suahelis an der Küste stützten und mit ihren Raubzügen das Binnenland terrorisierten.

Der Wegfall der einträglichsten Einnahmequelle führte zudem dazu, daß sich mehr und mehr arabische Händler bei den ansässigen Indern verschuldeten – zum politischen Niedergang trat der wirtschaftliche. Den einzigen Ausweg aus dem Machtverfall sah der Sultan in einer engeren Anlehnung an die Europäer, um mit deren Hilfe seine Autorität zu festigen. Bereits 1874 bot Bargasch dem Deutschen Reich an, das Protektorat über sein Sultanat zu übernehmen, ein Ersuchen, das freilich ebenso abgelehnt wurde wie die gleiche

Bitte, die Bargasch 1877 an London richtete. Die Briten sahen keine Notwendigkeit, sich mehr zu engagieren, als sie es für notwendig erachteten: War der wichtigste außenpolitische Berater des Sultans doch der britische Generalkonsul, standen die Truppen des Sultans doch unter dem Kommando eines Briten.

Sie hatten nicht mit der Entschlossenheit von Carl Peters gerechnet, der sich weder durch Warnungen noch durch Drohungen abhalten ließ, zum Festland überzusetzen. Die immerhin nominelle Oberhoheit des Sultans von Sansibar über die Küste ließ es Peters und seinen Begleitern angeraten erscheinen, ihre Aktivitäten erst im Hinterland zu beginnen. Sie marschierten, von 36 bewaffneten Trägern begleitet, von Sadani an der Küste los und mußten nicht lange nach kooperationswilligen Häuptlingen suchen. Die zerrütteten und gefährlichen Verhältnisse mußten das Auftauchen von Weißen, die Schutz und Pensionen versprachen, als hochwillkommen erscheinen lassen.

Dieser Schutz war freilich eine höchst fragwürdige Sache, da Peters nur als Privatmann für seine "Gesellschaft für deutsche Kolonisation" auftreten durfte – gedurft hätte. Doch Peters ließ bei allen Vertragsabschlüssen die Reichsfahne aufziehen und mit pseudomilitärischem Zeremoniell Gewehrsalven abfeuern – auch um, wie er später zugab, "den Eingeborenen vor Augen zu führen, was sie bei Vertragsbrüchigkeit erwarten würde." Die Eingeborenen mußten also den Eindruck gewinnen, daß sie unter dem Schutz des "großen Sultans von Deutschland" standen.

Dieser Schwindel sowie der großzügige Einsatz von Geschenken und Alkohol ermöglichten es Peters, in nur einer Woche Schutzverträge über ein Gebiet von der Größe Süddeutschlands abzuschließen. In den Verträgen sicherte sich die Gesellschaft für Kolonisation "für ewige Zeiten" und ohne jede Einschränkung das Recht, Farmen anzulegen, alle Boden- und Naturschätze auszubeuten, eine eigene Verwaltung, Rechtssprechung, Zoll- und Steuerbehörden einzurichten. Peters legte besonderen Wert darauf, daß sich die Eingeborenen auch zu Arbeits- und Militärdienst verpflichteten – in der einheimischen Arbeitskraft sah er einen der wichtigsten "Rohstoffe" des Landes.

Durch diese raschen Erfolge war Peters' Handstreich geglückt: Er hatte international gültige Rechtstitel erworben, ehe seine Gegenspieler, die Briten und der Sultan von Sansibar, überhaupt reagieren konnten. Doch Eile tat weiterhin not: Erst die nachträgliche Deckung seines eigenmächtigen Vorgehens durch die zweifellos verärgerte Reichsregierung konnte das Überleben der im Entstehen begriffenen Kolonie sichern. Außerdem verlangte die dünne Finanzdecke der Gesellschaft – von den Anteilscheinen zu 5.000 RM waren gerade 35 Stück abgesetzt worden – dringend einer Verstärkung. Mit der Vorlage der ersten Erfolge sollte dies eher möglich sein! Pfeil und Otto blieben im Busch, während Peters mit Jühlke nach Sansibar zurückkehrte.

Schon am 5. Februar traf Carl Peters – ebenso gefeiert wie angegriffen – wieder in Berlin ein. Und nur drei Wochen später war er am Ziel seiner Hoffnungen: Wilhelm, von Gottes Gnaden Deutscher Kaiser, König von Preußen, stellte die Gebietserwerbungen der Gesellschaft für deutsche Kolonisation "westlich von dem Reiche des Sultans von Sansibar außerhalb der Oberhoheit anderer Mächte" unter Seinen Kaiserlichen Schutz. Dieser Erlaß vom 25.2. 1885 ist ein höchst ungewöhnliches Dokument, zum einen wegen der Schnelligkeit, mit der die Reichsregierung den Kurswechsel bezüglich Ostafrikas vollzog, zum anderen, weil in dieser Charta der Gesellschaft keinerlei Auflagen gemacht wurden, etwa daß sie kein Handelsmonopol errichten dürfe oder daß sie für das Wohl der Eingeborenen Sorge tragen müsse. Die Gesellschaft, die am 2.5.1885 in "Deutsch-Ostafrikanische Gesellschaft Carl Peters und Genossen" (DOAG) umbenannt wurde, hielt so die vollen Hoheitsrechte über ihre Erwerbungen in den Händen – mit allen Konsequenzen, was bald genug zu ihrem Untergang führen sollte.

Während Peters in Berlin noch seinen Erfolg feierte und weitere Erwerbungspläne schmiedete, spielte sich in Afrika eine Tragödie ab, die das ganze Unternehmen beinahe zum Scheitern brachte: Tropisches Fieber, die gefährliche Geißel des Landes, hatte die Zurückgebliebenen befallen. Otto erlag der Krankheit, und Pfeil wurde nur durch die zufällige Begegnung mit einem vorbeireisenden Franzosen gerettet, der die notwendigen Medikamente mit sich führte. Kaum war Pfeil einigermaßen wiederhergestellt, wurde eines der Dörfer im Schutzgebiet von einem arabischen Sklavenhändler überfallen. Mit einer rasch zusammengerafften Truppe konnte Pfeil dem Räuber seine Beute wieder abjagen und den Eingeborenen so demonstrieren, daß sie ihre Verträge nicht umsonst abgeschlossen hatten. Dieser Beweis wurde umso notwendiger, als sich der Sultan zu Gegenaktionen aufzuraffen begann und Truppenabteilungen entsandte, die seine Flagge in den "besetzten" Gebieten zeigen sollten. Pfeil konterte mit der erneuten Demonstration der Reichsflagge – obwohl ihn die Nachricht von der Schutzbrieferteilung noch nicht erreicht hatte. Die verunsicherten Soldaten des Sultans zogen sich zurück; der Deutsche mußte in den Augen der Einheimischen als der Sieger und tatsächliche Herr des Landes erscheinen.

Mit kaiserlichem Schutz und mit einem Kapital von nunmehr 4 Millionen Mark ausgerüstet, ging die DOAG daran, von ihrem Kerngebiet aus weitere Verträge abzuschließen. Jühlke, der in Sansibar als Bevollmächtigter der Gesellschaft geblieben war, konnte so im März 1885 von Sultan Mandara von Dschaggaland einen Vertrag unterzeichnen lassen, der das fruchtbare Gebiet von Usambara am Fuß des Kilimandscharo unter die Kontrolle der DOAG brachte. Überall tauchten jetzt die Agenten der Gesellschaft auf: Pfeil stieß zum Njassa-See vor, Jühlke ins Gebiet des Victoria-Sees, wo er freilich von Eingeborenen erschlagen wurde. Eine weitere Expedition drang entlang der Somaliküste vor, während ein eigenes Konsortium unter der Leitung der Gebrüder Denhard das Witu-Land im nördlichen Kenia erwarb – Peters Vision von einem deutschen Großreich in Ostafrika schien tatsächlich Gestalt anzunehmen.

Das Hauptproblem blieb der Zugang zur Küste, über die der Sultan von Sansibar weiterhin die Hoheit beanspruchte. Das Deutsche Reich hatte mit Gerhard Rohlfs ein weiteres renommiertes Mitglied seiner Forschergarde zum Generalkonsul in Ostafrika ernannt. Rohlfs (1831 - 1896) hatte sich mit der ersten Nord-Süd-Durchquerung Nordafrikas von Tripolis bis Lagos zwischen 1865 und 1867 einen Namen gemacht. Seine erste Aufgabe als Kolonialpolitiker bestand nun darin, Sultan Bargasch die offizielle Nachricht von der Erteilung des kaiserlichen Schutzbriefs zu überreichen. Der Sultan protestierte und begann, verstärkt Truppen in die Küstenstädte zu verlegen. Das Reich antwortete mit der Entsendung eines ansehnlichen Flottengeschwaders, daß dem Sultan seine Ohnmacht gegen europäische Gewalt nachdrücklich vor Augen führte. Und da ihm seine britischen Freunde nicht mehr als eine verbalunverbindliche Unterstützung boten, mußte sich Bargasch zur Aufnahme von Verhandlungen bequemen. An deren Ende erkannte der Sultan die Schutzverträge an und erlaubte der DOAG sogar, die Häfen Pagani und Dar-es-Salam mitzubenutzen – die unerläßliche Voraussetzung für den weiteren Ausbau der Kolonie. Immerhin kamen die Briten dem Sultan wenigstens diplomatisch zu Hilfe: In einem Abkommen vom November 1886 wurden die gegenseitigen Interessenssphären abgegrenzt, gleichzeitig aber auch die Souveränität des Sultans über die Inseln und einen zehn Meilen breiten Küstenstreifen festgeschrieben – seitens der Briten wohl ein letzter Versuch, sich durch eine Hintertür die "Kap-Kairo-Linie" offenzuhalten. Einige Wochen später konnte auch die Südgrenze der Kolonie in einem Vertrag mit Portugal definiert werden.

Peters, der im März 1887 Präsident der DOAG wurde, reagierte auf diese Abmachungen mit unverhülltem Zorn. Für ihn erschien die Kolonialabteilung im Auswärtigen Amt nur noch als eine Versammlung von Intriganten, deren einziges Ziel es war, ihm Steine in den Weg zu legen.

Er kehrte nach Sansibar zurück und konnte dort im Juli 1887 tatsächlich einen Vertrag abschließen, der der DOAG für 50 Jahre die Hoheitsrechte des Küstenstreifens ohne jede Einschränkung übertrug – zweifellos eine diplomatische Meisterleistung, mußte Peters in Sansibar doch als "Feind Nummer 1" erscheinen. Doch zu seiner Erbitterung erlebte Peters in Berlin, daß die Regierung die Ratifizierung dieses Vertrags in der vorliegenden Form verweigerte und zahlreiche Modifikationen – "Verballhornungen", wie es Peters nannte –

durchsetzte. Aber auch innerhalb der Gesellschaft stieß Peters auf wachsende Widerstände, was er schließlich 1888 mit seinem Rücktritt quittierte.

Peters erlebte so nur als Zuschauer mit, wie die DOAG in ihre große und fatale Krise stürzte. Wie in den anderen Kolonialgebieten welkten auch in Ostafrika die Blütenträume rasch, durch die Ausbeutung der Boden- und Naturschätze schnelle Gewinne zu erreichen. Dafür war zunächst der Aufbau einer Infrastruktur notwendig und damit hohe Investitionen, die die Finanzen der Gesellschaft erheblich strapazierten. Die Vertreter des DOAG verfielen daher darauf, zunächst die Hoheitsrechte auszuschöpfen, also Steuern und Zölle zu erheben. Mit deutscher Gründlichkeit wurden Grundbücher angelegt, in denen die Einheimischen ihren Landbesitz eintragen mußten; in den Küstenstädten tauchten Zollbeamte der DOAG auf, um unter der Flagge der Gesellschaft die Abgaben einzuziehen.

In der Hafenstadt Pagani wurde diese Flaggenhissung und die Beseitigung der Flagge des Sultans im Dezember 1888 zum Funken, der den großen Araberaufstand unter der Führung Buschiris auslöste. Entlang der ganzen Küste gingen die Stützpunkte der DOAG, aber auch Missionsstationen in Flammen auf; zahlreiche deutsche Staatsangehörige kamen ums Leben. Dieser Araberaufstand trug ausgesprochen reaktionäre Züge: Er war die Revolte einer relativ dünnen Oberschicht, die ihre privilegierte Stellung verteidigen wollte. Grundlage ihres Wohlstands und ihrer Macht waren der Sklavenhandel und die mit reichlicher Korruption durchsetzte traditionelle Verwaltung des Landes gewesen. Aus ihrer kompromißlosen Ablehnung des Sklavenhandels hatten die Europäer ja nie ein Hehl gemacht; das nicht immer sehr taktvolle Auftreten der DOAG als Hoheitsträger konnte bei den Arabern endgültig keinen Zweifel mehr darüber bestehen lassen, daß sie unter den neuen Herren ihre alte Rolle ausgespielt hatten.

Seine ersten, durchschlagenden Erfolge konnte Buschiri freilich nur dadurch erreichen, daß er auch unter den lokalen Machthabern Verbündete fand, etwa Bana Heri, den Sultan von Useguha. Die lange Zusammenarbeit zwischen Sklavenhändlern und Sultanen spielte bei solchen Bündnissen ebenso eine Rolle wie die arabisch-islamische Zusammengehörigkeit. Binnen weniger Wochen beherrschte Buschiri das gesamte Küstenland; die kaum etablierte Herrschaft der DOAG war völlig zusammengebrochen, lediglich in den Hafenstädten Dar-es-Salam und Bagamoyo wehte noch die Fahne der Kompanie.

Das weitere Schicksal der Kolonie lag damit in den Händen der Reichsregierung, die bislang in Ostafrika keinerlei Einfluß nehmen konnte und wollte. Zum ersten Male mußte Bismarck erleben, daß sein Konzept einer "Kolonisation durch Kaufleute" gescheitert war. Es gab nur zwei Möglichkeiten: Entweder das Reich verweigerte die direkte Intervention und überließ die DOAG

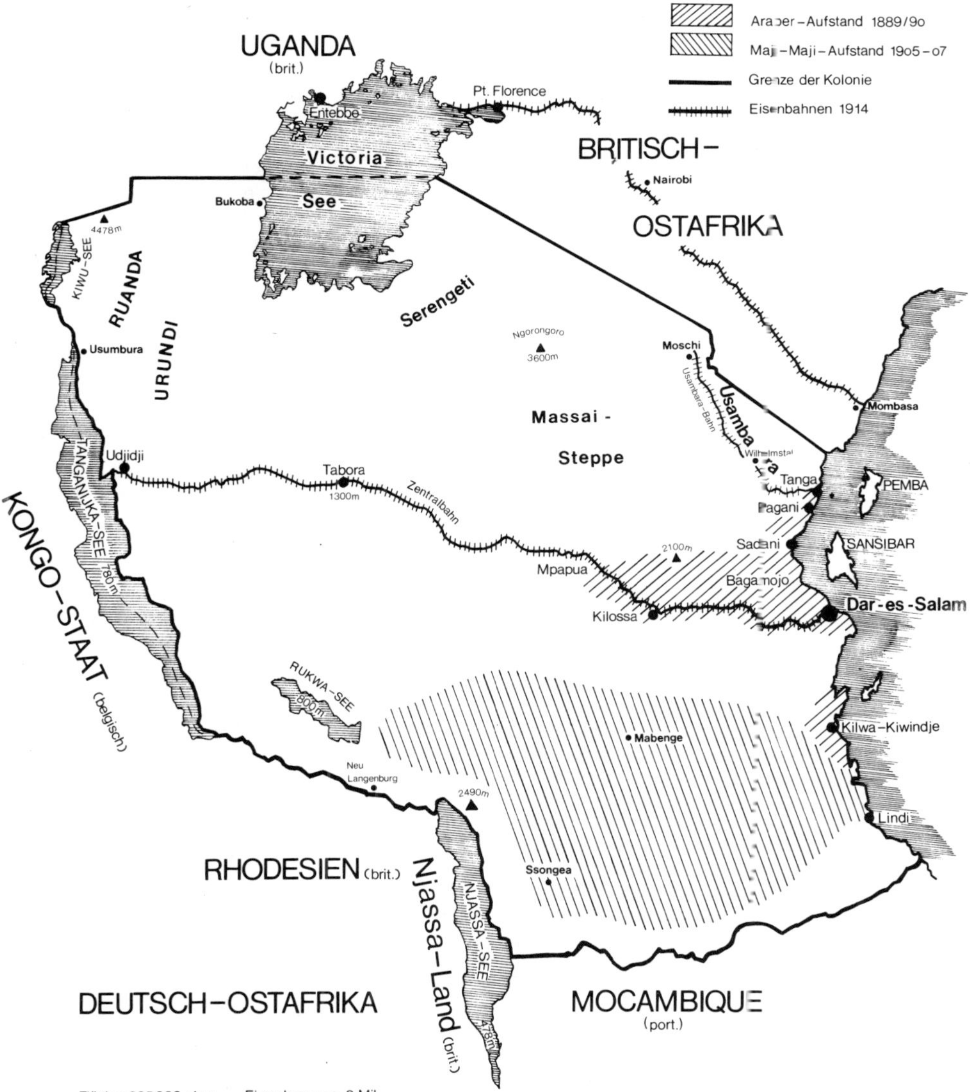

Fläche: 995000 qkm Einwohner: ca. 8 Mil.

und Ostafrika ihrem Schicksal – das wahrscheinlich die Besetzung durch Großbritannien gewesen wäre –, oder es entsandte auf eigene, beträchtliche Unkosten Truppen. Der Rückzug konnte weder aus innenpolitischen noch außenpolitischen Gründen geraten sein, also wurde dem Reichstag ein Antrag auf die Bewilligung von 2 Millionen RM zur Errichtung einer Kolonialtruppe vorgelegt. Die Bewilligung erfolgte am 30. Januar 1889. Das Reich hatte zwar Großbritannien unter dem Schlagwort "Kampf dem Sklavenhandel" zu einer gemeinsamen Blockade der Küste gewinnen können, aber angesichts des riesigen Hinterlandes konnte man Buschiri natürlich nicht aushungern, zumal auch der Sultan von Sansibar sich als alles andere denn kooperationsbereit erwies. Buschiri mußte mit direkten militärischen Aktionen niedergeworfen werden.

Diese nicht leichte Aufgabe wurde dem neuernannten "Reichskommissar" Hermann Wissmann (1853 - 1905) anvertraut. Der ehemalige preußische Leutnant war ebenfalls vom "Afrikafieber" gepackt worden und hatte sich recht erfolgreich in die Garde der Forscher eingereiht: Zwischen 1880 und 1882 gelang ihm als ersten Europäer die West-Ost-Durchquerung des tropischen Afrika von Luanda bis Sansibar. Danach erforschte er im Auftrag des belgischen Königs das Kongobecken, ehe er nach Deutschland zurückkehrte und gleich den schwierigen Auftrag erhielt. Wissmanns Erfahrungen glichen die Unerfahrenheit des Reichs mit jeder Art von Kolonialkrieg erfolgreich aus. Der Reichskommissar bestand darauf, daß seine Truppe zum größten Teil aus Afrikanern rekrutiert wurde, vor allem aus Sudanesen, die durch die anglo-ägyptische Militärschule gegangen waren. Ergänzt wurden die Sudanesen von den ersten ostafrikanischen "Askaris". Weiße Soldaten mochte Wissmann eigentlich nur an Bord der Flotte sehen, die seinen Aktionen von See her Feuerschutz gab.

Dieser Feuerschutz kompensierte dann auch die ständige zahlenmäßige Unterlegenheit der Reichstruppen. Denn Buschiri und seine Rebellen konnten sich letztlich nur in ihrem Stammgebiet an der Küste sicher fühlen. Wurden sie, wie es dann geschah, von Wissmann ins Landesinnere abgedrängt, stießen sie dort mit den Negerstämmen zusammen, ihren alten Opfern. Widerstand quittierten sie mit den gewohnten Massakern und erleichterten es so den Reichstruppen, als Schutzmacht und Ordnungsstifter zu erscheinen. Die Niederwerfung des Aufstands wurde dennoch zu einer langen und blutigen Angelegenheit. Zwar konnte Buschiris Hauptquartier bei Bagamoyo schon im Mai 1889 gestürmt werden, doch der Rebellenführer entzog sich immer wieder erfolgreich seinen Verfolgern und konnte erst im Dezember gefaßt werden. Auf Grund der erwähnten Gewalttaten wurde ihm der Prozeß gemacht, am 15. Dezember 1889 endete der Sklavenhändler durch den Strang.

Aber Buschiri war nur ein Vertreter der um ihre Stellung kämpfenden Herrenschicht gewesen; es bedurfte noch zahlreicher blutiger Gefechte, bis im Mai 1890 mit Kilwa der letzte Stützpunkt der Rebellen kapitulierte. In diesen Monaten bewährte sich Wissmann nicht nur als Truppenführer, sondern auch als Diplomat. Er konnte manches Blutvergießen abkürzen, indem er auf die Friedensfühler von Sultanen einging. Er beließ sie in Amt und Würden, solange sie sich nur der deutschen Oberherrschaft unterwarfen.

Der Führer des Araberaufstands in Ostafrika, Buschiri.

In vieler Hinsicht erwies sich der Araberaufstand als Hilfe bei der Etablierung der deutschen Herrschaft: Zum einen veranlaßte er die Reichsregierung zum massiven Einsatz eigener Mittel, wie sie dann zur Durchdringung des riesigen Kolonialgebiets notwendig waren. Desweiteren war der arabische Sklavenhandel mit all seinen wirtschaftlichen und machtpolitischen Verknüpfungen gründlich zerschlagen worden, und damit hatte auch der Einfluß Sansibars ein rasches Ende gefunden. Im Kampf gegen den gemeinsamen Gegner waren sich Afrikaner und Deutsche näher gekommen und erstere leichter bereit, die neuen Machtverhältnisse anzuerkennen. Auch die "Waffenbrüderschaft" zwischen deutschen Offizieren und Askaris war so fest begründet worden, daß sie bis 1918 Bestand haben sollte.

Die DOAG war bei all diesen Ereignissen nur ohnmächtiger Zuschauer gewesen. Wollte sie ihre alte Rolle wieder übernehmen, hätte sie dem Reich zunächst einmal die Kriegskosten von über 9 Millionen RM ersetzen müssen. Das überstieg bei weitem ihre Verhältnisse. Der Gesellschaft blieb nur noch die Selbstauflösung, die im November 1890 auch vollzogen wurde. Offiziell übernahm das Reich zum 1. Januar 1891 die direkte Verwaltung der Kolonie.

Daß die Reichsregierung das Kolonialgebiet als "Eigentum" betrachtete, war freilich schon ein halbes Jahr zuvor sichtbar geworden, auf eine Art und Weise, die die selbsternannten Kolonialstrategen in Deutschland fast zur Weißglut brachte. Bismarcks Nachfolger Leo Graf von Caprivi betrachtete es als wichtigste Aufgabe der Außenpolitik, mit Großbritannien zu einer einvernehmlichen Regelung strittiger Fragen zu kommen, und dazu gehörte, wie gesagt, zuerst die klare Abgrenzung der jeweiligen Einflußsphären in Afrika. Neben einigen kleineren Korrekturen in den anderen Kolonialgebieten (siehe vorhergehende Kapitel) war eine solche Grenzziehung vor allem in Ostafrika vonnöten. Im Sansibarvertrag vom 1.7.1890 wurden die Grenzen Deutsch-Ostafrikas festgelegt, wie sie dann bis zum 1. Weltkrieg Bestand haben sollten: Die Grenze zu Rhodesien und zum belgischen Besitz im Kongobecken verlief durch die Seen Njassa, Tanganijka und Kiwu im Großen Ostafrikanischen Grabenbruch. Vom Watussi-Reich in Ruanda wurde eine gerade Linie durch die Mitte des Victoria-Sees gezogen, die dann nach Südosten zum Kilimandscharo abbog und nördlich von Tanga den Indischen Ozean erreichte. Die Briten erhielten damit Uganda und das Gebiet um die Nilquellen ebenso zugesprochen wie die Erwerbungen des Denhard-Konsortiums im Witu-Land. Gleichzeitig wurde das britische Protektorat über Sansibar und die von ihm abhängigen Inseln anerkannt, während die Briten die Insel Helgoland an das Deutsche Reich übergaben.

Das Reich hat im Sansibarvertrag zweifellos Abstriche bei manchen hochfliegenden Plänen hingenommen. Caprivi schienen diese Opfer aber durchaus gerechtfertigt in Hinblick auf ein gutes Einvernehmen mit den Briten und den unkontrollierten Zugang zur Deutschen Bucht. Und mußte man den Engländern den endgültigen Verzicht auf die "Kap-Kairo-Linie" nicht in irgendeiner Form versüßen?

Solche größeren Zusammenhänge den großmachtbesessenen Kreisen um den Kolonialverein klar machen zu wollen, war freilich vergebene Liebesmüh'. Die nationalistische Presse schäumte über den "Ausverkauf deutscher Interessen", und Caprivi sah sich übelster Beschimpfungen ausgesetzt. Zu den gemäßigteren Kritikern des Vertrags gehörte übrigens auch Wissmann, der in der Aufgabe Sansibars die unnötige Zerstörung von in Jahrhunderten gewachsenen Verbindungen sah. Die Reichsregierung quittierte diese Kritik mit der Abberufung Wissmanns, als dieser gerade einen der üblichen Stammeskonflikte im Kilimandscharogebiet unterdrückt und auch dort die neue Militärmacht demonstriert hatte. Nach Caprivis Abschied kehrte Wissmann in seiner alten Funktion nach Ostafrika zurück und leistete wesentliche Beiträge zur Erforschung und Unterwerfung der westlichen Bezirke um die großen Seen.

Weniger vornehm als der Reichskommissar kommentierte Carl Peters den Sansibar-Vertrag. In seiner schon an Verfolgungswahn grenzenden Empfindlichkeit schien ihm der einzige Zweck des Abkommens zu sein, ihn einmal mehr um den Lohn seiner Mühen zu bringen! Unmittelbar nach seinem Ausscheiden aus der DOAG war Peters erneut nach Ostafrika aufgebrochen, um zum zweiten Mal ein Reich "nach seinem Geschmack" zu schaffen. Der Raum, in dem er dies zu verwirklichen hoffte, war das Land um die Nilquellen, also Uganda und der südliche Sudan. Traditionell, aber ebenso nominell, unterstand der gesamte Lauf des Nils der Herrschaft des "Khedive", des osmanischen Vizekönigs in Ägypten. 1865 war der deutsche Arzt und Afrikaforscher Dr. Eduard Schnitzer zum Islam über- und in ägyptische Dienste eingetreten und nannte sich fortan Emin Pascha. Diesen Emin Pascha berief der Khedive 1875 zum Gouverneur der Äquator-Provinz im südlichsten Sudan.

Während Emin Pascha weitab am Oberen Nil Forschung und Verwaltung zu vereinen suchte, spielten sich weiter im Norden entscheidende Entwicklungen ab. 1882 war Ägypten zahlungsunfähig geworden; es mußte sich, und damit alle abhängigen Gebiete, einer britischen Protektoratsverwaltung unterstellen. Zur gleichen Zeit sammelte aber im nördlichen Sudan der "Mahdi", ein islamischer Prophet, seine Truppen zum "Heiligen Krieg" gegen die Ungläubigen – die Briten – und die Unterdrücker – die Ägypter. Bis 1885 hatten die Truppen des Mahdi den gesamten Sudan erobert und alle britisch-ägyptischen Einheiten vernichtet oder vertrieben. Die Briten machten zunächst auch keine Anstalten, das Land zurückzuerobern – war der Obere Nil damit nicht zum "Niemandsland" geworden? Und irgendwo darin saß Emin

Pascha, von der Außenwelt abgeschnitten und zweifellos in höchster Lebensgefahr. Mußte man dem ehemaligen Landsmann nicht zu Hilfe kommen? Wie gut sich humanitäre Rettungsaktionen mit Erforschung, und damit auch letztlich mit Erwerbung verbinden lassen, hatte ja Henry Morton Stanley bei seiner spektakulären Suche nach David Livingstone vorgeführt.

Peters sah die Chance, in die Fußstapfen seines großen Vorbilds zu steigen, Emin Pascha zu befreien und gleichzeitig das Nilquellengebiet für sich und Deutschland zu erwerben – ein Peters-Reich in der Drehscheibe Innerafrikas. Daß die Reichsregierung das Unternehmen mißbilligte und sogar mit allen Mitteln zu verhindern suchte, hat Peters wohl ebensowenig überrascht wie es ihn aufhalten konnte. Eine Folge dieser "Obstruktion" – Peters sah sogar die gegen Buschiri verhängte Seeblockade als gegen sich gerichtet an – war, daß die Expedition erheblich kleiner ausfiel, als sie Peters geplant hatte. Mit dieser "Schwächung" rechtfertigte Peters später sein äußerst brutales Vorgehen auf dem Marsch zum Victoria-See, wo er jeden Widerstand seitens der Eingeborenen kurzerhand zusammenschießen ließ.

Peters fand tatsächlich Emin Pascha, allerdings früher und anders als erwartet: Die Briten hatten ihrerseits eine "Rettungsexpedition" unter dem in diesen Dingen erfahrenen Stanley ausgeschickt, und Stanley hatte den Gouverneur schon längst aus seiner bedrohten Lage befreit und damit die Rechnung seines Schülers Peters durchkreuzt. Diesem blieb nur, Emin Pascha zur Küste zurückzubringen und das Lob der Presse für sein mutiges Unternehmen entgegenzunehmen. Die Rechtstitel, die Peters auf seinem blutigen Vormarsch eifrig gesammelt hatte, wurden mit dem Sansibarvertrag Makulatur.

Die befehlswidrige Rettungstat hatte Peters aber doch so viel Ansehen in der öffentlichen und veröffentlichten Meinung eingebracht, daß das Kolonialamt nicht umhin kam, ihn in "seiner" Kolonie als Beamten zu beschäftigen. Doch Peters hatte sich zu sehr daran gewöhnt, daß der beste Weg, mit den Eingeborenen zu verkehren, per Peitsche oder Schlimmerem sei. Die Klagen über seine Amtsführung häuften sich, und nachdem Peters einen Diener wegen einer Banalität hatte hängen lassen, war das Maß voll. Das Reich sorgte sich um seinen Ruf als Kolonialmacht.

Die gegenseitigen Vorwürfe wegen Mißhandlungen der Eingeborenen waren schließlich ein beliebtes und ständig gebrauchtes Argument im Kampf der Mächte des Imperialismus' untereinander. Die jeweilige Presse breitete die entsprechenden Geschichten aus dem Lager des Gegners geradezu genüßlich aus. Unter diesen Umständen war Peters untragbar geworden: 1897 wurde er angeklagt und aus dem Kolonialdienst entlassen. Verbittert zog sich Peters in seine alte "Beinahe-Heimat" England zurück und beschäftigte sich hauptsächlich damit, in zahlreichen Schriften sein Handeln zu rechtfertigen und sein Verdienst an der Entstehung Ostafrikas gegen jede Konkurrenz, alte Freunde eingeschlossen, zu verteidigen.

Nach dem Ausbruch des Weltkriegs kehrte Peters nach Deutschland zurück und konnte kurz vor seinem Tod noch erleben, daß er offiziell rehabilitiert wurde. Aber diese Wiedergutmachung war keineswegs der Überzeugungskraft seiner Argumente zu verdanken: 1918 war abzusehen, daß Deutschland seine Kolonien für immer verlieren würde und daß dieser "Raub" mit dem Vorwurf der Mißwirtschaft kaschiert werden sollte (siehe Kapitel 7). Die Entlastung Peters war nichts als ein verzweifelter Versuch, ein früheres freiwilliges "Schuldgeständnis" im letzten Augenblick zu widerrufen.

Die tatsächliche Einschätzung von Carl Peters und seinem Wirken durch die Zeitgenossen drückte wohl am deutlichsten dessen ehemaliger Mitstreiter Joachim Graf Pfeil aus: "Das Vaterland hat den Nutzen, folglich ist der Zweck erreicht. Der Rest ist Schweigen oder sollte es sein."

2.4 Zwischen Ideologie und Realismus – Kolonialismus im Deutschen Reich

Noch war die Welt nicht ganz verheilt!
Noch manche Flur auf Erden
Harrt gleich der Braut: die Hochzeit eilt!
Des Starken will sie werden.
Noch manches Eiland lockt und lauscht
Aus Palmen und Bananen:
Der Seewind braust, die Wooge rauscht,
Auf! freudige Germanen!

Auf's Meer, Du Volk des Heldenthums,
Und such auf blauen Bahnen
Das Wundereiland alten Ruhms:
Das Win-Land Deiner Ahnen.
Dem Wicking war zu schroff kein Riff,
Zu schäumig keine Brandung:
Kraft stieß hindurch das Drachenschiff
Und Muth erzwang die Landung.

Zur Friedensarbeit zieh'n wir aus,
Zu bauen, nicht zu fechten,
Doch blitzend schützt uns Schiff und Haus
Das Schwert in unserer Rechten!
Und daß wir in der neuen Welt
Dem alten Reich nur leben,
Deß soll, unscheidbar uns gesellt,
Ein Banner Zeugniß geben.
Pflanzt auf dies rauschende Panier
In jedes Neulands Brache,
Wohin wir wandern, tragen wir
Mit uns die Deutsche Sprache.

Felix Dahn, deutscher Rechtshistoriker und Schriftsteller, widmete diese Strophen unter dem Titel "Lied der Deutschen jenseits der Meere" dem "Allgemeinen Congreß zur Förderung überseeischer Interessen", der vom 13. bis 16. September 1886 in Berlin auf Initiative des Kreises um Dr. Carl Peters stattfand. Der Dichter selbst war natürlich auch anwesend. Doch die 157 Geladenen bekamen noch mehr zu hören, denn H. Willemsen hatte dazu Noten gesetzt, so recht nach dem Geschmack der Anwesenden.

Wesentlich nüchterner dagegen lesen sich berufsständische und soziale Zusammensetzung des Kongresses. Aus dem Kreis der Kaufleute, Bankiers und Fabrikanten waren 35 Persönlichkeiten anwesend; Professoren, Juristen und Lehrer stellten 31 Teilnehmer. Der Großgrundbesitz war mit 21 Herren vertreten, die Geistlichkeit mit fünf. Von den übrigen 41 Tagungsteilnehmern fehlen die Berufsangaben. Doch 45 der Eingeladenen gehörten dem Adel an, ebenso viele saßen als Abgeordnete im Reichstag oder in einem der Landtage, wobei die preußischen Mandatsträger überwogen.

Die Tagesordnung des Kongresses spricht auch nicht von "Wundereilanden", von "schäumiger Brandung" und "Friedensarbeit mit dem Schwert", sondern in sieben Punkten ganz nüchtern von "Fortführung der Deutschen Kolonialbewegung zu praktischen Resultaten", von "Kultivierung und Nutzbarmachung der bislang Deutscherseits erworbenen Kolonialgebiete", "von Deutscher Auswanderungsfrage", "Hebung des Deutschen Exports", "Deutschen Missionen in überseeischen Gebieten", "Erhaltung Deutscher Sprache und Deutscher Art in überseeischen Gebieten" und von der "Befestigung der Beziehungen zwischen unseren Landsleuten in der Fremde und in der Heimath".

Auf eben diese Weise präsentiert sich das gesamte Spektrum der nur insgesamt 30 Jahre währenden deutschen Kolonialgeschichte als eine Mischung von plattem Nationalismus, primitivem Rassismus und Sozialdarwinismus, unterlegt mit sendungsideologischen und sozialökonomischen Vorstellungen. Getragen wurde die deutsche Kolonialbewegung vom Mittelstand, der sich durch Organisationen und Interessensverbände seine Stützen beim Überseehandel und im Bankkapital suchte.

Eine deutsche Kolonialbewegung gab es schon in den 60er und 70er Jahren des 19. Jahrhunderts. Afrikaforscher, Missionare und Gelehrte trieben sie voran und leisteten die Agitationsarbeit in der Heimat. Sie richtete sich freilich noch nach dem Muster merkantiler Wirtschaftspolitik. Der Historiker Heinrich von Treitschke (1834 - 1896) etwa propagierte diese Anschauung in seinen Berliner Vorlesungen, in denen er sich gegen die Auswanderung von Deutschen nach Nordamerika wandte, da Deutschland damit "tausende seiner besten Söhne" als "Arbeitskraft wie Capital" verloren habe. Stattdessen empfahl er: "Welche unermeßlichen finanziellen Vortheile würden diese Leute uns als Kolonialisten bieten . . . So ist jene Kolonisation, welche das einheitliche Volksthum erhält, für die Zukunft der Welt ein Factor von ungeheurer Bedeutung geworden. Von ihr wird abhängen, in welchem Maße jedes Volk an der Beherrschung der Welt durch die weiße Rasse theilnehmen wird: es ist sehr gut denkbar, daß einmal ein Land, das keine Kolonien hat, gar nicht mehr zu den europäischen Großmächten zählen wird . . . Aber nicht nur Ackerbaukolonien, auch andere sind für das Mutterland von großer Bedeutung. So sind die Pflanzungskolonien, in denen dauernder Aufenthalt europäischer Völker nicht möglich ist, wo aber Eingeborene im Dienst des Mutterlandes arbeiten und die kostbaren Pflanzungsprodukte liefern".

Den "Beweis" seiner Anschauung erbrachte er mit einem Blick über die Grenze: "Wer von Cleve über die holländische Grenze geht und nach Nimwegen kommt, der kann sich sinnlich vergegenwärtigen, welche wirtschaftlichen Wunder in den Tropen möglich sind. Cleve ist ein ganz wohlhäbiges Mittelstädtchen, von Armuth kann dort keine Rede sein; kommt man dann aber nach Nimwegen, so ist man mit einem mal in einer anderen Welt: überall prächtige Villen mit Säulen und Freitreppen! Das ist der Reichtum Indiens, Javas und Sumatras; überall ein Luxus, von dem man in deutschen Mittelstädten gar keinen Begriff hat".

Als man sich in Deutschland davon einen Begriff zu machen anschickte und auch ein Stück des die Welt umfassenden Kolonialkuchens haben wollte, war innenpolitisch die Endphase der Reichsgründungszeit und der Gründerjahre gekommen. 1871 war in Versailles das Deutsche Reich aus der Taufe gehoben worden. Warum also nun nicht ein zweites, ein überseeisches "deutsches Reich" gründen und damit auch zu neuer wirtschaftlicher Stärke gelangen? So erklärte Dr. Carl Peters: "Die deutsche Kolonialbewegung ist die natürliche Fortsetzung der deutschen Einheitsbestrebungen. Es war nur natürlich, daß das deutsche Volk, nachdem es seine europäische Machtstellung auf den Schlachtfeldern von Königgrätz und Sedan emporgerichtet hatte, sofort das Bedürfniß empfand, nunmehr auch der elenden und zum Theil geradezu verächtlichen Stellung unserer Nation jenseits der Weltmeere ein Ende zu machen, und zu gleicher Zeit Theil zu nehmen an den Vortheilen materieller Art, welche eine Herrschaftsentfaltung im großen Styl noch zu allen Zeiten geboten hat".

Zwei Jahre nach der Reichsgründung zerbrach jedoch der wirtschaftliche Rausch der Gründerjahre an der "Großen Depression", die erst nach 1879 allmählich überwunden werden konnte. Just in dieser Zeit nahm das Programm der deutschen Kolonialbewegung auch festere Konturen an. Man versprach sich eine wirtschaftliche Krisenbewältigung durch überseeische Expansion. Doch dazu bedurfte es nicht nur Unternehmertums, sondern vor allem auch einer Wende der Wirtschafts- und Sozialpolitik des Deutschen Reiches. Reichskanzler Otto von Bismarck dachte in wirtschaftlichen Dingen zunächst liberal. Er gab der kleinbürgerlichen Kolonialschwärmerei keine Chance. So schrieb er im Jahre 1868 an den damaligen Kriegsminister Albrecht Graf von Roon einen Brief, in dem es heißt: "Einerseits beruhen die Vorteile, welche man sich von Kolonien für den Handel und die Industrie des Mutterlandes verspricht, zum größten Teil auf Illusionen. Denn die Kosten, welche die Gründung, Unterstützung und namentlich die Behauptung von Kolonien veranlaßt, übersteigen . . . sehr oft den Nutzen, den das Mutterland daraus zieht, ganz abgesehen davon, daß es schwer zu rechtfertigen ist, die ganze Nation zum Vorteil einzelner Handels- und Gewerbezweige zu erheblichen Steuerlasten heranzuziehen . . . Andererseits ist unsere Marine noch nicht weit genug entwickelt, um die Aufgabe nachdrücklichen Schutzes in fernen Staaten übernehmen zu können. Endlich würde der Versuch, Kolonien zu gründen, deren Oberhoheit andere Staaten, gleichviel ob mit Recht oder Unrecht, in Anspruch nehmen, zu mannigfachen und unerwünschten Konflikten führen können".

Bismarcks Meinung änderte sich erst allmählich und auf wachsenden Druck von Innen, vor allem seitens der durch internationalen Konkurrenzdruck in Übersee verdrängten Interessensvertreter von Exportprodukten und Fernhandel. Druck übten auch die von der Großen Depression arg gebeutelten Großgrundbesitzer und die Schwerindustrie aus, die auf Initiative des Schlesiers von Kardorff-Wabnitz am Ende des Jahres 1875 den "Centralverband Deutscher Industrieller" gegründet hatten. Die Zielsetzung des Verbandes bestand in der "Bekämpfung der Freihandelslehre, welche die nationale Arbeit dem Ruin überliefert zugunsten der ausländischen Arbeit . . .", der "Einwirkung auf die Erzielung von Zolltarifen, welche eine rationellere Klassifizierung der Industrie-Erzeugnisse nach der Richtung herbeiführen, daß die Tarifsätze mehr als bisher dem Werthe der auf die Ware verwendeten Arbeit entspricht . . .", der "Einwirkung auf die Erzielung direkten Importes für die Rohstoffprodukte aus überseeischen Welttheilen . . ." und der "energischen Thätigkeit hin, daß Männer in den Reichstag gewählt werden, welche anerkannte Freunde und Beförderer der deutschen Industrie sind."

Die regulären Reichstagswahlen von 1877 hatten den Schutzzollbefürwortern immer noch keine Mehrheit gebracht. Das änderte sich erst mit den Reichstagswahlen im Jahre 1878. Zwei Attentate auf den alten Kaiser Wilhelm I. gaben Bismarck die Gelegenheit, den Reichstag aufzulösen und Neuwahlen anzusetzen. Ein erbitterter Wahlkampf folgte. Nach dessen Ende konnte der daran maßgeblich beteiligte Centralverband Deutscher Industrieller triumphierend feststellen: "Dieses Mal hat sich die Zusammensetzung des Reichstages gründlich geändert. Sehr bald nach dessen Eröffnung traten 204 Abgeordnete zu einer freien wirtschaftlichen Vereinigung zusammen . . . Durch diese Vereinigung der Mitglieder . . . war eine Mehrheit in dem neuen Reichstage für eine Umkehrung der deutschen Wirtschaftspolitik gesichert". Bismarcks Meinung war bis dahin keineswegs in Kolonialenthusiasmus umgeschlagen – ausschlaggebend für seinen allmählichen Sinneswandel war vielmehr, daß auch die Reichsfinanzen die Krise zu spüren bekommen hatten. Zölle konnten da einen willkommenen Ausgleich im ausgabelastigen Budget schaffen.

Zunächst aber war ein weiterer Konflikt aus dem Weg zu räumen. Die Industrie zeigte sich nicht bereit, auch der Agrarwirtschaft Schutzzölle einzuräumen. Bismarck schlug die harte Linie ein: entweder für alle oder für keinen; d. h. ohne Getreidezölle für die Landwirtschaft keine Schutzzölle für die Industrie! Dahinter stand bei ihm der Gedanke des Bündnisses zwischen "rheinisch-westfälischem Hochofen" und "ost-elbischem Rittergut". Trotz heftiger Kritik von linksliberaler Seite wurden am 12. Juli 1879 die Industrie- und Agrarzölle mit 211 gegen 122 Stimmen verabschiedet. Letztlich waren sie die

Folge einer Politik, die alle Großmächte seit der Weltwirtschaftskrise von 1873 betrieben hatten: einer gesteigerten Machtpolitik, in der man sich gegenseitig politisch und wirtschaftlich als Rivalen betrachtete.

Der Griff nach den Kolonien folgte dem "Schutz der vaterländischen Erzeugnisse". Das Deutsche Kaiserreich befand sich jedoch von Anfang an in der Rolle des Zuspätgekommenen, des Unerfahrenen, des "Zauberlehrlings". So waren die 80er Jahre geprägt von einer Phase des Experimentierens. Die koloniale Ära begann mit einem dafür typischen Vorgang. In der Gründerzeit hatte das Hamburger Seehandelshaus Godefroy mit rheinisch-westfälischen Bergbauaktien spekuliert. Das Kapital ging verloren. Die Folge davon war, daß es auch seine Handelsniederlassungen und Plantagen in der Südsee nicht mehr halten konnte. Der Chef des Hauses war mit Minister von Bülow verschwägert, der als Staatssekretär im Auswärtigen Amt Dienst tat. Dieser nahm in dieser Angelegenheit mit dem ihm untergebenen Geheimen Legationsrat in der gleichen Behörde, Kusserow, Verbindung auf, der wiederum mit Adolph von Hansenmann, dem Direktor der Disconto-Gesellschaft, verschwägert war. Die Disconto-Gesellschaft aber wollte nur Geld geben, wenn das Reich dafür garantiere. Zwar wurde eine derartige Vorlage durch den Reichstag abgelehnt, doch konnte sich in der Folge die Disconto-Gesellschaft nach Umwandlung der Godefroyischen Unternehmungen in eine Aktiengesellschaft unter dem Titel "Deutsche Handels- und Plantagengesellschaft der Südseeinseln" in Samoa beteiligen. Im Frühjahr 1884 griff sie sogar auf Neu-Guinea über. Unter dem Geschäftsinhaber der Disconto-Bank, Adolph von Hansenmann, dem Bankhaus S. Bleichröder, E. Freiherr von Eckardstein-Prötzel und dem Nationalliberalen Friedrich Hammacher kam es zur Gründung der "Neuguinea-Companie".

Diese Namen finden sich in der Gründungsliste der "Deutschen Kolonial-Gesellschaft in Südwest-Afrika" wieder, die im April 1885 aus der Taufe gehoben wurde. In deren Protokoll zur Gründungssitzung heißt es am 6. März: "Herr Dr. Hammacher übergibt eine Offerte des Herrn F. A. E. Lüderitz zum Verkauf seiner südwestafrikanischen Besitzungen. Nach Uebereinkommen zwischen ihm und Herrn Geh. Comm.-Rat Schwabach soll eine Gesellschaft zum Erwerb dieser Besitzungen gebildet werden. Es handelt sich um eine Unterstützung der Colonialpolitik des Reichskanzlers Fürsten von Bismarck . . . Es bedarf erheblicher Geldmittel. Auf eine Verzinsung derselben oder überhaupt auf Gewinn für die aufgewendeten Kapitalien ist in absehbarer Zeit nicht zu rechnen. Die Beiträge müßten in patriotischer Pflichterfüllung, in gewissen Sinne als Opfer dargebracht werden . . ."

Auch beim Einsatz des Großkapitals in Kamerun und Deutsch-Ostafrika trifft man auf die gleichen Verbindungen. Der Reeder Adolf Woermann, Mitglied der nationalliberalen Reichstagsfraktion, war gleichzeitig Vertrauensmann der Disconto-Gesellschaft. Dazu gesellte sich die Firma Jantzen-Thormählen und der kaiserliche Kammerherr und Großgrundbesitzer Graf Felix Behr-Bandelin. Natürlich fehlte auch das Bankhaus Bleichröder und Hansenmann nicht.

Doch trotz weiterer Bankgründungen für Überseegeschäfte – so der "Brasilianischen Bank für Deutschland" im Jahre 1887 und der "Deutsch-Asiatischen Bank" im Jahre 1889 – blieben die Niederlassungen auf einen kleinen Kreis von Unternehmen beschränkt. Das Bankkapital in seiner Gesamtheit verhielt sich sehr zurückhaltend und steckte nur sehr zögernd Investitionen ins Überseegeschäft. Die Gründe waren zum einen mangelnde Erfahrung, zum anderen aber auch eine niedrige Kapitaldecke. Darüber hinaus – und dies gilt im besonderen für Afrika – herrschte große Unsicherheit über den Weg des deutschen Kolonialengagements. Würde es sich nur auf den Bereich der Freihandelsexpansion erstrecken oder war tatsächlich an eine direkte Territorialherrschaft gedacht?

Bismarck sah in seiner Kolonialpolitik immer einen sozialen Aspekt, den er zu seiner politischen Taktik zu nutzen suchte. Soziale Integration hieß sein Ziel – notfalls mit Hilfe der Kolonialpolitik. Eine Kolonialpolitik unter staatlicher Führung blieb ihm immer fremd. Sein Vorbild war England und dessen Vorstellung von "the flag follows the trade", "die Flagge folgt dem Handel". In den Deutschen Kolonien folgte sie durch Schutzbriefe – das aber nur halbherzig. Das Schutzbriefsystem zerbrach in Afrika am Ende der 80er Jahre vornehmlich am Widerstand der deutschen Kaufleute wie in Togo und Kamerun, an der Enttäuschung der Einheimischen wie in Westafrika und an einer Erhebung der arabischen Händlerschicht wie in Deutsch-Ostafrika. In der Südsee hielt es zwar länger durch, doch mit dem Scheitern des afrikanischen Abenteuers ging Ende der 80er Jahre auch die Zeit des Experimentierens vorüber.

Nichts charakterisiert die bis dahin vorherrschende Ziellosigkeit mehr als ein Blick auf die Kolonialkarte. Mitte der 80er Jahre lag der geographische Schwerpunkt in Afrika. Dazu kamen Deutsch-Neuguinea, das Bismarck-Archipel, die Salomonen-Inseln, die Marshall-Inseln und Teile von Samoa. Das zu spät gekommene Deutsche Reich konnte sich nur noch in den wenigen weißen Flecken der Landkarte festsetzen, Flicken im Kolonialreichteppich einsetzen. Den großen Kuchen hatten sich längst die anderen europäischen Großmächte untereinander aufgeteilt.

Die großen Träume einer "kolonialen Morgenröte" waren Ende der 1880er Jahre schließlich ausgeträumt. Bismarcks Zögern, in allen deutschen Kolonien eine direkte Kolonialverwaltung aufzubauen, trug sicherlich dazu bei. Er prüfte sogar den Vorschlag, den Joseph Chamberlain 1889 unterbreitete, Deutsch-

Südwestafrika gegen Helgoland einzutauschen. Bismarcks Nachfolger im Amt, Leo von Caprivi, zeigte mit dem Abschluß des Helgoland-Sansibar-Vertrages (siehe Kap. 2.3), was er von Kolonien hielt.

Mit diesem Vertragswerk war eine wesentliche Richtungsänderung in der deutschen Außenpolitik verbunden, zumal es mit der Nichterneuerung des deutsch-russischen Rückversicherungsvertrages zusammenfiel. Kaiser Wilhelm II. befürwortete das Vertragswerk mit den Sätzen: "Ich war fest entschlossen, Helgoland zurückzugewinnen, diese Insel, die so knapp gegenüber der großen, zu den wichtigsten hanseatischen Hafenstädten führenden Wasserstraße liegt! In den Händen der Engländer bedeutete sie eine ständige Bedrohung Hamburgs und Bremens und machte alle Pläne zum Ausbau der Marine unmöglich. Sansibar dagegen einzutauschen war kein Verlust, sondern ein Gewinn. Denn Sansibars Bedeutung wird bald der Vergangenheit angehören, so bald wie auch sein Wert als Umladehafen durch die sich rasch entwickelnden Hafenanlagen von Dar-es-Salam, Togo und Kamerun aufgehoben wurde; sein Wert bestand eben nur darin, daß man es gegen etwas anderes losschlagen und dadurch eine Reibung mit England vermeiden konnte, was auch Caprivis Ansicht ist". Der Reichskanzler selbst machte sich über die "Kolonialschwärmer" lustig und ärgerte sich über die "Liste unangenehmer Streitigkeiten" mit ihnen. Bei diesen herrschte natürlich helle Empörung. Für den Reichskanzler war Helgoland von politischem Nutzen. Er sah darin einen wichtigen Vorposten zu dem im Bau befindlichen Nord-Ostseekanal. Im übrigen entsprach der Vertrag dem allgemeinen Volksempfinden nach politischem Prestige.

Die Sterne standen also zu Beginn der "heroischen Phase" deutscher Kolonialpolitik für deren Vertreter nicht günstig. Und doch war der Zeitpunkt eines Rückzuges aus der Kolonialpolitik längst verpaßt. Bismarck selbst grollte über die neue Entwicklung und bestritt durch die Presse, daß sich Caprivi auf seinem Kurs befinde. Später rechtfertigte er sich in seinen Memoiren: "Es wurde davon gesprochen, daß ich während meiner Amtsführung besonderen Wert auf die Beziehungen zu England gelegt hätte. Das ist zweifellos richtig, aber ich habe niemals eine dauernde Bürgschaft derselben für möglich gehalten und hätte es keinesfalls angestrebt, eine deutsche Besitzung zu opfern, um dafür ein Wohlwollen zu gewinnen, das kaum ein englisches Ministerium überlebt hätte. Der Verzicht auf Gleichberechtigung in der Handelsstadt Sansibar bedeutet ein bleibendes Opfer, für das Helgoland keinen Gegenwert darstellt". Im Aufwind der Kritik des Altkanzlers und der Agitation gegen die Politik Caprivis wurde der "Allgemeine Deutsche Verband" gegründet. In seinem Gründungsaufruf aus dem Jahre 1891 wurden die Ziele genannt: "1. Belebung des vaterländischen Bewußtseins in der Heimat und Bekämpfung aller der nationalen Entwicklung entgegengesetzten Richtungen. 2. Pfle-

1884 stürmen deutsche Soldaten Negerstellungen an der Küste bei Hickory und erzwingen den Zugang ins Landesinnere. Zeichnung von A. v. Rössler.

ge und Unterstützung deutsch-nationaler Bestrebungen in allen Ländern, wo Angehörige unseres Volkes um die Behauptung ihrer Eigenart zu kämpfen haben, und Zusammenfassung aller deutschen Elemente auf der Erde für diese Ziele. 3. Förderung einer tatkräftigen deutschen Interessenpolitik in Europa und über See, insbesondere auch Fortführung der deutschen Kolonialbewegung zu praktischen Ergebnissen".

Ein junger Rechtsanwalt namens Alfred Hugenberg, der spätere Zeitungskonzernherr und Vorsitzende der Deutsch-Nationalen Volkspartei, die im Jahre 1933 eine Koalition mit der Nationalsozialistischen Arbeiterpartei bildete und so Adolf Hitler in den Sattel half, war der Initiator zur Gründung des Verbandes. Dazu gehörten Hochschullehrer wie der Jenaer Zoologe Ernst Haeckel und der damals in Leipzig wirkende Geograph Friedrich Ratzel. Später traten dem Verein, der sich im Jahre 1894 in "Alldeutscher Verband" umbenannte, neben zahlreichen anderen Professoren die Historiker Karl Lamprecht, Georg von Below und Dietrich Schäfer sowie der Soziologe Max Weber bei. Insgesamt bildeten die Akademiker die stärkste Gruppe. Dahinter rangierten Geschäftsleute, Künstler, Beamte und Lehrer, gefolgt von Handwerkern und Arbeitern. Die Landwirte dagegen stellten den geringsten Anteil der Mitglieder. Der Verband und seine Mitglieder, allen voran die Professorenschaft, lieferte von nun an die geistigen Waffen zur Durchsetzung der nationalen Ziele.

Aufschwung erhielt die Kolonialpolitik durch den Kaiser, der im Jahre 1888 den Thron bestiegen hatte. Schon vor seinem Regentschaftsantritt hatte er mit der Kolonialbewegung sympathisiert. In seiner Thronrede vor dem Reichstag im November 1888 erklärte er: "Unsere afrikanischen Siedlungen haben das Deutsche Reich an der Aufgabe beteiligt, jenen Weltteil für christliche Gesittung zu gewinnen . . . Ich habe deshalb eine Verständigung zunächst mit England gesucht und gefunden . . ." Der Zweck dieser Politik war klar: Durch ein mächtiger gewordenes Deutschland sollte dessen Bündniswert in englischen Augen gesteigert werden. Eine Wende zu imperialer Großmachtpolitik des Deutschen Reiches war eingeläutet worden. Sie führte freilich nicht zur Verständigung mit England, sondern bald zu kolonialpolitischen Auseinandersetzungen mit dem Inselstaat. Den vorläufigen Tiefpunkt erreichte das deutsch-britische Verhältnis durch den Jameson-Einfall im Jahre 1895/96 in Transvaal. Die Intervention, von den Buren erfolgreich zurückgewiesen, nahm Kaiser Wilhelm II. zum Anlaß seiner berühmten "Krügerdepesche" an den Präsidenten Ohm Krüger, die in Deutschland eine Burenbegeisterung auslöste und in England natürlich einen Sturm der Entrüstung entfachte. Entworfen vom Leiter der Kolonialabteilung, dem Geheimen Rat Kayser, hieß es in dem Telegramm: "Ich spreche Ihnen Meinen aufrichtigen Glückwunsch aus, daß es Ihnen, ohne an die Hilfe befreundeter Mächte zu appellieren, mit Ihrem Volke gelungen ist, in eigener Tatkraft gegenüber den bewaffneten Scharen, welche als Friedensstörer in Ihr Land eingedrungen sind, den Frieden wieder herzustellen und die Unabhängigkeit des Landes gegen Angriffe von außen zu wahren". Im gleichen Jahr erschienen deutsche Kreuzer vor Manila, das von den Vereinigten Staaten von Nordamerika blockiert wurde. Diese Demonstration brachte die amerikanische Öffentlichkeit gegen das Deutsche Reich auf. Das Auswärtige Amt erhoffte sich durch diese Aktion einen Happen von den Philippinen, erhielt aber letztlich nur die Karolinen-Palau und die Marianeninseln. Der Samoa-Konflikt mit England führte fast zum Abbruch der diplomatischen Beziehungen. In seinem Verlauf entrüstete sich der Kaiser beim englischen Botschafter, dessen Reich behandle Deutschland "wie eine Null", und kündigte an, es werde die Zeit kommen, da besäße es eine Flotte, über die England nicht hinwegsehen könne.

Die Zeit für eine starke deutsche Flotte war denn auch gekommen und mit ihr eine aggressive deutsche Kolonialpolitik. Auf Caprivi folgte 1894 Chlodwig Fürst zu Hohenlohe-Schillingsfürst als Reichskanzler, ein "getreuer Diener seines Herrn", mehr Echo des Kaisers als politische Führungspersönlichkeit. Dies ging schon aus seiner Antrittsrede im Reichstag hervor, in der er feststellte: "Die Unterstützung unserer Kolonialbesitzungen ist ein Gebot der nationalen Ehre und eine Bestätigung unseres nationalen Ansehens". Das Sagen hatten trotz dieser markigen Worte zwei andere Herren: Bernhard von Bülow als Leiter der Außenpolitik und Admiral von Tirpitz. Sie begeisterten Kaiser und Öffentlichkeit für ein groß angelegtes Flottenbauprogramm. Es entsprach selbstverständlich den Interessen der Schwerindustrie, des führenden Industriezweiges seit den 70er Jahren. Als Absatzmarkt der ständig steigenden Eisen- und Stahlproduktion gewann, neben dem in- und ausländischen Eisenbahngeschäft, auch das Rüstungsgeschäft an Bedeutung. Freilich sah Admiral Tirpitz vor dem Hintergrund des Gegensatzes zwischen Aristokratie und Großbourgeoisie auf der einen Seite und Bürgertum und Proletariat auf der anderen den Flottenbau auch als sozialpolitisches Instrument an.

So schrieb er bereits im Jahre 1895: "Meiner Ansicht nach sinkt Deutschland im kommenden Jahrhundert schnell von seiner Großmachtstellung, wenn jetzt nicht energisch, ohne Zeitverlust und systematisch diese allgemeinen Seeinteressen vorwärts getrieben werden. Nicht zu geringem Grade auch deshalb, weil in der neuen, großen nationalen Aufgabe und dem damit verbundenen Wirtschaftsgewinn ein starkes Palliativ (Linderungsmittel) gegen gebildete und ungebildete Sozialdemokraten liegt". Das Flottenbauprogramm begründete er militärisch mit dem Hinweis auf das Risiko für mögliche Angreifer. Die Propaganda für die "deutschen Seeinteressen" übernahm dann der 1898 gegründete Flottenverein. Vom Zentralverband Deutscher Industrieller aus der Taufe gehoben, tönte es bald aus der Ecke der Alldeutschen mit dem Vers eines Flottenliedes des Hessen Gottfried Schwab:

"Michael! Horch, der Seewind pfeift,
Verstopf dir nicht die Ohren,
Wer jetzt nicht zum Ruder greift,
Hat das Spiel verloren!"

Dem Flottenverein zur Seite trat eine "Freie Vereinigung für Flottenverträge", getragen von Berliner Professoren, die das Programm wissenschaftlich untermauerten. Bevölkerungszunahme im Deutschen Reich und möglicherweise verbundene Ernährungsprobleme hielten als Beweis dafür her, daß "wir ein Volk bleiben, das fremder Lebensmittelzufuhr bedarf; und deshalb ist unsere Existenz bedroht, wenn wir nicht seemächtig sind, uns die Zufuhrwege stets offenhalten, auf die Getreideexportstaaten unter Umständen mit Machtmitteln wirken können". Aber auch der Export "ist nicht denkbar ohne eine gesteigerte Macht zur See", der Handel nicht möglich, "ohne daß wir in gewissem Umfange unsere Lebensmittel- und Koloniallieferanten und Fabrikatkäufer haben, auf die außerhalb derselben Wohnenden unter Umständen einen Druck der Macht üben, jedenfalls die Mißhandlung und Bedrohung unseres Handels durch die Flotte hindern können". Selbstverständlich diente nach diesen Vorstellungen die Schlachtflotte auch der Sicherung des deutschen Kapitals in Übersee und der deutschen Volkswirtschaft. Begründung: Nur eine starke Flotte kann den militärischen "Schutz unseres Kapitals im Auslande gewähren", und sie ist "nicht nur für die betreffenden Kapitalisten und Kaufleute, sondern für die ganze deutsche Volkswirtschaft, besonders aber auch für die Industriearbeiter von der größten Bedeutung. Gegen böswillige Schuldner muß energisch eingeschritten werden. Länder, die zu einer geordneten Verwaltung sich als unfähig erweisen, müssen unter europäische Finanzkontrolle genommen werden . . . Deutschland wird seinen Platz an der Sonne, seinen Rang unter den Kulturnationen nur dann behaupten können, wenn das ganze deutsche Volk vom Kaiser bis zum letzten Arbeiter fest durchdrungen ist von der todesmutigen Gesinnung des alten Hanseatenwortes: Navigare necesse est, vivere non necesse".

Ohne Flotte kein dauerhaftes Festsetzen in China. Dorthin richtete sich nun das koloniale Augenmerk. Hier wurden der "neue Kurs" und die Verflechtung von privatwirtschaftlichen und außenpolitischen Interessen am deutlichsten. Ziel der Bank für Fernost war, neben der regelmäßigen Banktätigkeit die Information "über etwa eintretende Gelegenheiten zu Regierungsanleihen oder Eisenbahngeschäften im Interesse ihrer Gründer". Ein Syndikat unter Führung der Disconto-Gesellschaft hatte "die gemeinsame Behandlung von Anleihe- und Vorschußgeschäften in China, Japan, Korea mit Staaten, Provinzen und Eisenbahngesellschaften sowie die Errichtung von Eisenbahn- und Bergbaugesellschaften in China" zur Aufgabe. Doch lange bevor sich deutsche Banken für den chinesischen Kapitalmarkt zu interessieren begannen, hatte sich die Firma Krupp, gestützt auf die ausgedehnten Forschungsreisen Richthofens und dessen Berichterstattung an Preußen-Deutschland, in China festgesetzt.

Je mehr sich nun aber auch die deutschen Interessen auf Fernost konzentrierten, desto stärker wurde das Verlangen nach einem deutschen Hafen an der chinesischen Küste. Politische Scheinlegitimität verbot es, einfach einen Hafen zu besetzen. Es bedurfte eines "Zwischenfalls", um militärisch intervenieren zu können. Am 1. November 1897 kam er endlich. Zwei katholische deutsche Missionare waren im südlichen Shantung ermordet worden. Fünf Tage später gab Kaiser Wilhelm II. eine Order an das Auswärtige Amt, in der es u. a. hieß: "Ich lese soeben in der Presse die Nachricht von dem Überfall auf die unter meinem Protektorat stehende deutsch-katholische Mission in Shantung. Hierfür muß ausgiebig Sühne durch energisches Eingreifen der

Flotte geschaffen werden . . . Ich bin fest entschlossen, unsere hypervorsichtige, in ganz Ostasien bereits als schwach angesehene Politik nunmehr aufzugeben und mit voller Strenge und wenn nötig mit brutalster Rücksichtslosigkeit den Chinesen gegenüber endlich zu zeigen, daß der deutsche Kaiser nicht mit sich spaßen läßt und es übel ist, denselben zum Feind zu haben". Und zur darauf folgenden Besetzung des Hafens Kiautschou erklärte der Staatssekretär im Auswärtigen Amt, von Bülow, im Reichstag an die Adresse der Schlimmes befürchtenden Abgeordneten der Sozialdemokratischen Partei: "Der Herr Reichskanzler ist nicht der Mann, und seine Mitarbeiter sind nicht die Leute, irgend unnütze Händel zu suchen. Wir empfinden auch durchaus nicht das Bedürfnis, unsere Finger in jeden Topf zu stecken. Aber allerdings sind wir der Ansicht, daß es sich nicht empfiehlt, Deutschland in zukunftsreichen Ländern von vornherein auszuschließen vom Miterwerb der Völker. Die Zeiten, wo der Deutsche dem einen seiner Nachbarn die Erde überließ, dem anderen das Meer und sich selbst den Himmel reservierte, wo die reine Doktrin thront, diese Zeiten sind vorüber . . . Wir müssen verlangen, daß der deutsche Missionar und der deutsche Unternehmer, die deutschen Waren, die deutsche Flagge und das deutsche Schiff in China geradeso geachtet werden wie diejenigen anderer Mächte . . . Mit einem Worte: Wir wollen niemand in den Schatten stellen, aber wir verlangen auch unseren Platz an der Sonne". Kriegsflotte und Handelsflotte liefen den gleichen Kurs.

Noch hektischer wurde die Kolonialpolitik unter Reichskanzler von Bülow (1900 - 1909). Den Auftakt bildete wieder der Schauplatz China. Im Jahr seines Regierungsantritts brach dort der Boxeraufstand aus, in dessen Verlauf der deutsche Botschafter von Ketteler ermordet wurde. Sämtliche Kolonialmächte intervenierten. Der deutsche Kaiser aber verabschiedete die nach Ostasien abgehenden deutschen Truppen mit der sogenannten Hunnenrede, die die anderen Völker aufhorchen ließ: "Große überseeische Aufgaben sind es, die dem neu entstandenen Deutschen Reiche zugefallen sind, Aufgaben weit größer, als viele Meiner Landsleute es erwartet haben. Das Deutsche Reich hat seinem Charakter nach die Verpflichtung, seinen Bürgern, wofern diese im Ausland bedrängt werden, beizustehen. Die Aufgaben, welche das alte Römische Reich Deutscher Nation nicht hat lösen können, ist das neue Deutsche Reich in der Lage zu lösen. Das Mittel, das ihm dies ermöglicht, ist unser Heer . . . Wie vor tausend Jahren die Hunnen unter ihrem König Etzel sich einen Namen gemacht haben, der sie noch jetzt in Überlieferung und Märchen gewaltig erscheinen läßt, so möge der Name Deutscher in China auf tausend Jahre durch Euch in einer Weise bestätigt werden, daß niemals wieder ein Chinese es wagt, einen Deutschen auch nur scheel anzusehen". Als die Truppen dort ankamen, gab es nichts mehr zu erledigen. Eine internationale Truppe unter deutscher Beteiligung hatte den Aufstand bereits niedergeschlagen.

Theaterdonner und Säbelrasseln schlugen sich auch auf dem afrikanischen Kontinent nieder. Die gewaltsame Klärung der Machtverhältnisse kennzeichnete eine Phase, die sich in kolonialem Widerstand und gewaltsamer "Befriedung" äußerte. Die kriegerischen Auseinandersetzungen kosteten Geld, das vom Reichstag bewilligt werden mußte. Die Reichsregierung gedachte die Mittel durch Zuschüsse und Kolonialanleihen zu decken, schließlich auch durch eine Besteuerung der Schutzbefohlenen. Diese Politik mit immer neuen Anträgen auf Geldbewilligungen führte schließlich in eine Sackgasse und zur Reichstagsauflösung. Mit den sogenannten Hottentottenwahlen 1906 war die "heroische Phase" des deutschen Kolonialismus am Ende.

Das Zentrum kritisierte noch während des Kolonialkrieges Mißstände in der Kolonialverwaltung und forderte personelle Konsequenzen. Dr. Bernhard Dernburg, Staatssekretär im gerade neu geschaffenen Reichskolonialamt, lehnte diese ab. Doch er begab sich höchstpersönlich auf einen Bekehrungsfeldzug durch die deutschen Lande und stellte dabei für sich fest, "daß das deutsche Volk keine blasse Ahnung von den Kosten und Opfern besaß, mit denen die Kolonien gewonnen worden waren, und nur eine oberflächliche Vorstellung von den Umständen, unter denen ihre Erwerbung vor sich gegangen war; und dies nach dreiundzwanzigjähriger Zugehörigkeit". Nach den Wahlen sollte sich das gründlich ändern. Das Kolonialamt setzte nun auf eine wissenschaftliche und rationale Kolonialpolitik mit einer neuen Eingeborenenpolitik. So wurde die Kolonialverwaltung reorganisiert, ein neues Wirtschaftsprogramm aufgelegt, die Rechtsprechung in den Kolonien verbessert und die Ausbildung der Kolonialbeamten gründlich überholt.

Im Jahre 1908 entstand in Hamburg ein Kolonialinstitut. Es wurde bald zum Mittelpunkt der wissenschaftlichen Analyse und Aufklärung für den Kolonialbereich. 22 ordentliche Professoren und 48 Assistenten wirkten dort 1912. Auf Privatinitiative war von Kolonisten bereits im Jahre 1896 das Kolonialwirtschaftliche Komitee gegründet worden. Zunächst mehr als Protestwaffe gegen die Vernachlässigung der Kolonien durch die Regierung verstanden, entwickelte es sich nun zu einem schlagkräftigen wirtschaftlichen Instrument. Vier Aufgaben fielen ihm zu: Die Ermittlung des Bedarfs an kolonialen Rohstoffen für das Reich, die Erschließung der wirtschaftlichen Möglichkeiten in den Kolonien, der Ausbau der Verkehrswege zwischen Kolonien und Mutterland sowie die Förderung der Niederlassung deutscher Siedler. Im Deutschen Reich saß die wissenschaftlich-technische Zentrale, die in den Kolonien Filialen unterhielt. In Verknüpfung mit anderen wissenschaftlichen Institutionen wurden Untersuchungen über Bodenbeschaffenheit, Saatgut und Pflanzen angestellt, wissenschaftlich-wirtschaftliche Expeditionen in ausländische Kolonien mit höherem Standard entsandt und zahlreiche Veröffentlichungen herausgegeben, so die Monatszeitschrift "Der Tropenpflanzer" und das "Handelsadreßbuch".

Die Ära Dernburg brachte nochmals eine Wende in der deutschen Kolonialpolitik, vor allem auch in Afrika, nicht zuletzt begünstigt vom Kupfer- und Diamantenfieber in Deutsch-Südwestafrika. Die Nachfolger des einstigen Bankiers, Dr. Lindequist und Dr. Solf, setzten die eingeschlagene Politik energisch fort. Den Aufschwung nach der Wende verdankten die Kolonien natürlich auch der "Befriedung" durch die Kolonialkriege. Die Niederschlagung der Aufstände bedeuteten Sicherheit für koloniale Investitionen und lockten damit Kapital und Siedler ins Land. Eine Blüte der Kolonien schien sich am Horizont abzuzeichnen.

Dort freilich brauten sich zur gleichen Zeit arge Gewitterwolken zusammen. Die weltpolitische Großwetterlage kennzeichnete eine deutliche Klimaverschlechterung. Der Wind blies dem Deutschen Reich immer stärker ins Gesicht. Die Konfliktherde schoben sich ständig näher an Europa heran. Ein Brennpunkt wurde Marokko in Nordafrika (siehe dazu Kap. 2.3), ein weiterer lag direkt vor der Haustüre Europas: die Türkei. Anlaß war der Bau der Bagdadbahn. Zwar wurde die Orientpolitik von deutscher Seite als rein wirtschaftliches Engagement angesehen, doch bereits die Orientreise des Deutschen Kaisers 1889 mit einer weiteren "starken" Rede Wilhelms II., in der er sich als Freund der 300 Millionen Mohammedaner bezeichnete, erstaunte die Weltöffentlichkeit und steigerte die Unruhe unter den Großmächten. Das Deutsche Reich war damit in eine traditionelle Domäne Rußlands, Englands und Frankreichs eingebrochen: Das Zarenreich richtete seine begehrlichen Augen auf die Meerengen und die Südslawen. England dachte an Teilung der Einflußzonen: Tripolis und Albanien für Italien; Durchstoß Österreichs nach Saloniki, die Meerengen an Rußland; England würde sich nach der Gegend zum Euphrat hin schadlos halten. Die Türkei dankte dem Deutschen Reich für seine Unterstützung mit der Erteilung einer Konzession zum Bau der Bagdadbahn bis hin zum Persischen Golf. Im Juni 1890 wurde die Anfangsstrecke eröffnet. 1903 erhielt die Deutsche Bank die endgültige Konzession. Zwar wurden den anderen Großmächten noch verschiedene Zugeständnisse am Bau miteingeräumt, doch das Mißtrauen war groß geworden. Nun sollten sie auch hier den imperialistischen Kuchen mit Deutschland teilen. Der Mitesser kam unerwünscht – vor allem für Rußland. Dazu biß er zu kräftig zu. Im Jahr 1907 setzte Militärhilfe in Form von Beratern für die Türkei ein, die 1913/14 mit der Entsendung des Generals von Sanders gipfelte, der vom Sultan sofort zum Kommandierenden General des türkischen Armeekorps in Konstantinopel ernannt wurde. Die Weltpolitik schlug auf die europäischen Kräfteverhältnisse durch. Kaiser Wilhelm II. schrieb in einem Telegrammkonzept an den Staatssekretär im Auswärtigen Amt, Kiderlein-Wächter, im Jahr 1912: "England wird aus Haß und Neid gegen Deutschland unbedingt Frankreich und Rußland beistehen . . . Grund: Neidhammelei, Angst unseres Zugroßwerdens!" Er sollte Recht behalten. Zwei Jahre später stand auch Großbritannien im Kriegszustand mit dem Deutschen Reich. Ob tatsächlich "Neidhammelei" zum ersten großen Krieg führte, der sich bald über die Welt ausdehnte, mag dahingestellt bleiben, "Angst" der anderen Großmächte schon eher. Der Weg in die Katastrophe war seit langem vorgezeichnet. Keine Nation hat in ihrem imperialistischen Wahn entscheidende Schritte eingeleitet, um den Sprung in den Abgrund kriegerischer Auseinandersetzungen zu verhindern. In ihrem Verlauf wurden die Kolonien zu fast vergessenen Nebenkriegsschauplätzen. Am Ende des 1. Weltkrieges stand Deutschland im Regen und nicht in der Sonne. Das deutsche Kolonialreich war zusammengebrochen. In einem Memorandum des Auswärtigen Amtes hieß es aber am 14. Oktober 1939 – kurz nach Ausbruch des Zweiten Weltkrieges: "Bei den Vorbereitungsarbeiten wird davon ausgegangen, daß Kolonialbesitz auf dem Wege friedlicher Verhandlungen, nicht durch militärisch-gewaltsame Inbesitznahme gewonnen wird. Ferner wird davon ausgegangen, daß nur die Wiederbesetzung unserer alten Kolonien in Frage kommt". Der "Traum vom Reich" war ungebrochen.

Kapitel 3
Alltag im »deutschen« Afrika

3.1 Die Herren im Busch – Das Leben der Europäer in den Kolonien

Eines der wichtigsten Argumente, das die Propagandisten der deutschen Kolonialbewegung für ihre Pläne vorbrachten, war die Erwerbung von Siedlungsgebieten. Dort sollten unter deutscher Flagge diejenigen Deutschen eine neue Heimat finden, die aus den unterschiedlichsten Gründen ihr Vaterland verlassen wollten. Hatten doch im Laufe des 19. Jahrhunderts schon Millionen von Deutschen die alte Heimat verlassen und ihre Zukunft in Übersee gefunden – vor allem in den USA, aber auch in Südamerika oder in Teilen des britischen Empire. Daß die Auswanderer in ihren neuen Heimatländern einen ebenso erfolgreichen wie loyalen Beitrag zum Aufbau lieferten, mußte ihren "Verlust" umso schmerzlicher erscheinen lassen.

Die den "Gründerjahren" folgende Depression hatte um 1880 eine neue Auswanderungswelle ausgelöst. 1882 allein strömte eine halbe Million Deutscher in die Vereinigten Staaten. Dieser Aderlaß trug nicht wenig dazu bei, daß sich in diesen Jahren die deutsche Einstellung zur Erwerbung von Kolonien änderte. Die Hoffnungen, daß sich der "Platz an der Sonne" zu einem "Neudeutschland" von amerikanischen oder wenigstens südafrikanischen Dimensionen entwickeln könnte, erfüllten sich freilich nicht. Im Jahre 1912 betrug die weiße Bevölkerung in den afrikanischen Kolonien nur etwas mehr als 22.400 Personen, nämlich in Ostafrika 5.336, in Kamerun 1.871, in Togo 368 und in Südwest 14.830.

Die weiße Bevölkerung war, mit der Ausnahme Südwestafrikas, wo einige Tausend Briten und Buren lebten, weitgehend mit deutschen Staatsbürgern identisch. Wieweit sich diese doch recht dürftigen Zahlen verbessert hätten, wäre nicht der 1. Weltkrieg dazwischen gekommen, muß dahin gestellt bleiben. In den letzten Jahren der deutschen Kolonialherrschaft war jedenfalls eine deutliche Zunahme der weißen Bevölkerung festzustellen: Ostafrika zählte Ende 1907 erst 2.845 Europäer; Südwest 8.213. Die Enttäuschung über diese Zahlen wird noch spürbarer, wenn man in den Statistischen Handbüchern die berufliche Verteilung der Übersee-Deutschen betrachtet: Von den 268 Weißen, die 1908 in Togo lebten, waren 63 Regierungsbeamte, 11 Techniker und Ingenieure, 18 Handwerker, Arbeiter und Bergleute. Als selbständiger Mittelstand, dem die Kolonien ja in erster Linie neue Existenzmöglichkeiten bieten sollten, sind nur 5 Pflanzer und 51 Kaufleute, Händler und Gastwirte aufgeführt. In Togo gab es dabei noch nicht einmal eine Schutztruppe einzurechnen.

Für Ostafrika lauten z. B. die Zahlen für dasselbe Jahr 1908: Von den 2461 erwachsenen Weißen waren 322 Regierungsbeamte und 180 Schutztruppenangehörige. 258 Techniker, Ingenieure, Photographen, Arbeiter und Bergleute waren ebenfalls nicht unbedingt als Dauersiedler anzusehen. Als eigentliche Pflanzer und Farmer wurden 479 Personen gezählt; 227 als Händler, Kaufleute, Gastwirte und Fuhrunternehmer. Eine recht große weiße Bevölkerungsgruppe stellten in allen Kolonien die Geistlichen und Missionare: In Ostafrika im erwähnten Jahr etwa 349 Personen, in Togo 42. Die Zusammensetzung der weißen Bevölkerung in den Kolonien blieb bis zum Zusammenbruch im 1. Weltkrieg ausgesprochen "staatslastig"; die relativ hohen Aufwendungen für Beamte und Soldaten trugen erheblich zu der schlechten Wirtschaftsbilanz der Kolonien bei.

Der Eintritt in den kolonialen Verwaltungsdienst oder in die Schutztruppe war die freiwillige Entscheidung des Einzelnen. Voraussetzung dafür war die "Tropentauglichkeit", die von Amtsärzten nach genau vorgegebenen Richtlinien bezüglich der körperlichen und psychischen Belastbarkeit festgestellt werden mußte. Die Frage der fachlichen Qualifikation für den Staatsdienst in Übersee blieb lange, wohl zu lange, der persönlichen Vorstellung der Vorgesetzten überlassen. Erst ab 1905 wurde von den Kandidaten eine kaufmännische Lehre und ein Studium der Landessprache sowie der Rechtswissenschaft und der Verwaltung gefordert.

Der Kolonialdienst bot, neben der Erfüllung von Fernweh und Abenteuerträumen, auch materielle Anreize: Neben seinem an entsprechenden Positionen im Reich angeglichenen "Auslandsgehalt" erhielt der Beamte in Übersee eine "Kolonialdienstzulage" in beträchtlicher Höhe. Der Gouverneur von Ostafrika sah so z. B. sein jährliches Grundgehalt von 18.000 RM auf 50.000 RM aufgestockt. Ein Bezirksrichter empfing zu seinem Gehalt von 3.600 bis 6.600 RM 4.800 RM Kolonialdienstzulage. Noch attraktiver als die höhere

Besoldung war wohl für viele Beamte die im Gesetz vorgesehene raschere Beförderung. Ein Sekretär (Gehaltsklasse VIII) sah so sein Grundgehalt binnen fünf Jahren von 2.100 RM auf 4.200 RM steigen, wozu noch 3.300 RM Zulage kamen. Höherer Sold und raschere Beförderung galten auch für die Angehörigen der Schutztruppen, die übrigens eine vom Kriegsministerium völlig unabhängige Einheit bildeten. Ein im Reich aktiver Soldat – und nur diese wurden in die Schutztruppen übernommen, sofern es sich nicht um wehrpflichtige Bewohner der Kolonien handelte – hatte offiziell aus Reichsheer oder -marine auszuscheiden, ehe er seinen neuen Dienst antrat. Zu den Unterstützungen, die der Kolonialdienst bot, gehörten auch Zuschüsse für den Erwerb der Tropenausrüstung – ein Postbeamter konnte dafür nicht weniger als 1.000 RM entgegennehmen. Der Beamte oder der Soldat mußte sich natürlich auch nicht um seinen Transport und seine Unterkunft im neuen Land kümmern.

Die Mehrzahl der Staatsdiener in Uniform oder in Zivil kehrten nach einiger Zeit wieder in die Heimat zurück, leisteten also keinen Beitrag für das Wachsen "Neudeutschlands" in Übersee. Aber es gab auch genügend Beispiele dafür, daß die Anziehungskraft des Lebens in den Kolonien stark war: Das relativ sprunghafte Anwachsen der Zahl der deutschen Siedler in Südwestafrika nach 1905 war auch eine Folge davon, daß die Niederwerfung der großen Eingeborenenaufstände viele Soldaten ins Land gebracht hatte, die dort Geschmack am Kolonialleben fanden.

Immerhin, auch ohne staatliche Lockungen wagten etliche tausend Deutsche den Sprung nach Afrika – ein Sprung, der einiges an Mut, Organisationstalent und nicht zuletzt Eigenkapital erforderte. Einige Neusiedler wählten freilich den billigeren und risikoloseren Umweg, als Angestellte von Handels- und Plantagengesellschaften oder als Ingenieure nach Afrika zu gehen, wo sie sich nach einiger Zeit und mit wertvollen Erfahrungen selbständig machten. Das Angebot an solchen "Einstiegspositionen" oder auch an Praktikantenstellen bei Farmern war allerdings nicht sehr groß, und das Kolonialamt kam nicht umhin, immer wieder mit Nachdruck "mittellose Personen" von dem Abenteuer der Auswanderung zu warnen. Für eine Existenzgründung in Übersee sah das Kolonialamt ein Vermögen von 9.000 RM als unerläßlich an; erst ab 1910 glaubte man, für besonders "tatkräftige und fleißige" Personen diese Summe etwas niedriger ansetzen zu können. Für eine Farm in Südwestafrika, die ihrem Besitzer ein einigermaßen solides Einkommen verschaffen würde, rechnete man mit Investitionen von 20.000 bis 30.000 RM. Afrika war kein "Auswandererparadies", in dem ein unternehmungslustiger junger Mann mit ein paar Mark in der Tasche ein neues Leben beginnen konnte – kein Wunder, daß es an Popularität niemals Amerika erreichte, mochten auch dort die Träu-

Wohnhaus mit Lagerraum in einer Faktorei in Kamerun.

me von "goldgepflasterten Straßen" nie der Wirklichkeit entsprechen. Auf dem Dienstleistungssektor, dem klassischen Auffangnetz für mittellose Auswanderer, konnte Afrika den Weißen nicht viele Positionen bieten – er blieb die Domäne der Einheimischen.

Weniger Probleme ergaben sich für den von Afrika träumenden Deutschen bei der Transportfrage. Schon in den 1880er Jahren bestanden zahlreiche, auch regelmäßige Anbindungen afrikanischer Häfen an Europa. Die Woermann-Linie z. B. lief bereits vor der Gründung der Kolonien Westafrika an und verbesserte danach die Kontakte zur Westküste des Kontinents. Bis Togo war man 14 Tage unterwegs, bis Südwest 26 Tage. Die Verbindung nach Ostafrika durch den Suezkanal stellte zunächst die altehrwürdige britische Peninsular & Orient (P & O) her, der dann in der "Deutschen Ostafrika-Linie" eine effektive Konkurrenz entstand. Von den Mittelmeerhäfen brauchte man bis Sansibar 18 bis 22 Tage. Billig waren die Überfahrten nicht: 1908 kosteten die günstigsten Kabinenplätze bis Dar-es-Salam 350 RM, bis Lüderitzbucht 500 RM. Wer sich ganz bescheiden mit dem Zwischendeck zufrieden gab, konnte für 210 RM bis Südafrika gelangen. Pro Tonne Fracht waren dann nochmals rund 50 RM zu entrichten.

Nur die wenigsten Auswanderer, die sich als Bauern oder Viehzüchter eine neue Existenz aufbauen wollten, ließen sich direkt an den Küsten nieder und noch weniger hatten die Mittel eines Adolf Lüderitz', der sich für seinen ersten Stützpunkt in Angra Pequena relativ komfortable Fertighäuser anliefern ließ. Wichtigstes Transportmittel im tropischen Afrika war die menschliche Arbeitskraft der Trägerkolonnen. Doch so gering die Pfennigbeträge der Trägerlöhne in europäischen Augen auch erscheinen mußten, die Transportkapazitäten der menschlichen Karawanen waren beschränkt: Ein Träger transportierte im Schnitt 30 Kilogramm am Tag 30 Kilometer weit; die Unkosten bei diesem Transportsystem wurden mit 1,20 RM pro Tonnenkilometer angesetzt. Ein Neusiedler, der ins Landesinnere vorstieß, konnte, ähnlich den ersten Entdeckern, nicht viel mehr als Zelte, Haushaltsgeräte, Handwerkszeug, Waffen und Lebensmittel mit sich führen.

Im "Illustrierten Kolonialkalender von 1911" schildert eine Siedlerfrau die erste Niederlassung im neuen Land – sicher ein in vielem idealisierter Bericht, der aber einige der typischen Probleme durchscheinen läßt: "Mein Mann zeigte mir schon von ferne die bewaldete Bergkuppe, wo wir unser Heim aufschlagen sollten. Endlich, gegen Mittag, standen wir vor der Hütte, die uns Eingeborene auf Bitten meines Mannes errichtet hatten. Also das sollte unser neues Heim sein! Eine regelrechte Kaffernhütte, viermal zwölf Meter groß, aus Pfahlwerk mit Grasdach, die Wände innen und außen mit grauem Lehm beschmiert, ohne Fenster, mit einem Loch als Eingang. Innen stockfinster und feucht; nur durch die Löcher im Dach schimmerte etwas Licht herein. In diese dunkle, schmutzige Erdhütte soll ich einziehen, darin wohnen und schlafen? Ich setzte mich auf einen Baumstamm und ließ meinen Tränen freien Lauf. Ich muß gestehen, am liebsten wäre ich umgekehrt . . .

Doch bald wurde es von Tag zu Tag schöner auf M. Die abscheuliche Hütte bekam bald ein anderes Aussehen unter den fleißigen Händen meines Mannes. In die Wände wurden Fensterlöscher gebrochen, der Türeingang erweitert, die Wände weiß getüncht, das Dach ausgebessert. Mit Hilfe einiger Arbeiter, die sich eingefunden hatten, wurden aus den Trümmern der nahegelegenen Missionsanstalt Ziegelsteine herausgesucht und damit der Boden unserer Hütte belegt; auch baute mir mein Mann einen Herd aus Ziegelsteinen, auf den wir die mitgebrachte eiserne Herdplatte legten. Wir hausten nur acht Tage nach unserer Ankunft im Zelt, dann konnten wir einziehen in die Hütte, die schon recht wohnlich aussah. Ich packte aus unseren Kisten die Wanduhr und einige Bilder und Sprüche aus und hing einen bunten Schal als Portiere vor die innere Tür . . .

Die Wildnis wurde mit Axt und Säge zurückgedrängt. Der Platz für ein neues, größeres Wohnhaus wurde gesäubert und mit dem Bau begonnen. Das

Wohnhaus wurde freilich auch noch im Kaffernstil (Lehmfachwerk und Grasdach) ausgeführt, aber es bekam doch schon ein anderes Aussehen als unsere Hütte, die nur von Schwarzen gebaut worden war, ohne Anwendung von Schnur, Wasserwaage und Richtscheit. Auch sollten richtige Glasfenster hineinkommen und feste Türen . . . Jeder Tag brachte einen kleinen Fortschritt, das neue Wohnhaus wuchs; ein provisorischer Stall für zwei Kühe entstand. Ich machte die erste Butter in einer Flasche. Wie köstlich hat sie uns geschmeckt!

Mein Mann war rastlos tätig. Immer mehr Arbeiter stellte er an, richtete Brettersägereien im Wald ein . . . Hühner, einige Schweine, Ziegen und Schafe konnten wir von den benachbarten Missionsstationen kaufen. Mein Mann legte auch einen kleinen Garten an, und nun konnte ich mit meinem schwarzen Küchenjungen zusammen nach Herzenslust aussäen und pflanzen. Kartoffeln wurden ausgesteckt; Radieschen, Kohl und Salat wuchsen bald üppig.

Mein Mann schaffte mit seinen 50 bis 60 schwarzen Arbeitern den ganzen Tag über. Kaum zu den Mahlzeiten war er einige Augenblicke für mich da. Ich war viel auf mich allein und den schwarzen Küchenjungen angewiesen. Obwohl ich nun gar nichts von der Sprache verstand, bin ich doch mit der Hilfe unseres treuen Kochs, der einige Brocken Deutsch sowie die Zeichensprache verstand, mit den beiden anderen Jungen, die mir in Haus und Garten halfen, recht gut fertig geworden. Und dieses Schaffen und Arbeiten macht mir Freude; Langeweile oder Heimweh blieben mir fern . . .

Was waren es für Freudentage, als die ersten Nachrichten von den Lieben mit der Post hier eintrafen. Überhaupt, die Posttage sind hier für uns noch immer rechte Festtage . . ."

Der Postdienst wurde ebenfalls von Trägern besorgt, die die Sendungen von Dampfern übernahmen, die regelmäßig eine Küstenstadt nach der anderen anliefen. Die Unzulänglichkeiten des Fuß-Transports wurden für die Farmer aber spätestens dann offensichtlich, wenn sie die ersten Überschüsse auf ihren Feldern und Plantagen erwirtschafteten: Tonnenweise Produkte per Träger an die Küste zu schaffen, wurde denn doch zu teuer, wenn es nicht überhaupt am Zeit- und Personalaufwand scheiterte. Eine grundlegende Verbesserung wurde hier erst mit dem Vordringen der Eisenbahnen erreicht; ein Vordringen, das freilich nur sehr langsam Fortschritte machte.

In Südwestafrika trafen die Europäer auch auf dem Transportsektor auf besondere Bedingungen. Hier, wo man sich weder mit verfilzten Urwaldpfaden noch mit der für europäische Haustiere tödlichen Tse-tse-Fliege auseinandersetzen mußte, war der von den Buren entwickelte Ochsenwagen das landesübliche und auch recht effektive Fahrzeug, während der Einzelreisende mit leichtem Gepäck das Reitpferd benutzte. Auf den gebirgigen Treckpfaden kamen Ochsenwagen zwar nicht schneller voran, als es Träger gekonnt hätten, doch die Kapazität der schweren Wagen ermöglichte dennoch einen recht kostengünstigen Warenverkehr.

Die verheerenden Folgen der seit 1897 eingeschleppten Rinderpest trafen nicht nur die eingeborenen Hirtenstämme schwer, sondern bedrohten auch die Existenz vieler weißer Farmer. Neben dem Verlust von Herden wirkte sich auch der Zusammenbruch des gesamten Transportnetzes fatal aus. Die Kolonialverwaltung entschloß sich, auf ein von solchen Katastrophen nicht bedrohtes Verkehrsmittel zu setzen. In kurzer Zeit entstand in Südwest ein weitgespanntes Netz von Schmalspureisenbahnen; und wenn es auch immer wieder Konflikte zwischen den Farmern und der Bahnverwaltung über die Frachttarife gab, so trug dieses Netz doch viel zum Aufschwung der weißen Ansiedlungen mit bei.

Südwestafrika mit seinen festen Pfaden und Pisten, die nicht ständig von tropischen Regenschauern in Schlamm verwandelt wurden, bot sich schließlich als ideales Versuchsgelände für die "pferdelose Kutsche", das Kraftfahrzeug, an. Die Schutztruppe erhielt seit 1907 eine eigene Kraftfahrtabteilung, die eifrig Versuche anstellte, Serienmodelle von PKWs und Lastwagen "afrikatauglich" zu machen, etwa durch den Einbau leistungsfähigerer Kühler oder von Seilwinden, an denen sich das Fahrzeug selbst aus Sand und Schlamm befreien konnte. Die Tester im Uniformrock stellten auch Wirtschaftlichkeitsrechnungen auf: Sie errechneten für den KfZ-Kilometer (vier Personen, drei Zentner Gepäck) Unkosten von ca. 1 RM, während der Zentner Fracht auf dem Ochsenwagen nur 5 Pfennig pro Kilometer kostete. Demgegenüber stand aber der beträchtliche Zeitgewinn: Eine Strecke, auf der selbst ein Reiter 12 Tage unterwegs war, bewältigte das Auto in vier Tagen. In ihrem Testbericht äußerte sich die Kraftfahrtabteilung sehr optimistisch über die Zukunft des Automobils in den Kolonien. Es blieb in der deutschen Kolonialzeit eine recht exotische Erscheinung auf Afrikas Straßen, was man vom Fahrrad nicht behaupten konnte. Die Drahtesel wurden sogar als "Dienstfahrzeuge" benutzt.

Die erste Sorge für die Neusiedler blieb aber das Dach über dem Kopf, und wie der oben zitierte Erlebnisbericht anschaulich schilderte, waren dabei Kompromisse zwischen europäischen Wünschen und afrikanischen Möglichkeiten unvermeidlich. Wer nicht im "Kaffernstil" hausen wollte, der mußte seine schwarzen Arbeiter zum Ziegelbrennen anleiten. Bauten aus dem in den tropischen Kolonien so reichlich vorhandenen Holz waren ein gefundenes Fressen für Termiten; die Einfuhr europäischer Baumaterialien war, trotz Sondertarifen der Schiffahrtslinien, ein teurer Luxus. So ist es auch nicht verwunderlich, daß die damals entwickelten ersten Fertighäuser aus Stahlskelett in den Anzeigen- und Besprechungsseiten der in den Kolonien verbreiteten Publikationen viel Raum einnahmen.

Solche Anzeigen vermitteln überhaupt zahlreiche Einblicke in die besonderen Lebensbedingungen, die die Europäer in den Kolonien vorfanden: Eine wichtige Rolle spielten natürlich die diversen landwirtschaftlichen Geräte, auch und besonders in den speziellen Modellen, wie sie für die Plantagenwirtschaft notwendig waren. In erster Linie auf den Markt der Farmer im trockenen Südwestafrika zielten die Angebote von Wasserpumpen mit Windantrieb. Die Anschaffung von Tropenzelten war mit der Errichtung fester Häuser nicht überflüssig geworden: Die Weitläufigkeit der Farmen verlangte oft genug ein Übernachten im Busch. Und daß dieser Aufenthalt nicht nur romantisch war, darauf weisen die Angebote von "Raubtierfallen" – mit detailliert aufgelisteten Erfolgszahlen hin.

Folgen, die weit über die Kolonialzeit hinausreichten, hatte die Lösung des Problems des Lebensmitteltransports von und nach den Kolonien. Neben den traditionellen Konservierungsformen des Dörrens oder Pökelns entwickelte sich sehr rasch die Herstellung von Dauerkonserven. Die Deutschen in den Kolonien mußten also, falls sie die Mittel hatten, nicht auf heimische Delikatessen verzichten – weder auf Wurst in Dosen noch auf das damals entwickelte Exportbier. Anzeigen von Brauereien, Brennereien und Weinkellereien lassen ebenso wie die detaillierten Zollbestimmungen den Schluß zu, daß der Export von Alkohol keinen unwesentlichen Teil des Handels mit den Kolonien ausmachte. Und der Alkohol wurde nicht nur zur vielbeklagten Korruption der Eingeborenen verwendet, sondern floß auch eifrig durch deutsche Kehlen.

Ein koloniales Alkoholproblem ist nicht überraschend, wenn man bedenkt, daß sich das Leben in Übersee weitgehend in einer reinen Männergesellschaft abspielte – mehr darüber weiter unten – und daß das Freizeitangebot im Busch mehr als dürftig war. Informationsschriften für den kolonialen Markt sind folglich auch voller medizinischer Artikel, die vor dem Alkoholmißbrauß warnen, die mit wissenschaftlichen Ausführungen das offenbar häufige Argument zu widerlegen suchen, daß Alkohol das Leben in den Tropen "erträglicher" mache. Dabei wird aber nicht nur auf die persönliche gesundheitliche Gefährdung hingewiesen; ebenso oft taucht die Warnung vor den schlimmen moralischen Folgen auf, die der Anblick besoffener weißer "Herren" bei den Eingeborenen hervorrufen müsse.

Die Werbeanzeigen weisen allerdings auch auf weniger bedenkliche Methoden hin, die Freizeit unter dem Kreuz des Südens zu verbringen. Afrika war ein guter Markt für die Hersteller von Jagdwaffen; das reiche Angebot attraktiver Großtiere mußte des Waidmanns Herz höher schlagen lassen. Die Folgen der europäischen Trophäenjagd – im Gegensatz zur Selbstversorgungsjagd der Eingeborenen – machten sich aber schon zur deutschen Kolonialzeit bemerkbar: Die Verwaltung Ostafrikas erließ schon 1907 ein weitreichendes und weitsichtiges Natur- und Jagdschutzgesetz.

Als unbedenklicher Freizeitimport aus dem alten Deutschland war die teutonische Sangesfreude anzusehen. Kaum ein Reise- oder Erlebnisbericht aus den Kolonien, in dem sich nicht die Farmerfamilie und ihre Gäste zu einer Runde deutscher Volkslieder zusammengesetzt hätten, und die deutschen Instrumentenbauer boten reichlich und vielseitig jede Art von Begleitung an – mit dem Schifferklavier als offensichtlichem Favoriten. Und wo Deutsche siedeln, sind Vereinsgründungen nicht weit: Die Gruppenfotos stolzer Liedertafeln oder ehrenwerter Kegelclubs finden sich immer wieder in den vergilbten Alben aus der Kolonialzeit.

Gründe zum gemeinsamen Feiern wurden verständlicherweise mit besonderer Freude wahrgenommen. Neben den kirchlichen Feiertagen und den Festtagen des Reichs – Kaisers Geburtstag, Sedan-Tag usw. – gehörten dazu auch die Besuche etwa des Bezirkshauptmanns oder gar des Gouverneurs. In solche Feierlichkeiten wurden dann sehr bewußt die eingeborenen Arbeiter oder Nachbarn einbezogen, die unter der Fahnenstange mit der Reichsflagge ihre Zugehörigkeit zum neuen Vaterland demonstrieren konnten.

Einen nicht unbedeutenden Anteil am Freizeitexport in die Kolonien hatten Druckerzeugnisse aus dem Reich. Die Lektüre von Büchern und Zeitschriften war nicht nur die bequemste, sondern die wohl intensivste Möglichkeit, die innere Verbundenheit mit der Heimat aufrecht zu erhalten. Für den internen Nachrichtenaustausch bestanden auch in den einzelnen Kolonien Zeitungen, wobei sich die Siedler in Kamerun mit dem zweimal im Monat erscheinenden "Amtsblatt" bescheiden mußten. Die "Südwester" konnten zwischen der "Deutsch-Südwestafrikanischen Zeitung", den "Windhuker Nachrichten" und der "Lüderitzbuchter Zeitung" wählen, die sogar zweimal wöchentlich erschienen. Ostafrika als Jagdparadies drückte sich auch in einer Publikation "Ostafrikanisches Weidwerk" aus – in zwangloser Folge erscheinend, Einzelpreis 50 Pfennige –, für die Einheimischen sicher eine interessante Ergänzung zur "Deutsch-Ostafrikanischen Zeitung", zur "Deutsch-Ostafrikanischen Rundschau" oder zur "Usambara-Post". Zu diesen Zeitungen erschienen regelmäßig Beilagen mit Titeln wie "Der Farmer" oder "Der Pflanzer", in denen die drängendsten Alltagsfragen für den selbständigen Unternehmer in der Kolonie diskutiert und wichtige Neuentwicklungen vorgestellt wurden. Aber mit noch größerer Spannung warteten die Deutschen in Übersee auf Presseerzeugnisse aus der Heimat, von den namhaften Zeitungen bis zur "Gartenlaube" oder der "Weltrundschau", Vorläufer unserer Illustrierten, die ihrerseits viele Berichte aus den Kolonien veröffentlichten. Für Druckerzeugnisse boten die Postverwaltungen auch besonders günstige Tarife an, so daß eine wohlbestückte Bibliothek der Stolz vieler Siedlerhäuser werden konnte. Klassiker-Ausgaben wie auch leichte bis seichte Unterhaltungs- und Abenteuerliteratur in preiswerten Dünndruckausgaben – der Vorreiter hierbei war "Reclams Universalbibliothek" – fanden so in beachtlicher Zahl den Weg nach Übersee. Nicht wenig beliebt scheinen auch Bücher mit anregenden Titeln wie "Die Humorkiste", "Der lustige Humorist ist da" oder "Stammtisch-Ulk" gewesen zu sein, die Anregungen zur Unterhaltung von Gästen boten, wobei man sicher in nostalgischer Heimaterinnerung über manchen "Bart" hinweg sah.

Höhepunkte im Freizeiterleben der Deutschen im Busch waren aber die Besuche in den größeren Siedlungen oder gar in der Hauptstadt der Kolonie. Neben den vergleichsweise üppigen Einkaufsmöglichkeiten luden dort auch Wirtshäuser im besten deutschen Stil ein, wo man zum lange entbehrten Maßkrug greifen oder auch eine Partie Billard mit Kollegen spielen konnte. Und in der Stadt wurde auch der Fortschritt, die Ausbreitung "deutschen Wesens" am deutlichsten sichtbar und vermittelte dem Besucher den Stolz, daran beteiligt zu sein. Joachim Graf Pfeil, der Mitbegründer Deutsch-Ostafrikas, schildert seine Eindrücke und Empfindungen bei einem späteren Besuch:

"Fast genau an der Stelle, wo ich, vor 22 Jahren, damals im wilden Pari lagerte, erhebt sich heute ein Prachtbau, die große katholische Kirche, der weithin sichtbare Mittelpunkt der 24.000 Einwohner zählenden Stadt Dar-es-Salam. Ich fand sogar noch das kleine Araberhäuschen als letzten Zeugen erfolgreich bekämpfter Wildnis. Binnen weniger Tage sollte es weggerissen werden, um dem neu anzulegenden Bahnhof Platz zu machen.

Kann man sich einen schärferen Gegensatz denken als den hier geschilderten? Vor 22 Jahren Wildnis, wenn man die wenigen Gärten der Araber und Hütten der Küstenneger nicht als Kulturprodukte anzusehen geneigt ist; heute eine große Stadt mit hohen Gotteshäusern, ausgedehnten Bauten für administrative und militärische Zwecke, Villen, die in ihrem Erscheinen den Versuch bekunden, einen Tropenstil zu schaffen, breite, mit Schattenbäumen gesäumte Kunststraßen, die einen Verkehr zu bewältigen haben, wie ihn manche größere Stadt des uralten Kulturgebiets an den Küsten des Indischen Ozeans nicht aufzuweisen hat . . .

Wo ein kleines, aus Korallensteinen erbautes Araberhäuschen und ein verfallener Palast eine aller gefestigten Grundlagen und darum wirklicher Macht entbehrende Herrschaft vergegenwärtigten, steht heute das Wohnhaus eines Beamten von hohem Range, dessen Wirksamkeit sich der eines deutschen Oberpräsidenten an die Seite stellen kann, dessen Amtsbezirk jedoch den Umfang des Deutschen Reiches fast um das Doppelte übertrifft . . .

Statt lumpenumhüllter oder nackter Gestalten, die sich zwischen planlos nebeneinandergestellten Hütten in schmalen, unratführenden Rinnen einherzwängen, sieht man heute eine im ganzen saubere Bevölkerung in hellen Gewändern auf prächtigen, breiten Straßen sich ergehen zwischen Häusern, die sich zwar hinsichtlich ihrer Bauart nicht von denen früherer Jahre unterscheiden, jetzt aber durch regelmäßige Abstände voneinander getrennt sind und in ihrer Umgebung peinlich sauber gehalten sind . . ."

Nach solcher Erfahrung deutscher "Sauberkeit und Ordnung" an der Küste mußte das Vordringen in die Wildnis für Neuankömmlinge sicher einen Schock darstellen, und man kann unserer Briefschreiberin oben den Ausbruch in Tränen kaum verdenken. Daß dieser Brief von einer Frau geschrieben wurde, macht ihn sowieso zur Stimme einer Minderheit, denn die "Frauenfrage" gehörte zu den größten Problemen der Kolonialgesellschaft, natürlich nicht nur der Deutschen.

Im Jahre 1908, also über 20 Jahre nach der Gründung der Kolonien, betrug der Anteil der erwachsenen Frauen an der weißen Bevölkerung in Ostafrika 13 Prozent, in Kamerun 10 Prozent, in Togo 19 Prozent, und selbst die erfolgreichste Siedlungskolonie Südwestafrika erreichte gerade 27 Prozent. Abhilfe erschien hier dringend geboten, da man nur von intakten Familien die erwünschte neue Bodenständigkeit erwarten konnte. Farmen waren ohne die Mitwirkung einer Hausfrau und schließlich der eigenen Kinder auf die Dauer nur schwer zu führen, und wenn Beamte, Soldaten und Ingenieure keine Frauen in den Kolonien fanden, waren sie kaum bereit, sich dort niederzulassen. Zur Brautschau nach Deutschland zurückzukommen, war eine ebenso teure wie unsichere Möglichkeit, also mußte man versuchen, junge deutsche Frauen in die Kolonien zu bringen – als Postbeamtinnen, Lehrerinnen, Schreibkräfte, Hausangestellte, Krankenschwestern und Kindergärtnerinnen. Für heiratswillige junge Damen war Afrika kein schlechtes Revier, wie bei dem Frauenmangel nicht anders zu erwarten war. 1909 mußte die Stelle der Lehrerin im südwestafrikanischen Omaruru dreimal neu besetzt werden, da die jungen Pädagoginnen vom Fleck weggeheiratet wurden.

Der ersten Begeisterung und dem jungen Glück mußte aber oft genug die Ernüchterung und Enttäuschung folgen, wenn die jungen Damen mit der Härte des Koloniallebens konfrontiert wurden. Um dem vorzubeugen, wurde 1908 im hessischen Witzenhausen eine "Kolonialfrauenschule" eingerichtet, die der "männlichen" Kolonialschule Wilhelmshof angegliedert war. Sie war als Internat für "Töchter gebildeter Stände, welche entweder eine Berufsstellung einnehmen oder sich selbständig machen wollen in den Kolonien" organisiert und arbeitete unter dem Motto: "Nur durch geordnete häusliche Verhältnisse und echt deutsches Familienleben unserer Ansiedler werden die Kolonien auch innerlich deutsch werden."

Der Lehrplan, der auf eine praktische Ausbildung auf umfassender, wissenschaftlicher Grundlage abzielte, zeigte für das Wilhelminische Deutschland verblüffend emanzipatorische Züge, und tatsächlich sollten sich die jungen Damen "eine Ausbildung aneignen, welche denjenigen der jungen Männer ebenbürtig ist." Die praktischen Kurse umfaßten Kochen, Backen von Brot, Semmeln usw., Schlachten, Verwertung und Aufbewahrung des Fleisches, Wurstbereitung, Herstellung von Obstweinen. Daneben wurden aber auch Tischlerei, Schuhmachen, Polster- und Sattlerarbeiten u. ä. gelehrt; selbstverständlich fehlten Kranken- und Säuglingspflege nicht. Die theoretischen Vorlesungen umfaßten Kultur- und Kolonialwissenschaften, Chemie, Tier- und Pflanzenkunde, Ernährungslehre, Tierheilkunde, tropische Landwirtschaft, Tropengesundheitslehre, Buchführung und Rechtskunde – ein eindrucksvolles Programm, das freilich nur einer kleinen Zahl zukünftiger Kolonialfrauen zugutekommen konnte. Natürlich bemühten sich auch die Kolonialverwaltungen vor Ort, das schwierige Leben im Busch für die Frauen leichter zu machen, und für die Schwangeren, die "die Zukunft der Kolonie" im Leibe trugen, wurden zahlreiche Wöchnerinnenhäuser eingerichtet. In Windhuk wurde die Geburt jedes jüngen Kolonialdeutschen denn auch mit einer Flaggenhissung gefeiert.

Solche Bemühungen und Demonstrationen erschienen den Verantwortlichen umso dringender geboten, da es mit den erwähnten "geordneten häuslichen Verhältnissen" nicht allzuweit her war. Denn viele der einsamen Männer im Busch und in den Außenstationen waren nicht bereit, jahrelang auf die Zöglinge der Kolonialfrauenschule zu warten. An Frauen herrschte in Afrika ja kein Mangel – sie hatten nur die "falsche" Hautfarbe . . .

Solange die schwarz-weißen Beziehungen auf der Ebene gelegentlicher Abenteuer oder des formlosen Konkubinats blieben, beschränkten sich die Vorwürfe und Proteste auf die dafür zuständigen Geistlichen und Missionare. Freilich blieben auch diese Kontakte nicht folgenlos, und die Kolonialverwaltungen sahen sich mit der Frage der rechtlichen Einordnung von Mischlingen bald ebenso konfrontiert wie mit den ehrenwerten Wünschen diverser Siedler, ihre schwarzen Freundinnen zum Traualtar zu führen.

Besonders "bedenklich" erwies sich hier das Beispiel der Rehoboter Bastarde in Südwestafrika: Diese Nachkommen von burischen Vätern und Hottentottenfrauen hatten sich seit 1869 in einem geschlossenen Siedlungsgebiet um Rehobot angesiedelt und hielten den deutschen Neuankömmlingen anschaulich vor Augen – im Widerstand wie in der Zusammenarbeit –, daß Mischlinge nicht die schlechtesten Bewohner einer Kolonie sein konnten. Bei den jungen Rehoboterinnen schlug auch häufig das Erbe der weißen Vorväter durch, so daß für deutsche Ansiedler auf Brautschau die "rassische Hemmschwelle" sank.

In den ersten Jahren der Kolonien hatten die Kolonialverwaltungen andere Sorgen, als sich um das Privatleben der wenigen Deutschen zu kümmern, und solange die Kolonien unter der Regie von Handelsgesellschaften standen, betrachteten sich diese für solche Fragen auch nicht als zuständig. In dieser Zeit wurden tatsächlich rechtswirksame Ehen zwischen Weißen und schwarzen Frauen geschlossen, und wenn ein Kaufmann oder Farmer eine Häuptlingstochter heiratete, konnte man diesem Schritt sogar kolonialpolitische Bedeutung zuschreiben. Viele dieser Ehen wurden allerdings nach dem afrikanischen Zeremoniell des Brautstammes geschlossen, womit sie in der Praxis durchaus ihren Zweck erfüllten, wenn sie nach deutschem Recht auch nicht gültig waren.

Ab 1890 wurde es aber immer deutlicher, daß das Reich, das inzwischen die volle Verantwortung für die Kolonien übernommen hatte, weiß-schwarze Verbindungen als "unerwünscht" ansah; heiratswillige Partner trafen immer häufiger auf Ablehnung bei den Standesbeamten. Eine grundsätzliche Entscheidung über diese für das tägliche Leben in Übersee so wichtige Frage ließ aber auf sich warten.

Zur Niederwerfung der großen Aufstandsbewegungen waren bedeutende Truppenabteilungen in die Kolonien verlegt worden. Die Anwesenheit vieler junger Männer, die einem Verbleiben in Afrika durchaus nicht abgeneigt waren, verschärfte die Frauenfrage ungemein, und prompt sammelten sich vor den Standesämtern entlassene Soldaten mit schwarzen und braunen Bräuten. Vom Distriktschef aus Rehobot kam dann die verunsicherte Anfrage an den Gouverneur, was er denn mit solchen Ehekandidaten anfangen solle. Der Gouverneur betonte nochmals, daß solche Ehen unerwünscht seien, daß er von Berlin eindeutige Instruktionen einholen werde, und verbot einstweilen den Vollzug der Trauungen.

In Berlin war im Jahr 1905 den braven Deutschen das Problem hautnah vor Augen geführt worden: Mdoro, Eingeborener aus Ostafrika und als Suaheli-Lehrer am Orientalischen Seminar der Berliner Universität angestellt, hatte eine deutsche Bürgerstochter kennen und lieben gelernt, und das mutige Mädchen schritt tatsächlich mit Mdoro zum Standesamt, wo die Trauung auch ordnungsgemäß vorgenommen wurde. Durch die deutsche Öffentlichkeit ging ein Aufschrei der Empörung; der Zorn entlud sich vor allem gegen den unglücklichen Standesbeamten. Jedoch, die Ehe war rechtsgültig, und so brach Mdoro mit seiner Frau in seine Heimat auf, um sich dort niederzulassen. Im Hafen Tanga wurde dem Paar auf Anweisung des Gouverneurs aber die Einreise verweigert, die Mdoros mußten nach Berlin zurückkehren, wo sie das

Reich auf Erstattung der Reisekosten verklagten. Dieser Prozeß, den Mdoro übrigens gewann, trug dazu bei, daß die Öffentlichkeit den Vorfall nicht rasch vergaß. Hatte man bisher die afrikanischen Techtelmechtel der weißen Männer mit Stirnrunzeln oder auch Augenzwinkern verfolgt, so war man jetzt zutiefst schockiert: Eine Billigung gemischtrassiger Ehen würde ja logischerweise auch die "deutsche Frau" schwarzen Männern "ausliefern", und das schien unvorstellbar. Eine bindende Anordnung erließ die Reichsregierung zwar nicht, doch sie gab den Gouvernements der Kolonien freie Hand, die Frage für ihr Territorium zu entscheiden. Und in Afrika konnte diese Entscheidung in der damaligen Situation nur "Nein" lauten.

Die Begründung der Regierung in Windhuk dafür lautete: "Kann ein Deutscher mit einer Eingeborenen eine Ehe eingehen – um diesem Fall handelt es sich in erster Linie und der Regel nach –, so werden die eingeborene Frau, die von beiden erzeugten Mischlinge und deren Abkömmlinge nach §§ 3 und 5 des Indeginatsgesetzes vom 1. Juni 1870 deutsche Staatsangehörige und damit den für die Deutschen hier geltenden Gesetzen unterworfen. Die männlichen Mischlinge werden wehrpflichtig, fähig, öffentliche Ämter zu erlangen, und des künftig einmal einzuführenden Wahlrechts und anderer an die Staatsangehörigkeit geknüpfter Rechte teilhaftig. Diese Folgen sind in hohem Grade bedenklich und bergen nach Lage der Verhältnisse Deutsch-Südwestafrikas eine große Gefahr in sich. Durch sie wird nicht allein die Reinerhaltung deutscher Rasse und deutscher Gesittung hier sehr wesentlich beeinträchtigt, sondern auch die Machtstellung des weißen Mannes überhaupt gefährdet."

Gegen diese Mischung von Sicherheitsdenken und Rassismus erhoben sich zwar einige protestierende Stimmen, vor allem aus kirchlichen Kreisen, aber die Mehrzahl der Deutschen im Reich und in den Kolonien war damit sehr einverstanden. So konnten durch spätere Anordnungen sogar die früher rechtskräftig geschlossenen Mischehen rückwirkend annulliert werden – für die Betroffenen zweifellos eine Tragödie, wenn sich langjährige Ehepaare plötzlich im Konkubinat wiederfanden und ihre Sprößlinge entrechtet sahen. Die sexuellen Beziehungen zwischen den Weißen und eingeborenen Frauen hörten nach diesen Verordnungen natürlich nicht auf – vorsichtige Schätzungen nehmen an, daß mindestens 5000 Mischlingskinder in den Kolonien deutsche Väter hatten. Doch die Väter mußten sich damit abfinden – so sie sich überhaupt für die Folgen ihrer Beziehungen interessierten –, daß diese Mischlinge nur Bastarde blieben, daß sie nur überseeische Untertanen Seiner Majestät, des Kaisers, aber nie deutsche Staatsbürger wurden. Die Reichsflagge vor dem Wöchnerinnenhaus wurde nur für weiße Babys weißer Frauen aufgezogen.

Die offizielle Förderung einer hohen Geburtsrate unter den Europäern zielte nicht nur auf die Expansion der weißen Bevölkerung ab – damit mußten auch die Verluste ausgeglichen werden, die das Leben in den Tropen unvermeidlich forderte. In den Handbüchern für Auswanderungswillige wurde auch sehr klar vermerkt, welche gesundheitliche Gefahren ihnen in Afrika drohten. Mit der Ausnahme Südwestafrikas waren Malaria und das gefürchtete Schwarzwasserfieber überall verbreitet, wie auch verschiedene Formen der Dysenterie. In Ostafrika konnte man sich bei den Eingeborenen mit Pocken Pest oder Würmern infizieren, in mückenverseuchten Gebieten die Schlafkrankheit bekommen. Und in dem riesigen Gebiet zwischen Dar-es-Salam und den großen Seen waren 1908 ganze acht Ärzte tätig.

Einen wichtigen Beitrag zur medizinischen Versorgung leisteten die Missionsstationen. Ein weltliches Gegenstück versuchte übrigens die Kolonialfrauenschule zu schaffen, die ihre Schülerinnen nicht nur in theoretischer Tropenmedizin unterwies, sondern sie auch lehrte, wie man Impfseren selbst herstellte und applizierte. In der Immunologie und Seuchenbekämpfung nahm die deutsche Medizin in jenen Jahren ja eine weltweit führende Stellung ein; das Hamburger Tropeninstitut leistete wichtige Beiträge zur Bekämpfung der Geißeln Afrikas. Togo konnte so bereits 1908 als "pockenfrei" gemeldet werden.

In dieser Kolonie waren 1895/96 noch 11 Prozent der Deutschen Tropenkrankheiten zum Opfer gefallen – binnen eines Jahres starb jeder Zehnte der Weißen frühzeitig und qualvoll an Schwarzfieber, Malaria, Ruhr ... 1910 war die Sterblichkeitsrate der Weißen auf zwei bis vier Prozent gefallen, ein Zustand, den die Statistiker als "erträglich" einstuften – kaum ein Trost für die Familien, die in diesem Jahr den Vater, die Mutter oder das Kind irgendwo in Urwald und Steppe begraben mußten. Für diese Opfer der Tropen oder auch die während der diversen Aufstände auf ihren Farmen oder Handelsstationen Erschlagenen hatte der Traum von einem schöneren Leben in Afrika ein tragisches Ende gefunden.

3.2 Das Verwaltungssystem

Als das Deutsche Kaiserreich in der ersten Hälfte der 80er Jahre seine Besitzungen erwarb, bestand seitens der Regierung keineswegs die Absicht, eine staatliche Verwaltung einzurichten. Reichskanzler von Bismarck dachte vielmehr daran, das System der englischen "Royal Charters" zu übernehmen und ein kaiserliches "Schutzbriefsystem" einzurichten. Danach sollten private Handelsfirmen in den überseeischen Gebieten lediglich unter kaiserlichen Schutz gestellt werden, selbst aber die ganze Verantwortung übernehmen und die entstehenden Ausgaben tragen, denn "das Deutsche Reich ist nicht in der Lage, ein Kolonialsystem wie das französische durchzuführen. Es kann keine Kriegsschiffe aussenden, um überseeische Länder zu erobern, das heißt, es wird nie die Initiative ergreifen. Aber es wird den deutschen Kaufmann in den Gebieten, die er erworben hat, beschützen. Deutschland wird dasselbe tun, was England seit jeher getan hat, es wird privilegierte Gesellschaften gründen, auf denen die Verantwortung lastet".

Im Budgetausschuß äußerte sich der Reichskanzler zur Frage deutscher Kolonien im Sommer 1884 in ähnlicher Weise: "Ich möchte dem Beispiel Englands folgen und diesen Kaufleuten so etwas wie kaiserliche Privilegien zusichern . . . Ich habe nicht die Absicht, Provinzen zu gründen, sondern will die kommerziellen Unternehmungen in ihrer Entwicklung fördern . . . Wir hoffen, daß der neu gepflanzte Baum dem Fleiß des Gärtners entsprechend gedeihen wird; ist dies aber nicht der Fall, dann hat dieser selbst die Verantwortung zu tragen, nicht aber das Reich, das nichts dazu verlieren kann". Das Reich sollte nur eine Art Protektorat ausüben, konsularische Vertreter entsenden, nötigenfalls einige Kriegsschiffe. Die kolonialen Fragen konnten somit im Auswärtigen Amt von nur einigen wenigen Beamten behandelt werden. Die Gesellschaften versagten jedoch kläglich. Die Gründe dafür lagen in der teilweise mangelhaften Kapitalausstattung, aber auch in ihrer Profitgier, über die sie meist nur ihre Rechte kannten, ihre Pflichten aber vergaßen. Zudem scheiterte das erstrebte Schutzbriefsystem auch am Widerstand hanseatischer Kaufleute. Von Anfang an mußte die Reichsregierung nach Kamerun und Togo kaiserliche Kommissare entsenden, um die Verwaltung zu übernehmen. Keine der afrikanischen Schutzbriefgesellschaften überlebte das Ende der 80er Jahre.

Das Schutzbriefsystem ging somit rasch zur direkten Kolonialverwaltung durch das Reich über. Bereits 1886 wurde ein Gesetz zur "Regelung der

Rechtsverhältnisse in den deutschen Schutzgebieten" verabschiedet. Der Artikel 1 bestimmte: "Die Schutzgewalt in den deutschen Schutzgebieten übt der Kaiser im Namen des Reiches aus". Ausgenommen war jedoch durch ein Gesetz von 1886 die Organisation des Rechtswesens in den Überseegebieten, für das die Konsulargerichtsbarkeit galt. Ein Gesetz über die Einnahmen und Ausgaben der Schutzgebiete, 1892 erlassen, schränkte die kaiserliche Verordnungsbefugnis stark ein. Jede koloniale Maßnahme, die sich im Reichshaushalt niederschlug, bedurfte demnach der Zustimmung des Reichstages. Im Jahre 1900 folgte schließlich der Erlaß des Schutzgebietsgesetzes In diesem "Grundgesetzt der Kolonien" wurde die Stellung des Kaisers festgeschrieben, der Reichskanzler wurde zum "Kolonialminister". Paragraph 15 lautete:

"(Abs. 1) Der Reichskanzler hat die zur Ausführung des Gesetzes erforderlichen Anordnungen zu erlassen.

(Abs. 2) Der Reichskanzler ist befugt, für die Schutzgebiete oder für einzelne Teile derselben polizeiliche und sonstige die Verwaltung betreffende Vorschriften zu erlassen und gegen die Nichtbefolgung derselben Gefängnis bis zu drei Monaten, Haft, Geldstrafe und Einziehung einzelner Gegenstände anzudrohen.

(Abs. 3) Die Ausübung der Befugnis zum Erlasse von Ausführungsbestimmungen (Abs. 2) und von Verordnungen der in Absatz 2 bezeichneten Art kann vom Reichskanzler der mit einem kaiserlichen Schutzbrief für das betreffende Schutzgebiet versehenen Kolonialgesellschaft sowie den Beamten des Schutzgebietes übertragen werden".

Die Verordnungen des Reichskanzlers hatten also Gesetzeskraft und bedurften nicht der Zustimmung des Reichstages und des Bundesrates, sofern sie sich auf Einzelheiten des bürgerlichen Rechts, des Strafrechts, der gerichtlichen Verfahren, auf Eheschließung und Personenstand und auf die Freiheit der Religionsausübung bezogen. Bezeichnenderweise wurden Eingeborenenrechte in diesem Gesetz nicht erwähnt.

Die Aufteilung der Arbeit unter den Sachbearbeitern in der politischen Abteilung des Auswärtigen Amtes erwies sich nun sehr bald als unzulänglich. Deshalb wurde 1890 in Berlin eine Zentralinstanz unter der Bezeichnung "Kolonialabteilung" eingerichtet, die zunächst noch als Unterabteilung an das Auswärtige Amt angeschlossen blieb. An der Spitze stand der Kolonialdirektor, der unmittelbar gegenüber dem Reichskanzler verantwortlich war. Dr. Paul Kayser (1890 - 1896), Dr. Gerhard von Buchka (1896 - 1899), Ferdinand Freiherr von Richthofen (1899/1900), Dr. Oscar Stübel (1900 - 1905), Prinz von Hohenlohe-Langenburg (1905/06) und Dr. Friedrich Dernburg (1906 - 1909) hießen die Männer, die dieses Amt in der Reihenfolge ausübten.

Der Kolonialabteilung als Beratungsgremium zugeteilt war der "Kolonial-

Eine Faktorei in Batanga, Kamerun. Zeitgenössische Darstellung nach einer photographischen Aufnahme.

rat". Er setzte sich aus Vertretern der kolonialen Unternehmungen und der Missionen zusammen. In der Regel trat dieses Gremium zweimal im Jahr zusammen. Als vornehmlichste Aufgabe oblag ihm die Vorbereitung des Etats der Kolonien. Alle Beratungen fanden hinter verschlossenen Türen statt. Zeitweilig bestand der Kolonialrat aus bis zu 40 Mitgliedern. Er wurde jedoch 1908 wieder aufgelöst, als sich nämlich herausstellte, daß die Mitglieder mehr ihre eigenen Interessen vertraten und in ihre eigene Tasche wirtschafteten, als die Sache des Reiches wahrzunehmen.

Mit der Gründung der Schutztruppen zwischen 1891 und 1895 wurde die Zuständigkeit der Kolonialabteilung wesentlich erweitert, denn nun war ihr Direktor in Vertretung des Reichskanzlers zusätzlich mit allen militärischen Kommandoangelegenheiten beauftragt. Daneben bearbeitete die Behörde die Verwaltungsangelegenheiten der Schutztruppe sowie Pensionsfragen der Schutztruppenangehörigen.

Trotz der ständig steigenden personellen und finanziellen Ausstattung der Kolonialabteilung mußte Reichskanzler Fürst Bülow im Herbst 1906 vor dem Reichstag schwere Fehler in der Verwaltung der Kolonien eingestehen: "Wir befinden uns in einer Krisis; aber diese Krisis wird hoffentlich zu einer Gesundung führen. Zu dieser Gesundung genügt nicht die Niederwerfung des (Nama-)Aufstandes und auch nicht die Pazifizierung unserer Schutzgebiete. Es ist auch das offene Bekenntnis erforderlich, daß Fehler in der Kolonialverwaltung begangen worden sind. Es ist der feste Wille erforderlich, diese Fehler nicht zu wiederholen und augenscheinliche Mißstände zu beseitigen". Einen Weg zu ihrer Beseitigung sah die Reichsregierung in der Umwandlung der Kolonialabteilung in ein "Reichskolonialamt". Ein Jahr später schlug seine Stunde. Am 1. April 1907 wurde Kolonialdirektor Dernburg zum Staatssekretär der neuen Zentrale im Reich ernannt. Nach ihm übten dieses Amt noch Friedrich von Lindequist (1910/11) und Wilhelm Solf (1911 - 1918) aus. Das Reichskolonialamt war in vier Ressorts eingeteilt: eine Abteilung für politische Angelegenheiten, allgemeine Verwaltung und Justiz, eine Abteilung für Finanzen, Grundbesitz, Verkehr und technische Angelegenheiten, eine Abteilung zur Leitung des Beamtenstandes sowie eine Abteilung für das Militärwesen in den Kolonien.

Reichskommissar, Landeshauptmann, Gouverneur, diese Bezeichnungen hatten zu Beginn der deutschen Kolonialherrschaft die obersten Vertreter der deutschen Verwaltung in den Kolonien geführt. Ab 1891 ernannte der Kaiser in allen Kolonien Gouverneure, die nun an die Stelle der Gesellschaftsbeamten, der von den Gesellschaften bezahlten Staatsbeamten und der kaiserlichen Kommissare traten. Während seiner Amtszeit stand dem Gouverneur das Prädikat "Exzellenz" zu. Er hatte den Rang eines Wirklichen Geheimen Rates und außerhalb der Kolonie den Rang eines Rates I. Klasse. Je nach Größe der Kolonie bezog er etwa das Gehalt eines Regierungs- bzw. Oberpräsidenten im Reich. Ihm unterstand ein Stab von Beamten, der sich in der Führungsspitze mindestens aus einem Richter, einem Postmeister, einem Steuereinnehmer, einem Arzt und einem technischen Leiter zusammensetzen sollte. Mit dem Gebietszuwachs der Kolonie fand eine weitere Untergliederung in Bezirksämter und Stationen statt. In weniger erschlossenen Gebieten übernahm die Militärverwaltung auch zivile Verwaltungsaufgaben.

Groß war die Machtfülle des Gouverneurs. Er trat in seiner Kolonie als Repräsentant des Deutschen Reiches mit uneingeschränkter Autorität auf. Obgleich Zivilist, hatte er auch die oberste militärische Gewalt inne. Er entschied über die Verwendung der Schutztruppe und übte in Disziplinarfällen die Strafgewalt aus. Als oberste Instanz der Zivilverwaltung setzte er in der Kolonie Recht, soweit dies nicht durch völkerrechtliche Verträge, reichsgesetzliche Regelungen oder Anweisungen vorgesetzter Behörden in Berlin eingeschränkt wurde. Im Rahmen der Etatsvorgaben stand dem Gouverneur das Recht zu, Verwaltungsbehörden einzurichten oder aufzulösen und alle dazu notwendigen Vorschriften zu erlassen. Bis in welche Details dies ging, veranschaulicht eine Verordnung des Gouverneurs von Togo, Waldemar Horn, wonach "für die Benutzung eigener Fahrräder auf Dienstreisen vom 1. April 1904 ab Radgelder im Betrag von 7 Pfennigen für jeden zurückgelegten Kilometer gewährt" wurden. Freilich durften laut Vorschrift nur die Wege aus dem "Amtlichen Verzeichnis der zur Benutzung mit Fahrrädern geeigneten Wege" befahren werden – ein Verzeichnis, das 542 einzelne Wegstrecken von zusammen 1512 Kilometern detailliert auflistete. Außerdem mußte die zurückgelegte Strecke mindestens 15 Kilometer betragen. Auf die wirtschaftliche Entwicklung konnte der Gouverneur mit dem Instrument der Zoll- und Steuerpolitik Einfluß nehmen. Er hatte die Berechtigung, für das Schutzgebiet neue Einnahmequellen zu erschließen. Der größte Spielraum aber bot sich dem Gouverneur in der Eingeborenenpolitik, zumal er in diesem Bereich kaum mit dem Widerstand weißer Siedler zu rechnen hatte. Wie diese Bewegungsfreiheit genutzt wurde, zeigen zwei Verordnungen aus der Kolonie Togo von 1904, die die Anlegung eines Grundbuches und den Erwerb von Rechten an Grundstücken Eingeborener regelte: "Inwieweit Eingeborene zur Eintragung ihrer Grundstücke in das Grundbuch berechtigt sind oder hierzu angehalten werden können, bestimmt in jedem einzelnen Fall der Gouverneur" und "Grundstücke Eingeborener können ohne die Genehmigung des Gouverneurs nicht Gegenstand von Rechtgeschäften mit Fremden oder zu deren Gunsten sein."

In Deutsch-Südwestafrika wurde zunächst ein Reichskommissar eingesetzt, dem ein Kanzler und ein Postmeister zur Seite standen. Das Verwaltungssystem diente anfänglich der militärischen Absicherung des deutschen Hoheitsanspruches. Die zivile Verwaltung stand auf der Grundlage des militärstrategisch notwendigen Stationssystems, wobei die Offiziere zugleich Verwaltungsaufgaben übernahmen. Die Anzahl der Bezirke erhöhte sich von 1894 bis zu dem Beginn des Hereroaufstandes von drei auf sechs, untergliedert in dreizehn Distrikte. Parallel dazu vollzog sich der Ausbau der Zentralverwaltung. Bis 1891 war Otjimbingwe Sitz des deutschen Reichskommissars, dann wurde Windhuk Hauptstadt der Kolonie. Der Stab der Landeshauptmannschaft wurde bald in Referate untergliedert, so in die Abteilungen Finanzen, Bauwesen, Zoll, Medizinalwesen, Bergwesen u. a. Ab dem Jahr 1899 wurden der Verwaltungsbehörde Gouvernements- bzw. Bezirksbeiräte zugeordnet. Diese Bestimmung galt vier Jahre später für alle Kolonien. Der Beirat, der nur beratende Funktion hatte, setzte sich aus Beamten, Ansiedlern und Kaufleuten zusammen. Sie wurden in direkter Wahl aus der deutschen Bevölkerung für ein bis zwei Jahre in das Gremium gewählt. Der eigentliche Ausbau der Selbstverwaltung erfolgte in Südwestafrika aber erst zwischen 1908 und 1910. So erhielt die Kolonie im Jahr 1909 eine Landesverfassung mit Landesrat, Bezirksrat und Gemeindeorganisationen.

Die Gerichtsverfassung, die nach dem Konsulargerichtsgesetz geregelt war, kannte weder den ausgebauten Instanzenzug noch die Trennung von Justiz und Verwaltung. 1903 bestanden in Südwestafrika drei Gerichtsbezirke. Alle drei Gerichte sowie das Obergericht waren mit kaiserlichen Richtern besetzt. Strafgerichtsbarkeit und Strafvollzug gegenüber den Eingeborenen übten Gouverneur, Bezirksamtmann und Expeditionsführer aus. Als Strafe drohten Prügel, Geldbuße, Haft mit Zwangsarbeit, Kettenhaft und Tod. Kleinere Angelegenheiten überließ man in Südwestafrika den Eingeborenenbehörden, soweit es sich um interne Streitigkeiten handelte. Altes Stammesrecht fand dabei, soweit es den Behörden bekannt war, Berücksichtigung. Wie in den anderen Kolonien auch, versuchten weitsichtige Gouverneure die Eingeborenen durch Verordnungen gegen gewissenlose Weiße zu schützen. Paßpflicht und Kontrollmaßnahmen wiederum schränkten die Freiheiten der Eingeborenen stark ein. Mit welchem Rechtsbewußtsein die weißen Siedler den Eingeborenen gegenübertraten, zeigt eine Eingabe der Einwohner des Bezirks Windhuk an die Kolonialabteilung. Zur Rechtfertigung der im Reichstag scharf angegriffenen Prügelstrafe hieß es darin: “Unsere Eingeborenen leben seit Urzeiten in Faulheit, Rohheit und Stumpfsinn in den Tag hinein; je schmutziger sie sind, desto wohler fühlen sie sich. Für jeden Weißen, der unter Eingeborenen gelebt hat, ist es nicht gut möglich, dieselben als Menschen im europäischen Sinne anzusehen; sie müssen mit endloser Geduld, Strenge und Gerechtigkeit im Laufe der Jahrhunderte dazu erzogen werden”.

Schlecht bestellt war es in Südwestafrika um die medizinische Versorgung. 1894 spendete der Frauenverein für Krankenpflege in den deutschen Kolonien als erste Hilfe eine Lazaretteinrichtung für Windhuk. Seit 1896 unterhielt die katholische Missionsgemeinschaft der “Oblaten der heiligen und unbefleckten Jungfrau Maria” in Swakopmund ein Krankenhaus, 1913 eröffnete das Johanniter-Krankenhaus in Keetmanschoop seinen Betrieb. In der Hauptstadt gab es ein Wöchnerinnenheim und ein Lazarett, ein weiteres auf der Haifischinsel. Ganze 15 Ärzte praktizierten 1911 in dem riesigen Schutzgebiet.

Erinnerungen an die “gute alte Zeit in Südwest 1886 - 1908”, entnommen einer “Geschichte der Deutschen Post in den Kolonien und im Ausland”, zeigen den Beginn des Nachrichten- und Verkehrswesens auf: “Otto E. war in Swakopmund Postagent. Kam der Dampfer, so dauerte es ein Stündchen oder ein halbes, bis das Häuflein Post für Swakopmund sortiert war. Das zeigte Herr E. mit einem Pistolenschuß dem Örtchen an. Dann ging man hin, holte sich an dem Ladentisch im “Store” seine Post ab, traf sich dort mit dem gesamten übrigen Swakopmund und trank einen guten Kognak nach dem anderen”. – “Wer von Windhuk nach Swakopmund reisen will, aber weder eigene

Pferde noch eigenes Fuhrwerk zur Verfügung hat und dennoch möglichst wenig Zeit auf die Reise verwenden möchte, muß sich der Postkarre bedienen . . . Die Postkarre besteht aus einem mit einem Leinwandplan überspannten Wagenkasten, der auf einer zwei hohe schwere Räder verbindenden Achse ohne Federn ruht. Sie wird durch zehn Ochsen gezogen, von Eingeborenen, Bastards oder Hottentotten – meist drei an der Zahl – begleitet . . . Der Mond ist aufgegangen . . . So gut es geht, macht man sich auf Gepäckstücken und Postsäcken ein Lager zurecht und hüllt sich in seine Decken . . .".

Befördert wurden in der Kolonie Post und andere Waren zu Fuß, zu Pferd, mit der Pferdekarre, Reitochsen, der beschriebenen Ochsenkarre und Mauleseln. Von Übersee kamen die Pakete über Kapstadt oder mit den Dampfern der Woermann-Linie. Die Beförderungsdauer lag zwischen sechs und zehn Wochen. Nachrichten wurden über Telegraphenstellen und die Kabelverbindung nach Deutschland übermittelt. Daneben gab es noch die Feldpost. Im Verlauf des Hereroaufstandes unternahm die Verwaltung verstärkte Anstrengungen, das Nachrichtenwesen zu verbessern. Während es 1904 erst 36 Post- und Telegraphendienststellen mit 414 Kilometern Fernsprechlinien und 549 Kilometern Telegraphen- und Fernsprechleitungen gab, wuchs das Netz innerhalb von zwei Jahren auf 44 Dienststellen mit 1759 Kilometern Linien und 2064 Kilometern Leitungen an. Kriegsereignisse, Diamantenfunde in der Umgebung der Lüderitzbucht und die weitere Erschließung des Landes halfen auch dem Verkehrswesen auf die Beine.

1897 wurde schließlich mit dem Eisenbahnbau begonnen. Mit 382 Kilometern Länge durfte sich die Bahn Swakopmund – Windhuk fünf Jahre später als die erste große deutsche Kolonialbahn bezeichnen. Das Verkehrsnetz dehnte sich in den folgenden Jahren weiter aus. Der Ankauf zweier privater Linien 1910 durch die Kolonie und die 1905 in Angriff genommene Südbahn sowie die fünf Jahre später begonnene Nord-Südbahnlinie der Verbindung Windhuk – Keetmanschoop verhalfen der Eisenbahnverwaltung 1911 zur stolzen Feststellung, "von allen unseren Kolonien das vollkommenste Eisenbahnnetz zu besitzen". Dennoch blieben die Beförderungsmittel aus der "guten alten Zeit" bestehen. Das Streckennetz der Eisenbahn war sehr klein, die Verkehrsstraßen waren wenig ausgebaut.

Das Schulwesen lag in Südwestafrika überwiegend in den Händen der Regierung, jedoch beteiligten sich auch die Missionen an der Erziehung. Der Besuch der Schulen war kostenlos. Außerhalb der geschlossenen Ortschaften wurden die Kinder in "Farmschulen" durch angestellte Privatlehrer unterrichtet. Die Ausbildung an den Regierungsschulen beschränkte sich jedoch auf die Kinder der weißen Kolonisten. Im Jahre 1914 gab es 20 Schulen für sie, dazu eine höhere Schule für Knaben und eine für Mädchen in Swakopmund.

Für die Eingeborenen betrieben zu diesem Zeitpunkt die Missionsgesellschaften 61 Schulen, in denen jedoch nur rund 5000 Kinder unterrichtet wurden.

Die Schutztruppe, die die Deutsche Kolonialgesellschaft im Jahr 1888 in Südwestafrika eingerichtet hatte, bestand aus zwei Offizieren, fünf Unteroffizieren und zwanzig Bastards. Wirklichen Schutz konnte dieses Häuflein nicht einmal dem Reichskommissar selbst gewähren, geschweige denn im Land für die Aufrechterhaltung der Ordnung sorgen. Dazu war allerdings auch die kaiserliche Schutztruppe nicht in der Lage, die ein Jahr später gebildet wurde und in der nun fünfzig Mann Dienst taten. Der Aufstand der Hereros und Hottentotten zwang zu einer kräftigen Aufstockung. 1893 gehörten bereits 250 Soldaten der Schutztruppe an. Die Zahl der Militärdistrikte wurde erhöht und ihre Organisation ausgebaut. Zu Beginn des Hereroaufstandes standen schließlich 770 Mann unter dem Schutztruppenkommando, 1914 zählte das Gouvernement 2000 Aktive und 3000 Reservisten. Die Schutztruppe bestand jedoch, wie gesagt, nicht nur aus Weißen, sondern auch aus angeworbenen Bastarden und anderen eingeborenen Soldaten. Ziel ihrer Ausbildung war laut Richtlinienentwurf "gute Ausbildung des einzelnen Mannes im Benehmen gegen Vorgesetzte und im Gehorsam, der Disziplin; vollständige Ausbildung im Gebrauch der Waffen; die Ausbildung des Zuges in geschlossener Ordnung, Bewegung ohne Tritt, in zerstreuter Ordnung in vollständiger Gefechtsschule (sowie) der Ausbildung im Wacht- und Patrouille-Dienst".

Der erste Verwaltungssitz Togos hieß Badiga. Später wurde er nach Sebe und 1897 schließlich in die Hafenstadt Lome verlegt. Erster oberster Verwaltungsbeamter war Konsul Heinrich Randad mit dem Rang eines Reichskommissars. Die lokale Verwaltung des Landes bestand, je nach Grad der "Befriedung" des Hinterlandes, aus Bezirksämtern oder Stationen. 1899 gab es Bezirksämter in Lome und Anécho, Stationen in Misahöhe, Atakpame, Krete-Kratschi, Sokode-Bassai und Sansane-Manga. Als vorrangige Ziele ihrer Tätigkeit sah die Verwaltung neben der tatsächlichen Inbesitznahme des Landes die Herstellung von Friede und Ordnung sowie die Beseitigung des Sklavenhandels an. Das Vertrauen der Eingeborenen versuchte man unter anderem dadurch zu gewinnen, daß man Wert auf das Erlernen der Landessprache Ewe durch die Beamten legte. Die Beamtenzahl stieg zwischen den Jahren 1891/92 bis 1910 von 19 auf 77.

In einem Schreiben des kaiserlichen Bezirksamtes Misahöhe vom 23. Juli 1914 nach Berlin hieß es: "Für den hiesigen Bezirk halte ich die Einführung einer Berufung gegen Urteile des Bezirksamts in Strafsachen weder für nützlich für die Erziehung der Eingeborenen zu höherer Ordnung und Gesittung noch für notwendig. Einerseits halte ich die hiesigen Eingeborenen noch nicht für reif genug, um ihnen das Recht der Berufung in Strafsachen zu geben: Ich befürchte, daß sie es mißbrauchen, und daß die Autorität des Bezirksamts bei ihnen stark erschüttert wird. Andererseits besteht hier schon ein Instanzenzug, in dem in erster Instanz Stammeshäuptlinge, in zweiter die Stationen urteilen. Von diesem kann Berufung auf das Bezirksamt erfolgen und geschieht auch nicht selten . . ." Abgesehen von der Überheblichkeit, mit der hier ein Weißer über die Eingeborenen sprach, zeigt dieses Schreiben, daß die Kolonialverwaltung einen eigentlich recht liberalen Kurs einschlug. Einheimische Organisationsformen erhielt sie aufrecht und beließ gewisse polizeiliche und steuerliche Rechte bei den Stämmen und Dörfern. Den Häuptlingen überließ die Verwaltung die Gerichtsbarkeit, allerdings mit Berufungsmöglichkeit seitens des Verurteilten beim zuständigen Stationsleiter oder Bezirksamtmann. Unter den Eingeborenen wurde Recht entsprechend der Überlieferung gesprochen. Eine Einschränkung gab es jedoch: Gottesurteile durften nicht gefällt werden, Menschenopfer und Blutrache sowie andere "kulturwidrige Institutionen" waren verboten. Die Todesstrafe durfte nur mit Genehmigung des Gouverneurs vollzogen werden. Über die Weißen im Schutzgebiet übte in erster Instanz das Bezirksgericht in Lome die Gerichtsbarkeit aus. Durch kaiserliche Verordnung gab es in Kamerun ein Berufungs- und Beschwerdegericht, an das sich in zweiter Instanz auch die Weißen Togos wenden konnten.

Das besondere Augenmerk des Gesundheitswesens galt der Bekämpfung der Seuchen. Krankenhäuser gab es in Lome und Anécho, außerdem für aussätzige Eingeborene noch ein besonderes Heim. Das Medizinalwesen kümmerte sich aber auch um die allgemeine Hygiene. Öffentliche Anstalten wurden gebaut, die Aborte polizeilich überwacht, eine Fäkalienabfuhr per Feldbahn in den Städten eingerichtet. Schlachthäuser mit Schlachtzwang und Trichinenschau baute die Verwaltung in Lome und Palime. Um der Seuchen Herr zu werden, unterzog man ganze Bezirke einer regelmäßigen Impfung gegen Pocken. Welche Probleme sich für die Behörden hinsichtlich der sanitären Einrichtungen stellen konnten, geht aus einem Brief des Bezirksamtmanns von Lome-Land an das kaiserliche Bauamt in Lome vom 26. Oktober 1911 hervor. Darin hieß es: "Vor einiger Zeit hat das Bezirksamt Lome-Stadt meinen Dolmetschern die Benutzung seiner Closettanlage verboten, wodurch diese jetzt gezwungen sind, den Abort am Soldatenlager zu benutzen. Da der Weg vom hiesigen Geschäftszimmer bis zum Abort etwa einen Kilometer lang ist, so geht dem Bezirksamt bei einmaliger Benutzung des Aborts eine gute halbe Stunde Arbeitszeit verloren, was bei vier Dolmetschern täglich zwei Stunden ausmacht. Das Bezirksamt hat so schon Dolmetschermangel, so daß es des öfteren dieselben während des Austretens sehr vermißt. Aus vorstehenden Gründen bitte ich ergebendst an einem geeigneten Platz in der Nähe des Bezirksamtes Lome-Land einen Abort errichten zu lassen".

Mit den beiden Post- und Telegraphenstationen in Lome und Anécho war Togo bis 1902 ausreichend mit Informationswegen versorgt. Erst mit dem um die Jahrhundertwende einsetzenden Aufstieg der Kolonie sah sich die Verwaltung veranlaßt, das Netz weiter auszubauen. Im Jahre 1914 überzogen 24 Postdienststellen das Land, bestanden zwei Küsten- bzw. Großfunkstationen. Der Postdienst hatte einen derart ausgezeichneten Ruf, daß auch viele französische Postsachen aus Groß-Popo in Anécho aufgegeben wurden. Bereits 1895 war Togo die einzige Kolonie an der ganzen westafrikanischen Küste mit einem ausgebauten Fernsprechwesen und hatte Anschluß an das Kabelnetz des Weltverkehrs gefunden.

Große Bedeutung maßen die verantwortlichen Kolonialbeamten auch dem Straßenbau bei. Die Straßen wurden mit Schotter befestigt und mit seitlichen Gräben versehen, so daß das Wasser ablaufen konnte. Der Chausseebau setzte um die Jahrhundertwende ein. Flüsse, die sich während der Regenzeit in reißende Ströme verwandelten, erhielten stabile Brücken, und in einer Entfernung von Tagesmärschen wurden feste Rasthäuser angelegt. Verantwortlich für den Bau und die Instandhaltung des Straßennetzes zeichneten die Bezirks- und Stationsbeamten, die wiederum die Häuptlinge zu den notwendigen Dienstleistungen verpflichteten. Kummer bereitete die starke Brandung des Meeres in der Hafenstadt Lome. Deshalb entschloß man sich schon bald zum Bau einer Landungsbrücke, die im Jahre 1904 ihrer Bestimmung übergeben wurde. Ein Jahr später wurde die 45 Kilometer lange Eisenbahnlinie von Lome über Bagida nach Seguro-Anécho fertiggestellt. Dieser Küstenbahn folgten 1907 die Inlandbahn Lome – Agome – Palime und 1911 die Strecke Lome – Atakpane einschließlich einiger Nebenstrecken. Einen weiteren Ausbau der Bahn verhinderte der Ausbruch des Ersten Weltkrieges.

Um das Schulwesen erwarben sich in Togo überwiegend die dort tätigen Missionsgesellschaften Verdienste. Deshalb gab es in der Kolonie 1914 nur zwei reguläre, dazu eine landwirtschaftliche und berufliche Schule sowie eine höhere Schule und ein Lehrerbildungsinstitut. Schulpflicht bestand keine. Als Unterrichtssprachen dienten Ewe und die deutsche Sprache. Im Gegensatz zu den anderen drei Schutzgebieten in Afrika gab es in Togo nie eine Schutztruppe. Der Aufrechterhaltung der Ordnung diente eine Polizeitruppe, die im Laufe der Jahre eine Stärke von 550 Farbigen erreichte, befehligt von wenigen weißen Offizieren und Unteroffizieren.

In Kamerun wurde schon sofort nach der Annexion ein Gouverneur an die Spitze der Kolonie berufen. Er übte zugleich die Funktion eines Generalkonsuls des Reiches für die britischen Nachbarkolonien Süd- und Nordnigeria, die spanischen Besitzungen im Golf von Guinea und das französische Gabun-Gebiet aus. Bis zum Jahr 1900 stand ihm ein Kanzler als Leiter der Justizverwaltung und als persönlicher Stellvertreter zur Seite. Von diesem Zeitpunkt an wurde die Kolonialverwaltung zügig weiter ausgebaut. Bereits 1908 gab es 21 Verwaltungsdistrikte. Zehn lagen im Küstengebiet, fünf im südlichen Waldland, vier in Südadamaua und zwei im Norden. 1914 wurde die Kolonie durch 13 Bezirksämter, zwei selbständige Verwaltungsbezirke, einen Militärbezirk und vier Residenturen verwaltet. Sitz des Gouverneurs war von 1886 bis 1901 der Küstenort Duala, danach Buea am Kamerunberg.

Der Verwaltungsaufbau gestaltete sich in Kamerun weit komplizierter als in anderen Kolonien. Neben Bezirksämtern mit ziviler Verwaltung gab es Gebiete mit militärischer Verwaltung und zwei militärisch geleitete Residenturen. Die Küstenregionen unterstanden von Anbeginn der Zivilverwaltung. Im Innern der Kolonie ging im Zuge der Eroberungen immer eine Militärverwaltung der Zivilverwaltung voraus. Gouverneur Seitz schrieb 1910 in einer Denkschrift dazu: "Die sprungweise Ausdehnung der Verwaltung hat es mit sich gebracht, daß die Organisation der Lokalverwaltung keine einheitliche ist, zumal durch die Militärstationen, welche in rascher Folge im Innern entstanden und in immer weiterem Umfang auch Funktionen der Zivilverwaltung wahrnahmen, ein Dualismus in die Verwaltungsorganisation hineingetragen wurde, der einer konsequenten und ruhigen Entwicklung der Dinge keineswegs förderlich war. So stehen wir heute einem Konglomerat von Bezirksämtern, Militärstationen, Zivilstationen und Posten mit teilweise verschieden abgegrenzten Befugnissen gegenüber".

Eine Reform sollte Abhilfe schaffen. Gelungen ist dieses Werk freilich nie zur vollen Zufriedenheit. Um das riesige Gebiet in den Griff zu bekommen, bediente man sich der Eingeborenenorganisation, d. h. man versuchte die Häuptlinge als ausführende Organe deutscher Verwaltungsbestimmungen und -verordnungen einzusetzen oder gar Stammesoberhäupter zu finden, die von mehreren Siedlungsgruppen als Autoritäten anerkannt wurden. Die Auswahl dieser Häuptlinge erfolgte, wie in der "Kolonialen Rundschau" von 1911 zu lesen war, "nach ihrer Befähigung und loyalen Gesinnung gegen die Regierung unter Berücksichtigung ihrer legitimen Ansprüche auf eine Nachfolge, oder, bei Neuschaffung einer Häuptlingsstelle, ihrer etwaigen Abstammung von einer Häuptlingsfamilie". Der Schein trog jedoch nur zu oft. Zwischen die Interessen seines Stammes einerseits und den Forderungen der Kolonialverwaltung andererseits gestellt, konnte der Häuptling häufig nur zwischen Autoritätsverlust bei seinem Stamm und der Auflehnung gegen die weiße Herrschaft wählen. In die inneren Streitigkeiten griff die Verwaltung am liebsten gar nicht ein oder versuchte sich auf eine vermittelnde Rolle zu beschränken. Das Rechtswesen war so gestaltet wie in den anderen Kolonien, jedoch bemühten sich in Kamerun die weißen Unternehmer bis 1914, das an die Regierung delegierte Disziplinarrecht in eigene Hände zu nehmen.

Die Verhältnisse des Gesundheitswesens waren jedoch katastrophal, Noch 1914 gab es insgesamt nur 18 Regierungsärzte und 18 Sanitätsoffiziere in Kamerun. Für Weiße wurden Regierungskrankenhäuser 1897 in Duala, 1900 in Victoria und nach 1907 in Edea, Kribi, Jaunde und Ebolawa eingerichtet, im Jahr 1900 die Erholungsstation Suellaba eröffnet. Auf einigen Stationen standen daneben Krankenstuben zur medizinischen Betreuung bereit. Erst nach 1907 wurden die ersten Farbigenhospitäler errichtet. Im Kampf gegen die Pocken waren die Ärzte dagegen erfolgreich. Ab 1912 wurden Fachärzte gegen die Schlafkrankheit eingesetzt.

"Da es neuerdings zu wiederholten Malen vorgekommen, daß die hier eingetroffenen für Kamerun bestimmten Postsäcke von unberufener Hand geöffnet worden sind, so werden hiermit die Kapitäne der Schiffe, denen die Postsäcke anvertraut sind, für alle daraus etwa entstehenden Verluste und Nachteile verantwortlich gemacht", lautete eine Verordnung des Gouverneurs aus dem Jahre 1886. Begründet wurde sie damit, "daß neuerdings zweimal auf je einem englischen und deutschen Dampfer die Postsäcke, ohne Zweifel mit Zustimmung des Kapitäns, von dem ersten Besten, der an Bord erschien, eröffnet worden sind und es nachher jedem Einzelnen überlassen bleiben mußte, sich seine Briefe auf dem Dampfer zusammenzulesen". Vier Jahre zuvor hatte das Reichspostamt durch einen Vertrag mit der Firma Woermann erste Schritte zur Beförderung von Postpaketen unternommen. Ein Jahr nach dieser Verordnung wurde die erste Postdienststelle in Duala eingerichtet. Sie war gleichzeitig die erste deutsche Postagentur in Afrika überhaupt. Der Beamte, ein Postagent, erhielt ein Jahressalär von 600 Mark. Das Post- und Telegraphenwesen Kameruns entwickelte sich dagegen im ersten Jahrzehnt sehr langsam. Erst zu Beginn dieses Jahrhunderts verfügte die Kolonie über ein relativ dichtes, wenngleich auch nicht lückenloses, Netz. Zwar war es nun auch durch ein Unterseekabel an das internationale Telegraphennetz angeschlossen, doch eine Briefzustellung hat es in Kamerun auch 1914 noch nicht gegeben, zugestellt wurden nur Telegramme und die Aufforderungen zu Gesprächen von den öffentlichen Sprechstellen, wie es in der "Geschichte der Deutschen Post in den Kolonien und im Ausland" aus dem Jahre 1939 heißt.

Schwieriger als in den anderen Kolonien gestaltete sich hier wegen des mächtigen Urwaldgürtels der Eisenbahnbau. Auf private Initiative hin entstand erst im Jahre 1902 eine Strecke von Victoria zu den Plantagengebieten um Buea. Die zweite Linie, wiederum von einer privaten Gesellschaft gebaut, wurde 1909 eröffnet. Die Verzinsung der Investition ließ sich die Kamerun-Eisenbahnbau-Gesellschaft durch eine Reichsbürgschaft absichern. Weitere geplante Linien konnten bis zum Ausbruch des Weltkrieges nur in Teilstrecken fertiggestellt werden, so die Strecken von Duala ins Manemgubagebirge oder von Duala zum schiffbaren Njiongfluß. Gleiches galt für den Straßenbau. Lediglich in der Küstenregion entstand ein weitverzweigtes Straßennetz, auf dem sogar teilweise mit Kraftfahrzeugen gefahren werden konnte. Zwischen Kribi und Jaunde wurde der Hauptkarawanenweg ausgebaut. Abseits davon konnte man aber mehr von Buschpfaden als von Wegen sprechen: sie waren in der Regenzeit kaum passierbar. Um die Seeschiffahrt zu fördern, ließ die Verwaltung den Kamerunfluß ausbaggern. Zur Abwicklung des Küstenverkehrs wurden Dampfer eingesetzt.

Die Hauptlast des Unterrichts und der Bildung trugen in Kamerun die Missionsgesellschaften. Die Regierung zeigte bis 1913 am Schulsystem wenig Interesse und führte erst 1915 die Schulpflicht ein. Ganze fünf Regierungslehrer waren 1913 angestellt, später acht. Regierungsschulen gab es in Duala, Victoria, Garua, Jaunde, Edea und Dume. Der Unterricht konzentrierte sich vor allem auf die Fächer Deutsch, Lesen und Rechnen. In den Lehrwerkstätten in Buea (seit 1905) und in Duala (seit 1909) lernten Afrikaner das Tischler- und Polstererhandwerk. Schulabsolventen konnten ab 1911 eine Fortbildungsschule für den Verwaltungsdienst in Duala besuchen. Eine Landwirtschaftsschule, die im gleichen Jahr in Victoria errichtet wurde, hob das fachliche Können in den Landwirtschafts- und Forstberufen.

Mit der Gründung des Botanischen Gartens in Victoria im Jahr 1891 begann das von der Regierung geförderte Landeskulturwesen. Zur Zentrale der amtlichen Landwirtschaftspolitik entwickelte er sich allerdings erst ab 1905, als ein Laboratorium unter dem Namen "Versuchsanstalt für Landeskultur" fertiggestellt worden war. Während der Botanische Garten seine Tätigkeit auf Kulturversuche, Beraterdienste und den Verkauf von Saatgut und Stecklingen beschränkt hatte, übernahm die Versuchsanstalt ab 1907 auch die Grundausbildung der Gärtner und Landwirte, die neu in den Kolonialdienst eintraten, sowie die Ausbildung von Afrikanern zu landwirtschaftlichen Hilfsbeamten.

Ursprünglich sollte in der Kolonie nur eine Polizeieinheit aus zwölf farbigen Soldaten gebildet werden. 1891 billigte der Reichstag nach heftigen Debatten die Bildung einer fünfzig Mann starken Polizeitruppe, deren Aufgabe darin bestand, das Hinterland zu erschließen. Zwei Jahre später war die Truppe auf 100 Mann angewachsen, darunter auch rund fünfzig Leute aus Dahomey. Nach einer Revolte eben dieser Gruppe sah sich die Regierung zu einer tiefgreifenden Reorganisation veranlaßt. Dies führte 1895 zur Gründung der Kameruner Schutztruppe als eigenständiger Kolonialtruppe, die in den folgenden Jahren systematisch ausgebaut wurde. Ihre Mannschaftsstärke wuchs bis

1914 auf 205 Offiziere und Unteroffiziere sowie 1650 farbige Mannschaften und zusätzlich 200 Trägern an. Zunächst unterstand sie dem Reichsmarineamt, seit 1896 der Kolonialabteilung. An der Spitze der Truppe stand der Kommandeur, der vom Gouverneur die entsprechenden Weisungen erhielt. Die obersten Beamten der Verwaltungsbezirke dagegen hatten gegenüber den dort stationierten Kompanien keinerlei Befehlsbefugnis. Neben der Schutztruppe operierte noch die eigentliche Polizeitruppe, ab 1910 verstärkt um fünfzig bewaffnete Zollwächter. 1914 zählte der Polizeiverband 37 Polizei- und Exerziermeister sowie 1450 farbige Mannschaften. Über sie hatte die Zivilverwaltung direkte Verfügungsgewalt.

In Deutsch-Ostafrika kam es verhältnismäßig spät zu einer Klärung der politischen Verhältnisse und einem planmäßigen Verwaltungsaufbau. Ab 1891 residierte ein Gouverneur in Dar-es-Salam. Im Verlauf der dreißigjährigen Kolonialherrschaft etablierten sich in 25 Hauptbezirken vier verschiedene Verwaltungssysteme. Die Bevölkerung in den Küstenstädten war direkt den deutschen Behörden unterstellt. Entlang der Küste und in einigen Bezirken des Hinterlandes bestätigte die Verwaltung das bereits bestehende Jumben-System oder setzte es neu ein. Mehrere Jumben – das waren die Dorfältesten als Vorsteher von dörflichen Siedlungsgemeinschaften – unterstanden einem Akiden. Der Akide wiederum, der meist arabischer Herkunft war, trug die Verantwortung gegenüber dem Bezirksamtmann oder dem Stationsvorsteher. Viele Inlandsstämme lebten auch unter dem Häuptlingssystem. Diese Häuptlinge übten nun als Unterbeamte der Kolonialverwaltung Autoritäts- und Hoheitsrechte in ihrem Stamm aus. In den westlichen Hochländern, in Ruanda, Urundi und Bukoba dagegen, ließen die Kolonialherren die feudalistischen Reiche bestehen und stellten den Sultanen lediglich Residenten als "Berater" zur Seite. 1914 gab es neben drei Residenturen 19 zivile Hauptstationen und zwei Militärbezirke.

Die Rechtspflege entsprach derjenigen der anderen Kolonien. Das Schutztruppensystem ähnelte stark dem in Kamerun. Landesweit verteilten sich 15 Kompanien mit rund 3000 Mann auf die Stationen. Dazu zählten auch 250 Polizei-Askaris und 272 Europäer. Verheerend war es um das Gesundheitswesen bestellt. Auf insgesamt 10 Millionen Einwohner kamen 11 Ärzte. Im Jahr 1914 hatte die Verwaltung immerhin 48 Mediziner angestellt. Nur in den größeren Städten gab es Krankenhäuser oder Hospitäler. Den weitaus größten Anteil an der medizinischen Betreuung leisteten die Missionsstationen. Die größte Aufmerksamkeit schenkte das Medizinalwesen der Bekämpfung der Schlafkrankheit. So rief sie 1906/07 den Nobelpreisträger Dr. Robert Koch ins Land, um die Seuche einzudämmen. Unter seiner Leitung wurden großangelegte Säuberungs- und Rodungsaktionen in Tanganjika und am Victoriasee gestartet. Die Verantwortlichen hofften, dadurch dem Überträger, der Tsetsefliege, die Brutplätze zu entziehen. 1913 entstand zur Bekämpfung der Seuche in Dar-es-Salam ein Forschungslabor. Auf drei Stationen widmeten sich Ärzte und Pflegepersonal den bedauernswerten Kranken dieses damals unheilbaren Leidens. Doch trotz aller Bemühungen blieb der durchschlagende Erfolg aus.

Nachrichten- und Postwesen kamen nur allmählich voran. In Lamu, Sansibar, Bagamojo und Dar-es-Salam baute die Reichspost zwischen 1888 und 1890 die ersten Stationen. Laut Statistik wurden im Jahr 1892 über neun Stationen 186.600 Briefe und 2000 Pakete befördert. 1906 verteilten sich 34 Poststellen über das Land. 1914 gab es 28 Telegraphen- und Fernsprechdienste. Funkstationen wurden jedoch erst 1911 in Bukoba und Muansa, 1913 in Dar-es-Salam eröffnet.

Mit dem Bau des Verkehrsnetzes ging es ähnlich langsam voran. So waren 1906 gerade zwei Strecken mit insgesamt 379 Kilometern fertiggestellt, nämlich die Linien Tanga – Kiko und die Zentralbahn Dar-es-Salam – Morogoro. Erst nach 1908 begann ein systematischer und planvoller Ausbau, so daß 1914 die Zentralbahn eine Gesamtlänge von 1260 Kilometern erreichte. Die Usambara-Bahn war zu diesem Zeitpunkt zur "Kilimandscharobahn" erweitert und ausgebaut worden. Wichtigstes Transportmittel blieb jedoch die Karawane, hauptsächlichster Lastenbeförderer der Mensch. Die Verbindung der Kolonie zum Mutterland hielten die Deutsch-Ostafrika-Linie sowie französische, österreichische und englische Schiffe aufrecht. Der Küstenverkehr oblag den Dampfern des Gouvernements.

Großen Wert legte die Verwaltung in Ostafrika auf das Schulwesen. Dazu gehörte auch die Bildung der Eingeborenen. Schon der erste Gouverneur, Freiherr von Soden, hatte 1892 in Tanga die erste Regierungsschule eingerichtet. Vor dem ersten Weltkrieg unterhielt die Verwaltung in Ostafrika 89 Elementarschulen und 10 höhere Schulen. 13 deutsche Hauptlehrer, drei Handwerkslehrer und 159 farbige Lehrer unterrichteten insgesamt 6400 Schüler. In den Schulen drückten Suahelis, Araber und Inder nebeneinander die Bank, um nach erfolgreichem Abschluß als Schreiber, Stenographen, Post-, Zoll- und Eisenbahngehilfen zu arbeiten. Sechs Gewerbeschulen trugen dazu bei, "die Unterweisung der Eingeborenen auf allen wirtschaftlichen und kulturellen Gebieten zu verbessern", wie die Kolonialverwaltung in einer Denkschrift an den Reichstag die Ziele dieser Ausbildung begründete, denn, so hieß es weiter: "Die Kolonialverwaltung ist sich bewußt, daß ihr zur Befestigung der deutschen Herrschaft und gleichzeitig zur wirtschaftlichen Entwicklung kein wirksameres Mittel zur Verfügung steht, als die Hebung des Kulturzustandes der Eingeborenen". Dazu trugen auch die Missionsschulen bei, die in

Neujahrskarte von 1902 aus den Kolonien mit der Darstellung eines eingeborenen Postläufers.

enger Abstimmung mit den Kolonialbehörden arbeiteten. Das Schulsystem in Ostafrika galt insgesamt als vorbildlich und stieß selbst bei Vertretern anderer Kolonialmächte auf Bewunderung.

Vergleiche zwischen den Kolonien anzustellen, ist allzu gefährlich, hing ihre Entwicklung doch von ganz unterschiedlichen Faktoren ab. Ein Oberleutnant zur See, namens Matthias, versuchte dies dennoch 1907 in einem Gedicht, überschrieben "Die vier Afrikaner". Lassen wir zum Abschluß diesen Zeitgenossen sprechen:

"Preisend mit viel schönen Reden
Ihrer Länder Wert und Zahl
Saßen ein'ge Gouverneure
In Berlin . . . Continental.

"Herrlich", sprach der Herr von Schuckmann,
"Ist mein Land und seine Macht,
Kupfer hegen seine Berge
Wohl in manchem tiefen Schacht.

Große Städte, gute Häfen
Und so gutes deutsches Bier
Schaffen, daß mein Land das erste
Unter allen von uns vier".

"Seht mein Land in üpp'ger Fülle",
Sprach Herr Legationsrat Seitz,
"Die Mangroven an den Flüssen
Und die Berge wie die Schweiz.

Und der Gummi in den Wäldern,
Und das viele Elfenbein,
Ebenholz und Palmkernöle,
Wirklich alles extrafein!"

"Wenig ist's", sprach der aus Osten,
"Gegen mein viel reiches Land,
Wo die Baumwoll' wächst in Mengen
Und das Maisfeld in die Hand".

Schweigend saß der Graf von Togo,
Endlich nahm auch er das Wort:
"Leider hab' ich nicht Mangroven,
Agu birgt kein' Kupferhort.

Doch ein Kleinod hat mein Ländchen,
Und es macht's dem Euren gleich:
Deutsch spricht wirklich jeder Schwarze,
Keinen Zuschuß zahlt das Reich".

Und es rief der Herr aus Osten,
Kameruns und aus Südwest:
"Exzellenz, das Togoländchen
Ist von uns das allerbest".

Reichskommissare, Landeshauptmänner, Gouverneure

Südwestafrika

Dr. Heinrich Göring	1885 - 1890
Curt von François	1891 - 1894
Theodor Leutwein	1894 - 1905
Friedrich von Lindequist	1905 - 1907
Bruno von Schuckmann	1907 - 1910
Dr. Theodor Seitz	1910 - 1915

Togo

Ernst Falkenthal	1885 - 1887
Eugen von Zimmerer	1888 - 1891
Jesko von Puttkamer	1891 - 1895
August Köhler	1895 - 1902
Waldemar Horn	1902 - 1905
Julius Graf Zeck	1905 - 1910
Edmund Brückner	1910 - 1912
Herzog Adolf Friedrich zu Mecklenburg	1912 - 1914

Kamerun

Dr. Max Buchner	1884 - 1885
Freiherr Julius von Soden	1885 - 1891
Eugen von Zimmerer	1891 - 1895
Jesko von Puttkamer	1895 - 1907

Dr. Theodor Seitz	1907 - 1910
Dr. Otto Gleim	1910 - 1912
Dr. Karl Ebermaier	1912 - 1916

Ostafrika

Dr. Carl Peters	1885 - 1889
Hermann von Wissmann	1889 - !891
Freiherr Julius von Soden	1891 - 1893
Freiherr Friedrich von Schele	1893 - 1895
Hermann von Wissmann	1895 - 1896
Edmund von Liebert	1896 - 1901
Gustav Adolf Graf von Götzen	1901 - 1906
Albrecht Freiherr von Rechenberg	1906 - 1912
Dr. Heinrich Schnee	1912 - 1918

Als Gouverneur in Afrika

Jesco von Puttkamer (geb. am 2. Juli 1855 in Berlin). Nach dem Jurastudium kam Jesco von Puttkamer im Jahr 1883 an das Konsulat nach Chicago in den Vereinigten Staaten von Nordamerika. Ein Jahr später wurde er zur weiteren Ausbildung ins Auswärtige Amt zurückberufen. Im Jahr 1885 ging er als Kanzler nach Kamerun und von dort im Juli 1887 als Kommissar nach Togo. Im Jahr 1888 wurde er Konsul von Lagos, um ein Jahr später als Kaiserlicher Kommissar nach Togo zurückzukehren. 1895 trat er das Amt des Gouverneurs von Kamerun an. Trotz mehrfachen illoyalen Verhaltens gegenüber der Reichsbehörde wurde erst 1906 ein Disziplinarverfahren gegen ihn eingeleitet. Im gleichen Jahr erfolgte seine Abberufung. 1907 wurde Jesco von Puttkamer in den einstweiligen Ruhestand versetzt und 1908 erfolgte seine Pensionierung.

Dr. Theodor Seitz (geb. am 12. September in Seckenheim bei Mannheim). Nach dem Jurastudium trat er in badische Dienste. Ende 1894 kam er zur Kolonialabteilung des Deutschen Kaiserreiches. Von 1895 bis 1899 war er in Kamerun als Kanzler und Bezirksamtmann von Kamerun/Duala tätig. Danach tat er in der Kolonialabteilung im Personal- und Finanzwesen Dienst. 1907 wurde Dr. Theodor Seitz zum Gouverneur von Kamerun berufen. Drei Jahre später kehrte er ins Reichskolonialamt zurück und trat im gleichen Jahr den Posten des Gouverneurs in Deutsch-Südwestafrika an, den er bis 1915 inne hatte. Im Jahr 1920 wurde er pensioniert: Danach wirkte er 10 Jahre lang als Präsident der "Deutschen Kolonialgesellschaft", zu deren Ehrenpräsident er 1930 ernannt wurde.

Julius Freiherr von Soden (geb. am 5. Februar 1846 in Ludwigsburg/Württemberg). Er wechselte 1871 aus dem Württembergischen Justizdienst in den Reichsdienst über und bekleidete die Ämter des Vizekonsuls in Bukarest (1871), des Konsuls in Algier (1872), in Kanton (1875), in Havanna (1879), des stellvertretenden Ministerresidenten in Lima (1881/82) und des Generalkonsuls in St. Petersburg (1884). Im Jahr 1885 trat er als Gouverneur von Kamerun und Oberkommissar von Togo in den Kolonialdienst des Deutschen Kaiserreiches. 1890 versetzte ihn die Reichsbehörde als Gouverneur nach Deutsch-Ostafrika. Drei Jahre später schied er aus dem Reichsdienst aus. 1900 berief ihn der Württembergische König zum Kabinettschef.

3.3 Die weiße Wirtschaft

". . . Keinen Zuschuß zahlt das Reich". Als Oberleutnant zur See Matthias mit dieser Zeile die Kolonie Togo 1907 beschrieb, war er sich sicherlich nicht bewußt, daß er damit die empfindlichste Stelle der Propagandisten deutscher Kolonialherrschaft getroffen hatte, nämlich die wirtschaftliche Negativbilanz der Kolonien. Selbst die Vertreter kolonialwirtschaftlicher Interessen mußten immer wieder eingestehen, daß der propagierte kolonialwirtschaftliche Höhenflug auf sich warten ließ. Sogar der "Wirtschaftliche Ausschuß der Deutschen Kolonialgesellschaft" rief in seinem Vorwort, überschrieben "Die Arbeit des Kolonialwirtschaftlichen Komitees 1896 - 1906" des 1907 erschienenen "Wirtschaftsatlas(ses) der Deutschen Kolonien", zu vermehrten Anstrengungen auf: "Die Ergänzung der heimischen Volkswirtschaft durch die Kolonialwirtschaft fordert energische und zähe Arbeit von Generationen, namentlich hinsichtlich der Sicherung tropischer und subtropischer Rohstoffe für die Industrie; hinsichtlich der Besiedlung ist sie von sozial-politischer Bedeutung und ausschlaggebend für die künftige Stellung Deutschlands auf dem Weltmarkte".

Alle Bemühungen waren jedoch vergebens. Die wirtschaftliche Bilanz der Kolonien kam nie aus den roten Zahlen heraus. Die Kolonien blieben, volkswirtschaftlich gesehen, unrentabel. Einzig Togo und Samoa warfen in den wenigen Jahren ihrer Blüte unter deutscher Herrschaft für das Reich Gewinne ab. Der Anteil der Kolonien am Export erreichte, gemessen am Gesamtvolumen des deutschen Außenhandels, für die Jahre 1910/11 0,6 Prozent, am Import 0,5 Prozent. Im Jahre 1910 belief sich der Wert der deutschen Ausfuhr nach den Kolonien auf 84,75 Millionen Mark gegenüber einem Gesamtexport von 7,5 Milliarden. Das Aktienkapital der Darmstädter Bank – einer der sechs Aktien-Großbanken – betrug allein 160 Millionen Mark.

Das deutsche Auslandskapital suchte sich seine Chance lieber in Europa und im Vorderen Orient als in Übersee oder gar in den eigenen Kolonien. Nur wenige deutsche Unternehmer und da vor allem die Bodenspekulanten machten in der Ära Dernburg mit Eisenbahnbauten, Kapitalbeteiligungen an Firmen und Mineralienfunden wie den Diamanten ihr Geschäft. Deshalb stiegen zwar die Kapitalanlagen in den Kolonien von 62 Millionen im Jahre 1896 auf 505 Millionen Mark im Jahre 1913, doch mußte das Deutsche Kaiserreich eben diese Summe den Kolonien an Verwaltungs- und Investitionskosten zuschießen, damit diese überhaupt lebensfähig und somit für private Kapitalanleger und Unternehmen interessant blieben. Zu den Ausgaben des Reiches kamen noch die Ausgaben der Reichspost für die Kolonien, die Pensionen für die Beamten und Angehörigen der Schutztruppe und nicht zuletzt die Dampfersubventionen dazu. Nicht die Kolonien waren die Milchkühe, gemolken wurde das Mutterland. Die "Kühe" von der Nordsee bis zum Alpenland, die Steuerzahler, wurden letztlich zur Kasse gebeten, was August Bebel (SPD) im Reichstag zu der sarkastischen Bemerkung veranlaßte: "Die Herstellung eines Glases Milch auf einer afrikanischen Farm kommt dem deutschen Arbeiter teurer zu stehen als ein Glas Champagner".

Das Bild vom Sprudeln der Rohstoffquellen zur Sicherung der deutschen Wirtschaft entsprach nur sehr entfernt der Wirklichkeit. Die Kolonien lieferten auch in den Spitzenjahren ihrer Exportquoten nur einen Bruchteil des Bedarfs im Reich. So führte Deutschland 1913 205.000 Tonnen Kautschuk ein. Der Anteil der afrikanischen Kolonien daran lag aber nur bei 9,3 Prozent. An Palmkernen kamen im gleichen Jahr 2,359 Millionen Tonnen ins Land, mit einem Kolonialanteil von 1,5 Prozent. Der Palmölimport belief sich 1913 immerhin auf 13,7 Prozent, allerdings bei einem insgesamt leichten Rückgang der Gesamteinfuhr. An Kakao exportierten die afrikanischen Kolonien, gemessen an der Gesamteinfuhr ins deutsche Wirtschaftsgebiet, im Jahr 1894 0,4 Prozent und 1913 magere 2,8 Prozent. Trotz dieser zweifellos unbefriedigenden Ergebnisse tönte es 1910 aus der Ecke der Kolonialpolitiker: "Erstens brauchen unsere Kolonien das heimische Kapital, und zweitens kann das heimische Kapital, unser Handel und unsere Industrie die Kolonien mit den Jahren immer weniger entbehren".

Die Schuld an der wenig erfreulichen Handelsbilanz der deutschen Kolonien schrieben die Vertreter von Handel und Industrie der staatlichen Handels- und Finanzpolitik zu. So kritisierten die Verfasser eines Heftes über "Kolonien und Kolonialpolitik im Jahre 1909": "Im Deutschen Reich kann man von einer selbständigen kolonialen Handelspolitik noch nicht reden; das Reich behandelt seine Kolonien einfach als Ausland und beansprucht für seine Waren keine besonderen Begünstigungen (Frankreich und England sind andere Wege gegangen, indem dort für die Waren aus dem Mutterlande Vorzugstarife eingeführt worden sind). Wenn Deutschland seine Kolonien in handelspolitischer Hinsicht als Inland ansehen würde, wozu es in der Lage ist, so würde der gesamte Handel aus Deutschland dorthin zollfrei sein; der deutsche Handel hätte einen nicht unerheblichen Vorsprung, der ihm freilich wieder verloren gehen würde, wenn alle Staaten so vorgingen. Aber die Zolleinnahmen des Schutzgebietes würden um mehr als 50 Prozent fallen. Der einheimische Zolltarif würde sich für unsere Kolonien gar nicht eignen, da jedes Land seinen besonders gearteten Zolltarif hat. Etwas anders stellt sich die Frage, ob man nicht den deutschen Waren einen gewissen Vorzug einräumen soll, indem man ihnen 20 Prozent Zollermäßigung gibt; hier ist vor allem die Rückwirkung auf andere Länder im Auge zu behalten. An und für sich bietet schon der deutsche Besitz genug Vorzug für die deutsche Ware".

An anderer Stelle hieß es über die koloniale Finanzpolitik: "Dieser Abschnitt ist neben der Behandlung der Eingeborenen der dunkelste Punkt unserer gesamten Kolonialpolitik: da herrschte und herrscht noch Willkür, Unordnung und Verschwendung . . .". In der Tat waren die Kolonien finanziell stark an das Reich gebunden und damit aber auch in ihrer Entwicklung abhängig von den innenpolitischen Machtverhältnissen im Reich. Erst seit der Jahrhundertwende ging die Reichsregierung zu einem planmäßigen Wirtschaftsprogramm in den Kolonien über, dessen vorrangige Ziele im Bau kolonialer Eisenbahnen und in der Förderung der Rohstoffproduktionen bestan-

Bananenpflanzung. Zeitgenössischer Stich.

den. An dem oben kritisierten Zustand, das Reiche behandle seine Kolonien als Ausland, änderte sich nichts. Bis 1914 behielten sie rechtlich den Charakter von Zollausland bei. Das Gesetz von 1892 regelte die Organisation der Finanzverwaltung so, daß die Kolonien zu vermögensrechtlich selbständigen juristischen Personen erklärt wurden. Damit schuf man von der Reichsfinanzverwaltung unabhängige Schutzgebietsfinanzverwaltungen, die aber durch das Budgetrecht des Reichstags an das Reich gebunden waren. Für die kolonialen Finanzverwaltungen galten die der Reichsverwaltung entsprechenden Maßstäbe. Willkür, Unordnung und Verschwendung waren oft nur ein Zeichen dafür, daß die Behörden mit der kolonialen Finanzwirtschaft ein bis dahin unbekanntes Neuland betraten. Die Kolonien befanden sich im Innern noch im Zustand der Unfertigkeit und Unsicherheit. Experiment und Improvisation waren gefragt. Wie sollte da ein Etatsgesetz mit einem festgelegten Wirtschaftsplan wirkungsvoll eingesetzt werden können? So mußten im Reich einzelne Etatsposten immer wieder verschoben werden: Besoldungs- und Reisekosten z. B. für Beamte liefen bis 1896/97 im Haushalt des Auswärtigen Amtes mit. Erst 1902 folgte die Gliederung der Haushalte in Militär- und Zivilverwaltung, Flotte und gemeinsamen Fonds. Der letztgenannte Posten verschwand 1909 wieder. 1905 unterschied der Haushalt erstmals zwischen dauernd und einmalig erforderlichen weißen Hilfskräften. Bis 1914 erfuhr das Etatswesen immer wieder Veränderungen. Der häufige Wechsel der Beamten erschwerte eine kontinuierliche Entwicklung, da unter ihm besonders die Beweglichkeit der Finanzverwaltung litt.

Hinzu kam der lange Instanzenweg. Ein Etatsgesetz durchlief bis zu seiner Verabschiedung fünf Instanzen. In der Praxis bedeutete dies, daß die Anmeldungen eines Schutzgebiets zum Etat bereits ein Jahr vor dessen Vorlage als Gesetzentwurf erfolgen mußte. Die Stationen eines Gouvernementsentwurfs sahen ab 1903 so aus: Aufstellung des Entwurfs durch das Gouvernement – Beratung im Gouvernementrat – Eingabe an die Kolonialabteilung – Prüfung im Reichsschatzamt und dort Zusammenstellung des Hauptetats – Vorlage zur Beschlußfassung in Bundesrat und Reichstag. Für die Schutzgebietsverwaltungen bedeutete die Zusammenstellung des Etatentwurfs einen immensen Papierkrieg, da er natürlich mit entsprechenden Informationen versehen werden mußte. Die Heimat war weit, die Verhältnisse vor Ort den Entscheidungsträgern weitgehend unbekannt und damit undurchsichtig. Auch der Gouverneur hatte alle Verordnungen, die sich nicht aus der festgelegten Dreijahresdurchschnittsrechnung erklären ließen, zu begründen, gleich ob diese veranschlagte Einnahmen oder Ausgaben betrafen. Die Lähmung der Reaktionsfähigkeit und der Initiative der Verwaltung in den Kolonien waren die Folge. Wer im Schnitt zwei Jahre warten mußte, bis sich im Etat die Maßnahmen gegen einen längst offenkundig gewordenen Mißstand niederschlugen, ließ entweder lieber die Finger ganz davon oder legte die Vorschriften so großzügig aus, daß er sofort eingreifen konnte. Ein drittes Instrument des "Handelns" bestand darin, die Vorschriften ganz zu mißachten.

Verbesserungen traten erst mit einer Reform durch Dernburg ein. Ab 1908 stellte die Gouvernementshauptkasse die Hauptrechnung selbst zusammen. Sie wurde in den Kolonien von Kommissaren des Rechnungshofes des Deutschen Reiches geprüft und ging von dort in den Bundesrat und Reichstag zwecks Entlastung. Zudem führte ein über die Jahre in den Kolonien eingerichteter Selbstbewirtschaftungsfonds zu mehr Beweglichkeit der Lokalverwaltungen. Das ging schließlich soweit, daß ab 1909 das Reich nur noch die militärischen Ausgaben und die Kosten zum Erwerb von Kolonialgebieten trug. Die Voraussetzung aber für den Aufschwung der Kolonien schuf das 1908 verabschiedete Gesetz über die Neuregelung des Anleihewesens. Nun lag es beim Reichskanzler, über Anleihen oder Darlehen zu entscheiden. Er mußte erst nachträglich dem Reichstag über deren Ausführung Rechenschaft ablegen. Doch alle Reformen änderten letztlich nichts an der Tatsache, daß die Kolonien für das Reich ein Verlustgeschäft darstellten. Nur eine vergleichsweise kleine Zahl privater Unternehmer und Financiers heimsten beträchtliche Gewinne ein: die Gewinne flossen somit in private Brieftaschen, die Verluste gingen zu Lasten der ganzen Nation.

Gemäß der Maxime Dernburgs, "Kolonisation . . . heißt Nutzbarmachung des Bodens, seiner Schätze . . . und vor allem der Menschen . . ." gingen in *Südwestafrika* u. a. die Konzessionsgesellschaften "Deutsche Kolonialgesellschaft für Südwestafrika", "The South African Territories", "Hanseatische Land-, Minen- und Handelsgesellschaft", "Kakao-Land- und Minengesellschaft", "Otavi-Minen- und Eisenbahngesellschaft" sowie die "Gibeon-Schürf- und Handelsgesellschaft" zu Werke. Der Landbesitz der "Deutschen Kolonialgesellschaft für Südwestafrika" umfaßte "den Küstenstrich im Südwesten Afrikas vom Oranjefluß nördlich bis zum Kunenefluß oder vom 28° 40' südlicher Breite bis etwa 13° 20' südlicher Breite, und zwar vom Atlantischen Ozean ostwärts in einer Breite von durchschnittlich 20 geographischen Meilen, sowie außerdem die Länderstrecke, die zwischen dem Swakop und Kuisebfluß gelegen, sich bis in die Gegend von Windhoek erstreckt und mit den an der Küste innerhalb drei Meilen gelegenen Inseln". Nach vorübergehenden Schwierigkeiten bezifferte sich das Grundkapital 1904 auf 2 Millionen Mark. Die "South-West-Africa-Company" mit einem Grundkapital von 40 Millionen Mark (1904) war das Produkt eines Hamburger Syndikats, das mit britischen Geldern Land kaufte, sich aber auch das ausschließliche Recht "zur Aufsuchung und Gewinnung von Mineralien in einem Bezirk im Damoraland" zusichern ließ. Dazu hatte sie noch die Genehmigung zum Bau, der Betreibung und dem Unterhalt von Bahnlinien erhalten, verzichtete aber später auf dieses Recht. Die "Siedlungsgesellschaft für Südwestafrika" mit einem Grundkapital von 300.000 Mark hatte Land von 10.000 Quadratkilometern erworben. Die "South African Territories" hielt um die Jahrhundertwende eine Fläche von 12.000 Quadratkilometern in ihren Händen, die "Hanseatische Land- und Minen-Gesellschaft" ebenfalls 10.000 Quadratkilometer. Zweck der "Kakao-

Land- und Minengesellschaft" war der Erwerb von Grundbesitz aller Art sowie die wirtschaftliche Erschließung und Verwaltung dieser Erwerbungen.

Diese Art des konzessionierten Landbesitzes führte schon in den späten 1890er Jahren zu Debatten über Sinn oder Unsinn dieser Gesellschaften, da diese meist untätig blieben und so der Entwicklung des Landes eher im Wege standen als sie förderten. Der Streit entzündete sich nicht zuletzt daran, daß die Gesellschaften nach einem Jahrzehnt ihrer Gründungen und Konzessionserteilungen nur rund 10 Prozent ihres Landbesitzes an Siedler weitergegeben hatten. Auch im Reichstag kritisierte man scharf das Verhalten der Gesellschaften. Der Zentrumsabgeordnete Matthias Erzberger verurteilte im Rahmen der Debatten um den Kolonialkrieg so z. B. die "Deutsche Kolonialgesellschaft für Südwestafrika" als "Kriegsgewinnler": "Ist es nicht ein Hohn auf die ganze seitherige Kolonialpolitik, wenn man folgende Tatsachen feststellen muß? Die Deutsche Kolonialgesellschaft für Südwestafrika hat in zwanzigjähriger Friedenstätigkeit nie einen Pfennig Dividende verteilen können; sie kann aber im Jahre 1905, wo ein Krieg herrscht, sofort 20 Prozent Dividende ausschütten . . . Wer bezahlt denn diese . . .? Zu 90 Prozent das Deutsche Reich selbst. Die Herren rühmen sich ihres Patriotismus. Worin bestand dieser Patriotismus? Daß sie die Notlage des Reiches in unerhörter Weise ausgenützt haben! . . . Diese Gesellschaft und ihre Filiale Scholz hatten das Recht des Landungsmonopols in Lüderitzbucht. Sie war unfähig, dieses Recht auszuführen, sie ist ihren Verpflichtungen nicht nachgekommen. Anstatt daß man nun gesagt hätte: wenn ihr mit der Erfüllung eurer Pflichten im Verzug bleibt, ist der Vertrag einfach gebrochen, hat man sich darauf eingelassen, dieser Firma für jede Tonne entladenen Materials, eine Gebühr von einer Mark zu zahlen, und zwar bis 1. Februar 1906. Wenn wir in Lüderitzbucht wenig verfrachtet haben, so waren es sicher 200.000 Tonnen; das macht ein Geschenk von 200.000 Mark für eine solche unfähige Gesellschaft zu Lasten des Reiches".

Groß waren in der Kolonie die Erwartungen, die sich an den Abbau von Bodenschätzen knüpften. Marmorvorkommen gab es bei Kubas, Etusis, Abbabis und Karibib, Kohle bei Keetmanschoop. Von größter Bedeutung aber erwiesen sich die Kupfererzlager, die sich auf das ganze Land verteilten. Die "Otavi-Minen- und Eisenbahn-Gesellschaft" wurde eigens dafür gegründet, die um Otavi entdeckten Vorkommen abzubauen. Im Jahre 1912 machte die Ausfuhr immerhin 42.775 Tonnen Kupfererze im Werte von 6,5 Millionen Mark aus. Dazu kamen Vanadium, Zinn, Blei und Gold. Das "Südwestafrikanische Minensyndikat" unterhielt in Swakopmund ein bergtechnisches Labor, das die Aufgabe hatte, das Land planmäßig zu erforschen. Im Sommer 1908 brach mit dem Diamantenfund eines Eingeborenen in und um die Lüderitzbucht ein regelrechtes Diamantenfieber aus. Zunächst gewann man die Rohedelsteine durch Handwäscherei, später folgten dann große maschinelle Aufbereitungsanlagen. Die Diamantenfelder teilten sich der Fiskus, die "Deutsche Diamantengesellschaft", die "Kolonial-Bergbau-Gesellschaft", die "Colmanshop Diamond Ltd." und einige andere kleine Unternehmen. Bis 1910 schossen insgesamt 63 Diamantengesellschaften aus dem Boden. Die Finanzbehörde reagierte sofort und half der Kolonie, durch ein Diamantensteuergesetz ihre Bilanz zu verbessern. Bis zum Kriegsausbruch betrug die gesamte Förderung rund 170 Millionen Mark.

Der Farmbetrieb aber blieb das wirtschaftliche Rückgrat des Schutzgebietes, setzte jedoch erst richtig nach der Niederschlagung des letzten Eingeborenenaufstandes ein. Der nahezu völligen Vernichtung der Farmen durch den Krieg war 1897 bereits die Rinderpest vorausgegangen, durch welche die weißen Siedler fast 50 Prozent ihrer Herden verloren hatten. Zunächst als großes Unglück angesehen, erwies sich die Pest dann als vorteilhaft, denn mit dem energischen Wiederaufbau der Herden brachen die weißen Viehzüchter das bis vor der Seuche bestehende Monopol der Herero. Die Farmeinheiten umfaßten zwischen 5000 und 20.000 Hektar. Gezüchtet wurden Devonshire- und Shorthornrinder sowie Fleischschafe, dazu rund 30.000 Wollschafe. Als Glückstreffer erwies sich die Zucht von Karakulschafen, die Gouverneur von Lindequist auf abenteuerlichem Weg ins Land gebracht hatte. Ihre Lämmer lieferten die begehrten Persianerfelle und boten den Farmern gute Verdienstmöglichkeiten. Im Nebenbetrieb züchtete man dazu noch Ziegen, Angoraziegen, Pferde, Esel, Maulesel, Maultiere, Schweine und Geflügel. Für die Farmer galt die Devise: "Die Gräser der Steppe wachsen nach; sie sind der Goldspeicher auf dem Halm!" Bescheiden dagegen nahm sich die Straußenzucht für den Export von Federn aus, die über nur geringe Erfolge nicht hinauskam.

Gepflanzt wurde Luzerne (eine stickstoffsammelnde Futterpflanze zur Aufzucht der Strauße), Mais, Wein, Gemüse, Kartoffeln, Obst und Tabak. Diese Produkte standen jedoch nicht auf der Exportliste, sondern dienten dem Bedarf in der Kolonie. Die Wagenbauerei führte das Verzeichnis der wichtigsten Gewerbe an, gefolgt von den Bierbrauern. Das Handwerk war mit nahezu allen Sparten vertreten, wenn auch in kleiner Zahl. Kleidung und Lebensmittel waren die "Renner" im Handel mit den Eingeborenen. Den Geld- und Kreditverkehr wickelten mehrere kleine Banken ab. Die größte unter ihnen war die "Deutsche Afrika-Bank", die nach ihrer Gründung 1905 die Geschäfte der ein Jahr zuvor errichteten "Damora- und Namagun-Handels-Gesellschaft" übernahm. Auf privatgesellschaftlicher Basis entstanden die Eisenbahnlinien Swakopmund – Tsumeb (Otavi-Minen- und Eisenbahngesellschaft) und die Linie Otavi – Grootfontein (South-West-Afrika-Company). Beide Linien wurden 1910 von der Kolonie angekauft und gingen somit in staatlichen Besitz über.

Der Wert der ausgeführten Waren stieg in den Jahren zwischen 1908 und 1913 von 7,8 Millionen auf 70,7 Millionen Mark an. Ein Jahr zuvor wies die Exportliste noch eine Besonderheit auf, Guano im Wert von 20.000 Mark – ein Düngemittel aus Ablagerungen von Vogelkot und Tierleichen in Jahrtausenden entstanden, das schon von den Inkas Südamerikas begehrt war. Eingeführt werden mußten vor allem Nahrungsmittel wie Fleisch und Mehl, aber auch Fertigartikel der Eisenwarenindustrie, des weiteren Holz und Kohlen, Alkohol, Tabak und Kleiderstoffe. Im Jahre 1912 erwirtschaftete die Kolonie gegenüber dem Mutterland zwar einen nominellen Handelsüberschuß von 6,54 Millionen Mark, der ein Jahr später sogar 26,88 Millionen Mark betrug, doch der Kolonialverwaltung im Reich kostete allein der Krieg gegen die Eingeborenen 585 Millionen Mark.

Togos Entwicklung nahm einen ruhigeren Verlauf. 27 Unternehmen kontrollierten im Jahre 1909 den europäischen Handel. Haupthandelsplätze waren Lome und Anécho. Die Firmen hatten Filialen im Landesinneren, die ihrerseits wiederum in weiter abseits gelegenen Dörfern Verkaufsläden einrichteten. Diese schickten als letztes Glied der Handelskette Wanderhändler als Aufkäufer der im Land gewonnenen Produkte aus. Mit Bodenschätzen war das Land nicht sehr reich gesegnet. Zwar wurden Mineral- und Edelsteinvorkommen wie Nickel, Blei und Gold festgestellt, doch der Abbau erwies sich als unrentabel. Lediglich im Norden rauchten die Schornsteine von Banjeli und Bassari. Dort war man auf Roteisenerzlager gestoßen und nahm an Ort und Stelle die Verhüttung vor. Die Land- und Forstwirtschaft dagegen wurde zur tragenden Säule der wirtschaftlichen Entwicklung. Mit dem Anbau von Kola und Tabak erzielten die Farmer bescheidene Erfolge, die jedoch im Rahmen der Gesamtentwicklung von untergeordneter Bedeutung blieben. Vielversprechend ließ sich zunächst die Anpflanzung von Kaffeebäumen an. Im Jahr 1897 wurden davon 105.000 Stück gezählt. Eine Dürrekatastrophe, Schädlingsbefall und ungeeignete Böden führten acht Jahre später zur Aufgabe dieser Monokultur. Dagegen gelang es im Gebiet um Agu mit Erfolg Kokospalmen zu pflanzen. Bereits 1907 erreichte der Warenwert der Produkte eine Höhe von 80.000 Mark. Auch die Kakaopflanzungen erwiesen sich als erfolgreich. Rund 65 Prozent der Erzeugung kam aus den Pflanzungen der einheimischen Bevölkerung.

Zu einem Ausfuhrschlager aber entwickelte sich die Baumwolle. Auf Initiative und mit großzügiger Unterstützung des Kolonialwirtschaftlichen Komitees begann im Jahr 1900 der Anbau auf einer Versuchsfarm in der Nähe von Aku. Als sich die erhofften Erfolge einstellten, errichtete das Komitee in Nuatjä eine Ackerbauschule, in der in einem dreijährigen Lehrgang Einheimische ausgebildet wurden. Während der Schulzeit erhielten sie Lohn, und mit

Beendigung des Lehrgangs bekamen sie 8 bis 10 Hektar Land sowie das erforderliche Ackergerät. Hauptanbaugebiete der Baumwolle waren Atakpame, Misahöhe, Kete, Sokode, Jendi und Sansane-Manga. 1902/93 führte Togo 80 Ballen zu je 250 Kilogramm aus – eine Menge, die bis 1909/1910 auf 1840 Ballen anstieg. Eine ähnlich sprunghafte Entwicklung erlebten auch Mais, Kapok, Maniok und Yamswurzeln. An Palmkernen wurden 1911 13.286 Tonnen ausgeführt, was allerdings weniger auf einen intensiven Anbau als mehr auf die Erschließung größerer Gebiete durch die Palimebahn zurückzuführen war. Kautschuk jedoch stand bald auf dem zweiten Platz der Ausfuhrprodukte. Im Weltvergleich nahm er qualitativ einen Spitzenrang ein. Allein im Jahr 1906 stellte die ausgeführte Menge einen Gegenwert von über einer Million Mark dar. Da es sich um Lianenkautschuk handelte, wurde starker Raubbau betrieben, vor allem in den Landschaften Bo und Adele bis hinunter in das Gebiet um Atakpame. Erst allmählich gingen auch Plantagenbesitzer zum Anbau des Gummibaums über. Der Wirtschaftsatlas von 1906 weist Flächenpflanzungen um Misahöhe, Aga und Sebe aus. Kaum eine Rolle spielte dagegen die Viehzucht, trotz Zuchtversuchen mit deutschen Bullen. Dagegen lieferte Togo dem Mutterland unter anderem Kleinvieh, Wild, Geflügel, gewerbliche Erzeugnisse und natürlich Elfenbein.

Ab 1905 war die “Deutsch-West-Afrikanische Bank” mit einer Zweigniederlassung auch in Lome vertreten. Sie kam hauptsächlich den Weißen zugute. Hatten auch die Kolonialherren hinsichtlich Geld- und Geldsteuerwesen den Eingeborenen gegenüber keine Skrupel, so hörte für sie doch der Spaß beim Kreditwesen auf. So gaben sich deutsche Händler anläßlich einer Anhörung durch den Gouverneur im März 1907 äußerst reserviert. Einer unter ihnen vertrat sogar die Ansicht, daß gerade die Vergabe von Krediten “viele Eingeborene verdürbe”.

Die wirtschaftlich günstige Gesamtentwicklung Togos ließ sich an den Aus- und Einfuhrzahlen deutlich ablesen. Während die Exporte von 2,4 Millionen Mark im Jahr 1892 auf über 9,1 Millionen Mark im Jahr 1913 zunahmen, stiegen im gleichen Zeitraum die Einfuhren von 2,1 Millionen auf 10,6 Millionen. Das Reich mußte also doch einen kleinen Zuschuß zahlen, und das schon in den späten 90er Jahren. Je mehr das Hinterland durch den Eisenbahnbau erschlossen wurde, desto dringlicher stellten sich die Forderungen nach Zuschüssen. Dennoch stand die Kolonie auf einer soliden finanziellen Basis. Eingeführt werden aber mußten vor allem Erzeugnisse des Landbaus, mineralische Rohstoffe, Textilien, Metallwaren, Stein-, Ton- und Glaswaren etc.

Nach dem Abklingen der Wirtschaftskrise 1895/96 setzte auch in *Kamerun* die Gründung von Großgesellschaften ein. In den Jahren 1890 bis 1913 wuchs die Zahl der in der Kolonie tätigen Handelsunternehmen von 11 auf 60 an.

Eine besondere Rolle spielte dabei das mächtigste Großunternehmen, das Woermann-Haus. Hinter vielen Firmen vergarg sich sein Name, bei einigen war das Haus als Kapitalgeber beteiligt. Zu den größten Unternehmen in Kamerun zählten die "Gesellschaft-Süd-Kamerun" mit einem Kapital von 3 Millionen Mark und die "Gesellschaft Nord-West-Kamerun" mit 4,36 Millionen Mark Kapital. Beiden gehörten ebenso wie die "Debundscha-Pflanzgesellschaft" der "Deutschen-Kamerun-Gesellschaft". Die Firmenverflechtungen und -beteiligungen schossen im ganzen Kolonialgeschäft ins Kraut. Die beiden erstgenannten Gesellschaften gaben bei ihrer Gründung keine genau festgelegten Wirtschaftsziele an. Sie erwarben einfach Land. Eine Sonderstellung dagegen nahm die "Kamerun-Eisenbahn-Gesellschaft" ein, die den Auftrag zum Bau der Nord-Bahn erhielt. Diese Gesellschaft ließ sich für das dafür bereitgestellte Kapital Reichsgarantien geben und als Zugabe noch Land- und Bergbaunutzungsrechte auf die Zeit von 90 Jahren. Als weitere Großunternehmen wurden die "Deutsch-Westafrikanische Handels GmbH", die "Westafrikanische Pflanzungsgesellschaft Victoria" und die "Westafrikanische Pflanzungsgesellschaft Bibundi" tätig.

Handel und Plantagenwirtschaft standen also im Vordergrund. In Kamerun beschäftigte jedoch der Handel rund dreimal soviel Weiße wie der Plantagenbau. Der Zahlungsverkehr lief über die "Deutsch-Westafrikanische Bank". Über deren Modalitäten gab ein Runderlaß des Gouverneurs" betreffend Guthabenverwaltung für weiße Beamte und Militärpersonen" vom 19. März 1906 Auskunft, in dem es u. a. hieß: "Einlagen, welche ohne vorherige Kündigung zur Rückzahlung bzw. Abhebung gelangen, verzinst die Bank mit 2 1/2 v. H., bei vierteljährlicher Kündigung mit 3 v. H., bei halbjährlicher Kündigung mit 3 1/2 v. H. . . . Für die Verwaltung von Depositen in Wertpapieren berechnet die Bank 1/2 v. H. jährlich vom Nominalbetrag . . . Den weißen Beamten und Militärpersonen wird unter Hinweis auf die Vorteile, welche ihnen die Unterhaltung eines Guthabens bei der Bank, namentlich auch für den Geldverkehr mit der Heimat, bietet, anzuempfehlen sein, ein solches Guthaben zu unterhalten. Allen, welche der Aufforderung nachkommen und welche an einem Bankplatz ihren Sitz haben, sind dann ihre Bezüge tunlichst in Schecks auf die Bank oder durch Umschreibung in den Büchern der Bank zu zahlen . . . Die Kassen haben alsdann zu denselben Terminen von den beteiligten Beamten usw. ordnungsgemäße Quittungen zu fordern . . .".

An Mineralien war Kamerun arm. Glimmer ließ sich infolge Arbeitskräftemangels nicht abbauen. Bei den vorhandenen Magnet- und Roteisenerzen lohnte sich ebenso wenig der Abbau wie bei den Brauneisenerzen, Gold blieb ein Zukunftstraum. Salzhaltige Quellen im Bereich des Kreuzflusses, die von den Eingeborenen "seit undenklichen Zeiten" zur Salzgewinnung genutzt wurden, blieben unbeachtet. Dagegen führte die Ausfuhrstatistik von 1907 Elfenbein an. Die Elefanten wurden im Waldgebiet, in Süddadama und im Tschadbecken von den Einheimischen gejagt. Mit 900.000 Mark schlug das Elfenbein 1907 zu Buche. Die Ausfuhrmengen stiegen stetig an. Die Kehrseite der Medaille bestand in einer so großen Dezimierung der Elefantenbestände, daß die Regierung mit strengen Jagdgesetzen eingreifen mußte. Wegen ihrer Federn jagten die Araber südlich des Tschadsees wilde Strauße.

An Bau- und Nutzholz war die Kolonie reich. Das Schlagen von Eichen, Mahagoni, Rot-, Eben- und Teakholz sowie von Mangroven artete jedoch sehr bald zu einem "abscheulichen Raubbau" aus. Auch hier mußte die Verwaltung mit Verordnungen eingreifen und sich um eine systematische Wiederaufforstung kümmern. Rücksichtslosen Raubbau, verbunden mit einer brutalen Ausbeutung der Eingeborenen, betrieben die Unternehmen auch an den natürlichen Gummibaumbeständen im Urwald des Küstengebietes und im Südbezirk. Bis zur Kautschukkrise des Jahres 1913 versprach die Gummiausfuhr das große Geschäft: Stellte sie im Jahr 1900 noch einen Gegenwert von 2,059 Millionen Mark dar, so kletterte sie innerhalb von zwei Jahren auf 14,088 Millionen Mark. Kautschuk wurde so zum absoluten Exportschlager. Bereits 1904 wurden die Folgen sichtbar. Die Bestände im Ebolawa- und Jaunde-Bezirk waren so gut wie vernichtet. Da halfen auch keine Verordnungen mit hohen Strafandrohungen mehr. Die Wege waren weit bis zur Verwaltung, und überall konnten die Ordnungshüter nicht sein.

"Vorbehaltlich der Eigentumsansprüche oder sonstiger dinglicher Ansprüche, welche Private oder juristische Personen, Häuptlinge oder unter Eingeborenen bestehende Gemeinschaften nachweisen können, sowie vorbehaltlich der durch Verträge mit der Kaiserlichen Regierung begründeten Okkupationsrechte Dritter ist alles Land innerhalb des Schutzgebietes von Kamerun als herrenloses Kronland anzusehen. Das Eigentum daran steht dem Reiche zu". Auf der Grundlage dieser Verordnung beschloß Gouverneur von Puttkamer 1896, aus Kamerun eine Plantagenkolonie zu machen. Ihm gelang es, gestützt auf die 1894 bis 1896 abgeschlossene "Befriedung" des Landes um den Kamerunberg, bis zur Jahrhundertwende das fruchtbare vulkanische Gelände an große Gesellschaften zu vergeben. So entstanden zwischen 1906 und 1913 35 neue Plantagen mit rund 115.147 Hektar Land. Angebaut wurde Baumwolle, Tabak und Kaffee, vor allem aber entstanden Ölpalmenkulturen. Ihr Exportwert erreichte 1912 1,6 Millionen Mark. Auch Kakao erwies sich als gewinnbringend. Sein Export steigerte sich von 334.000 Mark im Jahr 1900 auf 4,2 Millionen Mark im Jahr 1912. Palmkerne erreichten im gleichen Jahr einen Exportwert von 4,4 Millionen Mark. Daneben wurden Erdnüsse, Kolanüsse und Kopra ausgeführt.

Ochsenwagen in Südwestafrika. Er erwies sich in der unwegsamen Landschaft als das brauchbarste Verkehrs- und Transportmittel.

Zölle bildeten die Haupteinnahmequelle der Regierung, wobei sowohl Ausfuhr- als auch Einfuhrzölle erhoben wurden. Alkohol wurde mit 50 Prozent je Mark und Liter belegt, die anderen Waren mit 10 Prozent ihres Wertes. Eingeführt aber mußte so ziemlich alles werden: Textilwaren, Eisen- und Metallwaren, tierische Lebensmittel, Zement, Salz und Kohlen und vieles andere mehr. Nur allmählich konnte die Kolonie ihr riesiges Defizit im Handelsvolumen verringern. So stieg die Ausfuhr von 10 Millionen Mark im Jahr 1906 auf über 23 Millionen Mark im Jahr 1912, doch lag der Wert der eingeführten Waren auch zu diesem Zeitpunkt noch mit fast 11 Millionen Mark darüber.

Deutsch-Ostafrika zählte im Jahr 1913 97 ausschließlich dort tätige Gesellschaften mit einem Gesamtkapital von über 106 Millionen Mark. Darunter befanden sich zwei Banken, zwei Schiffahrtsgesellschaften, sieben Bergwerksgesellschaften, drei Holzfirmen sowie Plantagen-, Sisal- und Kautschukgesellschaften. Zu den größten gehörten die "Ostafrikanische-Eisenbahn-Gesellschaft", die "Deutsch-Ostafrikanische-Gesellschaft", die "Rufidji-Baumwollgesellschaft" und die "Sigi-Pflanzungsgesellschaft". Die einflußreichste und größte war die "Deutsch-Ostafrikanische-Gesellschaft" mit einem einbezahlten Kapital von über 10 Millionen Mark. Einschränkend ist allerdings hinzuzufügen, daß sich die ausschließlich in Ostafrika tätigen Unternehmen mit den geringsten Rentabilitätsquoten aller deutschen Kolonialunternehmen zufrieden geben mußten.

Keine große Bedeutung hatte der Bergbau in der Kolonie. Zwar barg der Boden genügend Mineralien, doch ergaben sich große Probleme bei ihrer Auffindung und ihrem Abbau. In den Ulugurubergen wurde Glimmer gefördert. Anlaß zu Hoffnungen auf wirtschaftlichen Gewinn gaben lange Zeit die Steinkohlevorkommen zwischen Ssongwe und Kiwira. Allerdings ging es bis zum 1. Weltkrieg mit der geologischen Erforschung nicht richtig voran. Das wichtigste Mineral stellte das Gold dar. Der Export dieses Edelmetalls, das fast ausschließlich von der "Kironda-Goldminen-Gesellschaft" gefördert wurde, hatte seinen Höhepunkt im Jahre 1911 mit einem Wert von 1,03 Millionen Mark. Halbedelsteine (Granate) wurden in so großer Zahl gefunden, daß ihre Förderung zeitweise wegen Überproduktion eingestellt werden mußte. An Holz wurden vor allem Mangroven ausgeführt. Ein Beispiel dafür aber, wie mangelnde Qualifikation in den Kolonien einen Produktionszweig ruinieren konnte, lieferte in Ostafrika der Versuch der Zuckergewinnung. Im Jahr 1897 wurde eine Zuckerfabrik errichtet und arabische Plantagenbesitzer im Panganital wurden auf die Zuckerrohrlieferungen verpflichtet. Der Zucker war für den kolonialen Binnenmarkt bestimmt, der Rum ging nach Europa. 1902 jedoch meldete die Pangani-Gesellschaft Konkurs an. Die Gründe lagen zuerst in den "schweren Mißgriffen in der Wahl der leitenden Persönlichkeiten"; nach deren Ablösung wurden "tüchtige, kaufmännisch und technisch vorgebildete" Beamte eingesetzt, deren Nachteil allerdings darin bestand, "daß sie niemals vorher Zuckerrohr gesehen hatten".

Es gab die Plantagen unter europäischer Leitung und die "Volkskulturen", die von Großfamilien der Dorfgemeinschaften oder einem ganzen Stamm betrieben wurden. Im letzten Fall traten die Europäer oder Inder (in ihren Händen lag weitgehend der Handel) nur als Aufkäufer auf. Sisal entwickelte sich auf diesem Wege bis zum Jahr 1913 zum Hauptexportartikel. Sein Wert betrug in diesem Rechnungsjahr 10,3 Millionen Mark. Zweigleisig wurde auch die Kautschukgewinnung betrieben. Bis zum Jahre 1906 beuteten die Eingeborenen im Raubbau die Lianenbestände aus. Mit dem Anbruch des neuen Jahrhunderts vollzog sich jedoch eine für Ostafrika glückliche Wende. In dem Baum Manihot Glaziovii, der Stammpflanze des Cerea-Kautschuks, hatte man eine Sorte gefunden, die sich in Ostafrika gut anbauen ließ. Überdies lag ihr Vorzug gegenüber anderen Arten darin, daß sie bereits nach drei Jahren zapffähig war. Die Folge dieser Entdeckung bestand in einem wahren Anbaufieber. Innerhalb von vier Jahren wurden 500.000 Bäumchen gepflanzt. Zu den wichtigsten Anbaugebieten entwickelten sich Tanga und Wilhelmstal. Das Exportvolumen kletterte von einem Wert von 599.000 Mark im Jahr 1890 auf 6 Millionen Mark 1913, wobei die Spitze 1912 bei 8,4 Millionen Mark lag.

Kaffee regte ebenso den Pioniergeist im Schutzgebiet an. Am Victoriasee kannte man den wildwachsenden Kaffeebaum längst, ehe die Europäer ins Land kamen. Die roten Kirschen galten unter den Eingeborenen als Leckerei. Doch als der weiße Mann kam, war es mit dem reinen Lustgenuß vorbei. Er dachte in Gewinn- und Verlustkategorien. Verluste brachten die ersten Plantagenversuche in Usambara. In Bukoba dagegen fanden sich bessere Bedingungen. Auch in Moschi wurde mit Kaffee das Geschäft gemacht. An die Spitze der Exportgüter konnte sich der Muntermacher allerdings nie setzen. Er rangierte stets auf den Plätzen fünf bis zehn. 1912 half er die Exportstatistik mit einem Warenwert von 1,9 Millionen Mark aufzupolieren. Nur ein Jahr später rutsche er allerdings wieder unter die Millionengrenze ab. Mit der Baumwolle wuchs der Plantagenwirtschaft das vierte Standbein. Darauf bezogen sich auch die größten Anstrengungen der Kolonialverwaltung. Sie erblickte darin "eine nationale Aufgabe". Die ersten Versuche scheiterten bzw. endeten in einer Sackgasse, denn als die Eingeborenen unter Zwang Baumwolle pflanzen mußten, erhoben sie sich. Dies führte Textilfachleute zu der "Einsicht", daß nicht die "Volkskulturen", sondern nur Großbetriebe das gewünschte Ergebnis herbeiführen könnten. Die Leipziger Baumwollspinnerei stieg daraufhin groß in das Geschäft ein und blätterte zwischen 1907 und 1910 1,5 Millionen Mark an Investitionen auf den Tisch. Optimismus schien am Platze. In einer Werbebroschüre der "Deutschen Rufidji-Baumwoll-Gesellschaft" wurde 1908 den Kapitalanlegern "im Laufe der Jahre 20 - 25 % Dividende" in Aussicht gestellt, verbunden mit der Aufforderung an "alle Kolonialfreunde und Kapitalisten . . ., sich an dem Unternehmen und damit zugleich an der patriotischen Aufgabe des Aufbaues unserer Kolonien beteiligen zu wollen". Die Patrioten machten bald danach lange Gesichter, denn auch dieses Unternehmen mußte 1912 die Liquidation anmelden. Dennoch befand sich Baumwolle auch im Jahre 1913 noch unter den Exportgütern, wenn auch nur in einem Warenwert von 931.000 Mark. Der Grund dafür lag darin, daß Gouvernement und Kolonial-Wirtschaftliches-Komitee einen neuen Weg beschritten hatten. Die Eingeborenen wurden wieder zur Baumwollerzeugung herangezogen, freilich nicht mehr unter Zwang, sondern mit dem Lockmittel, daß sie kostenlos Saatgut erhielten und die Entkernungsanlagen aufgestellt wurden. In Kisuaheli erschien eine "Anleitung für die Baumwollkultur in den deutschen Kolonien", administrative Maßnahmen schützten die Eingeborenen unter anderem vor ausbeuterischen Aufkaufmethoden. Hinzu kam, daß sich nun auch "mittlere" weiße Siedler dem Anbau widmeten.

Neben diesen vier großen Produkten spielten natürlich auch noch Kokospalmen, Erdnuß- und Sesampflanzungen für den Außenhandel eine Rolle. Hinzu kamen Mais, Kapok, Kakao, Obst, Palmöl, Pfeffer, Tabak, Getreide und Gemüse. Auf der afrikanischen Viehhaltung basierte die Ledergewinnung. Europäische Farmer züchteten Rinder, Schafe, Ziegen und Schweine. Häute und Felle standen ab 1904 mit an vorderster Stelle der Ausfuhrprodukte, im Jahr 1913 betrug ihr Warenwert 5,5 Millionen Mark. Elfenbein "gewannen" in Ostafrika "europäische Sportjäger". Rund 1000 Mark kostete der große Jagdschein. Trotz aller Bemühungen aber wies auch Ostafrika immer eine negative Handelsbilanz auf. Noch im Jahr 1913 betrug die Differenz zwischen Aus- und Einfuhr 17,8 Millionen Mark. Sein "bestes" Jahr hatte das Schutzgebiet 1890 mit einem Defizit von über 900.000 Mark zu verzeichnen.

Wirtschaftsstatistik der deutschen Kolonien in Afrika (in 1000 Mark)

Kolonie und Jahr	Einfuhr		Ausfuhr	
	insgesamt	von Deutschland	insgesamt	nach Deutschland
Ostafrika				
1903	11.188	2.969	7.054	2.674
1910	38.659	19.677	20.805	12.585
Kamerun				
1903	9.426	6.702	7.139	4.490
1910	25.480	19.991	19.924	17.248
Togo				
1903	6.105	3.509	3.616	1.668
1910	11.466	6.298	7.222	4.526
Westafrika				
1903	7.931	6.712	3.443	380
1910	44.344	34.455	34.691	28.674

(aus Otto Mayer: Die Entwicklung der Handelsbeziehungen Deutschlands zu seinen Kolonien, Diss. Tübingen 1913)

Subventionen des Deutschen Kaiserreiches in den afrikanischen Kolonien 1884 - 1914

Kolonie	Deutsches Reich (in Millionen Mark)
Südwest-Afrika	278,0
Ost-Afrika	122,0
Kamerun	48,0
Togo	3,5
insgesamt	451,5

(Duignan: The Rulers of German Africa 1884 - 1914, California 1977)

3.4 DIE PRÄSENZ DER KIRCHE

"Da trat Jesus auf sie zu und sagte zu ihnen: Mir ist alle Macht gegeben im Himmel und auf der Erde. Darum geht zu allen Völkern, und macht alle Menschen zu meinen Jüngern: tauft sie auf den Namen des Vaters und des Sohnes und des Heiligen Geistes, und lehrt sie, alles zu befolgen, was ich euch geboten habe. Seid gewiß: ich bin bei euch alle Tage bis zum Ende der Welt". Diesem Auftrag gemäß, den der Evangelist Matthäus (28, 18-20) überlieferte, zogen christliche Missionare längst vor Beginn der Gründung der Kolonialreiche nach Afrika und nach Übersee.

Die Mission ist so alt wie das Christentum selbst und deshalb älter als der Kolonialismus. Die Geschichte der Missionen wurde aber auch noch fortgeschrieben, als viele Kolonialreiche längst zusammengebrochen waren und die Völker der Dritten Welt ihre politische Unabhängigkeit erhielten. Doch weder für die evangelische noch für die katholische Missionsarbeit gilt uneingeschränkt der Satz: "Sie hat getan, was sie konnte". "Trotz vieler Hochleistungen ist die Missionsgeschichte der Kirche zugleich die Geschichte ihrer Beschämung", heißt es in einer Abhandlung des Großen Herder aus dem Jahr 1962. Unter den Folgen der Epoche der Kolonialmission leiden die Kirchen zum Teil noch heute.

Bei den Eingeborenen fiel dennoch vieles von dem, was die Missionare lehrten, auf fruchtbaren Boden. Die Missionen selbst lernten aus den begangenen Fehlern. Ein pauschales Urteil über die Mission wäre deshalb ebenso ungerecht wie eine Aufrechnung der "guten" und "bösen" Taten sinnvoll wäre. Die Missionen und ihre Träger, der Pater auf seiner Station und die Gesellschaft, die ihn entsandte, standen in vielfältigen Bindungen und Beziehungen zu Staat, Amtskirchen, den Eingeborenen, eigenem Missionsverständnis etc., die das vorrangige Ziel der Seelenrettung allzu oft in den Hintergrund treten ließen. Die Leistungen der Missionare lagen sicherlich, neben der Bekehrungsarbeit selbst und der Vermittlung christlicher Wertvorstellungen, in der Erziehungs- und Bildungsarbeit, im Krankenhaus- und Pflegedienst und in der wissenschaftlichen Forschungsarbeit, die sich auch Verwaltung und Wirtschaft zunutze machten.

Die Probleme begannen schon in der Heimat. Dr. Wilhelm Solf, der Staatssekretär des Reichskolonialamtes, sprach am 6. März 1913 vor dem Reichstag den Satz: "Kolonisieren ist Missionieren, und zwar Missionieren in dem hohen Sinne der Erziehung zur Kultur". Er faßte zusammen, was Vertreter der Kolonialbewegung, Kolonialpolitik und Kolonialwirtschaft der Mission schon zuvor als Aufgabe zugewiesen hatten, nämlich den Eingeborenen zur Arbeit zu erziehen. Andere, wie Adolph Woermann, betrachteten dagegen mit wachsendem Mißtrauen die Missionare. Sie erfuhren sie als scharfe Kritiker und wachsame Beobachter der Eingeborenenbehandlung, die auch vor lauten Protesten in der Öffentlichkeit nicht zurückscheuten, wie in den Fragen des Branntweinhandels und der Frage der Erziehung des Schwarzen zur Arbeit.

Reibungen gab es auch innerhalb der Missionsgesellschaften, in den Missionsleitungen und zwischen den Missionaren vor Ort und zwischen den verschiedenen Gesellschaften und Orden, sowohl um die geeignete Missionsstrategie als auch um die Stellung gegenüber den weltlichen Interessen. Hierüber herrschten zum Teil grundverschiedene Auffassungen. Auf der Bremer Kontinentalen Missionskonferenz im Jahr 1884 wurden die verschiedenen Meinungen erstmals offen ausgetragen. Einige Vertreter der Missionsgesellschaften teilten die Auffassung Friedrich Fabris, die kulturelle Bedeutung der Mission liege in ihrer Nutzbarkeit für die nachrückenden Handelsunternehmungen. Die Missionen selbst sollten sich am Handel beteiligen. Andere dagegen vertraten die völlig entgegengesetzte Meinung und sprachen sich sogar dafür aus, daß deutsche Missionsgesellschaften in den unter deutscher Schutzherrschaft stehenden Gebieten überhaupt nicht arbeiten sollten.

Eines der dunkelsten Kapitel schrieb der Konkurrenzkampf der Kirchen und Missionsgesellschaften untereinander, besonders nach der Zulassung katholischer Missionsorden in den deutschen Schutzgebieten. Wurde in der Heimat die Diskussion unter dem polemischen Schlagwort von der "römischen Gefahr" geführt, so kam es in den Missionsgebieten zu der grotesken Situation, daß am gleichen Ort mehrere Gesellschaften die ansässige Bevölkerung zu bekehren versuchten und jeweils eigene Ausbildungsstätten errichteten. Im Extremfall reichte dies hin bis zum Versuch, durch die Verwaltung das Schutzgebiet konfessionell aufteilen zu lassen. Streit rief auch die Nationalitätenfrage hervor, und zwar in den Gebieten, in denen Missionsarbeit von ausländischen Gesellschaften geleistet wurde, meist lange ehe deutsche Missionsgesellschaften zum Zuge gekommen waren. "Patrioten" forderten den Einsatz deutscher Missionare. Das Auswärtige Amt ersuchte Mitte der 1880er Jahre um deutsche Missionsarbeit in den Schutzgebieten.

Vor schwer zu lösende Aufgaben sah sich endlich der Missionar auf seiner Station gestellt. Er arbeitete an der Nahtstelle zwischen weißer Kolonialverwaltung sowie kolonialen Wirtschaftsinteressen einerseits und den fundamentalen (Über-)Lebensinteressen der einheimischen Bevölkerung andererseits. Den Eingeborenen fiel es besonders in der ersten Phase der Kolonisation schwer, zwischen Missionar und Händler zu unterscheiden, folgte der eine dem anderen doch auf der Spur. Beide entstammten der gleichen fremden Kultur und oft auch Nationalität. Beide hatten zumindest ähnliche Lebensformen. Später sah sich der Missionar mit der Frage nach seiner Glaubwürdigkeit konfrontiert. Er predigte Nächstenliebe, Gewaltverzicht und das Befolgen der Gebote Gottes. Die weißen Kaufleute, Händler und Verwaltungsbeamte jedoch behandelten die Eingeborenen als Untermenschen und sandten Soldaten, um ihren Herrschaftsanspruch durchzusetzen oder säten und schürten Zwietracht unter den politisch und ethnisch-kulturell verschiedenen Bevölkerungsgruppen nach dem Motto, "teile und herrsche". Wurde der Missionar zum Berater der Einheimischen, zog er sich das Mißtrauen und den Zorn seiner Landsleute zu, sahen ihn die Eingeborenen dagegen als besonders raffiniert getarnten Agenten der fremden Herrscher an, bezahlte er dies im Zweifelsfall mit seinem Leben. Traf er in seinem Missionsgebiet auf ethnisch und kulturell verschiedene Gruppen, so geriet er nicht selten zwischen die Mühlsteine ihrer Interessen oder sah sich von der einen Gruppe für ihre Zwecke gegenüber den Weißen ausgenutzt.

Ein weiteres Problem ergab sich aus den missionswirtschaftlichen Unternehmungen. Dabei ging es nicht nur um die Selbstversorgung der Stationen und Schulen, der landwirtschaftlichen und handwerklichen Ausbildungsstätten, sondern auch um jene missionseigenen kommerziellen Unternehmen, die einerseits die Missionsstationen mit Waren versorgen sollten, andererseits aber auch durch Gewinne einen Beitrag zur Entlastung der heimischen Missionskasse zu erbringen hatten. Zudem standen die christlichen Missionen in verschiedenen Kolonialgebieten im offenen Wettstreit mit dem Islam.

In einem Heft der Reihe "Die Mission in unseren Kolonien" schrieb der Leipziger Missionsdirektor Paul: "Wenn unsere Kolonien gedeihen sollen, so darf die Kolonisierung nur mit gleichzeitiger Christianisierung geschehen . . . So viel Berührungspunkte auch Mission und Kolonialpolitik haben mögen, in einem Punkt gehen sie grundsätzlich auseinander: Die Kolonialpolitik arbeitet für das deutsche Reich, die Mission dagegen für ein Reich, das nicht von dieser Welt ist". Genau vor dieses Problem sahen sich die evangelischen Missionen gestellt, denn zwei Missionsleiter, Fabri und Plath, waren Vertreter einer deutschen Kolonialpolitik, die das Reich in dieser Welt mitaufbauen halfen und dafür auch ihre Missionsgesellschaften einzuspannen trachteten. Sie verwoben kolonialwirtschaftliche und staatliche Interessen mit der Missionsarbeit. Zwar wehrten sich die Missionsgesellschaften gegen die Forderung "Deutsche Missionare in deutsche Kolonien", doch erkannte man andererseits den Grundsatz an, daß von den Missionen noch nicht besetzte Gebiete in den deutschen Kolonien ausschließlich von der deutschen Missionsgemeinde in Anspruch genommen werden sollten.

Die Gründe für eine derartige Zusammenarbeit waren in der Stellung der protestantischen Mission zur Kultur zu finden. Kultur bedeutete christlich-abendländische Kultur, europäische Kultur. Die Schlüsselstellung in ihr hielt die Religion, als Quelle und Ursprung der Sittlichkeit. Das Christentum verstand – und versteht – sich jedoch als die wahre Religion. Das protestantische Christentum wollte diesen Anspruch durch die Mission verwirklichen. Auch das römisch-katholische Missionsverständnis hatte hierin seine Wurzeln. Beide allerdings suchten in der kolonialen Missionsarbeit "ihr" Reich in den Missionen zu errichten. Die Zahl der Schüler, die Taufen, die Gemeinden galten als Maßstab der Rentabilität des missionarischen Einsatzes. Sind schon solche Maßstäbe im Bereich der Bekehrung und Bildung äußerst fragwürdig, so war die Gewinn- und Verlustrechnung Georg Warnecks noch problematischer, die er in Beiträgen der "Allgemeinen Missionszeitschrift" der Jahre 1878 und 1876 aufstellte: "Weiß unser Gegner nicht, daß schon von der geschäftlichen Seite betrachtet, das Missionsgeld gar nicht so übel angelegt ist . . . , daß also die Mission eine die Kaufleute nichts kostende Sicherheitswache für den Welthandel ist?" – "Die Armee unserer Missionare ist eine Schutzmacht weithin in der Heidenwelt, welche mehr ausrichtet zur Sicherung des Welthandels als viele Kriegsschiffe. Und diesen Schutz leisten der undankbaren Handelswelt unsere Missionare umsonst!".

Die Bastionen, die die protestantischen Missionen aufbauten, expandierten ständig. Am Vorabend des Ersten Weltkrieges gab es 714 Stationen, auf denen 1.637 Missionare und 8.963 einheimische Mitarbeiter arbeiteten. Das entsprach einer Verdreifachung gegenüber 1880. Die Zahl der einheimischen

Zeitgenössische Darstellung der ersten Rheinischen Herero-Missions-Station Otjihango oder Groß-Barmen, 1870.

Christen betrug 710.350, die der Schulen 4.559 und die der Schüler 246.151. Die Zahl der protestantischen Missionsgesellschaften hatte sich nahezu verdreifacht, allein 12 neue Missionsgesellschaften entstanden erst in der Kolonialzeit.

Als "Vater der Kolonialbewegung" gilt gemeinhin Friedrich Fabri. Er gehörte der Rheinischen Missionsgesellschaft an, für die mit dem Eintritt des Deutschen Reiches als Schutzmacht in Westafrika ein langgehegter Wunsch in Erfüllung ging, denn sie missionierte in diesem Gebiet seit vielen Jahren und hatte schon mehrmals Schutzgesuche an die britische und preußische Regierung gestellt. Auch die Norddeutsche Missionsgesellschaft zählte zu jenen Gesellschaften, die schon vor dem Eintritt des Deutschen Reiches in die Reihe der Kolonialmächte Mission betrieben hatten. Zu ihnen gehörte als bekanntestes Mitglied Johann Karl Vietor, der 1888 in Togo ein eigenes Geschäft eröffnet hatte und dessen Handelsinteressen mit den Absichten der Mission in Einklang standen. Die Baseler Mission trat auf Druck deutscher Kolonialenthusiasten und vor allem aus Furcht vor einem katholischen Zuvorkommen in Kamerun, aber auch aus wirtschaftlichen Überlegungen (ihr war eine gut gehende Handelsgesellschaft angeschlossen) in die Mission deutscher Schutzgebiete ein. Zu diesem großen Terzett deutscher evangelischer Mission in den Schutzgebieten kamen im Laufe der Jahre noch die Neuendettelsauer Missionsgesellschaft, die Gesellschaft für evangelisch-lutherische Mission in Ostafrika, die Neukirchner Missionsgesellschaft, die Evangelische Missionsgesellschaft für Deutsch-Ostafrika, die Herrnhuter Brüdergemeinde, die Berliner Missionsgesellschaft, die Leipziger und Schleswig-Holsteinische Missionsgesellschaft, die Goßnersche Mission aber auch die Deutschen Baptisten und die Siebenten-Tags-Adventisten hinzu.

Im Schutzgebietsgesetz vom 25. Juli 1900 wurde festgeschrieben: "Den Angehörigen der im Deutschen Reiche anerkannten Religionsgemeinschaften werden in den Schutzgebieten Gewissensfreiheit und religiöse Duldung gewährleistet. Die freie und öffentliche Ausübung dieser Kulte, das Recht der Erbauung gottesdienstlicher Gebäude und der Errichtung von Missionen der bezeichneten Religionsgemeinschaften unterliegen keinerlei Beschränkung noch Hinderung". Eingebracht hatte diesen Artikel der Zentrumsabgeordnete Gröber. Er zielte auf die Kulturkampfartikel, die unter dem Reichskanzler Bismarck erlassen worden waren. Das Gesetz schrieb auch die Tätigkeit katholischer Missionen fest. Die katholische Kirche hatte zunächst deutsche Missionare in französischen Orden für die Mission ausbilden lassen. Mit diesem Zustand konnte sich auf Dauer die deutsche Reichsregierung nicht anfreunden. Das Einschwenken des Zentrums auf die kolonialpolitische Linie ermöglichte dann den Verantwortlichen an der Staatsspitze, wie Reichskanzler Caprivi, einen neuen Kurs einzuschlagen und den Kulturkampf allmählich ausklingen zu lassen.

Zunächst jedoch ging es den deutschen katholischen Kolonialbefürwortern darum, die Zulassung bzw. Weiterarbeit auswärtiger Missionsorden durchzusetzen. Die französische "Congrégation des Pères du St. Esprit" wurde der Motor dieses Bestrebens. Aus ihren Reihen gingen zahlreiche "deutsche" Missionare nach Übersee. Doch schon unter Bismarcks Ägide entstand in Reichenbach ein Missionsseminar für Weltpriester, gegründet von dem in der Schweiz gebürtigen Benediktinermönch Josef Georg Amrhein. Zum Durchbruch verhalf der katholischen (deutschen) Missionstätigkeit die Erwartung der Regierung, daß die katholischen Missionen "eine weit wirksamere Förderung der Kolonisationsbestrebungen" erwarten ließen, "als die evangelischen Missionsgesellschaften leisten" könnten, wie es in einem Bericht des bayerischen Gesandten Graf Lerchenfeld im Jahr 1889 an seine Regierung hieß. Grund dafür war die Antisklavereibewegung in Ostafrika, der auch Bismarck, freilich aus staatspolitischem Interesse, anhing. So waren es dann die Steyler Missionare, die als erste in der Nähe von Neiße ein kongregationsinternes Haus errichten durften – und zwar 1892. Im gleichen Jahr wurde den Pallotinern erlaubt, in Limburg an der Lahn ein Haus zur Ausbildung "deutscher" Missionare zu errichten. Freilich durften auch sie nur Weltpriester zu Missionaren ausbilden. Im März 1894 erhielten die "französischen" Weißen Väter die Zulassung im Deutschen Reich.

In der Folgezeit entwickelten sich "Regeln" für die Zulassungen. So mußte die neue deutsche Provinz von der ausländischen losgelöst und unmittelbar der Propagandakongregation in Rom unterstellt sein. Die Missionare mußten die deutsche Staatsangehörigkeit besitzen und durften ausschließlich auf ihren Missionsauftrag vorbereitet werden, d. h. nicht als Priester im deutschen Reichsgebiet eingesetzt werden oder gar Seelsorgetätigkeit ausüben. Nun folgten bald die Congregatio Missionarum Oblatorum Sanctissimae et Immaculatae Virginis Mariae, die Herz-Jesu-Mission, die Maristen, die Oblaten des Heiligen Franz von Sales, die Franziskaner und die Kapuziner nach. Vier Fünftel ihrer Missionstätigkeiten richteten sich bis 1914 auf die Kolonien des Deutschen Reiches aus. Weniger als die protestantischen Missionsgesellschaften verstanden sie die koloniale Mission als Erfüllung einer nationalen Pflicht.

Rund 40 Jahre bevor Südwestafrika zur deutschen Kolonie erklärt wurde, hatten Missionare der Rheinischen Missionsgesellschaft hier bereits die ersten Stationen errichtet. Neben ihr war auch noch eine methodistische englische Missionsgesellschaft im nördlichen Namaland tätig. Die katholische Mission, die 1878 ins Land gekommen war, mußte auf energischen Widerstand der Rheinischen Mission hin drei Jahre später das Land wieder verlassen. Die Oblaten des Heiligen Franz von Sales nahmen die Missionsarbeit erst Mitte der 1890er Jahre im südlichen Namaland wieder auf; im Nordosten der Kolonie begann um die gleiche Zeit die Congregatio Missionarum Oblatorum Sanctissimae et Immaculatae Virginis Mariae mit ihrer Arbeit. Im Ovamboland hatten sich mit Beginn der 1870er Jahre außerdem finnische Missionare niedergelassen.

Die Rheinische Missionsgesellschaft kam in den folgenden Jahren durch Auseinandersetzungen zwischen den Herero und den Nama derart in Bedrängnis, daß sie den Fortgang ihrer Tätigkeit nur noch dann gewährleistet sah, wenn eine andere Macht das Land in Besitz nahm. So begrüßte sie es lebhaft, als Lüderitz ins Land kam, und die Missionsleitung lobte im Jahrbuch der Gesellschaft 1883 ausdrücklich die gute Zusammenarbeit zwischen den Verantwortlichen der Lüderitzschen Firma und ihren Missionaren, da sich so "Mission und Kolonisation in schönster Eintracht gegenseitig unterstützen". In der kolonialen Besitznahme des Landes sah die Gesellschaft in ihren Monatsberichten der Jahre 1883 und 1884 "ein Eingreifen Gottes", dessen Wege wunderbar seien, "daß er gerade dort die erste deutsche Kolonie entstehen läßt".

Doch die deutsche Schutzmacht brachte der Rheinischen Mission keineswegs den erhofften Frieden und den ungestörten Fortgang ihrer Arbeit. Die Verwaltung in der Heimat zeigte wenig Interesse am Schutzgebiet. Die Rücksichtslosigkeit der weißen Händler und Siedler rief unter den Afrikanern Proteste hervor. Buren drängten ins Land, englische Händler machten Stimmung gegen die Deutschen. Kaum war wieder Ruhe eingekehrt, betrat der Nama-Capitän Hendrik Witbooi die politische Bühne. Seine Machtgelüste rechtfertigte er mit einer göttlichen Beauftragung; die Rheinische Mission dagegen sah ihn als Friedensstörer an, enthob ihn seines Amtes als Ältester in Gibeon und schloß ihn sogar von der Beteiligung am Abendmahl aus. Als er den Kampf gegen eine kleine deutsche Truppe aufnahm, gingen auch Missionsstationen in Flammen auf. Die Rheinische Mission stellte sich nun ganz auf die Seite der deutschen Schutzmacht und begrüßte auch größere militärische Aktionen gegen die Nama. Nach Witboois Unterwerfung ließ sie ihn aber nicht fallen, sondern errichtete sogar auf seinen Wunsch hin wieder eine Station in Gibeon.

In arge Bedrängnis gerieten die Missionare durch die Tätigkeit der Händler und Siedler. Sie waren mit der idealistischen Vorstellung ins Land gekommen, die einzelnen Stämme seßhaft zu machen und an die Landwirtschaft zu gewöhnen. Nun ging immer mehr Land an die Weißen und die Missionsstationen über. Die soziale Lage der Namas verschlechterte sich zusehends, so daß im Jahr 1891 die Missionare ihre Leitung in Deutschland um ein Bittschreiben an das Auswärtige Amt ersuchten. Darin sollte den Missionsstationen beim Verkauf von Land ein unveräußerlicher Besitz reserviert werden und die Missionare sollten in Kenntnis von Landkäufen gesetzt werden, um bei betrügerischen Erwerbungen Einspruch erheben zu können. Die Leitung sah die Dinge anders. Sie hatte gegen die Einwanderung Weißer nichts einzuwenden und riet den Namas, durch vernünftige Bewirtschaftung eben mit weniger Boden auszukommen. Zwei Jahre darauf, nach einer weiteren Verschlechterung der Lage im Namaland, versuchte die Rheinische Mission, selbst Land zu erwerben, um "Reservate" zu bilden. Uneinigkeit zwischen der Missionsleitung und den Mitarbeitern vor Ort bestand jedoch über die Ziele derartiger Reservate. Während die Rheinische Mission einer wirtschaftlichen Nutzung durch Farm- und Handwerksbetriebe das Wort redete, wollten die Missionare in diesen Gebieten ihre seelsorgerische und schulische Arbeit weiterführen.

Im Hereroland lagen die Verhältnisse für die Missionare noch schlechter, da das Land von den Nama verlassen worden war und so von den Siedlern erst gar nicht angekauft werden mußte. Windhuk, Waterberg, Otjimbingue und Gobabis wurden auf diese Weise von Siedlern und Schutztruppen besetzt. Die Verwaltung selbst brachte der Einrichtung von Reservaten auch kein großes Interesse entgegen. So erklärte Gouverneur Leutwein vor der Konferenz der Hereromissionare im Jahr 1903, daß es nicht angehe, wertvolles Land in "tote Hand" fallen zu lassen, und daß die Bildung von Reservaten überhaupt nur dann zugelassen werden könnte, wenn sie "weitab vom Hauptverkehr" liegen würden. Den deutschen Siedlern, Verwaltungsbeamten und Soldaten standen die Missionare zunehmend kritischer gegenüber und beklagten vor allem ihren schlechten Einfluß auf die Afrikaner. Die Aufstände des Jahres 1904 allerdings verurteilten sie als christlich nicht zu rechtfertigen und als Nichtverstehen der Funktion der "Obrigkeit".

Ins Kreuzfeuer der Kritik geriet die Rheinische Mission in der Heimat beim Aufstand der Hereros. Den Missionaren wurde vorgeworfen, sie hätten von dem Aufstandsbeginn Kenntnis bekommen, sie bildeten zusammen mit den Afrikanern eine schwarz-rote Ideengemeinschaft. Die Mission stellte sich auf die Seite der Aufständischen und attackierte ihrerseits die weiße Herrschaft. Schuld am Aufstand hätten nicht die Hereros, sondern die wirtschaftliche Ausbeutung und der Betrug des kolonialen Systems, auch die Afrikaner dürften nicht "wie als entrechtete Arbeitssklaven und besitzlose Proletarier" leben, hieß es etwa im Monatsbericht der Rheinischen Mission aus dem Jahr 1904.

Bei der Wiederherstellung des Friedens und der Ordnung freilich spielte die Rheinische Mission eine wenig glanzvolle Rolle. So versandten die Missionare Briefe, um die geflohenen Hereros zur Rückkehr zu bewegen. Die Regierung überließ den Missionaren die Verpflegungsrationen für Alte, Kranke und Kinder. Mit Hilfe der Überredung der Missionare und des Vertrauens, das sie noch immer bei einigen Hereros genossen, gelang es den Behörden, rund 5.000 der Aufständischen gefangenzusetzen und in Sammellagern zusammenzuziehen. Auch sie standen unter der Leitung von Rheinischen Missionaren. Ähnlich verhielt sich die Gesellschaft beim Aufstand im Namaland.

Weit bedrückender als das Los der Eingeborenen empfand die Gesellschaft den zunehmenden Einfluß der katholischen Mission. Schon während des Aufstands war es zu Eifersüchteleien darüber gekommen, wer wann in den Gefangenenlagern Gottesdienst halten durfte und wie die afrikanischen Waisenkinder auf die beiden Missionen verteilt werden sollten. Auf einer Konferenz im Jahre 1905 wurde zwar dahingehend eine Einigung erzielt, daß beide Konfessionen zu gleichem Anteil missionieren dürften, doch praktisch behielt die Rheinische Mission die Oberhand, da sie den größeren Einfluß unter den Afrikanern besaß. Der Aufstand hatte es allerdings mit sich gebracht, daß die Rheinische Mission ihre vordringlichste Aufgabe in der Ausbildung von Evangelisten sah, die nun an Stelle der Missionare die Einheimischen versorgten.

Laut einer Statistik aus dem Jahre 1910 unterhielt die Rheinische Missionsgesellschaft 47 Schulen für Eingeborene mit 2.605 Schülern, die Finnische Missionsgesellschaft 21 Eingeborenenschulen mit 1.548 Schülern. Die katholischen Oblaten der unbefleckten Empfängnis hatten bis zu diesem Zeitpunkt 13 Schulen mit 356 eingeborenen Schülern eingerichtet, und die Oblaten des Heiligen Franz von Sales unterrichteten in drei Schulen 190 Eingeborene. Die Deutsche Baptistenmission zählte 1913 3.124 getaufte Christen, die Rheinische Missionsgesellschaft 23.375. Die deutsche katholische Kolonialmission mußte sich dagegen im Jahr 1912 mit 2.600 Getauften zufrieden geben. Allerdings sollte man mit diesem Zahlenmaterial sehr vorsichtig umgehen, da die Angaben in den Statistiken zum Teil erheblich voneinander abweichen und somit nur ein ungefähres Bild der Lage der Kolonialmissionen wiedergeben (siehe auch Kapitel “Verwaltungssystem”).

Eine stattliche Anzahl verschiedener Missionsgesellschaften beteiligte sich an der Missionierung Kameruns. Englische Baptisten hatten sich ab 1841 auf der zu den spanischen Besitzungen gehörenden Insel Fernando Poo niedergelassen. Auf ihren ersten Reisen auf das Festland gründeten sie in Bimbia, Duala und Victoria Stationen. Nachdem die Missionarsfamilien, wie alle nichtkatholischen Christen, im Jahr 1858 das Eiland verlassen mußten, konzentrierte sich ihre Glaubensverkündigung an der kamerunischen Festlandsküste. Lange sollte ihre Arbeit auch da nicht währen. Der deutschen Flagge folgte alsbald die Basler Missionsgesellschaft. Nach langen Streitigkeiten und Verhandlungen unter den deutschen Missionsgesellschaften, innerhalb der Basler Mission, zwischen ihr und den Vertretern der Handelsgesellschaften sowie dem Auswärtigen Amt des Deutschen Reiches wurde sie 1885 von der Kontinentalen Missionskonferenz mit der Arbeit in Kamerun beauftragt. Die englischen Baptisten, die das Feld keineswegs freiwillig räumten, sondern als politisch unliebsam verdrängt wurden, übergaben ein Jahr später ihre Stationen an die Basler. Ihre Missionare erschlossen bis 1897 das Gebiet zwischen Duala, Buea und der Sanaga-Mündung bis Edea. Danach folgte eine Verbreitungspause aufgrund von Arbeitskräfte- und Finanzmangels. Ab 1903 begann dann der Vorstoß entlang des Sanaga-Flusses aufwärts, in das Grasland zu den Völkern von Bali und Bamum. 1914 verzeichnete die Basler Mission insgesamt 14 Haupt- und über 400 Nebenstationen. Um die Finanzen des Mutterhauses zu entlasten, wurden die Gemeindemitglieder verpflichtet, Kirchensteuer zu zahlen und für das Gehalt der Lehrer aufzukommen. Seit 1898 arbeitete in Kamerun ihre Missions-Handelsgesellschaft. Die Christengemeinden betrieben Landwirtschaft, die den Mitgliedern auf Dauer gesehen zu wirtschaftlicher Unabhängigkeit verhelfen sollte. Die Stationen arbeiteten völlig selbständig. Ab 1899 trafen sich alle zwei Jahre die ordinierten und nichtordinierten Mitarbeiter zu einer “Brüderkonferenz”, um die in Basel erarbeiteten

Richtlinien und Vorschläge für die Kolonie zu diskutieren und weitere Vorhaben aufeinander abzustimmen.

Das Verhältnis zwischen Basler Missionsgesellschaft und Kolonialverwaltung war zunächst konfliktfrei. Das änderte sich zusehends ab 1889, als die Missionare am Kamerunberg in die blutigen Auseinandersetzungen hineingezogen wurden. Allerdings gerieten die Missionare bei den Eingeborenen in den Verdacht, mit der Kolonialverwaltung unter einer Decke zu stecken, so daß sie sich immer mehr auf die Seite der Verwaltung stellten und schließlich sogar Disziplinierungsmaßnahmen gegen die Bakwiri befürworteten. Dies hinderte die Missionare jedoch nicht daran, zugleich scharfe Kritik am Lebenswandel und an der Brutalität einiger Kolonialbeamter gegenüber den Schwarzen zu üben. Eher zurückhaltend verhielten sich die Mitglieder der Basler Missionsgesellschaft dagegen in der Alkoholfrage und bei der Zwangsrekrutierung von einheimischen Arbeitskräften für den Straßenbau um Buea. Auch bei der Strafexpedition gegen die Bakoko im Jahr 1892 setzten sich die Missionare nur sehr vorsichtig für deren Schutz ein. Dagegen stießen die Landenteignungen und die Plantagenbewirtschaftung, die um die Jahrhundertwende in großem Stil einsetzte, auf heftige Ablehnung der Basler. Das hatte eine lang anhaltende Abneigung der Regierungsbeamten und Pflanzer gegen die Mission zur Folge, zumal diese in kritischen Zeiten immer den in der Landkommission für die Ansprüche der Afrikaner zuständigen Posten des Eingeborenenpflegers wahrnahm. Dies führte zu einem regelrechten Kampf der privaten Handels- und Plantagengesellschaften gegen die Geschäfte der Mission und zur Behinderung der Christianisierung der Eingeborenen. So verweigerte man den Missionaren im Gebiet um Buea den Zutritt zu den Dörfern, die auf gesellschaftseigenem Plantagengebiet lagen, oder erschwerte ihn ihnen zumindest durch bürokratische Schikanen. Im Grasland dagegen arbeiteten die Missionare eng mit der Kolonialverwaltung und den Händlern zusammen. Die Bevölkerung stand den Baslern immer skeptisch gegenüber. Das verstärkte sich noch, als die Missionsgesellschaft eine Landschenkung der Buea nicht annahm, aus Furcht, diese könne von der Kolonialverwaltung wieder rückgängig gemacht werden, dann aber von der Regierung Land kaufte.

In Duala und Victoria lebte seit Mitte der 1850er Jahre die einheimische Christengemeinde der "Native Baptist Church". Diese wehrte sich vehement gegen eine Oberherrschaft der Basler und spaltete sich in den Jahren 1888 und 1889 als unabhängige Kirche von den übrigen Baptisten ab. Im Laufe der Auseinandersetzungen erreichten die Basler bei der Kolonialverwaltung ein Verbot der Missionstätigkeit der schwarzen Baptisten. Deren Führer, Pastor Dibundu, rief deshalb deutsche Baptisten ins Land, unter deren Leitung er ab

1891 seine Arbeit fortsetzen konnte. Doch auch zwischen ihnen und den "Native Baptists" kam es zu Streitigkeiten, die dazu führten, daß sich die weißen Baptisten aus Duala und Victoria zurückzogen und stattdessen die Missionierung ins Landesinnere ausdehnten. Im Jahr 1911 arbeiteten sie auf fünf Stationen. Die dritte große evangelische Missionsorganisation stellten die nordamerikanischen Presbyterianer. Sie durfte als einzige ausländische Missionsgruppe ihre Arbeit fortsetzen. Der Schwerpunkt ihrer Tätigkeit lag auf der medizinischen Versorgung der Bevölkerung in den Bezirken Kribi, Ebolowa und Lobodorf.

Staatssekretär Wilhelm Solf schrieb während seiner Kamerunreise 1913 in das Tagebuch: "Die Basler Mission ist im Lande bei den Europäern nicht so beliebt wie die katholische. Ihr Hauptfehler scheint zu sein, daß sie, wenn auch äußerlich reinlich geschieden, den Handel mit Missionierung verquickt, überall wo eine Kirche oder Schule gebaut wird, läßt sich dicht dabei die Basler Missionshandlung nieder . . . Diese (katholischen Missionare) werden von den Bezirksbehörden jenen auch deshalb vorgezogen, weil sie sich mehr der Einmischung in Verwaltungsangelegenheiten fern halten. Tatsache ist ferner der große Mangel an Disziplin bei den einzelnen Missionaren gegenüber der Leitung". In diesem Vergleich wurde auf katholischer Seite die von dem italienischen Priester Vincenz Pallotti 1835 gegründete "Gesellschaft des katholischen Apostolates der Missionen", kurz Pallottiner genannt, angesprochen. Neben Weltpriestern und Laienbrüdern arbeiteten in ihren Reihen auch Schwestern. Im Jahr 1890 wurden die Pallottiner deutscher Herkunft von vatikanischen der "Propaganda", der für die Mission zuständigen Behörde der römisch-katholischen Kirche, im Einverständnis mit dem deutschen Auswärtigen Amt mit der Bekehrung der Kameruner Bevölkerung betraut. Im gleichen Jahr noch gingen sie mit großer Energie an die Arbeit. Sie gründeten ihre ersten Stationen in den bis dahin missionarisch unerschlossenen Gebieten Marienberg (1890), Kribi (1891), Edea (1891/97) und Jaunde (1901). Die Basler und die anderen evangelischen Missionsgesellschaften empfanden die Pallottiner als große Konkurrenz – nicht zu Unrecht, wie die Erfolge der katholischen Missionsarbeit bald beweisen sollten. Den Vorschlag einer geographischen Trennung der Missionsgebiete lehnte die "Gesellschaft des katholischen Apostolates" rundweg ab und stieß auch in traditionell evangelische Missionsgebiete vor. Ihre im März 1890 errichtete Apostolische Präfektur Kamerun wurde im Dezember 1904 durch ein Dekret in ein Apostolisches Vikariat mit der Residenz in Duala umgewandelt. Den Pallottinern folgten 1912 die Herz-Jesu-Priester und die Väter vom Heiligen Geist. Der Erfolg lag in Kamerun an ihrer Anpassungsfähigkeit. Sie hielten sich aus Streitigkeiten, wie der Kontroverse um die Landpolitik, heraus und fügten sich wesentlich besser als die evangelischen Missionsgesellschaften in das Kolonialsystem ein. Zudem vernachlässigten sie niemals die praktische Arbeit gegenüber der Bekehrung ihrer Zöglinge. Plantagen- und Handwerksbetriebe, die von Laienbrüdern geleitet wurden, machten die Missionsstationen eigenständig und lebensfähig. Eine Kirchensteuer mußte unter den Getauften nicht erhoben werden, was unter den Eingeborenen ebenso zu ihrer Beliebtheit beitrug, wie die Konzentration des Unterrichts in deutscher Sprache, die politische und wirtschaftliche Vorteile versprach.

Im Kameruner Schulwesen waren die Missionen bestimmend. Eine Statistik des Jahres 1912 wies 319 Schulen mit 17.833 Jungen und Mädchen aus, die von Basler Missionaren betrieben wurden. 12.532 eingeborene Kinder besuchten die 151 Schulen der Pallottiner. Die Presbyterianer unterhielten 97 Schulen und die Baptisten 57.

In Togo war die evangelische Mission hauptsächlich durch die Norddeutsche Missionsgesellschaft vertreten. Sie hatte ihren Sitz in Bremen, ließ aber ihre Missionare von den Baslern ausbilden. An der Goldküste hatte sie bereits 1847 ihre Tätigkeit aufgenommen, konnte sich aber nur unter großen Schwierigkeiten behaupten. In den ersten sechs Jahren starb die Hälfte der zehn ausgesandten Missionare. Dies und der mäßige Erfolg ließ in der Bremer Zentrale zu Beginn der 1880er Jahre die Befürchtung aufkommen, die Missionsarbeit ganz einstellen zu müssen. Die Basler Mission sprang jedoch in die Bresche und entsandte zwei ihrer eigenen Missionare zur Unterstützung der Norddeutschen. Der Bekehrung des Volkes der Ewe galt ihre ganze Aufmerksamkeit. Als das Deutsche Kaiserreich im Jahr 1884 die Schutzherrschaft über Togo errichtete und das Auswärtige Amt der Norddeutschen Missionsgesellschaft die Togomission anbot, lehnte diese zu aller Überraschung ab. Die Gründe lagen in der Finanz- und Personalnot der Gesellschaft, die ihre Aufgaben an der Goldküste um keinen Preis beeinträchtigt sehen wollte. Der Helgoland-Sansibar-Vertrag mit seinen darin vereinbarten Grenzverschiebungen brachte es mit sich, daß die Norddeutsche Missionsgesellschaft sechs Jahre später doch noch zu deutschen Kolonialmissionsehren kam.

Direktor Schlunk berichtete 1912 über die Arbeit der Norddeutschen Missionsgesellschaft: “Die Norddeutsche Mission könnte ohne die Bremer Kaufleute, die sie bis heute in edelster Weise unterstützen, gar nicht bestehen, aber sie hat dafür dem Bremer Handel den Boden bereitet. Sie hat die scheuen Bewohner der Sklavenküste zutraulich gemacht und hat vor allem den Kaufleuten das eingeborene Personal gestellt und ausgebildet, ohne das die Arbeit unmöglich wäre”. Die Bremer sahen sich wie die Basler Missionsgesellschaft früh veranlaßt, Handel zu treiben. Auch sie rangen um die Vereinbarkeit von Menschenbekehrung und weltlich orientiertem Geschäftsgebaren. Das Bremer

Handelshaus Vietor & Söhne milderte die Geldsorgen der Norddeutschen, indem sie sie unterstützte und sogar einen ihrer Angestellten als Handelsagent und Geschäftsleiter in den Dienst der Missionsgesellschaft stellte. Diese wiederum revanchierte sich dadurch, daß sie kaufmännische Angestellte ausbildete, die dann für das Handelshaus arbeiteten.

Die älteste Missionsorganisation in Togo indessen war die "Wesleyan Methodist Missionary Society", die bereits 1879 an der Küste Land erworben hatte. Sie beschränkte ihre Tätigkeit auf die Küstenstation Anécho. Hinzu kam die Basler Missionsgesellschaft, die unter den Aakanti an der Goldküste missionierte und 1905 damit auch in Nordtogo begann. Gouverneur Graf Zech erklärte die Region allerdings zum Sperrgebiet, um Unruhen unter der dort lebenden islamischen Bevölkerung zu vermeiden.

Standen die evangelischen Missionsgesellschaften in einem guten Verhältnis zueinander, so sahen sie das Erscheinen der "Gesellschaft des göttlichen Wortes", der Steyler Mission, im Jahr 1892 mit Mißvergnügen. Nun begann auch in Togo der Wettlauf um die Seelen der Eingeborenen. Die katholischen Missionare, unterstützt von der Frauenkongregation "Dienerinnen des Heiligen Geistes", nahmen die Herausforderung an. Personell und finanziell besser ausgestattet, überrundeten sie bald die Bremer Missionsgesellschaft. Das Gouvernement versuchte zwar die Spannungen zwischen den evangelischen und katholischen Missionskräften durch Gebietsteilungen zu entkrampfen, doch gelang dieses Vorhaben nur in einigen wenigen Regionen. Im Grunde verstieß dieser Versuch ab 1900 gegen bestehendes Recht.

Doch die Heimat war fern, und in Togo hatten die Missionare noch ganz andere Sorgen. Die Eingeborenen mußten sich am Wegebau beteiligen und zwölf Tage im Jahr Steuerarbeit leisten oder ersatzweise sechs Mark an die Gouvernementskasse bezahlen. Um das Geld aufbringen zu können, verdingten sich viele Togolesen auf staatlichen oder privaten Pflanzungen als Lohnarbeiter. Gegen diese Arbeitsanforderungen der Verwaltung, die zu Lasten der landwirtschaftlichen Eigenproduktion der Einheimischen ging, liefen die Missionare Sturm, allen voran die Mitglieder der Norddeutschen Missionsgesellschaft. Ebenso kämpften sie gegen die Erhöhung der Steuersätze. Die Bodenspekulationen der Deutschen-Togo-Gesellschaft stießen auf erbarmungslose Kritik der Bremer und lösten in der Heimat durch Veröffentlichungen von Vertragskopien einen Sturm der Entrüstung aus. Der Widerhall in der deutschen Öffentlichkeit veranlaßte das Gouvernement, eine Landkommission einzusetzen, die sämtliche zwischen der Deutschen-Togo-Gesellschaft und Häuptlingen geschlossenen Verträge überprüfte. Daraufhin mußte die Gesellschaft 1910 über die Hälfte ihres Landbesitzes in der Region Misahöhe zurückgeben. Ein Gesetz des gleichen Jahres erlaubte nur noch den Landerwerb von 30 Hektar Fläche. Die Erbpacht wurde auf 30 Jahre festgesetzt, auch dies eine Folge des Einsatzes der Missionare für die Eingeborenen. Auf diese Weise trugen die Missionen wesentlich dazu bei, daß die Verwaltung in Togo nicht zur reinen Plantagenwirtschaft überging und letztlich durch Beibehaltung der bereits vorhandenen Sozialstrukturen zur Musterkolonie emporstieg.

Beamtenmoral und Branntweinhandel führten zu weiteren Konflikten zwischen den Missionaren auf der einen Seite sowie der Verwaltung und den Handelshäusern auf der anderen. Im Jahr 1910 schrieb Carl Mirbt in seinem Buch "Mission und Kolonialpolitik in den deutschen Schutzgebieten": "Nicht jeder Deutsche, der hinauszieht, ist schon durch seine deutsche Staatsangehörigkeit ein Pionier des Deutschtums; er wird es erst dadurch, daß er durch Arbeit und ehrenhaftes Verhalten die Achtung vor dem deutschen Namen stärkt. Wenn nun ein Weißer in der Stellung zu den eingeborenen Frauen die Pflichten vergißt, die ihm als Glied der höherstehenden Rasse und als Vertreter des herrschenden Volkes obliegen, kommt dadurch der Missionar in eine überaus schwierige Lage, da bei eingeborenen Christen die gleichen Handlungen mit Kirchenstrafen geahndet werden". Die "Pflichtvergessenheit" bestand in zahlreichen Fällen aus sexuellen Übergriffen der weißen Herren. Die Missionare konnten dazu natürlich nicht schweigen. Besonders lag ihnen dabei das Los der Kinder, der Mulatten, am Herzen, die aus derartigen Verbindungen hervorgingen. Die Mahnungen führten 1912 schließlich zu einem Teilerfolg. Die Regierung verfügte, daß die Mulattenkinder bis zum sechsten Lebensjahr bei der Mutter zu verbleiben hätten, und die Bezirksamtmänner bekamen bis zum fünfzehnten Lebensjahr der Kinder die Vormundschaft übertragen. Außerdem durften die Jungen auf Staatskosten eine Missions- und die Mädchen eine Regierungsschule besuchen. Unnachgiebig stellten die Missionare auch den Branntweinhandel an den Pranger. Vor allem die Norddeutsche Missionsgesellschaft berichtete über den Alkoholmißbrauch der Togolesen und forderte ein generelles Alkoholverbot. Allmählich gelang es ihr, die Regierung von der Gefährlichkeit des Branntweinkonsums durch die Eingeborenen zu überzeugen, und erreichte wenigstens eine höhere Besteuerung der Einfuhr – trotz des heftigen Protests der Firma Adolph Woermann und anderer an diesem Handel beteiligter deutscher Unternehmen. Dennoch gelang es der Kolonialverwaltung bis zum Ende der deutschen Herrschaft nicht, das Problem zu lösen.

Die Ausbildung der Eingeborenen lag auch in Togo fast ausschließlich in den Händen der Missionsgesellschaften und -orden. Obwohl in Togo keine Schulpflicht bestand, bildeten sie in Südtogo bis zum Jahr 1913 rund 3 Prozent der Bevölkerung aus. Das Konkurrenzdenken zwischen evangelischen und katholischen Missionaren beherrschte auch das Schulwesen. Dies führte in vielen Fällen zu Mehrfachgründungen an einem Ort. Die Steyler Missionare hatten bis 1911 166 Grundschulen gegründet, die Norddeutsche Missionsgesellschaft 141. Viel Mißmut brachte die Sprachenfrage im Unterricht mit sich. In Südtogo wurde in den 1880er und 1890er Jahren Ewe und Englisch gesprochen. Kommissar von Puttkamer versuchte bereits um 1894, Deutsch als Unterrichtssprache durchzusetzen. Ein Jahrzehnt später hatte Gouverneur Graf Zech damit Erfolg. Im Jahr 1909 richtete er in Lome eine zentrale Prüfstelle für die Deutschkenntnisse der eingeborenen Schüler ein, nach deren Ergebnissen die Jahreszuschüsse der Regierung an die Missionsschulen verteilt wurden. Die Steyler Mission schnitt hierin besser ab als die evangelischen Missionsschulen, und dies nicht zuletzt deshalb, weil sie doppelt soviele deutsche Lehrer einsetzte wie die anderen.

Der Verdruß beim Kampf gegen die Vielehe war allen Missionsgesellschaften in Togo gemeinsam, da die Kolonialverwaltung dafür kein Verständnis aufbrachte. Sie fürchtete um das Sozialgefüge der Ewe, argumentierte mit dem möglichen Ruin des Familienlebens der Togolesen und sprach die Befürchtung aus, daß viele Frauen bei Einführung der Einehe unverheiratet bleiben würden. Die Missionare sahen sich bis zum Schluß in diesem Anliegen alleingelassen.

Mehr Hilfe erfuhren sie dagegen in ihrem Feldzug gegen den Fetischismus. Die Verwaltung unterstützte ihn mit Verordnungen, die den Kult stark einschränkten. Sie tat dies freilich nicht aus christlicher Überzeugung, sondern weil sie in den Geheimbünden eine potentielle Gefährdung der öffentlichen Ordnung sah. Bis zum Jahr 1910 war von dem kultischen Brauchtum fast nichts mehr übriggeblieben.

In Deutsch-Ostafrika beteiligten sich nicht weniger als sieben evangelische Gesellschaften und sechs katholische Ordensgemeinschaften an der Missionierung der Afrikaner. Bereits um die Mitte des 19. Jahrhunderts ließen sich englische und französische Missionare in diesem Gebiet nieder, vor allem in der Küstenregion, in der schon der Islam Fuß gefaßt hatte. Als der bekannte Afrikaforscher Henry Morton Stanley im April 1875 in einem Brief nach London vom Reichtum Ugandas und vom Interesse des dort herrschenden Königs Mtesa am Christentum berichtete, griff die größte der evangelischen Missionsgesellschaften, die "Church Missionary Society", die Anregung auf und errichtete Stationen am Victoriasee sowie entlang der über tausend Kilometer langen Karawanenstraße nach Uganda. Der Gesellschaft ging es dabei weniger um das Seelenheil der Eingeborenen, sondern mehr darum, für kommerzielle Unternehmen Stützpunkte zu schaffen. David Livingstone regte die "Universities' Mission to Central Africa" zur Arbeit auf Sansibar, im Süden

Deutsch-Ostafrikas und in Usambara an. In der letztgenannten Region gründete ab 1903 auch die "Deutsche Union der Adventisten vom siebten Tag" Niederlassungen.

Die "Evangelische Missionsgesellschaft für Deutsch-Ostafrika", die spätere "Bethel-Mission", verdankte ihre Entstehung der Annexion des Landes durch das Deutsche Kaiserreich. Sie wurde von dem niedersächsischen Pastorensohn und Kolonialchauvinisten Dr. Carl Peters im Jahr 1885 ins Leben gerufen. Im Paragraphen 1 der Satzung dieser Missionsgesellschaft hieß es: Sie "ist eine Vereinigung evangelischer Christen, welche den Zweck verfolgt, den in den Kolonien der Deutsch-Ostafrikanischen Gesellschaft wohnhaften Heiden das Evangelium zu verkünden". Entsprechend war der Vorstand besetzt. Nahezu

Predigt in einem Dorf in Kamerun. Zeitgenössische Illustration.

alle Mitglieder gehörten entweder der Deutsch-Ostafrikanischen Gesellschaft direkt an oder standen ihren Zielen über die Zugehörigkeit zu anderen Vereinen der organisierten Kolonialbewegung sehr nahe. Kein Wunder also, daß sie sich als weitere Aufgaben die Betreuung der Kolonialbeamten und die Förderung der Durchsetzung des deutschen Herrschaftsanspruchs zum Ziel setzte. Demnach gründete die "Evangelische Missionsgesellschaft für Deutsch-Ostafrika" ihre ersten Stationen in den politisch unruhigen Küstengebieten. Bis 1907 baute sie weitere Stationen in der Region der Shambala und in Westusambara auf, um sich danach "in der dichtbevölkerten und in wirtschaftlicher Beziehung aussichtsvollen Landschaft Ruanda im äußersten Nordwesten des Schutzgebietes eine weitere vielversprechende Tätigkeit" zu eröffnen, wie es in einer Missionsgeschichte aus jener Zeit hieß. Im Jahr 1909 arbeiteten auf 11 Stationen 14 ordinierte Missionare, 8 Diakone und eine Missionsschwester für die Gesellschaft.

Die Nachfolge der durch die deutsche Kolonialregierung ausgewiesenen "Church Missionary Society" trat am Kilimandscharo 1893 die "Evangelisch-lutherische Mission" an. Bei den Dschagga, im Taregebirge und am Meru-Berg wirkten 1908 26 Missionare und eine Lehrerin. Die "Berliner Missionsgesellschaft", die bis zum Jahr 1907 den Namen "Gesellschaft zur Beförderung der evangelischen Missionen unter den Heiden zu Berlin" trug und in der Literatur als "Berlin I" bezeichnet wurde, besaß seit 1834 ein ausgedehntes Missionswerk in ganz Südafrika. Im Jahr 1891 kamen ihre ersten Missionare nach Deutsch-Ostafrika und gründeten Niederlassungen am Njassasee. Von dort drangen sie zu den Ngoni im Südosten, zu den Hehe im Nordosten und den Sanga im Norden vor. Im Jahr 1903 übernahmen sie die Arbeit der "Deutsch-Ostafrikanischen (Bielefelder) Missionsgesellschaft" in Usamaro. Im gleichen Jahr begann dort auch die "Herrenhuter Brüdergemeinde" ihre Bekehrung unter den Afrikanern. Schließlich kam auf evangelischer Seite 1911 noch die "Schleswig-Holsteinische Missionsgesellschaft" hinzu.

Auf Sansibar war die katholische Mission längst vor der deutschen Flagge da, nämlich seit 1859. Von 1863 an lag sie in der Hand der "Väter vom heiligen Geist", zur Unterscheidung von den Weißen Vätern auf "Schwarze Väter" genannt. Bereits 1869 gründeten sie auf dem Festland in Bagamojo eine Niederlassung. Unterstützt wurden sie von den "Töchter(n) Mariens", die sich besonders der Armen- und Krankenpflege sowie dem Unterricht der Eingeborenen widmeten. 1908 wirkten auf 19 Stationen 39 Patres, 23 Laienbrüder und 41 Schwestern. Die "Benediktiner von St. Ottilien", und ihnen zur Seite die Benediktus-Schwestern, betrieben unter dem Volk der Wahe, den Wagoni am Njassasee und nördlich von Rowuma Mission. Das ganze übrige Deutsch-Ostafrika wurde der "Gesellschaft der Missionare Unserer Lieben Frau von

Afrika" überwiesen. Nach ihrer Kleidung hießen sie die "Weißen Väter". Sie arbeiteten mit den "Weißen Schwestern" auf insgesamt 38 Stationen im Jahr 1908 zusammen. An Größe überragte dieser Missionsorden alle anderen Missionsgesellschaften. Der personelle Einsatz war ungeheuer hoch. So unterrichteten und bekehrten in Tanganjika, Unjanjembe und Süd-Njansa Mitte 1908 157 Patres, 30 Brüder und 46 Schwestern.

Besonders durch die "Weißen Väter" erhielt die katholische Mission in Deutsch-Ostafrika ein deutliches Übergewicht. Räumlich gesehen war das Gebiet zwischen Tanga und dem Kilimandscharo ebenso wie die Region um den Njassasee stärker von den evangelischen Missionsgesellschaften durchdrungen, während in den an den Tanganjika- und Victoriasee angrenzenden Territorien überwiegend katholische Orden missionierten. Doch dieses Bild trog. Konkurrenzdenken prägte auch in Deutsch-Ostafrika die Arbeit aller Missionare. Dies führte vielfach dazu, daß sich evangelische und katholische Missionsgesellschaften gegenseitig bewußt an der Ausdehnung behinderten, oder, wie es Amtmann Albinus in einem Beschwerdebrief über die Zustände in Unjika ausdrückte, beide Missionen (Herrenhuter und Weiße Väter) "in ein und denselben Gebiet den Negern das Evangelium aufoktroyierten". Anstatt den Glauben an den einen Christus zu verbreiten, säten die Missionare häufig Zwietracht unter den Eingeborenen und entzweiten Familien, Dörfer und Stämme. Dies wurde noch dadurch begünstigt, daß das Gouvernement die Verwaltungsgrenzen nicht nach ethnischen Gesichtspunkten oder den bestehenden Stammesgebieten festlegte, sondern geographische Gegebenheiten zugrunde legte.

Grundsätzliche Konflikte zwischen den Missionsgesellschaften und der Kolonialverwaltung gab es in Deutsch-Ostafrika wenige. Zwar ergriffen auch dort die Missionare immer wieder für die Eingeborenen Partei, etwa um sie vor Strafexpeditionen zu schützen oder sie gegen Ungerechtigkeiten der Beamten zu verteidigen, doch im allgemeinen arbeiteten beide Seiten zusammen. Ärger dagegen hatten die Missionare mit den weißen Siedlern. Das Herrenmenschendenken und die damit verbundene Haltung gegenüber den Eingeborenen forderten immer wieder die Kritik der Missionsgesellschaften heraus, wodurch sie sich allmählich den Mißmut besonders der Pflanzer zuzogen. Massiv protestierte besonders die "Berliner Missionsgesellschaft" gegen die weitverbreitete Kinderarbeit auf den Pflanzungen und ging auch gegen die Anwerbemethoden der Plantagenbesitzer vor, die sich durch Schnapsgeschenke die Häuptlinge gewogen machten. Schutz gewährten die Missionsstationen auch entlaufenen Haussklaven oder Stammesangehörigen, die unter ihren Häuptlingen nicht mehr arbeiten wollten.

Zu großen Unstimmigkeiten zwischen den Missionsgesellschaften und der

Kolonialregierung kam es dagegen lange Zeit im Bereich der Schulbildung der Eingeborenen. Das Gouvernement betrieb in Deutsch-Ostafrika eine aktive Schulpolitik und legte den Schwerpunkt der Ausbildung auf die säkulare Erziehung. Am Sprachenstreit entzündeten sich die Gegensätze. Die Missionsgesellschaften redeten einem Unterricht in der jeweiligen Volkssprache das Wort. Die Verwaltung ordnete dagegen Suaheli als Verkehrssprache an. Dies war für die Missionare gleichbedeutend mit dem Eingeständnis der Übermacht des islamischen Kultureinflusses durch die Regierung. Noch im Jahr 1910 beklagten sich Missionare in der "Allgemeinen Missionszeitschrift": "Schüler aus dem Lande, die aus der Regierungsschule zurückkehren, nennen sich nun 'Waislamu' (Islamisierte), . . . und gerade neuerdings kann man hören, daß frühere Regierungsschüler gewissermaßen als Abschluß ihrer Bildung auf eigene Kosten Arabisch lernen". Von einer weiteren Erschwernis der Missionierung sprachen zwei Berichte aus Unjanjambe und dem Bezirk Muansa ein Jahr zuvor: "Wie immer ist der Schulbesuch ein unregelmäßiger. Da die Knaben, sobald sie erwachsen sind, nach der Küste wandern, um an den Eisenbahnen oder bei den Pflanzern zu arbeiten, war dieser Wegzug von großem Nachteile für die Schulen und die Christianisierung; momentan findet man in den Dörfern nur alte Leute und von ihren Männern verlassene Weiber, sowie kleine Kinder". – "Die Schule ist nicht sehr stark besucht. Sie trägt nicht genug ein, sagen die Leute, und man zieht es vor, sich mit Bodenkultur abzugeben". Wenn dagegen der letzte amtliche Jahresbericht von 1912/13 1.832 Schulen mit insgesamt 108.550 Schülern aufführt, die von insgesamt 709 Missionaren, Brüdern und Schwestern sowie von über 2.000 einheimischen Lehrern unterwiesen wurden, so bedeutet dies nicht ein plötzlich erwachtes Interesse am christlichen Glauben, sondern wies lediglich darauf hin, daß sich die Missionsschulen den Gegebenheiten im Lande angepaßt hatten. So berichtete die "Berliner Missionsgesellschaft" 1914 in die Heimat: "Auch die Hebung der Eingeborenen in sozialer Beziehung läßt die Mission nicht aus dem Auge. Man sieht die Häuser jetzt besser gebaut, die Kleidung ist reichlicher und reinlicher . . . Die zur Arbeit herbeigezogenen Eingeborenen erfuhren . . . Unterweisung in allerlei Handfertigkeit, in Ziegler-, Maurer-, Tischler- und Zimmereiarbeit; aus ihnen ist mancher tüchtige und geschickte Handwerker hervorgegangen". Letztlich hatten Missions- und Kolonialinteressen wieder zusammengefunden, denn einig war man sich über ein Ziel, die Erziehung des Afrikaners zur Arbeit. Dies galt für alle deutschen Kolonien in Afrika.

In allen Kolonien bemühten sich die Missionsgesellschaften auch um die ärztliche Fürsorge und nahmen sich der Waisenkinder an. Die Auswirkungen dieser Tätigkeit ließen sich aber in der kurzen Zeit deutscher Kolonialherrschaft nur sehr schwer einschätzen. Führend war im Bereich der caritativen

Tätigkeit die katholische Kirche. Ihre Stärke lag darin, so Carl Mirbt in seiner Kolonialgeschichte, "daß sie in den weiblichen Orden eine unerschöpfliche Fülle von Pflegepersonal besitzt ... Denn von den mindestens 18.000 Schwestern, die im Missionsdienst stehen, wird der weitaus größte Teil für diese Zwecke verfügbar sein, während die evangelische Mission 4.397 Missionsschwestern zählt, wobei allerdings von den 6.408 verheirateten Frauen viele an den Liebeswerken der Gemeinden mitarbeiten". Andererseits glich die evangelische Mission dieses Defizit durch die Einstellung von Berufsärzten aus, indem sie zu Beginn des 20. Jahrhunderts planmäßig ihre "ärztliche Mission" ausbaute und schon bald eine stattliche Anzahl approbierter Ärzte und ärztlich ausgebildeter Missionare in die Kolonien entsenden konnte.

Bestand der Missionen 1909

Deutsch-Ostafrika *Evangelische Mission*	Hauptstationen	Missionare	Laien	Schwestern	Getaufte
Bielefelder Missionsgesellschaft	11	14	8	1	1.070
Berliner Missionsgesellschaft	18	26	17	2	1.668
Herrenhuter Brüdergemeinde	15	24	7	–	764
Leipziger Missionsgesellschaft	11	20	6	1	1.146
Universitätenmission	7	10	6	11	6.075
Kirchliche Missionsgesellschaft	7	4	5	4	932
Adventisten	5	6	1	1	?
Katholische Mission					
Väter vom Heiligen Geist	19	39	23	41	14.632
Benediktiner	10	17	33	39	5.135
Weiße Väter	38	127	30	46	19.209
Deutsch-Südwestafrika					
Evangelische Mission					
Rheinische Missionsgesellschaft	23	32	8	3	12.584
Finnische Missionsgesellschaft	8	12	–	3	1.722

Katholische Mission					
Oblaten der unbefleckten Empfängnis	11	22	19	16	650
Oblaten des heiligen Franz von Sales	3	4	–	7	605
Kamerun					
Evangelische Mission					
Baseler Missionsgesellschaft	12	37	16	7	8.307
Baptisten	11	10	–	3	2.837
Amerikanische Presbyterianer	4	6	10	1	5.800
Katholische Mission					
Pallottiner	10	20	26	20	8.193
Togo					
Evangelische Mission					
Norddeutsche Missionsgesellschaft	6	13	2	5	4.574
Wesleyanische Methodisten	1	–	–	–	656
Katholische Mission					
Steyler Mission	8	37	9	20	6.163

Bernhard Dernburg – Reformator der deutschen Kolonialpolitik

Bernhard Jakob Ludwig Dernburg erblickte am 17. Juli 1865 in Darmstadt das Licht der Welt. Sein Vater Friedrich war Hofgerichtsadvokat in Darmstadt, national-liberaler Reichstagsabgeordneter von 1871 bis 1881, Chefredakteur des Berliner Tagblattes und der Deutschen Nationalzeitung von 1875 - 1891 sowie Schriftsteller. Seine Mutter stammte aus einer hessischen Pfarrerfamilie.

Nach seiner Schulzeit ging Dernburg bei einer Berliner Handelsgesellschaft in die Lehre und verbrachte anschließend mehrere Jahre in einem New Yorker Bankhaus. Nach Deutschland zurückgekehrt wurde er Sekretär der Deutschen Bank, von 1889 bis 1901 Direktor der Deutschen Treuhandgesellschaft und danach Direktor der Bank für Handel und Industrie in Berlin.

Im Jahr 1906 übernahm er als Direktor die Kolonialabteilung im Auswärtigen Amt des Deutschen Kaiserreiches. Dort leitete er eine neue Ära deutscher Kolonialpolitik ein, die nun stärker vom kaufmännischen Denken geprägt war. Mit seiner Politik geriet er unter den starken Beschuß der oppositionellen Zentrumsfraktion und besonders von deren linken Flügel im Reichstag, was schließlich zu dessen Auflösung und zu den sog. "Hottentottenwahlen" im Dezember 1906 führte. In der Neugruppierung des siegreich aus den Reichstagswahlen hervorgegangenen "Bülow-Blocks", der konservative und liberale Kräfte unter Ausschaltung des Zentrums vereinigte, fand er verständnisvolle Befürworter seiner kolonialpolitischen Vorstellungen. 1907 wurde Dernburg erster Staatssekretär des neugebildeten Reichskolonialamtes. Als prominenter Vertreter und fundierter Kenner des Bankwesens zog er das Finanzkapital stärker zur Erschließung der Kolonien heran. Mit seiner Reform überwand er die Stagnation in der Entwicklung der deutschen Schutzgebiete. Die Privilegierung großer Kapitalgesellschaften löste im Reich jedoch derart großen Widerspruch aus, daß er im Jahr 1910 von seinem Amt zurücktreten mußte.

Nach dem Ende des Ersten Weltkrieges schwang er sich zu einem der Führer der Demokratischen Partei auf, wurde Mitglied der Weimarer Nationalversammlung und begleitete vom April bis Juni 1919 das Amt des Reichsfinanzministers und Vizekanzlers im Kabinett Scheidemann. Aus Protest gegen den Friedensvertrag von Versailles trat Dernburg jedoch von seinem Posten zurück. Von 1919 bis 1930 saß er als Abgeordneter im Deutschen Reichstag. Danach zog er sich aus der aktiven Politkk zurück. Am 14. Oktober 1937 starb Bernhard Dernburg in Berlin-Grunewald.

Friedrich Fabri – Die Spinne im kolonialpolitischen Netz

"Bedarf Deutschland der Kolonien?". Diese Frage löste 1879 im Deutschen Reich eine heftige Diskussion aus. Sie stand als Titel über einer Broschüre, deren Autor Friedrich Fabri hieß. Seine Zeitgenossen kannten ihn bis dahin als Kirchenpolitiker und Leiter der größten evangelischen Missionsgesellschaft Deutschlands. Mit diesem Werk wurde er zum "Vater der deutschen Kolonialbewegung" und durch seine vielfältigen Aktivitäten und Verbindungen zur Spinne im kolonialpolitischen Netz des Deutschen Kaiserreiches.

Friedrich Gotthard Karl Ernst Fabri wurde am 12. Juni 1824 in Schweinfurt geboren. Sein Vater war zu dieser Zeit Pfarrer und Gymnasialprofessor, später Dekan und Kirchenrat in Würzburg. Dort ging Friedrich Fabri auf das Gymnasium, um anschließend in Erlangen und Berlin Theologie zu studieren. Nach Abschluß des Studiums Ende 1845 trat er in das Münchener Predigerseminar ein und promovierte nebenher in Tübingen. Drei Jahre später wurde er Würzburger Stadtvikar, Religionslehrer an der Landwirtschafts- und Gewerbeschule und Gefängnisgeistlicher. 1851 übernahm er die Patronatspfarrei Bonnland bei Kissingen. Durch sein soziales Engagement schuf er sich bald einen Namen und trug darüber hinaus wesentlich zum Aufbau der Inneren Mission in Franken bei. Mit der Berufung auf den Posten des leitenden Inspektors der Rheinischen Mission im Jahr 1857 erfuhr sein Leben eine entscheidende Wende. An der Spitze der größten evangelischen deutschen Missionsgesellschaft sah er sich den verschiedensten überseeischen Fragen und Problemen gegenübergestellt, die sich bei ihm zu einem Gesamtkonzept der "Lösung der großen sozialen Frage" vereinten. In der eingangs erwähnten Broschüre legte er sie nieder. Die Frage, ob Deutschland der Kolonien bedürfe, beantwortete er darin mit einem eindeutigen "Ja". Überbevölkerung, Überproduktion und Kapitalüberschuß könnten, so Fabri, in Siedlungs- und Handlungskolonien abgeleitet werden, deren Erwerb zugleich die Rohstoffzufuhr für das Deutsche Reich sicherte. Der Mission wies er dabei die Rolle zu, dem Handel den Weg zu ebnen. Durch die "Vorarbeit" der Handelsgesellschaften wiederum sei das Reich legitimiert, die Gebiete zu okkupieren. Diese Gedanken, auf der von ihm begründeten "Bremer Kontinentalen Missionskonferenz" im März 1884 vorgetragen, verhinderten jedoch nicht seine Ablösung als leitender Inspektor der Rheinischen Mission, der er wenige Monate später durch freiwilligen Verzicht auf den Posten zuvorkam. Äußerer Anlaß war die Auflösung der von ihm Anfang der 1880er Jahre durchgesetzten "Missions-Handelsgesellschaft", die der Rheinischen Mission erhebliche Verluste eingebracht hatte.

Im Innern kennzeichneten die Missionsgesellschaft zu diesem Zeitpunkt scharfe Spannungen und Auseinandersetzungen, die schließlich auf die gesamte Missionsgemeinschaft übergriffen und die Spenden durch ihren Förderkreis zu gefährden drohten. Am Ende freilich war Friedrich Fabri mit seinem Ausscheiden aus der Missionsgesellschaft nicht. Längst schon hatte er sich nicht nur als Expansionspublizist hervorgetan, sondern auch aktiv am Aufbau der organisierten Kolonialbewegung teilgenommen. Seine Stimme wurde in allen wichtigen Interessenverbänden gehört. Er war "Vertrauensmann" des 1878 in Berlin gegründeten "Centralvereins für Handelsgeographie und Förderung deutscher Interessen im Auslande". Er hatte 1880 den stärksten und wichtigsten Regionalverband der Kolonialbewegung, den "Westdeutschen Verein für Colonisation und Export", gegründet und führte darin den Vorsitz. Seit 1883 gehörte er dem "Deutschen Kolonialverein" als Vizepräsident und später als führendes Vorstandsmitglied an. Zwei Jahre später wurde er Ehrenmitglied der "Gesellschaft für deutsche Kolonisation" und bekleidete ab 1887 das Amt eines Vorstandes in der "Deutschen Kolonialgesellschaft", die aus den beiden letztgenannten Gesellschaften hervorgegangen war. Schließlich war er Mitglied des ersten Vorstandes des im Jahr 1891 gegründeten "Allgemeinen Deutschen Verbandes". Er arbeitete innerhalb der "Deutschen Kolonialgesellschaft" an der deutschen "Antisklavereibewegung" mit und gehörte dem "Agitationskommitee" der DKG an. Als vertraulicher Berater stand er in den Diensten der "Deutsch-Ostafrikanischen Gesellschaft" und des "Hamburgischen Colonisationsvereins von 1849". Die "Evangelische Gesellschaft für die protestantischen Deutschen in Amerika" stand ebenso unter Fabris Einfluß und Leitung wie das "Comité für die protestantischen Deutschen in Südbrasilien". Seine beiden ältesten Söhne traten in die Fußstapfen ihres Vaters und saßen ebenfalls bald in Führungsgremien der organisierten Kolonialbewegung. Fabris Mitarbeit an der Spitze all dieser Verbände öffnete ihm natürlich auch die Türen des Bank-, Industrie- und Handelskapitals. Er unterhielt gute Kontakte zu Politikern. Seine Fäden reichten zu dem Geheimen Legationsrat im Auswärtigen Amt, Heinrich von Kusserow, zu Kultusminister Gustav von Goßler und zu Reichskanzler Bismarck selbst. In dieser Zeit erhob er immer wieder drei Forderungen, die freilich erst Jahre nach seinem Tod im Juli 1891 in praktische Politik umgesetzt wurden: Einführung der Reichskolonialverwaltung in allen Schutzgebieten, Einrichtung eines eigenständigen Reichskolonialamtes und Aufstellung einer Schutztruppe.

Kapitel 4
Das schwarze Afrika im Wandel

Kolonialgeschichte hat in der Regel die Formen und Etappen der europäischen Expansion, die Betrachtung der praktischen Verwaltungspolitik und die Erfolge, die die weißen Herren dabei verbuchen konnten, vielleicht auch noch die Lebensbedingungen der Europäer zum Gegenstand. Dies entspricht dem "euro-zentristischen" Weltbild der Autoren – selbst wenn es Afrikaner sind, die aber in der Tradition der europäischen Bildung stehen. Die sprichwörtliche zweite Seite der Medaille, nämlich die Auswirkungen des Auftretens der neuen weißen Herren auf die schwarze Bevölkerung und deren Lebensbedingungen unter der fremden Herrschaft, kommt dagegen meist zu kurz. Dabei veränderten sich Gesellschaft, Wirtschaft, Kultur und Alltagsleben jener Eingeborenen in der Begegnung mit den Kolonialherren von Grund auf – ein Phänomen des Wandels, der nicht immer auf Anhieb sichtbar wurde, der aber in seinen Folgen vergleichsweise revolutionärer war als die Aufteilung der Welt unter den Europäern.

Wenn schon das erste Auftauchen der Europäer und ihre Nachfrage nach Sklaven Erscheinungen eines sozialen Wandels zur Folge hatte, so brachte die feste Gegenwart einer europäischen Verwaltung noch viel mehr fremdartige Impulse für das Leben der Schwarzen. Die Kolonialherrschaft wirkte, ohne daß die weißen Herren dies allerdings immer beabsichtigten und daher von vornherein eine Schuldzuweisung gerechtfertigt wäre, destruktiv. Die Wandlungsvorgänge sollen im folgenden anhand einiger Beispiele vorgestellt werden.

Wie sah jenes Afrika zunächst aus, das die Europäer vorfanden? In einem Bericht des Kaiserlichen Landeshauptmannes (und späteren Gouverneurs) Köhler vom 14. Februar 1896 von einer Reise nach Misahöhe und Kpando in Togo spiegelt sich zumindest oberflächlich das Erscheinungsbild eingeborener Wirtschaftsweise: "Der Fleiß gehört nun einmal nicht zu den starken Seiten des Negers. Er verwendet daher auf die Bebauung des Bodens nicht mehr Fleiß und Sorgfalt, als die Beschaffung des eigenen Lebensunterhalts es gerade erfordert". Der Bericht weist deutlich auf den Konflikt hin, der sich aus den europäischen Intentionen ergab: "Da dem Neger der Begriff Zeit unbekannt ist, so geht die Kultivierung des Bodens nur im langsamsten Tempo vorwärts. Es ist ihm dabei völlig gleichgültig, wieviele Monate, ja zuweilen Jahre er braucht, bis er ein Stück Land ausgewählt und in anbaufähigen Zustand gebracht hat . . . An diesen den Negern angeborenen Eigenschaften werden die Versuche, denselben zum Kulturenanbau von Kolonialprodukten des Weltmarktes, wie Kaffee, Tabak, Kakao, Kokos, Baumwolle usw., zu bewegen, sicherlich noch auf Generationen hinaus heftigen Widerstand finden. In der Nähe der Küste freilich macht sich die Berührung mit den Weißen und die Wirkung der von diesen ausgehenden Unternehmungslust und der von wohlhabenden Eingeborenen angelegten umfangreichen Kaffee- und Kokosnußplantagen bereits deutlich bemerkbar. Wenige Stunden von der Küste entfernt verschwinden jedoch diese erfreulichen Spuren eines erweiterten Blickes, die Bewohner leben nur noch von der Hand in den Mund, ohne Sorge für den folgenden Tag oder die fernere Zukunft. Ich habe mich öfter mit anscheinend sehr vernünftigen Eingeborenen unterhalten, war aber überrascht, mit welcher Übereinstimmung mir stets die gleichen Entschuldigungsgründe entgegengehalten wurden. Ihre Eltern hätten für sie nicht gesorgt, erklärten sie rundweg, und ihre Kinder müssen daher ebenfalls zusehen, wie sie sich durchs Leben schlügen. Die Mutter Erde lohnt eben die auf ihre Bearbeitung verwendete kaum nennenswerte Mühe so reichlich, daß der Bewohner zeitlebens jeder Not enthoben ist".

Die andersartige "Einstellung" der Afrikaner zur Arbeit, die die Weißen beobachteten und beklagten und gezielt zu ändern versuchten, entsprach im Grunde genau den Erfordernissen der traditionellen Selbstversorgungs-Wirtschaft. Die "Arbeitsdisziplin" der Europäer entsprach deren wirtschaftsgeschichtlicher Tradition und den Erfordernissen industrieller Verarbeitungsbetriebe, nicht aber den Prinzipien der afrikanischen Produktionsweise, die nur die aktuelle Existenzsicherung mit Nahrungsmitteln zum Ziel hatte und damit den klimatischen Bedingungen angepaßt war. Es war ein Irrtum der Europäer, der sich bis heute fortgesetzt hat, diese Arbeitsnormen mit dem Attribut "Faulheit" zu versehen.

Begonnen hat das Problem der "Arbeitsfrage" in Ostafrika im Jahre 1887, als ein gewisser Friedrich Schröder Arbeitskräfte für die erste Plantage des Landes suchte. Der Arbeitskräftebedarf in dieser Kolonie stieg nach nachträglichen Berechnungen bis zum Ende deutscher Kolonialherrschaft auf über ein Fünftel aller insgesamt verfügbaren Männer Ostafrikas. Die Rekrutierung schwarzer Arbeiter hielt auf jeden Fall mit der statistisch ausgewiesenen Ausdehnung der Plantagenflächen nicht Schritt.

Die "Arbeitsbeschaffung" ging einher mit der Konzentration arbeitsfähiger Männer in begrenzten Regionen. So lebten 1912 weit über die Hälfte der insgesamt 80.300 registrierten schwarzen Plantagenarbeiter Ostafrikas in drei Verwaltungsbezirken. Bevor der Gouverneur von Deutsch-Ostafrika im Jahre 1909 eine "Arbeitsverordnung" für die Wanderarbeiter erließ (deren Einhaltung nicht hinreichend kontrolliert werden konnte), war jene Arbeiterbeschaffung vielfach mit Gewalt verbunden. Die Spannbreite der Methoden reichte von der Bestechung eingeborener Häuptlinge mit Schnaps bis zur Androhung von Prügeln, und sie beinhaltete in Ostafrika auch die Ausgabe von "Arbeitskarten". Daß einzelne Stämme wie die Wanjamwesi und Wassukuma aus Angst vor "wilden" Anwerbern (oft Syrer, Araber und Inder, aber genauso Deutsche) in andere Hoheitsgebiete (etwa nach Britisch-Ostafrika) flüchteten, war in diesem Zusammenhang eine Randerscheinung.

Welche Dimensionen die Abwanderung von Arbeitskräften aus den Dörfern zu den Plantagen annahm, darüber legte ein weißer Missionar für Ostafrika 1913 detaillierte Zahlen vor. Pater van der Burgt berichtete, daß seit 1892 in dem Gebiet von Unjamwesi die Einwohnerzahl wegen der Aufnahme von Wanderarbeit um ein Drittel bis die Hälfte abgenommen habe. Im Distrikt Urambo westlich von Tabora verringerte sich die Einwohnerzahl innerhalb von 20 Jahren sogar von rund 75.000 - 100.000 auf gerade ein Zehntel, nämlich 7.000. In einem zeitgenössischen Bericht liest man wie folgt: "Tanga hat mit Erfolg in seinem Bezirk mehrere tausend Neger aus dem Innern, vor allem aus Unjamwesi angesiedelt, welch' letztere besonders betriebsame Ackerbauern sind . . . Die Fortführung und Ausdehnung dieser Besiedlungspolitik an der Küste ist von außerordentlicher Bedeutung für die wirtschaftliche Hebung des Schutzgebietes. Das Vorgehen des Bezirks Tanga dient auch den anderen Bezirken als Vorbild und hat schon verschiedentlich Nachahmung gefunden".

Wenn man den Arbeitskräftebedarf von 100.000 Afrikanern, den die deutsche Kolonialverwaltung in Kamerun für das Jahr 1914 vorausschätzte, der Tatsache gegenüberstellt, daß der Großteil dieser Arbeitskräfte aus den Distrikten des südlichen Waldgürtels stammte, in dem schätzungsweise 800.000 Menschen lebten, so wird deutlich, welche Bedeutung dies auch hier für die dörfliche Wirtschaft hatte – zumal von jenen 800.000 Menschen nur vielleicht 200.000 erwerbsfähige Männer waren. Im Bedarf von 100.000 Arbeitskräften waren rund 50.000 Träger und 25.000 Plantagenarbeiter enthalten.

Oft ergab sich aber auch ein Zwang, nach neuen Lebens- und Erwerbsformen zu suchen – so für die einheimische Bevölkerung Südwestafrikas wegen der Rinderpest, die von Südafrika aus seit Anfang 1897 auf die Stammesgebiete dieses Territoriums übergriff und besonders im mittleren Hereroland die Mehrzahl der Herden vernichtete. Den betroffenen Viehbesitzern blieb gar nichts anderes übrig, als Lohnarbeit bei den Europäern anzunehmen. So arbeiteten sie beim Eisenbahnbau, waren Lagerarbeiter oder Farmarbeiter, Hausdiener und besorgten die unzähligen Dienste, die die Weißen als Geschäftsleute und allgemein zu ihrem Wohle benötigten. In der Schlußphase der deutschen Kolonialverwaltung stand die überwältigende Mehrheit der männlichen afrikanischen Bevölkerung Südwestafrikas im Umfeld der Städte wie der Farmen auf dem Land in einem Dienstverhältnis mit den Weißen.

Die "Erziehung" zur Arbeit und die vielfach erklärte Absicht, das "farbige Arbeitertum" prosperieren zu lassen, war freilich die einzige Alternative zu einer "Vernichtungspolitik", die eine Minderheit der Europäer in Südwestafrika gerade nach den Herero-Aufständen in die Diskussion einbrachte. Allerdings war die neue soziale Stellung etwa als Farmarbeiter keine Garantie für eine ausreichende Versorgung. Eine Untersuchung aus dem Jahre 1912 kommt jedenfalls zu dem Ergebnis, daß der Eiweiß- und Kaloriengehalt der Kost, die die schwarzen Arbeiter von ihren weißen Herren bekamen, deutlich unter der damals anerkannten ernährungsphysiologischen Mindestgrenze blieb. Der Ersatz der traditionellen Wirtschaftsformen durch das System der Lohnarbeit nach europäischen Spielregeln war also unzureichend.

Als Anmerkung gehört dazu, daß die Sterblichkeitsrate auf den Plantagen in manchen Gegenden zwischen 7 und 50 Prozent schwankte – was für Ostafrika genauso wie für Kamerun galt. Aber nicht nur den Tod konnten sich die schwarzen Arbeiter auf den Plantagen holen. Es drohte auch die Ansteckung mit neuartigen Krankheiten wie Syphilis, Tuberkulose und Wurmkrankheit. In einer medizinischen Veröffentlichung aus dem Jahre 1920 liest sich das so: "Ein blühender junger Mann zog fort zur Arbeit – ein elender, gealterter Mann kehrt heim, Hütte und Acker findet er verwahrlost, die Familie im Elend; nur all seine Krankheiten schleppt er mit sich und infiziert damit Familie und Volk".

Wenn immer mehr Afrikaner von ihren Dörfern abwanderten, um in den administrativen und kommerziellen Stützpunkten der Europäer eine Beschäftigung gegen Lohn anzunehmen, oder wenn sie in den ländlichen Gebieten Dienste für die Weißen verrichteten, so bestimmte dies einerseits ihre persönliche Stellung im Sozialgefüge, aus dem sie stammten, neu. Es hatte andererseits vielerorts den Kollaps der althergebrachten Selbstversorgungswirtschaft zur Folge, da in den Dörfern nur Frauen, Kinder, Greise und Krüppel und damit nicht genügend Arbeitskräfte zurück blieben, um die arbeitsteilige Landwirtschaftserzeugung aufrecht zu halten. Einheimische Träger kehrten zwar meist nach wenigen Wochen in ihre Dörfer zurück, Arbeiter auf Plantagen oder beim Eisenbahnbau blieben aber für mindestens ein halbes bis ganzes Jahr von den Feldern ihrer Familien fern.

Für die Plantagen-Arbeiter war es nicht nur ein völlig fremd anmutender Vorgang, den Lebensunterhalt durch Lohnarbeit zu betreiben; für sie eröffnete sich auch in ihrem neuen Tätigkeitsfeld eine völlig neuartige Sozialgemeinschaft. In Baracken zusammengesteckt, gemeinsam modernen medizinischen und sozialen Vergünstigungen angeschlossen, waren für sie die althergebrachten ethnischen Abgrenzungen plötzlich nicht mehr gültig. Ihr Lohn regelte die Beziehungen in der Gemeinschaft auf neue Weise. Plantagenarbeiter in Kamerun etwa erhielten als Entgelt zwischen sechs und neun Mark pro Monat bei freier Kost und Unterkunft. Dazu kam noch Brannwein.

Die Verdrängung der traditionellen Feld- und Viehwirtschaft durch eine Plantagen- und exportorientierte Wirtschaft zeigt sich an den Ein- und Ausfuhrstatistiken der einzelnen Kolonialgebiete. Der automatische Rückgang der Selbstversorgungswirtschaft führte dazu, daß etwa in Ostafrika bis zum Ende der deutschen Herrschaft ein Viertel bis ein Drittel der benötigten Nahrungsmittel importiert werden mußte. Auch eine Überproduktion an Lebensmitteln hätte nie ausreichen können, den steigenden Bedarf der Plantagenarbeiter, Bahnarbeiter und sonstigen Beschäftigten in europäischen Diensten, die nicht mehr für sich selbst sorgten, zu erfüllen. Der Verzicht auf die Selbstversorgungswirtschaft als Umdenkungsprozeß ging so weit, daß während der Herero-Aufstände in Südwest-Afrika Buschleute in den eingeschlossenen Ort Outjo mit den tollsten Gerüchten über die Lage außerhalb kamen, nur weil sie erwarteten, angehört zu werden und als Belohnung Tabak und Kost von den Weißen zu erhalten, egal welche “Märchen” sie erzählten – wie es zeitgenössische Chroniken beklagen.

Die Zuweisung der Afrikaner in die Rolle von Arbeitskräften ging einher mit einer anderen Erscheinung: Die Gesellschaftsordnung auf der Grundlage von Stammes- und Dorforganisationen verwandelte sich in ein System, das nach der Hautfarbe unterschied und auf den Rassenunterschieden aufbaute. Zur Rassentrennung in Südwestafrika war es von der Begründung der deutschen Kolonialherrschaft nur ein sehr kurzer Weg. In den Verordnungen des Gouvernements Südwestafrika wurde diese Trennung juristisch hinreichend abgesichert und gleichzeitig der soziale Zusammenhang der Stämme auch formal zerstört. “Eingeboren” zu sein, das bedeutete das Verbot, ohne Genehmigung Land zu erwerben oder zu benutzen, Großvieh zu züchten, und es verpflichtete dazu, ein "Dienstbuch" zu führen, das die Funktion eines Passes erfüllte – alles Dinge, die eine traditionelle Existenzform unmöglich machte.

Auch als Handwerker durften die Eingeborenen nicht tätig sein. In der Deutsch-Südwestafrikanischen Zeitung wurde 1909 dazu argumentiert: "Jeder wirtschaftliche Faktor, der die Selbständigkeit der Eingeborenen fördert, stärkt ihre Macht und muß dereinst mit weißem Blut bezahlt werden". Die Entwurzelung aus der traditionellen Stammesidentität durch die Eingliederung in eine Klassen- und Rassengesellschaft begünstigte letztlich die Arbeit der Missionare: Massentaufen bei den Afrikanern Südwestafrikas werden deshalb heute nachträglich als Versuch der Eingeborenen gewertet, in einer neuen Gemeinschaft der kirchlichen Gemeinde ein neues Zusammengehörigkeitsgefühl zu entwickeln.

Die Europäer brachten auch die traditionellen afrikanischen Händlerschichten in vielen Gebieten um ihre Betätigung und damit um ihre Existenzgrundlage. Allerdings geschah dies nicht von Anfang an, sondern erst mit der zunehmenden Festigung der Kolonialherrschaft. Noch in den 1890er Jahren waren in Kamerun die deutschen Handelsfirmen auf die Zulieferung von Waren aus dem Landesinneren durch Zwischenhändler vom Stamm der Haussa angewiesen. Ab etwa 1905 stießen die europäischen Kaufleute aber selbst zunehmend in das "Hinterland" vor und versuchten nun, sich der Konkurrenz der Haussa-Händler zu entledigen. Dazu wurde auch die Gouvernementsverwaltung eingespannt, die von den weißen Händlern mit Vorschlägen zur Reglementierung des Handels zum Nachteil der Afrikaner bombardiert wurde. Beispiele waren die Erhöhung von "Wandergewerbe-Steuern" ebenso wie die Begrenzung der Lasten, die Träger transportieren durften.

Die Verdrängung der einheimischen Händler ebenso wie der Träger aus dem Geschäft erreichte überall ihren Höhepunkt mit dem Bau der Eisenbahnlinien, die einen direkten Zugang zu den bisher abseits der Zentren an der Küste gelegenen Märkten ermöglichten. Die gleichen Effekte ergaben sich mit dem Aufkommen eines anderen modernen Transportmittels – nämlich des Automobils. So gründeten Kaufleute in der südkamerunischen Hafenstadt Kribi 1913 im Vorgriff auf ein entsprechendes Straßennetz mit einem Kapital von 100.000 Reichsmark eine Autotransport-Gesellschaft, die den Lastentransport übernehmen sollte, der bisher von einheimischen Trägern im Dienste der Handelshäuser abgewickelt wurde. Die deutschen Kaufleute haben von dieser Firmengründung wegen des Kriegsbeginns zwar nicht mehr profitieren können, sie lieferten damit aber selbst den Afrikanern ein Vorbild für die Bedeutung moderner Transportmittel als einer Erwerbsmöglichkeit. Hintergrund für die Bildung der genannten Gesellschaft war übrigens gewesen, daß sich die Händler in Kribi um ihre Geschäfte betrogen sahen, nachdem – entgegen ihren Wünschen – Ausgangspunkt der Eisenbahnlinie ins Landesinnere nicht Kribi, sondern Duala geworden war.

Für 1913 gehen Schätzungen davon aus, daß auf der Strecke Kribi – Jaunde noch 80.000 Männer, Frauen und Kinder als Lastenträger für deutsche Händler tätig waren. Trägerdienste waren für die Afrikaner, speziell für die Neger Ost- und Westafrikas, seit Jahrhunderten eine übliche Beschäftigung gewesen, seit sie nämlich beim Fernhandel im Dienste islamischer Kaufleute Karawanen mit Salz und Kolanüssen über lange Strecken bis zu jenen Plätzen brachten, von denen aus Kamele den Weitertransport besorgten. Trägerdienste waren aus europäischer Sicht aber insofern unproduktiv, als sie Arbeitskräfte banden, die anderswo, etwa auf Plantagen oder bei Kulturen, für die Kolonialherren nutzbringender eingesetzt werden konnten.

Handel insbesondere auf der Grundlage von Kreditlieferungen war es, der vor allem anderen die eingeborene Bevölkerung zum Anbau von neuartigen Produkten zwang: Der Vorschuß europäischer Waren nötigte die Afrikaner dazu, im Gegenzug jene Waren anzuliefern, für die bei den Weißen ihrerseits eine Nachfrage bestand. Ganze Dörfer wurden immer stärker verschuldet, und da eine Überschußproduktion fehlte, mußten neue Exportgüter angebaut werden. Ein Kolonialbeamter sprach 1896 offen aus: König Bell von Duala war gegenüber dem deutschen Kaufmann Adolf Woermann, einem der beiden größten Händler Kameruns, so stark verschuldet, daß er keine Entscheidung treffen konnte, ohne jenen weißen Mann vorher zu befragen.

In Südwestafrika war diese Variante von Geschäften das Mittel zum Zweck, um Grund und Boden in den Besitz weißer Siedler zu bringen. Dabei gab es nach den afrikanischen Wertvorstellungen gar kein individuelles Eigentum an Land. So warnte der Sektionsvorsitzende des deutschen Kolonialkongresses von 1905, Dr. Felix Meyer, in einer Denkschrift vor dem "großen Irrtum, wenn man um deswillen das Land als herrenlos bezeichnen und es daher als Kronland in Anspruch nehmen wolle. Es besteht vielmehr ein Kollektiveigentum des Gesamtvolkes an seinem Territorium . . . Da der einzelne immer nur Nutznießer des von ihm eingenommenen Grund und Bodens sein kann, fehlt ihm auch das Recht zum Verkauf des Landes".

Diese Feststellung änderte nichts an der praktischen Kolonialpolitik – viele weiße Siedler bekamen Boden zugesprochen, der nach europäischen Rechtsnormen als "Kronland" gelten mochte, nach afrikanischen Normen aber unveräußerlich war. In Kamerun zum Beispiel wurde per Dekret vom 15. Juni 1896 alles unbesetzte, scheinbar "herrenlose" Land zum Besitz des deutschen Kaisers deklariert. Gouverneur Zimmerer hatte dies schon zwei Jahre vorher angeregt, die Gouvernementsverwaltung hatte aber dann erst die Expertise der Handelsfirmen Woermann sowie Jantzen & Thormälen zu dieser

Frage eingeholt. Die Außerkraftsetzung überkommener Eigentumsvorstellungen zeigt sich durch Vorgänge wie diesen, der in einer Chronik Deutsch-Südwestafrikas aus dem Jahre 1906 zu lesen ist: "Gouverneur von Lindequist übergab den Bergkaffern in Okombahe westlich Okarurus als Belohnung für ihre in der Aufstandszeit bewiesene Treue ein großes Stück Garten- und Weideland".

Besitztumsgrenzen und Zäune gar – das war für die Afrikaner, die ursprünglich nur ein Nutzungsrecht an Grund und Boden kannten, das sich von religiösen Vorstellungen ableitete, eine völlig neue Erfahrung. Tiere, Sklaven und vielleicht auch Frauen zu kaufen, das entsprach sehr wohl den Vorstellungen der eingeborenen Bevölkerung – Land fiel freilich nicht darunter. Viel mehr noch als solche "Erlebnisse" fiel ins Gewicht, daß in Südafrika, wo die Weißen gehäuft als Siedler auftraten, eine grundlegende Gefährdung der Existenzgrundlagen entstand: durch die Verknappung von Land für die Eingeborenen. Als nomadisierende Viehzüchter waren die Herero wie alle anderen Stämme auf Land und Wasserstellen dringend angewiesen.

So waren jene Klagen typisch, die fünf Herero-Großleute im August 1901 in Otjihaenena von dem Missionar Lang in einem Brief an den Gouverneur aufschreiben ließen: "Vorige Woche ist ein Herr Stöpke hier angekommen, und dieser hat uns gesagt, er habe den Platz zwischen der Farm des Herrn Conrad in Orumbo und der Farm des Herrn Schmerenback in Ommadjerek von der Bezirkshauptmannschaft in Windhoek gekauft und verlange daher, daß Mbaratjo mit seinen Leuten, welche auf demselben wohnen, von dort wegziehen sollen. In Otjivero wohnt Herr Heldt, welcher nun schon drei Jahre dort wohnt, und sucht den Platz auf allerlei Weise zu kaufen. In Okamaraere gegenüber von Orumbo wohnt Herr Wosidlo, in Omitara wohnt Herr Eilers und in Okahua hat sich in diesen Tagen Herr v. Falkenhausen niedergelassen. Orumbo ist dahin, Ommadjereke und Otjipaue ist an Herrn Schmerenbeck übergegangen und Ojiuesu an die Herren Voigts . . . Wo sollen wir bleiben, wenn unser ganzer Fluß und alles Land uns abgenommen wird? . . . Wir sehen mit Entsetzen, wie ein Platz nach dem andern in die Hände der Weißen übergeht . . .".

Die Umverteilung des Landbesitzes nahm natürlich unterschiedliche Ausmaße an. Eine Landvermessungsaktion der deutschen Verwaltung ergab 1914 für das ostafrikanische Hauptsiedlungsgebiet Aruscha, daß knapp 36.000 Hektar Land den 478 ansässigen Europäern gehörten, dagegen nur knapp 18.000 Hektar den rund 11.000 Afrikanern vom Stamm der Wadschagga zur Kultivierung zur Verfügung standen. Der Übergang von Grund und Boden an die Weißen wurde freilich schon in den 90er Jahren als Problem erkannt und in den Jahresberichten der Gouvernementsverwaltung nach Berlin gemeldet. Das

Ostafrikanische Grassteppe. Die Vegetation ist geprägt von der kurzen Dauer der Regenzeit.

Gouvernement war sich durchaus bewußt, daß für die Eingeborenen ausreichendes Weideland eine Lebensfrage war. Es konnte aber den Ausverkauf von Grund und Boden nicht aufhalten und auch mit seiner Reservatspolitik, die erstmals 1893/94 vom Berliner Reichstag empfohlen wurde, keinen hinreichenden Ersatz bieten, der rechtzeitig eine Wirkung gezeigt hätte.

Der Handel mit den Weißen hatte in bestimmten Bereichen noch andere, sehr drastische Auswirkungen. Dies trifft vor allem auf den Handel mit Branntwein zu – die afrikanischen Untertanen reihten sich hier ebenso wie die nordamerikanischen Indianer und andere Kolonialvölker in die Liste der Opfer brutaler europäischer Gewinnsucht ein. Versuche, die schädlichen Folgen dieses Handels einzuschränken, wurden als unziemlich abgewiesen. Ein bezeichnendes Dokument dazu findet sich im Aktenbestand des "Kaiserlichen Gouvernements von Togo": Im August/September 1913 protestierten Kaufleute in der Kolonie beim Bezirksamt Anécho "auf das Entschiedenste" gegen die "harte Schädigung des Handels", indem "einzelne Häuptlinge" ganz "rigorose Maßnahmen" gegen den "großen Schnapskonsum bei den Totenfeiern" ergriffen hätten. Dabei streiten die Kaufleute nicht den Anlaß dieser Maßnahme ab – sie gestehen in ihrem Protest zu, daß "allzu üppige Totenfeiern die Verschuldung ganzer Familien und oft den Verlust ihres Grundbesitzes verursacht haben".

Die Kolonialverwaltung profitierte selbst vom Branntweinkonsum der schwarzen Bevölkerung – nämlich in Form von Spirituosenzöllen bei der Einfuhr. Trotzdem widersprach dieser Handel offensichtlich den moralischen Vorstellungen des Gouvernements. Um den Handel mit Branntwein einschränken zu können und dennoch keinen finanziellen Verlust hinnehmen zu müssen, verfiel die Kolonialregierung in Togo auf eine Lösung, die allerdings noch folgenschwerer war. Am 10. April 1908 trafen sich nachmittags um 15.30 Uhr dreizehn "Herren Chefs der Togofirmen" mit dem Gouverneur Graf Zech, um bei einer Routinebesprechung die entsprechende Entscheidung zu fällen. Im Protokoll dieses Treffens heißt es: "Der Vorsitzende führt aus, daß die Bestrebungen der Kolonialverwaltung, die Schädlichkeiten des Branntweinkonsums auszuschalten, mit der Zeit notwendig eine Verringerung der aus Spirituosenzöllen gezogenen Einnahmen zur Folge haben müßte. Es müßte daher rechtzeitig an eine anderweitige Deckung dieser Ausfälle gedacht werden. Es ist das naheliegendste, hierbei an eine von den Eingeborenen zu erhebende Geldsteuer zu denken. Im Schutzgebiet Togo sei eine Arbeitssteuer eingeführt, welche durch eine nach den ortsüblichen Löhnen zu berechnende Geldabgabe abgelöst werden kann".

So geschah es dann auch. In einer Verordnung des Gouverneurs von Togo für die Jahre 1909/10 wurde festgelegt, daß "jeder arbeitsfähige männliche Eingeborene" jährlich Steuern in Geld zahlen mußte. "Kann die Steuer in Geld nicht beigetrieben werden", so hieß es, so trat an ihre Stelle Steuerarbeit. Der Mindeststeuersatz bei einem jährlichen Einkommen bis zu 400 Mark wurde auf sechs Mark festgesetzt. Die "Dienstherren" von Steuerpflichtigen wurden verpflichtet, der Steuerkommission und dem Bezirksamt über das Einkommen ihrer Angestellten Auskunft zu geben.

Für die angestellten Afrikaner der Gouvernementsverwaltung bedeutete diese Bestimmung keinen allzu großen Verlust. Schließlich lag der Monatslohn für einen schwarzen Dolmetscher etwa in Togo zu jener Zeit bei 30, 40 oder 70, in Einzelfällen sogar bei 110 Mark. Spürbarer war die Steuer für die Arbeiter bei den deutschen Handelsfirmen, die weitaus weniger Lohn erhielten. Für die Mehrheit der "arbeitsfähigen männlichen Eingeborenen", die allenfalls gelegentlich eine Lohnarbeit annahmen, verhieß die Verordnung freilich eine radikale Änderung ihrer Existenz.

In Ostafrika datiert die erste Steuerverordnung vom 1. November 1897. Aber erst per 22. März 1905 wurde für jeden erwachsenen arbeitsfähigen Mann eine Kopfsteuer von drei Rupien landesweit eingeführt. Die "Hüttensteuer", die gebietsweise vorübergehend verfügt wurde, hat nach zeitgenössischen Beobachtungen zum Verzicht des Baus eigentlich notwendiger neuer Hütten geführt. Ein Kolonialbeamter, der fünf Jahre lang in Deutsch-Ostafrika tätig war, beschrieb 1904 seine Beobachtungen wie folgt: "Die Einführung der Hüttensteuer ist in den Küstenbezirken von der vorteilhaftesten Wirkung gewesen. Sie hat nicht nur dem Schutzgebiet und den Kommunalverbänden, welche sich in die Erträge teilen, zusammen Einnahmen von jährlich einer Million Mark verschafft. Sie hat vielmehr auch den Eingeborenen zum fleißigeren Anbau seiner Felder gebracht, weil dieser nunmehr gezwungen wurde, sich die Mittel zur Bezahlung der Steuer zu beschaffen, sie hat ferner auch die Verwaltungsbeamten mehr denn je zuvor in direkten Verkehr mit ihren eingesessenen Eingeborenen gebracht und ihnen die Mittel an die Hand gegeben, auf ihre Eingeborenen bis in die äußerste Grenze ihrer Bezirke unmittelbar einzuwirken". Es war Nebeneffekt der allgemeinen Besteuerung der afrikanischen Untertanen, daß damit ein Symbol für die endgültige Anerkennung der deutschen Herrschaft geschaffen war.

Nach dem Vorbild der Engländer und Franzosen in Westafrika wurde auch in Kamerun am 1. Juli 1903 zunächst versuchsweise im Bezirk Duala eine Kopfsteuer verordnet. "Testgebiet" für eine Hüttensteuer (3,50 Mark pro Hütte, wovon der Häuptling als "Nebengebühr" 30 Pfennige einbehalten konnte) war ab 1904 der Distrikt "Johann-Albrecht-Höhe". Der Streit, welches der beiden Steuersysteme am wirksamsten erschien, zögerte die Verallgemeinerung der Steuer hinaus. Erst am 20. Oktober 1908 wurde das Dekret verabschiedet, das jeden erwerbsfähigen männlichen Afrikaner mit Ausnahme der Angehörigen weniger privilegierter Schichten zur Zahlung von jährlich sechs Mark zwang – ersatzweise entsprach das 30 Tagen Zwangsarbeit. 1913 wurde der Betrag auf zehn Mark erhöht. Der Voranschlag der Steuereinnahmen aus der Kopfsteuer für die Afrikaner summierte sich beim Kolonial-Haushalt Kameruns für 1914 auf runde 2,8 Millionen Reichsmark. Zur Kopfsteuer kamen in bestimmten Fällen für die Afrikaner noch andere fiskalische Abgaben hinzu. In diese Liste fällt eine "Gebühr für Auswanderungsscheine der Eingeborenen" ebenso wie Waffenscheingebühren oder Wegegebühren.

Weitreichende Folgen für die afrikanische Bevölkerung hatte noch vor der Besteuerung eine grundsätzliche Maßnahme, die auf den ersten Blick trivial erscheinen mag: die Einführung von Geld. Für die Bewohner der Schutzgebiete war der Umgang mit Geld aber ein völlig neues Erlebnis. Es gab zuvor zwar einige "Wertmesser", allen voran Kauri-Muscheln und Metallbarren und mancherorts auch Ehefrauen; der alltägliche Warenhandel wurde aber nach strengen Regeln eines direkten Tauschhandels abgewickelt. Vor allem dort, wo die Europäer die schwarze Bevölkerung zu einer Exportwirtschaft anregen wollten, mußte dieses System als untauglich erscheinen. Der Tauschhandel hatte schließlich zum Ziel, notwendige Lebensmittel gegenseitig auszutauschen. Die Abgabe von Grundnahrungsmitteln als Gegenleistung gegen Exportprodukte, die für die schwarze Bevölkerung keinen Beitrag zur täglichen Ernährung lieferten, war für die europäischen Händler aber nicht organisierbar – woher hätten sie jene Grundnahrungsmittel auch beziehen sollen, wenn doch in der Regel überall nur für den Eigenbedarf angebaut wurde und der Umfang der Überschüsse bescheiden blieb. Die Zwischenschaltung von Geld löste für die Europäer das Problem, etwas wirklich Gleichwertiges anbieten zu müssen.

Soziologen gehen heute davon aus, daß sich die deutschen Händler in der damaligen Zeit dieser Problematik nicht bewußt waren. Besonders in der Anfangsphase der Kolonialherrschaft brachten die deutschen Kaufleute den Versuchen der Gouvernementsverwaltung, die Geldwirtschaft einzuführen, sogar Widerstände entgegen. Denn der direkte Tauschhandel mit Geschäftspartnern, die den tatsächlichen Wert der Gegenstände, die ihnen angeboten wurden, nicht kannten, bot ihnen die Möglichkeit zu vergleichsweise höheren Profiten. Es war ihnen deshalb gar nicht recht, daß die Gouvernementsverwaltung frühzeitig ihre schwarzen Angestellten in Geld auszahlte. Erst später – in Kamerun war es 1907 – wurde kraft administrativer Bestimmungen festgelegt, daß auch die privaten Geschäftsleute ihre afrikanischen Beschäftigten in Geld entlohnten; einen Teil ihres Lohnes haben sie trotzdem weiter in Naturalleistungen erhalten. Erklärter Hintergedanke war im übrigen gerade in Kamerun auf seiten der Kolonialverwaltung der Versuch, einen Wandel in der Denkweise hinsichtlich Vermögensanlagen bei den schwarzen Schutzbefohlenen in Gang zu setzen: nämlich Vermögensanlagen in Form von Vielweiberei zu ersetzen durch Ersparnisse in Geld.

Die Reichsmark haben die Weißen etwa in Kamerun erstmals im Jahre 1894 eingeführt. Endgültig akzeptieren mußten die Eingeborenen Geldmünzen und -scheine aber erst mit der Einleitung der allgemeinen Besteuerung. Damit wurden sprichwörtlich gesehen zwei Fliegen mit einer Klappe geschlagen: Die afrikanischen Bewohner wurden auch in den entferntesten Stammesgebieten entweder gezwungen, Exportprodukte selbst dann anzubauen, wenn sie noch nicht gegenüber Kaufleuten hoffnungslos verschuldet waren, oder sie mußten ihre Arbeitskraft zu Dienstleistungen oder Plantagenarbeiten anbieten, deren Bedarf ständig zunahm. Nur so konnten die schwarzen Bewohner der Schutzgebiete schließlich Geld erwerben, das sie für die Begleichung der Steuerforderungen ihrer weißen Herren benötigten. Daß das Erlebnis, für Arbeitsleistungen Geld zu bekommen, den Afrikanern schon fast revolutionär anmuten mußte, ist schon erwähnt worden. Im Grunde hatte die Besteuerung jedenfalls weniger als Beitrag zu den Regierungsfinanzen eine Bedeutung, sondern vor allem einen Wert in ihrer "erzieherischen Wirkung", wie es Zeitgenossen unverhohlen formulierten. Andere Versuche, Schwarze als Arbeitskräfte zu rekrutieren, insbesondere die Vorstellung des kamerunischen Gouverneurs Puttkamer, ehemalige Sklaven als Gegenleistung zur Gewährung der Freiheit zur Arbeit im Dienste der Europäer zu zwingen, widersprachen schließlich den europäischen Idealen von Humanität und hätten letztlich den Bedarf an einheimischen Arbeitskräften nicht decken können.

Die "Erziehung zur Arbeit" taucht auch wieder als vorrangiges Motiv der kolonialen Bildungspolitik auf. Selbst Missionare unterstützten dies. So sprach der Abt von St. Ottilien auf dem Kolonialkongreß von 1910 in Berlin: "Die Erziehung zur Arbeit ist der erste Hebel, der ein tiefstehendes Volk aus seinem schwankenden Niveau auf eine feste Stufe der Kultur emporzuheben vermag. Dann wird das Volk tatsächlich durch die Arbeit dem wahren Glück näher gebracht". Kein Wunder, daß auch die deutschen Kaufleute in die gleiche Kerbe schlugen. Der in Kamerun aktive Unternehmer Adolf Woermann schrieb schon 1878/79, daß es "eine wahrhaft zivilisatorische und philanthropische Arbeit" sei, "den Neger Afrikas zur Arbeit zu erziehen".

Die Einführung eines Schulwesens in den Schutzgebieten diente daneben als konkretes Mittel zur Ausbildung einer afrikanischen Elite – auch wenn dies den ersten Lehrern wie jenem Herrn Christaller, der 1888 in Kamerun die erste Schule eröffnete, und den ersten Ausbildern, die 1892 in Tanga die erste Regierungsschule Ostafrikas in Betrieb setzten, nicht bewußt gewesen sein mag. Es wurde erst später von der Verwaltung offen die Erwartung geäußert, daß die schwarzen Absolventen der Schulen als Übersetzer und Angestellte in verschiedenen untergeordneten Funktionen eingesetzt werden könnten – was dann geschah. Die Unterrichtung in der deutschen Sprache war deshalb der wichtigste Teil der Lehrpläne. Um nicht in Konflikt mit islamischen Würdenträgern zu kommen, wurden dort, wo die Bevölkerung mohammedanischen Glaubens war, nach dem Vorbild der Franzosen in Westafrika auch Arabisch und die Koranexegese als Fächer in die Wochenstundenpläne aufgenommen. Als Nebeneffekt des Schulwesens erhofften sich die Europäer, in den "gebildeten" afrikanischen Schutzbefohlenen Untertanen mit gesteigerten Konsumwünschen zu bekommen, was wiederum dem Handel Auftrieb geben sollte. In diesem Sinne äußerte sich jedenfalls ganz offen zum Beispiel die Verwaltung Kameruns im Jahre 1913.

Die Lehrpläne führten ganz zwangsläufig zu einer Art Entfremdung der Schüler von ihrer traditionellen afrikanischen Umwelt – so wie das Lesestück über "Unsere Vorfahren, die Gallier" in den französischen Kolonien seinen festen Platz in den Lesebüchern hatte, war es in den deutschen Schutzgebieten die Geschichte des deutschen Kaiserhauses. Typisch war der Lehrplan, der etwa 1905 für die Missionsschulen in Togo festgelegt wurde. Der 1. Kurs enthielt unter anderem das Auswendiglernen und Einüben von zwei deutschen Liedern. Im 2. Kurs kamen zwei weitere Lieder hinzu. Im 3. Kurs ging es um das Auswendiglernen und Niederschreiben kleiner Denk- und Sinnsprüche, im 4. Kurs schließlich um das "Auswendiglernen von vaterländischen Gedichten". Ganz von selbst verstand sich die Bestimmung: " In allen Schulen des Schutzgebietes ist als Gegenstand des Sprachunterrichts außer der Landessprache keine andere lebende Sprache zugelassen als die deutsche". Bei "Zuwiderhandlung" drohte die Schließung der betreffenden Schule.

Die Einführung der deutschen Sprache als Amtssprache führte zum unmittelbaren Konflikt mit traditionellen Normen. Denn die Begriffe einer Sprache beziehen sich immer auf einen Inhalt, der aus einem bestimmten Kulturkreis hervorgegangen ist. Eine Übersetzung deckt deshalb Begriffsinhalte aus anderen Kulturkeisen oft nicht ab. Das begann bei der "Haussklaverei", der von den Europäern der Kampf angesagt wurde. Die "Haussklaverei" entsprach freilich in Wirklichkeit nicht dem, was die Europäer darunter verstanden. Dort, wo "Haussklaven" ein Bestandteil der Dorfgemeinschaften und der Produktionsverhältnisse waren, brachte jener Kampf das Sozialgefüge nachhaltig durcheinander. Einige wenige Afrikaforscher jener Zeit haben auch davor gewarnt. Ihr Argument: die Abschaffung der Haussklaverei würde eine wirtschaftliche Revolution auslösen, sie würde Grundlagen der Produktion beseitigen, ohne etwas an seine Stelle zu setzen. Es würde auch die "Haussklaven" selbst ihrer Existenzgrundlage berauben und sie zu Bettlern und Vagabunden machen.

Haussklaven waren nach afrikanischen Maßstäben bisweilen sogar "reicher" als ihre Herren. Sie waren "normale" Mitglieder der Großfamilie, mit gesicherter rechtlicher Stellung, die es ihnen erlaubte, eigenes Vermögen zu besitzen. Die Dorfgemeinschaft gab ihnen die Garantie einer "Sozialversicherung" bei Alter und Krankheit. Ihre Behandlung als Arbeitskräfte im System der dörflichen oder familiären Arbeitsteilung war in keiner Weise vergleichbar mit dem unmenschlichen Schicksal, das die "Exportsklaven" auf der anderen Seite des Atlantischen Ozeans erleiden mußten. Für die Haussklaven kam es deshalb einer Katastrophe gleich, als dann von Reichskanzler Graf von Bülow in einem Erlaß vom 21. Februar 1902 unter anderem festgeschrieben wurde: "Die nach Verkündigung dieser Verordnung geborenen Kinder von Haussklаven sind frei. Durch Selbstverkauf, durch Verkauf seitens der Verwandten, durch Schulden oder sonstige Verpflichtungen sowie als Strafe für Ehebruch kann ein Sklavenverhältnis nicht neu begründet werden".

Doch zurück zur neuen afrikanischen Elite, aus der später einmal die administrative Führungsschicht nach der Unabhängigkeit hervorgehen sollte. Die weißen Kolonialherren ließen sich diese Schicht von Einheimischen in ihrem Dienst, die zur Stabilisierung ihrer Macht beitrug, einiges kosten. Die Personalkosten für die deutsch-sprechenden Boten, Zollaufseher, Aktenhefter und sonstigen Gehilfen in der Zivilverwaltung, einschließlich der Mannschaften bei der Flottille und der Schutztruppe, stiegen beispielsweise in Kamerun von knapp 830.000 Reichsmark im Jahre 1902 auf knapp 1,5 Millionen Reichsmark im Jahre 1910. Für das weiße Personal erhöhten sich die Ausgaben freilich auch im gleichen Zeitraum von über 1,2 auf rund 2,8 Millionen Reichsmark. Zum Lohn (zwischen 15 und 200 Mark in der Verwaltung und zwischen 20 und 80 Mark in der Truppe) kamen noch andere Ansprüche hinzu, die die privilegierte Stellung der betroffenen Eingeborenen abrundete. Dazu zählte die ärztliche Betreuung durch den Regierungsarzt, bezahlter Urlaub und freie Unterkunft.

Gerade diese Sondervergünstigungen waren es, die ein neues Prestige der schwarzen Angestellten gegenüber ihren Stammesbrüdern begründeten – da die Familien der schwarzen Soldaten auf den Stationen lebten, wurden auch sie in die neue Rolle innerhalb der afrikanischen Gesellschaft einbezogen. Die farbigen Soldaten verloren umso mehr noch den Bezug zu ihren traditionellen Dorfverbänden, als sie – ähnlich wie die Plantagenarbeiter – unabhängig von ihrer Stammeszugehörigkeit zu Truppeneinheiten zusammengewürfelt wurden und durch den gemeinsamen Drill neue soziale Einheiten mit eigenen gegenseitigen Beziehungen formten. Gegenüber der sozialen Umwelt der traditionellen Stämme festigte sich das Ansehen jener geschlossenen Sozialverbände noch dadurch, daß der Lohn Verhaltensweisen ermöglichte, die selbst nach den alten afrikanischen Normen ein gesteigertes Ansehen bedingten: Der Sold wurde nach Berichten aus Kamerun speziell von oberen Dienstgraden bevorzugt zum Kauf zusätzlicher Frauen verwendet.

Die weißen Herren veränderten auch die soziale Stellung der traditionellen Führungsschicht der Häuptlinge, die – wie anfangs in Südwestafrika die Häuptlinge Samuel Maherero und Hendrik Witbooi – als Verbündete betrachtet wurden, um die Ruhe und Ordnung im Schutzgebiet zu garantieren. Ein neuer Status ergab sich zum einen durch materielle Zuwendungen (Maherero und Witbooi erhielten jährlich 2.000 Mark ausgehändigt), zum anderen durch die Kontakte mit den Verwaltungsbeamten. So klagt die "Berliner Kolonialzeitung" im Mai 1902: "In Okahandja ist es vorgekommen, daß der scheidende Distriktchef mit dem neuernannten den Pontok des Samuel aufgesucht, und dort plaudernd einige Zeit vor dessen Palais gesessen habe. Durch eine derartige Behandlung wird die Hochmutsader des Herrn Samuel natürlich wieder bedeutend anschwillen. Dies wird umso mehr eintreten, als diesen Kaffern-Kapitänen von Seiten der Regierungsvertreter immer die Hände geschüttelt werden. Nicht jeder Weiße, der auf der Reise einen Regierungsvertreter trifft, genießt die Ehre, von diesem die Hand zum Gruße angeboten zu erhalten. Der Kaffern-Kapitän sieht dies und wird sich selbstverständlich bedeutend vornehmer vorkommen als der arme Weiße".

Eine neue soziale Rolle nahmen die Häuptlinge und Dorfältesten auch deshalb ein, weil sie im Auftrag der Kolonialverwaltung in ihrem Zuständigkeitsbereich als Steuereintreiber tätig waren. Aus Kamerun stammen Klagen, daß solche Dorfchefs bisweilen das Doppelte oder gar Dreifache des fälligen Betrages für die Europäer kassierten und die Differenz zusätzlich zu den 5 bis 10 Prozent, die ihnen ohnehin für ihre Dienste zustanden, in die eigene Tasche fließen ließen. Bargeldeinkommen und der Anteil aus der Steuereintreibung ersetzten vielerorts bei den Häuptlingen die früher gewohnten materiellen Einkünfte aus Handelsmonopolen und Beutezügen.

Die Orientierung nach Stammes- oder Dorfzugehörigkeit wurde durch das Zusammenwürfeln der Afrikaner in Soldatenlagern, auf Plantagen und in Schulen gleichermaßen gesprengt. Auch in den Internaten der Missionare fand die Vermittlung von Bildung weitab der Heimatdörfer statt, und sie erfolgte in der Gemeinsamkeit mit anderen Stammesangehörigen. Was dabei herauskam, schilderte ein Missionszögling aus Togo: "Zu den Zeiten unserer Großväter wurde von uns erwartet, daß wir unsere Verwandten und älteren Leute überhaupt ehrten. Wer das nicht tat, galt als ein Nichtsnutz, den niemand ernst nahm und mit dem man nichts zu tun haben mochte . . Seitdem die Weißen gekommen sind, hat die Welt sich gewendet; die Kinder ehren nicht mehr ihre Eltern, ehren überhaupt niemand mehr. Als die Unseren die Weißen in schönen Kleidern und Schuhen sahen, da meinten sie, im Lande der Weißen gebe es Leute, die das Feld bestellen und andere Arbeiten tun, überhaupt nicht, ihre einzige Arbeit sei das Schreiben, so kam es, daß unsere Kinder, die in die Schule gingen und schreiben lernten, von wirklicher Arbeit, vom Feldhacken, Holzsammeln und Fischen nichts mehr wissen wollten; wenn sie die Schule verlassen hatten, dünkten sie sich klüger als ihre Eltern und die Alten und fühlten sich ihnen weit überlegen. Kinder, die noch nicht die Eierschalen abgeworfen haben, halten sich weiser als ihre Ahnen und Urahnen".

Ohne es wohl zu beabsichtigen, haben gerade die Missionare zur Untergrabung traditioneller afrikanischer Sozialstrukturen beigetragen. Bekehrung zum Christentum: das bedeutete nämlich in seiner Konsequenz einen Bruch mit herkömmlichen Erbfolgeprinzipien. Denn die Erbfolge war gekoppelt mit kultischen Aufgaben, wie zum Beispiel sogenannten "Ahnendiensten", die im Widerspruch zu christlichen Normen standen. Wenn gar ein Häuptling zum Christentum konvertierte, mußte der Ahnendienst von seinem Amt abgekoppelt werden. Ein erheblicher Status- und damit Autoritätsverlust innerhalb der Dorf- oder Stammesgemeinschaft waren die Folge.

Genau das war aber im Sinne der Kolonialherren. So schrieb der südwestafrikanische "Ansiedlungskommissar" Rohrbach 1907: Es sei "unsere Aufgabe", den Herero "nach Möglichkeit seines Volkstums und seiner nationalen Eigentümlichkeiten zu entkleiden und ihn mit den anderen Eingeborenen allmählich zu einer einzigen farbigen Arbeiterklasse zu verschmelzen". Es war die Vorstellung der Kolonialherren, die afrikanische Bevölkerung in das Modell eines europäischen Gesellschaftssystems einzuordnen und ihnen in diesem Modell den Platz der arbeitenden Unterschicht zuzuweisen. Dies konnte zwar nicht von heute auf morgen verwirklicht werden, aber die Überlagerung einer Klassengesellschaft nach europäischem Muster mit der traditionellen Sozialstruktur schritt rasch voran. Erzwungene und "natürliche" Entwicklungen begünstigten dabei Hand in Hand diesen Prozeß, der sich schließlich verselbständigte.

Die Missionare arbeiteten unabsichtlich auch den Kaufleuten direkt in die Hände – indem sie zum Beispiel gegen die Nacktheit der Eingeborenen ankämpften, die sie aus ihrer Sicht als Ursache von Sünde verurteilten. In der Konsequenz schuf die Forderung nach Bekleidung neue Absatzmärkte für die europäische Textilindustrie. Die Eingeborenen Afrikas waren freilich nur allzu willig, sich zu bekleiden, war doch das äußere Kennzeichen der überlegenen und damit scheinbar höher stehenden Europäer auf den ersten Blick eben nichts anderes als ihre Kleidung.

Aufschluß über andere neue Konsumbedürfnisse geben alte "Akten betreffend die Versorgung des Schutzgebietes von Kamerun mit deutschen Waren". Aufgelistet sind dort billige Uhren neben Pfeifen, Schirmen, Kupferdraht und Strohhüten, neben Uniformteilen jeder Art, Lampen, Akkordeons und Grammophonen. Also eine Fülle von Ramsch, wie ihn – ohne praktischen Nutzen für die Afrikaner – schon zur Zeit des Sklavenhandels die Ladelisten europäischer Schiffe in ähnlicher Form nennen. Es gab Zeitgenossen, die sehr wohl erkannten, wie überflüssig neue Bedürfnisse für die Afrikaner waren; die auf den Irrtum aufmerksam machten, den Afrikanern wegen ihrer naturverbundenen Lebensformen zu unterstellen, arm und unglücklich zu sein; die sahen, daß den Eingeborenen eine Tierhaut als Kleidung für ein halbes Leben genügte und daß ihnen Blätter, Lehm und Wasser als Baumaterial für ein Haus ausreichten.

Die Einfuhr von Waffen in großen Mengen in die Kolonialgebiete schließlich hat auch auf die Jagdsitten eingewirkt. Innerhalb von zehn Jahren (1901 bis 1910) wurden beispielsweise in Togo offiziell 106.494 Gewehre und im Jahresdurchschnitt über 150 Tonnen Munition importiert. Die Folge war eine schlagartige Abnahme des Tierbestandes. Während zuvor von den Eingeborenen das Wild nur für den unmittelbaren Fleischbedarf getötet wurde, weil es mit traditionellen Jagdmethoden auch nur schwer zu erlegen war, begannen sie nun mit einem unkontrollierten Abschlachten von Tierherden.

Aus etwas späteren Jahren stammen Klagen von europäischen Beobachtern, daß zum Beispiel viele Stämme Kameruns alte handwerkliche Fertigkeiten verloren haben: Für die Afrikaner ergab es nicht mehr länger einen Sinn, mit viel Mühe Metallwerkzeuge oder Behälter herzustellen, wenn diese doch scheinbar günstig gegen eine Handvoll Elfenbein oder einen Ballen Gummi von den weißen Händlern erstanden werden konnten. Wie sehr europäische Normen sich durchsetzten, dazu findet man ferner in den Jahresberichten der einzelnen Kolonialverwaltungen unzählige Hinweise – und wenn es in dem Bericht für Togo aus dem Jahre 1908 nur heißt: "An Stelle der strohgedeckten Eingeborenenhütten treten immer mehr von Eingeborenen selbst errichtete Bauten mit Wellblechdächern . . . In Anécho vollendete ein eingeborener Kaufmann sein europäisches Wohnhaus".

Es waren die scheinbar nebensächlichen und unbedeutenden Rechtsverordnungen und Vorschriften der europäischen Verwaltung, die einen Bruch mit althergebrachten Gepflogenheiten bedeuteten. Eine Aufhebung der gewohnten Freizügigkeit beim Handel brachte etwa jene Verordnung, die 1896 und 1898 in Togo in Kraft trat: "Der Abschluß von Handelsgeschäften und das Aufstellen von Waagen im Freien sind nur gestattet auf dem Marktplatz, der an der Kreuzung der Hamburger und der Bismarckstraße" in Lomé bestand. Eine Reglementierung, für die es aus afrikanischer Sicht sicher keine rationale Erklärung gab. Einzelne Gebräuche aus dem fetischistischen Glauben wurden von den Europäern gezielt verboten, so zum Beispiel die Sitte bestimmter Stämme in Togo, daß Erben das Wasser trinken mußten, mit dem zuvor Körperteile des verstorbenen Vorfahren gewaschen worden waren.

Eingegriffen hat die Kolonialadministration ferner, zum Beispiel in Kamerun, in den sehr persönlichen Bereich der Eheschließungen, genauer gesagt in die Heiratsgebräuche. Es entsprach den traditionellen Vorstellungen der meisten Stämme, Frauen – im Gegensatz zu Grund und Boden – als Besitz zu betrachten. Entsprechend mußte für jede Frau an die Eltern oder das Dorf ihrer Eltern eine Entschädigung (Kaufpreis) entrichtet werden. Jener Preis war bisweilen so hoch, daß viele Eingeborene ihr Leben lang ohne Frau bleiben mußten, während andere Bewohner sich mehrere Frauen "leisten" konnten. Gouverneur Seitz vertrat jedoch die Überzeugung, daß jeder arbeitende Schwarze eine Frau haben solle, und auch nur eine einzige. Er versuchte deshalb eine Reform des Heiratsrechts und eine Abschaffung der Polygamie mit Hilfe von Dekreten durchzusetzen. Sein Vorschlag für eine Reglementierung der Eheschließungen lief unter anderem darauf hinaus, Maximalpreise für Frauen von Verwaltungsdistrikt zu Verwaltungsdistrikt genau festzulegen, einen Rück-Verkauf von Frauen zu verbieten und nach einem Zeitraum von zehn Jahren überhaupt jede Form einer Eheschließung gegen finanzielles Entgelt zu untersagen. Die Verordnungen, die im Dezember 1908 schließlich in Kraft traten, waren nicht ganz so weitgehend. Aber sie regelten dennoch die Zahlungsweise beim Erwerb von Frauen neu, zwangen zu Absprachen über die Höhe der Preise und verboten die Rückgabe von Ehefrauen; Polygamie dagegen wurde weiterhin geduldet.

Die gewaltsame Entwurzelung aus der Tradition und den sozialen Ordnungsmechanismen begann bei der Rechtsprechung. Zwar hatte es in den Schutzverträgen, die in Südwestafrika ab 1885 mit einheimischen Häuptlingen abgeschlossen wurden, geheißen, daß die Weißen die Gesetze, Sitten und Gebräuche der Eingeborenen achten sollen. Aber selbst europäische zeitgenössische Beobachter stellten fest, daß sich die Gouvernementsverwaltung später um die Bestimmungen der Schutzverträge wenig kümmerte, sondern alle Stämme gleichermaßen der Rechtsprechung der deutschen Gerichte nach deutschen Gesetzesvorschriften unterwarf. Die gegenseitige "Sympathie" hat das nicht gerade gefördert: Der Gerichtsvollzieher, der den schwarzen Schuldner in "Südwest" pfändete, blieb für den Afrikaner nichts anderes als ein Viehräuber.

Der grundsätzliche Herrschaftsanspruch der Europäer prallte sowieso auf alte politische Organisationsformen der Stämme, die zwar für sich gesehen funktionierten, sich aber in der Konfrontation mit der wirtschaftlichen und militärischen Macht der Weißen nicht behaupten konnten. Die Kolonialherrschaft hielt den Afrikanern Herrschaftsformen gegenüber, die für sie völlig neu waren. Denn die Zuordnung zu lokalen Machtträgern des Stammes oder Dorfes wurde plötzlich überlagert von einer allumfassenden Zentralgewalt, die die Europäer mit dem für die Eingeborenen fremden Begriff des Staates bezeichneten. Es verdient allerdings Anerkennung, daß die deutsche Kolonialverwaltung punktuell versuchte, einheimische Stämme vor den fremden Einflüssen zu schützen und eine zu plötzliche Auseinandersetzung mit der europäischen Zivilisation zu verhindern – so wenn sie gegen den Widerstand der Handelshäuser beispielsweise den Norden Togos im Jahre 1907 als "geschlossene" Zonen auswies, die nur mit Sondergenehmigung der Behörden betreten werden durften.

Infrastrukturmaßnahmen waren letztlich eines der bedeutsamsten Vehikel der Veränderung. Sie zielten sehr konsequent auf nichts anderes als auf die Verbesserung des Transports von landwirtschaftlichen Exportprodukten. Die alten Quellen formulieren besser als jede theoretische Abhandlung die konkreten Auswirkungen zum Beispiel des Eisenbahnbaus auf die einheimische Bevölkerung. So heißt es in einer Vorstudie "Für eine Tropenbahn in Togo", die die Firma Vering & Waechter 1896 für das Auswärtige Amt in Berlin erarbeitete, unter der Überschrift "Rentabilitätsberechnung": "Eine solche Bahnverbindung wird für Togo nicht nur in kommerzieller Beziehung, sondern auch in wirtschaftlicher, kultureller und strategischer Hinsicht von weittragendster Bedeutung sein".

Und weiter liest man: "Es ist eine alte Regel, daß diejenigen Kolonien, die an lebhaft begangenen Karawanenstraßen liegen, meist eine weit fortgeschrittene, intelligentere Bevölkerung haben, als die vom Verkehr abseits liegenden Landschaften. So wird auch die Bahn in Togo die eingeborenen Stämme in nähere Beziehung zueinander führen. Durch die Händler und auch durch das zahlreiche, geschulte und hoffentlich bald zum Christentum bekehrte Fahrer-Personal der Bahn selbst werden andere Anschauungen verbreitet; auch wird unser Geld in das Land kommen, die Verbindung mit der Küste, zum Sitze europäischer Kultur, wird günstiger, und durch alles dieses werden in dem Neger geistige und körperliche Fähigkeiten und Kräfte, andererseits aber auch Bedürfnisse geweckt, die bisher unbewußt und unbekannt in ihm schlummerten. Er wird anfangen, es den Händlern an Geschicklichkeit nachtun zu wollen, er wird Wert auf Kleidung und Häuslichkeit legen; europäische Hausgeräte und Werkzeuge werden noch mehr als bisher die primitiven Negergerätschaften verdrängen, und so wird die Bahn unter anderem besonders den civilisatorischen, erzieherischen Erfolg haben, den Eingeborenen 'im Busch' aus seiner grenzenlosen Bedürfnislosigkeit herauszureißen. Und gerade diese Bedürfnislosigkeit ist ja ein Hauptgrund für viele seiner Fehler, z B. Faulheit, Trunksucht usw.

Ein Eingeborener, der des Verdienstes halber die Arbeit liebt, steht schon auf einer viel höheren kulturellen Stufe als heute noch eine Menge der Bewohner Togos. Bei solchen arbeitenden und den Bedürfnissen der Kulturmenschen nicht mehr fremd gegenüber stehenden Stämmen wird auch die Mission, die im Kampf für Gesittung stets in erster Reihe steht leichtere Arbeit finden und neue, schöne Erfolge ihrer bisherigen gesegneten Arbeit hinzufügen können – umso mehr das Umsichgreifen des Islams es dem Christentum zur Pflicht macht, immer größere Gebiete zu missionieren. Welchen Wert da aber die Bahn haben wird, die dem Missionar oder Wanderprediger gestattet, ohne Anstrengung schnell von Ort zu Ort zu kommen, liegt auf der Hand.

Alles dies werden Erfolge der Bahn sein, die derselben zwar keine finanziellen Einnahmen bringen, die aber doch sehr schwer für die Entwicklung des Schutzgebietes ins Gewicht fallen". Die Weckung neuer Bedürfnisse, die hier unter dem Banner einer fremden Zivilisation zum Ziel erklärt und tatsächlich durch den Eisenbahnbau eingeleitet wurde, kennzeichnet einen grundsätzlichen Einschnitt in der Entwicklung für die afrikanische Bevölkerung.

Für Ostafrika schrieb ein deutscher Kolonialbeamter 1904 in einer Studie: "Die Einzelwirtschaft des Negers, der von Natur aus im allgemeinen sich damit zufrieden gibt, wenn er seine einfache Nahrung sich verschafft, wird erst durch die Verkehrswege an ein größeres volkswirtschaftliches Ganzes angeschlossen. Für ihn, der von selbst recht wenig wirtschaftliche Initiative zeigt, ist der Anschluß an eine regere Tätigkeit unbedingt erforderlich. Erst im engeren Anschluß mit der Außenwelt ist es möglich, auf den Neger durch Beispiel und Anleitung dauernd einzuwirken. Erst dadurch lernt er höhere Kulturbedürfnisse schätzen und die Mittel zur Befriedigung derselben durch größere Arbeitsamkeit sich zu verschaffen". Was die Europäer nicht begriffen, war, daß die eingeborene Selbstversorgungswirtschaft, die über Jahrhunderte funktioniert hatte, eben die Abkapselung von jener Außenwelt zur Voraussetzung hatte. Und es ging auch über ihren Horizont, daß jene "höheren Kulturbedürfnisse", die eben praktisch gleichbedeutend waren mit Konsumbedürfnissen, nicht den tatsächlichen Bedürfnissen der Afrikaner entsprachen, sondern künstlich blieben.

Eingriffe in die Natur, wie sie gerade beim Eisenbahnbau oder anderen Infrastrukturmaßnahmen notwendig waren, waren für die Afrikaner, die in vielen Gebieten die Erde mit Gottheiten gleichsetzten, übrigens ein Affront gegen mythologische Vorstellungen. Daß die Europäer ungestraft diese Eingriffe vornehmen konnten, mag bisweilen Zweifel an alte Glaubensnormen gesät oder zumindest verstärkt haben. Es hat wohl auch den Weißen ein bißchen das Image von übermenschlichen Wesen eingebracht.

Kapitel 5
Widerstand: Schwarzafrika erhebt sich

Durchstöbert man Bibliotheken nach zeitgenössischer Kolonialliteratur, muß man wohl den Eindruck gewinnen, daß die deutsche Herrschaft in Übersee vor allem aus Kämpfen, Kriegen und Siegen bestand: Zu Dutzenden erschienen damals die Memoiren von Schutztruppenoffizieren, die die Abenteuer bei der Niederwerfung diverser Eingeborenenaufstände in aller Ausführlichkeit schilderten. Viele dieser Werke sind prächtig ausgestattete Großbände, mit zahlreichen Stichen oder auch schon Photographien versehen. Sie enthalten oft wertvolle landeskundliche und ethnographische Informationen, doch es ist nicht zu übersehen, daß das wichtigste Verkaufsargument für die Verleger die kriegerische Aktion war. (Das ist übrigens kein nur deutsches Phänomen, zeitgenössische britische oder französische Kolonialbibliotheken sehen nicht viel anders aus.)

Offensichtlich stellten in jenen Jahrzehnten vor dem Ersten Weltkrieg, als Europa eine ungewöhnlich lange Friedenszeit erlebte, die Kolonien die ersehnte Bühne für kriegerischen Ruhm und militärisches Abenteuer dar. So werden Scharmützel zu Schlachten erhoben, und da bei allen Aktionen das gewünschte “happy end”, der totale Sieg der europäischen Waffen, zu vermelden ist, kann die Popularität dieser Publikationen nicht überraschen, umso mehr, als sich für Autoren wie Leser das bei Kriegsberichten oft heikle Problem der Rechtfertigung kaum stellte: Die Neger waren in diesen Berichten ganz einfach verstockt bis von Natur aus grausam, in ihrer primitiven Rückständigkeit unfähig, die Segnungen, die ihnen die Unterwerfung unter die Europäer bringen würde, zu begreifen. Mitunter ließen sie sich auch von den konkurrierenden Großmächten als Werkzeug mißbrauchen, wobei der skrupellose Einsatz von Alkohol und Waffengeschenken eine wichtige Rolle spielte.

Brach dann gar ein Aufstand nach einer längeren Zeit der weißen Herrschaft aus, trat noch der gekränkte Vorwurf der Undankbarkeit hinzu. An positiven Eigenschaften gestanden die Autoren ihren Gegnern höchstens einmal "stolzen, kriegerischen Geist" und Mut im Kampf zu. Dies erhöhte natürlich die eigene Leistung, die durch das übliche Mißverhältnis zwischen der Größe der Kolonialtruppen und der Masse der Aufständischen schon eindrucksvoll genug erschien. Im Grunde sind in den meisten dieser Bücher die Eingeborenen nur Statisten; eine kritische Erforschung der Hintergründe und Ursachen des Widerstands wird man dort vergeblich suchen.

Aufschlußreicher sind hierfür schon die Akten und Memoranden der Kolonialabteilung im Auswärtigen Amt. Für die Reichsregierung war die Aussendung von Truppen zur Niederwerfung von Aufständen zunächst einmal ein sehr teures "Vergnügen", das die Leistungsbilanz der Besitzungen in Übersee drastisch verschlechterte. Die Bewilligung der Mittel zur Aufstellung von Schutztruppen mußte durch den Reichstag erfolgen. Die damit verbundenen Debatten waren stets eine willkommene Gelegenheit für die Opposition, über die Kolonialpolitik die Regierung zu attackieren. Berlin hatte also ein bedeutendes Interesse daran, auch Ursachenforschung zu betreiben, um aus den kostspieligen Erfahrungen wenigstens nützliche Lehren zu ziehen. Freilich blieben auch diese Untersuchungen sehr oft im Oberflächlichen stecken und zeichneten sich häufig durch eklatantes Mißverstehen afrikanischer Mentalität und der Verhältnisse vor Ort aus.

Mit welchen Arten von Widerstand hatten sich nun die Kolonialpolitiker in Berlin und die Beamten und Soldaten vor Ort auseinanderzusetzen? In allen Kolonien kam es zu Fällen von primärem Widerstand gegen das Eindringen der Weißen. In Kamerun ließ das langwierige Vordringen der deutschen Eroberung diese Form der Opposition zum Dauerzustand werden.

Die Stämme Afrikas lebten keineswegs in einer "offenen Gesellschaft". Jeder Stamm betrachtete sein Territorium als zu verteidigende Einheit. Fremde, zumal wenn sie in größerer Zahl und bewaffnet erschienen, wurden mit Mißtrauen bis offener Feindschaft begrüßt. Besonders aggressiv reagierten Hirtenvölker auf "Revierverletzungen". Sie waren es gewohnt, ihre relativ weiträumigen Weidegründe, die Lebensgrundlage ihrer Herden und damit ihrer eigenen Existenz, gegen Konkurrenten verteidigen zu müssen. Ackerbauern waren von Natur aus friedlicher und neigten dazu, erst bei unmittelbarer Bedrohung ihres Dorfes zu den Waffen zu greifen. Das mußten sie seit undenklichen Zeiten freilich oft genug tun, gegen räuberische Nomaden ebenso wie gegen Sklavenjäger, so daß auch bei ihnen das Mißtrauen latent war.

Entlang der Küsten hatten die Eingeborenen eine längere Erfahrung mit Kontakten zu den Weißen, und da man mit ihren Händlern ganz gute Geschäfte machen konnte, waren die Beziehungen meist friedlicher Natur. Doch wenn die Händler plötzlich gemeinsam mit Soldaten auftauchten, konnte sich auch hier das Bild ändern.

Nun traten das Deutsche Reich bzw. zunächst die diversen Handels- und Kolonialgesellschaften keineswegs als "brutale Eroberer" auf, die sich Land mit Gewalt erkämpften. Am Anfang standen Verhandlungen, der Austausch von Geschenken und der Abschluß von Schutzverträgen, mit denen nach dem Verständnis der Weißen, völkerrechtlich verbindliche Abmachungen getroffen wurden. Die Bedeutung und die Konsequenzen dieser Verträge überstiegen das Vorstellungsvermögen der einheimischen Stammesführer, selbst wenn sie dabei nicht bewußt über's Ohr gehauen wurden, wie es etwa Adolf Lüderitz bezüglich des Umfangs des von ihm erworbenen Landes tat. Für die Küstenstämme bedeutete ein Schutzvertrag zunächst, daß sie einer bestimmten Gruppe von Weißen Handelsvorrechte einräumten und dafür Geschenke und den etwas nebulösen Schutz eines fremden, mächtigen Herrschers erhielten.

Immerhin waren die Schutzverträge freiwillig abgeschlossen worden, wie die Kolonialpioniere nicht müde wurden zu betonen. Die Freiwilligkeit der Schutzverträge wurde freilich zur Fiktion, sobald in einem Gebiet die ersten Häuptlinge dem Drängen und den Versprechungen der Weißen nachgegeben hatten. War ein Stamm einmal in ein Schutzverhältnis eingetreten, mußten zögernde Häuptlinge umliegender Stämme automatisch in die Rolle verstockter Rebellen geraten! Ein gutes wie auch sehr hartnäckiges Beispiel für solch einen "automatischen Rebellen" bot in Südwestafrika der Hottentottenkapitän Hendrik Witbooi, der die schließlich mit Waffengewalt vorgetragene Aufforderung, sich und sein Volk dem Schutz des Reichs zu unterstellen, nach Aufzeichnungen Leutweins so kommentierte:

"Wie wäre es denkbar, daß ein selbständiger Herrscher, der sein eigenes Volk, seine eigene Regierung und seine eigene Gerichtsbarkeit habe, sich unter eine andere Regierung freiwillig stellen solle? Er verstehe nicht, warum einem Hof, der eigene Menschen, eigenes Land und eigene Macht habe, von einer fremden, außerhalb Afrikas liegenden Macht Schutz angeboten würde. Und warum solle dieser Schutz angenommen werden? Er brauche keine Schutzherrschaft; denn er sehe auf keiner Seite eine Gefahr. Daß eine weiße Regierung in das Land käme und auf einmal die Einfuhr von Waffen und Munition verbiete, in dem Glauben, dadurch den Frieden im Lande herzustellen, das sei unrecht. Ebenso wie Gott den Regen gebe für alle Menschen, gebe er auch Gewehre und Munition, die zur Verteidigung notwendig seien . . ."

Die theologische Seite dieser Argumentation war sicher etwas wackelig, aber sonst ließ Hendriks Standpunkt nicht an Klarheit zu wünschen übrig. Auf Grund des Schutzversprechens in den Verträgen mit anderen Stämmen und um das Land überhaupt für eine weiße Besiedelung sicher zu machen, konnten die Deutschen gar nicht umhin, auch die letzten einheimischen Stämme mit militärischer Gewalt zur Anerkennung der neuen Ordnung zu zwingen. Das Ergebnis war ein mehrjähriger Kleinkrieg im Hottentottenland. Erst 1894 wurde der geschlagene Witbooi zur Unterwerfung gebracht. Überzeugt war er aber nicht, wie sich 10 Jahre später herausstellen sollte.

Überhaupt erwies sich Südwestafrika wegen der Stammesrivalitäten als außerordentlich problematisch für eine Erwerbung per Schutzbrief: Lüderitz hatte seinen ersten Stützpunkt im Hottentottenland errichtet und folglich mit Stämmen dieses Volks die ersten Verträge abgeschlossen. Es war nur logisch, daß die Herero und andere Bantuvölker die Deutschen als Freunde ihrer Erzfeinde ebenfalls als Feinde betrachteten. Unter der weißen Herrschaft wurden Stämme, die sich lange spinnefeind gewesen waren, zu einem friedlichen Miteinander gezwungen. Dies trug dazu bei, daß schon die Erwerbung der Kolonie nicht ohne militärische Rückendeckung erfolgen konnte. Mit den Hereros gelang allerdings ein friedlicher Ausgleich, ohne daß die alten Weidekriege deshalb schlagartig aufgehört hätten. Landeshauptmann von François hatte in den ersten Jahren der Südwest-Kolonie mehr als einmal die neue Ordnung mit Waffengewalt zu demonstrieren.

Mit einer besonderen Form von primärem Widerstand mußten sich die Deutschen in Ostafrika auseinandersetzen (siehe Kapitel 2.4). Hier setzte sich eine bestehende Herrenschicht aus Arabern und ihren einheimischen Partnern gegen die neuen Herren zur Wehr – nicht so sehr, weil sie die Deutschen als Wirtschaftskonkurrenz fürchteten, sondern weil das europäische Werte- und Herrschaftssystem, das den Sklavenhandel verbot und Bürokratie an Stelle der "Bakschisch-Korruption" setzte, ihren Einfluß und ihre Einnahmequellen zerstörte. Die Europäer erschienen hier vielen Eingeborenen als Helfer und Verbündete gegen eine jahrhundertelange Unterdrückung und Ausbeutung. Freilich, auch in Ostafrika sollte die Begeisterung über die neuen Herren nicht allzulange anhalten!

Daß bei der Besitznahme der Kolonien staatliche und militärische Gewalt nötig wurden, hatte weitreichende Folgen für die deutsche Kolonialpolitik: Die Handelsgesellschaften, die die ersten Schritte nach Afrika unternommen hatten und nach dem Willen der Reichsregierung auch weiterhin Last und Risiko der Kolonisierung tragen sollten, waren weder organisatorisch noch finanziell in der Lage, Widerstände zu überwinden – dieses Problem hatte sich 100 Jahre früher auch schon den Franzosen gestellt. Die Schaffung von Privatarmeen der Gesellschaften verbot sich aus staats- und völkerrechtlichen Überlegungen; die Kosten für den Einsatz von Reichstruppen hätten alle Privatgesellschaften ruiniert – wären sie durch die hohen Anfangsinvestitionen nicht sowieso schon finanziell am Ende gewesen. Mit der Entsendung der Schutztruppen hielt so zwangsläufig auch die direkte Verwaltung der Kolonien durch das Reich in Afrika Einzug.

Während der Araberaufstände in Ostafrika gefangene arabische Sklavenjäger.

Das Deutsche Reich sah sich unvermittelt mit der Notwendigkeit konfrontiert, ein recht ansehnliches Kolonialimperium zu verwalten. Doch auf diese Aufgabe war es nicht vorbereitet und letztlich damit überfordert. Es gab im Reich keinerlei Schulung oder andere Vorbereitung für Beamte und Militärs im Kolonialdienst; entsprechende Institutionen wurden erst nach der Erwerbung der Kolonien ins Leben gerufen, und es dauerte Jahre, bis die ersten professionellen Kolonialadministratoren ausgesandt werden konnten. Die ersten Repräsentanten des Reichs in Übersee mußten also nach bestem Wissen und Gewissen handeln, Erfahrungen sammeln – oft genug enttäuschende und beunruhigende – und daraus zu lernen versuchen.

Nun gab es auch unter den deutschen Kolonialbeamten "Naturtalente", wie von François und Leutwein in Südwest- oder Wissmann in Ostafrika, die ein Gespür für die Mentalität der Eingeborenen besaßen und sehr behutsam mit den bestehenden Strukturen umgingen. Viele übertrugen jedoch ihr "preußisches" Beamten- oder Offizierstum unverdünnt nach Afrika und reagierten auf die dann unvermeidlichen Konflikte höchst irritiert. Schießwütige Konquistadorenfiguren wie Carl Peters blieben freilich auch in der deutschen Kolonialgeschichte eine verschwindende Minderheit.

Keine große Hilfe bot den deutschen Amtsträgern vor Ort die Kolonialabteilung im Auswärtigen Amt. Berlin war über die hohen Kosten der "Eroberungskriege" und die damit verbundene öffentliche Diskussion verärgert und forderte von seinen Vertretern in Afrika, einerseits möglichst schnell und gründlich "Ruhe und Ordnung" herzustellen und andererseits in irgendeiner Form auch Einnahmen vorzuweisen. Die Anweisungen aus Berlin waren dabei lange Zeit sehr wenig von Sachkenntnis der lokalen Verhältnisse geprägt, und deutschen Beamten fiel es natürlich schwer, sich bewußt darüber hinwegzusetzen. Eine deutliche Verbesserung der "Rückkoppelung" zwischen dem Reich und seinen Kolonien war erst mit der Übernahme der Kolonialabteilung durch Bernhard Dernburg 1906 festzustellen – nachdem die deutsche Kolonialherrschaft durch eine Welle gewalttätiger und weitreichender Eingeborenenaufstände auf's Schwerste erschüttert worden war.

Das zunächst sehr zögernde Einströmen deutscher Siedler und Unternehmer in die Kolonien hatte die schwierige Stellung der örtlichen Verwaltungen keineswegs erleichtert. Die Einwanderer, die dann doch kamen, betrachteten die deutschen Beamten und Soldaten allerdings als Garanten ihrer eigenen Interessen. Die Kolonialpropaganda im Reich hatte zwar kräftig dazu beigetragen, Hoffnungen zu erwecken, aber nur sehr wenig sachliche Informationen über Land und Leute in Übersee vermittelt. Auch hier machte sich in Deutschland der Rückstand an kolonialer Erfahrung im Gegensatz zu Großbritannien oder Frankreich schmerzlich bemerkbar.

Die Siedler verlangten also von den Kolonialbeamten Hilfe, und dies richtete sich zwangsläufig gegen die Eingeborenen. Südwestafrika wurde das bevorzugte Ziel von Farmern und Viehzüchtern; die Deutschen wurden dort zu unmittelbaren Konkurrenten der Einheimischen. Weder Hottentotten noch Hereros hatten sich bei Abschluß der Verträge vorstellen können, daß sie das sowieso dürftige Angebot an Weideflächen und Wasserstellen mit weißen Farmern in größerer Zahl teilen müßten, ja, daß ihnen der Zugang zu dem Land verwehrt würde, das sie seit undenklichen Zeiten genutzt hatten. Daß die deutschen Farmer auf Grund der Verträge Weide und Wasser als ihr Eigentum betrachteten und verteidigten, sprengte die afrikanische Vorstellungswelt. Der "Schutz" der Verträge wandte sich plötzlich gegen ihre Interessen.

In den westafrikanischen Kolonien und in Ostafrika konzentrierten sich die deutschen Interessen auf die Plantagenwirtschaft. Die Anlage großer Monokulturen in bislang jungfräulichem Land berührte die eingesessenen Ackerbauern nicht unmittelbar; zwischen der traditionellen Selbstversorgungswirtschaft und den exportorientierten Plantagen mußte es zu keiner Konkurrenz kommen. Doch Plantagen benötigen Arbeitskräfte, möglichst viele und möglichst billige, und diese konnten nur aus den Dörfern der Umgebung rekrutiert werden. In der Folge kam es zu einer recht unheiligen Allianz zwischen Kolonialverwaltung und Plantagenbesitzern, wobei erstere alle Register bürokratischer Erfindungskunst zog, um letzteren die gewünschten Arbeitskräfte zuzuspielen.

Ab etwa 1900 mußte das eigene Kolonialreich von Deutschland aus betrachtet einen recht erfreulichen und hoffnungsvollen Anblick bieten. Kaum jemand nahm zur Kenntnis, welcher Zündstoff sich dort ansammelte, der ab 1904 in mehreren gewaltsamen Eruptionen zum Ausbruch kam.

Eine der Wurzeln des großen Herero- und Hottentottenaufstands in Südwestafrika reichte bis 1897 zurück. Trotz aller Vorsichtsmaßnahmen der Kolonialverwaltung ließ sich damals die große Rinderpest in der südlichen Hälfte Afrikas nicht von dem deutschen Gebiet abhalten; die Hereros verloren über die Hälfte ihrer Herden. Dies war für das Hirtenvolk nicht nur eine ökonomische Katastrophe: Die Herde war der Stolz und das Lebenszentrum jeder Sippe, ihre Vernichtung hatte schwerwiegende psychologische Folgen, aus denen Unruhe und Verunsicherung erwachsen mußten. Erschüttert wurde dadurch auch die Stellung der Häuptlinge, der Großleute. Mit dem Umfang ihrer Herden schwand ihr Ansehen, während die Zweifel an ihrer "kultischen Leistungsfähigkeit" wuchsen. Die Großleute waren dabei die wichtigsten Kontaktpersonen der deutschen Verwaltung.

Besonders emfpindlich traf die Verunsicherung den Oberhäuptling Samuel Maherero (1856 - 1923), dessen Nachfolge beim Tod seines Vaters Kamaherero 1890 schon umstritten gewesen war. Samuel war Christ und erwies sich als recht zuverlässiger Partner der Deutschen – war das die Ursache für den Groll der Ahnengeister, die, nach der Vorstellung der Eingeborenen, den Tod über die Herden brachten?

Die Rinderpest war auch an den Deutschen nicht vorübergegangen. Der Ausfall von Zugochsen drohte das gesamte Transportsystem der Kolonie lahmzulegen. Die Deutschen reagierten mit der raschen Errichtung der Schmalspureisenbahn von Swakopmund nach Windhuk; eine Modernisierung, die von den Einheimischen mit großem Mißtrauen beobachtet wurde: Sollten mit der Eisenbahn noch mehr Siedler ins Land gebracht werden? Die Sorge der Eingeborenen um ihren angestammten Lebensraum wuchs noch, als die Kolonialverwaltung begann, einigen kleineren Stämmen Reservationen zuzuweisen – unter dem Protest von Siedlern, denen die Reservatsgrenzen zu großzügig erschienen. Auch Landeshauptmann Theodor Leutwein, der es mit viel Einfühlungsvermögen verstanden hatte, Vertrauensverhältnisse mit den

Eingeborenen aufzubauen, entkam den Konflikten seines Amts nicht.

Das Faß zum Überlaufen brachte aber eine andere Gruppe von Weißen, die nicht nur in Südwest eine höchst fragwürdige Rolle spielte, die Wanderhändler. Mit ihren Ochsenwagen, deren Ladung neben Waffen und Wirtschaftsgeräten auch aus allem möglichen europäischem Zivilisationsplunder bestand, zogen sie von Stamm zu Stamm, und es fiel ihnen nicht schwer, die "schönen Dinge der weißen Menschen" zu guten Gewinnen an den Mann zu bringen. Der einzige Gegenwert, den die Eingeborenen bieten konnten, waren ihr Land und ihre Rinder; so verpfändeten sie an die Händler große Teile ihrer Herden – bis zum nächsten Markttag. Die Rinderpest stürzte dann viele Sippen von einer lästigen Verschuldung in den Ruin. Die kritische Situation veranlaßte die Händler, ihre Forderungen mit Härte einzutreiben, es kam zu Übergriffen und Gewalttaten auf beiden Seiten. Der Versuch der Kolonialverwaltung, den bedrängten Eingeborenen zu helfen, machte alles nur noch schlimmer: Per Reichsgesetz wurde die Verjährungsfrist für Schulden der Eingeborenen drastisch verkürzt, auch sollte nicht mehr der ganze Stamm für die Schulden einzelner Mitglieder haften. Die Händler reagierten darauf mit noch rigoroseren Schuldeintreibungen.

Im Winter 1903 hatte die Stimmung im Hererovolk einen gefährlichen Siedepunkt erreicht. Bei den Palavern um die Hüttenfeuer wurde immer häufiger von den Geistern der Ahnen gesprochen und von Vorzeichen, die siegverheißend gedeutet wurden. Solche Palaver sind immer ein böses Zeichen für eine Kolonialmacht, doch den Deutschen im Lande entgingen diese Warnungen. Sie vertrauten zu sehr auf Samuel Maherero, der sich in seiner bisherigen Regierungszeit als luxusliebend und eher schwächlich erwiesen hatte. Doch der Oberhäuptling erkannte natürlich die wachsenden Spannungen und entschloß sich, auf die Seite seines Volks zu treten, um so den verlorenen Einfluß in einer großen, gemeinsamen Aktion wiederzugewinnen. Als Einfädler des großen Aufstands bewies er überraschendes Verschwörer-Talent!

Unruhen unter den Hottentotten im Süden der Kolonie zwangen Leutwein, Truppen aus dem Hereroland abzuziehen. In das entstandene Vakuum hinein wurde das Gerücht ausgestreut, daß der "Majora", wie die Eingeborenen Leutwein nannten, im Süden gefallen sei. Damit brach die letzte Loyalität der Stammesführer, die immer sehr persönliche Züge trug, zusammen. In der Nacht vom 11. zum 12. Januar brach der große Aufstand der Hereros los, ziemlich planlos und schlecht koordiniert, aber mit nichtsdestoweniger blutigen Folgen. Im ganzen Hereroland gingen Farmen in Flammen auf, von den rund 1500 deutschen Zivilisten in der Kolonie kamen 123 ums Leben. Kleinere Militärposten wurden überrannt, größere belagert und von der Außenwelt abgeschnitten. Die mangelnde Koordination und die fehlende Absprache mit anderen Völkerschaften der Kolonie mußten sich freilich fatal für die Aufständischen auswirken. Sie konnten so nicht verhindern, daß Leutwein alle zur Verfügung stehenden Truppen sammeln und in das Aufstandsgebiet werfen konnte. Ein für die Deutschen glücklicher Zufall wollte es auch, daß die reguläre Ablösungstruppe schon auf dem Weg nach Südwest war und gemeinsam mit der Besatzung eines gerade anwesenden Kanonenboots entscheidende Verstärkung bot.

Leutwein konnte den Krieg direkt in das Hereroland tragen. Er hoffte, die Aufständischen von ihren Weidegründen abdrängen und dann zu Verhandlungen zwingen zu können. Die Hereros erwiesen sich dabei als beachtenswerte Gegner, die ihre Landeskenntnisse und ihre kriegerischen Traditionen geschickt ausspielten. Zwangsläufig mußten die vorrückenden Truppen auch Niederlagen einstecken – eine Zwangsläufigkeit, die man in Berlin nicht einsehen wollte. Kaiser Wilhelm II. schäumte, daß sich “die besten Soldaten der Welt” vor einer Horde von “Wilden” zurückziehen mußten und reagierte auf eine typische, letztlich unentschuldbare Weise: Leutwein wurde zum Zivilgouverneur degradiert; das Oberkommando erhielt Generalleutnant Lothar von Trotha, eine Wahl, die bei Afrikakennern wie Hermann Wissmann Empörung und Entsetzen hervorrief. Für von Trotha waren die Aufständischen nichts als eine Horde wildgewordener “Nigger”, deren Rebellion nur durch die Vernichtung angemessen bestraft werden konnte.

Mit 9.500 Mann zog von Trotha zum Waterberg, wo sich die Hauptmacht der Hereros zum Schutz ihrer Herden verschanzt hatte. Die Deutschen wollten den Gegner in einer Umfassungsschlacht vernichten. Zwei Tage lang, am 11. und 12. August 1904, tobten schwere Gefechte um die Bergfestung, dann war der Widerstand der Herero gebrochen. Die Umzingelung und damit die totale Kapitulation war freilich nicht gelungen, ein Großteil der Hereros konnte nach Osten ausbrechen. Östlich vom Waterberg begann aber das Sandveld, eine ausgedörrte, wasserlose Halbwüste. Für die Hereros wurde die Flucht zu einem Todesmarsch. Denn von Trotha war nicht bereit, diesen idealen Zeitpunkt für einen Verhandlungsfrieden zu nutzen. Er erklärte öffentlich, daß für Hereros kein Platz mehr in der Kolonie sei, daß jeder Herero, ob bewaffnet oder unbewaffnet (!), erschossen würde und daß sich diese Anordnung auch auf Frauen und Kinder erstrecke.

Den Hereros blieb also nur die Flucht durch die Wüste. Etwa 1.500 von ihnen, darunter Samuel Maherero, erreichten das britische Betschuanaland und ließen sich dort nieder. Ein Teil der übrigen wurde durch die Empörung im Reich über die unmenschliche Proklamation des Oberbefehlshabers gerettet. Der Kaiser wurde gezwungen, offiziell die Anordnungen von Trothas zu widerrufen und allen Hereros Gnade zu versprechen, die sich freiwillig in den

Sammellagern meldeten, die von Missionsgesellschaften eingerichtet wurden. Rund 17.000 Hereros trafen schließlich in diesen Lagern ein. Sie hatten das nackte Leben gerettet, nicht mehr. Ihre Herden waren verdurstet, die Reichsregierung hatte ihr Land konfisziert, und ihnen wurden nur noch einige Reservationen überlassen. Außerdem wurden die Lagerinsassen zwecks "Wiedergutmachung" zum Eisenbahnbau und anderen öffentlichen Arbeiten herangezogen – für ehemalige freie Wanderhirten zweifellos ein traumatisches Erlebnis.

Die tatsächlichen Verluste dieses Volks sind schwer zu schätzen, da seine Kopfzahl vor Aufstandsbeginn unklar bleibt – sie mochten zwischen 30.000 und 50.000 Menschen gezählt haben, so daß man die Verluste mit einem bis zwei Dritteln des Volks ansetzen muß. Aber die vollständige Vernichtung ihrer Lebensstruktur zählte für die Hereros mindestens ebenso schwer wie die tatsächlichen Verluste an Menschenleben. Die schockierenden Umstände, unter denen der Sieg errungen worden war, hatten auch Rückwirkungen für das deutsche Selbstverständnis als Kolonialmacht. Die baldige Abberufung von Trothas war nur ein dürftiges Zugeständnis. 800 deutsche Soldaten waren für die Verteidigung Südwestafrikas gefallen, in der Kolonialbilanz schlug dieser Kolonialkrieg mit einem Minus von 200 Millionen Mark zu Buche.

Die offensichtliche Erschütterung der deutschen Kolonialherrschaft ließ zudem auch die Hottentotten die Chance einer neuen Unabhängigkeit wittern, allen voran den schon über 80jährigen, ungebeugten Hendrik Witbooi. Hilfstruppen der Hottentotten hatten mit den Deutschen gegen die Hereros gekämpft, doch nach den ersten Niederlagen der Weißen kam es verstärkt zu Desertionen. Die Deserteure trugen Unruhe und die Zweifel an der deutschen Unbesiegbarkeit nach Süden. Auch dort hatte sich die Unzufriedenheit mit religiösen Schwärmereien gepaart; einheimische Propheten traten auf, die den Kriegern Unverwundbarkeit und den sicheren Sieg versprachen. Im Oktober 1904 rief Witbooi den Aufstand aus, auch im Hottentottenland brannten Farmen und Militärstationen. Dieser Aufstand kam freilich zu spät, als daß er gemeinsam mit der Revolte der Hereros die Deutschen vor eine wirklich bedrohliche Situation hätte stellen können. Auch fehlte den verschiedenen Hottentottenstämmen die gemeinsame Führung, und nicht alle Nationen erhoben die Waffen gegen die Weißen.

So konnte die gegen die Hereros aufgebotene deutsche Militärmaschinerie einen Stamm nach dem anderen niederwerfen. Diese Niederwerfung wurde dennoch zu einer langwierigen und erneut sehr blutigen Affäre. Witbooi fiel im Oktober 1905 im Kampf, andere Häuptlinge wie Jakob Morenga von den Bondelswarts-Hottentotten leisteten in dem unübersichtlichen Bergland bis in das Jahr 1906 hinein Widerstand. Offiziell wurde der Kriegszustand in Südwest, der die Entwicklung in dieser hoffnungsvollen "Siedlungskolonie" weit zurückwarf, erst 1907 als beendet erklärt. Die Unterwerfung der Hottentotten hatte nochmals 800 deutschen Soldaten das Leben gekostet, die hohen Verluste der Eingeborenen sind auch hier nie genau bestimmt worden. Mit den Aufständen waren natürlich die alten Schutzverträge hinfällig geworden; große Teile von Südwest wurden nun als erobertes Land betrachtet und behandelt – eine der Voraussetzungen dafür, daß dort jetzt eine deutsche Besiedelung in relativ großem Maßstab einsetzte.

Fast gleichzeitig zu diesen Aufständen in Südwest wurde auch Ostafrika von einer großen Rebellion der Eingeborenen heimgesucht. Die Verluste unter der einheimischen Bevölkerung waren bei diesem "Maji-Maji-Aufstand" sogar noch erheblich größer, doch fand er nicht annähernd die gleiche Aufmerksamkeit in der Öffentlichkeit wie die Ereignisse in Südwestafrika. Auch in Ostafrika war es die Konsequenz der deutschen Herrschaft, die die Einheimischen zur Rebellion trieb, nämlich die Erkenntnis, daß die traditionellen Lebensformen in einer Kolonie der Weißen systematisch untergraben wurden. Und noch mehr als in Südwest mußte in Ostafrika die Kolonialverwaltung als nur zu williges Instrument der fremden Wirtschaftsinteressen erscheinen.

Nach einiger Anlaufzeit begannen sich in Ostafrika Plantagen auszubreiten, die mit deutschem Kapital eingerichtet wurden. Hauptproblem für die Verwalter vor Ort war die Beschaffung von Arbeitskräften. Die Plantagenbesitzer erwarteten von der Kolonialverwaltung Hilfe als Gegenleistung dafür, daß sie in Übersee investierten. So verfiel man, wie schon ausgeführt, auf den Gedanken, über die Besteuerung dieses Problem zu lösen.

Das Abarbeiten von Steuerschulden erwies sich aber als zuwenig effektiv; so verfiel die Kolonialverwaltung des Gouverneurs von Götzen 1905 darauf, Wegedienste und andere öffentliche Arbeiten kurzerhand zur unentgeltlichen Pflicht zu erklären. Gleichzeitig wurde die Kopfsteuer für jeden erwachsenen Mann im Binnenland auf 3 Rupien erhöht – eine Steigerung um das Vierfache! Für Plantagenarbeiter wurde dagegen ein sehr viel günstigerer Steuersatz eingeführt, ja, wer mehr als sechs Monate in demselben Betrieb arbeitete, ging sogar steuerfrei aus – die starke Fluktuation der Arbeitskräfte war ein ständiger Klagepunkt der Plantagenmanager gewesen.

Die Verwaltung hatte aber die Gutwilligkeit der Eingeborenen gegenüber solch berechnender Willkür bei weitem überschätzt. Ein deutscher Beobachter im Lande warnte denn auch ausdrücklich:

"Die Neger haben so gut wie keinen lohnenden Absatz für ihre Feldprodukte; ihr Vieh haben sie bis auf geringen Bestand zur Aufbringung der Steuer hergegeben. Wer die Steuer nicht bezahlen kann, muß fern von den Seinigen arbeiten und ist der Willkür der Askaris preisgegeben. Diese Tributarbeit haßt der Neger bis aufs Tiefste, er muß sich derselben jedoch fügen, sonst wird ihm sein Vieh fortgenommen und seine Hütte mit allem, was darin ist, verbrannt

. . .

Jetzt hat das Gouvernement eine noch schärfere Durchführung bzw. Erhöhung der Kopfsteuer angekündigt. Wenn ein allgemeiner Aufstand verhütet werden soll, so muß das Gouvernement die Besteuerung der Schwarzen vorläufig aussetzen und Mittel und Wege finden, Verkehrsverhältnisse zu schaffen, die einen Umsatz der Bodenerzeugnisse ermöglichen . . .

Meine Ansicht geht dahin, daß wir nach dem bestehenden System Gefahr laufen, diese schöne Kolonie durch unsere eigene Schuld zu verlieren. Wir müssen erst lernen, den Neger richtig als Menschen und nicht als Vieh zu behandeln!"

Diese Warnung, im Oktober 1905 von einem Kolonialbeamten verfaßt, kam zu spät. Schon Ende Juli war im Gebiet der Matumbiberge bei Kilwa eine Rebellion ausgebrochen, die sich wie ein Buschfeuer ausbreitete. Völlig überraschend für die weiße Administration übersprang die Revolte rasch alle Stammesgrenzen, nahm also auch in dieser Hinsicht viel bedrohlichere Dimensionen an als die Erhebungen in Südwest.

Die Bauern von Matumbi protestierten dagegen, daß sie per Regierungsverordnung gezwungen worden waren, Baumwolle in großem Stil anzubauen. Die Gewinne aus diesem "Fortschritt" blieben aber zum großen Teil in den Händen der Großhändler und der mit den Weißen zusammenarbeitenden Dorfhäuptlinge. Die Bauern mußten für einen Hungerlohn auf den Baumwollfeldern arbeiten, während ihre eigenen Äcker, von deren Ertrag sie lebten, verkamen. Hinzu kamen die Verärgerung über bürokratisch formulierte Jagd- und Waldschutzverordnungen, die den Bauern wichtige zusätzliche Nahrungs- und Energiequellen verbauten, sowie die Empörung über die Besteuerung des traditionellen Alkoholgetränks Pombe – alles Kleinigkeiten, die aber in der grundsätzlich gereizten Atmosphäre eines erschütterten Vertrauens zum Zündstoff wurden. So erhoben die Bauern ihre Waffen gegen "alle Freunde der Baumwolle und der Steuern", und davon waren die Weißen ebenso betroffen wie ihre einheimischen Vertrauensleute oder auch indische oder arabische Zwischenhändler. Der Wut der Aufständischen fielen in kurzer Zeit mehrere hundert Personen zum Opfer.

Daß die Rebellion eine allgemeine und Stammesgrenzen überschreitende Dimension gewann, war nur dadurch möglich, daß sich auch in Ostafrika ein "ideologischer Überbau" kultisch-religiöser Vorstellung entwickelte. Die Kolonialherrschaft hatte die traditionellen Autoritäten der Stammeshäuptlinge gründlich untergraben, die sich nur noch durch die Kollaboration mit den Weißen behaupten konnten. Das entstehende Vakuum an auch geistiger Führung wurde der ideale Tummelplatz für Schwärmer und Agitatoren, die auf den Traum von der "guten alten Zeit" ohne die Weißen aufbauten, aber gleichzeitig auch ein neues, afrikanisches Selbstbewußtsein predigten. Als

Legitimation stützten sie sich auf die Offenbarung populärer Geister, etwa auf Erscheinungen des "Schlangengeists", die vor dem Ausbruch der Rebellion überall vermeldet, von der Kolonialverwaltung aber nicht in ihrer Tragweite erkannt worden waren. Die Propheten des Schlangengeists verdrängten rasch die alten Autoritäten. Als sichtbares Zeichen des Kults verteilten sie an ihre Anhänger "heiliges Wasser", "Maji" genannt, das unter anderem die Krieger gegen die Kugeln der Weißen feien sollte. Um die Quellen, die das "Maji" lieferten, entwickelte sich ein lebhafter Wallfahrtsbetrieb, der seinen Beitrag dazu lieferte, daß die Stammesgrenzen überwunden wurden. Rasch hatte der "Heilige Krieg" der "Maji"-Gläubigen ein Gebiet von 100.000 Quadratkilometern bis zum Njassa-See ergriffen.

Zu einer tatsächlich landesweiten Erhebung fehlten der Bewegung aber doch die Stoßkraft und die Organisation. Wichtige Stämme der Kolonie wie die Wahehe blieben loyal zur deutschen Verwaltung und lieferten der kleinen Kolonialtruppe wichtige Verstärkungen zur Niederwerfung des Aufstands. Die fanatische Begeisterung der "Maji"-Krieger erleichterte zudem den vorrückenden Kolonialtruppen die blutige Arbeit. Voller Vertrauen auf den Schutz des "heiligen Wassers" stürmten sie zu Tausenden in das Trommelfeuer der Maschinengewehre. Der Widerstand erwies sich dennoch als hartnäckig, erst im Juni 1907 konnten die letzten Stellungen der Rebellen niedergeworfen werden.

Die Härte des Widerstands quittierten die Kolonialtruppen mit noch größerer Härte. Die Furcht vor Guerillaaktionen führte zu einer Strategie der "verbrannten Erde", womit den Aufständischen durch die Vernichtung aller Quartiere und Vorräte die Lebensgrundlage entzogen werden sollte. Als Folge dieser Taktik schrumpfte z. B. das Pangara-Volk von 30.000 auf 1.500 Köpfe. Die amtliche Schätzung, die sicher nicht zu hoch gegriffen sein dürfte, gibt unter den Einheimischen die Gesamtverluste mit 75.000 Toten an. Den Überlebenden, die dem Krieg und den Massenhinrichtungen nach der totalen Kapitulation entkommen waren, blieb auf Jahrzehnte hinaus nur ein Leben unter dürftigsten Verhältnissen.

Die großen, mit ungeheuren Verlusten verbundenen Aufstände der Jahre 1904 bis 1907 in Südwest- und Ostafrika waren die Reaktion der Eingeborenen auf die Zerstörung ihrer traditionellen Lebensordnungen durch das Eindringen der Weißen. Rund 20 Jahre nach der Schaffung der Kolonialherrschaft war ihnen klar geworden, daß sie zum Objekt und Opfer einer politischen und wirtschaftlichen Ordnung wurden, die einseitig auf die Bedürfnisse und Wünsche der weißen Herren ausgerichtet war. Es waren Revolten der Verzweiflung, wie es in der Aussage eines Anhängers der "Maji-Maji-Bewegung" zum Ausdruck kam:

"Wir waren es überdrüssig, jeden Tag zu Arbeiten herangezogen zu werden. Lieber sterben, um von diesem Joch befreit zu sein . . . Das eine Mal die Pflanzung roden, nachmittags Baumwolle pflücken, ferner große Häuser bauen und nach Geld für die Steuer suchen – das war uns eine Last! Wir scheuten uns, es zu sagen und sannen auf Feindseligkeiten, mit der Losung zu sterben."

Ob das Vorbringen von Beschwerden viel genützt hätte, muß sowieso dahingestellt bleiben. Es hat auch schon vor den Aufständen nicht an kritischen und warnenden Stimmen von Beobachtern der deutschen Kolonialpolitik gefehlt, aber erst der Schock der blutigen Erhebungen und der damit verbundenen horrenden Kosten führte zu einer Neukonzeption der Eingeborenenpolitik, die sich in etwa auf den Nenner verkürzen läßt: "Nur einigermaßen zufriedene schwarze Untertanen sind auch nützliche Untertanen." Der wertvolle "Rohstoff", die menschliche Arbeitskraft, verlangte eine pflegliche Behandlung, um produktiv zu sein – erst als sie sich mit ökonomischen Überlegungen deckten, konnten sich die humanitären Forderungen nach Fürsorge und Achtung der Menschenwürde in größerem Maße durchsetzen.

Die letzten Jahre der deutschen Kolonialherrschaft in Afrika wurden dann eine recht ruhige, hoffnungsvolle Zeit. Es ging wirtschaftlich aufwärts, und an diesem Aufschwung hatten auch die Eingeborenen ihren, wenn auch bescheidenen Anteil. Der Erste Weltkrieg sorgte für ein abruptes Ende dieser in deutschen Augen so positiven Entwicklung. Wie andere Kolonialmächte hatte auch das Deutsche Reich zwei typische Phasen des Widerstands der Eingeborenen niederkämpfen müssen: das Sich-zur-Wehr-setzen gegen das Eindringen von Fremden und die Revolte gegen die Zerstörung traditioneller Lebensformen und Gesellschaftsstrukturen. Der Verlust des Kolonialreichs ersparte den Deutschen die dritte Phase, die Forderung nach Selbstbestimmung und Unabhängigkeit.

Kapitel 6
Das Phänomen des Kolonialismus

"Ein weißer Mann kam, gab dem Dorfchef ein Geschenk und bat ihn, ein Kreuz unter ein Blatt Papier zu zeichnen. Und er gab ihm ein Stück Tuch (eine Flagge), um es an der Spitze einer Stange aufzuhängen. Dann kam ein anderer weißer Mann mit einem anderen Stück Papier und einem anderen farbigen Tuch für die Stange. Der Dorfchef hatte keine Ahnung über die Bedeutung des Ganzen. Es schien ihm eine Verschwendung von Tuch zu sein, das an die Stange gehängt werden sollte; aber er war willig, alles zu tun, solange er sein Geschenk bekam. Aber manchmal kam der erste weiße Mann zurück und war ärgerlich, daß sein Stück Tuch von der Stange genommen worden war. Dann wurde der Dorfchef getötet oder weggeschafft oder als Strafe seines Viehs beraubt. Ein andermal kam ein weißer Mann plötzlich mit Soldaten und Trägern. Der Dorfchef ging erfreut zu dessen Lager, in der Hoffnung auf ein Geschenk, und erfuhr, daß das Land nun beispielsweise dem Sultan der Deutschen gehörte – und daß er soundsoviel Elfenbein zahlen und soundsoviele Häuser bauen und Speise für die Männer liefern müsse, die gekommen waren, ihn zu beschützen. Die Eingeborenen verstanden nicht, was das alles bedeutete. Sie begriffen nicht, wieso das Land plötzlich jemandem anderes gehörte, von dem sie nie zuvor gehört hatten; und sie hatten eigentlich keinen Grund, beschützt zu werden. Aber der weiße Mann sprach so, und der weiße Mann war eine Art Gott, und so waren die Eingeborenen in der Regel einverstanden". So liest sich – übersetzt – ein Bericht des Franzosen Lionel Dècle aus der Zeit um die Jahrhundertwende. Ein Afrikaner hätte selbst kaum besser die Begegnung mit dem Europäischen Kolonialismus und das für die Eingeborenen unverständliche Verhalten der Weißen in Worte fassen können.

Die Deutschen waren dabei als Kolonialherren nicht schlechter und nicht besser als die anderen europäischen Mächte – auch wenn Reisende anderer Nationen durch die deutschen Schutzgebiete bisweilen etwas anderes behaupteten. So erzählt jener Lionel Dècle, der zwischen 1891 und 1894 das Innere des afrikanischen Kontinents auf einer Strecke von rund 7.000 Meilen durchwanderte und unter anderem durch das deutsche Ostafrika kam, immer wieder von den Ängsten der Eingeborenen vor den Deutschen als den "Männern des Zorns". Und in seinem völkerkundlichen Standardwerk mit dem Titel "Drei Jahre im wilden Afrika" legt er Zeugnis ab über konkrete Fälle von grausamer und ungerechter Behandlung Eingeborener durch ihre deutschen Herren. Dennoch waren die Zustände in diesem Schutzgebiet letztlich kaum anders als in den benachbarten Kolonialgebieten der Franzosen, Engländer und Portugiesen. Die Deutschen unterschieden sich von den anderen Kolonialherren eigentlich nur darin, daß ihre Zeit in Afrika begrenzt war und sie nicht dazu kamen, die sprichwörtlichen Früchte ihres Bemühens zu ernten. Aber immerhin reichten die 30 Jahre deutscher Kolonialherrschaft aus, um in Südwestafrika die einheimische Bevölkerung einer weißen Siedlergesellschaft unterzuordnen und um in West- und Ostabrika die Herrschaft und Vormachtstellung der Weißen nachhaltig zu begründen.

Vielleicht unterschieden sich die Deutschen aber doch von ihren europäischen Konkurrenten – vielleicht waren sie bisweilen ehrlicher als die Franzosen, Engländer oder Portugiesen. In einem zeitgenössischen Aufsatz heißt es etwa: "Seien wir uns doch darüber klar, daß alle mit eingeborenen Häuptlingen abgeschlossenen Freundschafts- und Schutzverträge zunächst nur die Bedeutung hatten, uns konkurrierenden europäischen Nationen gegenüber sogenannte Rechte zu verschaffen. Das war aber auch ihre einzige Bedeutung und ihr ganzer Wert . . . Von irgendwelchem Wert den Eingeborenen gegenüber waren sie nicht; selbst wenn man annimmt, daß sie von europäischer Seite optima fide abgeschlossen seien . . . Kolonisationsfragen dem eingeborenen Afrikaner gegenüber sind keine Rechtsfragen im europäischen Sinne, sondern lediglich Machtfragen. Der einzige Standpunkt, den irgendeine europäische Macht vernünftigerweise darin einnehmen kann, ist der nationaler Nützlichkeit".

Dies schrieb der Kaiserliche Bezirksamtmann a. D. Walter von St. Paul-Illaire 1905 in der "Deutschen Kolonialzeitung". Und weiter: "Wirtschaftliche Ziele sind es, die wir Europäer alle in erster Linie in Afrika erstreben . . . Nicht der Neger braucht die Arbeit zu seinem Wohlbefinden, sondern wir sind es, die des Negers Arbeit in unserem Interesse gebrauchen . . . Eine starke Hand und Pulver und Blei gehören dazu, im Kampf der Interessen unserm Willen Nachdruck zu verleihen . . . Warum scheuen wir uns, klipp und klar zu erklären, daß unser wirtschaftliches Interesse allein die Richtschnur für unsere Kolonialpolitik abgeben muß, dem sich die Interessen der Eingeborenen in jedem Falle unterzuordnen haben?".

Ähnlich formulierte es Hans Zache in seinem "Deutschen Kolonialbuch" 1926: "Wir stehen offen auf dem Standpunkte, daß wir nicht der Wohlfahrt der Eingeborenen wegen nach Afrika und der Südsee gegangen sind, sondern aus wirtschaftlichen und weltpolitischen, also aus egoistischen Gründen". In den gesammelten Schriften des deutsch-ostafrikanischen Pioniers Carl Peters findet sich schließlich der Satz: "Die Notwendigkeit, ihr freiheitliches nationales Barbarentum zu verlieren und zu einer Klasse von Dienstbaren in Lohn und Brot der Weißen zu werden, schafft aber für die Eingeborenen überhaupt erst, weltgeschichtlich betrachtet, ein dauerndes Existenzrecht". Die systematische "Wertschöpfung" der überseeischen Territorien, dieses vorrangige Ziel des Kolonialismus, spiegelt sich unverkennbar in diesen und vielen anderen zeitgenössischen Aussagen.

Verwaltungsbeamte vor Ort verfügten auch oft über genügend Realismus, um den Charakter ihrer Aufgabe zu erkennen. So lasen denn die Vorgesetzten in Berlin in einem Schreiben des Theodor Leutwein, damals Landeshauptmann Deutsch-Südwestafrikas, aus dem Jahre 1896: "Colonialpolitik ist überhaupt eine inhumane Sache. Und sie kann schließlich doch nur auf eine Beeinträchtigung der Rechte der Ureinwohner zu Gunsten der Eindringlinge hinauslaufen. Wer dem nicht zustimmt, der müßte überhaupt Gegner jeder Colonialpolitik sein, ein Standpunkt, der wenigstens logisch ist. Aber man darf nicht auf der einen Seite den Eingeborenen aufgrund zweifelhafter Verträge das Land wegnehmen und zu diesem Zweck Leben und Gesundheit seiner hier befindlichen Mitbürger aufs Spiel setzen, auf der anderen Seite aber im Reichstage für Humanität schwärmen, wie solches von manchen Reichstagsabgeordneten geschehen ist".

"Inhuman" war es, genau gesagt, und zugleich grundlegendes Kennzeichen des europäischen Kolonialismus, daß der eingeborenen Bevölkerung – und zwar mit Gewalt – bei der territorialen Wertschöpfung die Hauptlast auferlegt wurde. Ihre Arbeitskraft ausbeuten zu lassen, das war die Rolle, die die Schwarzen erfüllen sollten und auf die direkt oder indirekt die "Eingeborenenpolitik" hinauslief. Auch Grund und Boden in den besetzten Territorien erhielten erst dadurch einen Wert, indem sie Gegenstand von Besiedlung, Rodung und Anbau wurden, also zu Produktionsfaktoren wurden, um es in der Sprache der Volkswirtschaft auszudrücken.

In der Anfangsphase des Kolonialismus zwang vor allem die Überlegenheit der europäischen Waffen die Eingeborenen auf lange Sicht gesehen in die ihnen vorgesehene Rolle. Nach der völkerrechtlichen Absicherung der Ansprüche durch Schutzverträge oder Absprachen mit den anderen europäischen Mächten wurden Formen der offenen Gewalt beibehalten. Das Symbol dafür war vielerorts die Nilpferdpeitsche. Ein viel wirksameres Mittel zur Durchsetzung der europäischen Interessen war aber in dieser zweiten Phase die versteckte Gewalt der kolonialen Bestimmungen und Verordnungen, die mit dem Aufbau der Verwaltungsbürokratie an Schärfe zunahm.

Die Sicherung eigener Rohstoffquellen, die die Unabhängigkeit der aufstrebenden eigenen Industrie sichern sollte, war der konkrete Sinn des Engagements in Übersee. Anfangs nur das Anliegen der weißen Händler und Siedler, wurde dies im Laufe der Jahre zum erklärten Zweck auch der Kolonialverwaltung. So erklärt sich der Brief des ostafrikanischen Gouverneurs von Rechenberg an einen Bezirksamtmann aus dem Jahre 1907: "Rohstofflieferung an Deutschland . . ., auf dieses Ziel kommt es an . . ., und erst in zweiter Linie, ob es durch Plantagenbau oder Eingeborenenkultur erreicht wird".

Wie von Rechenberg hier andeutet, gab es verschiedene Strategien der Nutzung kolonialer Territorien. Je nach klimatischen und geographischen Gegebenheiten war das entweder die direkte Übernahme des Landes durch weiße Siedler (Südwestafrika) oder eben die Ausnutzung der einheimischen Arbeitskräfte – sei es, daß sie auf europäischen Plantagen beschäftigt wurden, oder sei es, daß sie im Rahmen ihrer eigenen dörflichen Organisation Agrar-Exportprodukte anbauten, die auf dem europäischen Markt als industrielle Rohstoffe oder als neue Konsumgüter Einzug fanden. So war es die klar formulierte Bestrebung des Kolonialwirtschaftlichen Komitees um die Jahrhundertwende, die 300 Millionen Mark pro Jahr für Baumwolleinfuhren nach Deutschland durch Anbau in den eigenen Schutzgebieten einzusparen. Dies führte unter anderem zur Einsetzung einer "Baumwollinspektion" in Dar-es-Salam.

Vor dem gleichen Hintergrund ist es zu sehen, daß die Deutschen die Aussichten für den Erdnußanbau in Togo prüfen ließen. Ein Expertengutachten für den Gouverneur Graf von Zeck kam 1905 unter Bezugnahme auf die französischen Erfolge und Erfahrungen im Senegal schließlich zu dem Ergebnis: "Die Erdnußkultur ist ein Millionenobjekt". So wurden denn in Togo intensive Bemühungen eingeleitet, den Erdnußanbau zu fördern und rentabel zu machen. Allerdings gab es zunächst Qualitäts- und Transportprobleme. Es dauerte beispielsweise lange, bis man herausfand, daß Erdnüsse und Palmkerne auf den Transportschiffen nicht gemeinsam gelagert werden durften, weil die Erdnüsse von den Palmkernen Verdunstungsfeuchtigkeit aufsogen und verdarben. Als alle Probleme gelöst zu sein schienen, sollten die Exportkulturen der Erdnüsse bis nach Nordtogo verbreitet werden. Daß Togo nicht ein Land der Erdnuß-Monokulturen wie der Senegal wurde, verdankt es der Übernahme der Herrschaft durch die Franzosen, die kein Interesse daran hatten, in ihrem Machtbereich eine ernsthafte Konkurrenz zum Senegal aufzubauen.

Die Erschließung neuer Absatzgebiete war ein zweites Motiv des kolonialen Abenteuers. Allerdings war es nicht allein der Markt der Eingeborenen, der die Europäer reizte. Gute Geschäfte ergaben sich für die Handelshäuser auch durch den Bedarf der Europäer selbst in ihren Niederlassungen. Baumaterial, Eisen, Maschinen, Öle, Lebensmittel und Medikamente waren Teil eines Warenstroms, der aus der Nachfrage der europäischen Farmer, Kaufleute und Verwaltungsbeamten entsprang. Dazu kamen die Spirituosen, von denen niemand weiß, zu welchem Prozentsatz sie von den Weißen und zu welchem von den Schwarzen konsumiert wurden. Die wirtschaftsstrategische Ausnutzung der Kolonien erforderte auch eine Menge Kapital, das hier produktiv, sprich: gewinnbringend, angelegt werden konnte. Infrastrukturmaßnahmen – Straßen- und Eisenbahnbau – waren freilich als Stützung notwendig. Hier sprang der Staat mit seinen Finanzmitteln ein.

Die kommerzielle Anbindung an das Mutterland war am Ende der Lohn des Kolonialismus. Zeugnis dafür liefern die Ein- und Ausfuhrstatistiken der Europäer für ihre überseeischen Gebiete. Allerdings konnte die Einordnung in die wirtschaftlichen Interessen, wie schon gesagt, bis zum Jahre 1914 noch keinen durchschlagenden Erfolg bringen. Bis zum Ende der Kolonialherrschaft hatten die deutschen Territorien weder die Erwartungen als Rohstofflieferanten noch als Absatzmärkte oder als Auswanderungskolonien voll erfüllen können. Das wirtschaftliche Ziel der Kolonialpolitik konnte nur verwirklicht werden, wenn gleichzeitig die überkommenen wirtschaftlichen Existenzformen und die soziale Struktur an die neuen Erfordernisse angepaßt wurden. Die Veränderungen, die hier eintraten, wurden allerdings während der 30 Jahre deutscher Herrschaft erst in Ansätzen sichtbar. Der Wandel verlief zudem nicht überall zeitgleich und nicht mit der gleichen Intensität. Dazu waren die Gesellschaftsformen zu unterschiedlich, auf die die fremdartigen Impulse trafen. So existierten etwa in Kamerun islamische Feudalstaaten im Norden neben großflächigen Königreichen im mittleren Grasland und kleineren Stammes- und Dorforganisationen im südlichen Waldgürtel.

Im Gegensatz vor allem zu den Franzosen haben die Deutschen in Afrika nie formell den Anspruch erhoben, die Bevölkerung zu "assimilieren" – das heißt, sie an die europäische Denkweise konsequent anzugleichen und aus ihnen etwa Deutsche mit schwarzer Hautfarbe zu machen. So verschieden die offiziellen Aussagen auch waren, in ihrer Wirkung liefen die Mechanismen der kolonialen Kulturpolitik auf das gleiche hinaus. Wenn das Deutsche Reich in seiner Kolonialdoktrin nicht an eine "Assimilation" dachte, so wollte es die Afrikaner doch immerhin einer deutschen Lebensart anpassen. Vom Staatssekretär Dr. Bernhard Dernburg aus dem Reichs-Kolonialamt stammt jedenfalls der Ausspruch: "Heben wir den Eingeborenen wirtschaftlich, so heben wir ihn sozial, und über diese Etappen führt der Weg zur Kultur und Humanität im Sinne der Heimat".

Zu dieser "Anpassung" war nicht unbedingt der direkte Kontakt zwischen Weißen und Schwarzen notwendig. Die einheimischen Saisonarbeiter und Wanderarbeiter, die in europäische Dienste traten und früher oder später wieder nach Hause zurückkehrten, sorgten als freiwillige Multiplikatoren dafür, daß die kulturellen Normen der Europäer und neuartige Konsumbedürfnisse in ihre Dörfer übertragen wurden. In Südwestafrika wird in den alten Jahresberichten der Kolonialverwaltung festgestellt, daß auch jene Eingeborenen, die in den Siedlungen der Europäer ein festes Dienstverhältnis eingegangen waren, über kurz oder lang wieder in ihre Heimat abwandern würden. Die Europäer konnten bei der Umorientierung der afrikanischen Bevölkerung somit optimistisch ans Werk gehen. Bezeichnend war die Einschätzung, die der Kolonialrichter Ziegler hinsichtlich Ostafrikas 1904 äußerte: "Die eingeborene Bevölkerung, die zur Zeit auf circa 6,5 Millionen geschätzt wird, ist nach den gewonnenen Erfahrungen durchschnittlich erziehungsfähig und einer höheren Kultur zugänglich".

Typisches Phänomen des Kolonialismus war die Überheblichkeit, mit der die Europäer den kolonisierten Völkern nicht nur in der Phase der ersten Kontakte, sondern auch noch bis ins 20. Jahrhundert hinein begegneten. Die Minderwertigkeit, die sie ihnen zusprachen, und die "Mission", die aus der scheinbaren eigenen zivilisatorischen Überlegenheit abgeleitet wurde, hatten freilich einen handfesten Stellenwert: Sie waren nach außen hin die Legitimation für den Kolonialismus. So schrieb der eigentlich in der Tradition der Aufklärung stehende Historiker Friedrich Christoph Schlosser in seiner 1843 - 57 erschienenen 19bändigen "Weltgeschichte für das deutsche Volk": "Die meisten Negervölker haben sich nie zu einer eigentlichen Kultur erhoben und die wenigen, welche bis zur ersten Stufe derselben emporgestiegen sind, haben nur in so geringem Grade eine Entwicklung erhalten, daß ihre Geschichte fast bloß aus einem Wechsel von zufälligen äußeren Ereignissen besteht". Von dem schon genannten Lionel Dècle stammt das Zitat: "Der schwarze Afrikaner ist in seiner primitiven Lebensform kaum entfernt von einem Tier. Seine Existenz dreht sich fast um nichts anderes als um ein Ziel – das kaum ein Ideal genannt werden kann –, nämlich essen". Und Dècle gesteht den Afrikanern gerade zu, "sicherlich höher stehend als ein Affe" zu sein.

Zu den Kennzeichen des Kolonialismus zählt es ferner, daß die europäischen Mächte die Grenzen zwischen ihren Einflußzonen praktisch auf Reißbrettern von der Ferne europäischer Hauptstädte aus zogen. Im Briefwechsel zwischen den zuständigen Stellen in Berlin und Paris findet sich diesbezüglich die bezeichnende Passage: "Es ist notorisch, daß die Grenzkommission das

Elefantenherde. Die Stoßzähne der Elefanten waren wegen des Elfenbeins eine begehrte Beute. Zeitgenössischer Stich.

hier in Frage kommende eigentliche Grenzgebiet infolge ungünstiger Witterungsverhältnisse und der fortwährenden Kämpfe und Schwierigkeiten mit den Eingeborenen fast gar nicht betreten und dementsprechend auch nicht näher kennen gelernt hat". So wurden ethnische, wirtschaftliche und kulturelle Bindungen gewaltsam getrennt, neue künstlich aufgezwungen. Stammesgebiete wurden mitten durchgeschnitten, Felder mancher Dörfer lagen plötzlich unter einer anderen Staatshoheit.

Die Deutschen versuchten sich in ihrer praktischen Verwaltungspolitik nicht in einer "direkten" Herrschaft, sondern bedienten sich der indirekten Machtausübung durch Zwischenschaltung von Häuptlingen und Dorfältesten. Die Unterschiede zwischen der deutschen Variante einer "indirekten Herrschaft" und anderen Herrschaftskonzepten der Franzosen und Engländer waren nach nur 30 Jahren Kolonialverwaltung noch nicht deutlich genug ausgeformt, um daraus etwa ein Gefälle im Niveau des Auftretens als Kolonialherren ableiten zu können. Ob "direkte" oder "indirekte" Methoden der Verwaltung, um eine Fremdherrschaft handelte es sich allemal.

Eigenart dieser Fremdherrschaft war es, selbst auf der Grundlage allgemein gültiger Bestimmungen noch zweierlei Maß anzulegen bei der Behandlung der weißen und der schwarzen Untertanen. Dies zeigt sich wohl nirgends deutlicher als bei der Untersuchung von Praktiken der Rechtsprechung. In Südwestafrika etwa wurden zwischen 1894 und 1904 wegen der Ermordung von sieben Weißen insgesamt 15 Eingeborene mit dem Tode bestraft. Im gleichen Zeitabschnitt wurden in Prozessen wegen der Ermordung von fünf Negern nur Freiheitsstrafen von zusammen 6 Jahren und 3 Monaten gegen Weiße ausgesprochen. In Kamerun wurden 1909/10 nur 114 Weiße vor Gericht gestellt, im Vergleich dazu aber 4573 Urteile gegen Schwarze registriert. Die ungleich schärfere Behandlung der Afrikaner in der Rechtsprechung war allerdings insofern ein Schuß nach hinten, als Freiheitsstrafen (58,9 Prozent der genannten 4573 Fälle) von diesen nicht allzu tragisch gewertet wurden – bedeuteten sie doch vorübergehend die Befreiung von der Sorge um Existenzsicherung. Bezeichnenderweise mußten sich die Weißen vor Gericht meistens wegen Körperverletzungen verantworten, während die Afrikaner in der Regel wegen Eigentumsdelikten oder wegen unbezahlter Schulden angeklagt waren. Dahinter verbarg sich ein ganz anderer Eigentumsbegriff, der nun – wie vieles andere – mit fremdartigen (Rechts)Normen gemessen wurde.

Die Gültigkeit von zweierlei Maß dokumentiert auch folgende Anmerkung des Chronisten H. E. Lenssen aus Deutsch-Südwestafrika 1904: "... So darf gesagt werden, daß die Herero wohl das von ihnen bewohnte Land als 'ihr Eigentum' betrachteten. Aber was heißt in ihrem Fall Eigentum? Sie sind noch nicht ganze 200 Jahre hier ansässig gewesen, kamen aus dem Betschuanalande nach Südwest, vertrieben die Ureinwohner, Buschleute und Kaffern, und ließen sich in freier Wahl dort nieder, wo sie Wasser und Weide für ihre Rinder vorfanden. Ob es bei der Landnahme immer unblutig hergegangen sein wird, scheint bei dem brutalen Charakter der Herero zweifelhaft". Angesichts der eigenen Methoden der kolonialen Besetzung und Landnahme auf seiten der Weißen klingt diese Verleugnung von Landansprüchen durch die einheimische Bevölkerung geradezu grotesk.

In der Geschichtstheorie wird dem Kolonialismus mit allen seinen Begleiterscheinungen heute eine zentrale Bedeutung für die Entwicklung der Neuzeit eingeräumt. Die koloniale Expansion war spätestens seit dem Wettlauf in Afrika unmittelbar verknüpft mit der wirtschaftlichen Entwicklung in Europa als der dominierenden Weltmacht – genau gesagt, mit dem Aufschwung der Industrie in den europäischen Nationen. Er hat sich dabei bis zu einem gewissen Grad als politisches Phänomen verselbständigt und eigene Mechanismen hervorgebracht, die sich an gesellschaftlichen Wandlungsprozessen bei den kolonisierten Völkern ablesen lassen. Er hat auch die Rivalität der europäischen Mächte auf eine neue Stufe gehoben: Die Geschichte nahm seit dem Eingreifen der Staatsapparate in den Wettlauf um koloniale Einflußzonen einen neuen Verlauf, indem jene Mächte nun nicht mehr nur an ihren unmittelbaren Grenzen in Berührung standen, sondern auch in Übersee in Konfrontationen hineingetrieben wurden. Für Afrika war der Kolonialismus sogar gleichbedeutend mit einer schleichenden Revolution, weil er dort die natürliche Entwicklung von Wirtschaft und Gesellschaft unterbrach und den Kontinent praktisch zu einem Anhängsel Europas machte.

Kapitel 7
Das Ende des deutschen Kolonialtraums

Zu den vielen Merkwürdigkeiten, die eine nachträgliche historische Analyse der Ereignisse des Augusts 1914 zutage fördert, gehört nicht zuletzt, daß die Staatsführungen über den Ausbruch des Weltkriegs so überrascht waren: Jahrelang hatte man auf beiden Seiten mit allen Kräften aufgerüstet, hatte die öffentliche Meinung mit Feindbildern aufgeheizt – doch als sich abzeichnete, daß auf die Schüsse von Sarajewo tatsächlich ein weltweiter Krieg folgen würde, schwankten die Reaktionen der Verantwortlichen zwischen Ratlosigkeit und Panik.

Die mangelnde Vorbereitung auf den in Gedanken oft genug durchgespielten Ernstfall war vor allem in den Kolonialreichen der Europäer festzustellen: Von einer Aufrüstung zu Angriff oder Verteidigung gegen die Besitzungen des europäischen Kriegsgegners konnte nirgendwo die Rede sein: Deutsch-Ostafrika bereitete gerade eine große Handelsmesse vor, zu der auch Briten und Belgier eingeladen waren, und noch am 2. August schickte das Kolonialamt in Berlin ein Telegramm an die überseeischen Amtssitze: "Kein Grund zur Sorge!"

War – angesichts der mangelnden Vorbereitung und der Probleme auf dem europäischen Kriegsschauplatz – ein Kolonialkrieg überhaupt notwendig und sinnvoll? Alle früheren Kriege zwischen Kolonialmächten hatten gezeigt, daß das Schicksal der überseeischen Besitzungen einzig und allein vom Ergebnis des europäischen Kriegs abhing. Selbst mit viel Blut erkaufte koloniale Eroberungen wurden bei den Friedensverhandlungen mit einem Federstrich ungeschehen gemacht. Die Entscheidung, den Krieg dennoch in die Kolonien zu tragen, fiel am 5. August 1914 in London: Die Briten wußten, daß ihre Siegeschance einzig von der Kontrolle der Weltmeere abhing. Die Vorstellung, daß an den Küsten von Atlantik, Pazifik und Indischem Ozean deutsche Flottenstützpunkte – freilich ohne Flotte – und Funkstationen bestanden, mußte in Whitehall als ständige Bedrohung erscheinen. Außerdem, so sicher, daß man im Krieg einen vollständigen Sieg erringen würde, konnte man nicht sein – je mehr Faustpfänder man bei den Verhandlungen besaß, desto besser.

So unsicher der Kriegsausgang in Europa war, so wenig Zweifel konnte am Ergebnis des Kolonialkriegs bestehen. Aufgrund der Seeüberlegenheit der "Entente" waren die deutschen Kolonien vom ersten Kriegstag an vom Reich abgeschnitten. Jeder Widerstand mußte mit den Mitteln und Vorräten bestritten werden, die im August 1914 im Lande waren. Briten und Franzosen hatten nicht nur von Anfang an erheblich mehr Truppen in Afrika stehen, sie konnten auch jederzeit den erforderlichen Nachschub organisieren. Und wenn die Häfen der Mutterländer von deutschen U-Booten bedroht waren, so konnten die Briten immer noch auf Soldaten aus Indien oder Australien zurückgreifen, wie es dann beim langen Kampf um Ostafrika tatsächlich der Fall war. Angesichts dieser höchst einseitigen Ausgangslage ist es verblüffend, wie langwierig der Zusammenbruch des deutschen Kolonialreichs in Afrika verlief.

Keine Chance auf hinhaltenden Widerstand hatte freilich die "Musterkolonie" Togo. Das schmale "Handtuch" war von drei Seiten von feindlichem Territorium umgeben, und da die bisherige Entwicklung der Kolonie so friedlich verlaufen war, bestand ihre ganze "Armee" aus 550 schwarzen Polizeisoldaten unter dem Kommando von fünf weißen Offizieren. Die Briten schlossen auch sofort die einzige Tür der Kolonie, die schmale Küste; schon am 8. August kapitulierte die Hauptstadt Lome.

Gouverneur-Stellvertreter von Doering hatte sich zu diesem Zeitpunkt mit seiner kleinen Streitmacht ins Landesinnere zurückgezogen, zur wichtigen Funkstation Kamina, die er, solange es ging, verteidigen wollte. Lange war dies nicht möglich, da rasch britische und französische Truppen anrückten. Am 25. August ergaben sich die Deutschen zwischen den Trümmern der Funkstation. Damit waren auch alle anderen afrikanischen Kolonien von der direkten Funkverbindung mit der Heimat abgeschlossen – sie konnten Informationen über den Kriegsverlauf nur noch aus aufgefangenen Depeschen des Gegners beziehen.

War Togo ein sicheres und wohlorganisiertes Überseegebiet gewesen, so war die deutsche Kontrolle über Kamerun kaum über das Küstengebiet, die Umgebung von Jaunde und die weitverstreuten Außenstationen vorgedrungen. Die Schutztruppe von 185 Weißen und 1550 Schwarzen, die von rund 1200 Polizeisoldaten verstärkt wurde, hatte zudem ausgedehnte Grenzen zu verteidigen, die tief in britisches und französisches Gebiet hineinragten. Allerdings hatten auch Briten und Franzosen in den benachbarten Gebieten nur sehr schwache Truppenverbände stehen.

Auch in Kamerun griffen die Entente-Mächte zunächst die Küste an, die ebensowenig wie in Togo lange verteidigt werden konnte: Am 27. September 1914 kapitulierte Duala. Die Verwaltung der Kolonie unter Gouverneur Ebermaier hatte sich in Jaunde zur Verteidigung eingerichtet. Die Unerschlossenheit des Landes half den Verteidigern: Außerordentlich mühsam eroberten Briten und Franzosen Bezirk um Bezirk, wobei sie immer wieder kleinere Niederlagen gegen deutsche Stoßtrupps erlitten. Erst zum Jahresende 1915 waren die Angreifer bis Jaunde vorgedrungen, doch das Nest war leer: Mit 900 Weißen und 14.000 Schwarzen hatte der Gouverneur die Hauptstadt geräumt und brachte diese Expedition im Februar 1916 ungefährdet über die Grenze der neutralen spanischen Kolonie Rio Muni. Bis Kriegsende blieben die Kamerun-Deutschen im spanischen Mutterland interniert.

Südwestafrika war die deutsche Kolonie, in der eine Besiedelung aus dem Mutterland in größerem Maßstab erfolgt war. Bei Kriegsausbruch lebten rund 15.000 Weiße zwischen Kuene und Oranje, die 2.000 Mann starken Schutztruppen konnten um 3.000 Reservisten und weitere waffengeübte Farmer verstärkt werden. Allerdings, auf einen Krieg vorbereitet war auch Südwest nicht: Bei der Mobilmachung standen Gouverneur Seitz gerade zwei Kraftfahrzeuge zur Verfügung, es gab kaum Artillerie, und da sich die Siedler fast ausschließlich auf Viehzucht spezialisiert hatten, fehlte es zudem an Lebensmitteln. Und südlich des Oranje lag die bevölkerungsreichste britische Kolonie: Südafrika konnte 60.000 Mann ins Feld schicken, die im Notfall um weitere 60.000 Mann Reserven verstärkt werden konnten. Nur: ein Gutteil dieser Truppen bestand aus Buren, die sich nicht nur volkstumsmäßig mit den Deutschen verbunden fühlten, sondern auch die zumindest moralische Unterstützung durch Deutschland während ihres eigenen Kriegs gegen die Briten nicht vergessen hatten. Tatsächlich hatte die Südafrikanische Union, nach heftigen Debatten im Parlament, am 9. September Südwestafrika gerade den Krieg erklärt, als burische Truppen unter der Führung von Oberst Maritz revoltierten. Für den Rest des Jahres 1914 war die Südafrikanische Armee mit der Niederwerfung des Aufstands beschäftigt, der von den Deutschen natürlich tatkräftig unterstützt wurde. Anfang 1915 war die Rebellion zerschlagen, wenn sich auch ein Teil der meuternden Buren als Freikorps auf die deutsche Seite schlug.

Die Hauptlast des Kriegs mußte so zunächst die britische Flotte tragen, die rasch Swakopmund und Lüderitzbucht besetzte; die Deutschen dort wurden in Kriegsgefangenenlager gebracht. Am 11. Februar 1915 wurde es ernst: General Botha, der Oberbefehlshaber, begann den Großangriff im Süden und Südosten der Kolonie. Die Kämpfe konzentrierten sich entlang der Bahnlinie, die angesichts der erdrückenden Übermacht für die Deutschen bald zur Rückzugslinie wurde. Schon am 7. April mußte Windhuk kapitulieren, den letzten

General von Lettow-Vorbeck.

Widerstand gab Gouverneur Seitz am 9. Juli auf, als er sich mit 34.000 Mann in den trockenen Norden des Landes bis Khorab abgedrängt sah. Immerhin erreichte der Gouverneur eine sehr ehrenvolle Übergabe: Die meisten Kämpfer wurden gegen Ehrenwort entlassen und konnten auf ihre Farmen zurückkehren, deren Eigentumsverhältnisse ebensowenig angetastet wurden wie das deutsche Schul- und Selbstverwaltungssystem. Auch die Deportierten der Küstenstädte durften wieder zurückkehren.

In dem riesigen Gebiet Deutsch-Ostafrikas hatte der Schutztruppenkommandant von Lettow-Vorbeck gerade 2.000 Weiße und rund 11.000 schwarze Askaris und Hilfstruppen zur Verfügung. Von einer landesweiten Kontrolle konnte ebensowenig die Rede sein wie vom Aufbau einer langen Verteidigungsfront. Aber im Gegensatz zu Kamerun war diese Kolonie recht gut erschlossen und leichter passierbar, und anders als in Südwest gab es ausreichende Vorräte. Solange die Truppe offene Feldschlachten gegen einen übermächtigen Gegner vermied, hatte sie gute Chancen, sich zumindest in einem Teil des Landes zu halten.

Von einer Übermacht der Briten konnte zunächst auch keine Rede sein. In den Nachbarkolonien standen kaum nennenswerte Streitkräfte, Nachschub war nur aus Indien oder Südafrika zu erwarten, aber, wie oben erwähnt, die Südafrikaner hatten zunächst andere Sorgen. Auch klappte in Ostafrika das gewohnte Spiel, rasch die deutschen Küstenplätze zu besetzen, nicht wie erwartet: Als am 2. November 1914 ein britisches und acht indische Regimenter bei Tanga landeten, dem Ausgangspunkt der Usambarabahn, wurden sie nach dreitägigen, erbitterten Gefechten zum Rückzug gezwungen. Jetzt konnte Lettow-Vorbeck sogar zum Gegenangriff auf die britische Uganda-Bahn vorgehen. Zwar verlagerte sich der Buschkrieg bald auf deutsches Gebiet zurück, aber bei fast allen Scharmützeln des Jahres 1915 behielt die Schutztruppe die Oberhand.

Die Wende des Ostafrika-Kriegs kam mit dem Fall Südwestafrikas. 1916 konnte General Smuts bedeutende südafrikanische Verbände auf die andere Seite des Kontinents werfen, die durch indische Truppen zusätzlich verstärkt wurden. Und widerwillig hatte London auch zugestimmt, daß die Belgier aus dem Kongobecken gegen die Hochländer des deutschen Seengebiets vorrückten. Jetzt war das Schicksal der Küstenstädte besiegelt, die sich kampflos der Übermacht ergeben mußten: Von allen Seiten drangen britische und verbündete Truppen in die Kolonie ein. An spektakuläre Siege war seitens der Deutschen nicht mehr zu denken, zumal sich der Mangel an Nachschub immer stärker bemerkbar machte. Von Lettow-Vorbeck konnte nur noch bemüht sein, eine Niederlage zu vermeiden und auf ein rasches Ende des Kriegs in Europa zu hoffen – die Tatsache, daß deutsche Truppen noch immer in Ostafrika standen, konnte bei Friedensverhandlungen eine Rolle spielen. Allerdings war die ständig auf der Flucht befindliche Kolonialarmee von jeglichen Nachrichten aus Europa abgeschnitten. So kämpften und marschierten die 150 Weißen und rund 3.000 Schwarzen noch immer, als in Europa schon die Waffen schwiegen. Sie hatten tausende von Kilometern auf deutschem, portugiesischem und britischem Gebiet zurückgelegt, um dem Zugriff General Smuts zu entgehen. Die taktische Meisterleistung von Lettow-Vorbecks und die Energieleistung seiner schwarzen und weißen Soldaten endete erst am 25. November 1918 mitten im britischen Rhodesien: Eher zufällig hatten die Deutschen einen britischen Kurier abgefangen, der die Nachricht vom Waffenstillstand in Europa bei sich trug.

Seit etwa Mitte 1916 war also das gesamte deutsche Kolonialreich in Afrika fest in feindlicher Hand – doch war es tatsächlich für immer verloren? Damals tobte gerade die Schlacht um Verdun; wer bei Kriegsende den Sieg davontragen würde, ob es überhaupt einen eindeutigen Sieger geben würde, war nicht abzusehen. So spielten sich in den Kabinetten in Paris und London in den folgenden Jahren die heftigsten Auseinandersetzungen und verwegensten Planspiele darüber ab, was mit den eroberten Kolonien geschehen sollte. Die jeweiligen Kolonialministerien zeigten verständlicherweise wenig Lust, die Eroberungen wieder herauszurücken, vor allem nicht in London wo man den alten Traum von einem Koloniengürtel "vom Kap bis Kairo" zum Greifen nah sah. Aber es war keineswegs sicher, ob man die Kolonien nicht als Tauschobjekt benötigen würde, um damit Gebietsforderungen des Deutschen Reichs in Europa ablenken zu können. In Berlin hatte man die verlorenen Kolonien nicht abgeschrieben – im Gegenteil: Nach dem noch immer erhofften "Endsieg" wollte man die alten Besitzungen nicht nur zurückfordern, sondern auch noch kräftig erweitern. Auf den Schlachtfeldern zwischen Verdun und Flandern sollte der "Platz an der Sonne" endgültig erkämpft werden. So bestand die Reichsregierung, d. h. die Oberste Heeresleitung, bei allen Friedensinitiativen der Jahre 1917/18 auf der Einrichtung eines "Mittelafrikanischen Reichs" für Deutschland, das das riesige belgische Kongogebiet sowie Teile der portugiesischen Besitzungen Angola und Moçambique mit umfassen sollte. Diese illusorische Forderung verhinderte, neben ähnlichen Maßlosigkeiten in Europa, den Abschluß eines Waffenstillstands, als er noch möglich gewesen wäre.

Im Laufe des Jahrs 1918 war aber abzusehen, daß Deutschlands Kolonien kaum als Handelsobjekt mehr benötigt würden. Natürlich hätten die Eroberer die Kriegsbeute gerne eingesteckt, wie es jahrhundertelang üblich gewesen war. Aber das war am Anfang des 20. Jahrhunderts nicht mehr so einfach, vor allem was Kolonialgebiete betraf. Denn die große Ausbreitung des Imperialismus' seit etwa 1880 hatte rasch Gegenbewegungen hervorgerufen: Das "selbstverständliche Recht" der Weißen, die "primitiven" Eingeborenen in aller Welt zu beherrschen, um sie gleichermaßen zu "zivilisieren" und auszubeuten, wurde von einflußreichen Kreisen immer weniger als selbstverständlich noch als Recht angesehen. Und den Sieg über die Mittelmächte hatten Großbritannien und Frankreich letztlich den USA zu verdanken. Präsident Wilson hatte aber klar festgestellt, daß er die Waffenhilfe nur zu gewissen Bedingungen zu leisten bereit war: Dazu gehörte ein "gerechter" Friede, der den beteiligten Staaten ihren legalen Besitzstand sichern sollte. Abweichungen davon waren nur auf Grund der anderen Lieblingsidee Wilsons zu rechtfertigen, dem Selbstbestimmungsrecht der Völker. (Ähnliche Ideen propagierten auch die in Rußland an die Macht gekommenen Bolschewisten, deren Thesen von der politischen Linken in den kriegführenden Ländern übernommen wurden.)

Die Wiederherstellung des früheren Zustands hätte demnach auch die Rückgabe der deutschen Überseebesitzungen bedeutet. Um das zu verhindern, mußte man in Paris und London den Deutschen das moralische Recht absprechen, als Kolonialmacht zu wirken: So wurden eifrigst Beispiele für deutsche Unmenschlichkeiten in den Kolonien gesammelt, die ausgiebig durch Erfindungen und Gerüchte ergänzt wurden. Und das Propagandagift verfehlte auch nicht seine Wirkung auf den US-Präsidenten, der zu Beginn der Friedensverhandlungen dann auch die gewünschte Erklärung abgab:

"Es gehört zu den peinlichsten Enthüllungen der letzten Jahre, daß jene Großmacht, die eben glücklich geschlagen wurde, den hilflosen Völkern in einigen der Kolonien unerträgliche Lasten und Ungerechtigkeiten aufbürdete; daß sie eher bestrebt war, diesen Besitz europäischen Zwecken dienstbar zu machen, statt sich das Vertrauen der eingeborenen Völker zu erwerben und sie auf die nächsthöhere Entwicklungsstufe emporzuheben. Nun spricht das Gewissen der ganzen Welt durch das Gesetz und sagt: Dies muß zu Ende sein!"

Daß solche Vorwürfe erhoben und geglaubt wurden, erfüllte die deutsche Öffentlichkeit mit Empörung und Verbitterung – für sie war es ein weiteres Beispiel, daß man von den Siegern keine Gerechtigkeit, sondern nur Rache und Demütigungen zu erwarten hatte. Die Proteste der Deutschen fanden bei dieser Frage in Versailles ebensowenig Gehör wie bei anderen Streitpunkten, aber auch die Rechnung der Entente ging nicht auf wie erhofft: Eine Rückgabe der deutschen Kolonien schloß zwar das "Weltgewissen" aus, und auch Wilson mußte letztlich zugeben, daß die Ausübung des Selbstbestimmungsrechts in den Kolonialgebieten kaum möglich war, zumindest nicht zum jetzigen Zeitpunkt. Aber gegen eine stillschweigende Okkupation der Kolonien hatte der Präsident sehr viel einzuwenden. Er wollte das gesamte Kolonialsystem möglichst rasch durch eine "treuhänderische Verwaltung" ablösen, die gezielt auf die Unabhängigkeit aller Staaten hinarbeiten sollte. Als Kontrollorgan hatte der Präsident sein politisches "Lieblingskind", den Völkerbund, vorgesehen. In den bestehenden Kolonialreichen der Siegermächte war der Mandatsgedanke nicht durchsetzbar, aber wenigstens in den Besitzungen der Verlierer – dazu gehörten neben den deutschen Kolonien die vorderasiatischen Gebiete der Türkei – sollte dieses System exemplarisch eingeführt werden.

Resignierend mußten die Regierungen in London und Paris erkennen, daß Wilson hier unerbittlich blieb. Wenigstens konnten sie dem Präsidenten ausreden, daß er "in Kolonialdingen unerfahrenen" Kleinstaaten die Mandate übertrug. Stattdessen wurden sie selbst als Treuhänder eingesetzt. Hatte man die faktische Macht im Lande, erschienen auch die Verpflichtungen der Treuhänderschaft erträglich, wie "verantwortungsbewußte" Regierung, Duldung lokaler Selbstverwaltung, Verbot des Waffen- und Alkoholhandels Verzicht auf Befestigungen und militärische Stützpunkte, offener Handel mit anderen Völkerbundsmitgliedern.

Der heftigste Widerstand gegen die Mandatspläne ging übrigens von der Südafrikanischen Regierung aus, die Südwestafrika als willkommene und bodenschatzreiche Abrundung des eigenen Territoriums ansah und das Land völlig integrieren wollte. Erst nach energischem Zureden des Mutterlands erklärten sich die Afrikaanders bereit, Südwest "nur" als Mandat zu übernehmen. Erleichtert wurde General Smuts die Zustimmung dadurch, daß die Westmächte eine weitgehende Differenzierung des Mandatsstatus durchgesetzt hatten: Die sehr enggefaßte Treuhandschaft in den sogenannten "A-Mandaten", die tatsächlich nur eine vorübergehende Betreuung auf dem Weg zur faktischen Selbstbestimmung darstellen sollte, wurde nur für die Gebiete des Nahen Ostens – Syrien, Palästina, Mesopotamien (Irak) – eingerichtet. Bei den "B-Mandaten", die den oben erwähnten Einschränkungen unterworfen waren, blieben Selbstbestimmung und Unabhängigkeit ein vages Versprechen für die Zukunft. Togo, Kamerun und Ostafrika wurden als "B-Mandate" an Großbritannien und Frankreich vergeben, Belgien erhielt die Königreiche Ruanda und Burundi im ostafrikanischen Seengebiet. Teile von Togo und Kamerun wurden den benachbarten britischen und französischen Kolonien zugeschlagen.

"C-Mandate" waren schließlich Gebiete, die "infolge ihrer spärlichen Bevölkerung . . . ihrer Abgeschiedenheit oder ihres geografischen Zusammenhangs mit dem Land des Mandatsträgers als wesentliche Bestandteile seines Reichs anzusehen sind." Als einzige Verpflichtung blieb praktisch nur die "anständige Behandlung" der Eingeborenen bestehen. Diese sehr weitgehende Treuhandschaft erhielt Südafrika für Südwestafrika zugestanden und war damit zufrieden – wenn sich auch die stillschweigende Hoffnung nicht erfüllte, daß die Welt den Mandatsstatus Südwestafrikas "vergessen" würde.

Hauptleidtragende des Zusammenbruchs des deutschen Kolonialreichs blieben, neben den Aktionären der großen Handelsgesellschaften, die Siedler, die dort ihre Existenz aufgebaut hatten: In Togo, Kamerun und Ostafrika wurden nahezu alle deutschen Farmer und Plantagenbesitzer enteignet und ausgewiesen. In Südwestafrika hätte ein ähnliches Vorgehen die Entvölkerung des Landes und den Zusammenbruch der weißen Infrastruktur bedeutet. Zwar wurden 1919 tatsächlich noch 6.000 der 15.000 Deutschen vertrieben, aber schon bald setzte bei der Südafrikanischen Regierung ein Umdenken auf Integration ein: Rückkehrer und Neusiedler wurden bereitwillig aufgenommen,

1932 wurde sogar Deutsch als dritte Amtssprache zugelassen. Zwar wurden 1939 "Südwester" mit deutschem Paß interniert, aber auch sie behielten, so sie ihre Loyalität bewiesen, ihr Eigentum. Südwestafrika behielt bis heute in seinem weißen Bevölkerungsteil einen starken deutschen Zug, der noch immer sehr viel mehr in den Farben "Schwarz-Weiß-Rot" als in "Schwarz-Rot-Gold" denkt und fühlt.

Kapitel 8
Afrika heute: Ein Platz im Herzen für den deutschen Onkel

Auf den Grabsteinen stehen die Namen Christian Buchholz und August Dobler, Hubert Heck und Heinrich Schulz. Einer war Oberförster gewesen, ein anderer Telegraphen-Leitungsaufseher, Arzt oder Gouverneur. Manch einer starb "in treuer Pflichterfüllung während des Baues der Eisenbahn von Lomé nach Palime". Auf dem Friedhof von Lomé haben sie ihre letzte Ruhestätte gefunden. Die Grabsteine, zu denen der Friedhofswärter für ein Trinkgeld gerne führt, gehören zu den Spuren, die aus der deutschen Kolonialzeit übrig geblieben sind. Auch viele Bauwerke zeugen noch von dieser Vergangenheit. Da ist die um 1910 erbaute neugotische Kathedrale von Lomé gleich neben dem Marktplatz, die das Wahrzeichen im Zentrum der Stadt ist. Der alte deutsche Gouverneurspalast war bis 1970 Amtssitz auch des togolesischen Staatspräsidenten.

Nach wie vor steht das Schloß, das Gouverneur von Puttkammer 1901 in Buea am Fuß des Kamerunberges erbauen ließ. Das Schild "Bitte ziehen" in der Schloß-Toilette hat die britische Herrschaft ebenso überdauert wie die geschliffenen Gläser, mit denen Puttkammer seine Gäste bewirtete. Auch das alte deutsche Hospital in Duala ist weiter in Betrieb. Häuser der Deutschen sind ebenfalls in Dar-es-Salam noch zu sehen. Anderswo blieben nur noch Ruinen, wie im Fall der einstigen deutschen Telegraphenstation von Kamina, die bei organisierten Touristenreisen durch Togo zu den obligatorischen Haltepunkten gehört. Es gibt natürlich auch – abgesehen von Namibia – keine deutschen Orts- und Straßennamen mehr; allerdings sind die Bezeichnungen der Franzosen und Engländer ebenfalls ersetzt, aus dem "Platz de Gaulle" wurde nicht selten der "Platz der Unabhängigkeit".

Die ehemaligen deutschen Kolonien in Schwarzafrika sind inzwischen unabhängige Staaten: Togo und Kamerun seit 1960, Tanganjika seit 1961; nach der Föderation mit Sansibar wurde daraus 1964 Tansania. Namibia allerdings hat diesen Status bis zum Redaktionsschluß dieses Buches noch nicht erlangt.

Wie aber stehen die Afrikaner heute zu ihrer deutschen Vergangenheit? Teilnehmer der ersten organisierten Massentourismus-Reisen von der Bundesrepublik aus nach Kamerun in der zweiten Hälfte der 60er Jahre erinnern sich an bezeichnende Erlebnisse: Wie ihnen der einheimische Führer bei der Stadtbesichtigung von Duala mit einer alten Postbeamten-Mütze des Kaiserreichs auf dem Kopf die Sehenswürdigkeiten erklärte. Oder wie ihnen beim Abschied am Flugzeug-Landeplatz von Tiko der "Deutsche Gesangverein" aus alten Notenheften in Sütterlin-Schrift das Lied vorsang: "Alle Vöglein sind schon da"; keiner der Tenöre mit ihren zahnlosen Mündern war jünger als 70 – es waren Afrikaner, die um die Jahrhundertwende in Berlin zu Lehrern ausgebildet worden waren.

Und jene Reisenden kamen nach Bali im kamerunischen Grasland und trafen dort einen alten einheimischen Würdenträger, der ihnen in perfektem Deutsch die Geschichte erzählte von dem weißen Mann, der eines Tages zu ihnen gekommen war (es handelte sich um Eugen Zintgraff, einen der vielen deutschen Afrikareisenden in den 90er Jahren des 19. Jahrhunderts). Sie hatten sich damals im Dorf gefragt, ob er wohl ein Mensch sei oder ein Gott, denn die Hautfarbe war ihnen fremd gewesen. Sie setzten ihm zur Probe Erdnüsse vor, die Zintgraff auch aß – er konnte also kein Gott sein. Und dann der Satz: "Seit diesem Tage datiert die Freundschaft zwischen dem Volk von Bali und dem Volk der Deutschen". Anderswo bekamen jene Pioniere des Massentourismus von Afrikanern zu hören: "Die Deutschen waren streng, aber gerecht. Wenn wir etwas Böses getan haben, haben sie uns den Hintern versohlt, aber danach haben sie gesagt: Du bist mein lieber Sohn".

Freilich: jene Schwarzen, die noch eigene Erfahrungen mit den deutschen Kolonialherren gemacht haben, sind inzwischen bis auf ganz wenige gestorben. Dennoch bleibt der Satz des französischen Afrikaforschers Robert Cornevin festgeschrieben, die afrikanischen Nationen hätten "in ihrem Herzen einen Platz für den deutschen Onkel beibehalten". Das mag für Togo und Kamerun auch stimmen, in Ostafrika ist die Erinnerung an die Deutschen dagegen nicht so positiv. Der Unterschied liegt wohl an den unterschiedlichen Charakteren der Gouverneure, die Berlin einst mit der Leitung der Schutzgebiete betraute, und an deren Handhabung der Verwaltungspolitik – jedenfalls pflanzte sich das jeweilige Image über Erzählungen der "Alten" auch bei den Generationen fort, die die Deutschen nicht mehr selbst erlebt haben.

Cornevin irrt aber sicherlich, wenn er an anderer Stelle schreibt: Die Bindungen der Deutschen mit ihren ehemaligen Kolonien hätten heute "mehr sentimentalen als materiellen Charakter". Denn die Nachfahren von Christian Buchholz und August Dobler, Hubert Heck und Heinrich Schulz, die in der Vergangenheit zu den Herren in dem Kontinent gehörten, vertreten heute zum Teil in Afrika wieder sehr handfeste Interessen – besonders, wenn sie als Geschäftsleute anreisen. Andere kommen in den schwarzen Kontinent als Touristen oder als Entwicklungshelfer. Alle drei Gruppen prägen die Entwicklung von Togo, Kamerun oder Tansania in der Gegenwart mit.

Die Fesseln der Kolonialherrschaft waren gerade erst abgestreift, die Freudenfeiern der Unabhängigkeit kaum verklungen, als Europäer und Schwarzafrikaner eine neue, rechtlich verbindliche Form der Beziehungen zueinander suchten. In einem Vertrag, der nach der kamerunischen Stadt Jaunde benannt ist, wurde 1963 alles besiegelt: die Assoziierung von zunächst 18 französischsprachigen Staaten Schwarzafrikas und Madagaskars an die Europäische Wirtschaftsgemeinschaft. Die Bindung wurde 1969 nochmals in Jaunde, 1975 und 1979 in Lomé vertraglich fortgeschrieben. 1983 liefen die Gespräche für ein neues Abkommen für die Zeit nach 1985 an. 63 Staaten Afrikas, der Karibik und des pazifischen Raums – die sogenannten AKP-Staaten – sind heute mit der EG assoziiert; die Kooperation, der Modellcharakter für die Beziehungen zwischen "Nord" und "Süd" in der internationalen Völkergemeinschaft zugesprochen wird, verbindet rund 260 Millionen Europäer mit über 320 Millionen Einwohnern außereuropäischer Staaten. Die ehemaligen deutschen Kolonien Schwarzafrikas sind mit eingeschlossen.

Pate gestanden hat für die Assoziierung wohl in erster Linie der Wunsch Frankreichs, seine Partner in der damaligen EWG solidarisch an den Lasten für die Entwicklung seiner Kolonialgebiete nach der Unabhängigkeit zu beteiligen. Die Assoziierung regelt die industrielle und landwirtschaftliche, die finanzielle und technische Zusammenarbeit; vor allem ermöglicht sie den AKP-Staaten die zollfreie Einfuhr aller einheimischen Waren in den europäischen Markt. Die Diskussion über Vorteile der bzw. Enttäuschungen in Bezug auf die Verträge ist endlos. Fest steht: sie haben die Handelsströme zwischen Afrika und Europa gefestigt und gleichzeitig auf eine breitere Grundlage gestellt. Denn wenn früher Frankreich oder Großbritannien der Haupthandelspartner eines Landes war, so sind es nun die Mitgliedsländer der EG in ihrer Gesamtheit. Darunter auch die Bundesrepublik. Die Verträge haben gleichzeitig im Rahmen der industriellen Zusammenarbeit dem Einzug neuen Kapitals aus Europa nach Afrika eine Rechtfertigung gegeben.

Wie sieht nun der "Steckbrief" der ehemaligen deutschen Kolonien in Schwarzafrika aus? Die Statistiken ergeben nur ein sehr vages Bild; sie sind oft unvollständig oder hoffnungslos veraltet. Das beginnt bei den Bevölkerungszahlen. Am aktuellsten sind die Daten von Tansania. 1978 wurden hier 17,53 Millionen Einwohner gezählt. Letzte Volkszählungen ergaben 1976 für Kamerun 7,66 Millionen und 1970 für Togo 1,95 Millionen Bürger Seitdem ist die Einwohnerzahl jährlich schätzungsweise jeweils um zwei bis drei Prozent

Hermann Schwarz “ . . . starb in treuer Pflichterfüllung während des Baus der Eisenbahn von Lomé nach Palime”.

gestiegen. Die Zahl der Europäer, die heute in diesen Ländern lebten, wird in Togo mit 3000, in Kamerun mit 12.000 - 13.000 und in Tansania mit rund 22.000 beziffert. Im letztgenannten Land kommen noch einmal etwa 50.000 Inder und Pakistani hinzu – in ihrer Mehrzahl Nachfahren der Arbeitskräfte, die von den Briten zum Eisenbahnbau hierher gebracht worden waren.

Die politischen Geschicke Togos, Kameruns und Tansanias werden von Einheitsparteien bestimmt, die durchaus den Entscheidungsprozessen in der Tradition afrikanischer Dorfgemeinschaften gerecht werden. Das Brutto-Sozialprodukt ist jeweils bescheiden – in Kamerun aber immer noch doppelt so hoch wie in Tansania. Die Industrialisierung der Länder ist bislang über das Anfangsstadium nicht hinausgelangt. Nach den letzten verfügbaren Angaben der nationalen Behörden hat das produzierende Gewerbe in Tansania einen Anteil am Brutto-Sozialprodukt von 8 Prozent, in Kamerun von 21 Prozent und in Togo von 22 Prozent. Im Vordergrund stehen hierbei – wie in fast allen afrikanischen Staaten – sogenannte “importsubstituierende” Branchen: zuvorderst die Getränke- und Tabakherstellung sowie die Textil- und Bekleidungsindustrie. Dazu kommen metallverarbeitende Betriebe, Holzbearbeitung oder Zementherstellung. Mehr oder weniger bedeutsam ist daneben die Zwischenbearbeitung von Rohstoffen oder Bergbauprodukten für den Export.

Grundlage der Wirtschaft ist stets die Landwirtschaft. Eine Besonderheit ist in Tansania die Organisation sozialistischer "Ujamaa"-Dörfer nach dem Genossenschaftsprinzip, mit der die Regierung an alte Gemeinschaftstraditionen anzuknüpfen versuchte. Kennzeichen der Wirtschaft ist darüber hinaus ein Phänomen, das in der Wissenschaft als "Dualismus", treffender aber noch mit dem Begriff einer "strukturellen Heterogenität" bezeichnet wird. Dahinter verbirgt sich ein Nebeneinander von unterschiedlichen Produktionsweisen. Da ist die Produktion von Dorfgemeinschaften teils für den Eigenbedarf an Nahrungsmitteln und teils für den Export nach traditionellen Normen (z. B. kollektives Grundeigentum, Viehhaltung als Symbol sozialen Prestiges), wobei diese Gemeinschaft auch eine Art "Sozialversicherung" für Alte und Kranke gewährt. Das andere Extrem sind moderne Industriebetriebe auf der Basis von Lohnarbeit in den Städten, die nach modernen betriebswirtschaftlichen Prinzipien geführt werden. Dazwischen findet man Ansätze feudaler Produktionsverhältnisse und andere Wirtschaftsformen einschließlich eines staatlichen Dirigismus in einzelnen Bereichen (etwa bei der Preisfestlegung). Dieses Nebeneinander erschwert die Organisation einer für sich funktionierenden Volkswirtschaft.

Verschärft werden die ökonomischen Entwicklungsunterschiede nicht zuletzt durch eine ausgeprägte "Arbeitsmigration": Gemeint sind unkontrollierbare Wanderungsbewegungen zwischen ärmeren und scheinbar prosperierenden Staaten und, vor allem, zwischen Stadt und Land. Nicht allzu weit von der Realität entfernt dürfte die Schätzung einer erfahrenen Reisebürovertreterin in Togo sein, wenn sie meint: "Pro Tag lassen vermutlich im Schnitt an die 50 Leute in den Dörfern des Landes ihre Yamswurzel-Hacke fallen, um in den Städten im Umfeld der Touristen als Händler oder auf andere Weise Geld zu verdienen". Diese Wanderungsbewegung hat im wesentlichen zwei Wirkungen: sie bringt die Funktionsweise der dörflichen Produktion ins Wanken und erzeugt in den Städten ein Heer von Arbeitslosen, da die "modernen" Produktionsbetriebe nur sehr begrenzt neue Arbeitskräfte aufnehmen können.

In den Städten behalten freilich die sozialen Spielregeln der Dorfgemeinschaft zumeist ihre Gültigkeit. Derjenige Afrikaner, der eine Arbeit gefunden hat, ist für den Lebensunterhalt nachkommender Dorfbewohner ohne Beschäftigungsaussichten verantwortlich. Diese verhindert in der Regel ein Ausbrechen aus den "Slums" im Umfeld der Städte. Im übrigen ist auch im sozialen Bereich praktisch aller afrikanischen Nationen eine Überlagerung verschiedener Strukturen zu finden. Am auffälligsten sind die Unterschiede zwischen der Masse der Bevölkerung und einer kleinen "Elite", die im staatlichen

Verwaltungsapparat tätig ist oder sich aus den wenigen Führungskreisen der modernen Wirtschaftsbereiche rekrutiert, die meist in Europa einen Großteil ihrer Ausbildung erworben hat und sich durch ein vergleichbar hohes Einkommen sowie eine Lebensweise auszeichnet, die sich an europäischen Maßstäben orientiert.

In einem Bericht aus Jaunde hat der Korrespondent der Deutschen Presse-Agentur für Kamerun diese Lebensweise im Spätsommer 1983 so beschrieben: "Den Stil französischer Lebensart wollen sich die Kameruner kaum nehmen lassen. Nirgendwo auf dem schwarzen Kontinent fließt der Champagner so reichlich wie in diesem zentralafrikanischen Staat. Die selbstkreierten Pasteten in den schicken Restaurants und die mehrfach am Tag angebotenen frischen Baguettes sind keineswegs üble Imitationen. Mode und Modethemen der noch dünnen, aber wachsenden bürgerlichen Schicht in den Städten sind aus Paris importiert".

Aufschlußreich ist auch ein Blick in die Monatszeitschrift "Bingo" – eine seit 1953 in Paris erscheinende, überregionale Illustrierte für den französischsprachigen Raum in Afrika und vielleicht der größte Werbeträger für diese Region. In den Anzeigen wird es ihm suggeriert: Der moderne Afrikaner von heute raucht Gauloise, Dunhill, Marlboro oder Benson & Hedges; er trinkt Martini on the rocks, White Horse Whiskey oder Beefeater Gin; er fährt einen Peugeot oder einen Mitsubishi und hat einen Hi-Fi-Turm von Sansui. "Bingo" ist so etwas wie eine Plattform zur Selbstdarstellung der neuen afrikanischen Elite und dabei eine nicht einmal schlechte Kopie europäischer Boulevard-Magazine. Das reicht hin bis zur Lebensberatung einer "Madame Afrique". Mal ist es der 23jährige Pierre W. aus Duala, der seine Schüchternheit gegenüber Frauen loswerden möchte, mal eine Büroangestellte mit vier Kindern, die eine Boutique eröffnen will – sie schreiben an "Madame Afrique" ihre intimsten Sorgen und können dann in "Bingo" die Lösung ihres Problems nachlesen. Eine Rubrik lädt zu Brieffreundschaften ein: Edji Ekpene aus Lomé, der Tanz, Musik und Kinofilme als Hobby ausgibt, sucht hier ebenso nach Briefpartnern wie die erst zwölfjährige Ntélélé Doris Brigitte Novège aus Idea in Kamerun, die die Bibel, lange Haare, Radfahren, den Strand und die Natur liebt.

Unterschiede in der ethnischen Herkunft prägen häufig das Bewußtsein der "modernen" Elite mit – und verursachen offene oder versteckte politische Rivalitäten. Widersprüche und Konflikte entstehen außerdem aus der Konfrontation von Herrschaftsansprüchen dieser Elite mit den traditionellen Machtvorstellungen der dörflichen Eliten auf dem Lande, die sich auf unterschiedliche religiöse Normen (Naturreligionen, Islam) berufen. Deren Stellung stützt sich selbst in der Gegenwart noch auf eine Ordnung, die von den

Ahnen vorgegeben wurde. Fetische und eine für Europäer meist undurchschaubare Geisterwelt prägen auf dem Land vielerorts noch den Alltag. Es ist ein Leben ohne Strom und ohne andere Errungenschaften europäischer Technologie, wobei eine der Hauptbeschäftigungen der Frauen etwa nach wie vor darin besteht, aus den Früchten der Erde in großen Mörsern Essensbrei zu stampfen – zur Freude der weißen Foto-Voyeure auf Fernreise-Trip. Die Lehmhütten haben häufig keine Fenster, was mit als Schutz vor den Geistern der Nacht gedacht ist. In der Dunkelheit wagen die Männer und Frauen in manchen Gegenden keinen Schritt vor die Tür – zum Beispiel in dem Dorf in zwei Kilometern Entfernung von der togolesischen Stadt Atakpamé, wo Landsleute in der Diskothek des Hotels "Le Roc" zu Melodien von Boney M. das Tanzbein schwingen.

Oft sind die "alten" und die "neuen" Eliten nur unscharf voneinander getrennt. Das Phänomen beginnt bei dem Bürgermeister der kamerunischen Stadt Nkongsamba, die als Endpunkt der deutschen Eisenbahn entstand: Hier hat er sein modernes Verwaltungsbüro, außerhalb der Dienststunden ist er Stammeshäuptling mit allen Zeichen seiner traditionellen Würde. Häufiger ist freilich das Problem einer mangelnden sozio-kulturellen Integration. Das heißt konkret: Die "neue" Elite verdrängt inzwischen schon die Verhältnisse außerhalb ihres eigenen Milieus und damit die Probleme, wie sie sich außerhalb der Städte bieten, aus ihrem Bewußtsein. Der Barkeeper im modernen Touristenhotel in Lomé oder Duala, der sich nach seinem eigenen Verständnis in einer gehobenen Position mit neuartigem Prestige wähnt, erzählt bereits nur noch ungern über sein Heimatdorf. Den sozialen Kontakt zwischen dem "modernen" und dem traditionellen Afrika halten vor allem Händler aufrecht sowie Arbeiter, die in der Tradition der Wanderbeschäftigung aus der Kolonialzeit nur saisonweise ihre Dörfer verlassen. Beobachter stellen allerdings fest, daß die Zahl der "Rückkehrer" von Jahr zu Jahr immer geringer wird.

Obwohl in der Landwirtschaft die Erzeugung für den eigenen Nahrungsmittelbedarf überwiegt, trägt sie den aus Kolonialzeiten ererbten Produktionsstrukturen entsprechend zum größten Teil zu den Exporterlösen der hier betrachteten Länder bei. In Tansania liegt der Anteil der Agrarerzeugnisse an der Ausfuhr bei 75 bis 80 Prozent, wobei trotz starker Schwankungen an erster Stelle Kaffee zu nennen ist (der Anteil am Gesamtexport lag beispielsweise 1977 bei 41 und 1979 bei 28 Prozent). Es folgen in der Reihenfolge der Bedeutung Baumwolle, Tabak, Gewürznelken, Cashewnüsse und schließlich Tee. In Kamerun dominieren zwei landwirtschaftliche Exportprodukte, nämlich Kakao und Kaffee; sie brachten 1976 zusammen 52 und 1980 rund 45 Prozent der Ausfuhrerlöse ein. Die gleichen Produkte stehen bei Togo auf der

Liste der Exportgüter, wobei allerdings die Ausfuhr von Phosphat weit an der Spitze liegt (1976 entfiel darauf rund 52, 1980 rund 40 Prozent des Ausfuhrwertes). In den beiden letztgenannten Ländern gewinnen auch Lieferungen von Erdöl ins Ausland (trotz der vergleichsweise bescheidenen Fördermengen) zunehmend an Gewicht, dessen Einfuhr traditionell die Handelsbilanz aller schwarzafrikanischen Länder mit Ausnahme der erdölproduzierenden Länder Gabun und Nigeria schwer belastet. Tansania etwa benötigt zwei Drittel seiner Exporteinnahmen allein dafür, um die nationale Ölrechnung zu begleichen. Trotz eigener Ausfuhren von Erdöldestillationserzeugnissen für 87,6 Millionen US-Dollar mußte aber auch Togo 1980 noch 23 Prozent seiner Importausgaben für Erdölprodukte verwenden. Die Suche nach dem "flüssigen Gold" begann in Kamerun schon 1951 und in Togo 1962.

Entsprechend der internationalen Arbeitsteilung zwischen "Nord" und "Süd", also zwischen Industrieländern und den Ländern der sogenannten Dritten Welt, stehen ansonsten Industrieerzeugnisse an oberster Stelle in den Einfuhrstatistiken Togos, Tansanias und Kameruns. Die Ausgaben für Maschinen und technische Geräte summierten sich 1980 für Togo auf 16 Prozent aller Importe, Fahrzeuge sowie Eisen- und Stahlerzeugnisse dazugerechnet ergaben knapp 29 Prozent. Auf diejenige Warengruppe, auf die sich eigentlich das Hauptaugenmerk einer Importsubstitution richtet, nämlich Textilerzeugnisse, Getränke und Tabakwaren, entfielen weitere 16 Prozent. Das Beispiel Togos zeigt deutlich, daß die afrikanischen Länder heute auch ihre Eigenständigkeit bei der Nahrungsmittelversorgung verloren haben: Fleisch, Fisch, Getreide, Obst, Gemüse und Zucker kosteten das Land 1976 schon 6 Prozent und 1980 über 8 Prozent aller Importausgaben. Die nach Produktgruppen aufgeschlüsselten Handelsstatistiken Kameruns und Tansanias ergeben in der Tendenz ein ähnliches Bild. In Tansania erreicht nach den letzten Zahlenangaben der Anteil der Maschinen und Fahrzeuge sogar 40 Prozent, in Kamerun 37 Prozent der Einfuhren. Dabei ist anzumerken, daß angesichts der ungleichen Preisentwicklung für Rohprodukte und Industrieerzeugnisse auf den Weltmärkten trotz aller Produktionssteigerungen die Handelsbilanz der afrikanischen Länder von einem chronischen Einfuhrüberschuß gekennzeichnet bleibt – selbst wenn, wie in Kamerun und Togo, das Problem der Rohölimporte an Gewicht verliert.

Unabhängig von der Art der Exporte und Importe gilt: die wichtigsten Handelspartner Togos, Kameruns und Tansanias blieben im einzelnen trotz EG-Assoziation nach der Unabhängigkeit die ehemaligen "Mutterländer" Frankreich bzw. Großbritannien. Dazu ein letzter Blick in die Statistik: Frankreich liefert gegenwärtig rund zwei Fünftel der Warenbezüge Kameruns und ist Bestimmungsland für ein Viertel seiner Ausfuhren. Obwohl die Prozentsätze von Jahr zu Jahr eher kleiner werden, bleibt das einstige Mutterland der bedeutendste Handelspartner Kameruns. An dritter Stelle im Warenverkehr kommt schon die Bundesrepublik, und zwar bei den Einfuhren hinter den USA und bei den Ausfuhren hinter den Niederlanden. 60 Prozent der deutschen Lieferungen fielen in die Rubrik Maschinen und Fahrzeuge, über 80 Prozent der kamerunischen Produkte mit der Bundesrepublik als Ziel waren Kakao und Kaffee. Für die Bundesrepublik steht übrigens Kamerun bei den Einfuhren erst an 63. und in der Ausfuhr an 81. Stelle. Einen Aufschwung bei den Handelsbeziehungen erhofft sich die deutsche Industrie mittelfristig durch die Entscheidung Kameruns zugunsten des deutschen PAL- und gegen das französische Secam-System bei der Umstellung des kamerunischen Fernsehens auf Farbe.

Nicht ganz so gute Marktanteile hat die Bundesrepublik in Togo. Unter den Lieferländern dieses Landes liegt sie in der Statistik hinter dem ehemaligen Mutterland Frankreich (Importanteil zuletzt rund 25 Prozent), Nigeria, den Niederlanden und Großbritannien erst auf Platz fünf, bei den Empfängerländern togolesischer Waren auf Platz vier – hier hält selbst Frankreich hinter den Niederlanden nur die zweite Position. Dafür ist die Bundesrepublik für Tansania (14 bis 18 Prozent der Exportwerte) vor der früheren Kolonialmacht Großbritannien der wichtigste Absatzmarkt. Aus Großbritannien stammen andererseits mit 20 Prozent immer noch die meisten eingeführten Waren Tansanias.

Der Außenhandel gibt freilich nur ein unvollständiges Bild von den wirtschaftlichen Bindungen und Abhängigkeiten zwischen Europäern und Afrikanern. Mindestens ebenso wichtig sind die unternehmerischen Aktivitäten und die Besitzverhältnisse in der Wirtschaft der afrikanischen Länder. Vor allem trifft dies auf die ehemalige "Musterkolonie" Togo zu. Deutsche Firmen sind hier stark vertreten – Baufirmen realisieren die verschiedensten großen wie kleinere Bauprojekte, andere halten die Kapitalmehrheit der größten Textilfabrik, und wieder andere sind Kapitalgeber für Hotelkomplexe an der Küste, um nur drei Beispiele zu nennen. Deutsche halten vor allem das Monopol an der Fleisch- und Wurstverarbeitung und bei der Bierherstellung in dem afrikanischen Land – genau gesagt, sind es die Gebrüder März aus dem bayerischen Rosenheim.

Eines der Kernstücke des "März-Imperiums", wie Europäer vor Ort die Unternehmensaktivitäten der Gebrüder bezeichnen, ist die Musterranch "Marox": Ein piksauberer Betrieb, wie Besucher feststellen, tadellos geführt, auch wenn das deutsche Verwalterehepaar einmal nicht anwesend sein sollte. 800 bis 1.000 Rinder gehören zum ständigen Tierbestand, ebenso 1.800 bis 2.000 stattlich gemästete Schweine. 1971 wurde die Ranch für die Dauer von 99

Jahren gepachtet. März-Besitz ist ferner die Brauerei "Brasserie du Benin" mit zwei Braustätten. Dazu kommt schließlich noch das Restaurant "Alt-München" östlich der Hauptstadt Lomé. Das Rahmschnitzel dort schmeckt besser als mancherorts in Bayern, und auch die Gulaschsuppe, das Wiener Schnitzel oder die Schlachtplatte mit Sauerkraut sind zu empfehlen. Den Rahmen im Restaurant Alt-München bilden ein Gemälde der Sendlinger Bauernschlacht anno 1705, bayerische Volksmusik und Bierkrüge wie beim Oktoberfest.

Mehr noch als Togo ist Kamerun ein Tummelplatz für Unternehmen aus europäischen Ländern – auch wenn die Regierung wie die der meisten afrikanischen Länder die Nationalisierung der wichtigsten Industriebetriebe forciert und sich speziell bei Neugründungen selbst mehrheitlich beteiligt. Erhebungen aus dem Jahre 1979 kamen zu dem Ergebnis, daß das Gesellschaftskapital der 100 größten Unternehmen Kameruns zu 48 Prozent in ausländischem Besitz liegt. Davon wiederum ist fast drei Viertel in französischer Hand. Das Spektrum französischen Einflusses reicht von einer 20prozentigen Beteiligung an der Elektrizitätsversorgung (Kamerun gilt neben Zaire als größter Erzeuger elektrischer Energie im französisch-sprachigen Schwarzafrika) bis zu einer Kistenfabrik in Duala oder dem 1957 gegründeten Aluminiumwerk der Firma Alucam in Edéa einschließlich seiner angeschlossenen Fertigung von Haushalts- und Küchengeräten aus Aluminium. Bundesdeutsche Firmen investierten in dem Land aber auch seit 1977 jährlich im Schnitt rund 50 Millionen Mark, zum Beispiel in den Bereich der Holzverarbeitung.

Die "Einschlaglizenzen" für die Holzgewinnung in Kamerun sind nach den letzten Angaben zu 65 Prozent auf den Namen ausländischer Unternehmer eingetragen. In der holzverarbeitenden Industrie sind Dänen aktiv ebenso wie Italiener, die eigens aus Ravenna die Ausrüstung für eine Furnierfabrik herantransportierten und in Manbanda mit der Fertigung begannen. Außerdem hält eine Schweizer Holding 60 Prozent an einer Sperrholzfabrik. Ein Bankenkonsortium, das von der amerikanischen Chase Manhattan Bank angeführt wird, finanzierte Zuckerfabriken in Kamerun, Deutsche stellten zusammen mit Dänen die Anlagen für eine moderne Getränkefabrik. Ein deutsch-kamerunisches Gemeinschaftsunternehmen zur Verarbeitung von Fleisch in Konserven, das 1966 gegründet wurde, stellte allerdings inzwischen (1977) die Produktion wieder ein. Starker deutscher Einfluß macht sich dagegen noch immer über eine 35prozentige Beteiligung im bedeutendsten Textilunternehmen Kameruns bemerkbar, zu dem eine Spinnerei, eine Weberei und eine Stoffdruckerei gehören.

In der chemischen Branche haben Griechen und Zyprioten eine Fabrikation aufgebaut, in der Palmkerne zu Seifen und ähnlichen Produkten verarbeitet werden. Auch Unilever betreibt über eine Tochterfirma in Kamerun Palmölmühlen; dieses Unternehmen mit dem Namen Pamol wickelt rund 40 Prozent der Palmölproduktion des Landes ab. Dem holländischen Konzern gehören in Kamerun daneben Plantagengebiete, in denen Kautschuk gewonnen wird. Zu erwähnen sind nicht zuletzt auch die zwölf Konzessionen, auf deren Grundlage die internationalen Mineralölkonzerne von Shell bis Gulf nach Rohöl suchen. Kanadier forschen nach Lagerstätten von Eisenerz. Der Reigen ausländischen Engagements schließt sich mit den Österreichern, die bei der Zellulose- und Papierherstellung in Kamerun mit das Sagen haben.

Beispiele dafür, daß europäische Unternehmen nicht unbedingt immer Erfolge bei ihren Aktivitäten in Schwarzafrika haben, liefert in besonderem Maße Tansania. Da ist zum Beispiel eine Zementfabrik in Mbeja im Süden des Landes, die mit schwedischem Kapital errichtet wurde. Es hat bisher noch kein Zementsack das Werk verlassen: Es ist nicht genügend Strom für die Fertigung vorhanden. Kanadier erbauten zu Beginn der 70er Jahre in Dar-es-Salam eine Großbäckerei. Wegen des Mangels an Ersatzteilen ebenso wie an Backpulver und Mehl kann der Betrieb höchstens für ein Drittel der geplanten Lieferungen sorgen. Brot ist deshalb in Dar-es-Salam zur Mangelware geworden, zumal der Großbetrieb viele der Kleinbäcker in der Stadt ruiniert hat. Trost für die Kanadier: Die Brotfabrik ist heute ein staatliches Unternehmen. Das unternehmerische Engagement in Schwarzafrika ist bisweilen auch mit besonderen Bedingungen verbunden – etwa fünf Prozent "Korruptionszuschlag" kalkulieren zum Beispiel deutsche Kaufleute in Kamerun ein.

Bis weit in die 70er Jahre hinein waren die Regierungen Togos, Kameruns und Tansanias ausdrücklich darum bemüht, durch eine entsprechende Investitionsgesetzgebung ihre Länder als Anlagegebiet für ausländisches Kapital attraktiv zu machen. Hintergrund dafür war der chronische Mangel an genügend privatem oder staatlichem Kapital, mit dessen Hilfe der angestrebte Aufbau einer modernen Wirtschaft aus eigener Kraft hätte finanziert werden können. Nur ein Beispiel ist der "Code des Investissements" vom 15. Juli 1965 für Togo, der allen Ausländern den Rücktransfer von Kapital, Gewinn und Einkommen garantierte. Steuerliche Vorteile wurden normalerweise für fünf, im Extremfall für 25 Jahre garantiert. Alle Güter, die für Investitionen bestimmt waren, hatten Befreiung vom Einfuhrzoll, auf Ersatzteile wurden stark ermäßigte Zollsätze berechnet.

Ein günstiges Investitionsklima war es also, das ausländische Unternehmer in die Länder Afrikas lockte. Inzwischen gehen die Bestrebungen der afrikanischen Nationen im allgemeinen dahin, daß zum Beispiel Gewinne im Lande selbst wieder angelegt werden. Dafür geht heute von den Politikern in Europa die Initiative aus, Unternehmen für ein Engagement in den Ländern der Dritten Welt zu motivieren. Das Argument: Es dürfte in Zukunft angesichts der Finanzmisere in diesen Staaten – genauer gesagt, angesichts der schon vorhandenen Handelsbilanzdefizite – immer schwerer werden, sich mit Direktexporten auf jenen Märkten zu behaupten. Der Bundesminister für wirtschaftliche Zusammenarbeit Dr. Jürgen Warnke gab denn auch im August 1983 die Parole aus: Die Alternative sei heute weniger denn je "Direktexport" einerseits oder "Produktion vor Ort" andererseits; stattdessen müsse sich die deutsche Wirtschaft entscheiden für "Anwesenheit und Produktion vor Ort im Entwicklungsland" oder "Verlust des Marktes".

Es ist also vorgezeichnet, wohin der Weg führen soll. Die Aussage des Ministers umreißt gleichzeitig unzweideutig, worum es europäischen Unternehmen bei ihren Aktivitäten in den unabhängigen Staaten Afrikas wie anderswo in der Dritten Welt geht: um Absatzmärkte und um Gewinne – das gleiche also, was schon die Händler früherer Jahrhunderte im Sinn hatten, egal ob sie Portugiesen, Engländer, Franzosen oder Brandenburger waren. Verloren gegangen sind natürlich die direkten "Privilegien" bei den Wirtschaftsbeziehungen, wie sie die einstigen Handelskompagnien hatten; sie sind allenfalls durch die Bindungen durch die EG-Assoziation in indirekter Form ersetzt. Plus ça change, plus c'est la meme chose, hieße ein dazu passendes französisches Sprichwort.

Um etwas völlig anderes geht es jenen Europäern, die heute als Touristen nach Afrika kommen. Im Zeitalter der Düsenjets ist das kein Problem: keine sechs Stunden sind es vom Züricher Flughafen, über den die meisten der deutschen Urlauber nach Togo geschleust werden, bis nach Lomé; die Reisenden um die Jahrhundertwende hatten dafür mindestens zwei Wochen gebraucht. Was die Touristen suchen, ist meist Erholung, so wie sie in anderen Jahren nach Mallorca, an die spanische Costa del Sol oder nach Acapulco fuhren. Für jene Minderheit, die überhaupt über den Rand des hotel-eigenen Swimming-pools hinausgelangt, kommen Folklore und das Aufspüren wilder Tiere in freier Wildbahn als Motive hinzu. Und es sind nicht wenige, die nur Sex im Sinn haben.

Ganz groß im Geschäft für deutsche Touristen ist unter den ehemaligen deutschen Schutzgebieten das einstige Südwestafrika, heute Namibia. Allerdings handelt es sich bei der Vielzahl der Touristikangebote, die fast alle renommierten deutschen Reiseveranstalter auf ihrem Standardprogramm haben, meist um Anschlußreisen oder Abstecher von der Republik Südafrika aus. Ziele sind in erster Linie die Wildreservate wie der Etoscha-Nationalpark oder die Robbenkolonien am Cape Cross nördlich von Swakopmund. Es gibt auch einige Reiseangebote, die sich allein auf Namibia konzentrieren, mit Flügen der South African Airways von Frankfurt nach Windhuk und zurück, und je zwei Übernachtungen etwa in Kokerbaumwald, Lüderitz und Maltahöhe im Preis inbegriffen. 55 Prozent aller Besucher des Landes reisen heute von Übersee, also aus Europa, den USA und aus Australien an, 45 Prozent sind Bürger der Republik Südafrika.

In Ostafrika steht Tansania im Schatten von Kenya, das für Urlauber aller europäischen Nationen unter den Fernreisezielen mit an oberster Stelle steht. Tansania ist kein Land für einen Badeurlaub, es ist nur für Aktivtouristen interessant, die dem noch reichen Tierbestand im Lande nachspüren wollen. So gibt es regelmäßige "Ruanda-Tansania-Safaris" unter dem Schlagwort "Ins Reich der Berggorillas" von der Bundesrepublik aus. Auf dem Programm stehen der Ngorongoro-Krater und der Serengeti-Nationalpark; Werbetext aus einem Reiseprospekt: "Manchmal stehen die Tiere Spalier". Ein Veranstalter bietet seit Mitte der 60er Jahre "Große Serengeti-Safaris" an. Ganz dürftig ist die Auswahl für organisierte Touristenreisen nach Kamerun von Deutschland aus geworden. Es sind kleinere Spezial-Reiseveranstalter, deren Gäste zum Beispiel zunächst nach Kano in Nigeria geflogen werden um von dort über die Nationalparks im Norden Kameruns zum Endpunkt Duala zu gelangen. Die großen Touristikunternehmen haben sich nach einem kurzen Boom ab Mitte der 60er Jahre schon knapp zehn Jahre später "aus Gründen der Infrastruktur", wie sie es begründen, aus Kamerun wieder zurückgezogen und das Land den Kontingenten der Massentouristen aus anderen europäischen Nationen überlassen.

Im Fall von Togo ist auffällig, daß dort kaum Touristen aus dem früheren Mutterland Frankreich zu finden sind. Die modernen Urlauberhotels und -clubanlagen sind fest in der Hand von Bundesbürgern, Schweizern und Holländern. Das Landesinnere Togos gleicht außerhalb der Regenzeiten bisweilen Rennstrecken sowohl für Lastzüge für Transporte nach Obervolta als auch für die Busse der Touristen von einem Eingeborenendorf zum nächsten. Zitat aus einem Touristenprospekt: "Wir kommen nicht nach Lomé in Togo, weil es dort bisher einen deutschen Bierkeller (Alt-München, d. V.) gegeben hat (und vielleicht immer noch gibt). Wir kommen nicht etwa nur, weil man uns in Togoville am Grab des alten Königs die schon arg zerfetzte deutsche Flagge zeigt, die anläßlich des Vertrages zwischen Togo und Deutschland im Jahre 1886 gehißt wurde (obgleich man daraus eine höchst feierliche Zeremonie macht). Wir sind in diesem Land, weil Togo das Afrika ist, wo wir die Erholung am Atlantik mit dem Erlebnis an den Küsten und im Landesinneren verbinden können. Die Begegnung mit den freundlichen Afrikanern, die bunten afrikanischen Märkte, der geheimnisvolle Kult der großen Geister: das alles formt sich zu einem Bild von einem Land, in dem der Tourismus gerade erst begonnen hat, Fuß zu fassen".

Daß der Tourismus Togo in Wirklichkeit längst gebrandmarkt hat, merkt der unbedarfte Urlauber – sofern er männlich und allein ist – spätestens dann, wenn er nach der Ankunft zum Beispiel im Hotel "De la Paix" am Abend noch einmal auf die Suche nach etwas Trinkbarem geht. Zwischen dem Fahrstuhl mit der dezenten Mozart-Musik und der Theke unter dem Schild, das Lizenz-Bier von der "Ersten Kulmbacher Actienbrauerei" verspricht, beginnt für ihn ein regelrechtes Spießrutenlaufen zwischen schwarzen Schönheiten aus dem horizontalen Gewerbe, die allzu gerne seine Zimmernummer wüßten. Da ist zum Beispiel die Dirne, die sich Susanna nennt. Sie stammt aus Sokode und gibt als Alter 22 an. Mit 12 Jahren wurde sie von ihrer Familie nach islamischem Ritus mit einem Staatsbeamten verheiratet. Nach sieben Jahren Ehe und der Geburt von zwei Kindern hat ihre Familie sie wieder zurückgeholt: die Streitigkeiten mit den drei anderen Frauen ihres Mannes nahmen kein Ende. Wie während ihrer Ehe ist Susanna auch später für den Lebensunterhalt ihrer Eltern, Geschwister und anderer Familienmitglieder verantwortlich geblieben. Da kommt ihr die Nachfrage weißer Touristen nach Liebesdiensten gerade recht. Prostitution – das ist eine der Folgen des Kontakts mit der "weißen Zivilisation". Ein Reiseleiter meint dazu: "Wir sind hier in Togo nicht mehr weit von Zuständen wie in Bangkok entfernt". Im ostafrikanischen Kenya ist dieser Zustand schon erreicht.

Was Touristen auch bewirken, sind Ängste. Wenn ein Bus auf Rundreise in Togo an einem Dorf hält und die Gruppe von Weißen ausspuckt, so haben die Bewohner dafür oft allein diese Erklärung: die Fremden kämen wohl nur, um mit Hilfe von schwarzen, klickenden Kästen (den Fotoapparaten) den Fetischen an den Wänden der Lehmhütten die schützende Zauberwirkung zu rauben. Andere haben sich an die regelmäßigen Kurzbesuche der Europäer gewöhnt und angepaßt, so wie die Kinder, die mit geschenkten T-shirts mit dem Namenszug der griechischen Ferienstadt Agios Nikolaos oder eines kenyanischen Hotels im Busch den vorbeidonnernden Touristenbussen nachrennen und im Chor ein "cadeau" fordern. "Cadeau" – das ist der französische Begriff für den einst traditionellen Brauch eines Gastgeschenkes; heute ist daraus blanke Bettelei geworden. Die Endstufe der Anpassung an den Tourismus symbolisiert jene Mutter, die ihrem Säugling nur noch die nackte Brust zum Trinken reicht, wenn sie zuvor von einem Weißen für ein Foto Geld bekommen hat. Die Jagd der Europäer nach malerischen Fotomotiven hat sie dazu verleitet. Ob sie sich freiwillig oder aber unfreiwillig als Schauobjekt hergibt oder hergeben muß – mit dem Respekt der Menschenwürde hat das Verhältnis von Schwarz und Weiß, das sich hier auftut, wenig gemein.

Es sind gar nicht wenige europäische Reiseleiter vor Ort, denen die negativen Erscheinungen des Massentourismus bewußt sind. Sie versuchen deshalb, das Verhalten der Gäste zu steuern – nicht zuletzt durch Aufklärungsarbeit. Daß sie damit Erfolg haben könnten, bleibt in der Regel eine Illusion. Hinter dem Rücken der Reiseleiter verteilen die Weißen trotz aller Belehrung weiter Geld. Ganze Kinderhorden warten deshalb oft tagelang auf nichts anderes als auf die Ankunft des nächsten Busses; die paar Franc, die sie dann ergattern, sind für sie zum Bedürfnis, zum Lebensinhalt geworden. Ob sie als Erwachsene ihre arbeitsteilige Rolle in der Produktionsgemeinschaft ihres Dorfes einnehmen werden, ist fraglich.

Das Grundproblem ist dieses: Die Touristen führen mit ihrer Kleidung, ihren Fotoapparaten und ihren anscheinend unerschöpflichen Urlaubskassen einen Wohlstand vor Augen, der Konsumwünsche bei den Afrikanern, mit denen sie zusammentreffen, geradezu provoziert. "Die Leute werden dadurch aus ihrer alten Umwelt entwurzelt", formuliert ein Missionar in Togo die Erscheinung. Die einheimische Bevölkerung erlebt die Weißen auch nur in einer Ausnahmesituation, in der es scheinbar keine Arbeit gibt – der Begriff "Urlaub" ist in ihrem eigenen Alltag unbekannt. Wenn aber schon eine Existenz, in der dem Augenschein nach ohne Arbeit jeder über vergleichsweise üppige Geldquellen verfügt, eine Abkehr von überkommenen Alltagsabläufen erstrebenswert erscheinen läßt, so verstärkt sich das Gefühl der Unzulänglichkeit der eigenen Lebensweise noch, wenn die Afrikaner von seiten der Europäer Verachtung über diese Lebensweise verspüren. Genau dies ist aber der Fall. Denn nur die wenigsten Urlauber sind bereit – oder in der kurzen Zeit ihres Aufenthalts in der Lage –, die für sie so fremdartigen Lebensformen und Wertvorstellungen der Einheimischen so zu akzeptieren, wie sie sind. Daraus ergibt sich in ihrem Auftreten eine Überheblichkeit, die dem Verhalten mancher alten Kolonialherren kaum nachsteht. Das eigentliche Übel besteht darin, daß die Fernreisenden in der Regel die Maßstäbe ihrer Umwelt zu Hause an das anlegen, was sie zu sehen bekommen.

Sie bringen also schon durch ihre bloße Anwesenheit vieles durcheinander, die Touristen. Der Völkerverständigung – Schlagwort für die Propagandisten des Ferntourismus – dienen die oberflächlichen und kurzen Kontakte zwischen Schwarz und Weiß im heutigen Afrika nur selten. Wer die Urlauber vor Ort belauscht, dem wird sehr schnell deutlich, daß es allenfalls Mißverständnisse sind, die hier verwurzelt werden. Das Geld, das die Touristen ins Land bringen – zweites Argument jener, die solche Reisen für gut halten –, landet im Zweifelsfall in den Kassen der europäischen, seltener der einheimischen Hotelbesitzer. Dafür schlägt die Deckung des Bedarfs der Weißen, die für zwei oder drei Wochen zu den Stränden Afrikas fliegen und dort eine angemessene Leistung für ihre Buchung mit Voll- oder Halbpension erwarten, voll auf das Marktgeschehen am Ort durch: Beobachter streiten sich nur über die genaue

Prozentzahl, mit der diese Nachfrage auf die Verteuerung etwa von Fleisch und Geflügel schon beigetragen hat.

Selbst Entwicklungshelfer spielen unbeabsichtigt bisweilen eine ähnliche Rolle wie die Touristen. Eine Kollegin der Dirne Susanna erzählt: "Zwei Jahre lang habe ich mit einem deutschen Entwicklungshelfer zusammengelebt. Als er in seine Heimat zurückkehrte, wollte mich kein Togolese mehr zur Frau nehmen. Nicht etwa, weil ich einem Mann mit weißer Hautfarbe gehört habe, aber weil sich jeder gesagt hat, daß jetzt meine Wünsche so groß seien, daß sie niemand mehr erfüllen könne. Also muß ich mich weiter an die weißen Männer halten". Viele der Entwicklungshelfer in Afrika sind Idealisten, für manche ist allerdings auch die Flucht vor der Bundeswehr oder sind gar finanzielle Vorteile das Motiv für den Dienst im Busch. Bei letzteren ist dann die Einstellung kein Wunder, von der die Frau eines Lehrers, der über den Deutschen Entwicklungsdienst nach Togo kam, erzählt: "Manche sind von ihrer Überlegenheit so überzeugt, daß sie erst gar nicht versuchen, die Afrikaner zu verstehen oder mit ihnen überhaupt in persönlichen Kontakt zu gelangen". Und sie meint in einem Interview weiter: "Der soziale Sprung ist nur schwer zu verkraften – zu Hause sind sie ein kleines Rädchen im Getriebe einer Firma gewesen, und hier sind sie wegen ihres technischen Wissens plötzlich der große Häuptling, von dem unzählige andere Menschen abhängig sind".

Abgesehen von den sozialpsychologischen Problemen bleibt die Feststellung, daß die Entwicklungshelfer bzw. die Entwicklungshilfe immer noch die sinnvollste Form von Kontakten zwischen Schwarz und Weiß verkörpern. Es sind riesige Geldsummen, die insgesamt von staatlichen, halbstaatlichen oder internationalen Institutionen in die Länder Schwarzafrikas fließen. Es ist eine Vielzahl von Projekten, die ohne diese finanzielle Unterstützung überhaupt nicht denkbar wären – die aber auch nicht unbedingt immer einen Sinn ergeben, das heißt den Bedürfnissen vor Ort gerecht werden. Hier setzt sich eine Erscheinung fort, die schon zu Kolonialzeiten die Verwaltung der europäischen Herrschaft erschwert hat: Die Entscheidungen liegen in der Zuständigkeit bürokratischer Apparate tausende von Kilometern vom Geschehen entfernt in den Hauptstädten der Industrienationen; eine hinreichende Kenntnis der Verhältnisse vor Ort kann dort gar nicht erwartet werden.

Die für die Entwicklungshilfe zuständigen Institutionen in den "Geberländern" sind deshalb auf "Projektwünsche" der Empfängerländer geradezu angewiesen. Diese Wünsche orientieren sich nach nationalen Entwicklungsvorstellungen der modernen afrikanischen Verwaltungselite, die aber, wie schon gesagt, nur zu leicht die Gegebenheiten etwa auf dem Lande aus ihrem Bewußtsein verdrängt und in erster Linie nationale Prestigeprojekte schaffen möchte. Rentabilitätsstudien über einen Autobahnbau im Busch, der Aufbau

Die deutsche Kathedrale in Lome, heute noch wichtigstes Wahrzeichen in der Stadt.

einer städtischen Feuerwehr trotz Lehmbauweise, die Entsendung eines Fußballtrainers, das sind nur einige der Wünsche aus schwarzafrikanischen Ländern, die im Bundesministerium für wirtschaftliche Zusammenarbeit in Bonn schon eingingen und wohl in die letztgenannte Rubrik fallen.

Es sind auch immer wieder politische Überlegungen, die bei Entscheidungen der Geberländer mitspielen, es ist die Erwartung vom politischen "Wohlverhalten", die im Hintergrund vorhanden bleibt. Und es sind bisweilen auch ganz eigennützige wirtschaftliche Motive: finanzielle Unterstützung ist nicht selten an den Bezug von Waren aus dem jeweiligen Geberland als Bedingung gebunden. Manche "Projektwünsche" sind schon unmittelbar von bundesdeutschen Industriekonzernen ausgegangen. Sicherlich ist die Entwicklungshilfe dennoch in der Lage, die Existenzbedingungen in den afrikanischen Ländern zu verbessern. Das trifft uneingeschränkt auf Maßnahmen in den Bereichen Gesundheits- und Bildungswesen, der Wasserversorgung und der Elektrifizierung zu. Andere Finanzmittel verfestigen jedoch nur die Strukturen, die einst unter dem Motto eines "Kolonialpaktes" vorgeformt wurden: Infrastrukturprojekte zielen vorrangig auf den Ausbau jener Transportwege, die speziell der landwirtschaftlichen Exportproduktion und damit der internationalen Arbeitsteilung zwischen Industrie- und Rohstoffländern – Voraussetzung erst für das Phänomen von Unterentwicklung – Rechnung tragen.

Der Trend der Entwicklungshilfe geht heute in Richtung auf eine Diversifizierung der Geberländer und auf ein zunehmendes Engagement internationaler Organisationen (EG, Weltbank). Angesichts dieser Entlastung konnte Frankreich seine Finanzmittel, die in die ehemaligen Kolonien flossen, zwischen 1960 und 1970 bereits von 1,6 auf 0,71 Prozent des Staatshaushalts verringern. Das meiste Geld unter den hier behandelten Ländern erhielt allerdings Tansania. Zwischen 1960 und 1980 bekam der ostafrikanische Staat aus öffentlichen Mitteln der in der OECD zusammengefaßten Nationen mehr als 2,77 Milliarden US-Dollar; aus Schweden stammten davon 520 Millionen Dollar, aus der Bundesrepublik rund 369 und aus Großbritannien rund 346 Millionen Dollar. Dazu kamen von seiten internationaler Organisationen noch einmal knapp 685 Millionen US-Dollar. Tansania nahm seit eh und je auch deshalb eine Sonderstellung ein, weil es unter seinem Staatspräsidenten Julius Nyerere versuchte, einen eigenen, unabhängigen Entwicklungsweg einer als sozialistisch bezeichneten Gesellschaft zu gehen.

Das Experiment ist wohl gescheitert: Entwicklungsexperten vor Ort beklagen die Vielzahl von Industrieruinen, die als Folge der massiven Entwicklungshilfe vergleichbar mit "Kathedralen in der Wüste" – wie es in diesen Kreisen heißt – aus der Landschaft herausragen. Da sind etwa elf Fabriken zur Verarbeitung von Cashew-Nüssen, die im wesentlichen von der Weltbank finanziert wurden. Sie sind in ihrer Mehrzahl auf eine Jahreskapazität von 110.000 Tonnen Nüssen ausgerichtet. Nachdem der Ertrag der Cashew-Nußernte 1974/75 noch bei über 520.000 Tonnen lag, wurden 1982/83 allerdings nur noch insgesamt 43.000 Tonnen angeliefert. Hintergrund ist die nationale Siedlungsform sozialistischer "Ujamaa"-Dörfer, durch die die einst verstreut wohnende Landbevölkerung zusammengefaßt wurde. Die Entfertung zu den traditionellen Nußbaumpflanzungen ist für die Kleinbauern nach der Umsiedlung zu groß geworden; Wegstrecken von 15 bis 20 Kilometern sind keine Seltenheit.

Für Togo weisen die Statistiken für die Zeit von 1960 bis 1980 Entwicklungshilfeleistungen in einer Größenordnung von gut 862 Millionen US-Dollar aus. Multilaterale Organisationen waren an diesem Betrag mit knapp 349 Millionen, Frankreich mit 215,5, die Bundesrepublik mit 180,8 und die USA mit 40,3 Millionen Dollar beteiligt. Komplette Zahlen für Kamerun sind nur bis zum Jahr 1975 erhältlich. Das Land konnte bis dahin seit 1960 von den Mitgliedsstaaten der OECD fast 460 Millionen US-Dollar entgegennehmen; von Seiten der EG, der Weltbank, der verschiedenen UN-Organisationen, des Weltwährungsfonds und anderer Organisationen waren es in der gleichen Zeit über 290 Millionen Dollar. Von der Bundesrepublik aus addierten sich die Entwicklungshilfeleistungen bis 1982 auf insgesamt 514 Millionen Mark.

Im einzelnen sind die Listen der Entwicklungshilfeprojekte fast endlos. Im Rahmen der technischen Hilfe im engeren Sinne finanzierte die Bundesrepublik beispielsweise in Kamerun schon eine fahrbare Krankenbehandlungsstation, ein Gutachten für eine Zentralapotheke, Projektstudien für eine Baumwollspinnerei, die Lieferung von verschiedensten Materialien, die Entsendung von Managern für eine Ziegelei und für eine Fleischkonservenfabrik, die Entsendung von Beratern für die nationale Entwicklungsbank ebenso wie für ein Elektrizitätswerk. Auch "Wirtschaftsberater" des Premierministers von Westkamerun waren darunter, die maßgeblich an der touristischen Erschließung Kameruns mitgewirkt haben. Beteiligt war die Bundesrepublik im Rahmen ihrer technischen Hilfe im weiteren Sinne an der Einrichtung einer Gewerkschaftsschule. Unterstützt wurden daneben Vorhaben der Kirchen, die sich im Schwerpunkt auf Schulprojekte und die medizinische Versorgung konzentrieren, genauso wie die Ausbildung von Metzgern. Bundesdeutsche Kapitalhilfe beinhaltete Kredite an die nationale Entwicklungsbank wie Zuschüsse zum Aufbau einer deutsch-französischen Textilfabrik. Die Konditionen der Kapitalhilfe – die Mittel sind im Gegensatz zur technischen Hilfe zurückzuzahlen – sind dabei heute nicht mehr so drückend wie noch vor 15 Jahren. Während sich Kamerun in den 60er Jahren mit Zinsen zwischen 3 und 4,5 Prozent (bei 12 bis 15 Jahren Laufzeit und 5 Freijahren) einverstanden erklären mußte, laufen jüngste Vorzugskredite auf 0,75 Prozent Zinsen bei

10 Freijahren und 50 Jahren Laufzeit hinaus. Die Rückseite der Medaille ist freilich eine praktisch unendlich andauernde Schuldabhängigkeit.

Insgesamt bemüht sich die bundesdeutsche Entwicklungshilfe in Kamerun um einen Ausgleich regionaler Entwicklungsunterschiede. Im Länderbericht des Statistischen Bundesamtes in Wiesbaden über den westafrikanischen Staat heißt es nämlich bezeichnend: "Entwicklungsprojekte konzentrieren sich bisher auf die weitere Umgebung von Duala und Edéa (sowohl gewerblicher wie agrarischer Art), entlang der Eisenbahn nach Jaunde und Nanga-Eboko (vor allem gewerblicher Art, daneben auch Kleinbauern-Projekte) und auf die Hochflächen des Kamerungebirges . . . Südkamerun und der Südosten sind bisher fast ohne Entwicklungsvorhaben geblieben, und auch im Norden gibt es – mit Ausnahme des großen Viehhaltungsgebietes im Adamaua-Hochland – lediglich punktuelle Ansätze". In dem angesprochenen Hochland von Adamaua sollen (unter anderem mit deutscher Hilfe) 800.000 Hektar Weideland durch Ausrottung der Tse-tse-Fliege gewonnen werden – ein Projekt, das schon Kritiker auf den Plan gerufen hat. Sie befürchten ökologische Schäden in Folge einer zu großen Zunahme der Viehherden und haben Bedenken wegen der chemischen Insektenvertilgungsmittel, die gegen die todbringende Fliege versprüht werden.

Als eines der "positivsten Beispiele deutscher Entwicklungshilfe" gilt die Förderung der kamerunischen Seeschiffahrt. Mit 60 Millionen Mark finanzierte Bonn den Bau zweier Frachtschiffe zu je 16.000 Tonnen Brutto-Registertonnen: der Auftrag war einer deutschen Werft zugute gekommen. Die Bundesrepublik war auch beteiligt am Ausbau des bestehenden Straßennetzes in Kamerun und an der Erneuerung der Eisenbahnlinie Duala-Jaunde. Schließlich laufen von der bundeseigenen "Deutschen Gesellschaft für Technische Zusammenarbeit" aus seit 1978 in Kamerun Versuche, aus Holzgas alternative Energiequellen zu erschließen. Der Reigen endet noch lange nicht mit der "Schule für Wildbewirtschaftung" in Garua, die im November mit deutscher Unterstützung ihren Betrieb aufnahm und Fachpersonal für die Bewirtschaftung von Wildreservaten, Nationalparks und Jagdgebieten aus allen französisch-sprachigen Staaten Afrikas ausbildet. Die Zoologische Gesellschaft Frankfurt hat hier ebenso wie die Welternährungsorganisation FAO Geldmittel investiert. Immer wieder sind es Schulen, die daneben Kapital zur Verfügung gestellt bekommen. In Kamerun lernen denn derzeit auch zwischen 30.000 und 35.000 Schüler deutsch – das sind mehr als in jedem anderen afrikanischen Staat.

Togo war der erste französischsprachige Staat Afrikas überhaupt, mit dem die Bundesrepublik Vereinbarungen über Entwicklungshilfe abgeschlossen hat. Seit diesem Zeitpunkt (20. Juli 1960) hat sich auch hier eine lange Liste von geförderten Projekten angesammelt. Bonn bezahlte über das Instrument der technischen Hilfe unter anderem einen Teil der Einrichtungen für die Krankenhäuser in Lomé (Röntgenausstattung) und Lama-Kara, Lautsprecherwagen für einen Frauenclub, den Aufbau der Gewerbeschule Sokodé, in der Afrikaner von deutschen Lehrkräften zu Mechanikern, Kfz-Handwerkern, Elektroinstallateuren, Malern und Schreinern ausgebildet werden. Geholfen wurde beim Ausbau des Rundfunksenders Lomé eben wie bei der Staatsdrukkerei. Die Bundesrepublik sorgte für die Entsendung von Experten und Beratern für landwirtschaftliche und kleinindustrielle Entwicklungsvorhaben, für die Postverwaltung, für den Nahverkehr, die Eisenbahn und für landwirtschaftliche Beratungszentren in verschiedenen Musterdörfern. Ein Stadtplaner war darunter und Wasserwirtschaftsexperten. Viel Geld floß in eine Versuchsstation für Pflanzenbau und Tierzucht in Palimé und in den Ausbau des einheimischen Fischereiwesens.

Neben Krediten an die nationale Entwicklungsbank auch in diesem Land unterstützte die bundesdeutsche Kapitalhilfe mit dreistelligen Millionenbeträgen den Ausbau des Tiefseehafens von Lomé. Das Geld, was anfangs eine Verzinsung von 2 Prozent bei einer Laufzeit von 30 Jahren versprach, kam und kommt in erster Linie drei großen deutschen Baufirmen mit Sitz in Köln, Mannheim und Stuttgart zugute, die sich den Auftrag dazu teilen. Aber auch die Finanzierung der Wasserversorgung von Sokodé durch deutsche Kapitalhilfe muß Togo mit 3 Prozent Zinsen (bei 25 Jahren Laufzeit und 5 Freijahren) eines Tages wieder an Bonn zurückerstatten. Kostenlos sind für Togo immerhin die deutschen Versuche, die Leprakrankheit in dem westafrikanischen Staat endgültig auszurotten. Neben den öffentlichen Mitteln helfen auch Gelder von privaten Institutionen, Notsituationen zu beheben. Eine solche Institution ist die Bayerisch-Togoische Gesellschaft, der starker politischer Einfluß in dem Land nachgesagt wird. Uneingeweihte Urlauber überrascht es freilich doch, wenn der Reiseleiter eines namhaften europäischen Touristikunternehmens beim "Einführungscocktail" neu angekommener Gäste offen sagt: "Franz Josef (Strauß, d. V.) ist hier der ungekrönte König".

In Tansania hat sich die bundesdeutsche Entwicklungshilfe schon mit Projekten zu folgenden Stichpunkten engagiert: die Bereinigung der Slums von Dar-es-Salam; ein Veterinärforschungs- und ein pathologisches Labor; ein ländliches Entwicklungsprogramm in der Region von Tanga; eine landwirtschaftliche Versuchs- und Lehranstalt in Ifakara; Aufbau einer Ingenieurfakultät an der Universität Dar-es-Salam; Rehabilitierung von Kokos-Anpflanzungen; die Finanzierung von Fernmeldeausrüstungen; ein Bohrprogramm; Berater für Eisenbahnwerkstätten; Ausbildung von Hubschrauberpiloten; die Lieferung von Diesellokomotiven; die Erneuerung von Eisenbahnbrücken und

Straßen. Es sind dies nur einige Beispiele, wie sie etwa im Länderbericht des Statistischen Bundesamtes in Wiesbaden registriert sind.

Es wird bei allen diesen Angaben vielleicht die eingangs erhobene Behauptung schlüssig, daß heute sowohl die Touristen als auch die Geschäftsleute und Entwicklungshelfer aus der Bundesrepublik die Entwicklung der schwarzafrikanischen Länder Togo, Kamerun und Tansania wieder mit prägen. Es wird vielleicht auch deutlich, daß der völkerrechtliche Status der Unabhängigkeit an den Strukturen, wie sie zu Kolonialzeiten festgelegt worden sind, nur wenige Veränderungen ausgelöst hat: Die Situation in der Wirtschaft und beim Außenhandel, der starke Auslandsanteil bei Unternehmungen, die Abtretung von an sich staatlichen Aufgaben an Entwicklungshilfeinstitutionen bei dem Versuch, ökonomisch gesehen und hinsichtlich einer besseren Lebensqualität Anschluß an internationale Standards zu finden, sowie schließlich die Art der Kontakte zwischen schwarzen Bürgern und weißen Besuchern – das sind Beispiele für die Kontinuität eines Systems, das früher durch die Zuordnung zwischen Kolonien und Mutterländern geregelt war und das heute Wissenschaftler je nach den verschiedenen Forschungsschulen als Gefälle zwischen "Nord" und "Süd", "entwickelten" und "unterentwickelten" Nationen oder "Zentrum" und "Peripherie" in der internationalen Völkergemeinschaft beschreiben.

Das Schlagwort von der "Selbstbestimmung" ist jedenfalls in Togo, Kamerun und Tansania eine Illusion geblieben, auch wenn der Begriff noch so sehr gepflegt wird. Denn das Rad der Geschichte läßt sich auch in Afrika nicht zurückschrauben, ebensowenig wie die Entwicklung Europas wieder auf dem Stand vor der Industriellen Revolution ansetzen könnte. Wie hier, hatte sich auch in Afrika der Wandel vor der De-jure-Souveränität längst verselbständigt – die Bewußtseinsveränderung der afrikanischen Eliten gehört als ein Beispiel hier hinzu. Theoretiker haben in diesem Zusammenhang den Begriff der "strukturellen Gewalt" geprägt: Gemeint ist die Konfrontation mit (kolonialen) Strukturen, die eine Anpassung zwingend erfordern und Vorgaben für die weitere Entwicklung geben. Parolen wie die von "Neokolonialismus" oder "Selbstkolonisation" afrikanischer Staatsmänner, wie sie als Zustandsbeschreibungen der Gegenwart zu hören sind, vergessen nur die historische Prozeßhaftigkeit und Zwangsläufigkeit der Entwicklung Schwarzafrikas in den vergangenen hundert Jahren.

Es bleibt nun noch ein letztes Land aus dem illustren Kreis ehemaliger deutscher Kolonien in Afrika gesondert zu betrachten: Südwestafrika, das heute Namibia heißt. Es ist Teil des "weißen" Afrikas im Süden des Kontinents und hat deshalb Probleme besonderer Art. Eindrücke davon lassen sich auch in Mitteleuropa an jedem Sonntag sammeln: Wenn "Radio RSA, die

Stimme Südafrikas aus Johannesburg", in seiner deutschsprachigen Sendung über Kurzwelle (bei Redaktionsschluß dieses Buches auf 17 745 und 21 530 kHz ab 19 Uhr) nach Reportagen etwa über das "Reiseland Südafrika", nach Tips für Einwanderer, Berichten über südafrikanische Weinanbaugebiete und nach einem "Wort zum Sonntag" in das "Studio in Windhuk" umschaltet. Der "Brief aus Windhuk", der meist einwandfrei zu empfangen ist und ungestört über den Äther nach Europa kommt, berichtet über den "einzigartigen Charme" dieses Landes und über die Erfolge bei der wirtschaftlichen und touristischen Erschließung – aber auch schon einmal über die Ablösung des "unfähigen" Generaladministrators aus Südafrika, oder daß sich der Nachfolger in diesem Amt inzwischen "festgefahren" habe. Formulierungen wie "Von innenpolitischer Neuordnung ist noch keine Spur zu sehen", "Bei den Parteien herrscht keine Begeisterung für den beabsichtigten Staatsrat" oder "Zur Selbstbestimmung ist es noch weit" und "Die internationale Anerkennung der Unabhängigkeit erscheint unerreichbar" – sie stammen aus dem "Brief aus Windhuk".

Deutsche Besucher können sich in Namibia ganz wie zu Hause fühlen. Beim Bummel durch die Kaiserstraße von Windhuk mag sich mancher angesichts der alten deutschen Häuser gar in den Schwarzwald versetzt meinen. Auf den Schildern liest man Bezeichnungen wie Moltkestraße, Kornerstraße oder Leutweinstraße. Es gibt noch ein Café Kranzler, eine Luisen-Apotheke, die Hotels Kaiserkrone und Thüringer Hof. Und es erscheint eine deutschsprachige "Allgemeine Zeitung" in Windhuk. Kein Wunder auch: Von den 75.600 Weißen, die bei einer Volkszählung 1981 erfaßt wurden, sind 20.000 - 30.000 von deutscher Abstammung. Seit 1958 zählt Deutsch neben Afrikaans und Englisch zu den offiziell anerkannten "Nationalsprachen".

Der Ort Lüderitz liegt heute im "Hoheitsgebiet" der mächtigen "Consolidated Diamond Mines" (kurz CDM), die zu 100 Prozent dem südafrikanischen "De-Beers"-Konzern gehört. Etwas über 500 Weiße sind dort zu Hause und rund 3.700 Schwarze und Mischlinge. Für alle gilt gleichermaßen: Sie dürfen nicht weiter als 12 Kilometer über den Ort hinaus. Denn dort beginnt eines der größten privaten "Sperrgebiete" der Welt, rund 600 Kilometer lang und im Durchschnitt 100 Kilometer breit. Nur eine Straße führt von Lüderitz auf dem Landwege in die Außenwelt, nämlich nach Seeheim, 300 Kilometer im Landesinneren. Grund für die Beschränkung ist das starke Sicherheitsbedürfnis der Diamantengesellschaft. Immerhin: Namibia, das ehemalige Südwestafrika, ist heute der drittgrößte Lieferant von Rohdiamanten auf der Welt. Die CDM ist der größte Steuerzahler des Landes. Andere geschichts-befrachtete Stätten sind im Gegensatz zu Lüderitz idyllischer. Über Swakopmund etwa schrieb im Mai 1981 die "Neue Züricher Zeitung": "Hier dreihundert

Kilometer von Windhuk und der Welt entfernt, hat sich eine kaiserliche Sommerfrische erhalten, leicht vergilbt vielleicht wie alte Photos vom Strandleben in Mecklenburg oder Pommern, aber ganz gut instand und lebensfroh".

Sie sind sehr nationalbewußt, die Deutschen in Namibia. Und sie sind eine wichtige politische Kraft im Lande – dafür sorgt eine eigene politische Organisation, die "Interessengemeinschaft deutschsprachiger Südwester" (IG). "Deutscher" sein in Südwestafrika/Namibia – in einem Land, das eigentlich schon 1978 unabhängig werden sollte, aber immer noch erst auf dem Weg zu einer international anerkannten Selbstbestimmung und Unabhängigkeit ist: das bezieht sich freilich nur auf die nationale Herkunft der eingewanderten Väter und Großväter und umfaßt die kulturelle Identifikation mit einer Bevölkerungsminderheit, die einmal unter den Weißen die Mehrheit gestellt hatte. Staatsrechtlich gesehen sind die "Deutschen" im südlichen Afrika "eingebürgert" – so wie es ähnlich bei den auf ihre kulturelle Tradition bedachten französischsprachigen Bewohner der Provinz Québéc innerhalb von Kanada der Fall ist. Gerade die Klärung des staatsrechtlichen Status hat freilich die Deutschen in "Südwest" lange Zeit mehr als vieles andere beschäftigt. Verbunden mit dieser Frage war schließlich die nach der Ausübung von Bürgerrechten und damit die der politischen Einflußmöglichkeiten in dem weiten Lande.

Während die Deutschen aus den anderen verlorenen Kolonien, von nur wenigen Ausnahmen abgesehen, komplett ausgewiesen worden waren, blieben im Schutzgebiet Südwestafrika die meisten deutschen Einwohner auch unter fremder Flagge ansässig. Im ersten Halbjahr 1919 – zwischen dem Waffenstillstand im November 1918 und der Unterzeichnung des Friedensvertrages von Versailles – mußten zwar immerhin knapp 5.000 Deutsche Südwestafrika verlassen, es handelte sich aber vor allem um Militärpersonen und Beamte mit ihren Familienangehörigen; der südafrikanischen Verwaltung war klar, daß das Funktionieren des Wirtschaftslebens in der Siedlungskolonie allzu stark von den deutschen Siedlern abhängig war und die durch eine allgemeine Ausweisung entstehenden "Lücken" durch Buren und Briten kaum zu schließen gewesen wären. Bald durften Deutsche sogar wieder nach Südwest einwandern: Bis Anfang Februar 1922 wurden fast 1200 entsprechende "Erlaubnisscheine" ausgestellt, für deutsche Missionare ebenso wie für Lehrer und jene wenigen Ausgewiesenen, die im Lande noch Grundbesitz hatten und nun zurückkehrten. Obwohl Deutsche bei der Zuteilung von Siedlungsland die gleiche Behandlung wie alle weißen Bewerber erfuhren, wurden sie durch den starken Zustrom von Siedlern aus Südafrika allmählich doch auch zahlenmäßig zur Minderheit im Lande.

Am 17. Dezember 1920 wurde zwischen dem Völkerbundesrat und der südafrikanischen Regierung der "Mandatsvertrag" geschlossen, nach dem "Südwestafrika" von der Südafrikanischen Union wie ein "integrierender Bestandteil" seines Territoriums verwaltet werden sollte. Wie aber sollte die angestrebte Selbstverwaltung vor Ort funktionieren, wenn einerseits die Mehrzahl der weißen Bewohner Deutsche waren und keine "Unionsbürger", wenn sonst nicht genügend Amtsträger zur Verfügung standen, und wenn andererseits das oberste Prinzip der südafrikanischen Innenpolitik hieß: Keine politischen Rechte für Angehörige einer fremden Nationalität? Den Treueeid auf den König von England zu leisten – Voraussetzung für eine Einbürgerung –, kam für die meisten Deutschen nicht in Frage; sie forderten eine "Mandatsbürgerschaft", was Südafrika seinen eigenen Bürgern wiederum nicht zumuten konnte. Die Lösung hieß "Kollektiveinbürgerung". Das entsprechende Gesetz mit der Nummer 30/1924 wurde vom Premierminister der Südafrikanischen Union General Smuts vorbereitet und unter dessen Nachfolger General Hertzog verabschiedet. Es verlieh allen volljährigen Weißen aus einem ehemaligen Feindstaat, die zwischen dem 1. Januar und dem 15. September 1924 ihren Wohnsitz in "Südwest" hatten, automatisch die britische und damit auch die "Unions"-Staatsangehörigkeit, sofern sie dies nicht innerhalb eines halben Jahres ablehnten.

Im Vorfeld der Kollektiveinbürgerung, nachdem der Völkerbundesrat dieser schon zugestimmt hatte, schlossen Südafrika und das Deutsche Reich am 23. Oktober 1923 das sogenannte "Londoner Abkommen" ab. Darin sicherte die Regierung der Union den Deutschen die selben Rechte und Pflichten wie den übrigen Bürgern zu und verpflichtete sich gleichzeitig, deren Sprache und Schulwesen zu respektieren. Deutsche Kirchen und deutsche Missionare sollten toleriert werden, neue deutsche Einwanderer wurden "willkommen" geheißen, die Pensionsansprüche ehemals deutscher Beamter durch Südafrika geregelt. Die Besonderheit der Kollektiveinbürgerung war dann, daß sie die deutsche Staatsbürgerschaft nicht gleichzeitig aufhob. Briten waren die Eingebürgerten nur innerhalb des Mandatsgebietes und der Südafrikanischen Union, außerhalb waren sie nach wie vor Deutsche, die auch vom Deutschen Reich diplomatisch vertreten wurden. Das deutsche Konsulat in Windhuk stellte jedem, der es wollte, einen deutschen Paß aus.

Nur wenige haben per Erklärung die Einbürgerung ausgeschlagen. Durch ein zweites Gesetz (Nummer 27/1928) wurden dann auch die minderjährigen Kinder der eingebürgerten Deutschen zu Unionsbürgern. Beide Bestimmungen zusammen haben tatsächlich eine weiße Selbstverwaltung im Mandat Südwestafrika möglich gemacht. Als sich Südafrika im 2. Weltkrieg den Alliierten anschloß, wurden die kollektiv eingebürgerten Deutschen 1941 freilich plötzlich wieder mit feindlichen Ausländern gleichgestellt. 1942 bekamen sie durch ein Ausbürgerungsgesetz die britische Staatsangehörigkeit wieder aberkannt. Viele wurden zunächst in Lagern bei Windhuk, später in der Südafrikanischen Union interniert. Nach Kriegsende untersuchte eine Regierungskommission rund 5.000 Fälle deutschstämmiger Südwester und Südafrikaner; sie empfahl, 254 von ihnen auszuweisen. Revisionsverfahren schleppten allerdings den Vollzug bis 1948 hin – bis eine neue Regierung in Südafrika alle Ausweisungsbefehle wieder aufhob. So hat nach dem 2. Weltkrieg kein deutscher Südwester seine afrikanische Heimat unfreiwillig verlassen müssen.

Die Frage der rechtlichen Stellung und der Staatsbürgerschaft stellte sich nach 1945 allerdings von neuem. Schließlich ermöglichte ein Gesetz (Nummer 26/1949) allen jenen, die 1942 ausgebürgert worden waren, also 1924 und 1928 schon einmal kollektiv zu Unionsbürgern gemacht worden waren, zum zweiten Mal die (Wieder-) Einbürgerung. Notwendig waren diesmal allerdings ein Antrag und ein Treueeid. Bis Ende des Jahres 1949 machten rund zwei Drittel der Deutschen von diesem Angebot Gebrauch. Ein nächstes Gesetz (44/1949) erklärte dann alle Einwohner bis 23 Jahren zu südafrikanischen Staatsangehörigen. So wie für ihre Väter durch die Gesetze 30/1924 und 26/1928 schon einmal, so wurde nun für diese jungen deutschsprachigen Südwester die doppelte Staatsbürgerschaft praktisch festgeschrieben – und von diesen bis in die Gegenwart hinein weitergegeben. Wieviel "Doppelstaater" es in Namibia heute gibt, läßt sich schwer abschätzen.

Der Nationalsozialismus versuchte nach 1933, ebenfalls in Südwestafrika Fuß zu fassen. Bis dahin waren die Deutschen in dem Mandatsgebiet um ihrer Geschlossenheit willen selbst peinlich darauf bedacht gewesen, die Betätigung reichsdeutscher Parteien zu verhindern. Organisatorisches Zentrum für die Deutschen war der im September 1924 gegründete "Deutsche Bund für Südwestafrika" als "Spitzenverband der deutschen Vereine". Mitglied konnten alle "sich zum Deutschtum bekennenden" Vereine und Einzelpersonen sein. Er hatte sich die Wahrung deutscher Interessen, besonders der kulturellen Belange, auf die Fahne geschrieben. Das Deutsche Reich zahlte die Besoldung seines hauptamtlichen Geschäftsführers. Der Deutsche Bund belieferte koloniale Institutionen im Reich mit Informationen und holte dort auch Ratschläge ein. Nach 1925 wurde er zur politischen Partei der Südwestafrika-Deutschen. Bei der Hauptversammlung im November brachte der aus dem Reich angereiste SS-Standartenführer Hans Bauszus vom Kolonialreferat der NSDAP und der deutsche Generalkonsul in Pretoria, E. Wiehl, den Deutschen Bund unter den Einfluß der Nationalsozialisten.

1931 waren bereits die ersten kleineren Stützpunkte und 1932 schließlich die "Landesgruppe" der NSDAP in Südwestafrika gegründet worden. Bauszus und Wiehl schafften es dann mit der Drohung, Deutschland werde sonst "seine Hand von Südwestafrika zurückziehen", den langjährigen Vorsitzenden des Deutschen Bundes, Albert Voigts, auszuschalten. Die "Südwester Landesgruppe der NSDAP" versuchte gleichzeitig, die Macht unter der deutschen Bevölkerung im Mandatsgebiet an sich zu reißen. Lautstark trat sie an die Öffentlichkeit – Anlaß genug für die südafrikanische Reigerung zur Verabschiedung eines "Anti-Nazi-Gesetzes", das das Verbot von politischen Organisationen, die die Ruhe und Ordnung gefährdeten, ebenso ermöglichte wie das Verbot unerwünschter Druckschriften und das Tragen von fremden Uniformen und Abzeichen. Aufmärsche mit Ansprachen und nationalsozialistischen Kampfliedern Anfang Juli 1934 in Windhuk brachten für die Behörden das Faß zum Überlaufen: NSDAP und Hitlerjugend wurden für unerlaubt erklärt, ihre Führer des Landes verwiesen. In einer Presseerklärung des südafrikanischen Administrators hieß es dazu, man könne nicht dulden, daß Unionsbürger in einer Partei organisiert würden, die dem Staatsoberhaupt einer fremden Macht unterstehe; und gegenüber der Unionsregierung könnten die kollektiv eingebürgerten Deutschen sich in Südwestafrika nicht auf ihre zweite, deutsche Staatsangehörigkeit berufen.

Die Nationalsozialisten gaben sich freilich in Südwestafrika nicht geschlagen – zumal auch die politische Propaganda im Reich selbst die Präsenz der deutschstämmigen Bevölkerung in dem Land zum Anlaß für die Artikulation größenwahnsinniger Ansprüche nahm. So setzte die Landesgruppe der NSDAP ihre Tätigkeit fort, wenn auch nicht mehr öffentlich. Und die Nationalsozialisten konzentrierten sich noch mehr auf die Beeinflussung des Deutschen Bundes – was zunächst nicht zu ihrer Zufriedenheit gelang. Gegen den Deutschen Bund gründete der reichsdeutsche Amtsverwalter Neuendorf deshalb die neue, nationalsozialistische "Deutsche Front". Besprechungen zwischen allen Beteiligten in Berlin führten dann dazu, daß sich diese Front zwar wieder auflöste, ihr Führer aber, der NSDAP-Funktionär Neuendorf, ein Jahr später die Leitung des Deutschen Bundes übernehmen konnte. Für die südafrikanische Verwaltung war dies eine "unmögliche Situation". Sie wehrte sich durch den Erlaß einer Bestimmung, daß Ausländer (wie Neuendorf einer war) politischen Organisationen im Lande nicht angehören durften und daß auch Personenvereinigungen (wie es der Deutsche Bund war) zu solchen politischen Organisationen erklärt werden konnten. Beides wurde dann angewandt – und Neuendorf löste den Deutschen Bund am 27. Juni 1937 auf.

Insgesamt konnten sich die Deutschen nach dem Verlust des territorialen Herrschaftsanspruchs über Südwestafrika über die Behandlung durch Briten und Buren nicht beklagen. Deutsche Schulen konnten weiter bestehen, die deutsche Sprache wurde auch im Behördenbereich gepflegt – allein die Nicht-

Anerkennung als offizielle Amtssprache erschien den Deutschen bis zum 2. Weltkrieg Grund zur Klage zu geben (da keine gesetzliche Sprachregelung existierte, hatten freilich auch Englisch und Holländisch einen solchen Rang nicht inne). Mit dem Abgeordneten von Bach wurde am 16. November 1955 auch wieder der erste deutschsprachige Vertreter in den "Landesrat" von Südwestafrika gewählt; manche örtlichen Dienststellen haben bis zur Gegenwart ihre Bekanntmachungen und Aushänge, ihre Rechnungen und Formblätter auch in Deutsch verfaßt. Gefährdet war der traditionelle Lebensstil der Deutschen nur einmal, als nämlich 1951 die reformierten Kirchen im Lande Veranstaltungen und anderes, wie es dem deutschen Brauchtum entsprach, an Sonntagen verbieten lassen wollte. Mit dem Hinweis, daß die Sitten der in Südwestafrika beheimateten Minderheiten respektiert werden müßten, wurde dies von der Legislative aber abgelehnt. So bleibt denn das Fazit, daß die Deutschen in Südwestafrika trotz des Verlusts der Kolonialherrschaft mitbestimmender Teil der herrschenden Bevölkerungsschicht geblieben sind. Den Deutschen erging es damit um ein Vielfaches besser als der schwarzen Bevölkerung. Was den Deutschen als weißer Minderheit gewährt wurde – Bürgerrechte und die Respektierung der Sitten –, blieb der Mehrheit, den schwarzen Afrikanern, versagt.

Das Verhältnis dieser beiden zueinander kommentierte 1974 der erste UNO-Hochkommissar für Namibia, der Ire Sean McBride, wie folgt: "Die Deutschen sind die größten Rassisten und Nationalisten in ganz Afrika. Viele von ihnen sitzen in riesigen Villen mit durchschnittlich dreißig afrikanischen Angestellten, die sie mehr oder weniger als Sklaven behandeln. Die Deutschen sind im Besitz von siebenundsechzig Prozent des gesamten Grund und Bodens in der ehemaligen deutschen Kolonie. Sie führen sich immer noch als Kolonialherren auf . . .". Dieses Bild ist sicherlich propagandistisch überzeichnet und einseitig; die Deutschen sind vielmehr nichts anderes als Teil des weißen Herrschaftssystems im südlichen, "weißen" Afrika. Nicht ihnen muß die Kritik gelten, sondern diesem Herrschaftssystem, das sich auf die Apartheid, die Trennung zwischen Schwarz und Weiß, nach dem Muster Südafrikas stützt. Vor dem Hintergrund dieses Systems gilt gerade die "Interessengemeinschaft deutschsprachiger Südwester" als vergleichsweise fortschrittlich, bekunden die Deutschen vielleicht mehr als andere Weiße ihre Unzufriedenheit mit der Verwaltung aus der benachbarten Republik Südafrika, gehen sie zunehmend auf Distanz zur Apartheid-Politik und versuchen sie – und wenn auch nur, um von dem weißen Besitz zu retten, was zu retten ist – eher zu einem Arrangement mit den gemäßigteren Gruppierungen der schwarzen Bevölkerung zu kommen.

Nach dem 2. Weltkrieg hatte sich die Frage nach der Zukunft nicht nur für die Deutschen in Südwestafrika, sondern für das ganze Land gestellt. Anstatt sich dem internationalen Druck zu beugen und das Völkerbundsmandat in ein Treuhandmandat der Vereinten Nationen umwandeln zu lassen, beantragte Südafrika die Annexion des Landes. Seitdem ist die Loslösung Südwestafrikas von Pretoria ständiges Anliegen der internationalen Völkergemeinschaft. Nachdem 1966 die UN-Vollversammlung der Südafrikanischen Republik endgültig das Mandat entzog und 1968 den Landesnamen Namibia einführte, wird das einstige deutsche Schutzgebiet ohne völkerrechtliche Grundlage verwaltet. Die Regierung in Pretoria kümmerte sich nicht um alle internationalen Proteste, sie übertrug stattdessen provokativ ihre Apartheid- und Homeland-Politik für schwarze Bevölkerungsteile auf Namibia (derzeit gibt es zehn solche "homelands" im Lande). Von Namibia aus stieß Südafrika auch militärisch ins benachbarte Angola vor, um hier in der einstigen portugiesischen Kolonie nach der Unabhängigkeitserklärung 1975 den "westlich" orientierten Parteiungen im ausgebrochenen Bürgerkrieg Unterstützung zukommen zu lassen.

Nicht nur der internationale Protest, auch der innere Widerstand der schwarzen Mehrheit gegen die weiße Herrschaft hat sich in Namibia inzwischen formiert: er ging aus vom bevölkerungsreichsten Stamm der Ovambos, die im entlegenen Norden Namibias zuhause sind. Anfang der 60er Jahre gründeten Ovambos die "South West African Peoples's Organisation", kurz: SWAPO. Seit 1972 ist über das Ovambo-Land nun der Ausnahmezustand verhängt. Am Anfang eine liberale, christlich-motivierte Bewegung, radikalisierte sie sich zunehmend als sozialistische Befreiungsfront, die längst über die Stammesgrenzen hinaus Zulauf hat. Zur Führungsmannschaft gehört zum Beispiel der Nama-Häuptling Hendrik Witbooi – Urenkel des Befreiungshelden gleichen Namens. Die SWAPO behauptet sogar, nicht nur Sympathisanten, sondern auch Mitglieder unter den Weißen – und hier gerade unter den deutschsprachigen Bürgern – zu haben. Die SWAPO ist jedenfalls von der UNO als einzige legitime Vertretung der Bevölkerung Namibias anerkannt. Um so größer ist der Skandal, daß sie innenpolitisch von den Verhandlungen über die Zukunft des Landes ausgeschlossen wurde.

So war die SWAPO nicht dabei, als im September 1974 die weiße "Nationalpartei" die Führer von elf Stämmen einlud, um erstmals an einem Tisch gemeinsam über die kommende Entwicklung zu beraten – und zwar in der alten deutschen Turnhalle von Windhuk, dem immer noch größten Saal in der Verwaltungsmetropole. Während dieser "Turnhallen-Konferenz" kam es zur Gründung der "Democratic Turnhalle Alliance" (DTA), die den 31. Dezember 1978 als Datum der Unabhängigkeit festsetzte. Dazu ist es nicht gekommen, allenfalls zu einer Lockerung von Apartheid-Regelungen wie der Aufhebung diskriminierender Paßgesetze für die Schwarzen, was allerdings die SWAPO nur als oberflächliche Veränderung, als "Rauchschwaden" für das Ausland, bezeichnet. Immerhin ist in einem Manifest der DTA "die Freiheit und Menschenwürde des einzelnen ungeachtet der Rasse oder Hautfarbe" als Programm festgeschrieben.

Die Weißen in Namibia fühlen sich zum Teil selbst als Opfer eines kolonialen Handelsschemas (Rohmaterialien gegen Fertigprodukte), wie es in den selbständigen schwarzafrikanischen Ländern noch in der Gegenwart gilt. Manche weiße Namibier sprechen gar von einer "wirtschaftlichen Ausbeutung" durch Pretoria. Tatsächlich kommen mehr als neun Zehntel aller im Land angebotenen und benötigten industriellen Waren aus der oder über die Republik Südafrika. Umgekehrt werden nach privaten Schätzungen (offizielle Wirtschaftsdaten über Namibia hält Südafrika weitgehend zurück) rund drei Viertel der jährlich vermarkteten Rinder per Eisenbahntransport zu den Schlachthöfen von Johannesburg und Kapstadt verfrachtet. Neben Diamanten, die sowieso von Südafrika ausgebeutet werden, und neuerdings Uran, sind aber gerade traditionell Rinder eine der wichtigsten Ausfuhrprodukte und bedeutsamsten Einnahmequellen des Landes. Dazu kommen die Felle der Karakulschafe: Namibia liefert etwa die Hälfte des Weltbedarfs an Karakulfellen.

Die Abhängigkeit von den südafrikanischen Preisen für Schlachtvieh und von den – tendentiell rückläufigen – Weltmarktpreisen für Karakulfelle ist eines der Hauptprobleme der namibischen Wirtschaft, das sich auch nach einer Unabhängigkeit nicht so schnell ändern wird. Worum es in Namibia geht, ist einzig und allein, die Beziehungen zwischen Schwarz und Weiß zurechtzurücken und das Unrecht der direkten Herrschaft einer weißen Bevölkerungsminderheit zu beenden. Die deutsch-stämmigen Weißen haben dabei dennoch eine Chance, als eine weiße Minderheit nach einem erneuten Herrschaftswechsel ihre Heimat zu behalten und in dieser Heimat als ein wirtschaftlicher und politischer Faktor weiter zu wirken – wie und zu was immer sie dann diese Chance in der Praxis auch nutzen mögen.

Anhang

Deutsche Kolonialherrschaft in Afrika – ein Überblick

Deutsch-Südwestafrika

1883	A. Lüderitz kauft Land in der Bucht von Angra Pequena
1884	Lüderitz'sche Besitzungen unter deutschem Schutz
1885	Gründung der "Deutschen Kolonialgesellschaft für Südwestafrika" – Schutzvertrag mit den Hereros
1886	Grenzvertrag mit Angola – Schutzverträge mit Burengruppe und Ovambos
1889	Erste Schutztruppe
1889-1906	Herero- und Hottentottenaufstände
1890	Abgrenzung zu Kapland
1896	Erstes Krankenhaus in Swakopmund
1897	Rinderpest – Beginn des Eisenbahnbaus
1899	Telegrafenstation in Swakopmund
1907	Selbstverwaltung
1908	Erste Diamantenfunde
1909	Landesverfassung
1912	Funkstationen in Swakopmund und Lüderitzbucht
1914/1915	1. Weltkrieg, von Südafrika besetzt
1919	Völkerbundsmandat Südafrikas

Kamerun

1868	Eröffnung einer Faktorei in Batango durch das Hamburger Handelshaus Woermann
1884	Erster Schutzvertrag mit den Negerkönigen Bell und Aqua – Niederschlagung eines Aufstandes gegen König Bell
1885	Abgrenzung der Machtsphären zwischen dem Deutschen Reich, England und Frankreich
1891	Erstürmung von Buea – Polizeitruppe
1893	Grenzvertrag mit Großbritannien
1887	Erste Postdienststelle in Duala (erste deutsche Postagentur in Afrika) – Erstes Regierungskrankenhaus in Duala

1894	Strafexpedition gegen Bakwiri – Grenzvertrag mit Frankreich
ab 1895	Kameruner Schutztruppe
1898	"Besitzergreifende Expeditionen"
1902-1904	Deutsch-englische Grenzziehung zwischen Yola und Tschasee – erste Eisenbahnlinie Victoria – Buea
1905-1907	Niederschlagung eines Aufstandes am oberen Njong
1911	Deutsch-französisches Marokko-Abkommen: Deutschland erhält "Neukamerun"
1912	Funkstation bei Duala
1914-1916	1. Weltkrieg, Rückzug der Kolonialtruppe nach Rio Muni
1919	Mandat des Völkerbunds für Frankreich und Großbritannien

Togo

1883	Erster Schutzvertrag mit dem "König von Togo" Mlapa
1884	Flaggenhissung in Porto Seguro
1885	Klein-Popo deutsch – Sklavenhandelsverbot
1887	Grenzabkommen mit Frankreich
1888	Grenzabkommen mit England – Gründung der ersten Postdienststelle – Gründung Bismarckburgs
1894/1895	Togoexpedition
1895-1899	Kleinere Aufstände
1897	Grenzvertrag mit Frankreich
1899	Grenzvertrag mit England
1900	Beginn des Baumwollanbaus
1904	Landungsbrücke in Lome
1905	Bahnlinie Lomé – Anécho
1908	Feldzug gegen die Schlafkrankheit
1909	Eingeborenenkrankenhaus in Palime – Krankenhaus in Lomé
1911	Fortbildungsschule in Lomé
1914	1. Weltkrieg; Besetzung durch brit. und frz. Truppen
1919	Völkerbundsmandat Frankreichs

Deutsch-Ostafrika

1884	Gründung der "Gesellschaft für deutsche Kolonisation" durch Carl Peters
1885	Schutzbrief für die ostafrikanischen Erwerbungen – Deutsches Geschwader vor Sansibar – Umbenennung der "Gesellschaft für deutsche Kolonisation" in "Deutsch-Ostafrikanische Gesellschaft Carl Peters und Genossen" (DOAG)

1886	Interessensabgrenzung zwischen Deutschland und England – Festlegung der deutsch-portugiesischen Grenze
1887	Erwerb des Küstengebietes von Umba bis zum Rowuma durch Peters für die DOAG
1888	Pacht eines Küstengebietes durch die DOAG vom Sultan von Sansibar
1888-90	Araber-Aufstand – gemeinsame Seeblockade Deutschlands und Englands der ostafrikanischen Küste
1890	Errichtung der ersten Poststationen – Abschluß des Sansibarvertrages
1890-1892	Rinderpest
1891	"Wissmanntruppe (1889 aufgestellt) wird Kaiserliche Schutztruppe – Direkte Kolonialverwaltung durch das Deutsche Reich
1892	Regierungsschule in Tanga
1893/94	Unterwerfung der Wahehe und Wadschagga
1900-1902	Einführung der Kautschukkulturen – Beginn des Baumwollanbaus
1904	Aufhebung der Sklaverei
1905/06	Maji-Maji-Aufstand
1907	Bahnlinie Dar-es-Salam Morogoro – Natur- und Jagdschutzgesetz
1912/13	Seuchenforschungsinstitut in Dar-es-Salam
1914	Fertigstellung der "Zentralbahn" bis Udjdij
1918	1. Weltkrieg, v. Lettow-Vorbeck kapituliert im November 1918
1919	Völkerbundsmandat Großbritanniens, Ruanda-Urundi an Belgien

Register

Zu den Autoren

Dr. Wolfgang Mayer studierte Geschichte, politische Wissenschaften und Soziologie. Neben wissenschaftlichen Arbeiten auf dem Gebiet der internationalen Beziehungen Mitarbeit an einer Universalgeschichte und einer mehrbändigen enzyklopädischen Weltgeschichte. Dr. Mayer ist Redakteur einer großen deutschen Tageszeitung und Mitarbeiter einer historischen Zeitschrift.
Bei IDEA erschien seine Biographie des englischen Seehelden »Der Rebell Thomas Cochrane — Seeheld, Radikaler, Revolutionär, 1775-1860«.

Dr. Franz Metzger: Studium der Geschichte, Anglistik und Kunstgeschichte. Dr. phil. Journalist und Chefredakteur einer historischen Zeitschrift. Neben wissenschaftlichen Veröffentlichungen zahlreiche journalistische Arbeiten auf den Gebieten Kultur und Geschichte.

Jürgen Wilhelmi: Nach dem Studium der Geschichte, Germanistik und Anglistik Pressereferent und Journalist. Neben der Mitarbeit an historischen Zeitschriften Verfasser zahlreicher Artikel und Beiträge zur Geschichte, von Rezensionen und wissenschaftlichen Arbeiten.